Die Geschichte

des

deutschen Zollwesens.

Die Geschichte

des

deutschen Zollwesens.

Von seiner Entstehung bis zum Abschluß des deutschen Zollvereins.

Von

Dr. Johannes Falke,
Archivar am Hauptstaatsarchiv zu Dresden.

Leipzig,
Verlag von Veit & Comp.
1869.

Druck von B. G. Teubner in Leipzig.

Inhalt.

Einleitung.

Unsere Gegenwart ist eine Zeit der Reformation des Staates. Seitdem die Reformation des 16. Jahrhunderts den Begriff der Kirche in seiner ausschweifenden, alle menschlichen Verhältnisse beherrschenden Ausdehnung auf die Dauer gebrochen hatte, war dem Staate die Bahn geöffnet, um sich in ganz anderer Weise, als ihm seine während des Mittelalters gedrängte und gedrückte Stellung neben der Kirche erlaubte, zu entfalten und auch selbst dort, wohin die Reformation nur in sehr gebrochener und abgeschwächter Ausstrahlung gedrungen war, den Platz einzunehmen, den die von jetzt an nicht mehr siegreiche wenn auch noch stets um denselben ringende Kirche nicht hatte behaupten können. Während diese durch eine folgerichtige Ausbildung und Ausbeutung des allgemeinen menschlichen Gefühls der Abhängigkeit von einer überirdischen, alles schaffenden und alles leitenden Macht ihre Herrschaft über alle Glieder und Organe der menschlichen Gesellschaft auszudehnen strebte, schrieb der Staat die irdische Wohlfahrt Aller, die Sicherstellung der Gesammtsumme der sichtbaren Lebensverhältnisse auf sein Panier und verlangte nun für sich dasselbe, was auch die Kirche stets beansprucht hatte, die Anerkennung als eine unantastbare, dem Urtheil geschweige denn der Thatkraft seiner Glieder gänzlich entrückte göttliche Anstalt. Er verlangte nicht nur den Gehorsam sondern den blinden Gehorsam, die unbedingte Unterwerfung aller Rücksichten und Interessen unter seine Forderungen und Absichten, das Aufgehen jeder Freiheit des Einzelnen in die von ihm verlangten Pflichten, die rückhaltslose Unterordnung aller Einrichtungen der menschlichen Gesellschaft unter seine allein herrschende Gewalt. Diese Unumschränktheit des Saattes, dargestellt durch den absoluten Willen des einen Hauptes desselben, gab ihm im 17. und 18. Jahrhundert sein historisches Gepräge in den von der Reformation umgebildeten wie von derselben auf religiösem Gebiet fast unberührt gebliebenen Ländern. Obwohl dieser Absolutismus nur durch eine Umwälzung bestehender Verhältnisse möglich geworden war, behielt er doch jetzt auch seinerseits wieder nur den sicheren Bestand durch einen absoluten Conservatismus, durch eine nur auf sich berechnete Erhaltung der mittelalterlichen Staatsgliederung, welche den Angehörigen des Staates nur in weiten Abstufungen die Theilnahme an den durch ihn gewährten und gewährleisteten Rechten zugestand, nur die weitaus geringere Zahl seiner Glieder in ein unmittelbares Verhältniß zu ihm zu treten erlaubte. Zwischen dem Staate und der großen Masse der Bevölkerung war eine Menge von Zwischengliedern eingeschoben, welche, indem ein Theil der Staatsgewalt jener Masse gegenüber ihnen anheim gegeben war, dadurch mit dem Absolutismus im Staate auf das Innigste, zu gleichem Gewinn und Verlust, auf Leben und Sterben verbunden wurden. Erst das neunzehnte Jahrhundert begann, diese in einen unumschränkten Willen zusammen gezogene und dennoch trotz des Absolutismus in seiner Regierungsgewalt vielfach gebrochene Staatsform ernstlich und nicht allein ausnahmsweise in Frage zu ziehn, und seine Forderungen und Zielpunkte, die ganze Summe seiner Organe und Einrichtungen der Prüfung eines durch die erweiterte Wissenschaft wie durch ein an großen Vorgängen reiches Leben geweckten und geklärten Verstandes zu unterwerfen. Erst gegen die Mitte dieses Jahrhunderts — es sind seitdem wenige Jahrzehnte verflossen — wurde eine Erweiterung des Begriffs vom Staate errungen und dieser in eine neue, noch lange nicht abgeschlossene Entwicklung gedrängt. Dem Absolutismus folgte die Constitution, dem auf einen pyramidalen Unterbau von unverletzlichen Vorrechten und Privilegien hochgethürmten, als eine göttliche Anstalt unantastbaren Gewaltstaat ein die Gleichheit Aller in Pflichten wie in Rechten gewährleistender, der Prüfung wie der Beurtheilung keines seiner Glieder sich entziehender Verfassungsstaat. Die unbedingte Unterwerfung jedes Einzelnen unter die wie immer gebildete oberste Gewalt ist jetzt nicht mehr ein und alles, nicht mehr die alleinige Lebensbedingung des Staates, als eine zweite ebenso nothwendige und bedeutungsvolle ist dieses unmittelbare gleichgemessene Verhältniß aller Glieder zu dem nun die Gesammtheit des Volkes umspannenden Staate an die Seite gestellt.

In Folge dieser außerordentlichen Erweiterung in den Grundlagen des Staates ist auch an jeden Einzelnen die Pflicht herangetreten, sich über dieses sein Verhältniß zu demselben, über das ihm zustehende Maß von Rechten und Pflichten, über das, was der Staat ihm und dem Volk und er und das Volk dem Staate zu bieten und zu leisten schuldig sind, mit vollem Ernst Belehrung und Klarheit zu verschaffen. Nicht weniger ist den Staatswissenschaften dadurch ein nachhaltiger Anstoß gegeben zu einer rascheren Entwickelung, zu einem immer weiter und tiefer greifenden Einfluß auf die große Masse der Staatsmitglieder, zu einer ohne Aufhören wachsenden Bedeutung für die gesammte Bildung und das gesammte Leben eines jeden, in die Strömung der Cultur eingetretenen Volkes. Die Staatswirthschafts- wie die Volkswirthschaftslehre und insbesondere die letztere, wenn sie auch wohl nicht ganz mit Recht eine neue Wissenschaft genannt wird, haben ihre eigentliche und angemessene Bedeutung und Stellung erst erlangt, seit sie nicht mehr auf die Schule allein beschränkt, nicht mehr bestimmt sind, nur für einzelne wenige für den besonderen Staatsdienst Auserlesene gelehrt und fortgebildet zu werden, sondern nachdem sie durch jene Erweiterung der Staatsgrundlagen berufen sind, die Wissenschaften des Volkes zu werden, jeden Staatsbürger über seine Aufgabe gegenüber dem Staate und der Gesellschaft und über die Aufgaben dieser ihm gegenüber zu belehren. Beide Wissenschaften, so unzertrennlich zu einander gehörend wie das Volk und der Staat selbst, haben auch thatsächlich in diesem Fortschritt des Staates die unverkennbarste und fruchtbringendste Förderung gefunden und insbesondre hat die letztere als die Wissenschaft, welche über des Volkes gemeinsamste und nothwendigste Angelegenheiten, über die Grundbedingungen seiner Existenz und seines Wohlergehens die richtige Erkenntniß bilden und verbreiten soll, auch in der Gegenwart die größte Verbreitung wie Vertiefung, den weitesten Kreis in der Anwendung wie den kraftvollsten Fortschritt im Forschen und Erkennen gewonnen. Die Volkswirthschaftslehre ist die Wissenschaft des Lebens wie des Volkes im vorragenden Sinn des Wortes geworden; sie dringt unaufhaltsam in die Masse des Volkes weniger freilich durch das Mittel des gelehrten Vortrags und einer gelehrten Literatur als durch Männer, welche, dem wirthschaftlichen Leben des Volkes selbst näher stehend, ernste und eifrige Vermittler bilden zwischen Wissenschaft und Leben, welche von dort her das klare, sicher begründete Urtheil, von hier eine un-

unterbrochen zuströmende Fülle von Anschauungen und Beispielen entnehmen, dem Volk als dem Träger der Wirthschaft die Lehren und Fortschritte der Wissenschaft, dieser die dort sich täglich in unaufhörlichem Wechsel drängenden Thatsachen zu neuer Erweiterung und Fortbildung zuführen. Bedarf es freilich auch noch, bis die Volkswirthschaftslehre die Wissenschaft des Volkes im vollen Sinne des Wortes geworden ist, einer langen Zeit der Anstrengung, so sehen wir doch unverkennbar die Zeit näher kommen, wo wirthschaftliche Technik und wirthschaftliche Lehre, praktisches Können und theoretisches Wissen auf diesem Gebiete nicht mehr als von einander getrennte Dinge oder gar als einander ausschließende Gegensätze sondern als zwei zusammen gehörende Hälften eines Ganzen betrachtet werden.

Eine erste Folge dieser wachsenden wirthschaftlichen Erkenntniß ist das klarere, freilich auch selbstbewußtere Urtheil des Volkes dem Staate gegenüber und das überall in Wort und That sich geltend machende Bewußtsein, daß das Volk wie der Träger so auch der alleinige Zweck des Staates ist, daß die Volkswirthschaft, weil sie die ganze Summe der Mittel zur Erhaltung des Staates hergiebt, auch von Seiten der Staatswirthschaft die erste Rücksichtsnahme verlangen darf. Dieses Bewußtsein hat in der Gegenwart die Aufmerksamkeit und das Nachdenken aller Fach- und Sachbetheiligten dem Gebiet zugewendet, wo sich die Staats- und Volkswirthschaft am innigsten berühren, wo der Einfluß der einen auf die andere der einschneidendste und in seinen Folgen für beide Theile der empfindlichste ist, dem Gebiet der S t e u e r n. Die Steuern — ich nehme sie hier in ihrer weitesten Ausdehnung — sind die Opfer, welche das Volk aus seiner Wirthschaft zusammenschießt, um das mit ihm auf- und zusammengewachsene Gebäude des Staates in seinem Bestande, in Kraft und Gesundheit nach allen Seiten zu erhalten. Ohne diese Opfer bricht der Staat zusammen und mit diesem Zusammenbruch zerfließt das Volk in eine gesetz- und ordnungslose, sich selbst verzehrende elementare Masse. Indem das Volk entbehrt und von seiner Wirthschaft erspart, um dem Staate die Unterhaltsmittel zusammen zu steuern, leistet es sich selbst den größten unentbehrlichsten Dienst, denn es erhält damit sich selbst. Indem der Staat die Steuern empfängt, nimmt er einen schwer erworbenen Theil der Nährmittel des Volkes an sich, und es ist deßhalb für ihn die erste unumgänglichste Pflicht, die dem Volk entzogenen Nährmittel mit sorglichster Sparsamkeit zu verwenden, bei der Verwendung als einzigen Zweck das Wohl dessen, der diese Mittel dargeboten, im Auge zu behalten, nichts außerhalb dieses Zweckes auszugeben und nichts über denselben hinaus zu verlangen.

Diese für die Volks- wie für die Staatswirthschaft in gleicher Weise hervorragende Bedeutung hat das Steuerwesen zu einer brennenden Frage der Gegenwart gemacht, sowohl, was die Höhe der zu erhebenden Steuern betrifft, in welcher Fassung die Frage mit der Untersuchung über die Auf- wie Ausgaben des Staates zusammenfällt, als auch insbesondere, was die Art und Weise der Steuererhebung anlangt. Von der bisher geübten Steuererhebung wird eine ganze, von Alters her überlieferte Hälfte in Frage gezogen und der wissenschaftlichen wie praktischen Prüfung unterworfen, von der einen Seite, um eine vollständige Umwandlung derselben als nothwendig zu erweisen, von der andern, um davon zu retten und zu rechtfertigen, was sich noch irgend mit historischen und wirthschaftlichen Gründen als den Verhältnissen und Bedürfnissen des steuerzahlenden Volkes angemessen darstellen läßt. Die indirecten Steuern, so genannt, weil dieselben nach der immer noch herrschenden Meinung von dem, der sie zahlt, auf einen, der ihm zahlt, abgewälzt werden, sind es, die gegenwärtig diesem Läuterungsprozesse auf's Schärfste unterzogen werden, denn es gilt, sie entweder gänzlich zu beseitigen oder für die Zukunft von Neuem als unentbehrlich zu erweisen. Im engeren Sinn sind diese indirecten Steuern die vom Verbrauch erhobenen, die der Verkäufer der Waaren zu erlegen und sich vom Käufer zurückerstatten zu lassen hat, die also in letzter Linie von dem letzten Käufer d. i. dem Verbraucher zu tragen sind.

In Deutschland finden wir diese Verbrauchssteuern zuerst in allgemeinerer und regelmäßigerer Anwendung bei den städtischen Gemeinden zu einer Zeit, da die Naturalgeldwirthschaft vor der Metallgeldwirthschaft noch den Vorrang hatte. Von hier gingen sie in die reichsfürstlichen Territorien über. In ältester Zeit wurden sie als ein wirklicher Theil der verkauften Waare, als eine Naturalabgabe also, insbesondre vom Getränke erhoben, später in einen den Kaufpreis dieses Theils darstellenden Geldbetrag verwandelt, schließlich aber wurde dieses Theilverhältniß ganz vergessen und die Verbrauchssteuer nach Bedürfniß und Bewilligung oder nach Willkühr in geringerem oder höherem Betrage auferlegt. Für die Einführung wie für die weitere Ausbildung derselben wurde zu allen Zeiten derselbe Grund hervorgehoben, ein Grund, der jetzt, nach Jahrhunderte langer Erfahrung durch die vorgeschrittene Wissenschaft in sein Gegentheil verwandelt, den gewichtvollsten Beweis dagegen bildet.

So lange das Geld die seltenste und kostspieligste Waare blieb, konnte sich nicht ohne Grund die Ansicht geltend machen, daß für den „armen Mann" eine als geringe Theilquote seines täglichen Bedarfs an „essenden und trinkenden" Dingen erhobene Steuer am leichtesten aufzubringen und zu ertragen sei, und auch bei fortschreitender doch noch unvollständiger Metallgeldwirthschaft, da auch dem reichen Manne oft die Beschaffung kleiner Geldsummen schwer genug fiel, konnte es diesem armen Manne füglicher sein, die Steuer in dem um ein Geringes erhöhten Preise der Waaren, deren Verbrauch er wenigstens um einen kleinen Theil einzuschränken vermochte, in verschwindend kleinen Einzelbeträgen zu entrichten, als in ganzer Summe auf einmal aufzubringen, zumal da ihm meistens auch Sold und Lohn zu einem großen Theil in Waaren ausbezahlt wurden. Diesen Grund finden wir vom vierzehnten Jahrhundert bis in unsre Zeit und jedesmal am entschiedensten, wenn das Verbrauchssteuersystem eine Erweiterung wie zu Ende des 16. und zu Anfang des 18. Jahrhunderts erfuhr, als hauptsächlichsten Beweggrund zu derselben angeführt. Ganz anders aber liegen die Verhältnisse in der Gegenwart, da die Metallgeldwirthschaft nach allen Richtungen hin vollständig ausgebildet und der Verkehr mit Vorräthen an Geld gesättigt ist. Die praktische Erfahrung wie die wissenschaftliche Erkenntniß kommen immer mehr dahin überein, daß im Gegensatz zu der Ansicht früherer Jahrhunderte grade die Verbrauchssteuern nicht allein für den armen Mann, d. i. die vorzugsweise sogenannte arbeitende Klasse, sondern für die gesammte Volkswirthschaft eine Beschwerde und ein Hinderniß sind, und daß es in jeder Beziehung vortheilhafter und verständiger ist, den Betrag, der als Ergebniß der indirecten Steuererhebung für den Staat thatsächlich zur Verwendung kommt, in eine directe Steuer zu verwandeln und durch solche Erleichterung den nothwendigsten Lebensbedürfnissen zu einer gesunden und ungehinderten Preisbildung Raum und Gelegenheit zu schaffen.

Mit diesen Verbrauchssteuern wird auch ein zweiter Theil der indirecten Abgaben, der Zoll, der mit jenen das Merkmal der vermeintlichen Abwälzung trägt, der öffentlichen Frage unterzogen, nachdem derselbe ganz besonders in und für Deutschland eine selbständige und überaus lehrreiche Geschichte durchgemacht hat. Keine Steuer ist wie diese aus so unscheinbaren Anfängen zu so weitgreifender und folgenwichtiger Bedeutung emporgewachsen, keine wie diese aus einem ursprünglichen Förderungsmittel der Volkswirthschaft zu einer so schweren und allgemeinen, so tief in den gesammten Weltverkehr einschneidenden Fessel umgewandelt, keine hat sich wie diese von der Politik in Dienst nehmen und zu so großartigen doch ihrem eigentlichen Wesen fern liegenden Absichten gebrauchen lassen müssen.

Der älteste Zoll im deutschen Reiche war die Entschädigung für eine vom Staate oder dessen Vertretern dem Handel und der Frachtbewegung dargebotene Förderung. Als solche erscheint er gleichmäßig in seinen drei Abarten, in dem eigentlichen Handels- und Durchfuhrzoll, dem Marktzoll, dem Wege- und Brückenzoll. Jener wurde entrichtet für die vom Staate dem Verkehr in der Herstellung der allgemeinen Handelsstraßen, der viae regiae, gebotene Möglichkeit der Waarenbewegung, der Marktzoll als die Entschädigung für die auf den Jahrmärkten dem Markt- und Kleinhandel eröffnete und erhaltene Gelegenheit, der letztere für besondere durch Wegebesserung, Brücken- und ähnliche Bauten an einzelnen Orten geleistete Förderung. In dieser ursprünglichen Gestalt und Auffassung gehörte der Zoll keineswegs zu den jetzt indirect genannten Steuern, da er nichts war als die jedesmalige Bezahlung für den thatsächlichen Gebrauch eines vom Staate oder dessen Vertretern dargebotenen und im brauchbaren Stande zu erhaltenden Verkehrsmittels. Während die Reichsgesetzgebung durch alle Jahrhunderte den Zoll im Allgemeinen stets in diesem Sinn auslegte und festhielt, bewahrten thatsächlich doch nur die Markt- und Wegezölle dieses Merkmal einer entschädigenden Gegenleistung, während der Waaren- und Durchfuhrzoll sich mehr und mehr dem Charakter der indirecten Steuer näherte und als solche zuletzt von dem Großhandel überall, wo er mit seinen Frachten zu Wasser und zu Land in dem viel zerklüfteten Reiche ein neues Territorium berührte oder wo sonst nur zu einer ausgiebigen Zollerhebung Gelegenheit und Vorwand sich finden ließ, ohne Rücksicht auf irgendwelche gebotene Förderung erhoben wurde. Diese mußte, wo sie geschah, überall daneben mit besonderer Gegenleistung entschädigt und selbst die Sicherheit des Landfriedens, des Schutzes auf der öffentlichen Heerstraße mit besonderem Zoll und Geleitsgeld bezahlt werden. Der Zoll von der Waarenbewegung aber wurde jetzt die indirecte Steuer, welche der Handelsmann und der ihm dienende Schiffs= und Wagenführer jedem von ihnen berührten Territoritalstaat entrichten mußte und ohne dessen Entrichtung die Durchfuhr durch das betreffende Territorium als ein Verbrechen gegen dessen Herrschaft mit Wegnahme von Fracht und Fuhrwerk geahndet wurde. Als solche Steuer wurde dieser Zoll in den spätern Jahrhunderten des Mittelalters, wenn auch nicht für das Reich, das seinen ausgedehnten Zollbesitz weder zu benutzen noch zu behaupten wußte, doch für die einzelnen Reichsstände eine der hauptsächlichsten Einnahmequellen, die auch so lange einseitig ausgebeutet und gesteigert wurde, bis die weitere Steigerung das Gegentheil des Beabsichtigten, statt Mehrung Minderung der Einnahme ergab, und der gesammte volkswirthschaftliche Körper des großen Reiches unter dem Druck von allen Seiten und an allen Orten schließlich ganz, wenigstens in seinem Großhandel zu ersterben drohete. Auf diese Erfahrung, die sich langsam aber unabweisbar geltend machte und von selbst ein endliches Stillestehen auf diesem nicht mehr ergiebigen Wege gebot, folgte seit dem Ende des. 16. Jahrhunderts eine weitere Entwicklung der Verbrauchssteuern, zunächst durch eine allgemeinere Einführung von Accisen und Licenten, die häufig freilich nichts andres waren, als alte Zölle unter neuen Namen, bei gesteigerter Uebung aber zu einer Trennung zwischen dem Zoll und den Verbrauchssteuern führten. Diese Entwicklungsstufe sehen wir zu Anfang des 18. Jahrhunderts insbesondere durch die in den Kurfürstenthümern Brandenburg und Sachsen nach französischem Vorbild eingeführten General= und Landacciseordnungen gekennzeichnet. Während seitdem das Verbrauchssteuersystem bis auf unsre Zeit seinen eigenen Entwicklungsgang einhielt, gewann der Zoll, der als Einnahmequelle seine hervorragende Rolle ausgespielt hatte, eine neue Bedeutung als ein Mittel der Handelspolitik, obwohl ihm auch hier noch eine Zeit lang die Verbrauchssteuer zur Seite stand und sich bei dem gänzlichen Mangel einer Grenzzolllinie und der damit verbundenen Grenzbewachung als ergänzendes Mittel zu dem, dem Zollwesen aufgedrungenen Zweck der Fernhaltung ausländischer Mitwerbung äußerst dienlich erwies.

Bevor man im deutschen Reich auf den Gedanken kam, durch Erhöhung der Zölle die ausländischen Gewerbserzeugnisse vom inländischen Gebrauch auszuschließen, suchte man schon durch Aus- und Einfuhrverbote denselben Zweck zu erreichen. Ausfuhrverbote übte man, nachdem sie zuerst nur Geld und Edelmetall zum Gegenstand gehabt hatten, seit dem Ende des 15. Jahrhunderts überhaupt als eine Maßregel, um den Unterthanen die unentbehrlichen Gewerbs- und Lebensmittel im eignen Lande zurück zu halten. Das Geld d. i. das Metallgeld, in der ersten Hälfte der mittelalterlichen Zeit von der Kirche wie in der Gesetzgebung als ein jeder Kapitalkraft d. i. jeder Fähigkeit zur Production entblößtes Tauschmittel betrachtet, bewies sich bald in der Verkehrswelt selbst, zumal da dieser Verkehr im 13. bis 16. Jahrhundert einen außerordentlichen und nachhaltigen Aufschwung nahm, als ganz besonders productiv und behauptete einen um so rascher steigenden Werth, als der vorhandene Vorrath mit der Erweiterung des Verkehrs und der Ausbildung der Metallgeldwirthschaft keineswegs gleichen Schritt zu halten vermochte. Demzufolge verwandelte die Verkehrswelt bis zum 15. Jahrhundert die dogmatische Ansicht von der Unfruchtbarkeit des Geldes in das grade Gegentheil, in den Satz: das Geld ist allein Kapital. Die Landesregierungen wandten nun in ihrer Handelspolitik hierauf ihre vornehmste Rücksicht. Die Unentbehrlichkeit dieses Metallgeldes, sein ungenügender Vorrath, der überall schnellen Abfluß doch nur langsamen Zufluß veranlaßte, führten zunächst in den Bergwerke besitzenden Staaten des Reiches zu dem Verbot der Ausfuhr von Edelmetall in jeder Form, womit sich auf Seiten der Landesherren noch die Absicht verband, das Edelmetall im eignen Lande möglich billig zu kaufen, um es in der Ausmünzung dann möglich hoch zu verwerthen. Diesem Ausfuhrverbot folgte als älteste Grundlage der Theuerungspolitik das Verbot der Ausfuhr von Getreide und Lebensmitteln, das mit dem Anfang des 16. Jahrhundert in den größeren Reichsländern schon häufiger eintrat, sobald schlechte Ernteergebnisse eine Theuerung in Aussicht stellten. Entschiedener auf die Förderung heimischer Gewerbe, ohne regalistische wenn auch nicht ohne fiscalische Absichten, berechnet waren die Verbote der Ausfuhr von Wolle und Wollengarn, die im Lauf des 16. Jahrhunderts begannen und in Verbindung mit den Verboten der Ausfuhr von Hanf, Flachs und Leinengarn bis in das 19. Jahrhundert als Schutzmittel der früher wichtigsten und ergiebigsten Landgewerben der Wollen- und Leinenweberei zu den hauptsächlichsten Ausgangspunkten des Mercantil- oder Sperrzollsystems gehörten.

Die ersten Einfuhrverbote dienten dem Regalismus der Landesherren und waren bestimmt, der landesherrlichen Regalwirthschaft gegen fremde Mitwerbung den Vorzug zu sichern. Zuerst wurde auf diese Weise das Bergregal geschützt, im 16. Jahrhundert z. B. in den österreichischen und den kurfürstlich sächsischen Ländern. Je weiter sich der Regalismus ausdehnte, je mehr die Landesherren die Erzeugnisse der Regal- und Kammerwirthschaft auf dem Wege der gewerblichen Verarbeitung höher zu verwerthen suchten, um so mehr erweiterten und schärften sich diese Verbote. Doch erwiesen sie sich bald als unausführbar und darum in den meisten Fällen erfolglos, theils weil die mangelhafte Grenz- und Straßenbewachung, sowie die gewöhnlich im Besitz der Gemeinden befindliche Thorhut überall die Controle erschwerten, theils weil die Regalwirthschaft sich meistens als ungenügend erwies, um die Bedürfnisse des eignen Landes zu decken. Diese Umstände leiteten auf eine Anwendung der Zollerhöhungen zu demselben Zweck, da solche neben dem für die eigenen Landes- und Regalerzeugnisse gesicherten Vorzug noch die Vortheile boten, daß nun die Ueberwachung der Einfuhr an die bestehenden und verhältnißmäßig gut organisirten Zollämter geknüpft, den Klagen über die Unzulänglichkeit der inländischen Production begegnet und zugleich jede durchaus nicht zu entbehrende fremde Einfuhr zu einer Einnahmequelle gemacht werden konnte. Diese vorwiegend regalistischen Zielpunkte verläugnen auch am allerwenigsten die Sperrzollsysteme des 18. Jahrhunderts. Am schroffsten drängten sie hervor im Königreich Preußen im System Friedrichs II und erst in den Schutzzollsystemen des 19. Jahrhunderts treten sie in den Hintergrund.

Nachdem einmal der Anfang eines unter den Verhältnissen des 16. und 17. Jahrhunderts sich nach verschiedenen Seiten hin als leicht ausführbar und erfolgreich empfehlenden Sperrzolles gemacht war, ergab sich der Anstoß zu der Fortbildung desselben, zu der Erstreckung dieses Schutzmittels von der Regalwirthschaft auf die größeren Landgewerbe der Wollen- und Leinenweberei, die ja auch zu den hauptsächlichsten Steuerquellen gehörten, von selbst. Auch diese erhielten nun einen doppelten Schutz, einmal durch das beidehaltene Verbot der Ausfuhr des ihnen dienlichen Rohmaterials und dann durch diese auf die gleichartigen fremden Erzeugnisse gelegten Eingangsabgaben. Bald gab es in den größeren Reichsländern — die kleineren blieben überhaupt bei den mittelalterlichen Zolleinrichtungen — keinen Gewerbszweig, ja keine einzelne hervorstechende gewerbliche Unternehmung mehr, die nicht den vermeintlichen Schutz durch den Sperrzoll in Anspruch nahm und die denselben um so leichter erhielt, je mehr sie auf unmittelbare Anregung der Regierung oder durch die Geldmittel derselben und monopolistische Privilegien unterstützt oder ganz gehalten wurde.

So unangemessen uns ein solches volkswirthschaftlich-politisches System, das die gesammte Gewerblichkeit des Landes im Ganzen wie im Einzelnen unter die besondere Aufsicht und gleichsam unter die Kassen- und Buchführung des Staates stellte, im Verhältniß zu den Verkehrs- und Gewerbsverhältnissen der Gegenwart auch erscheinen mag, so werden wir doch auch bei diesem System, sobald wir gewissenhaft die politischen, gewerblichen und Handelsverhältnisse des damaligen Reiches in Rechnung setzen, seine ebenso folgerichtige wie nothwendige, aus den vorausgegangenen und gleichzeitigen Verhältnissen emporgetriebene Entwicklung und seine trotz aller unläugbaren Nachtheile dennoch für die folgende Zeit ersprießliche und folgenreiche Wirksamkeit anerkennen müssen. Die aus der unglückseligen Zeit des dreißigjährigen Krieges übrig gebliebenen Reste der früher blühenden Volks- und Landgewerbe mußten gerettet, die außerhalb der Reichsgrenzen geschehenen Fortschritte der Gewerbe auch in den Reichsländern wieder heimisch gemacht, der deutsche Ausfuhrhandel, der bis auf geringe Ueberbleibsel auf die gleichfalls durch Sperrzollsysteme eng geschlossenen Nachbarstaaten übergegangen war, wieder auf sichere Grundlagen gestellt werden, und das hätte sich bei der gebrochenen Kapitalkraft des gesammten wirthschaftlichen Reichskörpers schwerlich ohne die den Regierungen zu Gebote stehenden Förderungsmittel erreichen lassen. Ein allgemeines Sperrzollsystem des Reiches gegen die niederdrückende Mitwerbung der Nachbarvölker, die Vereinigung aller Reichsländer zu einem einzigen, nur nach außen geschlossenen Markte hätte freilich die deutsche Volkswirthschaft um ein Jahrhundert früher zu neuer allgemeiner Blüthe emporgehoben, eine solche großartige gemeinsame That aber war bei der politischen Sachlage im Reich unmöglich, wie im 16. Jahrhundert, als die Hanse solche That gegen das feindliche England verlangte, so auch im 18. Jahrhundert, als die lebensfähigeren Reichsländer sich durch den Sperrzoll gegen einander wie sich gegenseitig belagernde Festungen abschlossen und Preußen und Sachsen den handelspolitischen Krieg gegen einander führten, und blieb auch noch unmöglich im 19. Jahrhundert, als das Bedürfniß nach einem gemeinsamen Zollsystem sich aller Orten dringend kund gab, Preußen aber dem grade entgegen ein neues Schutzzollsystem für sich allein feststellte und hartnäckig jede Aenderung zu Gunsten anderer Bundesglieder verweigerte. Und grade diese viel angegriffene und bekämpfte Zollreform traf den Nagel auf den Kopf. Was im Reich und noch weniger im deutschen Bunde von dem zu einem wesenlosen Schatten herabgesunkenen Haupte aus niemals möglich geworden war, das wurde nun endlich von dem festen Standpunkte aus, den Preußen inne hielt, auf dem Wege der Vereinbarung zum Heile der gesammten deutschen Volkswirthschaft glücklich erreicht.

Nachdem das Sperrzollsystem im deutschen Reiche feste Wurzel getrieben hatte, war auch die Nothwendigkeit einer steigernden Erweiterung desselben für alle, einer selbständigen Handelspolitik fähigen Staaten eine unausweichliche Folge, ein Zurückbleiben oder Umkehren auf diesem Wege ohne die größte Beeinträchtigung der Unterthanen nicht mehr möglich. Dennoch finden wir sogleich mit der Ausbildung dieses Systems im 18. Jahrhundert bei der gewerbtreibenden Bevölkerung auch einen entschiedenen Widerspruch gegen jede zu straffe Anspannung desselben. In Oesterreich wie in Preußen widerstrebte der Verkehr zu einem großen Theil dem Schutze, der auf Kosten und mit schwerer Gefährdung der Mehrzahl der Gewerbtreibenden wie aller Verbrauchenden die Gewerbszweige, welche einen glänzenden Großbetrieb und hervorstechende Einzelunternehmungen zuließen, begünstigte und grade durch die hier angewendeten Förderungsmittel unscheinbarere, doch ganze Districte ernährende Landgewerbe rücksichtslos zu Grunde richtete. Hier wie in den volkswirthschaftlichen Kreisen, die sich vorzugsweise dem Großhandel gewidmet hatten, lebte die Erinnerung an das im Reich althergebrachte und gebotene liberum commercium, an einen von Regierungsmaßregeln unbehinderten freien Verkehr fort, eine Erinnerung, die bei jeder Gelegenheit im Widerspruch gegen das überspannte herrschende System, auch nach Milderung des Sperrzolles in einen

Schutzzoll, wieder vorschlug und in unserer Zeit mit den Ergebnissen einer geläuterten und vorgeschrittenen Wissenschaft zusammentrifft, um das herrschende System in seinen Grundlagen zu erschüttern und die Hoffnung zu festigen, daß der durch die Politik weit über seine eigentliche Bedeutung hinaufgetriebene Zoll wieder in seine alten Schranken zurückgedrängt und nie mehr als das trügerische Mittel einer künstlichen Werthsteigerung gebraucht werde.

Aber auch bei den Regierungen, welche eine solche Handelspolitik in Ausübung gebracht hatten, regte sich früh das Mißtrauen gegen die Unfehlbarkeit des Systems und der Gedanke, daß ein gemäßigter Schutzzoll den Interessen der Staats- wie der Volkswirthschaft vortheilhafter sei als ein hochgespannter Sperrzoll. Insbesondre war es die Regierung des Kurfürstenthums Sachsen, die vermöge der Lage dieses Landes und seiner vorzugsweise gewerbtreibenden Bevölkerung stets mehr der Befreiung als der Behinderung des Handels zuneigte und in deren Kreisen auch während des 18. Jahrhunderts die Neigung, den Sperrzoll so viel nur immer möglich in einen Schutzzoll zu verwandeln, nie erlosch. Dasselbe Streben offenbarte sich im Königreich Preußen nach Friedrichs II Tode, wenn auch freilich noch nicht in durchschlagender Weise, bis es denn endlich hier, nachdem die Kriegspolitik Napoleons I dieses Sperrzollsystem als Waffe gegen England in der ausschweifendsten Ausdehnung als ein europäisches Continentalsystem gemißbraucht hatte, zu dem gemäßigten neuen Schutzzollsystem führte, das als solches die Fähigkeit besaß, ein gemeinsames Schutzzollsystem des deutschen Bundes zu bilden, und zuversichtlich auch den Beruf haben wird, in weiterer Fortbildung der Ausgangspunkt zu einer gänzlichen Befreiung des Weltverkehrs von den letzten Resten dieses Systems zu werden.

Aus diesem kurzgefaßten Ueberblick über die im vorliegenden Buche dargestellte Geschichte des deutschen Zollwesens erhellt neben der volks- und staatswirthschaftlichen auch die hervorragende historisch-politische Bedeutung desselben. In jedem Zeitalter spiegelt es die Gesammtlage der politischen Verhältnisse im Reich wieder und findet für alle Momente seiner Entwicklung die Erklärung und die Bedingungen zunächst hier. Dieser wechselvolle Zusammenhang, der für die Gegenwart um so lehrreicher wird, als er ein erläuterndes Beispiel zu den Mängeln und den Fehlern der deutschen Reichsverfassung und Reichsregierung an die Hand giebt, bildete einen besonderen Anstoß zu der Abfassung dieses Buches, und wenn es auch unmöglich war, überall in breiterem Umfang die Reichsgeschichte anzuziehn, so glaubt doch der Verfasser, daß es ihm nicht mißlungen sei, diesen Zusammenhang, wo es nöthig war, in anschaulicher und überzeugender Weise hervorgehoben zu haben. Einen solchen und mit ihm die wohl oder übel begründete hohe politische Bedeutung des Zollwesens anzuerkennen, haben wir ja auch in der Gegenwart die gewichtigste Veranlassung, da dieses Zollwesen eben in Folge solcher Entwicklung das einzig sichere und doch immer nur durch Verträge auf Zeit gesicherte Band geblieben ist, das die der Vereinzelung verfallenen süddeutschen Staaten mit dem fester gefugten norddeutschen Bunde vereinigt.

Was schließlich die diesem Buche zu Grunde gelegten Quellen betrifft, so habe ich dieselben überall unter dem Text gewissenhaft angegeben. Für die älteste Periode boten sich als Unterlagen von selbst die — Dank der Thätigkeit unserer Geschichtswissenschaft — in großer Anzahl herausgegebenen Urkundenbücher. Mit dem 16. Jahrhundert aber versiegte mir diese Quelle, ohne daß mir die vielen trefflichen, die späteren Jahrhunderte des deutschen Reiches behandelnden Geschichtswerke einen Ersatz gegeben hätten. Dagegen öffnete sich mir in dem überaus reichen Actenschatz des hiesigen Hauptstaatsarchivs ein bis dahin unbenutztes ausgiebiges Material, das ich Dank der Liberalität des k. sächsischen Gesammtministeriums und in Folge meiner Stellung als Archivar an diesem Archive in umfänglichster und sorglichster Weise benutzen konnte. Ich weiß wohl, daß damit noch nicht alles gegeben und der von mir in Angriff genommene vielseitige Stoff mit dieser Darstellung in der ganzen Breite seiner Entwicklung keineswegs erschöpft ist, und ich hoffe deßhalb, und werde es als eine gute Folge meiner Bemühung dankbarst anerkennen, wenn nun Andere aus andern Landesarchiven die Ergänzungen der für mich unausfüllbaren Lücken dieser Zollgeschichte herbeischaffen möchten.

Dresden, im September 1869.

Erster Zeitraum.

Das Zollwesen im Frankenreiche.

Sogleich beim Beginn des durch die Merowinger begründeten Frankenreiches erscheint der König, das Oberhaupt des gesammten Staats, auch als der alleinige und oberste Herr des Zollwesens. Er richtet Zollstätten ein und hebt sie auf, verleiht Zollerhebungen und Befreiungen, giebt Zollordnungen und Gesetze oder hat wenigstens, sie zu geben, allein das Recht. In der thatsächlichen Ausübung seiner Machtvollkommenheit auf diesem Gebiete erfährt er nie und von keiner Seite Widerspruch noch erkennt er neben sich eine Macht, welche, ohne von ihm Auftrag zu haben, einen gesetzlich begründeten Einfluß auf diesen Theil der Staatswirthschaft ausüben durfte. Das Zollrecht also, d. i. das Recht, Zölle zu erheben und zu verleihen, Befreiungen davon zu ertheilen und Aenderungen derselben anzuordnen, erscheint von Anfang an im Frankenreich als ein Regale, ein der königlichen Würde ganz und allein verbundenes und unbestrittenes Hoheitsrecht.

Chlodowich I[1]) ertheilte im J. 499 dem Kloster St. Peter im sennonischen Gau mit dessen Rechten und Besitzungen die Befreiung von Zöllen jeder Art und setzte im J. 510 von einer in gleichem Umfang den Mönchen Euspicius und Maximinus ertheilten Befreiung alle Bischöfe, Aebte, Zöllner und andre Diener in Kenntniß. Chilperich I verlieh im J. 562 den Zoll von Dornek der Kirche dieses Ortes und ihrem Bischof Chrasmar, zu erheben auf der Schelde von allen Schiffen und Waaren innerhalb der Stadt und zunächst der Mauern, ganz wie der königliche Fiscus denselben zu erheben befugt sei. Chlotachar II setzte im 9. Artikel des Edicts vom 18. October 614 fest, daß die Zölle nur, wie und wo sie zur Zeit seiner Vor-

[1]) Pardessus, Diplomata ad res Gallo-Francicas I, S. 36. 56.

fahren Guntram, Chilperich und Sigebert erhoben wurden, auch jetzt und ferner erhoben werden sollten. Dagobert I verlieh im J. 627 der Kirche zu Worms mit dem Markt den gesammten Zoll daselbst. Ebenso zeigen die Urkunden desselben Königs vom J. 629, Theodorichs III vom J. 681, Chlodowichs III vom J. 692, Childerichs III vom J. 710 und Chilperichs III vom J. 716, welche der Kirche von St. Denys mit dem Marktrechte zugleich die Zollfreiheit im Pariser Gau für alle bestätigten, welche diesen Markt besuchen, deßgleichen die Zollbefreiung Dagoberts I vom J. 632 für die Kirche St. Peter in Trier, die Bestätigungen der Zollfreiheiten der Klöster Stablo und Malmedy vom J. 651 durch Sigebert II, des Klosters Corvei durch Chlotachar III um das J. 660 die Hoheit des Königs als die Quelle der Verleihungen und Befreiungen auf diesem Gebiete[1]). Mag auch ein Theil dieser Urkunden von einer späteren Zeit gefälscht sein, so beweist doch auch diese Fälschung nur, daß der Grundsatz feststand, und im Zollwesen nur das gesetzlichen Boden hatte, dessen Ursprung auf den Willen des Königs zurückgeleitet werden konnte.

Dieselbe Machtvollkommenheit des Königs im Zollwesen ging auf die **Karolinger** über, sobald diese Thron und Krone an sich genommen hatten. König Pippin bestätigte im J. 753 dem Kloster St. Denys seine Zollfreiheiten und entschied im J. 759 einen Streit zwischen diesem Kloster und dem Grafen Gerhard wegen des Schiffszolles auf der Seine zu Gunsten des Ersteren. In dem Kapitular vom J. 755 und in einem späteren, wahrscheinlich vom J. 765, setzte er fest, wo und von wem Zoll erhoben werden sollte. Auch Karlmann bestätigte im J. 769 dem Kloster St. Denys die Zollfreiheit und verlieh dieselbe dem Kloster Novalese und dessen Angehörigen[2]). — Im vollsten und unbeschränktesten Maße übte Karl der Große während seiner langjährigen, nach allen Richtungen thätigen Regierung im Zollwesen die befreiende, verleihende und gesetzgebende Macht. Im J. 775 bestätigte er dem Kloster St. Denys die Zollfreiheit in seinen Reichen Franzien und Italien und verlieh eben dieselbe dem Kloster Flavigny sowie den Unterthanen der Straßburger Kirche.

[1]) Ebenda, 123. 229. — Monumenta Germ. Hist. (Leges) II, 5. 18. 94. 115. 187. 227. 285. 304. — III, 15. — [2]) Bouquet, Dipl. V, 699. 703. 713. — Mon. Germ. III, S. 27, Art. 22. — S. 31, Art. 4.

In den Jahren 779—808 bestätigte und verlieh er die Zollfreiheit den Klöstern St. Germain, Cormeri, St. Mariä in Organo, dem Bischof Julian von Piacenza[1]). Doch findet sich keine Urkunde von ihm, welche die Erhebung eines Zolles neu verliehen hätte, obwohl angeblich von ihm herrührende Bestätigungen später angeführt werden. In den Kapitularien nimmt Karl von allen fränkischen Königen am Ernstlichsten und Einsichtsvollsten auf des Reiches Zollwesen Bedacht, wenn auch seine zahlreichen Erlasse im Wesentlichen nur bestimmt waren, den hergebrachten Zustand, die gewohnte Weise der Erhebung und die bestehende Zahl der Zölle aufrecht zu erhalten. Das Kapitular vom J. 779, das von Mantua vom J. 781, die Kapitularien aus den Jahren 803, 805 und 809 beanspruchen entschieden die unbedingte und alleinige Oberhoheit des Königs im Zollwesen. Sie verbieten jedem, widerrechtlich Zoll in irgend welcher Art zu nehmen, und verordnen bei Strafe des königlichen Bannes die Aufhebung aller dort näher bezeichneten Zölle, welche den Reisenden und Kaufleuten gewaltsam abgedrungen werden[2]). — Auch Ludwigs des Frommen Urkunden und Kapitularien beweisen, wie eng und unbeschränkt das Zollwesen wenigstens der Auffassung nach mit dem Königthum als seiner allein rechtmäßigen Quelle verbunden war. Klöster und Bisthümer erhielten von ihm mehr oder weniger beschränkte Zollfreiheiten, der Bischof von Vienne, die Klöster von Ariane im Gau von Maguelone, Hornbach bei Zweibrücken, Stablo und Malmedy, Murbach, Angers, Fleury u. a. Gemeinschaftlich mit seinem Sohn Lothar bestätigte er im J. 827 dem Bischof Fulcovicus von Worms die diesem Stifte angeblich von Dagobert, Sigebert und Chilperich übertragene, von Pippin und Karl bestätigte königliche Zolleinnahme von allen in Worms, Ladenburg und Wimpfen ankommenden und durchgehenden Handelswaaren[3]). — Denselben Charakter der aufrecht erhaltenen Oberhoheit tragen die Kapitularien Ludwigs. Im Kapitular vom J. 817 verbot er, anderswo Zoll zu erheben, als wo derselbe von altersher, seit den Zeiten Pippins, gesetzlich erhoben sei, und bestimmte für den, der widerrechtlich eine

---

[1]) Bouquet, V, 730. 732. 742. 764. — Böhmer, Reg. Carol. S. 10. 23. 25. — [2]) Mon. Germ. III, 38. 41. 116. 118. 121. 134. 136. — [3]) Baluz VI, S. 453. 455. — Acta Palatina VI, 346. — Bouquet VI, S. 372. 464. 479. 488. 496. 508. — Schöpflin, Alsatia diplom. I, S. 64. — Schannat, hist. Episcop. Wormat. II, S. 5.

Zollabgabe erzwang, die Strafe der Zurückerstattung und der Bezahlung des Bannes d. i. von 60 sol. Das Kapitular vom J. 820 enthält umfangreiche Bestimmungen gegen alle widerrechtlichen und gewaltsamen Zollerhebungen und wiederholt nach Aufzählung aller geschehenen oder denkbaren Ungesetzlichkeiten die Strafe von 60 sol. für jede. Noch entschiedener lautet das von Ludwig und Lothar erlassene Kapitular vom J. 825, indem es den königlichen Sendboten befiehlt, zu untersuchen, wer die königlichen Zollgesetze gehalten oder gegen deren ausdrückliche Bestimmungen ungesetzliche Zölle zu erheben gewagt habe, damit die Schuldigen die gebührende Strafe, andern Nachlässigen zum abschreckenden Beispiel, treffen könne; nur wo von altersher ein gesetzlicher Zoll bestanden habe, solle derselbe auch in Zukunft erhoben werden [1]). Diese Bestimmungen zeigen freilich schon durch ihre häufige Wiederholung, wie vielfach und tief gewurzelt der Mißbrauch war, beweisen aber auch, daß Ludwig so wenig wie sein Vater auf eine alleinige und unbeschränkte Hoheit im Zollwesen Verzicht geleistet hatte.

Durch Ludwigs des Frommen Schwäche, durch seiner Söhne und Nachkommen Eifersucht und Zwietracht folgten nun die Zeiten, da das Frankenreich, durch die Gewalt der ersten Merowinger begründet, durch die Kraft Pippins und den Herrschergeist Karls aus den romanischen und germanischen Ländern und Volksstämmen Galliens, Italiens und Germaniens zusammengeschmiedet, sich allmählig wieder in seine Bestandtheile zersetzte. Der in jedem dieser Theile sich festwurzelnde Zustand der Gesetzlosigkeit und Zerrüttung machte es der gesunkenen, sich selbst zerstörenden königlichen Macht unmöglich, die überkommene Oberhoheit in allen Gebieten des Staatsrechts aufrecht zu erhalten und jeden offnen Widerstand, jeden heimlichen Mißbrauch und Raub am königlichen Gute niederzuschlagen. Auch das Zollwesen dieser Zeit giebt für den Verfall der königlichen Machtvollkommenheit einen schlagenden Beweis. Zwar zeigten die späteren Nachfolger Karls des Großen noch in einzelnen Kapitularien, daß sie die ererbte Oberhoheit nicht ganz vergessen hatten, doch lehren diese Erlasse, selten und abgeschwächt wie sie sind, in der Hauptsache nur, welche tief einschneidende allgemeine Zersetzung auf der einen Seite schon begonnen, und ein wie geringer, im Kern gebrochener

---

[1]) Mon. Germ. III, S. 213, Art. 17. — S. 228.

Widerstand denselben von der anderen Seite noch entgegengesetzt wurde. Von diesem zeugen zwei Kapitularien Karls II vom J. 847 und 854[1]), welche die ungerechten Zollerhebungen als offene und gewaltthätige Räubereien, die unter dem Scheine des Rechtes ausgeübt wurden, verboten, von jener geben die Urkunden der Nachfolger und die Erlasse, welche aus der Zeit Ludwigs des Kindes, des letzten Herrschers aus dem deutschen Zweige der Karolinger, erhalten sind, den Beweis. Ueberall schon wußten die Land besitzenden Großen, die Markgrafen und Grafen, die Bischöfe und Aebte ihren Einfluß auf unabweisbare Art geltend zu machen, und nicht mehr zufrieden mit Befreiungen von Steuern und Leistungen jeder Art, entrissen sie jetzt der Schwäche des Reichsoberhauptes immer beträchtlichere Theile der königlichen Einkünfte. So erhielt der Erzbischof Ratbot von Trier im J. 902 mit der Münze auch den dortigen Zoll, und im J. 907 das Münster zu Straßburg mit andern königlichen Gütern und Einkünften zwei Zölle im Salzburggau[2]). — Im J. 906 wurde zu Raffelstätten in Gegenwart desselben Ludwigs eine große Zusammenkunft bayerischer Bischöfe und Aebte und der königlichen Grafen des Osterlandes gehalten, um das Zollwesen von Neuem zu ordnen und festzustellen, denn laut und allgemein war die Klage, daß in diesem Donaugebiete die Land- und Flußstraßen durch ungerechte und unbillige Zölle ganz versperrt seien[3]). Aus den Satzungen dieser Versammlung sei nur hier hervorgehoben, daß selbst zu einer Zeit, da der Mißbräuche und Gewaltsamkeiten im Zollwesen unzählige waren und die Zügel der Regierung in den Händen eines Knaben ruheten, dennoch die Mächtigsten im Reiche den Grundsatz aussprachen, daß des Königs Oberhoheit die Quelle des Zollrechtes sei und kein Zollwesen im Reiche Bestand haben dürfe, das nicht unmittelbar dort seinen Ursprung habe und durch das Ansehn des Königs geheiligt sei.

In einzelnen Fällen aber entäußerte sich der König dieses Oberzollrechtes zu Gunsten Anderer, insbesondre der Stifter und Klöster, denn nur von Verleihungen an diese haben wir aus der ältesten Zeit Beispiele. Im J. 562 verlieh Chilperich I der Kirche von Dornek den Zoll innerhalb der Mauern dieser Stadt und der nächsten Um-

[1]) Mon. Germ. III, S. 429 folg. — [2]) Hontheim, hist. Trevir. I, S. 253. — Böhmer a. a. O. S. 117. — [3]) Urkundenbuch des Landes ob der Enns II, S. 54. Vergl. Waitz, deutsche Verfassungsgeschichte III, 59.

gebungen vom Fluß- und Marktverkehr, wie des Königs Fiscus denselben beanspruchen konnte, und zugleich die den Zoll betreffende Gerichtsbarkeit, wie der König dieselbe inne hatte; weder dieser und seine Nachfolger noch deren Beamte und Richter sollten jemals an denselben Orten einen Zoll erheben. In ähnlicher Weise bekräftigten Ludwig und Lothar im J. 829 dem Stifte Worms die königlichen Zolleinnahmen in dieser Stadt und verliehen demselben außerdem die Zollstätten zu Ladenburg und Wimpfen. Lothar II schenkte dem Stifte einen Mansus mit dem Zolle daselbst, Pippin eine Villa mit allen öffentlichen Zöllen innerhalb derselben[1]). — Hier wird also ein Einzelzollrecht vom König verliehen entweder innerhalb eines schon früher überkommenen Grundbesitzes oder zugleich mit diesem als ein in demselben schon bestehendes Recht; in beiden Fällen wurde oder war es mit dem Grundbesitz eng verbunden. Deßhalb erschien auch das Einzelzollrecht bald als ein nothwendiges und unzertrennliches Recht der sich ausbildenden Landesherrlichkeit, während das allgemeine Zollrecht als ein Theil der königlichen Oberhoheit angesehen blieb. Jenes aus dem Begriff der Landesherrlichkeit ableiten zu wollen[2]), ist ein Irrthum, denn seine gesetzliche Quelle war allein die königliche Oberhoheit; vielmehr gehörte die Erwerbung desselben zu den Mitteln, welche nach und nach den Begriff und die Macht der Landesherrlichkeit bildeten.

Mit den Nachrichten, welche das Zollwesen in seinem Ursprunge als königliches Regal darstellen, finden wir zugleich die Beweise, daß auch die Abweichungen von der allgemeinen Regel schon feststanden und ein begränztes örtliches Zollrecht mit dem Orte, an dem es haftete, an den Besitzer desselben übergegangen war. Zu keiner Zeit war im Frankenreich der königliche Fiscus ganz und allein im Besitze aller gesetzlichen Zollstätten und deren Einnahmen, vielmehr mußte schon das merowingische Königshaus bei seiner Erhebung die thatsächlich vorhandenen Entziehungen königlicher Zolleinnahmen gutheißen und urkundlich bekräftigen. So gab es zu jener Zeit schon zwei Arten gesetzlicher Zollerhebungen und Zollstätten, die königlichen oder Reichszölle und die landesherrlichen, als welche aus den Urkunden hauptsächlich die der Stifter und Klöster hervortreten. Dem-

[1]) Bouquet Dipl. VIII, S. 408. 706. Vergl. Waitz a. a. O. III, 55 folg. — [2]) Hüllmann, deutsche Finanzgeschichte des Mittelalters, S. 236 folg. Desselben Ursprung der Regalien. Dagegen Waitz a. a. O. II, 548.

nach wurde der Gegensatz zwischen Reichs= und landesherrlichem Zollwesen, der späterhin für die deutsche Volkswirthschaft wie für die Entwicklung der kaiserlichen Oberhoheit gleich drückend und verderblich wurde, aus früheren Zeiten in das Frankenreich herübergenommen und gesetzlich hier festgestellt. Daß nur von geistlichen Landesherren Zollurkunden aus dieser älteren Zeit erhalten sind, beweist keineswegs, daß weltliche Große damals noch nicht das Zollrecht als ein Befugniß ihrer Macht und Stellung an sich genommen hatten, denn in den nächsten Zeiten nach dem Verlöschen der Karolinger erscheinen sie ebenso häufig im Besitz von Zollerhebungen und verfügen mit noch größerer Freiheit und Willkühr darüber. Gewiß erwarben sie solchen Besitz auch im allmähligen Fortschreiten und jene Verbote und Strafandrohungen der Kapitularien gelten ebenso sehr den Anmaßungen der Weltlichen wie einem gewaltsamen Umsichgreifen der Stifter und Klöster. Diese aber, als geschlossene, nach bestimmten Grundsätzen verwaltete und meist an bedeutendere Städte gebundene Körperschaften, vermochten mit ihrem urkundlich befestigten Landbesitz den Sturm der Eroberungen und Wanderungen kräftiger zu überdauern, und sobald das Frankenreich Bestand erhielt, als fest und gesetzlich organisirte Glieder desselben und zugleich als der ersten Könige kräftigste Stützen hervorzutreten. Als solche konnten sie während des Umsturzes und der Umwandlung jede Gelegenheit benutzen, das Errungene zu befestigen und neue Befugnisse zu erringen. Ihre Häupter, gewöhnlich gebildete und vornehme, oft mit großem Vermögen ausgestattete Römer, gebrauchten ihre Rechtskenntnisse in jeder Weise zur Hebung ihrer Stellung und zur Sicherung des Stiftsvermögens, während die weltlichen Großen, meist germanischer Abkunft, allen Wechselfällen einer stürmischen Zeit unterworfen und ohne Kenntniß der römischen Rechts= und Verwaltungsformen, erst später daran dachten, urkundliche Beweise für ihren mit und ohne Recht erworbenen Besitz zu suchen und zu sammeln.

Die angezogenen Urkunden zeigen auch, wer und welche Gegenstände den Zoll entrichteten. Die Urkunde Chilperichs vom J. 562 gestattete der Kirche zu Dornek den Zoll von den Schiffen auf der Schelde, von Wagenlast und Saumlast auf der Brücke, von allen Kaufmannswaaren, welche in und bei Dornek verkauft würden. Die Urkunde Dagoberts I für St. Denys vom J. 629 erließ allen dorthin des Handels wegen kommenden Kauf=

leuten bis zum dritten Jahre den Zoll, dann aber sollten sie solchen von jedem Karren Honig, von allen Schiffen und von jedem Frachtwagen entrichten und nur das Kloster St. Denys selbst und seine eigene Handelsleute davon ausgenommen sein. Die Urkunde vom J. 681 befreite dasselbe Kloster vom Frachtzoll zu Lande und zu Wasser in Neustrien, Austrien und Burgundien. Diese Bestimmungen ergänzte das Kapitular vom J. 765 in Art. 4: niemand soll Zoll geben von Lebensmitteln und Frachtwaaren, die nicht für den Handel bestimmt sind, noch von dem, was er auf einer Pilgerfahrt nach Rom mit sich führt. Auch das Kapitular Karls des Großen vom J. 805 bestimmt in Art. 13, daß die alten und gesetzlichen Zölle nur von Handelsleuten und nie von denen, welche ohne die Absicht zu handeln eigene Waaren von ihrem einen Haus in das andre, in die Pfalz oder zum königlichen Heere führen, erhoben werden sollen. Auch die Kapitularien Ludwigs des Frommen vom J. 817 und 820 verbieten Zoll zu nehmen, wo nichts zu kaufen und zu verkaufen ist, oder von den zur Pfalz oder zum Heere Reisenden, welche Bestimmungen auch andere Kapitularien wiederholen [1]. — Die Zollsatzungen von Raffelstätten sind wichtig, weil sie die von altersher geltenden Grundsätze noch einmal zusammenfassen und zugleich von den mittler Weise vorgegangenen Veränderungen Zeugniß geben. Auch hier wurde nur die Handelswaare dem Zoll unterworfen. „Schiffe, welche die Donau herabkommen und über den passauischen Wald hinausgehen, zahlen, wenn sie bei Rosdorf oder sonst wo anlegen und Markt halten, als Zoll eine halbe Drachme, fahren sie weiter bis Linz, so zahlen sie vom Salz drei Halbmaß oder Scheffel. Von den Sclaven aber und übrigen Dingen zahlen sie dort nichts und haben das Recht, bis zum böhmischen Wald anzulegen und Handel zu treiben, wo sie wollen. Will ein Bürger sein eignes Salz in sein eignes Haus führen, so zahlen die Schiffsherrn nichts, sobald sie dieses durch einen Eid bekräftigt haben; zahlt aber unter erlogenem Vorgeben jemand den gesetzlichen Zoll nicht, so verliert er, wenn er ein Freier ist, Schiff und Ladung, ist er aber der Knecht eines Andern, so wird er gebunden, bis der Herr die Strafe zahlt. Kommen aber Bayern oder die Sclaven jener Gegenden mit Die-

---

[1]) Mon. Germ. III, S. 31. 134. 213. 228. 302. 363.

nern, Pferden und Fahrzeugen, um Lebensmittel zu erhandeln, so kaufen sie, wo sie wollen, ohne Zoll, was sie bedürfen, treiben sie aber Handel auf dem Markte selbst, so geben sie den vorgeschriebenen Zoll und kaufen dann, was sie wollen und wie sie können." Gesetzlicher Weise zahlte also nur der Handelsmann und zwar von den Waaren, die für den Markt bestimmt waren, den Zoll [1]; die gekaufte Waare wurde zollfrei, sobald sie der Käufer zu eigenem Gebrauch vom Markte nach Hause führte, doch mußte er auch in diesem Fall von der Kaufhandlung die gesetzliche Abgabe entrichten. Ganz zollfrei war, was der Besitzer vom Eigen in das Eigen führte, was in die königliche Pfalz oder zum Heere geliefert wurde und was jeder, der zur Pfalz oder zum Heere oder auf kirchliche Betefahrt reiste, mit sich nahm. Der Zoll in jenen ältesten Zeiten war also die dem gesammten Handelsverkehr auferlegte Besteuerung, welche jeder zu tragen hatte, sobald er mit Kauf oder Verkauf an diesem Verkehr Theil nahm.

Uebereinstimmend hiemit lauten die Zollbefreiungen. Der angeführten allgemeinen Zollfreiheit konnte jeder theilhaft werden, sobald er bewies, daß die Waare, die er mit sich führte, nicht einem Handelszwecke diente. Von der Zollfreiheit aber eines ganzen Standes, die derselbe als ein von altersher überliefertes, gesetzliches Recht hätte geltend machen können, findet sich bis zu Ausgang dieses Zeitraums keine Nachricht. Wenn die Bestimmungen, daß die Fahrt vom Eigen zum Eigen, zur königlichen Pfalz oder zum Heere zollfrei sein sollte, vornehmlich dem Land besitzenden und Kriegsdienst leistenden Stande zu gut kam, so galt doch diese Zollfreiheit nur unter bestimmten Bedingungen; wer diese mißbrauchte und um den Zoll betrog, verfiel der Strafe. Eine Zollfreiheit des adeligen Standes ist nirgends ausgesprochen noch jemals in Anspruch genommen, im Gegentheil heißt es in der Urkunde Karls des Großen für den Bischof von Piacenza: „der ganze Zoll vom Hof Cusianum sowohl von den Arimannen wie von den andern Freien" — und gerade diese Arimannen bildeten den grundbesitzenden Adel. [2] Eben so wenig finden wir in jenem Zeitraum eine allgemeine Zollfreiheit des geist-

---

[1]) Vergl. Waitz, a. a. O. III, S. 49. Etwas anders nimmt den Begriff des Zolls Hüllmann in seiner deutschen Finanzgeschichte, S. 222. — [2]) Vergl. Savigny, Geschichte des römischen Rechts I, S. 194.

lichen Standes[1]). Die Immunität, die auch weltlichen Großen verliehen wurde, konnte weder von diesen noch von den geistlichen Körperschaften als ein Standesrecht in Anspruch genommen werden, obwohl die letzteren dieselbe schon in früheren Zeiten fast alle durch urkundliche Verleihungen erworben hatten[2]). Bei jedem Thronwechsel bedurfte solche Verleihung der Erneuerung und Bestätigung. Mit der Allgemeinheit dieses Rechtes für die Kirche verband sich früh der Begriff der Nothwendigkeit und Unweigerlichkeit, so daß die Bestätigung desselben von der einen Seite von Rechtswegen begehrt, von der andern nicht willkührlich versagt werden konnte. In ihrem ersten Keim entsprang die Immunität den römischen Einrichtungen als eine Befreiung von der Grundsteuer und allen Leistungen, welche mit dem Besitz von Grund und Boden zusammenhingen. Aber schon während der fränkischen Eroberungen wandelte sich dieser Rechtsbegriff, weniger freilich unter dem Einfluß germanischer Rechtsanschauungen als unter dem Drang und Zwang der Verhältnisse, wesentlich um. Unter dem Schwanken und Umsturz aller Besitz- und Rechtsverhältnisse behielten die bedeutenderen Stifter und Klöster sicheren Bestand, fügten dem bisherigen Umfange ihrer Immunität neue Rechtsbefugnisse hinzu und errangen nach der Feststellung des neuen Reiches, als an Macht und Einfluß reiche Körperschaften, die Bestätigung ihrer thatsächlich vorhandenen Rechte. Den Begriff der Immunität aus dem spätern Begriff des Landesherrlichkeit erklären zu wollen[3]), heißt das Mittel aus dem Ergebniß ableiten. Aus den einzelnen Rechten der Immunität und aus den nach und nach dazu gekommenen Rechtsbefugnissen bildete sich die Machtvollkommenheit, welche wir unter dem Namen der Landesherrlichkeit zusammenfassen, nicht umgekehrt; jene sind die Bausteine, diese das Gebäude. — Neben den verschiedenen Einzelrechten und Freiheiten, welche die älteren Immunitätsurkunden umfänglich genug aufführen, wird die Zollfreiheit, auch wenn das Stift dieselbe längst schon besessen hatte, nur selten und erst in späteren häufiger erwähnt. Demnach wurde damals die Zollfreiheit der Klöster als ein für sich bestehendes, für sich zu erwerbendes und zu bestätigendes Recht betrachtet, nie als ein Vorrecht, das mit der Immunität als eine unverweigerliche Folgerung

---

[1]) Gregor. Tur. III, 25. IX, 20. X, 7. Vergl. Waitz a. a. O. S. 517. — [2]) Vergl. Roth, Beneficialwesen S. 118. 222. — [3]) Wie z. B. Eichhorn, deutsche Rechtsgeschichte, S. 286, § 47. § 172.

verbunden gewesen wäre. — In engerer Verbindung erscheint die Zollbefreiung mit dem Marktrechte. Die angezogene Urkunde für St. Denys befreite die dorthin reisenden Kaufleute für die Marktzeit von Zöllen und verlieh zugleich ein Zollerhebungsrecht, denn das Markthalten setzte stets eine Erhebung von Marktzöllen durch die Grundherrschaft voraus. Aber auch diese Vereinigung von Marktrecht und Zollfreiheit ist nur eine gelegentliche.

Die Zollfreiheit der Stifter und Klöster wurde entweder allgemein und ohne Einschränkung oder mit Beschränkung auf bestimmte Gegenstände oder nur für einzelne benannte Zollstätten verliehen. Jene erstere Art erscheint als die älteste wie z. B. die für Worms, für die Kirche St. Peter zu Trier und die Abtei Corvei, und findet sich am ausführlichsten bestimmt in der Urkunde Theoderichs III. vom J. 681 für das Kloster St. Denys: „in Neustrien, Austrien, Burgundien, wo nur immer von dem Kloster oder dessen Gütern auf Hin- und Rückfahrt jemand durchreiset, soll weder in den Städten noch bei den Burgen noch in Häfen noch in Pässen noch sonst irgendwo Zoll irgend welcher Art von ihnen erhoben werden." Mit einer weiteren Bestimmung führt dieselbe Urkunde zu den Zollbefreiungen der zweiten Art hinüber, indem sie alles Klostergut befreite, das zum Nutzen des Klosters und zum Bedarf der Klosterbrüder bestimmt war. Dieser Grundsatz wurde bei den Klöstern auch auf den Verkauf erstreckt, da dieselben als Wohnsitze einer größeren Vereinigung von Männern oder Frauen nicht nur bedeutende Einkäufe zu eignem Bedarf machten sondern auch die Erzeugnisse ihrer Ländereien und ihres Gewerbfleißes gegen andere Waaren oder Geld umtauschten. So gestattete Ludwig der Deutsche im J. 861 der Aebtissin Amalberga von Brescia für den Kaufmann Venuarius, der in ihrem Auftrag mit Waaren zum Verkauf reisete, die Zollfreiheit. Häufiger noch wurden die Klöster, die an schiffbaren Flüssen lagen, auf diesen und den Nebenflüssen für eine bestimmte Anzahl von Schiffen, gewöhnlich zwei höchstens fünf, vom Zoll befreit, z. B. das Kloster Cormeri von Karl dem Großen im Jahre 800 für zwei Schiffe auf der Loire und den benachbarten Flüssen, die Klöster Stablo und Malmedy im J. 814 auf Rhein und Maas, das Kloster Mesmin de Miçi im J. 815 für seine Wagen und drei Schiffe, das Kloster St. Germain für 4 Schiffe auf der Loire. Das Kloster Kempten erhielt von Ludwig II im J. 837 die Erlaubniß, auf drei Schiffen zollfrei von Hall Salz zu holen, das Kloster Münster in Gregorienthal im J. 844 die Zollfreiheit für seine Salzwerke, also auch für das zu verkaufende Salz. Eine Beschränkung auf benannte Handels- und Zollplätze finden wir in der Urkunde Karls des Großen vom J. 779, welche die Abtei St. Germain zu Utrecht, Dorstatt und Nimwegen vom Zoll befreite. Eine weitere Art von Zollbefreiung erstreckte sich auf alle einer Kirche angehörigen Leute und Unterthanen, oder auf alle, welche den auf dem Gebiete des Klosters begründeten Markt besuchten, und wurde also in diesem Falle mit dem Marktrechte verbunden. So erwarb Bischof Etto von Karl dem Großen im J. 775 für alle Leute der straßburg'schen Kirche die Zollfreiheit und das Kloster St. Denys innerhalb des Pariser Gau's für alle, welche die Messe des Klosters des Handels wegen besuchen würden.[1])

Es gab Zölle von sehr verschiedener Art und Benennung, deren Untersuchung ergeben wird, an welchen Stätten, unter welchen Formen und Vorwänden dieselben erhoben wurden. Die Urkunde Chlodowichs I vom J. 499, welche das sennonische Kloster St. Peter vom Zolle befreite, nennt als Arten desselben: pedaticos, teloneos, rotaticos, portaticos, ripaticos. Die Urkunde Chilperichs I vom J. 562 verlieh der Kirche von Dorneck teloneum de navibus vel de omnibus venalibus ubicumque vendantur seu infra muros seu in appendiciis murorum und bezeichnet weiter unten als verschiedene Zollarten: teloneum de quolibet commercio, tam navigio quam et de carrigio aut de saginis vel de ponte — — nec non de omnibus venalibus ubicunque vendantur. Am vollständigsten führt die Urkunde Dagoberts I für das Kloster St. Denys vom J. 629 die Zollerhebungsarten auf. Sie erläßt zuerst allgemein den Zoll — teloneum — bis zum dritten Jahr, bestimmt dann, daß die Kaufleute von Schiff und Wagen je 12 Pfennige „et vultaticos et passionaticos" zahlen sollen und nennt weiter: teloneos vel navigios, portaticos, pontaticos, rivaticos, rotaticos, vultaticos, themonaticos, chespetaticos, pulveraticos, foraticos, mestaticos, laudaticos, saumaticos, salutaticos. Die Zollbefreiung Chlotars II für das Kloster Corvei vom J. 660 sagt einfacher: „ubicumque teloneum, pontaticum, rotaticum, ceteras redhebitiones fiscus noster a cursoribus seu iter agentibus exigere

[1]) Bouquet, V, 764. — VI, 372. 453. 479. 488. VIII, 380. — Neugart, Cod. diplom. Alemann. II, S. 7. 8.

consuevit.“ Die Urkunde Theoderichs III für St. Denys vom J. 681 stellt gegenüber tam carrale quam navigale und fährt dann fort: „nec per civitates nec per castella nec per exitus nec ubi et ubi tilloneos exigetur; nec pontatico nec pulveratico nec rodatico nec salutatico nec cispitatico nec qualibet redibitione.“ — In den Urkunden und Kapitularien der Karolinger zeigt sich dagegen eine große Einfachheit der Benennungen und der allgemeine Ausdruck teloneus oder teloneum, oft in der Mehrzahl gebracht, ist in vielen Fällen auch der einzige. Selten begegnet uns noch eine ausführliche Aufzählung. Doch giebt uns die Urkunde Ludwigs des Frommen für das Kloster St. Germain vom J. 816 zu den schon aufgeführten noch neue Benennungen: „ad quascunque civitates, castella aut portus vel cetera loca accessum habuerit, nullus ex eis — aut coenaticum aut pastionem aut laudaticum aut tranaticum — — exigere audeat.“ Auch das Kapitular Karls des Großen vom J. 803 giebt zu dieser Aufzählung einen Beitrag durch die Bestimmung: „ut nullus praesumat teloneum per viam nec per villas nec rotaticum nec cepstaticum nec pulveraticum recipere.“ In derselben Weise bieten die Kapitularien, indem sie teloneis justis, consuetis et legitimis telonea iniusta, inconsueta, illicita gegenüber stellen und die einzelnen Zollarten und ihre Mißbräuche weniger durch Namen als durch thatsächliche Beschreibung kenntlich machen, manches zur Erklärung der zum Theil sehr dunklen Benennungen. Das Kapitular Pippins vom J. 765 verbietet zuerst allgemein den Zoll von Lebensmitteln und Frachtgut, die nicht für den Handel bestimmt sind, und fährt dann fort: de saumis similiter, ubicunque vadunt, et peregrinis similiter constituimus, qui propter deum ad Romam vel alicubi vadunt, ut ipsos per nullam occasionem ad pontes et ad exclusas aut navigio teneatis“. Das Kapitular Karls vom J. 803 verbietet die ungesetzlichen Zollerhebungen per viam et per villas, mit dem erklärenden Zusatz „rotaticum nec cepstaticum nec pulveraticum“. Das Kapitular vom J. 805 bestimmt, daß die gesetzlichen Zölle nur erhoben werden sollen „tam de pontibus et de navigiis seu de mercatis“ d. i. foraticum. — Im Kapitular Ludwigs des Frommen vom J. 817 heißt es: vel ubi navis per mediam aquam aut sub pontem ierit et ad ripam non adpropinquaverit, neque ibidem aliquid emptum vel venundatum fuerit, ulterius teloneum non detur“ d. i. ein ripaticum. Letzteres verbietet auch das Kapitular Ludwigs des Frommen vom J. 820

„in ripis aquarum ubi tantum naves solent aliquibus noctibus manere". Aus der Urkunde Ludwigs für das Kloster St. Germain vom J. 816 führe ich noch die Bestimmungen an: „ad quascunque civitates, castella aut portus vel cetera loca accessum habuerit", aus dem Kapitular vom Jahre 817 „trastura", anderswo „transitura", aus andern noch die nur vereinzelt vorkommenden Ausdrücke exclusaticus, mediaticus, planaticus [1]).

Die Benennung, die in den Urkunden meist voransteht, und wo es nöthig ist, als Gesammtausdruck gebraucht wird, ist teloneum oder teloneus, während vectigal in diesen Zeiten nur selten vorkommt. Einige Male steht teloneum dem navigium so gegenüber, daß es im Gegensatz zu diesem den Landzoll zu bezeichnen scheint, im Ganzen aber darf es als der allgemeine und umfassende Ausdruck, gleichbedeutend mit unserm „Zoll", das auch daraus entstanden ist, aufgefaßt werden. Schon die merovingischen Urkunden haben tolloneum und toloneum, tollonarius, im Sachsenspiegel und im Niederdeutschen heißt es toln und tolner, in der oberdeutschen Mundart zol und zolner. — Diesem telonium in allgemeiner Bedeutung nahe kommend erscheint das selten vorkommende trastura oder transitura, der Durchgangszoll auf Land- oder Wasserstraßen, der Gegensatz also zu den Marktzöllen. Dieser Durchgangszölle aber gab es zwei Hauptarten, die Landzölle, carrigia oder carrigalia, welche die Landfahrzeuge trafen, und die Wasserzölle, navigia oder navigalia, welche von den Schiffen erhoben wurden. Zu jenen, den Landzöllen, gehört entschieden saumaticum. Sauma oder sagma (sarcina), die Last, wird später ausschließlich für die Waarenlast des Pferdes, Maulthiers und Esels gebraucht; ebenso bezeichnet das deutsche „Saum" in den folgenden Jahrhunderten bei einzelnen Waarengattungen eine bestimmte Menge z. B. ein Saum Tücher = 12 Stück, $^1/_2$ Saum = 6 Stück. Daher auch die Benennung Saumthier und Säumer, d. i. das Lastthier und der Führer desselben. Saumaticum ist also die Abgabe von einem Saum Handelswaare, von der Traglast eines Saumthiers. Bei Tarifbestimmungen bildet Sauma die Einheit, die Menschenlast, onus unius hominis, wie es in den Zollsatzungen von Raffelstätten heißt, war die Hälfte desselben. — Ebenso unzweifelhaft zu den Land-

---

[1]) Vergl. zu diesem Abschnitt Waitz, Verfassungsgeschichte III, S. 52. Anm. 1; Hüllmann, deutsche Finanzgeschichte, S. 222 folg., Du Cange, Glossarium, unter den einzelnen Benennungen.

zöllen gehört das pedagium oder pedaticum. Auf dieses bezieht sich die Zollbefreiung der Priester und Pilger auf der Rom= und Betefahrt, der Boten und discursores. Es ist der Zoll, den der Reisende für seine Person zu zahlen hatte. Auch das pulveraticum, Staubgeld, konnte nur auf dem Lande erhoben werden. Oben wurde aus einem Kapitular das Verbot angeführt, daß Niemand diesen Zoll per viam et per villas erheben solle, d. i. so weit die Villen von den Straßen durchschnitten werden. Damit wurde aber kein allgemeines Verbot des pulveraticum ausgesprochen, sondern nur ein Mißbrauch desselben von Seiten der Grundherrn untersagt, denn in spätern Beschreibungen wird dasselbe unter andern gesetzlichen Zollarten aufgeführt. Die Statuten von Foruli vom J. 1235 verbieten von den Schafen ein pulveraticum in eundo vel redeundo zu erheben; hier ist es also ein Staubgeld von durchziehenden Viehheerden. — Einen vierten Landzoll, rotaticum, nehme ich als den allgemeiner gewordenen Ausdruck für den Zoll vom Wagen — das Rad steht für den ganzen Wagen —, gleichbedeutend mit dem seltner vorkommenden carrale oder carrigium. Jeder Zoll wurde als die Entschädigung für einen verursachten und möglichen Schaden oder als Wiedererstattung eines vorher gemachten Kostenaufwandes gedacht und wurde nur durch solchen Vorwand zu einem Recht. Als ein Entgeld für den Schaden, der durch das Rollen der Räder entstehen könnte, galt das vultaticum oder voltaticum, von volvere. Daß ein solcher Zoll als eine unter gewissen Umständen gebotene Entschädigung vorkommt, beweist auch eine Bestimmung des Sachsenspiegels[1]): „sve so unrechten wech sleit over gewunnen land, vor jewelk rat sal he geven enen penning, die ridene man enen halven, und solln den scaden gelden, of dar rat uppe stat; dar vore mut man se wol panden". Auch der Schwabenspiegel[2]) bestimmt: „swer über gebuwet lant vert, da sol daz rat einen phenninc geben unt der ritende einen". Auch das cespitaticum, Rasengeld, ist eine Entschädigung für die durch die Räder dem Wiesengrund oder den Abseiten der Straße zugefügte Verletzung. In einem schon angeführten Kapitular war dieser Zoll per viam et per villas verboten; hier also scheint es ein Entgeld für verletztes Eigenthum zu sein, während die Römer wohl dabei eine Bezahlung für die Ausstattung des Straßenkörpers im

[1]) Sachsenspiegel, Ausg. von Homeyer, S. 88, lib. II, Art. 27, § 4. —
[2]) Schwabenspiegel cap. CLXVIII, Ausg. von Gengler S. 114.

Auge hatten. Mißbräuchlicher Weise wurde solches Rasengeld auch von Schiffen am Flußufer erhoben, doch in der angeführten Urkunde Karls des Kahlen verboten; in diesem Falle war es eine ungesetzliche Erweiterung des ripaticum. Mestaticum nimmt Du Cange für verschriebenes mutaticum, doch kehrt dasselbe Wort öfter wieder, indeß mutaticum und muta gleichbedeutend mit teloneum in allgemeiner Bedeutung gebraucht werden. So bezeichnet der Freibrief Arnulfs[1]) für die Kirche von Freising im J. 898 mit muta ganz allgemein Zoll zu Land und Wasser. Auch heißt es in einer Urkunde Ludwigs des Frommen vom J. 807: „nullum teloneum neque quod lingua theodisca vocatur muta.“ Später wurde muta, Maut, der allgemeine Ausdruck für Zoll aus deutschem Wortstamme, im südöstlichen Deutschland gebräuchlicher, während im übrigen Deutschland Zoll aus lateinischem Stamme vorherrschend blieb. Mestaticum, stets unter den übrigen Einzelzöllen aufgeführt, ist auch als solcher zu nehmen. Von mesta oder meta, Grenz- und Meilenzeichen, abgeleitet, möchte es wohl die Abgabe sein, welche der Staat d. i. ursprünglich der römische oder seine Zollpächter als ein Entgeld für die Herstellung und Erhaltung der Meilen- und Wegezeichen längs der Straßen erhob. Als solches wurde es in das Frankenreich hinüber genommen, freilich ohne die damit verbundene Fürsorge für Straßen und Straßenzeichen.

Diese Zölle wurden alle nur auf den Landstraßen erhoben, das pontaticum, Brückengeld, jedoch auch von der Wasserstraße. Daß man den Uebergang über eine Brücke mit einer Abgabe bezahlen mußte, erwähnen die Kapitularien mehrfach. „Theloneus aut census non exigitur a quolibet ubi nec aqua navigio aut pontem transeundum non est“, heißt es in Karls des Großen Kapitular vom J. 803, und in einem andern von demselben Jahre: „nisi ubi antiquitus pontes constructi sunt.“ Doch auch von Schiffen wurde ein pontaticum mißbräuchlich erhoben: „De navibus, quae vadunt sub pontibus videlicet ut inde teloneum non exigatur“, heißt es in einem Kapitular Karls des Kahlen. Manche Brücken hatten wohl Durchlässe oder waren, wenn sie über kleinere Flüsse führten, beweglich; für die Eröffnung oder Abtragung solcher Brücken zahlte dann das durchfahrende Schiff diese Abgabe. Das Kapitular Ludwigs des Frommen vom J. 817 verbietet, Zoll zu nehmen, wo das

---

[1]) Meichelbek, Histor. Frising. I, S. 147.

Schiff sub pontem ierit, das Brückenjoch also ohne besondre Eröffnung durchfahren konnte. — Dieselbe Doppelbedeutung findet sich auch im portaticum, ursprünglich Thorzoll, als welcher es in der Befreiungsurkunde Karls des Großen für Verona erscheint: in transitibus portarum vel pontis urbis Veronae", also portaticum und pontaticum. Als Durchgangszoll für Land- und Wasserfahrer zugleich bezeichnet es der Freibrief Theoderichs III für St. Denys: „nec per civitates nec per castella nec per portus nec per exitus." Die Häfen hatten Thore gleich den Burgen und Städten, wenigstens verschließbare Eingänge, desgleichen die Flüsse, welche Städte durchströmten, und diese wurden wie die Stadtthore den Handelsleuten und ihren Fahrzeugen nur gegen Zoll geöffnet. Als Hafenzoll allein erscheint es wieder in einer Urkunde des Langobardenkönigs Aistulf vom J. 783: „ut de singulis navibus portaticum exigatis." Von Wasserklausen, bei denen ein Schiffszoll bezahlt wird, redet das Kapitular Pippins vom J. 765: „per exclusas navigio teneatis." Der besondre Ausdruck für diesen, bei solchen Klausen entrichteten Zoll ist exclusaticus[1]). — Dagegen wird das eben so selten vorkommende plantaticus[2]) als Ankergeld, die für das Recht zu ankern bezahlte Abgabe erklärt und stand demnach mit dem ripaticum in enger Verbindung. Zu den Durchfahrts- und Durchgangszöllen gehörte auch das gleichfalls selten erwähnte passaticum. Als eine Abgabe von kleineren Schiffen erscheint das barganaticum[3]), Barken- oder Nachengeld, wobei freilich ungewiß bleibt, ob es beim Verweilen im Hafen oder für die Durchfahrt erhoben wurde. Unzweifelhaft der Schifffahrt allein gehört das ripaticum an, der eigentliche Ufer- oder Anlegezoll. Nach dem Kapitular Ludwigs des Frommen vom J. 817 sollte dieses ripaticum nicht verlangt werden, so lange das Schiff im Stromlaufe blieb, und am Ufer nur, wenn es zu Kauf und Verkauf anlegte. Ebenso wenig sollten nach dem Kapitular vom J. 820 Schiffe, welche nur anlegten, um einige Nächte zu verweilen, oder unter Brücken durchfuhren, dasselbe entrichten, sondern nur, sobald sie mit der Absicht, Markt zu halten, anlegten, das Ufer also von Schiffern und Kauflustigen betreten und beschädigt wurde. Ein andrer von Schiffen erhobener Zoll war das tranaticum oder trahaticum, Schiffsziehgeld, welches für den Lein-

---

[1]) Bouquet, V, 730. VI, 649. — [2]) Ebenda VI, 670. — [3]) Ebenda V, 730. 732.

pfad des Flußgestades entschädigen sollte und, wo kein Leinpfad bestand, das Recht bezahlte, das Schiff am Ufer hin durch Menschen oder Thiere ziehen zu lassen. Einige andere selten genannte Zölle, die auch zu Land und Wasser gleichmäßig erhoben zu sein scheinen, erklären sich weniger leicht aus dem Namen. Das themonaticum, von temo, die Deichsel aber auch das Steuerruder, nehmen die Meisten als ein Entgeld für den durch die Deichsel in Feld und Wiese angerichteten Schaden, doch haben wir fast schon zu viel Zölle als Entgeld für solche Beschädigungen kennen gelernt. Vielleicht war es eine Abgabe, mit welcher der Reisende das Recht erkaufte, aus den an der Straße oder dem Flusse wachsenden Bäumen Deichsel, Mast oder Ruder im Nothfall erneuern zu dürfen. Dieser Zoll stände dann mit dem im Kapitular Ludwigs des Frommen vom J. 820 erwähnten teloneum in silvis, silvaticum in Verbindung. Spätere Weisthümer erwähnen des Rechtes, daß der Reisende seinen zerbrochenen Wagen aus dem nächsten Walde bessern durfte, dafür aber auf den Stumpf des abgehauenen Baumes als Ersatz drei Pfennige legen mußte[1]). Auch die deutschen Seestädte sicherten sich in ihren ältesten Verträgen mit den russischen Fürsten neben der Zollfreiheit das Recht, Mast oder Steuerruder aus den Bäumen des Newaufers zu ersetzen. — Auch pastio und coenaticum möchte sich aus den spätern Weisthümern erklären. Nach denselben durfte der zu Roß Reisende für sein Pferd, wenn es vor Müdigkeit erliegen wollte, Korn schneiden eines Pfennigs werth, oder dasselbe mit den vordern Füßen bis an die Brust in das nächste Kornfeld treten und sich an der stehenden Frucht sättigen lassen. Auch er selbst wie der zu Fuß Wandernde durfte zur Stillung seines Hungers von Baum- und Feldfrüchten z. B. von Nüssen einen Handschuh voll pflücken[2]). Durch die pastio wird sich der Reisende das Recht der Speisung für sein Roß, durch das coenaticum für sich selbst erkauft haben. Beide Abgaben, in das fränkische Reich hinübergenommen, bildeten sich unter veränderten Verhältnissen des Straßenwesens und Grundbesitzes zu der eigenthümlichen Form aus, die wir in diesen Weisthümern finden.

Ueber die von der Handelsthätigkeit selbst erhobenen Abgaben,

---

[1]) Jakob Grimm, deutsche Rechtsalterthümer, S. 403. — [2]) Ebenda. — Vergl. auch Friedrichs I allgemeinen Landfrieden vom J. 1156 bei Lünig, R. A. Part. Gener. cont. II, S. 117.

die Marktzölle, foraticos, telonea de mercatis, sind nur wenige Bestimmungen erhalten und im Gegensatz zu dem künstlichen System der Durchfuhrzölle scheint eine weitere Entwicklung derselben erst in die spätere Zeit des ausgebildeten Städtewesens zu fallen. Aus den älteren Quellen erkennen wir nur, daß der Käufer wie der Verkäufer, sobald die Kaufwaare von einer Hand in die andre überging, an den Grundherrn oder wem die Erträgnisse des Marktplatzes zustanden, eine gesetzlich festgestellte Abgabe zahlen mußte. Die Zollsatzungen von Raffelstätten unterscheiden Durchfuhrzölle und Marktzölle, jene wurden beim Eintritt in das dort bezeichnete Gebiet, diese erst nach Beginn des Markthandels entrichtet. Auch die Bestimmungen der Kapitularien, daß Zoll zu zahlen sei, wo ein Schiff anlegt, um zu kaufschlagen, wo etwas gekauft oder verkauft wird, deuten auf den Marktzoll. Zu diesen Marktzöllen gehörten das laudaticum und das salutaticum. Laudaticum, von laudare, im spätern Latein gleichbedeutend mit consentire, wird in der Befreiungsurkunde vom J. 816 den Schiffen des Klosters St. Germain erlassen. In spätern Urkunden kommt es vor als die Abgabe, mit welcher die Handelnden die Zustimmung des Marktherrn zu der Kaufhandlung erwerben. An diese Bedeutung erinnert auch das im Lehnswesen gebräuchliche laudemia. Mit dem salutaticum, von salus Schutz, erkaufte der Handelsmann für Person und Waaren innerhalb des Marktgebietes den Schutz des Grundherrn, die Theilnahme am Marktfrieden. Der Grundherr hatte den Bann über den Markt, die Verpflichtung, den Frieden während der Marktzeit und für die Handelsleute auf der Hin- und Rückreise innerhalb seines Gebietes zu wahren, und erhob das salutaticum als die Entschädigung für diese Pflicht. Aus diesem salutaticum entwickelte sich das spätere Geleitswesen.

Dieses künstlich ausgebildete Zollwesen wird schon in der ältesten merowingischen Urkunde vom J. 499 als für das ganze Reich zu Recht und Kraft bestehend vorausgesetzt. Im J. 614 will Chlotar II das ganze Zollwesen und alle Zollstätten in derselben Weise und demselben Umfang, wie solches ihm von seinen Vorfahren überliefert sei, unverändert erhalten wissen. In allen folgenden Zollerlassen findet sich von einer Fortbildung des Zollwesens durch königliche Gesetzgebung keine Spur. Alle Könige sind nur bemüht, die consueta telonea in dem von altersher überkommenen Zustande zu erhalten und die neuernden Gewaltsamkeiten und Mißbräuche einzuschränken. Auch die Kapitularien der Karolinger wollen nichts andres. „Zölle soll niemand erheben, außer wo sie von altersher erhoben worden sind"; „niemand soll einen Zoll erheben außer der alten Gewohnheit gemäß und niemand anders als an althergebrachten gesetzlichen Stätten", — sind die stets wiederholten Gesetze. Die Kapitularien Karls des Großen wie Ludwigs des Frommen setzen stets den alten und gesetzlichen Zöllen die neuen und ungesetzlichen gegenüber, wollen jene stets im althergebrachten Zustand erhalten, diese gänzlich abgethan wissen. Nach Ludwig dem Frommen rissen auch im Zollwesen Zustände der größten Verwirrung und Gesetzlosigkeit ein, welchen endlich, wenigstens für einen Theil des Reiches, die Versammlung geistlicher und weltlicher Großen zu Raffelstätten ein Ziel zu setzen sich bemühte. Die hier vereinbarten Satzungen stellen wieder als ersten Grundsatz vorauf, daß die Zölle nur da und nur so erhoben werden sollen, wie und wo sie zur Zeit Ludwigs, Karlmanns und der übrigen Könige rechtmäßig erhoben wurden. Wir finden also schon unter Chlodowich I das Zollwesen fertig und ausgebildet und durch alle folgenden Zeiten bis auf den letzten deutschen Karolinger auf diesem Gebiete nur das als recht und gesetzlich, was und wie es von den Vorfahren überliefert war.

Betrachten wir die einzelnen Mißbräuche, welche als solche in den Erlassen der Karolinger verboten wurden, so treffen wir im Kapitular vom J. 765 auf eine ungesetzliche Erhebung des pedaticum von Pilgern auf der Betefahrt und im Gegensatz davon das Verbot des Zollbetrugs unter dem Vorgeben einer Pilgerfahrt. Die Kapitularien von 779 und 781 verboten, Zölle gegen die alte Gewohnheit und an ungewöhnlichen Orten zu erheben, und eine Bestimmung zum ripuarischen Gesetz vom J. 808, solchen Zoll von der Straße und den Villen, d. i. so weit die Straße den Grundbesitz berührte, zu nehmen. Demnach begann schon damals der Mißbrauch, daß die Grundherrn ohne urkundliche Berechtigung für die Berührung ihres Grundes und Bodens auch auf gemeiner königlicher Heerstraße dieselben Zölle verlangten, welche dem König und den von ihm Beliehenen zustanden. Als neue und ungesetzliche Zölle bezeichnet das Kapitular vom J. 805: „wo Seile über den Fluß gespannt oder von Schiffen, die unter einer Brücke durchgehen, die Abgabe erhoben wird, oder wo man Zölle verlangt, für welche der Reisende keine Gegenleistung noch Hülfe erhält." Hier wird also die Erpressung des portaticum und pontaticum untersagt. „Nur da darf ein Zoll gefordert werden, wo dem Reisenden eine Förderung, eine Hülfe für seine Reise geleistet wird." Dieses Gebot ist hier zuerst als das Grundgesetz des gesammten gesetzlichen Zollwesens hervorgehoben, welches Gesetz die Grundherrn freilich dahin umkehrten, daß ein Zoll überall da zu entrichten sei, wo dem Reisenden sonst ein Hinderniß in den Weg gelegt werden könnte. — Das Kapitular vom J. 809 verbot, jemand des Zolles wegen zum Gebrauch einer Brücke zu zwingen, wenn der Fluß anderswo bequem überschritten werden könnte, und ebenso, einen Zoll zu erheben, wo auf offnem Felde eine Brücke und kein Flußübergang war. Demnach verhinderten die Grundherrn den Gebrauch freier Furten und bauten Brücken auf trocknem Felde, vielleicht wo der Regen schnell verschwindende Sturzbäche bildete, beides nur, um ein ungesetzliches pontaticum zu erheben. Auch das Kapitular vom J. 817 gestattete den Gebrauch einer Furt neben der Brücke und verbot die Erhebung eines ripaticum, so lange die Schiffe mitten im Stromlauf blieben. Das Kapitular Ludwigs des Frommen vom J. 820 setzte fest: „Wir wollen, daß niemand einen Zoll erhebt außer auf Märkten, wo gemeine Waare gekauft und verkauft wird, noch auf Brücken, wo nicht von altersher Zoll erhoben wurde, noch an Flußufern, wo Schiffe nur einige Nächte zu bleiben pflegen, noch in Wäldern, noch auf Straßen und Feldern, noch bei Durchgängen unter Brücken, noch irgendwo, außer wo gekauft und verkauft wird, was nur immer zu gemeinem Gebrauche dient. Wo der Kaufmann Gras oder Holz oder was sonst Feld und Wald bieten, gebraucht, da soll er mit dem Eigenthümer desselben nach Abschätzung des Werthes handeln und was billig ist, dafür entrichten." Es sollte also nur auf Märkten von Kauf und Verkauf, auf Brücken, Flüssen und Straßen nur an althergebrachten Zollstätten oder wo Kauf und Verkauf stattfand, ein Zoll erhoben werden. Bedurfte der Reisende Futterkraut und anderes aus Wald und Feld, so sollte er sich mit dem Eigenthümer nach billiger Schätzung abfinden, dieser also weder ein themonaticum noch coenaticum noch pastio erheben; wir sehen hier schon die Ansichten durchschlagen, welche in den Weisthümern zum Gesetz erhoben sind. Weiter heißt es in demselben Kapitular: „Niemand von denen, welche Brücken bauen, mögen diese einer Immunität oder dem Fiscus oder irgendwelchem Freien angehören, soll gezwungen werden, von derselben Brücke, welche sie gebaut haben, ein Brückengeld zu entrichten. Und wenn vielleicht jemand aus eigenen Mitteln dieselbe Brücke bessern und herstellen will, so soll er, wenn er solche Herstellung aus dem eignen Vermögen gemacht hat, dennoch von dieser Brücke keinen höhern Zoll nehmen als hier gewöhnlich und gesetzlich ist." — Auch in den Zollsatzungen von Raffelstätten treten uns diese, ein althergebrachtes Zollwesen schützenden und herstellenden Grundsätze entgegen. Es wurde hier festgesetzt, daß die Handelsleute, wenn sie bei Rosdorf, oder wo sie dort des Marktes wegen verweilen wollten, desgleichen bei Linz den festgesetzten Zoll bezahlt hatten, bis zum böhmischen Wald frei handeln durften, wo sie wollten. Ebenso wurde der Zoll der Straße, welche über die Enns führt, auf die Zollstätte an der Url beschränkt und für die Salzschiffe bestimmte Verkehrsplätze festgestellt; einen neuen Zoll sollte erst zahlen, wer weiter hinab zum Markte der Mährer zog, wer von dort zurückkehrte, war frei, ausgenommen er komme aus Mähren als seiner Heimath. Wir finden hier also das Bestreben, die Straße und die Durchfuhr möglich frei zu halten und die Zölle nur an den altgewohnten Stätten und vom Markthandel erheben zu lassen.

Ueber das Verhältniß des Werthes zwischen Zollabgabe und Zollwaaren haben wir nur sehr dürftige Nachrichten, denn die meisten Schriftstücke sprechen nur allgemein von der Entrichtung der Zölle nach alter Gewohnheit. Aus der Merowinger Zeit enthält eine Urkunde Dagoberts I vom J. 629 die Angabe eines Zollsatzes, indem sie bestimmte, daß die Handelsleute, welche über's Meer zum Markt von St. Denys kamen, von jeder Tonne Honig 2 solidi, die Sachsen dagegen und die Bewohner anderer Länder 12 Denare zahlen sollten. Die karolingischen Urkunden schweigen ganz über diesen Punkt. Die Zollsatzungen von Raffelstätten bestimmten, daß die von Osten kommenden Schiffe bei Rosdorf eine halbe Drachme, bei Linz drei Halbscheffel vom Salz, daß der Salzwagen, welcher auf der Hauptstraße über die Enns fuhr, an der Url einen Scheffel Salz, die von der böhmischen Seite an die Donau kommenden Slaven von einer Saumlast Wachs zwei massiolae, deren zwei einem scoter gleich sind, zahlen sollten; von der Last eines Trägers sollte eine massiola, von einer Sclavin eine tremissa, vom männlichen Pferd eben so viel, vom Sclaven eine saiga und eben so viel von einer Stute entrichtet werden; ein Schiff, das drei Männer führen, sollte von der Ladung Salz drei Scheffel, und wer die Märkte der Mährer besuchen wollte, einen solidus zahlen. — Die Art der Zollentrichtung war demnach eine doppelte, vom Salz wurde ein Natural-, von den übrigen hier genannten Waaren ein Geldzoll geleistet. Ueber den Preis des Wachses fehlen uns die Nachrichten. Der Preis eines Pferdes wurde im 9. Jahrhundert in Alamannien zwischen 10 und 20 solidi, in einer Urkunde Karls des Dicken auf 30 solidi angegeben[1]. Nehmen wir den Mittelpreis von 20 sol., der mit einer Tremisse oder 4 Denaren verzollt werden mußte, so betrüge in diesem Fall der Zollsatz auf 20 sol. $\frac{1}{3}$ sol., auf 100 also $1\frac{2}{3}$ [2]). Saiga war nur ein besonderer Name für den Denar, also hatte Sclave und Stute nur den vierten Theil des Werthes von Sclavin und Hengst. Die Ladung des Schiffes, das drei Männer führten, die Fracht des Wagens, nach dem Zollsatze einem Drittel der Schiffsladung gleich, die Saumlast, die Tragkraft eines Menschen als halbe Saumlast wurden unterschieden.

Nicht viel mehr erfahren wir von der Zollverwaltung und den Zollbeamten. Die Urkunde Chlodowichs I meldet neben den übrigen königlichen Beamten auch den Zöllnern die Zollbefreiung des Klosters. Auch andere Urkunden setzen die telonearii den andern königlichen Beamten gleich und nennen sie in einer Reihe mit den Bischöfen, Grafen u. a. Die Kapitularien und spätere Urkunden erwähnen nur ganz allgemein der telonearii oder tollonarii auf den Villen der Könige und der Großen[3]. Sie waren, soweit sie königliche Zölle verwalteten, Beamte des königlichen Fiscus und an diesen oder an die Grafen des betreffenden Gaues zur Rechnungslegung gewiesen. In dem Kapitular vom J. 811 (Cap. 4) werden sie gleich gesetzt den Falconieren, Jägermeistern, Präpositen und Decanen, welche alle dem, der die Grafenrechte übte, untergeordnet waren. Diesem Grafen wird im Kapitular vom J. 783 (Cap. V) das Amt zugeschrieben, die königliche Einkünfte, $\frac{1}{3}$ für sich und $\frac{2}{3}$ für die königliche Pfalz zu erheben. Die Amtspflicht dieser Zöllner bestand außer in der Zollerhebung vor allen in der Beobachtung dessen,

---

[1] Vergl. J. H. Müller, deutsche Münzgeschichte I. Abschnitt, die Preise, S. 359. — [2] Waitz a. a. O. S. 62 nimmt den Zollsatz zu 5% an. — [3] Z. B. in dem Kapit. Karls des Großen de villis, cap. 10; im Kapit. vom J. 811 (de expeditionibus), cap. 4.

was als Gegenleistung vom Staate dem Zollentrichter versprochen war, in der Aufsicht also über Wege und Brückenbau, ihre Strafgewalt in der Verfolgung und Ahndung des Zollbetrugs. Für letzteren befindet sich im Kapitular vom J. 820 die Strafbestimmung: „wer die gesetzlichen Märkte meidet, um den Zoll nicht zu bezahlen, und außerhalb der vorgeschriebenen Orte kauft und dessen überführt wird, soll angehalten sein, den schuldigen Zoll zu zahlen; wer aber solchen Zollverbrecher aufgenommen und verheimlicht hat, büßt solches nach dem Gesetz und der Verheimlichte zahlt den Zoll." Ebenso in den Zollsatzungen von Raffelstätten: „wenn ein Freier einen gesetzlichen Marktplatz umgangen hat, ohne dort zu zahlen oder anzugeben und dessen überführt wird, so verliert er Schiff und Ladung; hat aber ein fremder Sclave solches gethan, so wird er festgehalten, bis sein Herr kommt und den Schaden zahlt, dann darf er weiter reisen." Als Strafen für den gewaltthätig und ungesetzlich handelnden Zöllner wurde die Erstattung des unrechtmäßig erhobenen Zollgeldes und die Bezahlung des königlichen Bannes, d. i. von 60 sol. festgestellt, welche Buße zur einen Hälfte dem Verletzten, zur andern dem königlichen Fiscus zufallen sollte. — Von einer Zollverpachtung finden wir im fränkischen Reiche keine Nachrichten und grade hierin bestand ein Hauptunterschied zwischen dem römischen und dem fränkischen Zollwesen. Die römische Republik verpachtete die Land- und Hafenzölle öffentlich durch die Censoren an die Meistbietenden, das Kaiserreich behielt dieses Pachtsystem mit der Pachtzeit auf 5 Jahre bei und übertrug die Sorge dafür den Consulen, während die Pächter, publicani, eine einflußreiche Körperschaft aus dem Ritterstande mit besonderen Rechten bildeten [1]. Von alledem findet sich im Frankenreich keine Andeutung. Das gänzliche Schweigen über Pachteinrichtungen und das überall hervorgehobene unmittelbare Verhältniß der Zollbeamten und Zollpflichtigen zu der Regierung beweisen, daß ein solches Pachtsystem nicht mehr vorhanden war.

Dieses gesammte Zollwesen des Frankenreiches, mit Abzug des Pachtsystems und mit Hinzunahme der durch die veränderten Verhältnisse verursachten Umwandlungen im Einzelnen, war aus dem Römerreich übernommen. Dies beweist einmal der Umstand, daß es

[1] Vergl. Livius, IV, 8. XXXII, 7. XXXIX, 44. XL, 51 — Taciti Annales, IV, 6. XIII, 50; 51. — Corpus Juris, Digest. de Publicanis 39, 4. De vectigalibus 4, 6. De locat. 4, 61.

schon unter Chlodowich I als ein vollständig ausgebildetes erscheint und die Erhaltung desselben im althergebrachten Zustand das einzige Ziel aller königlichen Erlasse während dieses ganzen Zeitraums blieb, was freilich eine allmählige Umgestaltung gegen den königlichen Willen nicht verhindern konnte. Weiter beweisen für diese römische Abstammung die Zollerhebungsarten, ihre Anzahl und ihre Namen, die Künstlichkeit in der Erfindung derselben, welche eine auf die äußerste Spitze getriebene Staatswirthschaft voraussetzen, deßgleichen eine gewisse Uebereinstimmung in der ganzen Auffassung des Zollwesens im römischen und fränkischen Reiche. In beiden war die Zollerhebung ein Vorrecht des Staates, ein mit der Hoheit des Reichsoberhauptes unzertrennlich gedachtes jus regni oder regale, in beiden galt, neue Zölle einzurichten, für ungesetzlich. Das römische Recht bestimmt: „neue Zölle können nicht durch Beschluß der Gemeinden aufgerichtet werden," und: „ohne Auftrag der Imperatoren ist weder einem Präses noch einem Curator noch einer Curie erlaubt, Zölle aufzurichten oder bestehende zu ändern und etwas hinzu- oder abzuthun," endlich: „neue Zölle sollen nicht ohne den Beirath der principes aufgerichtet werden." [1]) Aus den Erlassen der fränkischen Kaiser wie aus ihrer thatsächlichen Ausübung des Zollrechtes springt derselbe Grundsatz überall hervor, wenn auch die Gelegenheit fehlte, denselben in eine besondere Formel zu fassen. — Auch bei den Römern wurde ein scharfer Nachdruck auf die Gewohnheit im Zollwesen gelegt. „Von den Waaren, bestimmt das römische Recht, von denen niemals Zoll entrichtet wurde, soll auch keiner entrichtet werden; wenn aber die Entrichtung eines gewohnten Zolles durch die Nachlässigkeit eines Pächters unterblieb, so ist einem andern nicht verboten, denselben zu erheben." Auch hier wird der Zoll auf's Entschiedenste als die Abgabe von dem Handel und allen Handelswaaren festgestellt: „Zölle ist die Leistung, welche alle tragen müssen, die sich mit dem Handel und der Verführung von Waaren abgeben," und: „an der Leistung der Zölle soll unter keinem Vorwande gemindert werden, daß die ganze Klasse derjenigen, welche am Handel Theil nehmen will, die durch das Gesetz festgestellten Octaven entrichten." Demgemäß sind auch die Zollbefreiungen in den beiden Reichen übereinstimmend, denn das römische Gesetz nimmt ausdrück-

---

[1]) Codex Jur. lib. IV, tit. LXII, 2; 3. — Digest. lib. XXXIX, tit. IV, nr. 10.

lich alle Provinzialen für die Gegenstände, welche sie zum Fiscus oder der eigenen Verzehrung und des Ackerbaues wegen anfehren, von der gesetzlichen Zollentrichtung aus, unterwirft aber derselben alle Waaren, welche aus andern Ursachen oder des Handels wegen geführt werden. „Der Fiscus, bestimmt weiter das römische Recht, ist von der Entrichtung jeglicher Zölle frei, die Kaufleute aber, die von Fiscalgütern kaufen, haben keine Zollfreiheit,“ und „die für das Heer bestimmten Gegenstände sind der Zollentrichtung nicht unterworfen.“ Auch die Strafbestimmungen in den Zollgesetzen zeigen noch eine Uebereinstimmung, wenn auch die veränderten Verhältnisse schon manche Abweichungen hervorgerufen hatten. Das römische Recht, das gemäß dem römischen Pachtsystem als Grundsatz voraufstellt: „quantae audaciae, quantae temeritatis sunt publicanorum factiones, nemo est qui nesciat,“ offenbart gegen Gewaltsamkeiten und Nachlässigkeiten dieser Pächter eine große Strenge und bedroht Erpressung mit ewiger Verbannung und dreifacher Wiedererstattung [1]). Zum Theil noch schärfer lauten die schon angeführten Strafbestimmungen der fränkischen Könige, die unmittelbar gegen königliche Beamte gerichtet sind; die Bezahlung des königlichen Bannes und die Wiedererstattung des ungesetzlich Erhobenen ist die gewöhnliche Strafandrohung, doch verheißt das Kapitular Ludwigs und Lothars vom J. 825 den Schuldigen solche Strafe, daß er den Lässigen ein abschreckendes Beispiel werde.

Zweiter Zeitraum.

Das deutsche Zollwesen von der Begründung des Reichs bis zu Anfang des 16. Jahrhunderts.

Erster Abschnitt.

Das Reichszollwesen.

Die Merowinger hatten sogleich beim Beginn ihrer Herrschaft das noch vorhandene Zollwesen als ein Regal an sich genommen, dasselbe trotz aller Umwandlungen behauptet und nur sparsam und

---

[1]) Vergl. Cod. Jur. lib. IV, tit. LXI, nr. 6 u. 7. — tit. LXII, nr. 3, 4 u. 5. — Digest. lib. XXXIX, tit. IV, nr. 9, § 5, § 6, § 8. — Ebenda nr. 12.

vorsichtig durch Verleihungen an Stifter und Klöster geschmälert. Pippin, Karl der Große, Ludwig der Fromme verfolgten denselben Weg, doch unter den Söhnen des Letzteren, bei Bruderkriegen und Zerrüttungen aller Art gewann auch auf diesem Gebiete die sich immer mehr entwickelnde Landesherrlichkeit festeren Boden und bald machte sich überall neben dem allgemeinen königlichen ein besondres landesherrliches Zollrecht, wenn auch noch in untergeordneter und meist ungesetzlicher Weise geltend. In Folge der dadurch entstandenen Behinderung des Verkehrs setzten die weltlichen und geistlichen Fürsten des Donaugebietes gemeinsame Zollordnungen fest und gaben dadurch den ersten thatsächlichen Beweis eines heimisch gewordenen, freilich auch schon entarteten Zollwesens auf rein deutschem Boden. Das Interesse der Landesherren, die Noth und der Vortheil einzelner Reichstheile, nicht das Reich und sein Haupt als die Quelle des Rechtes traten im deutschen Zollwesen bei dieser seiner ersten öffentlichen Bethätigung ordnend und gesetzgebend hervor. Hier also hatte thatsächlich der Theil des Reiches vor dem Ganzen, der Landesherr vor dem König den Vorsprung gewonnen. — Nach dem Aussterben der Karolinger folgten in Deutschland Könige ganz anderer Art, die nicht durch das Recht der Geburt, sondern durch die Wahl und Zustimmung der Land besitzenden Großen, nicht als alle überragende, auf unantastbare Höhe gestellte Häupter, sondern als Gleiche durch die Gleichen Thron und Krone erhielten, die also auch jener Landesherrn recht- und unrechtmäßige Besitzthümer ganz anders berücksichtigen und anschauen mußten, als dies die Merowinger und Karolinger auf erobertem und ererbtem Thron zu thun für Pflicht erachteten. Wir betrachten die großen Männer des Hauses, das zuerst mit des deutschen Reiches Thron haushäblich zusammenwuchs, als die Reichshäupter, welche mit dem größten Aufwande von Willens- und Geisteskraft die königliche Oberhoheit zu so hohem Gipfelpunkte emporhoben, wie dieselbe sich später nie wieder bei einem Könige, mit Ausnahme höchstens von Heinrich III, darstellte. Und doch erkennen wir, wenigstens auf dem Gebiete des Zollwesens, unter diesem sächsischen Hause schon einen Umschwung der Verhältnisse, der nur zu deutlich beweist, welche Entschiedenheit und Festigkeit in der Entwicklung die Landesherrlichkeit schon gewonnen hatte.

Freilich aber sind aus dieser ältesten Zeit des deutschen Reiches der das Zollwesen betreffenden Urkunden zu wenige auf uns gekommen, um daraus mit Sicherheit die von Konrad I und Heinrich I eingehaltenen Grundsätze zu erkennen. Die wichtigsten sind die, wodurch Konrad I im J. 919 und Heinrich I im J. 923 dem Stifte Würzburg die angeblich schon durch Ludwig den Frommen geschehene Schenkung der dortigen Zolleinkünfte bestätigten [1]) und woraus also nur die Thatsache hervorgeht, daß schon vor der Wahl Konrads I ein bedeutender Theil der Mainzölle dem Reiche entfremdet und der Landesherrlichkeit des würzburgschen Bischofs anheimgefallen war. Von den Zollurkunden der übrigen sächsischen Kaiser sind wenigstens drei Viertheile solche, welche das Zollrecht, also die thatsächliche Erhebung eines Zollgeldes verliehen und dadurch des Reiches Einnahmen und Hoheit schmälerten. Otto I schenkte im J. 937 dem Moritzkloster zu Magdeburg den dortigen Zoll mit der Münze und fügte im J. 965 eine neue Bestätigung des Land- und Wasserzolles daselbst den Zoll zwischen der Ohre und Bode hinzu [2]). Im J. 947 verlieh derselbe der Kirche zu Worms den Zoll daselbst und ergänzte im J. 951 die zwei Drittheile des Zolls, welche diese Kirche zu Ladenburg besaß, mit dem letzten Drittheil [3]). In diesen und andern Urkunden ist häufig von älteren Verleihungen die Rede, die aber nach der Angabe durch Feuersbrunst meistens zu Grunde gegangen waren; mithin war also den kaiserlichen Urkunden irgend wann und irgend wie eine thatsächliche Erwerbung des nun Verliehenen vorausgegangen. Dem Stifte Chur verlieh derselbe Kaiser im J. 952 „allen Zoll von den Reisenden und von den überallher zusammenströmenden Kaufleuten, von jedem Kaufgeschäft im Orte Chur, das nach alter Gewohnheit bis dahin Zoll entrichtet hatte", und im J. 960 das Zollrecht mit andern Königsrechten im Thale Bregell in Graubünden. [4]) Dem Bischof Drugo von Osnabrück übertrug er im J. 952 den Zoll zu Widenbrücke [5]), im J. 956 dem Michaeliskloster zu Lüneburg den Salzzoll daselbst, wozu er im J. 965 noch ein Fünftheil des Marktzolles daselbst und ein Zehntheil des Reichszolls zu Bardewick fügte, [6]) im J. 950 dem Nonnenkloster zu Meschede Zoll- und Marktgeld daselbst [7]), im J. 965 dem St. Moritzkloster zu Magdeburg den Markt-

---

[1]) Monumenta Boica XXVIII, 155; 159. — [2]) Gercken, Cod. diplomat. III, 35; 37. IV, 353. — [3]) Schannat, histor. Wormat. 18; 19. — [4]) Conrad v. Mohr, Codex diplom. S. 70; 75; 79. — [5]) J. Möser, Osnabrückische Gesch. S. 266. — [6]) Pfeffinger, Geschichte des braunsch. lüneb. Hauses I, S. 308; 309. — [7]) Seibertz, Urkundenbuch Westfalens I, 12.

zoll in Getlide,[1]) im J. 966 dem Erzbischof von Hamburg mit dem Markt- und andern Rechten den Zoll in Bremen.[2]) Die Thätigkeit dieses Kaisers auf diesem Gebiete kennzeichnet sich nach den Urkunden hauptsächlich durch solche Freigebigkeit in Verleihungen von Zollrechten an Stifter und Klöster. — Nicht minder freigebig gegen diese war Otto II. Der Bischof von Halberstadt erhielt den Zoll von Seligenstadt, der Abt von Werden die Zölle zu Werden und Ludinghof, der Bischof von Lüttich den Zoll in der Grafschaft Fossis, das Frauenkloster St. Hippolyt den Zoll zu Gerichsheim, das Hochstift Chur den Brückenzoll in Chiavenna, wie er bisher nach königlichen Rechten erhoben worden, das Stift Meißen den Elbzoll daselbst[3]) u. s. w. — Otto III schenkte und bestätigte Zollrechte dem Kloster Lorsch zu Wisloch, dem Erzstifte Magdeburg zu Gibichenstein, der Abtei Selz, dem Kloster Gandersheim, dem Bischof von Passau, dem Kloster St. Maximin in Trier, dem Bischof von Verden, den Klöstern Nienburg, Memleben, Helmershausen.[4]) Auch von Verleihungen an weltliche Landesherren finden wir ein Beispiel, des Zollrechtes zu Villingen an den Grafen Bertold.[5]) Solcher Beleihung eines Weltlichen, des Grafen Wilhelm mit dem Zoll in der Grafschaft Friesach,[6]) begegnen wir auch unter den Urkunden Heinrichs II, welche im Uebrigen ganz dieselbe Neigung zur Ueberlassung königlicher Zolleinnahmen und Rechte an geistliche Landesherren bezeugen.

Unter den Urkunden der Kaiser aus fränkischem Hause betreffen gleichfalls nur wenige das Zollwesen, aber auch in diesen herrscht dieselbe Freigebigkeit. Konrad II bestätigte dem Bischof Meginhard von Würzburg mit der Münze und den gesammten königlichen Rechten den Schiffszoll daselbst und verlieh dem Erzstift Bamberg Gericht, Markt und Zoll zu Lemberg.[7]) Heinrich III begabte den Bischof Gebhard von Eichstädt mit dem Zoll und allen königlichen Einkünften zu Beilngries und Waldkirchen, bestätigte der Abtei St. Maximin zu Billich Markt, Zoll und Münze, und verlieh der Abtei Brauweiler

---

[1]) Böhmer, Urkunden der röm. Kaiser S. 16. — [2]) Lünig, Reichsarchiv 10, 921; 924. — [3]) v. Ludewig, Reliq. manuscr. VII, 458. — Schaten I, 316. — Böhmer a. a. O. S. 26; 28. — v. Mohr a. a. O. I, S. 97. — Cod. dipl. Saxoniae Reg. ed. Gersdorf I, 16. — [4]) Cod. Laurech. I, 139. — Gercken V, 67. — Alsatia diplomat. ed Schöpflin, I, 137. — Böhmer, S. 36. 45. 46. — Mon. Boic. XXVIII, 274. — Hontheim, hist. Trevir. I, 339. — Hodenberg, Verdener Geschichtsquellen II, 19. — [5]) Schöpflin, hist. Zaeringo-Badensis IV, 11. — [6]) Böhmer, S. 59. — [7]) Lang, Reg. Boica. I, 77.

dieselben Rechte.[1]) Die Landfrieden desselben Kaisers vom J. 1039 und 1051[2]) enthalten zwar manche Bestimmung über Straßenbefriedung, doch nichts über Zollrecht und Zollstätten. Auch das Wenige, was von Heinrichs IV Wirksamkeit auf diesem Gebiete erhalten ist, beweist, daß das Zollrecht schon mit der Landesherrlichkeit eng und unzertrennlich verwachsen war. Der Erzbischof Anno II von Köln gründete im Jahre 1069 die Abtei Siegburg, begabte dieselbe mit Markt-, Münz- und Zollrechten und ließ sie dann erst mit solcher Ausstattung von Heinrich IV bestätigen.[3]) Einen bemerkenswerthen Gebrauch von seinem Oberzollrecht machte dieser Kaiser, indem er der Stadt Worms für ihre Treue die Zollbefreiung zu Frankfurt, Boppard, Hammerstein, Dortmund, Goslar und Angern ertheilte[4]). Die wenigen erhaltenen Zollurkundeu der nachfolgenden Kaiser bis auf Friedrich I enthalten als bemerkenswerth die Heinrichs V über den Zolltarif zu Utrecht und Lothars über die Ermäßigung der Elbzölle[5]). —

In Friedrichs I Urkunden erscheint eine dreifache Thätigkeit. Zunächst befreite auch er Stifter und Gemeinden vom Zoll, die Bürger vom Bamberg und Lemberg in derselben Weise wie die Nürnberger schon von früheren Königen befreit waren, die Bürger von Utrecht, das Kloster Kappenberg zu Kaiserswerth[6]) u. a. Dann belieh er mit Zollerhebungen die Abtei Altorf im Elsaß, das Hochstift Brixen, den Erzbischof Rainald von Köln zum Lohn für die gegen die Römer geleistete Hülfe mit dem Zoll zu Andernach, den Grafen Otto von Geldern mit 300 Mark von dem Reichszoll zu Nimwegen, doch daß er davon die dortige Reichsburg erhalte[7]). In zwei Fällen wurden hier von Friedrich I Reichszölle als Lohn für geleistete Dienste verliehen, was unter seinen Nachfolgern ein nur zu wirksames Mittel wurde, das Krongut des Reiches nach allen Richtungen zu zerstreuen. Die dritte Art von Thätigkeit, die Friedrich I auf diesem Gebiete entfaltete, haben wir seit den Karolingern bei den

[1]) Calmet, histoire de Laurain I. 447. — Lacomblet, Urkundenbuch des Niederrheins I, 117. — [2]) Lünig, Reichsarchiv, Part. gen. cont. II, S. 73; 74. — [3]) Lacomblet, Urkundenbuch des Niederrheins I, S. 138. — [4]) Schannat, Histor. Wormat. 342. — [5]) Böhmer, a. a. O. S. 106. Riedel, Cod. dipl. Brandenburg. I, 14, S. 357. — [6]) Von Murr, die Urkunden der Stadt Nürnberg, S. 6. — Böhmer, S. 137. — Kindlinger, Sammlung, S. 150. — [7]) Schöpflin a. a. O. I, S. 238. Hormayr, Geschichte von Tirol I, 87. — Lacomblet I, S. 296.

Reichshäuptern vergeblich gesucht. Schon in der Zollbefreiung für Duisburg machte derselbe zum Schutze der Handel treibenden Bürgerschaft im Reiche gegen die Uebergriffe eines Landesherrn seine Oberhoheit im Zollwesen geltend. Noch entschiedener that er dieses auf dem Hoftage zu Worms im April 1157[1]). Als hier von Bürgern und Kaufleuten die heftigsten Beschwerden zu ihm drangen, daß auf dem Main von Bamberg bis zu seinem Ausflusse ungewohnte und ungesetzliche Zölle in großer Anzahl erhoben und die Kaufleute nicht selten dabei gänzlich ausgeraubt würden, befahl er mit dem Rath der Fürsten, daß bei dem Geburtsfeste des Herrn alle, welche auf jenem Flusse Zoll erhöben, das Recht dazu durch königliche Urkunden vor ihm nachweisen und alle nicht ursprünglich begründeten Zölle auf ewige Zeiten aufgehoben sein sollten; wer nicht erscheine, sollte seinen Zoll verlieren und nur die Zölle zu Neustadt, Aschaffenburg und Frankfurt als dem Reiche zuständig ausgenommen sein; in Zukunft sollte Niemand die im Flusse fahrenden oder ihre Schiffe auf dem königlichen Leinpfad ziehenden Kaufleute mit Zoll oder irgend sonst belästigen. — Noch in anderer Weise war Friedrich I auf die Kräftigung des Reichszollwesens bedacht. Kaiserswerth[2]), durch eine Schenkung Heinrichs II dem Reiche entfremdet, durch Heinrich III aber im J. 1045 zurückerworben, wurde unter Heinrich IV, der hier oft und gern verweilte, ein großer Königshof. Auf diese Reichsburg verlegte Friedrich I den Reichszoll von Thiel, um mit den Einkünften desselben die Burg zu bauen und zu bessern und durch diese wieder des Reiches Ansehen in diesen Gegenden aufrecht zu erhalten. Eine Inschrift an der Burg verkündete mit goldenen Buchstaben, daß ihr Zweck sei, Gerechtigkeit und Frieden ringsum zu festigen. Die spätere Geschichte der Reichsburg aber und des Reichszolles entsprach keineswegs den Absichten des großen Hohenstaufen. Die benachbarten Landesherrn, vor allen der Erzbischof von Köln, warfen Haß auf Burg und Zoll, schwächten letzteren durch Erwerbung von Zollfreiheiten und, wenn es auch dem Erzbischof nach der Eroberung der Burg durch König Wilhelm noch nicht gelang, dieselbe in die eigene Hand zu bringen, so kamen doch weder Burg noch Zoll jemals an die Reichskrone zurück, sondern wanderten als Pfand von einem Landesherrn zum andern.

[1]) Mon. Germ. IV, S. 104. Vergl. Zeitschrift für die Geschichte des Oberrheins, IV, S. 16. — [2]) Lacomblet, Archiv 2c. III, S. 3 folg.

Auch Heinrich VI machte sein Oberzollrecht im J. 1194 gegen den Grafen Gerhard von Altenahr geltend[1]). „Gerhard, Graf von Ahr, sagt die Urkunde, hat bekannt, daß er den Zoll bei Eckendorf ungerechter und unbegründeter Weise erhebt und hat deßwegen in Gegenwart des Kaisers und der Fürsten und Treuen des Reiches versprochen, daß weder er noch ein Andrer am genannten Orte von den Kaufleuten Zoll empfangen noch verlangen will; wenn er dieses Versprechen bricht, zahlt er 100 Mk. zur Strafe an uns und an die beeinträchtigten Bürger von Wesel". — Der Könige Philipps und Ottos IV in geringer Zahl erhaltene Zollurkunden geben einen Beweis mehr von der Abhängigkeit dieser Reichshäupter von den mächtigeren Landesherren. So hob jener, nur dem Erzbischof von Trier zu Gefallen, den Zoll von Kochem auf und minderte die ungewöhnlichen Zollabgaben an der Reichszollstätte zu Hammerstein[2]), dieser aber verzichtete zu Gunsten des Erzbischofs von Magdeburg auf die Zolleinnahme in bischöflichen Städten, wenn er darin Hof halte, hob zu Gunsten des Bischofs von Trient eine vom König Philipp an Ulrich de Arcu verliehene Zollstätte auf und gestand dem Erzbischof von Köln eine Beschränkung und Aufhebung der Reichszollstätte zu Kaiserswerth und Duisburg, wie die Zerstörung der Reichsburg Kaiserswerth zu, ohne daß jedoch alle dies wirklich ausgeführt wurde[3]).

Bedeutender sind die Urkunden Friedrichs II auf diesem Gebiete. Wohin er auf seinen Reisen durch Deutschland kam, bestätigte er gleich seinen Vorgängern den weltlichen und geistlichen Landesherrn die erworbenen Rechte oder verlieh neue für erwiesene Dienste. Dem Grafen Gerhard von Dietz verlieh er einen neuen Zoll zu Dietz von Frucht und Wein, dem Grafen von Geldern bestätigte er mit Beistimmung der Fürsten und des Erzbischofs von Köln die Verlegung seines Zolles von Arnheim nach Lobith, dem Grafen Thomas von Savoyen übertrug er alle Zölle und Königsrechte in seiner Grafschaft als Reichslehen und erlaubte zur Erstattung der in seinem Dienst aufgewendeten Kosten die Erhöhung des Zolles zu Turin[4]). — Die allgemeineren Zollerlasse Friedrichs II beweisen, wie maßgebend der Einfluß der Landesherren schon geworden war. Der Wille des Reichsoberhauptes

[1]) Lacomblet, Urkundenbuch I, S. 379. — [2]) Günther, Cod. II, 79. — [3]) Böhmer, S. 160. 162. — Lacomblet a. a. O. I, 392. — Mon. Germ. IV, S. 206. — [4]) Böhmer, S. 174. 209. Lacomblet II, S. 55.

erscheint geleitet von dem Vortheil und den Wünschen der Fürsten, des Reiches Beschluß hat in den meisten Fällen nur die Absicht, ihren Einfluß und ihre Einnahmen zu mehren. Im J. 1220 ertheilte Friedrich II den geistlichen Fürsten ein Privileg[1]), dessen 2. Artikel heißt: „Neue Zölle und Münzen wollen wir in den Gebieten und Gerichtsbezirken der Fürsten ohne ihren Rath und Willen nicht mehr errichten; ihre alten Zölle und Münzrechte wollen wir ihnen unerschüttert und sicher erhalten und schützen und dieselben weder selbst aufheben noch eine Verletzung derselben durch andre auf irgend eine Weise erlauben.“ Weiterhin wird den kaiserlichen Beamten jede Ansichnahme kaiserlicher Gerichtsbarkeit insbesondere bei Zöllen und Münzen verboten. Damit war des Reiches Grundgesetz, daß nur der kaiserliche Wille Zölle errichten und aufheben, erhöhen und mindern dürfe, gesetzlich an den Rath und Willen der Fürsten gebunden. — Ein Zollstreit giebt dafür sogleich den Beweis. Als sich nach Ertheilung jenes Privilegs gegen die Zölle des Grafen Gerhard von Geldern[2]), welche derselbe vom Reich zu haben vorgab, große Klage erhob, befahl der Kaiser dem Erzbischof von Köln, daß er den Grafen aus königlicher Vollmacht bedrohen solle, keinen Zoll bei Arnheim, Osterbeck, Lobith oder an einem andern Orte des Rheins fernerhin zu nehmen, gleichviel ob er Gewähr oder Briefe von ihm und seinen Vorfahren darüber erlangt habe, denn auf dem Hoftag zu Frankfurt sei beschlossen und von den Fürsten bekräftigt, daß kein Zoll und Recht zum Schaden eines Andern im Reiche bestehen solle. Diesem Befehl wurde jedoch nicht ganz Folge gegeben, denn auch Graf Gerhard erwarb sich Verdienste um das hülfsbedürftige Reichsoberhaupt, so daß dieses ihn im Jahre 1222 zur Verlegung des Zolls von Arnheim nach Lobith ermächtigte und auch des Erzbischofs und der Reichsfürsten Zustimmung dazu erreichte. — Im J. 1234 setzte derselbe Kaiser wieder fest: „Falsche und ungesetzliche Münzen und Zölle, welche seit den Jahren unsers Großvaters Friedrich ohne die Zustimmung und den Willen der Fürsten eingerichtet sind, heben wir durch diesen Spruch auf und befehlen sie abzuthun, und wir zuerst heben die von uns neuerlich hergestellten auf; Uebertreter wollen wir mit gewaltiger Hand treffen[3])“.

Bedeutungsvoll für die Geschichte des Zollwesens ist die durch

[1]) Mon Germ. a. a. O. S. 228. — [2]) Lacomblet II, S. 54. 55. — [3]) Mon. Germ. IV, S. 301.

Friedrich II auf dem Reichstag zu Regensburg im J. 1235 aufgerichtete Ordnung, deren 6. Artikel „von den Zöllen und Münzen“ also lautet[1]): „Alle Zölle auf dem Lande und auf dem Wasser, die nach dem Tode unsers Vaters Heinrich, es sei von wem und wo es wolle, aufgerichtet sind, sollen gänzlich absein, außer es beweise der Inhaber, wie es Recht ist, vor dem Kaiser, daß er den Zoll zu Recht besitze. Desgleichen sollen gänzlich ab sein alle Erhöhungen von Zöllen und sollen im Stande der früheren gesetzlichen Feststellung bleiben. Wenn aber jemand dieses unser Gesetz bricht, gegen Pflicht und Gesetz handelt oder einen Zoll sich anmaßt an ungesetzlichem Orte und wird dessen vor seinem Richter in rechtlicher Weise überführt, so wird er bestraft wie ein Räuber und Verderber der öffentlichen Straße. Die Empfänger von Zollgeldern zu Land und Wasser sind durch ihre Pflicht gehalten, Brücken und Straßen zu bessern, den Durchreisenden und Schiffenden, von denen sie Zollgeld erheben, Frieden, Sicherheit und Geleit zu schaffen, so daß diese nichts verlieren, so weit ihr Gebiet reicht. Wer zum dritten Mal im Gericht vor uns überwiesen ist, daß er dies Gesetz nicht gehalten habe, dessen Zoll steht dem Herrn ledig, von dem er ihn hat. Auch sollen weder Herren noch Gemeinden unter dem Vorwande, Befestigungen davon zu bauen oder aus irgend einem andern Grunde Zoll und Abgaben, die das Volk Ungeld nennt, von auswärtigen und fremden Leuten und ihren Gütern erheben, sondern der Herr soll mit seinem und dem Vermögen seiner Leute bauen; die Uebertreter dieses Gebots werden bestraft wie Straßenräuber. Entsteht Krieg oder Fehde unter einigen, von denen der Eine oder Andre Zoll und Geleit auf der Straße hat, so soll keiner von ihnen noch irgend ein Anderer aus Haß oder auf Schuld dessen, dem Zoll und Geleit gehören, die Reisenden berauben, damit diese auf der Straße Sicherheit und Frieden genießen; wer dagegen handelt, wird wie der Straßenräuber bestraft. Auch wollen wir, daß die öffentlichen Straßen beibehalten und die erzwungenen abgethan werden.“ — Zuerst also hebt diese Ordnung alle bisher d. i. vor der Umwandlung des Reichsgrundgesetzes geschehenen Zollaufrichtungen und Erhöhungen auf; fortan sollte jede Veränderung im Reichszollwesen vom Reichshaupt und der Zustimmung des Fürstenrathes abhängen. Zweitens macht

[1]) Ebenda, S 315.

dieselbe wieder den Grundsatz geltend, daß, wer Zollgeld einnimmt, sich dadurch zu einer Gegenleistung, zur Erhaltung der Straßen und des Straßenfriedens verpflichtet. „Hieraus verstehst du nun, sagt eine Glosse zum Sachsenspiegel, daß Zoll und Geleit um der Nothdurft willen und nicht aus Geiz aufkommen sind." Drittens verbietet die Ordnung die Erhebung des Ungelds unter irgend welchem Vorwand. Viertens befiehlt sie den Zoll- und Geleitsherren, auch während Krieg und Fehde den Straßenfrieden innerhalb ihres Gebietes aufrecht zu erhalten und fünftens will sie die einmal bestehenden öffentlichen Reichsstraßen, stratae regiae oder publicae, eingehalten und niemand gezwungen wissen, andere Straßen zu fahren, verbietet also, den Straßenzwang auszuüben. Obwohl Friedrich II, durch die Verhältnisse des Reichs und seines Hauses gezwungen, der Landesherrlichkeit einen entscheidenden und gesetzlich festgestellten Einfluß auf die kaiserlichen Entschließungen zugestehen mußte, sehen wir ihn doch klaren und kräftigen Sinnes bemüht, die überlieferten Grundsätze des Zollwesens wieder aufzurichten und zur Erleichterung des allgemeinen Verkehrs geltend zu erhalten.

Nach Friedrichs II Tode folgte in Deutschland die bekannte kaiserlose Zeit, welche für die Entwicklung des Reichs und seiner Verfassung dadurch verhängnißvoll wurde, daß der eine der beiden Gegensätze, welche bis dahin mit mehr gleich gemeßnen Kräften einander entgegen standen, auf eine Zeit lang die Herrschaft allein gewann. Die Landesherrlichkeit, vom Gegengewicht der kaiserlichen Oberhoheit befreit, benutzte diese Gelegenheit mit Glück und Eifer zur Vergrößeruug ihres Besitzes, zur möglichen Festigung und Ausbau des eignen Hauses. Die Scheinkönige, welche während dieser Zeit Deutschlands Unglück auf den Thron rief, mußten, was sie an Ansehn und Macht mitbrachten oder erlangen konnten, dem Streben der Landesherrlichkeit zu Dienst und Nutzen hingeben und machten dadurch möglich, daß nach Ablauf weniger Jahrzehnte das deutsche Reich in seiner Verfassung umgewandelt dastand. Neue Elemente bildeten sich in dieser Zeit der Zerrüttung nicht, der ganze Umschwung bestand vielmehr darin, daß alle Einzelglieder, die vorher mit Mühe und Noth einigermaßen in organischem Zusammenhang erhalten waren, sich jetzt thatsächlich aus einander schieden und jedes innerhalb seines Bereiches dieselbe Machtvollkommenheit an sich nahm, welche altem Herkommen gemäß nur dem Ganzen und dessen Oberhaupt zustehen und von jenen nur in des Reiches Auftrag und Namen gehandhabt werden sollten. Damit war dem Reiche die Entwicklung vorgeschrieben, welche, bis hierher bekämpft, jetzt um so folgerichtiger eingehalten wurde. Von der Entwicklung des Zollwesens von Friedrichs II Tode bis zur Wahl Rudolfs I würden wir deshalb nur ein höchst unvollständiges Bild erhalten, wenn wir allein die Urkunden und Verordnungen der während dieser Zeit berufenen Könige berücksichtigen wollten. Die unbedeutende Thätigkeit dieser würde nur den negativen Theil dieses Bildes geben, und erst, wenn wir weiter unten die Fortschritte der Landesherren und Gemeinden auf diesem Gebiete übersehen können, zeigen sich diese Verhältnisse in ihrer Vollständigkeit.

Bevor ich aber in dieser Darstellung weiter gehe, mögen hier zur Ergänzung und Vergleichung die zollgesetzlichen Bestimmungen des Sachsen- und Schwabenspiegels, welche im Gegensatz zu der umgewandelten Reichsverfassung das althergebrachte Oberzollrecht des Königs auf's Entschiedenste festhalten, ihren Platz finden. So sagt der Sachsenspiegel [1]: „niemanne mut market noch monte erhebben ane des rihteres willen bynnen der gerihte it leget. Ok sal die koning durch recht sinen handscho dar to senden to bewisene dat it sin wille si." Dazu nehmen wir eine andre Stelle [2]: „In svelke stat des rikes de koning kumt binnen dem rihte dar is yme ledich monte vnde toln, vnde in svelke lant he kumt, dar is yme ledich dat gerihte." Also hörte das Einzelzollrecht auf, wo der König durch seine Anwesenheit des Reiches Oberzollrecht geltend machte. Dieselbe Bestimmung finden wir auch im langobardischen Lehenrecht (Cap. II tit. 56). Mit ausdrücklicher Berufung auf Karl den Großen und Pippin als die Quelle dieses Rechtes nimmt der Schwabenspiegel die unbedingte Oberhoheit des Königs im Zoll- und Münzwesen in Anspruch. Das Kapitel „wie man zol nemen sol", sagt in § 1 und 2 [3]: „Ez sprichet der selige und der heilige keiser Karel: ez sol nieman deheinen zol nemen wan der von alter her ist komen mit rehte, und den min ane und min vater künic Pippin gesetzet hant. Den wellen wir stete han und wellen ouch fur baz deheinen sezen. Und swer

---

[1]) Sachsenspiegel, herausgeg. von Homeyer S. 87, lib. II, Art. 26, § 4. — [2]) Ebenda, S. 159; lib. III, Art. 60, § 2. — [3]) Schwabenspiegel, Cap. CCCIV, § 1 u. 2; Ausgabe von Gengler S. 191.

deheinen andern gesetzet hat, den nemen wir abe. Und swer über lant vert und mac ane brüken gevaren, in sol niemant zolles anmuten. Wir gebieten allen den, die in unserme riche sint, daz si deheinen zol nemen ane unser urloup. Swer ez dar über tut, der verliuset unser hulde. Wir sprechen, daz alle zolle und alle münzen, die in dem romischen riche sint, die sint eines romischen künigs; und swer si wil haben, der si pfaffenfürste ader leienfürste, der muz si haben von dem romischen künige. Und swer daz nicht tut, der frevelt an dem riche.“ Wie sehr die Entwicklung der Reichsverfassung schon unter Friedrich II eine diesen Bestimmungen entgegengesetzte Richtung eingeschlagen hatte, haben wir gesehen, und weiter unten wird sich zeigen, daß die thatsächlichen Verhältnisse im Zollwesen sich noch viel weiter als die Reichsverfassung von dem alten Herkommen entfernt hatten.

Rudolf I, aus der Reihe der in allem gleichgestellten Landesherren, wie man vermeinte, als einer der unmächtigeren und unschädlicheren auf den Königsthron berufen, war zu klug und zu erfahren, dabei selbst der Unterstützung zu bedürftig, als daß er die Herstellung eines deutsch-römischen Kaiserreichs im Sinne der großen Herrscher der Vergangenheit als seine Aufgabe hätte erfassen sollen, und grade dadurch wurde seine Regierung für die Entwicklung des Reichs höchst folgenwichtig. Indem er sich bemühte, der eingerissenen Auflösung nach Möglichkeit Schranken zu setzen und der Gewalt und Willkühr in ihrer schlimmsten Ausartung den Riegel vorzustoßen, machte er ein für allemal durch reichsoberhoheitliche Bestätigung gesetzlich, was wohl oder übel eine nicht weg zu leugnende Thatsache geworden war. Im Reiche umherreisend bestätigte er, was er nicht hindern noch ändern konnte, verlieh, was der Beliehene schon sein Eigen nannte, sicherte für immer durch kaiserliche Urkunden, was gegen alle Gesetze seit Jahr und Tag Bestand genommen hatte. So wurde im Großen und Ganzen seine Regierung das Mittel, wodurch das deutsche Reich die Umwandlung aus einem wenigstens angestrebten Einheitsstaat in eine gesetzlich bekräftigte Vielherrschaft vollzog und die Landesherrlichkeit den Sieg über die Reichsoberhoheit vollendete, so daß diese sich fortan mit der zweiten Stelle begnügen mußte. — Auch das Zollwesen erscheint nach dieser Zeit thatsächlich in die Macht der Landesherrn und Gemeinden übergegangen und die Summe dessen, was Kaiser und Reich von dem ursprünglichen Kronrechte gerettet hatten, bestand fast nur noch aus vereinzelten Reichszollstätten längs der großen Wasserstraßen und den eben so zerstreuten, nach und nach gleichfalls entfremdeten Zöllen der Reichsstädte. Die Oberhoheit im Zollwesen war thatsächlich und gesetzlich ein Gut geworden, über das der Kaiser nur noch in Gemeinschaft und nach dem Willen der mächtigsten Landesherren entscheiden konnte, und nur soweit er eigene Hausmacht besaß, also selbst Landesherr war, hatte er mit den Uebrigen sein besondres Zollrecht. Demgemäß besteht ein großer Theil der Zollurkunden Rudolfs aus landesherrlichen, für das eroberte Oesterreich erlassenen. Aus den von ihm als Kaiser ertheilten hebe ich hier nur die vom J. 1281 [1]) hervor, wodurch er alles, was nach der Excommunication Friedrichs II ohne die Bestimmung des größten Theils der Wahlfürsten geschehen sei, für nichtig und aufgehoben erklärte, thatsächlich also das Zugeständniß Friedrichs II, daß nur durch Beistimmung der Fürsten die kaiserlichen Beschlüsse reichsgesetzliche Geltung erlangen sollten, bekräftigte. In einzelnen Fällen ging Rudolf auch gegen Uebergriffe der Landesherren und Gemeinden vor, im Allgemeinen jedoch verfolgen seine Urkunden keine andre Richtung, als die seiner nächsten Vorgänger.

Wichtiger sind die den kaiserlichen Landfrieden eingestreuten Zollgesetze. Immer noch herrschte in ihnen dieselbe Sprache und dieselben Grundsätze, welche auf die Kapitularien der Karolinger zurückweisen, leider aber erlangten sie gewöhnlich nur da eine Geltung, wo sich der Landbesitz am meisten gesplittert hatte und das landesherrliche Begehren des Adels am ausschweifendsten hervortrat, in Franken am Main und Rhein und in den Gebieten der mittleren Donau, wo Rudolf seine Hausmacht begründete. In dem Landfrieden für Oesterreich vom J. 1276 [2]) heißt es: „Aus kaiserlicher Machtvollkommenheit heben wir gänzlich auf alle neu errichteten Zölle, welche Namen sie haben mögen, zu Wasser und zu Lande, doch sollen bestehen bleiben alle, die nach Gewohnheit des Landes von Alters her sich erhalten haben.“ — „Wir setzen und gebieten, sagt der für Franken errichtete Landfriede [3]), daß alle die Zölle, die mit Unrecht erhöhet sind anders als sie von Anfang gewesen, ihre Erhöhung

[1]) Lünig, R. A. Part. gen. cont. II, S. 135. — [2]) Mon. Germ. IV 411. (omnes mutas, telonea, vectigalia et pedagia.) — [3]) Ebenda, S. 434.

verlieren, und der Zoll bleibe, wie er von Recht sein soll, daß auch niemand einen Zoll nehme, außer nach Recht und wo er Recht hat zu nehmen; wer das bricht, den soll man halten wie einen Straßenräuber. Auch sollen die Zölle, welche seit Kaiser Heinrichs Tode zu Wasser und zu Land von wem auch immer gesetzt sind, alle ab und nichtig sein, es sei denn, daß man vor dem Reiche beweise, man habe den Zoll mit Recht. Alle, die Zölle erheben zu Wasser und auf dem Lande, sollen Wegen und Brücken ihr Recht halten mit Bauen und Bessern und wer den Zoll nimmt, soll den, von welchem er nimmt, befrieden und geleiten nach seiner Macht, soweit sein Gerichte reicht, und wer dies Gebot zu dreien Malen bricht und wird dessen vor Gericht überführt, dessen Zoll soll dem Reich erledigt sein. — Man soll auch die rechte Straße fahren und niemand den Andern von der rechten Straße zwingen. — Wenn zwei mit einander Orlog haben und der Eine von ihnen oder beide haben das Geleit, wer von ihnen dann die Straße befehdet und wird vor Gericht dessen überführt, über den soll man richten, wie über einen Straßenräuber." Dieselben Bestimmungen enthält auch der von Rudolf I im J. 1281 zu Mainz aufgerichtete Landfriede [1]). Desgleichen heißt es im Landfrieden von Würzburg vom J. 1287 im 18. Artikel: „Wir verbieten bei unsrer Huld, daß niemand den Andern geleite um kein Gut, er habe denn das Geleite vom Reich, daß Arm und Reich desto sichrer fahren und schiffen können. Auch soll niemand neuen Zoll oder Geleite machen und niemand unrechte Maut nehmen noch einen Zoll mit Unrecht erhöhen anders als sie von altersher gesetzt sind; wer dawider handelt, hat den Landfrieden gebrochen und ist in des Kaisers Acht und in des Papstes Bann." „Alle die Zölle, bestimmt der 20. Artikel, die seit Kaiser Friedrichs Tod zu Wasser und Land von wem auch immer gesetzt wurden, sollen ab und nichtig sein, es sei denn, er beweise vor dem Reich, daß er ihn zu Recht habe." Der 21. Artikel wiederholt die Verpflichtung zu Brücken- und Wegebau wie zum Geleite. In demselben Sinn entschied Rudolf I auch im J. 1290 einen Zollstreit der Kirche von Lüttich mit den Bürgern von Mastricht dahin, daß im Reiche kein Zoll außer mit voller Erlaubniß und Uebereinstimmung dessen, der im Reiche regiere, errichtet und genommen werden dürfe.

---

[1]) Ebenda S. 437. 450. 454.

Wir finden also auch hier dasselbe Beharren und Festhalten am Althergebrachten, so daß es uns, wenn wir diese stets erneuerten Reichsgrundgesetze allein in's Auge fassen, schwer fällt, einen wesentlichen Unterschied zwischen dem Reichszollwesen unter Rudolf I und Karl dem Großen aufzufinden. Und dennoch wie verschieden war das Reichszollwesen jetzt von dem im Frankenreiche! Trotz der Gleichheit im Inhalt war die Quelle der Reichszollgesetze eine durchaus andre geworden, denn neben des Königs Willen herrschte jetzt der mächtigere der Fürsten, ihre Auslegung eine andere, denn nicht das allgemeine Beste des Reiches sondern der Vortheil der Landesherrn entschied, ihre Vollziehung anders, denn die Vollziehenden waren nicht abhängige Reichsbeamte sondern selbständige Reichsfürsten, die zum Theil mächtiger waren als die von ihnen gewählten und gehaltenen Reichshäupter. Demgemäß bilden seit Rudolf I unter den Zollurkunden die Beleihungen und Bestätigungen von Zollstätten an weltliche und geistliche Fürsten bei weitem die Mehrzahl und zugleich nehmen die Verpfändungen von Reichszollstätten immer mehr überhand, denn die Kaiser betrachten diese bald nur noch als Mittel, um alte Schulden zu decken oder neue zu machen, um die Landesherrn für alte Dienste zu bezahlen oder für neue in Sold zu nehmen. Das Bewußtsein von einem zusammenhängenden Reichszollwesen kam nach und nach gänzlich abhanden und nur in dem König Albrecht I brach es noch einmal durch, um nach kurzem Siege das Uebergewicht der Landesherren auf immer befestigt zu hinterlassen.

Zunächst mußte auch Albrecht I, um das Wiederstreben der Wahlfürsten gegen das Haus Habsburg zu überwinden, sich gegen diese in derselben Weise freigebig erzeigen wie seine Vorgänger. Dem Erzbischof von Köln bestätigte er die Verpfändung des Reichszolles zu Kaiserswerth und dem Erzbischof von Mainz den ihm vom König Adolf zu Boppard erlaubten, dann nach Lahnstein verlegten Zoll. Aehnliche Bestätigungen erhielten die Kurfürsten von Trier und von der Pfalz, neue Verleihungen erhielten die Herzöge Otto, Heinrich und Ludwig von Kärnten und Tirol u. a. [1]). Andre Urkunden zeugen aber schon jetzt von dem Bestreben, dem Uebermaß der Zollerhebungen Schranken zu setzen. Im J. 1299 befahl er den Herren von Mecklenburg wie den Grafen von Holstein und Schauenburg,

[1]) Kindlinger, Sammlung, 17. Guden, Cod. dipl. I, 901. Hormayr, Beitr. II, 331.

die Lübecker nicht mehr mit ungerechtfertigten Zöllen und Abgaben zu beschweren [1]). Ebenso verlangte er von Venedig die Aufhebung der den deutschen Kaufleuten neu auferlegten Zölle [2]). Am entschiedensten begegnen wir diesem Bestreben in seiner Fehde gegen die rheinischen Kurfürsten. Im October des J. 1300 traten die Erzbischöfe Diether von Trier, Wichbold von Köln, Gerhard von Mainz und der Pfalzgraf Rudolf bei Rhein zu einem Bunde zusammen, gegen den „hochfahrenden Herzog Albrecht von Oesterreich, welcher dermalen König von Deutschland genannt wird." Albrecht verlangte von diesen Kurfürsten die Aufhebung aller ungesetzlichen und neuen Zölle, während diese geltend machten, daß sie solche Zölle schon lange Zeit erhoben hätten und weder sie noch ihre Vorfahren darin von einem römischen König gestört seien. Da sich auch der Papst, als Schiedsrichter aufgerufen, zu den Gegnern schlug, griff Albrecht zu schärferen Mitteln. Den Bürgern von Köln, die vor allen über gesetzwidrige Zollerhebungen zu Lahnstein, Coblenz, Andernach, Bonn, Neuß und Rheinbergen geklagt hatten, erlaubte er, an die Personen und Güter unberechtigter Zollerheber zu greifen und versprach gegen dieselben mit Rath und Hülfsmittel genügenden Beistand. Bald darauf forderte er die Städte Köln, Mainz, Trier, Speier, Straßburg, Basel und Konstanz zu einem Landfrieden und zur Aufhebung aller von den Kurfürsten neu errichteten oder über den von Friedrich I festgestellten Satz erhöhten Zölle und Geleitsgelder auf. „Die Blindheit der Habsucht, sagt diese Urkunde, die Unredlichkeit eines verdammungswürdigen Ehrgeizes hat einige bis zu der Frechheit verleitet, daß sie sich unterstehen, mit ausgesuchter Arglist an sich zu reißen, was ihnen doch von Rechts wegen, wie sie wohl wissen, untersagt ist. Die Kurfürsten von Köln, Mainz und Trier, Herren und Adlige des römischen Reichs haben Zölle, die ihnen von Alters her zustehen, unmäßig erhöht und neue uns und den Unterthanen des Reichs gegen alles Recht auferlegt, zu Bacharach, Lahnstein, Koblenz, Andernach, Bonn, Neuß, Rheinbergen (Bercka) und Smithusen. Wir, besorgt um den Frieden und das Wohlsein der Unterthanen, verbringen schlaflose Nächte, um Ruhe dem Reiche wiederzuschaffen und der Bosheit und den Räubereien der genannten Erzbischöfe zu begegnen, und deßhalb thun wir hiermit alle Zölle und Erhebungen

---

[1]) Urkundenbuch der Stadt Lübeck I, 622. 651. — [2]) Böhmer a. a. O. S. 273.

irgend welcher Art, die seit unsers Vaters Rudolfs Zeiten in welcher Form nur immer errichtet sind, gänzlich und für immer ab, ausgenommen die, welche schon zur Zeit Friedrichs, unsers Vorfahren, verliehen würden, und werden niemals diese Erzbischöfe noch sonst jemand in Erhebung solcher ungerechten Zölle schützen noch schirmen." — Mit kräftigem raschen Kriegszug zwang der König die Kurfürsten nach seinem Willen. Der Erzbischof von Mainz mußte versprechen, die Zölle von Lahnstein und was er unrechter Zölle mehr habe, aufzuheben und die Briefe darüber von Adolf und Albrecht zurückzugeben. Erzbischof Wichbold von Köln sollte zurückgeben, was er vom Reichsgute bisher gehabt hatte und das Geleit zu Andernach abthun. Drei Schiedsrichter sollten auf ihren Eid an den Zollstätten von Basel bis nach Neuß bei ehrbaren weltlichen und geistlichen Leuten nachforschen und was sie erfahren würden, daß das alte Recht der Kurfürsten von Köln an Zoll und Geleit zu Andernach sei, das sollte ihm bleiben und alles andre ab sein. Auch sollte er Zoll und Geleit zu Bonn und Bercka, zu Neuß aber die Erhöhung des Zolles abthun und alle Briefe Adolfs und Albrechts darüber zurückgeben, deßgleichen die Zollfreiheit der Bürger von Köln neu bestätigen. Zum Pfand, daß er die abgethanen Zölle ohne kaiserlichen Willen nicht wieder aufrichte, sollte er seine Burgen Aspeln, Bercka, Laidberg und Neuenberg überantworten und 20 Herren und 100 Ritter und Knechte geloben lassen, daß sie ihm fünf Jahre lang bei solchem Unterfangen nicht helfen wollten. Auch die Bürger von Bonn und Rheinbergen, Neuß und Andernach sollten geloben, daß sie den Erzbischof solche Zölle in ihren Städten niemals wieder wollten nehmen und aufrichten lassen. Und wo jene drei Schiedsrichter erfahren würden, daß der Erzbischof unrechten Zoll und Geleit nehme zu Wasser oder zu Lande, da sollten sie denselben alsbald abthun [1]). — Zum Unheil aber für das Reichszollwesen und den allgemeinen Verkehr war Albrechts Sinnes- und Handlungsweise zu schroff und gewaltsam, auch seine Regierungszeit zu kurz, als daß der rasche Erfolg die begonnene Entwicklung auf die Dauer hätte hemmen können. Sein Vorgehen war auf diesem Gebiet das letzte thatkräftige Aufflammen eines reichsoberherrlichen Bewußtseins, ein letzter Versuch, Einheit anzustreben

---

[1]) Lacomblet, III. S. 2. 5. 14. — Mon. Germ. IV, 474. 477. — Görtz, Regesten der Erzbischöfe von Trier II, 61.

und der überhand nehmenden Zersetzung und Absonderung zu steuern. Nach seinem Tode hatten die Kurfürsten nichts ernstlicher zu thun, als sich bei jeder Neuwahl durch Kapitulationen und urkundliche Versprechungen gegen ähnliche Absichten gründlich sicher zu stellen. Deßhalb suchen wir auch später vergeblich bei Kaiser und Reich nach einer weiteren Entwicklung des Zollwesens. Jene urkunden nur noch Zollverleihungen und Bestätigungen und finanziren mit den Reichszöllen wie kaiserlichen Kammergütern in augenblicklicher Geldnoth, bis schließlich alle in die Hände der Gläubiger übergegangen sind, dieses erläßt Verordnungen, die nichts sind als kraft- und folgelose Wiederholungen althergebrachter Formeln.

Die Urkunden Heinrichs des VIII, des Luxemburgers, beweisen, wer in jenem Zollkriege den Sieg behalten hatte. Dem Erzbischof Heinrich II von Köln bestätigte er für seine Wahlstimme alle Zölle und gestand ihm die Freiheit zu, Reichsgut, wie er wolle und könne, zu erwerben. Dasselbe erneuerte er ohne Bedingung im J. 1309, bestätigte ihm als Ersatz für die Kosten der Königswahl die wieder hergestellten Zölle zu Bonn, Andernach und Neuß und bezeichnete mit Berufung auf den Papst Clemens V die frühere Aufhebung derselben als durch Furcht und Gewalt von Erzbischof Wicbold erzwungen. In derselben Weise überwies er dem Erzbischof Peter von Mainz den Zoll zu Ehrenfels als Ersatz für alle bei der Krönung Albrechts, Heinrichs und Johanns von Böhmen aufgewendete Kosten, bis das Reich dieselben vollständig zurückerstattet hätte[1]). Bei diesen Ueberweisungen von Reichszöllen wurde es jetzt stehende Form, daß der König eine meistens sehr beträchtliche Schenkungssumme für geleistete Dienste feststellte, bis zu deren Abtödtung, die aber nie erfolgte, der Beliehene das Reichsgut inne haben sollte. So verschrieb Heinrich dem Grafen Werner von Homberg zum Dank für seine Dienste 1000 Mark Silbers und versetzte ihm dafür den Reichszoll zu Fluelen bis zum jährlichen Betrage von 100 Mark[2]). — Auch gegen die Städte nahm dieser Kaiser für das Zollrecht der Landesherren Partei. Dem Grafen Rainald von Geldern zu gefallen hob er die Befreiung der Stadt Zütphen u. a. vom Zoll zu Lobith, die wie viele andere der kaiserlichen Bestätigung entbehrten, wieder auf, denn Rainalds Vorfahren

---

[1]) Lacomblet, III, S. 56. 57. 60. 61. 66. Guden, Cod. dipl. III, 148. —
[2]) Geschichtsfreund (Mittheilungen der fünf Orte Lucern u. s. w.), I, 14.

hätten nicht die Befugniß gehabt, ein Reichsgut ohne Willen und Zustimmung des Kaisers zu schmälern[1]).

Friedrichs III, des Schönen, wenige Zollurkunden zeugen von derselben Nachgiebigkeit gegen die Kurfürsten. Im J. 1314 hatte Herzog Leupold versprochen, wenn die Königswahl auf ihn oder seinen Bruder falle, so wolle er dem Erzbischof Heinrich II von Köln 42,000 Mark Silbers und dem Grafen Ruprecht von Virnenburg 12,000 Pfund Heller zahlen d. i. in solchem Betrage Reichsgüter überlassen. Nach der Wahl bestätigte Friedrich III dem Erzbischof die ihm in Bonn erlaubte Zollerhöhung von 8 Turnosen auf Lebenszeit, verschrieb ihm den Reichszoll zu Hammerstein, der nach Andernach verlegt war, und erlaubte ihm, die Rheinzölle von Andernach, Bonn und Neuß in seinem Gebiet zu verlegen, wohin er wolle, auch die Zölle von Rees, Xanten und Rheinbergen in einen einzigen zu Rheinbergen zusammenzuziehen. Einige Jahre später nahm sich Friedrich desselben Erzbischofs gegen die rheinischen Städte Köln, Remagen, Koblenz u. a. an, welche zum Schutz des eigenen Zollrechtes einen Landfrieden aufgerichtet und den Erzbischof zum Beitritt gezwungen hatten. „Unter dem Deckmantel frevelhafter Verschwörung“, sagt die Urkunde, seien sie zu diesem Frieden zusammengetreten, hätten ungesetzliche Zölle bei Remagen, Koblenz und Köln errichtet und auch geistliche Personen mit Zoll beschwert, deßgleichen mancherlei zum Schaden der Zölle zu Andernach und Bonn unternommen. Darum sollte nun der Erzbischof selbst diese von den Städten eigenmächtig errichteten Zollstätten wieder aufheben[2]).

Ludwigs IV, des Bayern, Verfahren auf diesem Gebiete trug am meisten dazu bei, daß die Reichszölle immer mehr in die feste Hand der geistlichen wie weltlichen Landesherren übergingen. Vor seiner Wahl versprach er in einer geheimen Uebereinkunft dem Erzbischof Peter von Mainz, ihm den Zoll zu Lahnstein und Ehrenfels zu bestätigen, bis das Reich alle Kosten, welche er seit Albrecht bei Krönungen und Wahlen gehabt habe und deren Betrag er selbst bestimmen solle, und außerdem noch 3000 Mark erstattet hätte. Auch den neu angelegten und erhöhten Zoll zu Miltenberg am Main verschrieb er ihm auf ewige Zeiten. Dem Erzbischof Balduin von Trier erlaubte er zu Koblenz eine Zollerhöhung und versprach zu desselben

[1]) Lacomblet III, 102. — [2]) Lacomblet, III, 102. 103. 104. 137.

Vortheil, daß von Wesel bis Hammerstein kein neuer Zoll erhoben werden sollte. Dann ermächtigte er ihn, alles innerhalb seines Stiftes verpfändete Reichsgut ganz oder theilweise nach Vermögen und Gelegenheit an sich zu lösen und verpfändete ihm dazu für 58,300 Pfd. Heller mit einigen Burgen Stadt und Zoll Bacharach. Alle dies bestätigte er im J. 1332 mit der Gesammtsumme der erworbenen Privilegien[1]). — Graf Adolf von Berg erhielt zuerst als Pfand, dann auf Lebenszeit für die dem Reiche geleisteten Dienste die Stadt Duisburg mit Gericht und Zoll und zugleich eine Anweisung auf 11,000 Mark, um sie an irgend einer Reichszollstätte innerhalb seines Landes oder anderswo zu erheben[2]). Dem Rheingrafen Siegfried bestätigte er den Reichszoll zu Geisenheim, dem Grafen Wilhelm zu Katzenelnbogen den Reichszoll zu St. Goar, dem Grafen Bertold von Henneberg verschrieb er auf Lebenszeit jährlich 1000 Pfd. Heller aus dem Zolle zu Kaub, dem Markgrafen Wilhelm von Jülich das Recht, in allen Städten und Ortschaften seines Gebietes und seiner Reichspfandschaften Zoll und Auflage nach beigegebenem Tarif zu erheben[3]). Dabei haben wir aber auch Urkunden von Ludwig, wodurch er, freilich wieder auf Kosten des Verkehrs, des Reiches Einkünfte zu mehren suchte. Auf der Zollstätte zu Lahnstein z. B. errichtete er neben dem erzbischöflichen zu seiner und des Reichs Nothdurft einen besondern Zoll, erklärte dabei aber urkundlich, daß er dadurch der Herrlichkeit und dem Besitze eines Dritten in keiner Weise weder für sich noch das Reich zu nahe treten wolle. Ebenso setzte er auf dem Rhein zu Hammerstein einen Zoll von 16 Turnosen auf jedes Fuder Wein, aber auch dieser Zoll blieb nicht lange beim Reiche[4]).

Ludwigs Bemühungen um eine Regelung des Zollwesens zeigen uns die von ihm errichteten Landfrieden. Im J. 1317 schloß er mit den Erzbischöfen von Mainz und Trier, dem König Johann von Böhmen u. a. Fürsten, mit den Städten Köln, Mainz, Worms, Speier u. a. eine Vereinigung auf 7 Jahre zur Befriedigung der Rheinstraße. „Wir haben einen Landfrieden gemacht von Hert oberhalb Speier bis Köln zu Land und zu Wasser und haben alle Zölle abgethan in den vorgenannten Zielen ohne die alten Geleite auf dem

[1]) Hontheim, hist. Trev. II, 92. 118. Böhmer a. a. O. 270. — [2]) Lacomblet, III, 108. 324. — [3]) Bodman, Rheingauische Alterth. 585. Böhmer, Urk. des K. Ludwigs, S. 2. Ders. add. prim. S. 76. Lacomblet III, 108. — [4]) Böhmer add. prim. S. 271. Günther a. a. O. 311.

Lande; wer die einmal nimmt, soll die Kaufleute beschirmen davon, als Recht ist. Und unterhalb Köln bis Antwerpen sollen die neuen Zölle auch ab sein, die alten mögen bleiben unterhalb Köln und soll kein Zoll mehr sein als der allein, den wir mit den Fürsten und Städten, den Frieden zu beschirmen, aufgesetzt haben". Dann folgen einige Zollbestimmungen, die wir später in Betrachtung ziehen. „Und mehr sollen sie fürbaß nicht nehmen und was Geldes an dem Zolle fällt, nehmlich zu St. Goar, zu Geisenheim und zu Boppard, dessen sollen zwei Theile uns und den Fürsten und das dritte den vorgenannten Städten fallen, den Frieden zu beschirmen. Und will der Erzbischof von Köln in den Bund treten, so sollen ihm 6 Turnosen von den 22 werden, die uns und den Fürsten zufallen, und will er es nicht thun, so sollen wir und die Fürsten und die Städte ihn dringen, die Zölle abzulassen und den Frieden mit uns zu halten. Und soll der Friede und der Zoll währen sieben Jahre und wenn die sieben Jahre ausgehen, so soll der Zoll auch absein. — Und ist, daß jemand einen Zoll in dem vorgenannten Ziel macht und nimmt auf Land und Wasser, den sollen wir und die Fürsten abthun und sollen uns die Fürsten und die Städte dazu helfen, als es ihnen dann gelegentlich und ihre Ehre ist"[1]). — Wieder wird hier der Grundsatz ausgesprochen, daß nur die althergebrachten, vom Reich bestätigten Zölle die gesetzlichen sein und bleiben sollten, dabei aber werden drei Zölle bis zu 33 Turnosen vom Fuder Weins erhöht, um mit diesem Ueberzoll die Kosten des Landfriedens zu decken, obwohl nach dem Reichsgrundgesetz mit jeder Zollhebung schon die Pflicht verbunden war, die Straße zu schirmen. Als der Erzbischof von Köln, gegen dessen willkührliche Zollmehrungen dieser Landfriede hauptsächlich gerichtet war, durch Friedrich den Schönen denselben für eine frevelhafte Verschwörung der Städte erklären ließ, forderten Graf Gerard von Jülich und die Stadt Köln die Mitglieder des Landfriedens gegen den Erzbischof, der den Frieden beschworen habe und dennoch den Kaufmann bezollen, berauben und fangen lasse, so daß niemand mehr fahren noch wandern möge, zur Hülfe auf. Daß sich trotzdem aber die Beschwerden über die Rheinstraße nur mehrten, beweist der im J. 1334 und 1335 zwischen Ludwig, dem Erzbischof von Trier, damals auch Pfleger für Mainz und Speier, und den

---

[1]) Lacomblet III, 137.

Städten Mainz, Straßburg, Speier, Worms und Oppenheim vereinbarte Landfriede, welcher die Rheinstraße von Straßburg bis Bingen schirmen sollte[1]). Alle diese Landfrieden — und das war wohl ein Hauptmangel — beabsichtigten nicht in erster Linie eine verständige Erleichterung und Sicherung des öffentlichen Verkehrs im Reiche, sondern die Sicherstellung und gegenseitige Verbürgung des Zollbesitzes der Vertragenden, welcher durch die eingerissene maß- und zügellose Mehrung der Zollstätten schließlich seiner Einkünfte ganz beraubt wurde.

Ein Beispiel möge als Beweis dienen, in welcher Art Reichszölle zersplittert werden konnten. Heinrich VIII verpfändete im J. 1315 dem Grafen Wernher von Homberg den Reichszoll zu Fluelen. Friedrich der Schöne bestätigte noch in demselben Jahre, daß dieser Zoll rechtsgültig auf Johann, Grafen von Habsburg, übergegangen sei. Von diesem kam der Zoll an den Landammann von Uri Johann von Attinghausen, welchen im J. 1344 Ludwig IV damit belieh, bis das Reich ihm für seine Dienste 600 Mark bezahlt habe, verbunden mit dem Recht, denselben zu vererben, wie er wolle. Diese Besitzrechte bestätigte auch Karl IV gegen ein Darlehn von 200 Mark. Im J. 1360 übergaben Attinghausens Erben die Hälfte dieses Zolles der Gemeinde von Uri, während die von Rudentz im Besitz der andern Hälfte waren. Johann von Rudentz verkaufte im J. 1374 von der Hälfte dieses Zolles einen sechsten Theil halb und vom sechsten Theil einen halben dritten halb einem Landmann von Uri und Margaretha von Burgenstein, geb. von Rudentz im J. 1377 an Uri einen sechsten Theil des halben Zolls zu Fluelen und den dritten Theil eines sechsten Theils, und im J. 1427 verkaufte wieder Heinrich von Mos, Amman zu Luzern an Uri den zwölften Theil dieses Zolles[2]).

Karl IV war schon vor der Wahl durch seinen Vater verpflichtet worden, sogleich nach der Krönung nach Köln oder Bonn zu reisen und nicht eher von dannen zu gehen, bis er dem Erzbischof Walram alle Rechte und Besitzungen mit den vier Rheinzöllen zu Andernach, Bonn, Neuß und Rheinbergen bestätigt und gelobt habe, ihn im Besitz derselben gegen jeden Widerspruch zu schirmen. Auch bei ihm findet sich von einer aufmerksamen Ver-

[1]) Schreiber, Urkundenbuch der Stadt Freiburg I, 2, S. 308. — [2]) Geschichtsfreunde ꝛc. I, S. 14. Kopp, Geschichte der eidgen. Bände IV, 256.

waltung des noch gebliebenen, einem verständigen Zurückgewinnen des entfremdeten Reichszollgutes ebenso wenig eine Spur. Zollerhöhungen und Verleihungen an Fürsten, Adlige und Gemeinden haben wir dagegen in so großer Anzahl, daß grade unter diesem König der innere Verkehr des Reiches die meisten und schwersten Fesseln erhalten zu haben scheint. Kennzeichnend für diese Richtung sind die von ihm dem Bisthum Chur ertheilten Urkunden. Im J. 1349 bestätigte er dem Bischof Ulrich alle Rechte und Besitzungen, die seine Kirche jemals von Kaisern oder Königen erhalten habe, desgleichen die Geleite und Zölle zwischen der Lanquart und Lufer, einen Zoll in Chur und einen zweiten in Lufer oder Castelmure. Dazu verbot er alle andern Zölle innerhalb der Lanquart und Lufer, „ausgenommen die zwei von altersher dem Hochstifte Chur gehörigen, und namentlich den Zoll, den wir dem Grafen Friedrich von Toggenburg verschrieben hatten zu nehmen zu Straßburg oder Chur oder zu Lenz." Damit hob er zu Gunsten eines Dritten einen von ihm selbst verliehenen Zoll wieder auf. „Neue Zölle, fährt die Urkunde fort, wo die aufgebracht werden, sind des Reiches Straßen, Landen und Leuten und unsern Getreuen allewege schädlich", das heißt hier: sie schaden dem Reiche, indem sie einem uns ergebenen Landesherrn seine Einkünfte entziehen. Zehn Jahre später verbot Karl IV dem Grafen von Sagans, eine neue Straße im Bisthum Chur zu bauen oder Zölle und Geleite aufzurichten, denn nur die von altersher dem Bisthum und dem Reiche gehörige Straße sollte befahren werden, erlaubte dem Bischof, den doppelten Zoll in der Stadt Chur zu erheben, bis er für seine dem Reich geleisteten Dienste 6000 fl. erhoben hätte, und befahl allen Handelsleuten, bei Verlust des Reichsschutzes nur die alten Straßen des Bisthums zu befahren[1]). — Selbst wo Karl IV einer Stadt eine Erleichterung zu schaffen vermeinte, folgte sogleich ein „jedoch unbeschadet landesherrlicher Rechte und Einkünfte." Als ihn die Kölner im J. 1349 in ihre Stadt aufgenommen hatten, versprach er, niemals einen neuen Zoll zwischen Mainz und Köln errichten zu lassen, doch schon vorher hatte er dem Bischof Walram von Köln geurkundet, daß die von Kaisern und Königen der Stadt Köln ertheilten oder zu ertheilenden Rechtsbriefe nie der Landesherrlichkeit des Erzbischofs entgegen sein

---

[1]) Conrad von Mohr, Cod. diplom. III, S. 57. 59. 116. 117. — Ebenda I, 430.

sollten[1]). Auch verlieh er schon im J. 1356 dem Erzbischof Wilhelm von Köln für die Kosten des Landfriedens, wo es ihm innerhalb seines Stiftgebiets am gelegensten erscheine, einen neuen Landzoll von 1 Turnosen und bestätigte ihm seine vier Rheinzölle mit dem Rechte, dieselben zwischen Andernach und Worms zu jeder Zeit nach Belieben zu verlegen. Im J. 1372 ertheilte er wieder dem Erzbischof Ferdinand III von Köln eine Erhöhung von 3 Turnosen am Zoll zu Bonn, und versprach im J. 1376, daß sein Sohn Wenzel sogleich nach der Königswahl alle erzbischöflichen Privilegien erneuern und der Stadt Köln nie ein neues Privileg ertheilen oder ein altes bestätigen sollte. Noch in demselben Jahre löste Wenzel das Versprechen[2]). — In derselben Weise begünstigte Karl die weltlichen Landesherren. Der Stadt Straßburg verbot er, den Pfalzgrafen Ruprecht in seinem neuen Zoll zu behindern, den er ihm in seinem Lande, wo er wolle, aufzuheben gestattet habe[3]). Dem Grafen Gerhard von Berg und Ravensburg erlaubte er, die bisher zu Horneck erhobenen 6 Turnosen künftig zu Kaiserswerth mit seinen übrigen Zollgefällen zu erheben, dem Grafen Wilhelm von Berg erlaubte er einen neuen Guldenzoll vom Wein in der Pflege Sinzig und der Vogtei Breisig und die Verlegung des Zolles von Duisburg nach Düsseldorf[4]). Den Burggrafen Friedrich von Nürnberg belieh er mit dem Rhein- und Landzoll zu Selz, mit dem Zoll zu Nürnberg und den Zöllen und heimfallenden Reichslehen im Elsaß, die Grafen von Meurs mit neuen Zöllen zu Krefeld und im Friemersheimer oder Homberger Werder[5]). Dem Herzog Wilhelm von Jülich verschrieb er für seine Dienste 25000 fl., die er durch eine Zollerhöhung zu Nimwegen erheben sollte[6]). Am schlagendsten kennzeichnet solches Verfahren eine Urkunde Karls vom J. 1354 für Daniel von Langenau: „Wir gönnen dir durch deine willigen Dienste, wo oder von welchem Herrn du das erwerben oder erkobern mögest, daß du einen Englischen von dem Zoll auf dem Rhein empfangen und nehmen sollst, also lange bis dir 1100 fl., die wir dir schuldig sind, gänzlich und gar werden gefallen, also bescheidenlich daß es der Stadt Mainz nicht möge schaden.“ Nach langem

[1]) Lacomblet, III, 375. 376. — [2]) Ebenda, 448. 459. 624. 682. 684. 685. — [3]) Lünig, R. A. P. sp. cont. IV, Th. II, 735. — [4]) Lacomblet III, 388. 708. 710. 713. — [5]) Mon. Zoll. IV, S. 25. 46. 64. 79. 252. Lacomblet III, 515. 609. — [6]) Ebenda, 689.

Suchen erlaubte endlich auf des Kaisers Bitte Graf Adolf von Nassau, daß die Langenau auf seiner Zollstätte zu Wiesbaden einen halben Turnosen über die alte Zollgebühr nehmen sollten, bis sie bezahlt seien[1]). Dabei errichtete Karl IV zur Mehrung der eignen Einnahmen auch noch neue Reichszölle, z. B. im J. 1364 zu Frankfurt a. M. an allen Thoren zu seinen und des Reichs Nöthen und Kosten[2]).

Neben solcher maßlosen Vermehrung und Erhöhung der Zölle erscheint, was Karl IV zum Schutz der Zollbefreiungen, zur Regelung des gesammten Zollwesens that, unbedeutend und fast wie Spott, denn niemand handelte mehr gegen solche Reichsordnungen als eben er selbst. Damit man in Nürnberg, dieser „vornehmsten und am besten gelegenen Stadt des Reiches", so lange er darin Hof halte, an allen Dingen rechten Kauf haben möge, was jetzt wegen der großen Zölle und Geleite unmöglich sei, widerrief er für solche Zeit „alle Zölle und Geleite, die wir herum in diesem Lande jemand haben erlaubt zu nehmen und besonders die Zölle und Geleite, die wir gegeben haben Friedrich Burggrafen zu Nürnberg, Eberhard Grafen zu Wertheim, Gerlach Grafen zu Hohenlohe und Gottfried zu Rieneck — und soll fürbaß kein Zoll noch Geleit genommen werden von essenden und trinkenden Dingen, von Kaufmannschaft oder was das sei, — unsern und des Reiches schweren Zorn zu vermeiden"[3]). Von solcher Ueberlastung der Landstraßen zeugt auch das Privileg Karls IV für Nordhausen: „Die Bürger von Nordhausen haben uns vorgelegt, daß etliche Herren und Edle in Thüringen neue Zölle und Geleite angesetzt haben ohne unser und des Reichs Wissen und Willen, darum nehmen wir mit Rath der Fürsten ab alle neuen Zölle und Geleite, wie man die nennen mag und gebieten allen Fürsten, solche abzuthun, bei Strafe von 58 Mk. löthigen Goldes." In ähnlicher Weise verbot der Landfriede vom J. 1351 innerhalb seiner Ziele alle Zölle mit Ausnahme der dort benannten landesherrlichen[4]). Auch die Reichsordnung vom J. 1378 sagt[5]): „Wann wir kundlichen erfahren haben, daß der gemeine Kaufmann auch andre Leute mit Zöllen, die von Neuem in dem h. röm. Reich auf dem Lande und dem Wasser aufgesetzt sind, so mannigfach be-

[1]) Guden, Cod. dipl. II, 1131. 1133. — [2]) Böhmer, Cod. dipl. Moenofr. I, 692. — [3]) Mon. Zoll. IV, 106. — [4]) Lünig a. a. O. 69. Vergl. auch Pelzel, Karl I, 387 folg. — [5]) Ebenda, cont. I, 30.

schwert werden, daß alle Straßen daselbst gröblich niederliegen und ein jeglicher ehrlicher Mann sich, als das von altersher gewesen ist, nicht wohl nützlich mag ernähren, so haben wir mit wohlbedachtem Muth und Rath unser und des Reichs Fürsten widerrufen und abgenommen alle und jegliche Zölle, die wir oder unsre Vorfahren an dem Reich auf ihren oder unsern Widerruf auf dem Rheinstrom, dem Main und anderswo im röm. Reich und in denselben deutschen Landen bis auf den heutigen Tag verschrieben, gemacht und gegeben haben, und auch alle und jegliche Zölle und Geleite, die Fürsten, Grafen, Freie, Herren, Städte und andre Leute haben aufgesetzt und gemacht ohne unsern und des Reiches Urlaub Wissen und Willen, und setzen und wollen aus kaiserlicher Macht, daß alle und jegliche solche Zölle und Geleite von Stund nach Offenbarung dieses kaiserlichen Gesetzes absein sollen — —." Auch die goldne Bulle Karls verbot alle „indebita et consueta telonea", aber allen solchen wohlbegründeten Gesetzen fehlte nichts als die Ausführung, diese aber ganz und gar.

Unter den Königen Wenzel und Ruprecht machte sich der Einfluß der Kurfürsten, welche, um die eignen Zolleinkünfte zu sichern, den Ausschreitungen der benachbarten Landesherren entgegen traten, bei einer Regelung des Zollwesens wenigstens auf der Rheinstraße immer mehr geltend. König Wenzel mußte bei Antretung des Kaiserthums sich verpflichten, keinen Zoll im Reich ohne der Kurfürsten Wissen und Willen zu gönnen und zuzulassen, im J. 1379[1]) aber alle auf Widerruf verliehenen Zölle auf dem Rhein zwischen Andernach und Rees, insbesondre den Zoll zu Düsseldorf und des Grafen von der Mark neuen Zoll zu Ruhrort aufheben und versprechen, ohne Zustimmung der rheinischen Kurfürsten keine neuen zu errichten. Die von diesem Kaiser versuchte Minderung der Rheinzölle war nur eine politische Maßregel, die er in Abhängigkeit von den rheinischen Kurfürsten gegen einige Anhänger des damaligen Gegenpapstes und insbesondre gegen Bischof Adolf von Speier wie auch zum Vortheil der Zölle jener Kurfürsten verhing, ohne dieselbe auf die Dauer in Ausführung zu bringen. Am 23. Januar 1377 schrieb er den Mitgliedern des wetterauischen Landfriedens: „Unser

---

[1]) Lacomblet, III, 730. 740. Deutsche Reichstagsacten, herausgeg. von Weizsäcker I, S. 228 folg. Pelzel, König Wenzel, Beilage 7.

Vater hat oft dem Bischof von Speier geschrieben von wegen des Zolles zu Höchst und Kelsterbach, die er von seines selben wegen ohne Gunst und Urlaub unsers Vaters gesetzt hat, daß er die ablegen und nicht mehr nehmen soll; derselbe Bischof aber nimmt denselben Zoll noch heute „uns und dem reiche zu kuntlichen frevyl und widersasse." Solchen Frevel wollen wir fürbas mehr durch des Rechten willen nicht mehr leiden, sondern demselben Bischof schreiben, daß er von Statt ab solche Zölle ablege und abthue. Und wollte er solches nicht thun, so befehlen wir auch bei dem beschwornen Landfrieden, daß ihr nach Weisung Ruprechts des Aeltern bei Rhein mit aller eurer Macht dazu ziehen sollt und solche „Raubhäuser" brechet und schaffet, daß fürder mehr daselbst wegen solcher Zölle, die Raub sind, niemand gehindert werde." Am 23. Februar desselben Jahres widerrief Wenzel alle auf Widerruf verliehenen Rheinzölle, insbesondere den Zoll des Grafen von Berg zu Düsseldorf und des Grafen von der Mark zu Ruhrort, weil sich dieses mit dem kurkölnischen Privilegium nicht vertrage, am 1. März aber alle von seinem Vater im Gebiet des Landgrafen Hermanns II von Hessen erlaubten Zölle und Geleite. Am 3. März bevollmächtigte er den Landvogt in der Wetterau und die Städte Mainz, Worms, Speier, Frankfurt, Friedberg, Gelnhausen und Wetzlar, jede Wiederaufrichtung der vom Bischof Adolf aufgelassenen Zölle zu Höchst und Kelsterbach als Raub zu behandeln. Am 29. April 1380 wiederholte er die Aufhebung aller auf Widerruf ertheilten und wider Recht erhobenen Rheinzölle und versprach, ohne Zustimmung der Kurfürsten von Trier, Köln und Pfalz niemand einen neuen Zoll zu geben noch zu erlauben. Dennoch verlieh er an demselben Tage dem Bischof Adolf und dem Mainzer Stift wieder einen Zoll zu Höchst von 4 alten Turnosen, welchen Zoll der Bischof später für 3000 fl. verpfändete[1]). Noch einmal wiederrief er alle am Rheinzoll auf Widerruf verschriebene Turnosen am 25. Juli 1384 und ertheilte am 28. Juli wieder den rheinischen Städten als Bezahlung für ein Darlehn von 6000 fl. einen neuen Mainzoll[2]). Ebenso verpflichtete sich König Ruprecht, alle neuen Zölle und Wartpfennige, welche König Wenzel von Reichs wegen auf dem Rheine irgend jemand gegeben habe, gänzlich zu widerrufen, keine neuen

[1]) Reg. boic. X, 65. — [2]) Deutsche Reichstagsacten ꝛc. I, S. 245 folg. 248 folg.

ohne der Reichsfürsten Wissen und Willen zu verleihen und was die Könige Karl und Wenzel auf dem Rhein von Zöllen widerrufen hätten, also zu lassen, ausgenommen der Kurfürsten Zölle[1]. —

Der Kaiser Sigismund ermächtigte wieder den Erzbischof Dietrich von Köln, die Zölle bei Bonn und Linz um 6 Turnosen zu erhöhen, bis ihm die für die Beilegung des Kriegs mit Herzog Adolf von Berg aufgewendeten Kosten erstattet seien[2]. Demselben Herzog erlaubte er, von den Einwohnern der Lande Geldern und Zütphen zur Strafe, daß sie dem Herzog die Huldigung verweigert hatten, einen Zoll von 24 Turnosen auf dem Rhein und dem Lande zu nehmen, „um sie desto balder zum Gehorsam zu bringen“[3]. Aus den Reichsordnungen desselben Kaisers ziehe ich nur die eine vom J. 1430 an, weniger um zu zeigen, wie er die Ordnung im Reiche handhabte, als um zu beweisen, welche Unordnung trotz aller besseren Erkenntniß im Reich herrschte. „Man soll wissen, heißt es hier[4], daß alle Länder gar schwerlich übersetzt sind mit Zöllen. In jeglicher Stauden ist schier ein Zoll. Es mag sich schier ein Land des andern nicht trösten noch zu statten kommen noch niemand dem Andern kein recht Pfenwerth geben, das alles von Zoll wegen geschieht.“ — „Wie Zölle erdacht sind. Ihr sollt hören, wie Zölle des ersten angeschlagen wurden von einem Kaiser. Es waren wilde Gebirg, da man Straßen über haben muß, desgleichen auch über Wasser. Da ward angesehen, daß sie billig von gemeiner Hand gemacht wurden, und ward angesetzt ein leichter Zoll, in der Maß niemand keinen Zwang noch Drang dazu haben soll, und bat man um die Hülfe. Ihn besecklet (nahm ein) niemand denn daß er verbauet ward. Denn wer Zoll anderswohin thut, als wohin er von Recht gehört, der genießet Wucher. Er nimmt ihn einem ab, der ihn nicht schuldig ist. Er soll es büßen als Wuchergut. Denn so man sein nicht bedürft weder über Wasser noch über Gebirg, so soll man ihn abthun, bis man sein wieder bedarf, oder klein machen und den gütlichen eischen. Denn so möcht man wohl Länder bauen, daß man sonst nicht thun kann. Nun nehmen Geistliche und Weltliche übermäßigen Zoll wider Gott freventlich. Sie haben ein Recht darauf gesetzt, wer den Zoll verführt, den greift man schwerlichen

---

[1]) Lünig a. a. O. S. 28. — [2]) Lacomblet III, 110. — [3]) Ebenda 191. 208. — [4]) Lünig a. a. O. cont. II, 238.

an und sprechen schier Leib und Gut an und ist alles wider Gott und wer ihn freventlich einnimmt, der thut zwiefach Unrecht und gröszlich wider Gott. — Wer Zoll annimmt und nie anlegt, daß er verbauet wird, soll gehalten werden als ein offner Sünder oder Wucherer, darum schaffe man den Zoll ab die zwei Theile und lege den dritten an. Wer aber das nicht thun wollte und das gemeine Unrecht mit Gewalt nehmen wollt, ist er ein Herr, so mag jedermann ihn angreifen — —. Item wo solche Stätten wären, da man Zoll haben müßt von Schwere des Weges zu bauen und ihn die Geistlichen inne hielten, denen soll man ihn lauter nehmen und soll ihn die Stadt versorgen an des Reiches Statt. Denn alle Zölle soll das Reich versorgen. Haben aber weltliche Herren Zölle inne, die sollen sich bekennen, daß er ihnen in Lehens Weise empfohlen sei. Sie mögen mit Recht nicht sprechen, daß er ihr sei. Er ist des Ersten von Kaiser und Päpsten erlaubt, der gemeinen Welt zu Nutz und Hülf." — „Es soll ein jeglicher Zoll in zehn Jahren erneuert werden, ob er möge gemindert oder gemehrt werden nach Gelegenheit der Gebirge oder des Wassers, darum daß niemand Unrecht geschehe und auch kein böser Auffsatz aufstünde." „Es sollen in jeglicher Stadt zwei gewählt werden, die leiblich schwören, den Bau zu besehen, es sei auf Gebirg oder Wasser, Brücken und Stege zu versorgen und zu versehen, und wo an einem Zoll jemand verwahrloset wird, das sollen die Städte und Herren, deß die Zölle sind, ganz und gar abtragen und unklagbar machen." Der Geist der Gesetze war demnach im h. Reiche so schlecht nicht und darum doppelt beklagenswerth, daß solche Gesetze nie zur That wurden.

Friedrich IV verlieh wieder Ueberzölle, wo er nur im Reiche Dienste zu bezahlen hatte. Den Grafen Gerhard von Sain belehnte er mit einem Ueberzoll von zwei Turnosen zu Engers und Kaiserswerth, den Bischof Hermann von Köln mit dem Zolle zu Linz gegen das Versprechen, 32,000 Gulden binnen 4 Wochen zu bezahlen, der Stadt Köln erlaubte er für ihre Hülfe gegen Karl von Burgund eine Zollerhebung. Dem Bisthum Konstanz verschrieb er wegen „unverschuldeter Ueberschuldung" auf dem Rhein und dem See einen neuen Zoll am Schloß Gottlieben[1]). — Auch ihm selbst, dem Kaiser,

[1]) Lünig, R. A. Grafen und Herren, Abth. VI, S. 410. — Lacomblet IV, 524. 520. 540. 557. — Mon. Habsburg. I, III, 613.

flossen noch trotz aller Entfremdung des Reichsguts aus ehemaligen Reichszöllen manche Einkünfte. Im J. 1477 befahl er seinem Diener Ludwig von Blitterswich, 7000 fl., die ihm von den Zöllen zu Bonn und Andernach zustanden, zu erheben und dem Rath der Stadt Köln für den Erzherzog Maximilian zu überantworten. Von der Stadt Köln hatte der Kaiser jährlich 1500 fl. aus den Zollgeldern zu erheben, welche er im J. 1477 einem kölnischen Bürger als Leibrente überwies. Ein andermal bezahlte er damit in Köln gekaufte Kleinodien. Auch in Mainz standen ihm noch Zollgelder zu, denn er beauftragte im J. 1477 die Stadt Frankfurt, seinem Protonotar 2500 fl. zu leihen und dafür das nächste Zollgeld in Mainz in Empfang zu nehmen[1]).

Bis jetzt galt immer noch nach der Reichsverfassung das Reichs- und Oberzollrecht, d. i. des Kaisers Wille mit Rath und Zustimmung der Kurfürsten als die Quelle des landesherrlichen Zollwesens in allen seinen Einzelzöllen und Veränderungen. Friedrich IV ertheilte zuerst einem Landesherrn ein vollständiges, vom Reiche unabhängiges Zollrecht, das jedoch, da die kurfürstliche Zustimmung fehlte, nie zu einer vollen, unbestrittenen Geltung kam. Kurfürst Friedrich von Brandenburg, dem der Kaiser für mancherlei treue Dienste verpflichtet war, erreichte von diesem im J. 1456 die urkundliche Erlaubniß, daß er und seine Erben in ihren Landen, wo sie die haben und überkommen würden, den Zoll, den sie daselbst hätten, nach ihrem Gefallen erhöhen, verlegen und wo, wann und wie es ihnen beliebe, Zölle von neuem aufsetzen, auf Wein, Bier und was man sonst in ihren Landen gebrauche und durch ihre Lande führe, Auflagen nach ihrem Gefallen machen, und ihre Land- und Wasserstraßen brauchen und genießen dürften, wann, wo und wie sie wollten und möchten. Dasselbe allgemeine Zollrecht ertheilte er auch seinem Stammhause, und zwar, wie die Urkunde sagt, mit Rath und Beifall der Kurfürsten und Stände des Reiches[2]). — In andern Fällen hielt derselbe Kaiser unter Beistimmung der Kurfürsten an des Reiches Oberzollrecht in Bestätigung neuer und erhöhter Zölle fest. Im J. 1442 schrieb er an den Kurfürsten Friedrich von Sachsen, daß er dem Erzbischof von Trier wegen der Schulden des Stiftes eine Erhöhung des Zolles zu Engers auf 8 Jahre gestattet habe, und den Kurfürsten

---

[1]) Mon. Habsb. I, 1, S. 466 folg. — 450. 593. 599. — [2]) Mon. Habsb. a. a. O. — Pfeffinger, vitr. illustr. II, 24.

bitte, nicht dawider zu sein, sondern seine Unterthanen anzuweisen, diesen Zoll zu bezahlen. Derselbe Kurfürst Friedrich und sein Bruder Wilhelm baten ihn im J. 1443, die Straßen und Zölle zwischen Zwickau-Chemnitz und Budissin-Görlitz wegen der böhmischen Unruhen verlegen zu dürfen und erhielten dazu die Erlaubniß unter der Bedingung, daß die Zölle nicht erhöht würden. An demselben Tage bestätigte Friedrich den Beiden auch einen neuen Zoll auf naumburgisches Bier und das Niederlagsrecht zu Dresden oder Hain über Elbe, wie es ihnen am bequemsten sei[1]).

Die unter Friedrich erlassenen Reichsabschiede hatten denselben Inhalt und denselben Erfolg wie die früheren. In der Reformation vom J. 1441 heißt es: „Alle Zölle, Märkte, Geleite u. s. w., so bisher im h. röm. Reiche deutscher Nation ihren Fürgang gehabt haben, sollen fürbas hin alle todt und ab sein, ausgenommen was zu der Nothdurft erkannt wird, damit der Eigennutz die Gemeine nicht beschwere, auch an allen Gewerben und täglichen Händeln kein Hinderniß bringe.“ Die Declaration zu diesem Artikel sagt: „Die Ursach zeigt an, daß die Zölle u. s. w. beschwerlich und ohne Noth übersetzt sind. Denn es wollen nicht allein Fürsten, Grafen, Herren, auch Prälaten, Städte, Communen, Schlecht, Ritter und Knecht, Zoll, Maut, Ungeld, Steuer und Beschwerungen täglichs aufbringen und damit den gemeinen Mann so hart überladen, als ob ihr ihn dazu nöthen wollt, daß er euch eures bösen Regiments entsetzen soll. Seht wohl auf, daß ihr nicht eures Patrimoniums dazu beraubt oder ihr nicht gar erschlagen werdet. Fürwahr, ihr Fürsten, ihr stellet sehr nach unrechtem Gut, wollt dem Armen sein Schweiß und Blut wieder recht aussaugen. Es ist wahrlich genug, ihr seid gewarnt u. s. w.“ — Die zweite Erklärung zu diesem Artikel wiederholt, daß Zoll und Maut nur da seien, um Brücken und Wege davon zu bauen, und wo das nicht geschehe, niemand den Zoll geben solle, bis die Wege gebessert sind; die kaiserlichen Frei- und Reichsstraßen sollen frei und ungezwungen gehalten sein ohne lebendige Gewalt und andres Geleit, und in wessen Geleit und Gebiet jemand Schaden genommen, der solle solchen gänzlich zahlen und entrichten[2])“. — Bemerkenswerth ist noch der Versuch Friedrichs, einen neuen Reichs-

[1]) Nach Urkunden im Hauptstaatsarchiv zu Dresden. — [2]) Müller, Reichstagstheater I, 57.

zoll zu Reichszwecken zu errichten, welchen Versuch Karl V später erneuerte. Im J. 1486 ließ Friedrich auf dem Krönungstage Maximilians Artikel übergeben, darin es u. a. heißt: „Nachdem das Reich in diesen Läuften auf das Kammergericht Botschaft zu schicken und in andre Wege viel Ausgabe thun muß und ganz kein Aufheben hat, dem zu Hülfe einen Zoll auf die Messe zu Frankfurt zu machen." Die Antwort der Kurfürsten lautete: „Auf den vierten Artikel, einen neuen Zoll anlangend sagen die Kurfürsten, daß die Lande hoch übersetzt sind und beschwert, daß man auch täglich Klage von dem Kaufmann hört und brächte mächtigen Abbruch und Zerrüttung der Kaufmannschaft, würde auch in der fürgenommenen Hülfe Irrung und Sperrung gebähren. Darum sie getreulich rathen und bitten, daß die kaiserliche Majestät solches fallen lasse — —". Daß aber einige Kurfürsten diesen Zoll wohl zugestanden hätten, wenn er nur ihnen selbst von einigem Vortheil gewesen wäre, beweist der Vertrag des Kurfürsten Friedrich von der Pfalz mit dem Erzbischof Dietrich von Mainz vom J. 1457, darin es heißt: „es soll der Kaiser einen neuen Zoll auf die Fasten- und Herbstmessen in Frankfurt errichten und von diesem Zoll ein Drittel dem Kaiser, ein Drittel dem Erzbischof und ein Drittel dem Pfalzgrafen zufallen". Wenige Jahre darauf schloß derselbe Pfalzgraf einen Vertrag wegen Erhebung des Königs Georg Podiebrad zum deutschen König, der im Art. 13 bestimmt: „Der König soll einen Zoll auf die Frankfurter Fasten- und Herbstmesse und außerdem für das ganze Jahr auf den Handel und die ganze Kaufmannschaft und alle Waaren legen und davon ein Drittel dem Pfalzgrafen überlassen." Als nun aber der Kaiser selbst einen solchen Zoll zur Unterstützung des geld- und hülfsbedürftigen Reiches beantragte, wurde derselbe von allen Kurfürsten als dem gemeinen Besten schädlich und beschwerlich abgeworfen[1]).

Im Laufe der Jahrhunderte hatte sich das Zollwesen im Reiche gänzlich umgewandelt. Das deutsche Königthum hatte als Erbschaft des Frankenreichs die unbeschränkte Hoheit im Zollwesen übernommen, verbunden mit einem über die vornehmsten Handelsstraßen ausgebreiteten Zollbesitz. Wenn auch die Großen des Reiches überall schon Zollstätten inne hatten, so war doch dieser Besitz in seinem Bestande

[1]) Menzel, Regesten zur Geschichte Friedrichs des Siegreichen von der Pfalz, in den Quellen und Erörterungen 2c. II, 273. 351.

wie in seiner Verwaltung reichsgesetzlich von dem Willen des Reichsoberhauptes abhängig. Außerdem hatte das Reich, durch das rasche Aufblühen neuer Verkehrsorte und Städte und neuer, das Reich nach allen Richtungen durchschneidenden Handelsstraßen Gelegenheit und Mittel genug, sich in derselben Weise wie die Landesherrn in neuen Zollstätten nachhaltige Einnahmequellen auszubilden. Dazu aber war das Reich seit Friedrichs I Tode durchaus unvermögend; sein Zollbesitz blieb zersplittert und ohne Zusammenhang und die Zollstätten gingen nach und nach in den Besitz der Landesherrn und Gemeinden über. Am Ausgang des Mittelalters war diese für jene Zeiten, wenigstens im deutschen Reiche, ergiebigste und sicherste Einnahmequelle für das Reich fast gänzlich versiegt und die wenigen Reste dienten nur zur Bestreitung einzelner Ausgaben der kaiserlichen Hofhaltung. Weil die Kaiser das Reichszollwesen niemals im Großen und Ganzen als ein Mittel zu Reichszwecken sondern immer nur als vereinzelte Hülfsmittel zu Haus- und Privatzwecken betrachtet und gebraucht hatten, wurde das Reich schließlich aller dieser, allein nachhaltigen und von der Gunst mächtig gewordener Stände unabhängigen Steuerquellen entblößt. Aehnlich stand es mit dem Oberzollrecht des Reiches. Seit Friedrich II mischten sich mit stets wachsendem Einfluß der Rath und Wille der Landesherrn in dasselbe und als mit der Ausbildung des Kurfürstencollegiums die Landesherrlichkeit im Reiche Abschluß und Spitze erhalten hatte, war der Wille der Kurfürsten als maßgebend in des Reiches Zollverhältnissen anerkannt und jedem neu erwählten König blieb nichts übrig, als solches in der Wahlkapitulation zu bekräftigen. Am Schluß des Mittelalters, zu Ende des 15. und Anfang des 16. Jahrhunderts konnte von einem Reichszollrecht als freier Ausfluß und Theil der königlichen Macht und Hoheit nicht mehr die Rede sein, und es wäre damit dieser Abschnitt geschlossen, wenn nicht gerade in dieser Zeit des schon völlig untergegangenen Reichszollwesens von Seiten des Reichsoberhauptes noch ein Versuch gemacht worden wäre, ein Reichszollwesen in veränderter Gestalt wiederherzustellen.

Die Regierung Maximilians hatte auf das bestehende Reichszollwesen keinen umwandelnden Einfluß, denn er erkannte stets, wie z. B. in seiner Regimentsordnung vom J. 1500, die dermaligen Verhältnisse desselben als zu Recht bestehend an und machte jede Veränderung von der Verwilligung abhängig. Auch Karls V Wahlkapitulation vom J. 1519 [1]) sagt in Artikel 18: „Wir wollen auch in sonderheit, dieweil deutsche Nation und h. römisches Reich zu Wasser und zu Land zum Höchsten damit beschwert, nun hinfür keinen Zoll von Neuem geben noch einigen alten erhöhen ohne besondern Rath und Willen der Kurfürsten wie vor und oft gemeldet.“ Art. 19 gestand dasselbe zu in Betreff der Ertheilung von Zollfreiheiten. Aber schon unter Maximilian trat unter den Kurfürsten und Ständen des Reiches das Streben nach einer festeren Ordnung, nach einer verbesserten, den veränderten Verhältnissen angemessenen Reichsverfassung entschieden hervor, das dann auf den ersten Reichstagen unter Karl V in den Vordergrund der Verhandlungen drängte. Eine Hauptfrage dabei betraf die Ordnung der Reichs- und Kammergerichte und die Aufbringung der zur Erhaltung derselben nothwendigen Mittel. Die Reichsanlagen, für Maximilians ruhelose Kriegslust und die Türkenhülfe stets von Neuem angezogen und stets von Neuem ungern bewilligt, hatten die Stände zu weiteren Bewilligungen müde gemacht und nur zu immer erneuerten Klagen über Beschwerung angeregt. Schon Friedrich IV hatte, wie oben erwähnt wurde, zu diesem Zwecke einen neuen Reichszoll auf den frankfurt'schen Messen vorgeschlagen. Auch unter Maximilian I blieb die Frage unerledigt. Sogleich nach dem Regierungsantritt Karls V entstanden verschiedene Pläne, eine Steuerquelle zu diesem Zwecke aufzufinden. Der Abschied des Reichstags von Worms vom J. 1521 empfahl eine allgemeine Reichssteuer, von den Ständen zu Zeit der Herbst- und Fastenmessen in Frankfurt a. M. zu erheben. Aber grade von solchen Steuern wollten diese befreit bleiben. Nach der damals besonders unter den Fürsten herrschenden Meinung, daß die Zölle nicht die Stände noch der gemeine Mann sondern nur die Handelsleute und die Fremden zu zahlen hätten, erschien ein Reichszoll, wenn er den auswärtigen Handel treffe, als das billigste, zweckmäßigste und ausgiebigste Mittel. Karl V reichte, da auch die Frage wegen der Unterhaltungsmittel des während seiner Abwesenheit anzuordnenden Reichsregiments hinzukam, auf dem Reichstag zu Nürnberg 1522 den umfassenden Entwurf eines neuen Reichszolles ein, zu dessen Prüfung und weiterer Ausarbeitung eine besondere Commission eingesetzt wurde. In Hoffnung auf die Annahme dieses Vorschlages

[1]) Lünig, R. A. P. gen. cont. tom. II, S. 335.

erklärte sich auch Erzherzog Ferdinand bereit, noch auf ein Jahr die Unterhaltungsmittel für Regiment und Kammergericht aus eignem Verlag zu verwilligen. Ein schlimmer Umstand war nun aber, daß auf demselben Reichstag wegen Minderung und Abstellung der neuen und stets erhöhten Zölle von denselben Ständen, die hier eine große Anzahl neuer Zölle aufzurichten hatten, Beschluß gefaßt werden sollte. Der Plan [1]) war nach kurzem Umriß dieser: Von allen Gütern, die in und aus dem Reich bei den nachbenannten Zollstätten vorbeigehen, sollte von 100 fl. Werth 4 fl. erhoben werden, doch sollen von diesem Zoll ausgenommmen sein Getreide, Wein, Pferde, Schlachtvieh, Salz, Käse, Bier und alle für den Gebrauch des gemeinen Mannes unentbehrlichen Nahrungsmittel. Zu diesem Zwecke sollte ringsum an den Grenzen des Reiches eine Linie von Zollstätten von den ungrisch-deutschen Grenzen an durch die Alpen bis an die Schweiz, dann den Rhein hinunter bis an die Mündung, von hier an den deutschen Meeresküsten bis nach Danzig und Königsberg gezogen werden. Unter den beabsichtigten Zollstätten waren die hauptsächlichsten: im Südosten Wien, Nikolsburg, Gratz, Villach; im Süden Innsbruck, Trient oder Bruneggen, Feldkirch, Chur, Tann, Hapsen, Ottmersheim; im Westen Straßburg, Metz, Saarbrück, Speier, Köln, Trier, Aachen, weiter hinab Utrecht, Antwerpen, Bergenopzoom, Brügge; an den deutschen Meeren Hamburg, Lübeck, Rostock, Stralsund, Greifswald, Stettin, Danzig, Königsberg; gegen Nordosten Kolberg, Frankfurt a. O., Wettschau. Der Entwurf gab diese Zolllinie nur als eine in Eile verzeichnete und nach besserer Unterrichtung zu verändernde. Zur Einnahme des Zolles sollte ein Fiscus oder gemeiner Seckel und dazu sechs redliche verständige Personen verordnet werden, je einer von wegen kaiserlicher Majestät, der Kurfürsten, der Fürsten, der Prälaten, der Grafen und Herren, der freien Reichsstädte, und von diesen sechs sollte die Mehrzahl stets beim Regiment versammelt und demselben zur Rechnungslegung verpflichtet sein. Das eingenommene Geld sollte stets nur nach Bescheid des kaiserlichen Statthalters und Regiments und allein zur Unterhaltung dieses Regiments und des Kammergerichts wie zur Besoldung der Zollbeamten verausgabt werden und das Regiment darüber auf den Reichstagen Bericht erstatten. Niemand, selbst kaiserliche Maje-

---

[1]) Der Entwurf ist abgedruckt bei Ranke, deutsche Geschichte ꝛc. VI, 36.

stät und Kurfürsten nicht, sollte von diesem Zolle befreit sein und derselbe genannt werden „römisch-kaiserlicher Majestät und des heil. Reichs gemeiner Stände Zoll." Dabei sollten sich der Kaiser und die Stände ausdrücklich verpflichten, daß dieser Zoll zu keinem andern Zweck gebraucht noch von andern Waaren, als hier bestimmt war, und zwar nur die nächsten 10 Jahre nach der Aufrichtung genommen werden sollte; würden Regiment und Kammergericht auf andere Wege geordnet, so sollte auch der Reichszoll absein oder auf gemeinem Reichstag mit Bewilligung der Reichsstände erstreckt werden.

Die Kurfürsten und Fürsten waren diesem Plane nicht abgeneigt, doch die Reichsstädte sprachen schon im J. 1522 in entschiedenster Weise ihr Bedenken dagegen aus und gaben zu einer besondern „Ablaynung der Beschwerden ꝛc." in dem genannten Entwurfe Veranlassung. Als Hauptgründe gegen solchen Reichszoll hoben sie hervor, daß das deutsche Reich vor andern Nationen mit vielfältigen großen Zöllen und andern Dienstbarkeiten allenthalben beschwert und daß es unbillig und allen menschlichen und göttlichen Gesetzen zuwider sei, wenn ein Stand allein mit so vieler Personen Nachtheil und der armen Leute Schweiß, Blut und Verderben allein angezogen werden solle, zumal da der gemeine Mann allenthalben im Reich schon schwierig sei und mit mehren Bürden nicht überladen werden dürfe. „Wir achten, heißt es in ihrer Replik, daß es in viel Jahren und bei Menschengedächtniß solche verderblichen Beschwerden nie vor der Hand gewesen oder vorgenommen sind. — Der Zoll ist gewißlich und unzweifelhaft also gestellt, daß er zu vieler Reichsstände vornehmlich aber der ehrbaren Städte gewissem Verderben reichen würde, auch damit alles Geld in kurzen Jahren aus den deutschen Landen verschwinden, auch das deutsche Reich solcher Zollbeschwerung halben an vielen Orten umfahren, alle Handwerker und gute Arbeiter aus deutscher Nation an andere Orte vertrieben, dadurch das Reich dermaßen verarmen, daß die Stände desselben stillschweigend ausgesogen und in unwiderbringlichen Schaden gebracht würden. Solches haben wir den Reichsständen in langer Meinung und mit vernünftigen Ursachen, dabei die vielfachen Tätz, Maut und Zölle neben andern täglichen wachsenden Beschädigungen und Widerwärtigkeiten gemeldet, aber es hat bisher niemand beherzigen wollen." Die „Ablaynung" machte dagegen geltend, daß durch solchen Zoll nicht der gemeine Mann, denn die Lebensmittel blieben unverzollt, auch nicht der Kaufmann allein, sondern alle, die solche Waaren gebrauchten, betroffen und die dafür im Reiche gewonnene Sicherheit ein hinlänglicher Ersatz sein würde. Wer 25 fl. für solche Waaren bisher ausgegeben habe, dem komme es jetzt auch auf 1 fl. mehr nicht an, auch könne jeder, dem solches zu viel sei, der zollbaren Güter wohl entrathen, und außerdem würden nicht die Einwohner deutscher Nation allein sondern alle übrigen Nationen, die mit den Deutschen Handel treiben, angezogen. Diese hätten auf dieselben Waaren noch höhere Zölle gelegt, waran auch die Deutschen ein gut Theil mitzahlen müßten, und dennoch sei die Handirung sowohl wie die Sicherheit und der Friede bei ihnen viel besser bestellt als im h. Reich. Sollten aber die fremden Nationen eine Beschwerung gegen den Zoll vorzunehmen gedenken, so würden sie leicht mit Aufzählung aller Waaren, deren sie aus deutschen Landen nicht entrathen könnten, von solchem Vorhaben abzuhalten sein. Auch die Antwort der Stände hob hervor, daß der gemeine Mann von diesem Zolle befreit sei und der Kaufmann denselben mit allen übrigen Reichsständen theile und jeder, da die zollbaren Waaren keine unentbehrlichen seien, nicht mehr als er aus „Wollust und gutem Willen“ selbst wolle, beschwert werden könne [1]). — Die Städte blieben hartnäckig bei ihrem Widerspruch. Sie sahen bei der Aufrichtung einer solchen Reichszolllinie nicht einen Fortschritt zur Besserung des ganz zerrütteten, viel übersetzten Zollwesens sondern nur eine Mehrung der zahllosen Zollstätten, für welche neue Beschwerung nicht die mindeste wirthschaftliche Erleichterung als Ersatz geboten wurde. Auch mochten sie im Stillen überzeugt sein, daß nach Aufrichtung der neuen Zölle dieselben doch wieder alsbald in den Besitz der nächstgesessenen Landesherrn übergehen, die Belastung also bleiben, der Vortheil für das Reich aber verloren werde. Neu war, wenigstens für das Reich, der Gedanke, den gesammten auswärtigen Handel durch ein folgerichtig durchgeführtes Grenzzollsystem zum Besten des Ganzen zu besteuern. In diesem Falle aber verlor solcher Gedanke gänzlich seine Fruchtbarkeit und Ausführbarkeit, weil nicht für die Aufrichtung einer neuen Grenzzolllinie eine Lichtung der nach allen Seiten maschendicht gezogenen Querzolllinien geboten wurde.

---

[1]) Acta, Reichstag zu Nürnberg betr., 1523. L. 10181. Bl. 152 folg.

Zweiter Abschnitt.

Das Zollwesen der Landesherren.

Schon im Frankenreiche wurde Klöstern und Stiftern neben Zollbefreiungen auch eine Erhebung von Zöllen, ein wenn auch beschränktes Zollrecht innerhalb ihres Landgebietes zugestanden. Dieses Zollrecht war entweder ein Markt- oder ein Durchfuhrzollrecht. Die Klöster und Stifter waren der Kern, an welchen sich in den noch unbewohnteren Gegenden des Reiches die Kultur ansetzte, und die Ertheilung der Markt- und damit verbundenen Rechte ein sicherer Beweis, daß neben einem Kloster auch schon ein zu Handel und Gewerbe befähigter Ort aufblühte. Jede solche Verleihung bereicherte daher den öffentlichen Verkehr mit einem neuen Marktplatz. Stets war dieses Markt- und Zollrecht mit dem königlichen Banne verbunden[1]), d. i. mit der Pflicht, während der Marktzeit und bestimmte Tage vor und nach derselben den Markt- und Geleitsfrieden zu erhalten und den Handelsleuten jeden innerhalb des betreffenden Gebietes durch Raub und Gewalt zugefügten Schaden zu ersetzen. Indem sich das Reich die Oberhoheit vorbehielt und jede Veränderung des Verliehenen von seiner Einwilligung abhängig machte, blieb der Belehnte, wer er sein mochte, der von Kaiser und Reich aufgestellte und ihnen verantwortliche Amtsträger[2]). Im Kern und Keim waren diese Verhältnisse gesund und entwicklungsfähig, doch lag von Anfang an die Gefahr untrennbar daneben, daß die Masse der Einzelrechte und Einzelbesitzthümer über das von jedem Einzelrecht und Besitz immer mehr entblößte Gesammt- und Oberrecht das Uebergewicht erlangen würde. — Das Durchfuhrzollrecht wurde an die Klöster seltener verliehen, theils weil zuerst solche Zöllstätten in geringerer Anzahl entstanden, theils weil hier das Reich selbst das Besitzrecht häufiger in Ausübung brachte. Ein solches Durchfuhrzollrecht er-

---

[1]) — cum banno nostro et omni publica functione sive vectigalium exactione. Wenck, hess. Gesch. II, S. 37. 40. — [2]) Urkunde Conrads II vom J. 1039: „Bannum nostrum imperiale super omnes ad mercatum solemnem venientes, ut illuc eundo et redeundo habeant pacem, facimus. Eundemque bannum nostrum fidelibus imperii ea ratione concedimus, ut si in statuto tempore ex illuc venientibus aliqua temeritas evenerit, inde justiciam faciendi dux aut comes vel et episcopus aut quiscunque hominum locum illum a nobis tenet, licentiam habeant.“ Lünig, R. A. part. gen. cont II, 73.

hielten z. B. die Klöster St. Emmeran, Werden, Reichenau[1]). Später geschahen solche Verleihungen seltner von den Kaisern, um so häufiger aber von Landesherren, seit diese anfingen, unabhängiger auf diesem Gebiete zu verfahren. Im J. 1042 schenkte der Erzbischof Poppo von Trier dem St. Simeonsstifte daselbst den Schiffs- und Marktzoll zu Koblenz[2]). Erzbischof Benno von Köln begabte im J. 1085 mit nachträglich eingeholter Bewilligung Heinrichs IV die Abtei Siegburg mit einem Zollrecht und sein Nachfolger Sigewin die Abtei Deutz mit dem Moselzoll zu Mechtig[3]). Erzbischof Ferdinand I von Köln bestätigte im J. 1115 dem Kloster Münstereifel den Zoll daselbst, Erzbischof Bruno von Trier schenkte im J. 1122 dem Altar des h. Nicolaus zu Trier den Zoll zu Gunderewa an der Mosel und Erzbischof Arnold der Gemeinde zu Koblenz für Bau und Befestigung der Stadt den Zoll daselbst[4]).

Im Uebrigen bestand vom 10. bis 12. Jahrhundert die gesetzmäßige Ausübung des landesherrlichen Zollrechtes in der Zollerhebung an bestimmten, von Kaiser und Reich bestätigten Orten nach einem althergebrachten, gleichfalls reichsgesetzlich bekräftigten Zollsatz, und in der Ertheilung von Zollfreiheiten an diesen Zollstätten. Auch gegen eine Uebertragung solcher Zollstätten an Andre, sofern nur die Bedingungen der Erhebung dieselben blieben, wurde weder in dieser noch in späterer Zeit Widerspruch erhoben. Ungesetzlich aber war jede Veränderung des Zollsatzes, jede Verlegung der Zollstätte, jede Errichtung eines neuen Zolles, wenn nicht solche durch kaiserliche Urkunde erlaubt oder bestätigt war. Zollfreiheiten nur im landesherrlichen Interesse ertheilte z. B. der Erzbischof Ferdinand I von Köln, indem er im J. 1125 alle Kaufleute der Stadt Siegburg von jedem Zoll in Köln befreite, „möge ihr Handelsgeschäft auf dem Wasser oder in der Stadt auf dem Markte geschehen", und im J. 1180 der Erzbischof Philipp von Köln, indem er den Klöstern Corvei und Liesborn den Zoll zu Neuß als Ersatz für die im sächsischen Kriege erlittenen Schäden erließ[5]). Einen Zollsatz bestätigte, doch nur „aus kaiserlichem Auftrage", Bischof Johann von Trier im J. 1212 zu Koblenz[6]). Ein seltnes Beispiel von Minderung der Zollsätze gab

[1]) Ried, codex chron.-dipl. Ratisbon. episcop. I, 94. — Lacomblet, I, 73. — Wirtemb. Urkundenbuch I, 252. — [2]) Hontheim, hist. Trevir. 379. 598. 623. — [3]) Lacomblet I, 153. — [4]) Ebenda IV, 768. Günther, Cod. I, 193. II, 290. — [5]) Erhard a. a. O. II, 62. 71. 80. — [6]) Lacomblet I, 623.

im J. 1155 der Erzbischof Arnold von Mainz, indem er die im Hafen von Mainz von den duisburgschen Kaufleuten erhobenen Zollgelder, die sein Vorgänger Adelbert I im Kriege auf ungesetzliche und unerhörte Weise übertrieben hatte, auf den alten Satz zurückführte[1].

Die weltlichen Landesherren hatten nach urkundlichen Zeugnissen schon im 11. Jahrhundert begonnen, ein Zollrecht auszuüben. Der Stiftsbrief des Klosters St. Nikolaus bei Passau vom J. 1075 bezeugt[2], daß der Markgraf Leupold von Steyer nach Berathschlagung mit seinen Baronen dieses Stift innerhalb seiner ganzen Markgrafschaft von jedem Zoll für seine Lebensbedürfnisse befreit habe. Zahlreichere Beispiele bietet das 12. Jahrhundert. Markgraf Bertold von Andechs erneuerte dem Kloster Reichersberg eine Zollfreiheit beim Schlosse Neuburg, welche schon Graf Egbert von Formbach, der frühere Inhaber dieses Zolles, verliehen hatte[3]. Herzog Leopold von Oesterreich ertheilte dem Kloster Garsten die Befreiung von allen seinen Zöllen auf der Donau gegen eine jährliche Zahlung von 1 Pfund und dem Kloster Metten gegen jährliche Zahlung von 32 Pf.[4] — Dietrich, Graf von Wasserburg verschrieb im J. 1192 dem Kloster Scheffllarn den Zoll zu Hohenau vom Salz und andern durchgehenden Waaren[5], eines der frühesten Beispiele einer Zollverleihung von Seiten eines weltlichen Landesherrn.

Im Nordosten des Reiches begegnen wir solchen Urkunden zuerst um die Mitte des 12. Jahrhunderts. Im J. 1136 erbat der Markgraf von Brandenburg von dem Kaiser Lothar für die magdeburgischen Kaufleute eine Erniedrigung der Elbzölle zu Tangermünde, Mellingen und Elbey, bald darauf aber errichtete er aus landesherrlicher Machtvollkommenheit im Dorfe Stendal einen Markt mit Zoll und befreite die Bewohner dieses Dorfes von seinen Zöllen in Brandenburg, Havelberg, Werben, Arneburg, Osterburg u. a. O.[6] Heinrich der Löwe befreite im J. 1190 von seinen Elb- und andern Zöllen die Hamburger, Graf Adolf III von Schaumburg bestätigte denselben die vom Kaiser erhaltenen Zollbefreiungen innerhalb seines Gebietes, machte also die kaiserliche Befreiung von der landesherr-

[1]) Ebenda, 264. — [2]) Urkundenbuch des Landes ob der Enns II, 109. — [3]) Ebenda, 344, 451. — [4]) Ebenda, 377. — [5]) Mon. boica VIII, 521. — [6]) Riedel, Cod. dipl. Brand. I, 15, S. 1. 6.

lichen Zustimmung abhängig[1]). — Auch aus den mittleren Gegenden des Reichs noch einige Beispiele. Im J. 1183 verlieh Graf Boppo von Wertheim der Abtei Altenberg innerhalb seiner Grafschaft und im J. 1188 Graf Otto I von Geldern derselben Abtei die Zollfreiheit von seinen Rheinzöllen[2]). Aus der Zeit von 1115—1123 ist eine Ordnung erhalten, welche Bestimmungen über die dem Herzog von Lothringen zustehenden Strafrechte enthält und demselben mit der Gerichtsbarkeit Zoll und Münze zuschreibt[3]). Auch die Herzöge von Zäringen bewiesen durch die im J. 1120 der Stadt Freiburg verliehenen Stadtrechte[4]) ein selbständiges Handeln auf diesem Gebiete.

Im 13. Jahrhundert erscheinen die landesherrlichen Zollverhältnisse schon umfangreicher und bestimmter ausgebildet. In Oesterreich urkunden die Herzöge durchaus selbständig und ohne Rücksicht auf Reichsgrundgesetze. Leopold VI stellte im J. 1192 für die Stadt Regensburg die Zollsätze auf der Donau fest[5]). Bald darauf wurden auch die Zollsätze für die Kaufleute von Gratz, Leoben, Judenburg und die Fremden aufgerichtet. Im österreichischen Landrechte aus der Mitte dieses Jahrhunderts heißt es: „Es soll niemand zu Wasser noch Land Maut legen noch nehmen im rechten geschwornen Landfrieden, außer da, wo man zu Recht mauten soll, es sei denn, daß ihm des Landes Herr erlaubt. Wer dawider thut, über den soll man richten wie über einen Straßenräuber."[6]) Das Grundgesetz des Reichszollwesens war hier also vollständig auf die Landesherrlichkeit übertragen. In den Kriegszeiten Friedrichs des Streitbaren und Rudolfs I kam in diesen östlichen Gegenden das Zollwesen in die größte Verwirrung und erst nach entscheidendem Siege gelang es dem Letzteren, die Ordnung wieder herzustellen. Im Lande unter der Enns allein sollen damals 77 Zollstätten, darunter Aschach, Wels, Linz, Enns, Mauthausen, Krems, Ybs, Stein, Melk, Medlich, Neuburg, St. Pölten, Tuln, Wien, Heimburg u. a., als Eigenthum von Adligen und Gemeinden einen gesetzlichen Fortbestand in Anspruch genommen haben[7]). Einige derselben, z. B. Stein und Heimburg, werden schon im 12. Jahrhundert als Zollstätten genannt[8]).

---

[1]) Lappenberg, hamb. Urkundenbuch, I, 258. — [2]) Lacomblet, II, 258. — [3]) Du Calmet, a. a. O. V, CXXXIII. — [4]) Schreiber, Gesch. der Stadt Freiburg I, Beil. II. — [5]) Vergl. Hüllmann, Städtewesen I, 336. — [6]) Archiv der Wiener Akademie X, 156. — [7]) Ebenda VI, 285. — [8]) Rauch Scriptt. II, 106 folg. 206. Hormayr, Wien I, Urkundenbuch LXXXVII.

Unter den Adligen, welche durch Zollerpressung nicht wenig zur Verödung der Donaustraße beitrugen, zeichneten sich durch Gewaltthätigkeiten die Grafen von Schaumburg im Mühlviertel aus, die zu Aschach oder Aschau schon im 12. Jahrhundert Zoll erhoben und im 13. und 14. Jahrhundert hier das Mittel übten, das schon Karl der Große verboten hatte; sie spannten Seile über den Fluß und zwangen dadurch die Schiffer zur Zollentrichtung. Die Grafen urkundeten und schalteten hier so willkührlich und unabhängig wie die mächtigsten Landesherren[1]). —

Im bayerschen Donaugebiete war im 13. Jahrhundert das Zollwesen in derselben Weise ausgebildet. Der Bischof von Passau hatte zu Ende des 12. Jahrhunderts einen Streit mit dem Bischof von Regensburg, weil dieser zu Achdorf einen neuen Salzzoll von den Schiffen willkührlich erhob und trotz aller Mahnungen und des kaiserlichen Urtheils von demselben nicht abstehen wollte. Um ihn zu zwingen, begegnete jener, wie die Urkunde sagt, dem Unrecht mit Unrecht und erhob jetzt zu Passau von den Regensburgern einen ebenso unbilligen Zoll für Vieh und Häute. Die hartbetroffenen Regensburger ließen nun mit Vorstellungen nicht nach, bis ihr Bischof den Zoll zu Achdorf abgestellt hatte, worauf auch der Bischof zu Passau seine Zollerhebung fallen ließ[2]). — Der Bischof von Regensburg versprach im J. 1240 dem bayerschen Pfalzgrafen Rapoto, bei Hiltgersberg und an seinen übrigen Grenzorten mit dem alten Zollsatz sich begnügen zu wollen und keine Zollauflage ferner zu erheben, welche Straßenraub genannt werden könne[3]). Die Herzöge von Bayern errichteten in diesem Jahrhundert mit den benachbarten geistlichen Landesherren und Städten Landfrieden und Einigungen, welche alle für das selbstständige Gebahren mit dem Zollrechte innerhalb des eigenen Gebietes Zeugniß geben. Im J. 1276 verglichen sich die Herzöge Ludwig und Heinrich unter einander, daß die Land- und Wasserstraßen in ihren Landen offen stehen und laufen sollten wie bisher, die nach des Vaters Tod zu Seligenstadt und Kelheim errichteten Zölle aber sollten absein[4]). In demselben Jahre bestimmte Herzog Ludwig zu Gunsten des Klosters Fürstenfeld, daß alle neuen und ungerechten Zölle, welche er vom Reiche nicht inne habe, ganz und

---

[1]) Mon. boica, V, S. 264. 392. III, 168. — [2]) Ried, a. a. O. I, 283. — [3]) Ebenda, 388. — [4]) Mon. Wittelsbac. I, S. 301.

gar absein und von keinem seiner Erben jemals wieder erhoben werden sollten[1]). Die Teidigung, welche König Rudolf I zwischen dem Erzbischof Rudolf von Salzburg und Herzog Heinrich von Bayern aufrichtete, sagt im 11. Artikel: „Man soll auch alle Maute und Zölle, die auf dem Lande und auf dem Wasser aufgesetzet sind nach Bischof Friedrichs von Salzburg Tode, ablassen, denn uns dünkt, daß sie aus Haß gesetzet sind beiderseits[2])." Ebenso hob der Vertrag zwischen den Herzögen Ludwig und Otto vom J. 1290 die zu Neustadt und Kelheim wider Gewissen und Recht von den Herzögen errichteten Zölle auf, desgleichen der Vertrag des Herzog Ludwigs mit dem Bischof Wolfart von Augsburg alle nach des Königs Rudolfs Tod zu Lande und zu Wasser aufgesetzten Zölle[3]). — Unter den kleineren Zollherren dieser Gegenden treten die Grafen von Wasserburg hervor. Im J. 1224 mußte Graf Konrad seine Burg Bichtenstein dem Bischof Gerhard von Passau und dem Herzog Leopold von Oesterreich übergeben und erhielt sie nur gegen den Schwur zurück, daß er nie mehr Wandrer und Schiffer unter irgend einem Vorwande berauben oder zur Zollzahlung zwingen wollte. Einen andern Zoll hatte er zu Hohenau[4]). Auch die Grafen von Ortten-burg, die Grafen von Lechsgemünd, die Grafen von Tirol übten hier um diese Zeit urkundlich das Zollrecht[5]).

Mit dem 14. Jahrhundert begannen auch die Markgrafen von Brandenburg unabhängiger und willkührlicher mit dem Zollrechte und den Zöllen zu schalten. Markgraf Ludwig der Römer verpfändete und verkaufte, befreite und verlieh, wie es ihm gut schien. Aus dem Zoll zu Schnakenburg verpfändete er Hebungen an die Stadt Seehausen, an die Herren von Wickede, von dem Knesebeck, von Alvensleben, aus dem Zoll zu Berlin verkaufte er dem Henning Rathenow Renten[6]). Den Zoll zu Schwedt verpachtete Markgraf Johann auf 10 Jahre einem Bürger zu Frankfurt, aus den Zöllen zu Brandenburg überwies er Hebungen an Diener und Bürger dieser Stadt[7]). Auch an städtische Gemeinden verlieh er Zölle, z. B. an Spandau und Pritzwalk[8]). Ueber die Zölle zu Arneburg und Tangermünde gab er Gesetze, wobei auch er den Grundsatz bekannte, daß

[1]) Ebenda, 308. — [2]) Ebenda, 394. — [3]) Ebenda, 440. 473. — [4]) Mon. boic. XXVIII, 1, (Cod. Patav.) 305. III, 563. — [5]) Ebenda, XI, 225. XVI, 263. — I, 404. — II, 403. — [6]) Riedel I, 5, 354. 444. — [7]) Ebenda I, 13, 323. — [8]) Ebenda I, 11, 39. 68. III, 1, 395.

alle früher nicht gewesenen Zölle absein und nur die von altersher vorhandenen erhoben werden sollten [1]). Solche Zollhandlungen der Markgrafen und Kurfürsten von Brandenburg finden wir im 14. und 15. Jahrhundert sehr häufig. Mit Vorliebe verwendeten sie die Zollgefälle zur Bestreitung hauswirthschaftlicher Ausgaben. Kurfürst Friedrich überwies im J. 1446 dem Ulrich Zeuschel Zollhebungen in Berlin, um die Kosten für Küche, Keller und Marstall zu bestreiten, und versetzte seinem Büchsenmeister Michel Haupt für rückständige Besoldung eine Zollerhebung zu Neustadt-Eberswalde [2]). Eine Menge Vergabungen geschahen an Klöster und Kirchen, Schulen und einzelne Altäre [3]). — Seit Kurfürst Friedrich im J. 1456 vom Kaiser Friedrich V ein allgemeines, freilich von den Reichsständen bestrittenes Zollrecht erworben hatte, mehrten sich die landesherrlichen Zölle im Kurfürstenthum dergestalt, daß sich zu Ende des 15. Jahrhunderts von allen Seiten die heftigsten Klagen dagegen erhoben, zumal da eine Befreiung von den neuen Lasten nur um schweres Geld ertheilt wurde. Insbesondere beschwerte sich im J. 1473 Frankfurt an der Oder über die Anzahl neuer Zölle, mit denen die Städte rings umgartet seien. Kurfürst Albrecht ernannte in Folge dessen seinen Sohn Johann zum Berichterstatter, verweigerte aber jede Minderung und Aufhebung der Zölle selbst dann noch, als Markgraf Johann schrieb, daß das für die Prinzessin Margarethe verlangte Ehegeld ohne Abstellung der neuen Zölle nicht aufgebracht werden könne [4]). Die Städte Rathenow und Havelberg lehnten sich gegen die neuen Zölle offen auf und letztere vertrieb die kurfürstlichen Zöllner mit Gewalt, während Perleberg, Pritzwalk und Küritz mit 1500 fl. sich Befreiungen erkauften [5]). Auch die Bürger von Salzwedel widersetzten sich einem hier errichteten neuen Zoll und drohten mit der Ansetzung eines Herrentages, der zwischen ihnen und dem Kurfürsten schlichten sollte, wurden aber von diesem bedeutet: „Ihr habt gesagt von Herrentagen, da wir doch solches (das Recht Zölle zu errichten) aus kaiserlicher Freiheit und Gewalt haben und uns solchen Zolles als andre Fürsten des Reiches in ihren Landen gebrauchen, deßhalb ist uns solcher Herrentag, da solche Obrigkeit nicht ausfließet, auch nicht Noth zu setzen [6])."

---

[1]) Ebenda I, 15, 152. — [2]) Ebenda I, 11, 363. — I, 12, 329. — [3]) I, 7, 283. — I, 9, 39. — [4]) II, 1, 201. 234. — [5]) I, 1, 194. 5, 208. — [6]) I, 14, 358.

Das Bestreben, solchen Zollbesitz gegen den Widerspruch der Unterthanen und die Zolleinnahmen durch Befriedung der Landstraßen zu sichern, machte in diesen Gegenden in der 2. Hälfte des 15. Jahrhunderts das Zollwesen zum Gegenstand öffentlicher Verträge zwischen den Landesherren. Im J. 1443 schlossen der Kurfürst und die Herzöge von Braunschweig-Lüneburg einen Vergleich wegen einer an der Ilmenau zu erbauenden Burg, welche nur zur Sicherung der Zolleinnahmen dienen sollte. Im J. 1473 fanden zwischen den Gesandten des Kurfürsten Albrecht, den Abgeordneten der Seestädte und des Herzogs von Meklenburg Verhandlungen über eine neu zu legende Handelsstraße durch die Priegnitz und über die davon zu erhebenden neuen Zölle statt. „Der Herzog von Meklenburg, heißt es in der brandenburgschen Berichterstattung, soll in seinem Lande an dem Orte, wo die Straße durchgeht, Zoll erheben, ebenso der Kurfürst und was einmal und an einem Zolle gezollt ist, darf für das mal an einem andern Ort keinen Zoll zahlen; auch die erst aufgesetzten neuen Zölle sollen sie nicht zahlen, sondern nur die alten Zölle sollen sie geben zu dem, was jetzt aufgesetzt ist; der Herzog von Meklenburg und der Kurfürst sollen jeder ihren Theil der Straße schirmen und die Räuber, sie seien wer sie seien, verfolgen und strafen[1]." Im J. 1477 kam der Zollvertrag zwischen Brandenburg und Meklenburg wegen der Straßen durch die Priegnitz und die Ukermark zur Ausführung, welcher bestimmte, daß jeder, der die Straßen benutzt und den Zoll gezahlt hat, ein Zollzeichen nehmen und daß die Fürsten den Zoll, wo es ihnen bequem sei, von demselben Gut aber nur einmal in ihrem Gebiet erheben, dafür das Gut bis zur Zollstätte des andern Fürsten geleiten und für jeden Schaden stehen sollten. Aehnliche Bestimmungen enthalten auch die zwischen denselben Fürsten aufgerichteten Landfrieden[2]. — Dasselbe landesherrliche Zollrecht übte auch der brandenburgsche Adel. Er empfing und errichtete Zollstätten, befreite, verpfändete, verlieh Zollhebungen und Rechte, ertheilte Städten und Gemeinden Zölle und Zollgesetze, übte also aus eigner Macht alles, was der Kurfürst mit Berufung auf das kaiserliche Privileg that. Die Herren von Cröchern wirthschafteten um das Jahr 1320 mit dem halben Zoll zu Schnakenburg, der in der Geschichte dieser Gegenden eine nicht unwichtige

---

[1]) II, 5, 208. — [2]) Ebenda II, 5, 264. 305. 350.

Rolle spielt, die Grafen zu Lindow mit dem Zolle zu Neuruppin ganz nach Willkühr[1]). Heintz Geiser besaß im J. 1416 den Zoll zu Reetz bei Wriezen durch markgräfliche Verleihung mit dem Rechte „ihn zu legen und zu nehmen in der Mark Brandenburg oberwendig oder niederwendig der Oder, wo ihm das am bequemsten ist; doch soll der Kaufmann nicht höher belastet werden als von einer Last Heringe zwei gute böhmische Groschen[2])." Die von Bartensleben und von Alvensleben hatten zeitweilig den Zoll zu Salzwedel, die von Buch und Kerkow erhielten Zollantheile zu Schnakenburg mit dem Rechte, dieselben auch anderswohin zu verlegen[3]). Ghert von Wustrow versetzte für 200 fl. dem von Schulenburg seinen Zoll zu Bergen und Heinrich von Bülow schloß Verträge mit der Stadt Salzwedel wegen seiner Zölle zu Dannenberg und Hitzacker.

Die Herzöge von Oesterreich wußten in allen ihren Ländern die Zollgelegenheiten vortrefflich für ihre Finanzwirthschaft auszunutzen und es scheint, als ob sie vor andern Landesherren verstanden hätten, das Zollwesen innerhalb ihres Gebietes von den Uebergriffen und Anmaßungen des Adels zu reinigen und bis zu einem gewissen Grade Einheit in dasselbe zu bringen. Aber auch hier erscheint die Wirthschaft mit den Zollgefällen ebenso grundsatzlos wie anderswo; die Herzöge verpfänden, verleihen, verpachten dieselben, wie die Noth und die Gelegenheit Anlaß gab. Den Zoll im Amte Traburg erhielt ein Wechsler, der für Friedrich IV in Venedig ein Halsband bezahlt hatte, den Zoll am Paß Lueg ein Küchenmeister für rückständigen Sold[4]). Für die Herzöge Friedrich und Albrecht hatte Jörg Förstl um 600 Pfd. Pf. Gericht, Maut und Steuer zu Knittelfelden aus der Verpfändung gelöst und erhielt dafür den Zoll als Leibgedinge. Die Donaubrücke wie die Maut am rothen Thurm zu Wien gingen als Pfand- und Pachtgut von einer Hand in die andere. Auch die Universität zu Wien besaß Zollgefälle, wie die Universität zu Heidelberg[5]). — Zollbefreiungen verliehen die Herzöge an Klöster und Kirchen, Städte und Gemeinden wie auch, doch nur in seltneren Fällen, an einzelne Personen. So erhielt der Pfleger Matthes

---

[1]) I, 3, 357. — I, 4, 284. 287 u. a. O. — [2]) I, 12, 508. — [3]) I, 17, 282. 292. 490. — [4]) Archiv der Wiener Akademie I, 440 folg. III, 130 folg. Mon. Habsb. III, 614. — [5]) Göth, Urkundenregesten für die Gesch. von Steyermark, in den Mitth. des hist. Vereins für Steyermark 8, 173. Mon. Habsb. III, 647. 648. 650.

Spauer von Ips die Zollfreiheit für jährlich einen Schiffszug mit Wein auf der Donau, weil er Friedrich IV die Besserung der Burg von Ips zugesagt hatte [1]). Hin und wieder hoben auch die Herzöge neue und beanstandete Zölle auf. Im J. 1366 gebot Herzog Albrecht, daß die neu errichtete Maut auf der Straße nach Laibach für diese Stadt aufgehoben werde; Friedrich IV befahl der Stadt Los, die ungewöhnliche Maut, die sie daselbst neben der landesfürstlichen ohne sein Wissen und Erlauben erhebe, sofort abzustellen, denn die Straße veröde dadurch und das Kammergut leide [2]). — Zum Schutz ihrer Zölle hielten die Herzöge den Straßenzwang streng aufrecht. Friedrich IV schrieb im J. 1477 seinen Hauptleuten in Krain, nachdem er vormals befohlen habe, die Straße nach Welschland über Los ausschließlich zu befahren, dadurch aber seine Mauten und Aufschlagämter allzusehr verkürzt würden, solle jetzt wieder die alte Straße über Los, Zirknitz, Hasberg und Adelsberg eingehalten werden. Im J. 1478 befahl er, daß die Senner, welche Getreide aus Welschland brachten, über Triest statt über Neuhaus und Mugkow, und von hier über Adelsberg, Los und Wippach fahren sollten [3]).

In Bayern zersplitterte sich in Folge der Spaltungen im Herzogshause das Zollwesen weit mehr als in Oesterreich. Der Theilungsvertrag zwischen den Herzögen Rudolf und Ludwig vom J. 1310 setzte fest, daß nur mit gegenseitiger Uebereinstimmung in dem Lande des Einen wie des Andern eine Veränderung im Zollwesen getroffen und die neuen und ungewöhnlichen Zölle, welche bis dahin von beiden zu München, Wasserburg, Neustadt, Stein, Pfaffenhofen, Fährenshausen, Altomünster und an andern Orten aufgerichtet worden, nur so lange noch Bestand haben sollten, bis die Bürger, die darauf Anweisung und Pfandschaft hätten, zu ihrem Gelde gekommen seien; was darüber eingenommen, sollte den Beeinträchtigten zurückerstattet werden [4]). Führten diese Herzöge mit einander oder mit benachbarten Fürsten Krieg, so richteten sie an den Grenzen, um den Gegner und dessen Unterthanen zu schädigen, Zollstätten auf. Der Friedensvertrag vom J. 1314 zwischen den Herzögen von Bayern und Oesterreich bestimmt, daß die Mauten und Zölle, die in dem Krieg aufgesetzt und vorher nicht gewesen waren, absein sollten

[1]) Ebenda II, 495. 520 u. a. O. — [2]) Diplomat. Carniolicum I, 16. Archiv der W. Akad. III, 100. — [3]) Archiv ꝛc. III, 99. 122. — [4]) Mon. Wittelsbac. II, 168.

zu Wasser und zu Land, denn sie seien wider Recht und Landen und Leuten schädlich[1]). Ebenso bestimmte des Herzogs Ludwigs Schutzvertrag mit Augsburg vom J. 1392[2]), daß er ablassen sollte alle die Zölle und Geleite, die auf der Stadt Schaden seit Königs Rudolfs Zeiten aufgesetzet seien, und daß auch die Stadt dasselbe thun und keinen neuen Zoll noch Ungeld nehmen sollte. Der herzoglich-bayerschen Zollstätten wird eine große Menge genannt, außer den schon aufgeführten: Kitzbüchel, Burghausen, Schärding, Vilshofen, Deggendorf, Cham, Straubing, Landau, Dingolfing, Zwisel u. a. m.[3]). — Neben dem Zollrecht der Herzöge, der Bischöfe von Freising, Salzburg, Passau, Regensburg und Augsburg bestanden in den Donaugegenden noch insbesondere die Zollrechte der Grafen von Orttenburg und von Schaumburg. Der Donauzoll der Letzteren, der dann auf die Staremberger vererbte, blieb immer noch für den Donauhandel das größte Hinderniß. Um das J. 1332 hatten die Grafen hier die Donau gesperrt und ein regensburgsches Schiff genommen. Die Stadt forderte für die kostbare Ladung vollständigen Ersatz und da die Schiffsherrn die Verfolgung des Rechtes dem Rathe ihrer Stadt überließen, ernannte dieser eine Commission von Kaufleuten, worauf es nach jahrelangen Verhandlungen zum Vergleiche kam. Die Grafen mußten geloben, 500 Mark zu zahlen und bis zur Erlegung der Summe von jedem regensburgschen Schiff nur das alte Recht d. i. 32 Pf., 2 Pfd. Pfeffer, 2 Hauben und 2 Hutschnüre zu nehmen. Im 15. Jahrhundert erneuerte sich dieser Streit. Die Grafen sahen sich durch ihr Versprechen in ihren Einnahmen sehr beeinträchtigt und wollten die 500 Mark innerhalb 10 Jahren fristweise zahlen, doch die Regensburger forderten, um möglich lange solchen Vortheil zu genießen, die ganze Summe auf einmal. Der Streit kam vor den Kaiser und die Stadt mußte sich eine Abzahlung in 5 Fristen gefallen lassen[4]). — Aehnliche Gewaltthätigkeiten übten auch die Grafen von Orttenburg[5]), wie die Pfleger der Herzöge von Bayern und Oesterreich, so daß hier der Zollstreitigkeiten kein Ende war. Außer diesen erscheinen noch unter den Adligen in diesen Gegenden als Zollherren die Sumersdörfer zu Geising, die Frundsberger zu Epfach und Mindelheim u. a.[6]).

[1]) Ebenda, 224. — [2]) Ebenda, 465. — [3]) Ebenda, 64. 226. 380. 425.
[4]) Mon. boica IV, 205. Gemeiner, Regensb. Chronik I, 557. II, 451. — [5]) Ebenda II, 451. — [6]) Mon. boica VI, 588. 624. 629. — IX, 250.

Im Maingebiete waren die mächtigsten Zollherren die drei geistlichen Fürsten. Im obern Gebiete bezog der Bischof von Bamberg von dem nürnberg'schen und oberdeutschen Handel auf Leipzig, Böhmen, Schlesien und Polen seine Zolleinkünfte und erregte besonders durch Behinderung des aus diesen Ländern auf Nürnberg ziehenden Rindviehhandels im 15. Jahrhundert die lebhaftesten Klagen. Im mittleren Maingebiet beengten die Bischöfe von Würzburg der fränkischen Reichsstädte Handel auf Frankfurt, an den Rhein und in den Nordwesten des Reiches, und erhoben unter andern hier den viel angefochtenen Guldenzoll, vom Gulden Werth 1 Pf., den auch die bamberg'schen Bischöfe nachahmten. Friedrich IV hatte dem Bischof Gottfried von Würzburg diesen Zoll auf einige Jahre erlaubt[1]), sein Nachfolger aber, Bischof Johann, wollte trotz kaiserlicher Mahnung von dem ergiebigen Zoll nicht lassen. Wiederholt kamen die Klagen der fränkischen Städte vor den Kaiser, aber alle Gebote verspottend erhob der Bischof „mit sein selbs Gewalt, Frevel und Geturstigkeit, ohn' alle Erlaubniß und Gunst des römischen Kaisers und des h. Reiches" den Zoll fort und fort, so daß der Kaiser im J. 1461 die Herzöge Ludwig von Bayern und Wilhelm von Sachsen beauftragte, dem Bischof solches Handwerk zu legen. Aber auch dies scheint keinen bessern Erfolg gehabt zu haben, denn im J. 1463 befreite Friedrich IV die Rothenburger, um ihnen nur einige Erleichterung zu verschaffen, für die Weine von dem Guldenzoll des Stiftes Würzburg, welche Freiheit auch Karl V im J. 1521 bestätigte[2]). — In den untern Maingegenden übte der Erzbischof von Mainz mit möglicher Unabhängigkeit und Härte sein Zollrecht, das wir schon in dem vorhergehenden Abschnitt haben kennen gelernt und das eben durch solche Härte zu der Sage von den menschenfressenden Mäusen im Mautthurm bei Bingen Veranlassung gab. Zwischen den Stiftern Mainz und Würzburg hatten aber noch eine gute Anzahl anderer Landesherrn Zollbesitz. Im J. 1340 erhielt Lutzo von Hohenloh von Karl IV ein Privileg für Zoll und Geleit zu Geylichsheim und Emersheim mit festem Zollsatz, im J. 1376 Götz von Hohenloh Zollrechte zu Breit auf dem Main, zu Leimbach, Aue und Ostheim mit urkundlich festgestellten Zollsätzen[3]). Den Grafen zu Rieneck wurde im J.

---

[1]) Reichstagstheater II, S. 80. — [2]) Lünig, R. A. part. spec. cont. IV, Th. II, 345. 348. — [3]) Ebenda, die Grafen u. Herrn des röm. R. Abth. VI, S. 270 folg.

1372 ein Mainzoll zu Hofstetten erlaubt, im J. 1374 auch ein Landzoll auf der ihr Gebiet durchziehenden Straße, wo es ihnen am bequemsten sei. Außerdem besaßen diese Grafen Zölle zu Lohr, Rieneck, Gemünden, Brückenau und Schildeck und wirthschafteten mit denselben nach Bedürfniß und Gelegenheit[1]). Auch die Grafen von Wertheim, Hanau, Falkenstein und Münzenberg reichten mit ihrem Zollrecht in dieses Gebiet[2]).

In den schwäbischen Gebieten Oberdeutschlands zeigt das Zollwesen dieselbe Zersplitterung. Die Grafen von Württemberg nahmen hier zu großem Theil die alten Reichszollstätten, die nicht Eigenthum der Reichsstädte wurden, an sich und errichteten neue mit und ohne kaiserliche Erlaubniß, wodurch sie mit den Städten Ulm, Eßlingen, Heilbronn und Reutlingen in mancherlei Streitigkeiten kamen. Solche Zollstätten hatten sie zu Laufen und Kannstadt mit des Kaisers Bewilligung, zu Zussenhausen eine eigenmächtig errichtete, andere zu Vaihingen, Brackenheim u. a. O.[3]) Die Herren von Weinsberg übten das Zollrecht im Jaxt-, Köcher- und Taubergrund und im weinsberg'schen Thal, die Grafen von Hohenlohe im nordöstlichen Schwaben, die Grafen Helfenstein in den Umgebungen Ulms. Letztere schlossen schon im 13. Jahrhundert Zollverträge mit der Stadt Regensburg[4]). Später brachte Ulm die helfensteinschen Zölle käuflich an sich, worauf ein Bauer zu dem Grafen vorwurfsvoll gesagt haben soll: „O Herr, wo gedenken E. Gn. hin? wäret ihr ein Jahr auf Helfenstein gesessen und hättet einen Batzen nach dem andern zum Fenster hinausgeworfen, so hättet ihr doch vom Zolle Gelds genug gehabt[5])". Zwischen Landsberg und Memmingen begegnen wir dem Zollrecht der Grafen von Rechberg, weiter nach Südwesten der Grafen von Fürstenberg, der Grafen von Nellenburg, der Herzöge von Teck, der Herrn von Ehlingen, im Breisgau der Herzöge von Oesterreich, in Baden der Markgrafen[6]). Rheinabwärts schlossen sich daran außer den rheinischen Pfalzgrafen die Bischöfe von Straßburg, Speier, Worms. Gegen die Willkühr des Bischofs Wilhelm von Straßburg

---

[1]) Guden, V, 368. 369. 395. 423 u. a. O. — [2]) Ebenda, 848. — [3]) Jäger, Gesch. der St. Heilbronn I, 85. — [4]) Sattler, Gesch. der Grafen von Württemberg I, Beil. S. 72. Gemeiner a. a. O. I, 402. — [5]) Jäger, schwäb. Städtewesen, I, 371. — [6]) Lünig a. a. O. Grafen und Herren, Abth. VI, S. 199. Neugart, Cod. Alem. II, 429. — Mone, Zeitschrift I, 1, S. 84. II, 218. — I, 456. — IV, 32. — I, 126. — VII, 214. — VIII, 206.

schritt Kaiser Sigismund im J. 1431 mit scharfen Befehlen ein: „Wir haben Deiner Andacht vormals oft geschrieben, daß Du solche Zölle und Geleite, die Du wider unsern und des Reichs Städte im Elsaß zwischen Schlettstadt und Straßburg, nehmlich zu Hüttenheim, Matzenheim und Rufach gelegt und zu nehmen aufgesetzt hast, abthun und nicht mehr nehmen, sondern die abschaffen solltest." Als die Städte Colmar und Hagenau sich von Neuem über diese Zölle beschwerten, setzte der Kaiser beiden Parteien einen Tag. Die städtischen Abgeordneten kamen mit genügender Vollmacht, warteten diesen und noch manchen Tag, doch vom Bischof kam weder Botschaft noch Anwald. Der Kaiser mußte einen andern Tag setzen. „Darum befehlen wir Dir von römischer kaiserlicher Macht ernstlich und festiglich mit diesem Brief bei unsern und des Reichs Hulden und bei Verfallung von 100 Mk. löthigen Silbers, daß Du die obgenannten Zölle und Geleite anstehen lassest und die nicht einnehmest und forderst, bis solche Sache vor uns mit den Rechten ausgerichtet und geredet wird." Dennoch finden wir im folgenden Jahrzehnt denselben Bischof wieder mit den elsäßischen Städten in einen Zollstreit verwickelt. In dem mit ihnen im J. 1443 aufgerichteten Vertrag heißt es: „Wir sind gefreit vom h. Reich, daß wir Zoll in unserm Bisthum nehmen mögen und darum haben wir uns unterstanden, mehr denn an einem Ende Zoll und Geleit von den Reichsstädten im Elsaß zu nehmen, dagegen aber haben die Städte Hagenau und Colmar u. s. w. sich gesetzt und vermeint, solcher Zölle und Geleite vom Reiche gefreit zusein, welcher Streit nun vor dem Kaiser also getheidigt ist, daß die genannten Städte bei ihren Freiheiten verbleiben, und versprechen wir, daß wir sie ihrer Freiheit wollen genießen lassen und von ihnen weder Zoll noch Geleite nehmen [1])". — Weiter übten in diesen Gegenden Zollrecht die Grafen von Katzenelnbogen zu Boppard und Rheinfels, die Rhein-Grafen zu Geisenheim u. a. O., die Grafen von Hanau, Zweibrücken, Eberstein u. a. m. [2])

Das Zollrecht der Erzbischöfe von Trier sahen wir schon im 13. Jahrhundert in Vollständigkeit ausgebildet. Vorsichtiger und formgerechter als andre Landesherren ließen sie sich ihre Zollstätten im Einzelnen wie im Ganzen von Kaiser und Reich, so oft eine

[1]) Schöpflin, Als. dipl. II, 346. 371. — [2]) Mone, Zeitschrift rc. I, 234. 378. 496. — Bodmann, Rheingauische Alterth. II, 578. 585. 586, Anm.

günstige Gelegenheit sich bot, bekräftigen. So bestätigte Karl IV im J. 1346 die Zölle zu Cochem und Klotten und in einer zweiten Urkunde alle Zölle auf dem Rhein, zu Koblenz und anderswo mit der Erlaubniß, dieselben erheben zu dürfen, wo es ihnen am bequemsten sei. Die Reichszölle zu Wesel und Boppard bestätigte derselbe Kaiser in Form einer Schuldverschreibung über 60000 Mk.[1]) Mit den Zolleinkünften wirthschafteten diese Erzbischöfe wie andre Landesherrn. Erzbischof Balduin verschrieb den Bürgern von Koblenz, die vor Gransau gefangen und gebrandschatzt waren, 6000 fl. aus dem Zoll daselbst, Erzbischof Boemund gewann mit 18 fl. aus demselben Zoll den Werner Knebel zu seinem Mann und verschrieb seinen Beamten eine Menge Zollgefälle für rückständigen Sold. Erzbischof Kuno wies einem Schmiedemeister, der in seinem Dienste ein Auge verloren hatte, 5 fl. jährlich aus dem Zoll zu Boppard an und dem Werner von Helfenstein für verlorne Hengste 200 fl. jährlich aus dem Zoll zu Kunenstein[2]). Die Zollverpachtungen waren auch hier ohne Zusammenhang und betrafen nur einzelne Zollstätten. Erzbischof Kuno verpachtete im J. 1366 den Zoll zu Trier um 425 Pfd. Heller an dortige Bürger, im J. 1372 denselben Zoll auf 2 Jahre um 800 Pfd. Heller, im J. 1384 den Moselzoll zu Koblenz an einen Juden auf 6 Jahre um jährliche 2200 fl.

Die Zollwirthschaft der Erzbischöfe von Köln und der Landesherren des unteren Rheingebiets erhält nur durch örtliche Verhältnisse einige Verschiedenheit. Auch diese bestritten das Oberzollrecht des Kaisers und Reiches nicht, wo es ihnen nützte. Erzbischof Hermann ließ sich von Friedrich IV den neu errichteten Zoll zu Linz bekräftigen, während er im Uebrigen mit seinen Zöllen nach Belieben handelte und unter anderen dem Grafen Wilhelm von Jülich für die Abtretung des Gebietes Honnef einen Ueberzoll zu Neuß von 2 Turnosen bis zum Betrage von 10,000 fl. verschrieb[3]). Bemerkenswerth sind im 14. und 15. Jahrhundert die fast ununterbrochenen Zollstreitigkeiten der Erzbischöfe mit der Stadt Köln und andern rheinischen Städten, die stets durch Erhöhung eines alten oder Aufrichtung eines neuen Zolles entstanden. Solchen Streit schlichtete im J. 1320 der Graf von Jülich dahin[4]), daß der Erzbischof Hein-

[1]) Hontheim, II, 162. 164. 265. 280. — [2]) Görz, Regesten S. 92 folg. Günther, III, 506. — [3]) Lacomblet, Urkundenbuch, III, 524. 88. — [4]) Ebenda III, 146.

rich II von der Netten oberhalb Andernach an bis Köln von jedem Fuder Weins nicht mehr nehme als zu Bonn und Andernach, im Ganzen 14 große Turnosen und abthue den Zoll von Hammerstein und alle unrechten Zölle und Geleite. Auch der Erzbischof Friedrich II mußte nach einem Zollstreite mit der Stadt Köln im J. 1393 alle gegen den letzten Landfrieden errichteten Zölle und Geleite aufheben[1]). In Folge der hervorragenden Stellung und des dadurch bedingten großen Aufwandes übten die kölnischen Erzbischöfe die Finanzkünste mit den Rheinzöllen in der ausschweifendsten Weise, so daß sie, wenn sie keine andre Hülfe wußten, ganze Gebiete mit den darauf haftenden Zöllen vergabten. Erzbischof Dietrich verschrieb für eine Schuld von 41050 fl. an den Grafen Johann von Nassau den Zoll zu Königsdorf und seine übrigen Landzölle zu Mülheim, Brück, Löwenich, Wederstorf, Buchelmund, Merheim, Blaitzem u. s. w.[2]) Vor dem Unheil jedoch, dem Kaiser und Reich längst verfallen waren, vor der gänzlichen Entfremdung der Zollstätten bewahrte dieses Stift das Domkapitel, das nach und nach die bedeutendsten Zölle, wie Zons und Kaiserswerth an sich löste[3]). Das Zollwesen der Fürsten und Grafen von Jülich, Kleve, Berg, von der Mark, Ravensburg, Meurs, Luxemburg, Wied, Isenburg, Holland bietet dasselbe Bild. Alle die gesetzlichen und ungesetzlichen, wirthschaftlichen und unwirthschaftlichen Handlungen dieser Landesherren mit ihren Zöllen zu Huissen, Büderich, Duisburg, Strümp, Nimwegen, Emmerich (Lobith), Grithausen, Arnheim, Düsseldorf, Horneck, Mastricht, auf den Trageln, Sonsbeck, Remagen, Ruhrort, Homberg, Breisich, Tiel und wie sie alle heißen, bieten nichts von andern Gegenden Unterscheidendes. Dagegen sind von großer Bedeutung für die Entwicklung des landesherrlichen Zollwesens die Einigungen dieser und der benachbarten Reichsfürsten zu gegenseitiger Gewährleistung und Befriedung der Zoll= und Handelsstraßen.

Im 13. Jahrhundert gingen den Zolleinigungen die Landfrieden vorauf, welche theils unter Leitung und Vorsitz eines Kaisers, insbesondere Ludwigs IV aufgerichtet wurden. Ihr Zweck war stets die Sicherung der Landstraßen gegen Straßenraub, die Beschützung des Verkehrs, der Gewerbe und des Feldbaus vor streifenden Räuber= und Kriegerschaaren. Besondere Bestimmungen über das Zollwesen

---

[1]) Ebenda III, 874. — [2]) Ebenda IV, 375. — [3]) IV. 395.

enthalten sie selten und verlangen gewöhnlich nur, daß von Kaufleuten und Wanderern die bestehenden Zölle und Geleitsgelder entrichtet werden. Schon frühe aber gaben diese Landfrieden Gelegenheit zur Errichtung neuer Zölle, um von dem Ertrage die Kosten des Friedens zu bestreiten. Der Landfriede vom J. 1265 [1]) zwischen den Herren und Städten der Wetterau bestimmte, daß zu seiner Aufrechthaltung von 100 Malter Weizen 8 Pfg. und von 100 Malter Hafer 4 Pfg. und von anderer Kaufmannschaft nach Verhältniß sollte erhoben werden; von der Bezahlung dieses Zolles wurde der Anspruch auf Sicherheit abhängig gemacht. Ein anderer Landfriede vom J. 1278 [2]) zwischen rheinischen und wetterauischen Fürsten und Städten, auf 2 Jahre gegen alle ungerechten Zölle errichtet, setzte dennoch gleichfalls zu Bestreitung der Kosten dieses Friedens einen neuen Zoll fest. — Im Laufe des 14. Jahrhunderts werden die Einigungen am Rheine häufiger und bestimmter in Bezug auf Zoll- und Geleitswesen. Im J. 1339 schlossen die Erzbischöfe von Mainz, Trier und Köln ein Bündniß auf 10 Jahre [3]), um gegenseitig ihre Geleite und Straßen zu schützen, auf dem Rhein von Oppenheim bis Rheinbergen und auf dem Lande drei Meilen weit zu beiden Seiten des Flusses, und zugleich, um innerhalb dieser Ziele alle neuen Zölle und Nebenzölle zu wehren; im Falle der Noth sollte jeder den andern mit 100 Helmen unterstützen. Deßgleichen heißt es im Bündniß derselben Erzbischöfe vom J. 1354 [4]): „Auch wollen wir innerhalb derselben Ziele (von Mainz bis Rheinbergen) alle neuen Zölle und auch Mehrung über die Zölle, die jetzt sind, unser jeglich dem andern helfen mindern und mehren getreulich nach unsrer Macht und sollen dieselben Zölle binnen diesem Ziele nicht lassen mehren, es sei denn unser gemein Wille.“ Das Bündniß vom J. 1370 [5]) zwischen Trier, Mainz und Pfalz bestimmte, daß der Verbündeten Zölle auf dem Rhein zehn Jahre nicht vermehrt noch erhöht werden sollten außer mit gemeinsamem Wissen und Willen. — Manche Einigungen beabsichtigten auch die Abstellung bestimmter Klagepunkte. Im J. 1386 erhoben der Erzbischof und die Stadt Köln beim Herzog Wilhelm von Berg heftige Klage [6]) wegen des Rheinzolls zu Düsseldorf und

---

[1]) Böhmer, Cod. dipl. Moenofrancf. I, 134. — [2]) Ebenda 185. — [3]) Lacomblet III, 269. — [4]) Ebenda III, 436. — [5]) Hontheim II, 249. — [6]) Lacomblet III, 793.

wegen Mehrung und Erhöhung der Landzölle im Gebiete von Berg. Der Herzog behauptete, daß er das Recht dazu vom h. Reich habe, mußte aber dennoch, durch die enge Vereinigung der klagenden Parteien geängstigt, versprechen, die Zölle zu Lande und zu Wasser zu mäßigen, den Zoll zu Düsseldorf, wo 18 Turnosen vom Zollfuder erhoben wurden, um ein Drittheil zu mindern und im Uebrigen einem gemeinsamen Tarif sich zu unterwerfen.

Auch die Landfrieden in den übrigen Theilen des Reiches nahmen auf das Zollwesen Bedacht. Im Jahre 1398 [1]) erneuerten die Bischöfe von Bamberg und Eichstätt, der Pfalzgraf Ruprecht, der Burggraf von Nürnberg und andere Landesherren in Franken ihr Bündniß, das sie schon früher zur Aufrechthaltung des durch Wenceslaus errichteten Landfriedens geschlossen hatten. „Die Zölle, heißt es hier, soll jeder redlich besetzen und legen an die Stätte, da sie vormals im Landfrieden gelegen sind, es wäre denn, daß ein Theil Zölle nicht gelegentlich wäre, die soll man an gelegentliche Stätte legen; von den Zöllen soll man nehmen, so viel als man vorher genommen hat und einem Hauptmann ein genannt Geld davon geben zur Erhaltung des Landfriedens, wenn aber die Ordnung dieses Landfriedens abläuft, sollen auch diese Zölle nicht mehr sein.“

Die Einigungen im 15. Jahrhundert hatten dieselben Absichten. Im Jahre 1408 einigten sich Pfalzgraf Ruprecht und die Erzbischöfe von Trier und Mainz dahin, [2]) daß jeder von ihnen, weil die Kaufleute Wein und andere Waaren über den Hundsrück zu der Mosel führten und dadurch ihre Zölle auf dem Rhein sehr beeinträchtigten, zu Dryß, Kleinkoblenz oder wo ihm das am gelegensten sei, auf der Mosel einen Knecht halten sollte, der von allen, die ferner noch über den Hundsrück zu der Mosel Waaren führten, dasselbe nehme, was seinem Herrn an den Zöllen des Rheins gebühre; dasselbe sollte geschehen, wenn jemand Wein über den Rhein und Hainrich zu der Lahn führen wolle, und jeder sollte des Andern Zollknechte und Zölle in seinem Lande schützen und schirmen. — Solches Verfahren oder Ueberfahren der Zollstätten, wodurch der gepreßte Verkehr einen mühevollen Ausweg suchte, hielten die Landesherren für einen Raub an der Kämmereikasse und sicherten sich die Einnahmen von den dadurch neu entstandenen Straßen durch Wehrzölle und Schutzbündnisse. — In derselben Absicht

---

[1]) Mon. Zoller. VI, S. 2. — [2]) Hontheim a. a. O. 350.

wandten sich diese Zolleinigungen auch gegen die Zollfreiheiten. Das Bündniß der rheinischen Kurfürsten vom J. 1413[1]) behauptet, daß den Zollherren durch die zollfreien Fuhren an Korn, Wein, Holz und andrer Kaufmannschaft ein großer Schade entstanden sei, und fährt dann fort: „So haben wir sämmtlich mit Rath unsrer Freunde und Getreuen jeder dem Andern gelobt, daß unser keiner fürbaß keinerlei, es sei Wein, Frucht, Holz oder andres in des Andern unter uns Zöllen mit seinen Briefen als zollfrei versprechen und vertheidigen soll, es wäre denn, daß er ihn daselbst in sein Schloß zu seiner Nothdurft zu gebrauchen, doch nicht zu verändern noch zu verkaufen, führen lassen wollte. Auch soll unter uns keinerlei an seinen Zöllen von beiden Wegen zollfrei fahren lassen, es wäre denn, daß wir sämmtlich mit einander zu Rathe wurden, doch ausgenommen Mannen, Burgmannen, Pfaffheit geistlich und weltlich, die von altersher zollfrei an unsern Zöllen gewesen sind, oder aber unser eines seinen nächsten Mannen, Räthen und Dienern das an seinen eignen Zöllen von Gnaden gönnen will."

Andre Einigungen stellten wieder einzelne, das Zollwesen und die Rheinstraße betreffende Punkte fest. Im J. 1399[2]) vereinigten sich die vier Kurfürsten am Rhein über das Zollfuder und bestimmten, daß 10 Ohm Weins auf dasselbe und 12 Turnosen auf einen Gulden zu rechnen seien. Eine andere Einigung[3]) enthält Bestimmungen über den Stapel zu Köln, über den Waarenverkauf und die Ordnung auf dem Leinpfad u. u. Eine Einigung derselben Kurfürsten aus dem Schluß des 15. Jahrhunderts faßt alle Punkte ausführlich zusammen[4]). „Als deutsche Nation und sonderlich unsere Kurfürstenthümer mit dem Rheinstrom begabt sind und zu Nothdurft des gemeinen Nutzens merklich darauf gehandelt wird und deshalb gemeinem Nutzen förderlich, daß derselbe dem Kaufmann und männiglich frei und sicher gehalten und geschirmt werde, wie es denn von unsern Voreltern mit löblichem Brauche hergebracht ist, so haben wir uns folgender Maßen vertragen."

Die einzelnen Vertragspunkte betreffen den Schutz des Stromes und Leinpfads für alle, welche die Zölle bezahlen; wer das Geleite bricht, soll von allen zu Recht verfolgt werden. „Ob auch jemand,

---

[1]) Ebenda II, 353. 372. — [2]) Lacomblet, III, 943. — [3]) Ebenda IV, 133. — [4]) Ebenda IV, 564.

wer der wäre, hinfür einen neuen Zoll auf dem Rhein zwischen Basel und Wied aufrichten oder die alten Zölle und mehr als die alte Rolle, die wir Kurfürsten an unsern Rheinzöllen haben, erheben läßt, mit Geleitsgeld und anderen Auffsetzungen, wie die Namen haben, über alles Herkommen beschwert oder den Rheinstrom und Leinpfad in einiger Weise verbaut, mit Neuerung und Aufhalten behindert, das sollen und wollen wir alle sämmtlich zur Stund getreulich helfen wehren. Wir wollen auch hinfür nach neuen Zöllen oder Erhöhung der alten nicht stehen oder die, so uns gegeben würden, nicht annehmen noch gebrauchen. Und damit der Kaufmann den Rheinstrom zu besuchen desto williger sei, wollen wir hinfür die nächsten 8 Jahre an unsern Zöllen dem Kaufmann von den Elsäßer Weinen von 10 fl. 2 fl. wieder geben lassen, deßgleichen von Genfer Gut und den englischen Wollsäcken, von den Waaren aber, die in ungedeckten Schiffen geführt werden, von 10 fl. 1 fl. und 1 Ort, und was in schwarzen Schiffen geführt wird von 10 fl. 1 fl." Weiter enthält der Vertrag Bestimmungen über das Zollfuder, über die Zollbeamten, daß sie an Handelsgesellschaften nicht sollen Theil nehmen, und schließt: „Wir wollen auch nicht gestatten, daß aus den Niederlanden herauf und hinab Nebenstraßen zu Lande gebraucht werden, von Straßburg bis Rheinbergen zu beiden Seiten des Rheins. Auch wollen wir alle zehn Jahre unsre Räthe, Zollschreiber und Beseher auf St. Jakobsberg gen Boppard zu Kapitel schicken, über die Gebrechen zu handeln und zu ordnen." —

Es fehlt auch nicht an Beispielen, daß die Fürsten solchen Einigungen thatsächlich Folge gaben. Als die Stadt Köln im J. 1490[1]) von einem eigenmächtig errichteten Rheinzoll nicht lassen wollten, versuchten die Kurfürsten von Mainz, Trier und Pfalz und der Landgraf Wilhelm von Hessen die Stadt durch Absperrung vom Rheinhandel zu zwingen. Die aufwärts gehenden Schiffe mußten bei Zons, die abwärts gehenden bei Bonn anlegen und die Waaren zu Lande um Köln herum geführt werden; dabei mußte jeder Kaufmann schwören, mit seiner Kaufmannschaft weder den Rheinstrom von Engers bis Köln noch auch diese Stadt zu berühren oder einen Ort, dahin die Kölner leicht kommen könnten. Als die Stadt sich an Friedrich IV wandte, erklärte dieser, daß der neue Zoll ihr von Reichswegen für die gegen

---

[1]) Lacomblet IV, 555. 557.

Karl von Burgund geleistete Hülfe gestattet sei, und beauftragte den Herzog Johann von Kleve, keinen Schiffer rheinaufwärts fahren zu lassen, der nicht eidlich gelobt habe, in Köln Stapel zu halten und den Zoll zu bezahlen. Der König Maximilian erlöste endlich die von beiden Parteien geängstigten Kaufleute und erlaubte den Kölnern, für die Kosten der Belagerung von Neuß auf 3 Jahre den Zoll einzunehmen, dafür aber den drei Kurfürsten 15,000 fl. in 3 Fristen zu Frankfurt zu bezahlen.

Nach dem Laut der Reichsgesetze war das Zollrecht der Landesherren im Wesentlichen dasselbe geblieben, nach den thatsächlichen Verhältnissen ein durchaus andres geworden. Mit Ausnahme des Erzherzogthums Oesterreich und des Kurfürstenthums Brandenburg waren alle Landesherrn in Bezug ihres Zollbesitzes, den sie mit und ohne Recht und Urkunden erworben hatten, von der Oberhoheit des Reiches d. i. nunmehr von dem Kaiser und den Kurfürsten abhängig. Ohne Zustimmung dieses obersten Reichscollegiums sollten sie keine neuen Zöllstätten errichten, keine alten verändern noch den Tarif mindern oder höhen, thatsächlich aber schalteten sie mit dem Zollrecht und dem Zollbesitz nach eignem Willen, betrachteten und übten dasselbe als ein unbeschränktes und erinnerten sich nur in einzelnen Fällen, wo es der besondere Vortheil gebot, des Oberzollrechtes des Reiches, fanden auch nur in sehr vereinzelter Weise einen ernstlichen Widerspruch und noch seltener ein durchschlagendes Gegengewicht. Erst als die Kürfürsten zur Erhaltung des eignen Zollbesitzes mit einmüthigem Willen zu Einigungen zusammentraten, ward der unbeschränkten und nur vom Einzelvortheil geleiteten Zollwirthschaft im Reiche wenigstens hin und wieder eine Schranke gesetzt und auch dem Reichsoberzollrechte für die folgenden Jahrhunderte ein neues, nachdrucksvolles und in seinen Folgen nicht unwichtiges Ansehn gegeben.

Dritter Abschnitt.

Das Zollwesen der Städte.

In Betreff des städtischen Zollwesens müssen wir unterscheiden zwischen den Durchfuhr- und den Marktzöllen. Jene, an die Landstraße und ein größeres Landgebiet gebunden, kamen später, diese, die Abgaben von dem innerhalb der Mauern statthabenden

Marktverkehr, früher in ihren Besitz. Die Erwerbung des Marktzollrechtes bildet deßhalb auch bei der Mehrzahl der Städte den Anfang eines selbständigen Zollwesens. Der Marktzoll war mit dem Marktrechte untrennbar verbunden und dieses ursprünglich von der Verleihung und Bestätigung des Reiches und seines Oberhauptes abhängig: „Niemanne mut market noch monte erheven ane des rihteres willen, binnen des gerihte it leget. Ok sal die koning durch reht sinen handscho darto senden to bewisen dat it sin wille si[1].“ Uebereinstimmend hiemit eignete eine Urkunde Konrads II vom J. 1038 dem Kloster Stablo ein Schloß mit allen Besitzungen und Rechten und erlaubte unter Uebersendung seines Handschuhs, einen Markt daselbst einzurichten, welches der Abt Wibold in einer zweiten Urkunde mit denselben Worten anerkannte[2]. Mit dem Marktrecht zugleich wurde der königliche Bann ertheilt, das Recht und die Pflicht, des Reiches Frieden während der Marktzeit aufrecht zu erhalten; das Kreuz auf dem Markt, später die Marktfahne verkündigte, daß solcher Weichfriede begonnen habe[3]. — Otto I verlieh im J. 966 dem Erzbischof Adelbert von Hamburg ein Marktrecht für Bremen, welches Konrad II im J. 1035 bestätigte, und übergab damit alle Nutzungen desselben, Bann, Zoll und Münze[4]. Dasselbe Markt- und Zollrecht erhielten im J. 985—995 die Stifter Verden, Halberstadt und die Abtei Gandersheim[5]. Konrad II erlaubte im J. 1038 dem Erzstift Hamburg Märkte in Eislingen und Stade[6] und gestand dabei den Zoll und was dem Könige sonst nach des Reiches Gesetzen gebühre, dieser Kirche zu. Auch berufen sich die Landesherren, wenn sie Markteinrichtungen treffen, auf königliches Privileg und Vollmacht, wie z. B. der Abt Erkenbert bei der Anordnung über den Markt zu Hörter[7]. Also nicht die Gemeinde des Marktortes sondern der Herr des Marktes, in den königlichen Städten der König selbst, in den andern der betreffende weltliche oder geistliche Landesherr kamen zuerst in den Besitz der Marktzolleinnahmen. Von diesen erwarben dann jene durch Verpfändung, Kauf und Beleihung, jede gemäß ihrer örtlich bedingten Verhältnisse, den

---

[1]) Sachsenspiegel III, 26, § 4. — [2]) Vergl. Gaupp, Stadtrechte, S. 18. — [3]) Lünig, R. A. P. gen. cont. II, S. 73. — Sächsisches Weichbild. Art. 9. — [4]) Lappenberg, hamb. Urkundenbuch I, 48. 69. — [5]) Vergl. Leibnitz, Scriptt. rer. Brunsv. II, 215. 118. 376. — [6]) Lappenberg a. a. O. I, 69. 70. — [7]) Kindlinger II, 104.

Zollbesitz innerhalb ihres Weichbildes und wandelten denselben dann, je nach Gunst und Gelegenheit, zu einem unabhängig verwalteten städtischen Zollwesen um.

Das Straßburger Stadtrecht, dessen Ursprung in die zweite Hälfte des 11. Jahrhunderts fällt, gilt unter den uns erhaltenen als das älteste[1]). Die königlichen Hoheitsrechte d. i. die mit der Grafschaft anvertrauten Reichsamtsrechte sind hier noch mit den, dem Grundbesitzer zustehenden dienstherrlichen Rechten unvermischt und ragen über diese als die maßgebenden und beherrschenden hervor. Der Bischof ist in Folge ausdrücklicher königlicher Verleihung im Besitze der Vogtei d. i. des Inbegriffs der königlichen Hoheitsrechte[2]) und hat dabei als Grundherr die Dienstherrlichkeit über die Stadt und deren Bürger, die ihm jährlich fünf Tage in Dienstbarkeit frohnden. Der vom Bischof eingesetzte Vogt erhält von dem König den Blutbann, das Recht über Leben und Tod. Außerdem setzt der Bischof über die Stadt vier Beamte, den Schultheißen, den Burggrafen, den Münzmeister und den Zöllner. Dabei war aber ein Theil der Zolleinnahmen auch dem Burggrafen zugewiesen. „Zu des Burggrafen Recht höret zu nehmen sämmtliche Zölle, nehmlich von den Schwertern, die in den Scheiden auf dem Markte feil sind; von den Schwertern, die man in den Schiffen von Köln oder anderswoher bringt, nimmt der Zöllner den Zoll. Weiter nimmt der Burggraf den von Oel, Nüssen und Aepfeln, woher sie auch geführt und um Geld gekauft sind; vom Salz aber, von Wein und Getreide, um welchen Preis sie auch verkauft sein mögen, theilt den Zoll der Burggraf mit dem Zöllner. Die andern Zölle, diese allein ausgenommen, gehören sämmtlich zu des Zöllners Amt.“ Weiter heißt es noch, daß den Zoll von Kohlen und Hanf nicht der Zöllner nehmen solle, sondern der Bischof habe es bisher genommen wie auch den Bann vom Wein und das Brod, das man nennet „bernbrod“. — Freiburg, im J. 1091 von Herzog Berthold II von Zähringen gegründet, erhielt nach kölnischem Rechte im J. 1120 von Herzog Konrad, der die Grafschaft im Breisgau inne hatte, den Stiftungsbrief, unter Bestätigung des Kaisers Heinrich V[3]). Konrad erscheint darnach als Inhaber aller Rechte, welche den Begriff der Grafschaft

[1]) Gaupp, Stadtrechte des Mittelalters I, 36 folg. — [2]) Urk. von Otto II vom J. 982; Schöpflin I, 181. — [3]) Gaupp, a. a. O. II, 1 folg. Schreiber, Urkundenbuch der Stadt Freiburg I, 3 folg.

bildeten; er heißt dominus civitatis und das ihm untergebene Gebiet potestas und regimen. Die Obrigkeit der Stadt, Vogt und Schultheiß, werden jährlich von den Bürgern gewählt und vom Herzog bestätigt. In Betreff des Marktes und Zolles heißt es hier: „Gegeben hat der Graf Friede und Sicherheit der Reise allen, die den Markt dieser Stadt besuchen — —. Seinen Bürgern im ganzen Gerichtsbezirke erläßt er den Zoll." Nach einer weitern Bestimmung gewährte er auch den Fremden eine Zollerleichterung. Also gehörte der Zoll dem Grafen.

Einen entschiedenen Fortschritt in Betreff des Zollwesens zeigt das Stadtrecht von Augsburg[1]), dessen schriftliche Fassung vom J. 1156 oder 1157 auf eine ältere unter Heinrich III oder IV ausgestellte Urkunde zurückweist. Der Bischof übte die vollständigen Grafenrechte über die Stadt und doch wird kein bischöflicher Zöllner genannt, vielmehr bestimmt, daß vom Zolle jährlich 6 Pfd. abgegeben werden sollen. Mithin gehörte der Marktzoll der Gemeinde als ein vom Bischof gegen genannte Abgabe erworbenes Besitzthum. Die Durchfuhrzölle dagegen finden wir nach spätern Urkunden im Besitz des Bischofs, den das Stadtrecht auch den Geleitsherrn nennt. — Die Stadt Hagenau erhielt im J. 1164 von Kaiser Friedrich I ihr erstes Privileg[2]), nach welchem sie über sich keinen Herrn als den Kaiser hatte. Neben den kaiserlichen Beamten, dem Richter, Frohnboten und Schultheißen, erscheinen als städtische Behörde die conjurati civitatis. Zollrecht und Zollerhebung gehörten dem Herrn, der die Einwohner der Stadt vom Markt- und Durchfuhrzoll wie vom Geleitsgeld befreite. Dagegen gehörte der Stadt die Abgabe von dem auszuschenkenden Wein, doch mußte dem Richter und Frohnboten, welche über Maß und Preis zu wachen hatten, ein bestimmter Antheil gegeben werden. — Die Stadt Köln zeigt um dieselbe Zeit schon eine ziemlich selbständige, zollrechtliche Thätigkeit. Im J. 1171 erneuerte der Senat den Kaufleuten von Dinant das ihnen vom Erzbischof Friedrich I verliehene Privileg wegen der Durchführung und des Ankaufs von rohem Kupfer und des Verkaufs ihrer eignen Waaren und setzte dabei oder bestätigte die Beträge und die Bedingungen des Zolles[3]). Also war die Stadt Köln

---

[1]) Gaupp, II, 185. — [2]) Ebenda, 93. Schöpflin I, 255. — [3]) Lacomblet I, 308.

unzweifelhaft im Besitz von Zollrechten, die aber vorher dem Erzbischof zugestanden hatten, denn diese Urkunde war die Bestätigung eines voraufgegangenen erzbischöflichen Privilegs.

Demnach waren im Ganzen bis zu Ende des 12. Jahrhunderts die Zölle innerhalb der Städte im Besitz des Königs und des Landesherrn und erst mit dem Ende dieses Jahrhunderts hatten einzelne Städte, z. B. Köln und Augsburg, Zollrechte und Hebungen theil- und bedingungsweise in ihre Hand gebracht.

Mit dem 13. Jahrhundert trat das Streben der Städte nach selbständiger Ausbildung ihrer Gemeindeverfassung kräftiger hervor. Die Hauptzielpunkte desselben waren die freie Wahl der städtischen Behörden, die Befreiung von dienst- und landesherrlichen Abgaben, die eigene unabhängige Gerichtsbarkeit und Verwaltung der städtischen Einkünfte. Schon zu Anfang des 13. Jahrhunderts hatten einzelne Städte kaiserliche Bestätigungsbriefe für die ihren Landesherren abgerungenen Rechte erworben, doch begann auch sogleich der Gegenkampf der Landesherren. In ihrem Besitzstand und dem eignen Streben nach möglicher Machtausdehnung bedroht, suchten und fanden sie den wirksamsten Beistand bei dem Oberhaupte des Reiches. Durch die hülfsbedürftige Stellung zu Anfang seiner Regierung wurde Friedrich II gezwungen, die landesherrliche Macht auf Kosten der Oberhoheit des Reiches zu festigen und zu mehren, und nachdem er einmal von derselben abhängig geworden war, mußte er auch nach Kräften beitragen, zu ihrem Vortheil der Städte Macht und Entwicklung niederzuhalten. Unter seinem Vorsitz kam im J. 1218 zu Ulm ein besonders gegen Basel gerichteter Reichsschluß zu Stande, worin es heißt[1]): „Als gerechter Richter — widerrufen wir den Rath, welcher irgend und wie er zu Basel war; wir legen ihn nieder und vernichten ihn ganz und heben gänzlich unser Privileg auf, welches die Baseler haben, und wollen nicht, daß sie dasselbe weiters gebrauchen. Aus Gunst und Liebe gegen den Bischof verbieten wir, daß die Baseler fernerhin einen Rath oder irgend eine neue Einrichtung, mit welchem Namen dieselben auch genannt werden können, machen noch herstellen, ohne die Beistimmung und den Willen des Bischofs." Am 14. Octbr. 1226 folgte von demselben Kaiser die Aufhebung der städtischen Gemeinderäthe in der Provence[2]). Der

[1]) Mon. Germ. (Leges) II, 229 folg. — [2]) Ebenda, 256.

Reichsschluß vom J. 1232 spricht solchem Streben der Städte dasselbe Verdammungsurtheil[1]). „Damit unsre und des Reichs geliebte Fürsten die Freiheiten und Gaben, welche sie durch unsre kaiserliche Gunst besitzen und besitzen werden, im unbeschränktesten und ungestörten Besitze genießen, widerrufen wir unsre Edicte und vernichten in jeder Stadt und Ortschaft Deutschlands die Gemeinheiten, Räthe und Bürgermeister wie alle andern Beamten, welche von einer Bürgergemeinde ohne Bestätigung der Erzbischöfe und Bischöfe angeordnet sind, mit welchem Namen sie auch an den verschiedenen Orten genannt werden mögen. Deßgleichen vernichten wir alle Verbindungen und Gesellschaften, wie sie nur vom Volke genannt werden. Damit jeder Mißbrauch gänzlich unmöglich und nicht mit dem Deckmantel einer Vollmacht verhüllt werde, erklären wir alle Privilegien, offene und geheime Briefe, welche unsere oder unsrer Vorgänger Gnade oder Erzbischöfe und Bischöfe über Genossenschaften (Zünfte), Gemeinheiten oder Räthe zum Nachtheil der Fürsten des Reiches einer Person oder einer Stadt gegeben haben, von diesem Tage für alle Zukunft als durchaus ungültig und nichtig." Auch Heinrich VII, sein Sohn, widerrief im J. 1226 in Würzburg mit Bezug auf Cambray alle von ihm und seinen Vorgängern gegebenen Privilegien und hob den Bund der Städte Mainz, Bingen, Worms, Speier, Frankfurt, Gelnhausen und Friedberg auf, verbot dann im J. 1231 durch Reichsschluß für alle und jede Städte und Ortschaften die Gemeinheiten, Ordnungen, zünftischen Verbindungen und Verschwörungen irgend welcher Art und Benennung und erklärte die bestehenden für gänzlich ab und nichtig[2]). Das Streben der Städte wurde durch solche Beschlüsse wohl verzögert und erschwert, aber nicht unterdrückt. Die errungenen Rechte, oft verboten und ebenso oft gewaltsam aufgehoben, überdauerten den Kampf und die Städte gingen aus demselben als geschlossene, durch sich selbst geordnete und verwaltete Körperschaften hervor.

Straßburg erscheint zu Anfang des 13. Jahrhunderts mit einem Rathe aus Bürgern. Der darüber vom Bischof erhobene Rechtsstreit wurde zu Rothweil im J. 1214[3]) von Friedrich II dahin entschieden, daß Niemand in Straßburg einen Rath einrichten oder

---

[1]) Ebenda, 285. — [2]) Gaupp, a. a. O. S. 28. Guden I, 493. — [3]) Schöpflin I, 326.

eine Gerichtsgewalt ausüben dürfe außer mit Uebereinstimmung und freiem Zugeständniß des Bischofs. Dennoch versicherte Friedrich II im J. 1219 den Rath und die Bürgerschaft von Straßburg seiner besondern Gunst und der Bischof Heinrich sprach im J. 1220 als von einer zu Recht bestehenden Behörde[1]). Das straßburgsche Statut[2]) aus der Mitte des 13. Jahrhunderts zeigt das landesherrliche Element in den Hintergrund gedrängt, die Stadtverwaltung und die Polizeigewalt in den Händen des Rathes, des Bürgermeisters und der Konsulen. Aber weder dieses Statut noch der Vertrag der Stadt mit dem Bischof vom J. 1263[3]) erwähnt ein städtisches Zollrecht, vielmehr erscheint der Zöllner als bischöflicher Beamter. Gleichwohl übte die Stadt schon ein umfangreiches Zollrecht gegen den Willen des Bischofs, denn dieser erlangte im J. 1269[4]) vom König Richard den Befehl, daß die Stadt alle Zölle und Ungelder, alle ungewöhnlichen und ungesetzlichen Erhebungen binnen acht Tagen ganz und gar niederlegen sollte. Beide Zollrechte, das ältere landesherrliche und das jüngere städtische standen hier nach der Mitte des 13. Jahrhunderts im Kampf gegen einander. — Regensburg war zu Zeiten der Karolinger eine königliche Stadt, doch gingen im Laufe der Zeit die Hoheitsrechte über diese Metropolis norici ducatus an den Herzog von Bayern und den Bischof von Regensburg über. Im J. 1205 vertrugen sich Beide, Bischof Konrad und Herzog Ludwig über dieselben[5]). Weder diese Urkunde noch das Privileg Friedrichs II vom J. 1230 erwähnt einen Stadtrath, letztere jedoch eine richterliche städtische Behörde[6]). Im J. 1245 erwarb Regensburg, nachdem der Bischof zur Gegenpartei des Kaisers getreten war, die Ausnahme von dem Erlaß von Ravenna, die Erlaubniß zu einer solchen Gemeindebehörde[7]). Obwohl die von den Bürgern angeordneten Steuern und Abgaben dabei genannt werden, ist doch der Marktzoll dem Bischof zugesprochen, von dem Handel der Fremden sowohl wie der Bürger. In dem Vertrag zwischen dem Bischof und Herzog vom J. 1205 wurde festgesetzt, daß die Zölle, Münze, Geleit und andre Gefälle beiden gemeinschaftlich bleiben, die Stadtsteuern, die Marktpolizei und die Aufsicht über Kauf und Verkauf den

[1]) Ebenda, 335. 341. — [2]) 1245—1260; Mone, Anzeiger ꝛc. VI, 23. — [3]) Königshofen, Chron. der St. Straßburg, 729. — [4]) Schöpflin I, 463. — [5]) Ried, Cod. diplom. Ratisb. I, 289. — [6]) Lünig, R. A. P. spec. cont. IV, II, 262. — [7]) Vergl. Hüllmann, Städtewesen, II, 480.

gemeinsamen Behörden zustehen sollten. Zu den Durchfuhrzöllen dieser Stadt gehörte der große Reichszoll an der Donau, welcher im J. 1230 von Kalmünz hierher verlegt wurde und in den Besitz der Bischöfe kam. Im J. 1266 versetzte Bischof Leo der Stadt und der Gemeinde von Regensburg den großen Zoll daselbst um 500 Pfd.; später wieder zurückgelöst, kam derselbe im J. 1299 mit dem Wegzoll, wenn auch noch nicht in den Besitz der Stadt, doch eines Bürgers derselben als Pfand auf 10 Jahre[1]. — Hagenau erhielt im J. 1255 von König Wilhelm eine Erweiterung des Stadtrechtes vom J. 1164 und erwarb dabei ein Ungeld mit der Erlaubniß, dasselbe nach Belieben zu mindern und nachzulassen. Ueber die schon bestehenden Zölle enthält weder diese Urkunde noch die Bestätigung derselben vom J. 1262 und 1315 eine Nachricht, also waren dieselben wohl im Besitz der vom Reiche dazu Bestellten geblieben[2]. — Freiburg im Uechtland, durch Berthold IV im J. 1177 gegründet und mit dem Recht des breisgauischen Freiburgs begabt, kam nach dem Aussterben der Zäringer an die Grafen von Kiburg, welche im J. 1249 die Freiheiten der Stadt erneuerten. Laut dieser Urkunde wählte dieselbe mit andern städtischen Beamten auch den Zöllner, doch hatte der Landesherr diesen wie den Vogt zu bestätigen. Das Statut enthält Bestimmungen über Erhebung und Verwaltung der Zölle, also hatte die Stadt Zollbesitz, doch unter der Hoheit des Landesherrn[3]. — Die Handfeste von Bern, im J. 1218 durch Berthold V nach freiburgschem Recht gegeben, enthält über die Zölle der Stadt ähnliche Bestimmungen, beweist aber, daß dieselben damals noch in landesherrlichem Besitze waren, denn die Bürger erhalten mit den Fremden von der Landesherrlichkeit die Zollfreiheit. Auch die Bürger von Braunschweig erhielten durch ihr Stadtrecht nur Zollbegünstigungen vor den Fremden[4]. Die Verfassungsurkunde der Stadt Wesel, durch den Grafen Theoderich von Kleve im J. 1241 verliehen, befreite die Bürger für ihre eignen Güter von den gräflichen Zöllen daselbst, nennt aber dabei einen von den Bürgern innerhalb der Stadt an den Markttagen verlangten Zoll[5]. Die Zollrechte und die Durchfuhrzölle waren also des Grafen, die Marktzölle während der Marktzeit der Gemeinde.

[1] Gemeiner a. a. O. I, 293. 393. 451. — [2] Schöpflin I, 412. II, 111. — [3] Schreiber a. a. O. I, 27. — [4] Gengler, Stadtrechte, S. 39. — [5] Lacomblet IV, 132.

Bei allen Jahrmarktsverleihungen, die urkundlich aus den Zeiten der sächsischen, fränkischen und schwäbischen Kaiser auf uns gekommen sind, erhält das Recht der Zollerhebung nicht der Marktort sondern der Marktherr. Otto I ertheilte dem Kloster St. Gallen für Rorschach[1]) im J. 947 einen Jahrmarkt, mit der Erlaubniß zu erheben, was nur vom Markte selbst an Zöllen erhoben werden dürfe. Konrad I bestätigte im J. 918[2]) dem Bischof Thiodo von Würzburg für die Basilica St. Salvator den Zoll, den die Besucher des Marktes zu Würzburg von allen Marktwaaren zu entrichten hatten, verlieh dem St. Moritzstift zu Magdeburg Marktrecht und Münze mit dem Land- und Wasserzoll, sowie dem Erzstift Bremen das Marktrecht mit dem Zoll. In derselben Weise begabte Otto III die Stifter Verden in Verden, Magdeburg in Giebichenstein, Passau in Passau, die Klöster Gandersheim, Memleben, St. Maximin in Trier[3]). — Auch im 13. Jahrhundert finden wir noch dieselben Verhältnisse. Den Zoll in Lübeck besaß Heinrich der Löwe. Nach seinem Sturze wurde Lübeck eine königliche Stadt, erhielt vom Kaiser Friedrich II die Bestätigung ausgedehnter Zollfreiheiten und etwas später das Recht, jährlich von Pfingsten bis Jacobi eine Messe zu halten[4]). Daß der Stadt dadurch Zollerhebungen zugestanden worden seien, wird nicht erwähnt, wohl aber befreite König Heinrich VII im J. 1234 die Bürger von Bremen und Stade vom Zoll zu Lübeck und Rudolf I ermahnte im J. 1275 die Stadt Lübeck, die dem Reiche zustehenden kaiserlichen Rechte und Einkünfte aus den Zöllen, Münze, Gewichten und Mühlen ungeschmälert zu lassen[5]). Also hatte damals diese Stadt begonnen, königliche Hoheitsrechte an sich zu nehmen. — Hamburg erhielt um das Jahr 1190 die ersten bedeutenden Zollbefreiungen durch Friedrich I, Heinrich den Löwen und die Grafen von Holstein, von einem Antheil der Stadt an den Zöllen ist auch hier nicht die Rede. Noch zu Ende des 13. Jahrhunderts wirthschafteten die Grafen von Holstein und Schaumburg unumschränkt mit den hamburgschen Zöllen[6]), verpfändeten und verpachteten dieselben nach Belieben. In Magdeburg ertheilte der Erzbischof, nicht die Stadt, im J. 1262 für 100 Mark der Stadt Burg die Zoll-

[1]) Neugart, Cod. dipl. Alem. I, 593. — [2]) Böhmer, Acta Conradi I, 34. — [3]) Siehe die oben von diesen Königen angeführten Urkunden. — [4]) Urkundenbuch der Stadt Lübeck I, 63. — [5]) Ebenda II, 12. — I, 340. — [6]) Lappenberg a. a. O. 651. 709. 715. 725.

und Handelsfreiheiten [1]. Die Bewohner von Guben suchten im J. 1235 bei dem Markgrafen Heinrich von Meißen einen Nachlaß vom Zoll auf dem eignen Jahrmarkt, und Bautzen erwarb im J. 1282 für 70 Mark die Befreiung von solchem Zoll von den brandenburgschen Markgrafen [2]. Der Stadt Wunsdorf bewilligte im J. 1287 Graf Johann von Roden einen Jahrmarkt, bestimmte dabei selbst alle ihm zu entrichtenden Zölle und behielt sich unter Verzichtleistung auf ein Ungeld alle Abgaben von den Vieh- und Pferdemärkten außerhalb der Stadt ausdrücklich vor [3]. — Glücklicher waren wieder andre landesherrlichen Städte. Die Gemeinde von Koblenz erhielt im J. 1259 in Gemeinschaft mit den Kanonikern von St. Castor und Florin das Ungeld daselbst als Beihülfe zum Stadtbau, die Stadt Friedland im J. 1282 von dem Markgrafen Albrecht den Marktzoll [4].

Bei den königlichen Städten finden wir Erwerbungen von Zöllen durch Verleihungen und Verpfändungen schon in beträchtlicher Menge. Regensburg erwarb im J. 1230 von Friedrich II die Erlaubniß, innerhalb ihrer Stadt auf 6 Jahre einen Zoll zum Ausbau ihrer Befestigungen zu erheben und im J. 1264 als Pfand vom Bischof Leo den großen Donauzoll. Im J. 1294 verkauften auch die Herzöge Otto, Ludwig und Stephan von Bayern, in deren Besitz die früher von des Reiches Burggrafen zu Regensburg eingenommenen Zollgefälle übergegangen waren, den Pfundzoll, wie der von alten Zeiten her genommen war, an vier Bürger der Stadt um 1200 Pfd. Damit hatte für Regensburg die Entwicklung begonnen, welche nach und nach die gesammten Zolleinnahmen in den Besitz der Gemeinde brachte [5]. — Den Schultheißen und den Bürgern von Frankfurt a. M. verbot Rudolf I im J. 1273, von den Einwohnern der Stadt Gelnhausen weder am Main noch sonst wo Zoll zu erheben. Im J. 1280 verbot derselbe König dem frankfurtschen Zöllner, von den Bürgern der Stadt Straßburg einen Zoll zu erheben, weil zwischen beiden Städten gegenseitige Zollfreiheit bestehe. Zu gleicher Zeit wechselten beide Städte die solche Zollfreiheit bekräftigenden Urkunden [6]. Demnach übte die Stadt schon mit einer

---

[1] Riedel a. a. O. I, 10, 450. — [2] Neues lausitzisches Magazin XXXVI, S. 35. Riedel I, 2, 159. — [3] Sudendorf, a. a. O. I, 66. — [4] Günther, II, 290. Riedel I, 2, 154. — [5] Mon. boic. XXX, 164. — Gemeiner, S. 393. 437. — [6] Böhmer, Cod. I, 61. 261. 167. 197. 200.

gewissen Selbständigkeit das Zollrecht, doch unter der Hoheit des Kaisers. In andern Urkunden verfügte letzterer wieder allein über Zollhebungen in dieser Stadt. Im J. 1275 verlieh Rudolf I den Herren von Bertolfesheim 6 Mark jährlicher Einkünfte vom Schiffszoll zu Frankfurt und König Adolf im J. 1294 dem Schultheißen Vollrad 6 Mark jährlicher Einkünfte von „unserer und des Reichs öffentlicher Wage" daselbst. Dagegen bestimmten wieder in demselben Jahr die Schöffen und die Gemeinde dieser Stadt die neuen Sätze für den Zoll von der kleinen Wage [1]).

Im 14. Jahrhundert und insbesondre unter der Regierung Ludwigs IV begann für die Entwicklung des städtischen Zollwesens ein allgemeinerer Umschwung. Von Seiten der Landesherren mehrten sich die Entäußerungen, von Seiten der Städte die Erwerbungen innerhalb und außerhalb der Mauern. Den Anfang dazu bildeten in den meisten Städten die Zollerwerbungen einzelner Bürger. Als Pfand wandert ein Zoll Jahre lang von Hand zu Hand, bis er endlich, meistens aber zersplittert, in den Besitz und die bessere Verwaltung der Gemeinde kommt. In Regensburg wurde im J. 1347 Rüger Reich, Bürger daselbst, vom Kaiser ermächtigt, alle Reichszölle in dieser Stadt, welche früher verpfändet worden, an sich zu lösen. Im J. 1350 erhielt Johann Ingolstätter den bischöflichen Zoll, der vorher schon in den Händen der Auer und Löbler gewesen war, als rechtes Lehen, wie ihn seine Vorfahren gehabt hatten. Von den herzoglichen Zollhebungen hatten die Auer von Prennberg einen früher erworbenen Theil mit Bewilligung der Herzöge an die Stadt verkauft. Im J. 1384 und 1388 versetzte Bischof Johann der Stadt das Schultheißenamt, das Friedgericht, den kleinen Zoll und die Wage, während ein andrer Theil der bischöflichen Zölle durch Konrad von Hohenfels gleichfalls an die Stadt kam, der Salz- und Eisenzoll aber unter Bürgschaft der Stadt im Pfandbesitz der Familie Rantinger blieben. Am Schluß dieses Jahrhunderts im J. 1395 setzte die Stadt selbständig einen Zoll auf eingeführtes Bier und zwang auch die am jenseitigen Donauufer bei Stadtamhof anlegenden Schiffer zur Zollentrichtung [2]). So besaß also Regensburg zu Ende des 14. Jahrhunderts die Markt- und Thorzölle, einen

---

[1]) Ebenda, 173. 284. 314. 291. — [2]) Gemeiner, II. 43. 147. 169. 184. 202. 217. 246. — Lünig, R. A. P. spec. cont. IV, 2, 263.

Donauzoll, das Ungeld, die große und die kleine Wage. — Nürnberg hatte den, dem Burggrafen daselbst zuständigen Zoll mit dem Schultheißenamt als Pfand an sich gebracht, worauf der Burggraf im J. 1362 über widerrechtliche Entziehung seiner Einkünfte klagte. Das Landgericht in Franken entschied den Streit zu Gunsten des Burggrafen, dessen auf Urkunden vom Reich gestütztes Recht bestätigt wurde, während Nürnberg die Weisung erhielt, von den Gerichtsgefällen und vom Schultheißenamt zwei Theile und vom Zoll 10 Pfd. nebst allen rückständigen Zinsen und Zahlungen zu entrichten. Derselbe Streit widerholte sich im J. 1384 und im J. 1396 finden wir Schultheißenamt, Gericht und Zoll ganz in städtischem Besitz [1]). — In Eßlingen besaß im J. 1311 Graf Eberhard von Württemberg das Reichsschultheißenamt, das halbe Ungeld und 47 Pfd. vom Zoll als Pfand vom Reiche. Nach dem Eßlinger Frieden vom J. 1316 kam die Stadt auf einige Jahre in den getheilten Besitz jener Rechte, doch finden wir nach dem J. 1351 die Grafen von Württemberg wieder in vollem Pfandbesitz derselben. Im J. 1360 löste die Stadt mit kaiserlicher Erlaubniß diese Pfandschaft um 1450 Pfd. und weiteren 3000 Pfd. an sich, welche Summe im J. 1368 abermals um 1800 Pfd. vom Kaiser vermehrt wurde [2]). Seitdem blieb die Stadt im Besitze ihres Zollwesens, wozu sie noch andre Zollantheile, welche Geschlechter von Eßlingen zu Lehen hatten, fügte. — Die Zölle Ulms waren schon im 13. Jahrhundert vom Reiche an die Herren von Aichheim gekommen, von diesen an ulmische Geschlechter, die Roth, Gwärlich, Kraft u. a., von diesen endlich an die Stadt. Auch die Reichszölle in der Umgegend wie die Zölle der Helfensteiner hatte die Stadt nach und nach an sich gebracht, so daß sie im J. 1373 über eine große Anzahl von Zöllen urkundlich verfügte. —

Frankfurt a. M. hatte schon im 13. Jahrhundert ein beschränktes Recht über die Zölle innerhalb der Stadt erworben. Außer den oben angezogenen Urkunden beweist solches eine Urkunde vom J. 1228, wodurch diese Stadt dem Kloster Arnsburg die Abgaben und Zölle von ihren Wagen und Waaren auf ewige Zeiten erließ, sowie eine spätere, welche für die Bürger von Wetzlar die Zollsätze auf dem

---

[1]) Mon. Zoll. II, 128. III, 453. 455. 463. V, 362. — [2]) Pfaff, Geschichte der Reichsstadt Eßlingen S. 81 folg. 224. Jäger, schwäbisches Städtewesen, 692. 695.

frankfurtschen Jahrmarkte bestimmte. Im J. 1318 erwarb die Stadt das Recht einer Auflage auf das Korn, welches aus der Stadt geführt oder in derselben gemahlen wurde. Im J. 1329 wurde sie von Ludwig IV ermächtigt, die in der Stadt oder in der Nähe verpfändeten Reichsgüter, Zölle, Wage, Ungeld oder was es sonst sei, an sich zu lösen und zu benutzen, so lange nicht das Reich selbst diese Rechte zurücklöste. Dennoch mußte sich diese königliche Stadt der ferneren Anordnung des Königs in Betreff der Zölle und Abgaben gefallen lassen. Karl IV verordnete im J. 1364, daß ein neuer Zoll an allen Pforten in Frankfurt zu seinen und des Reichs Nöthen und Kosten erhoben werden sollte. In ähnlicher Weise suchte auch, wie wir wissen, Friedrich IV den Verkehr Frankfurts zu Reichszwecken auszubeuten[1]). — Daß auch andre Städte in diesen Gegenden um dieselbe Zeit mit Selbständigkeit, wenn auch nicht unbeschränkt, ein städtisches Zollrecht auszuüben begonnen hatten, beweist eine Urkunde Ludwigs IV vom J. 1337, wodurch er den Städten Straßburg, Mainz, Speier, Worms verbot, die Deutschherren in ihren Zollfreiheiten auf dem Rhein fernerhin zu beirren[2]). Auch wurde Straßburg im J. 1370 von Karl IV begnadigt, einen Zoll von 4 großen Turnosen auf dem Rhein zu Neuenburg oder anderswo, wo sie die mit Gunst der Herrn und des Reichs Getreuen erwerben könnten, zu erheben[3]). Die Stadt Mainz übte nach der Urkunde vom J. 1337 ein Zollrecht, hatte dabei aber, wenigstens im 14. Jahrhundert, das ältere Recht des Erzbischofs zu beachten. Die Bewohner des Rheingaus hatten die Stadtmauern von Mainz in der Breite von 4 Zinnen aus eigenen Mitteln zu erhalten und zu vertheidigen, und genossen dafür das Recht, ohne Zollentrichtung innerhalb der Mauern zu kaufen und zu verkaufen. In den Aufzeichnungen eines Marktmeisters heißt es: „Die Leute im Rheingau sind von keinerlei Kaufmannschaft Marktrecht zu geben schuldig und zwar darum, weil dieses Recht vom Stifte herrührt.“ Dasselbe Recht hatten auch des Erzbischofs Burg-, Dienst- und Hofmannen, mußten aber auch dafür im Falle der Noth die Stadt bestellen und vertheidigen helfen[4]). —

In der Mark Brandenburg kamen im Lauf des 14. Jahrhunderts

---

[1]) Böhmer, Cod. I, 52. 182. 390. 447. 498. 540. — [2]) Böhmer, Reg. Add. I, S. 284. — [3]) Schöpflin II, 261. — [4]) Bodmann, Rheing. Alt. I, 22. 23. 25.

eine Menge Markt- und Durchfuhrzölle aus der Hand der Landesherren in den Besitz der Städte[1]). Frankfurt a. O. erkaufte im J. 1324 das Recht über den gesammten städtischen Zoll von Ludwig IV gegen eine Abgabe von 420 Pfd. an den jedesmaligen Markgrafen von Brandenburg. Der Rath von Wriezen erwarb im J. 1314 von dem Markgrafen Ludwig den Zoll auf 4 Jahre für 16 Mark und erneuerte diese Verpachtung im J. 1337 und 1341. Später kam der Zoll an einzelne Bürger, dann an die Edlen von Bieberstein, dann an die Stadt und noch im 15. Jahrhundert wanderten sämmtliche städtische Zoll- und Marktgefälle als Pacht- und Pfandgüter von Hand in Hand. Spandau erwarb im J. 1349 vom Markgrafen Ludwig den Zoll daselbst und im J. 1399 vom Markgrafen Jobst einen Durchfuhrzoll, Pritzwalk im J. 1364 den Marktzoll daselbst, doch bestimmte der Markgraf die Zollsätze. Der Zoll von Stendal wanderte als Zoll zu den Herren von Buck, von Platow, von Schadewachten, endlich an die Stadt und blieb derselben seit dem J. 1325. Oderberg war zu Anfang des 15. Jahrhunderts im Besitz des Marktzollrechts und der Niederlage, doch die Durchfuhrzölle und das Recht der Tarifbestimmung blieben auch hier dem Landesherrn. Brandenburg erwarb erst mit dem 15. Jahrhundert zeitweilig einzelne Zolltheile als Pfand, mußte aber noch im J. 1489 alle Zölle daselbst für 1000 fl. verpfändet sehen. Ebenso wurden die Zölle zu Rathenow noch im J. 1482 verpfändet und auch in Berlin, obwohl diese Stadt schon früh ein Niederlagsrecht erworben hatte, verfügten während des 15. Jahrhunderts die Markgrafen über die Zölle.

Verleihungen von Weg- und Brückengeldern an Städte und Gemeinden haben wir im 14. Jahrhundert in großer Menge. Konstanz erhielt von Karl IV einen Brückenzoll auf 3 Jahre zur Ausbesserung der Rheinbrücke, die Gemeinden zu Vilbel, Eschersheim, Rödelheim und Nidda von Friedrich dem Schönen, als die Hochwasser im J. 1342 ihre Brücken und Stege zerrissen hatten, zur Herstellung derselben einen Brückenzoll und in demselben Jahre auch Frankfurt eine Erhöhung des Brückenzolls zur Besserung der Brücke[2]). Straßburg erwarb im Jahre 1393 die volle Gewalt über die Rheinbrücke[3]). Auch

---

[1]) Riedel, I, a. verschied. O. — [2]) Mone, Zeitschrift IV, 22. — Böhmer, Cod. I, 578. 579. — [3]) Lünig, R. A. P. spec. cont. IV, 2, 748.

ganz neue Straßen wurden von den Städten mit der Erlaubniß einer Wegzollerhebung angelegt, z. B. von den märkischen Städten Lippehne und Neulandsberg [1]). Verträge wegen Straßenbau und Straßenzoll wurden zwischen Landesherren und Städten schon im 14. Jahrhundert geschlossen. Graf Johann von Fürstenberg und die Stadt Villingen vertrugen sich im J. 1380 über den Zoll auf der Uracher Straße dahin, daß die von Villingen einen geminderten, die Uebrigen einen höhern Zoll entrichten sollten, dagegen sollte der Graf die Brücke bei dem Fürstenberg und die Straße bis zur Uracher Steige so weit bauen, daß ein Wagen dem andern ohne Gefahr entweichen konnte [2]). Einen ähnlichen Vergleich schlossen die Herrn von Falkenstein im J. 1381 mit Freiburg und den benachbarten Orten, als das Wasser die Straße im Falkensteiner Thal zerrissen hatte [3]).

Wichtig für die Entwicklung des städtischen Zollwesens war die Erwerbung eines Ungeldes, einer Auflage vom Kleinverkehr, vom Handel mit „essenden und trinkenden“ Waaren, die sowohl im Thor wie in den Gewölben und Häusern der Bürger erhoben wurden. In Hagenau haben wir die Anfänge dieses Ungeldes ohne den Namen schon im Privileg vom J. 1164, doch in ausgebildeter Form und mit diesem Namen findet es sich urkundlich erst gegen die Mitte des 13. Jahrhunderts. In Mainz war um diese Zeit ein Aufstand gegen den Erzbischof ausgebrochen, weil derselbe von den althergebrachten Rechten nicht lassen, vielmehr dieselben vermehren wollte. Diesen Streit schlichtete im J. 1244 ein Vergleich, der die Bürger an den bischöflichen Zollstätten befreite und das Geld, welches das Volk „Ungeld“ nannte und die Stadt innerhalb der Mauern erhob, derselben auf so lange zusprach, als es ihr zuträglich sein würde. Auch Worms hatte ungefähr um dieselbe Zeit die Erhebung eines Ungelds angeordnet, welches aber die Konsulen der Stadt auf die Beschwerde der Geistlichkeit im Jahre 1269 vor König Richard und den versammelten Reichsfürsten auf einige Zeiten abschwören mußten. Dabei sagt die Urkunde, daß die Konsulen schon früher eine Auflage, vom Volke Ungeld genannt, thatsächlich eingerichtet, welche zu nicht geringem Nachtheil der Einwohner wie der Fremden durch Verkleinerung des Maßes für Wein, Frucht und andre Lebensmittel gedient habe. Im Erz-

---

[1]) Riedel, I, 18, 85, 374. — [2]) Guden, I, 580. — [3]) Mon. Germ. II, 382.

stift Trier erhielt Koblenz von Erzbischof Arnold II im J. 1259 zu Hülfe des Stadtbaus ein Ungeld, das von den Nachfolgern doch stets nur auf benannte Zeit und gegen eine jährliche Abgabe bestätigt wurde, deßgleichen Rees und Soest im J. 1368 [1]). — In Köln wurde eine Bieraccise schon seit dem J. 1257 von dem Erzbischof und der Stadt in gleichen Theilen erhoben. Im J. 1274 erwarben die Kölner von Rudolf I das Recht, von den weltlichen Bürgern der Stadt eine Accise von Gütern und Waaren, so oft die Nothwendigkeit es erfordere, zu nehmen, welches Recht Ludwig IV im J. 1314 bestätigte [2]). — Speier erwarb wie Köln von dem Oberhaupt des Reiches im J. 1301 das Privileg, das Ungeld, welches ihre Vorfahren seit undenklichen Zeiten erhoben hätten, auch fernerhin ungehindert zu erheben [3]). Der Stadt Wesel bewilligte im J. 1324 Graf Dietrich von Kleve wegen guter Vertheidigung und Befestigung der Stadt ein Ungeld von allen, welche hier zu Kauf und Verkauf verweilten, ohne in der Grafschaft ansäßig zu sein [4]). Freiburg im Breisgau erhielt von Rudolf im J. 1282 die Rechte einer Reichsstadt, blieb aber dennoch in Betreff der städtischen Ungelder von der Hoheit der Grafen abhängig. Wenige Tage vorher, 1. Nov. 1282, hatte der Graf Egin geurkundet, daß mit seinem Willen die Bürger von Freiburg ein Ungeld auf Korn und Wein gesetzt hätten und es mindern und mehren dürften, wie sie wollten, soweit das Stadtgebiet reiche, doch sollte nur in der Stadt selbst Wein geschenkt werden. Im J. 1315 erhielt die Stadt von Ludwig IV die Zusicherung aller Freiheiten und Rechte, welche Köln besaß, mit der Erlaubniß, Wein- und Korngeld auf- und abzusetzen, doch mußte dieselbe im J. 1319 dem Grafen von dem Ungeld auf den Kornhandel einen Antheil zugestehen. Auch später, als Karl IV der Stadt Freiburg die Reichsunmittelbarkeit schon bestätigt hatte und der Breisgau in den Besitz der Herzoge von Oesterreich übergegangen war, blieb dem Landesherrn das Recht, in dieser Stadt ein Ungeld zu erheben, was im 15. Jahrhundert zu heftigen Streitigkeiten zwischen beiden Theilen führte [5]). — In Frankfurt a. M. wurde ein Ungeld unter der Hoheit des Königs schon im 13. Jahrhundert erhoben, denn im J. 1286 wies Rudolf I dem Ulrich von Hanau 100 Mk. auf die Hälfte des

[1]) Görz, Reg. &c. I, S. 102. 103. — [2]) Lacomblet II, 244. 386. III, 106. — [3]) Lünig, R. A. P. spec. cont. IV, 2, 476. — [4]) Lacomblet III, 171. 362. — [5]) Schreiber a. a. O. I, 96. 202. 235. 456. II, 559. 562. 565.

Ungelds in Frankfurt und Gelnhausen an und im J. 1290 verpfändete er eben demselben das Ungeld beider Städte um 500 Mk. Ludwig IV erlaubte der Stadt, zum Zweck einer baulichen Erweiterung Ungelder ohne Unterschied von Geistlichen, Weltlichen und Juden zu nehmen. Im J. 1341 und 1366 finden wir wieder zu Frankfurt das Ungeld, d. i. den dem Reiche daran zuständigen Theil, an die Erzbischöfe von Mainz vom Reiche verpfändet und durch das ganze 14. Jahrhundert blieb hier das Ungeld zwischen dem Reiche und der Stadt getheilt [1]). — Hagenau erhielt im J. 1315 von Ludwig IV das Recht eines Ungelds und den Bürgern von Schlettstadt überließ Friedrich der Schöne zur Bezahlung der im Dienste des Reichs gemachten Schulden das Ungeld daselbst auf ewige Zeiten [2]). — In ähnlichem Verhältniß zum Reich wie Frankfurt stand Nürnberg mit seinem Ungeld noch im 14. Jahrhundert. Im J. 1349 wurde das „Ungeld, das man ehemals genommen hat und zur Stunde pflichtig ist zu nehmen in unsrer Stadt zu Nürnberg“ von Karl IV an den Burggrafen Johann und seinen Kanzler verliehen. Im J. 1388 verlieh König Wenzel dem Burggrafen Friedrich und seinen Nachkommen, in allen ihren Landen ein Ungeld zu nehmen von allem Getränk, „wie das unsere und des Reichs Bürger zu Nürnberg von unsern Leuten zu diesen Zeiten in der Stadt zu Nürnberg einnehmen und aufheben.“ Nürnberg erhob also das Ungeld selbst, zahlte aber einen Antheil davon an Kaiser und Reich. Im J. 1394 erwarb die Stadt von König Wenzel verschiedene Rechte, ein Ungeld und das Versprechen, daß die Stadt niemals vom Reiche versetzt noch vergeben und die jährlich zu zahlenden 2000 fl. ausschließlich zu des Königs Kammer gezahlt werden sollten [3]).

Mit dem Ende des 14. Jahrhunderts hatte die Entwicklung des städtischen Zollwesens ein festes Bette gewonnen und wenigstens die größeren Städte soviel davon erworben, daß sie auf Grundlage desselben im Laufe des 15. Jahrhunderts in einer ihren besondern Verhältnissen entsprechenden Weise ein selbständiges städtisches Zollrecht ausbilden konnten. Dasselbe hatte sich aber in dem geschilderten Zeitraum also gestaltet, daß es in jeder Stadt thatsächlich ein andres geworden war und nach den Zollverhältnissen der einen nicht die der

[1]) Böhmer, Cod. I, 228. 250. 312. 524. 578. 673. — [2]) Schöpflin II, 111 112. 259. — [3]) Mon. Zoll. III, 205. V, 213. Görz, Regesten ꝛc. I, 125

andern gemessen werden können. Ein allgemeines städisches Zollrecht gab es weder gesetzlich noch thatsächlich, sondern jede Stadt hatte gemäß den übrigen Momenten ihrer politischen Entwicklung von den innerhalb und außerhalb ihrer Mauern befindlichen Zollstätten und Hebungen soviel erworben, wie ihre Mittel und die Lage ihrer Verhältnisse erlaubten und verwaltete dasselbe mit mehr oder weniger Unabhängigkeit. Im Allgemeinen aber hatten alle Städte denselben Gang der Entwicklung einhalten müssen, doch waren königliche uud bischöfliche rascher und vollständiger zu selbständigem Zollbesitz gekommen, während die einer weltlichen Landesherrschaft untergebenen im Ganzen nur einen beschränkten Antheil am Zollrechte erwarben oder mit ihrem Zollbesitz dem landesherrlichen Willen ganz unterworfen blieben. Alle jene Städte aber traten mit ihrem Zollrecht und Besitz zu dem Oberzollrecht des Reiches ganz in dasselbe Verhältniß, in welchem die Landesherrn zu demselben standen, und blieben in derselben Weise abhängig von den wenigstens dem Namen nach bestehenden Reichsgrundgesetzen. Die städtischen Zollrechte stellen sich deßhalb im 15. Jahrhundert den landesherrlichen als gleichgeartet zur Seite und bilden mit ihnen, gegenüber dem immer mehr verschwindenden, ursprünglich einheitlichen Reichszollwesen das Bild tausendfältiger Zersplitterung, wo der Einzelzollrechte so viele sind wie der Landesherrschaften und jedes dem andern mit gleichen Befugnissen und gleichen Ansprüchen gegenüber steht, kaum merklich durch das, des thatsächlichen Besitzes immer mehr entbehrende Reichszollrecht zusammen und in Schranken gehalten. Darum unterscheidet sich auch das städtische Einzelzollrecht im weitern Verlauf wesentlich nicht mehr von dem landesherrlichen Einzelzollrecht und gewährt nur ein besonderes Interesse durch die bessere Verwaltung und Einrichtung. Von besonderer Wichtigkeit aber noch für die einzelnen Städte wie für den gesammten Handel des Reiches war die Entwicklung der städtischen Zollfreiheit, die ich im Folgenden darzustellen versuche.

Sobald die Städte zu einem selbständigen und über die nächste Umgebung hinausgreifenden Handel emporblühten, begannen sie auch in der Erwerbung von Zollbefreiungen mit Plan und Ueberlegung vorzugehen, indem sie ihren sich allmählig ausbildenden Handelslinien folgten und, soweit Gunst und Gelegenheit solches möglich machte, an den in diese Linien fallenden Zollstätten nach Befreiungen und Ausnahmen strebten. In diesem Streben finden wir den Keim und Anfang einer Handelspolitik, welche mit den Versuchen der einzelnen Städte anfing, durch die Gegenseitigkeitsverträge der Städte unter einander sich fortbildete und in der Handelspolitik der Städtebünde und insbesondere des hansischen Bundes für die mittelalterliche Zeit ihren Abschluß und höchste Ausbildung fand. Von gegenseitigen Zollbefreiungen zwischen zwei und mehren Städten, welche für diese Entwickelung von wesentlicher Bedeutung sind, finden wir die ältesten Beispiele zu Ende des 12., häufiger schon zu Anfang des 13. Jahrhunderts und zwar zunächst zwischen königlichen Städten. Die Zollfreiungen, welche die einzelnen Städte von den geistlichen und weltlichen Landesherrn wie von Kaiser und Reich erwarben, waren von den ältesten Zollbefreiungen der Klöster nur durch örtliche Verhältnisse unterschieden, wurden an einzelnen oder mehren benannten Zollstätten unter bestimmten Beschränkungen gegeben, bezogen sich nur auf das Eigenthum der Bürger der befreiten Stadt und wurden von dieser stets als ein unantastbares, durch Recht, Gesetz oder Herkommen geheiligtes Gut auf das Hartnäckigste vertheidigt. Waren doch auch solche Zollbefreiungen das einzige Mittel, um die Ueberfuhr der Handelswaaren wenigstens in etwas von der Unzahl der Zollhebungen zu befreien. Das erste Beispiel von gegenseitigen Zollbefreiungen zeigt die Urkunde vom J. 1180, wodurch Friedrich I die Städte Frankfurt und Dortmund in Worms von Zoll befreite unter der Bedingung, daß diese auch dort Zollfreiheit genießen sollte[1]). In ähnlicher Weise befreite Friedrich II im J. 1219 die Städte Speier und Nürnberg also, daß die Nürnberger dort und die Speierer hier vom Zoll frei sein sollten, und im J. 1235 die Städte Neumarkt und Nürnberg[2]), doch sollte letztere Begünstigung nicht auf andre Orte ausgedehnt werden, damit dem Reiche nichts an seinen Rechten verloren gehe. Im J. 1280 bestätigte Rudolf I die gegenseitige Zollbefreiung zwischen Straßburg und Frankfurt, an welcher Handlung die Räthe und Gemeinden dieser Städte schon einen selbstständigeren Antheil nahmen[3]). —

Von besondrer Wichtigkeit aber für diese Entwickelung sind die Verträge zwischen Hamburg und Lübeck, welche den Ausgangspunkt der später zu so großartigem Umfang erwachsenen hansischen Handelspolitik bildeten.

---

[1]) Böhmer, Cod. I, S. 17. — [2]) von Murr, Urkunden ꝛc. S. 9. Löwenthal, Geschichte von Neumarkt 215. — [3]) Böhmer a. a. O.

Die Lage beider Städte als der Vermittlungs- und Verbindungspunkte des deutschen Ost- und Westseehandels einigte dieselben seit der ersten Zeit ihres Aufblühens zu einem engen Bund und gemeinsamem Zusammenstehen gegen die benachbarten Herren von Meklenburg und Holstein, gegen die nordischen Reiche, Holland und England, als dessen ersten Ausdruck wir die später stets von Neuem bekräftigten Zollverträge der beiden Städte zu betrachten haben. Das Zollrecht in Lübeck ging mit der Stadt von den Grafen von Holstein auf Heinrich den Löwen, von diesem auf das Reich über, während Hamburgs Zollrecht und Zollstätten jenen Grafen blieben. Beide Städte aber zeigten schon zu Anfang des 13. Jahrhunderts eine große Selbständigkeit in Betreff des Zollwesens. Die ersten Befreiungen aus dem Schluß des 13. Jahrhunderts beweisen noch das alleinige Zollrecht des Reiches und der Landesherren. Eine im J. 1189 von Friedrich I ausgestellte, von Adolf III von Holstein im J. 1190 bestätigte Urkunde befreite Hamburg von jeglichem Zoll und Ungeld auf Hin- und Rückfahrt durch das holsteinische Gebiet bis zum Meer, welcher Freibrief allen späteren Zollverträgen zwischen Hamburg und Holstein zu Grunde gelegt wurde[1]). Auch Heinrich der Löwe und die Grafen von Schwerin befreiten Hamburg in demselben Jahre von Zöllen auf Elbe, Elde und zu Boitzenburg[2]). Lübeck erhielt von Friedrich I im J. 1188, von Friedrich II im J. 1226 die Freiheit von den Elb- und Landzöllen. In diesen Urkunden sind beide Städte nur der empfangende Theil, während sie in demselben Jahre 1226 auch schon selbständig über einen gegenseitig geschlossenen Handelsbund, den Anfang des hansischen Bundes, urkundeten, doch ist dabei von gegenseitiger Zollbefreiung nicht die Rede, sondern nur von gleichem Rechte und gleicher Sicherheit der Bürger in beiden Städten[3]). Von dieser Grundlage aus entwickelte sich nun nach und nach das ganze weitgespannte System der hansischen Zollpolitik. Voran gingen neben Lübeck und Hamburg die Kaufleute auf Gothland, im Westen Deutschlands die Stadt Köln und die verschiedenen niedersächsischen und niederrheinischen Städte mit ihren zunächst nur den eignen Vortheil betreffenden Einzelverträgen, die dann im Lauf des 13., hauptsächlich aber im

---

[1]) Die ganze Reihe der zwischen diesen Städten und Holstein geschlossenen Zollverträge ist abgedruckt im: Abdruck der, das Recht der freien Städte Lübeck und Hamburg ꝛc. betreffenden Urkunden. 1838. 4°. — [2]) Lappenberg, hamb. Urkundenbuch 1, S. 258. 445. — [3]) Vergl. Sartorius, Ursprung der Hanse.

14. und 15. Jahrh. zu den gemeinsamen hansischen Handelsverträgen sich erweiterten, bis sich dann seit dem Ende des 15. Jahrh. mit dem Auseinandertreten des hansischen Bundes in Einzelgruppen die Einzelverträge wieder in den Vordergrund drängen. Die Stadt Lübeck[1]) wurde schon im J. 1161 in ein auf Gegenseitigkeit beruhendes Zollverhältniß zu Gothland gebracht und erhielt im J. 1203 von Waldemar, dem König der Dänen, Bestätigung von früher erworbenen Freiheiten, in den J. 1226—1234 durch verschiedene Verträge Zoll- und andre Freiheiten von den Herrn von Rostock, den Grafen von Schwerin, Oldenburg, den slavischen Herzögen. Im J. 1228 folgte der erste Handelsvergleich zwischen den Fürsten von Smolensk und den deutschen Kaufleuten zu Riga und auf Gothland. Diesen Verträgen folgten in demselben Jahrh. andre mit den Grafen von Dannenberg, den Herren von Barkentin, den Herzögen von Sachsen und Pommern, dem deutschen Orden in Preußen, den Grafen von Holland u. a. Wichtiger aber in ihren Folgen waren die in derselben Zeit geschlossenen Verträge mit Norwegen, Dänemark und Schweden. Hakon der Alte stellte ein Gegenseitigkeitsverhältniß Lübecks mit den norwegischen Kaufleuten kurz vor dem J. 1250 her, Erich Plogpennig und Abel mit Dänemark, König Birger mit Schweden. Dann folgten die für die Entwickelung Lübecks in der Hanse bedeutungsvollen Verträge mit England, deren Anfänge von der Stadt Köln begründet, vom gemeinen Kaufmann auf Gothland fortgebildet und schließlich unter Lübecks Leitung zu einer Handelsherrschaft über England erweitert wurden[2]), bis im 15. Jahrh. das Aufblühen und das immer gewaltsamer hervortretende Gegenstreben des englischen Bürgerstandes die Erneuerung derselben erschwerte und im 16. Jahrh. die Königin Elisabeth deren gänzliche Aufhebung herbeiführte. Der Hauptpunkt dieser Verträge war stets die Befreiung von den landesüblichen Zöllen und Abgaben, wodurch dem hansischen Kaufmann überall ein nicht zu überwindender Vorsprung bei Ein- und Ausfuhr, bei Kauf und Verkauf gesichert wurde. So wurde hier die Zollbefreiung der Keim und Angelpunkt der deutschen Handelsherrschaft, aber auch ununterbrochener Streitigkeiten und Fehden. — In derselben Zeit, in der 2. Hälfte

[1]) Diese und die weiter angeführten Urkunden finden sich im Urkundenbuch der Stadt Lübeck, passim. — [2]) Die Verträge der Hanse mit England sind abgedruckt in Häberbin, Analecta medii aevi, im Urkundenbuch der St. Lübeck und im hansischen Urkundenbuch.

des 13. Jahrh. wurden auch mit den Herren der Niederlande, mit den Grafen von Holland, Flandern und Hennegau die Zoll- und Handelsverträge häufiger und umfangreicher, welche gleichfalls die Zollfreiheit stets zum Hauptzweck hatten. Ebenso stützte auch die Hanse im Ganzen wie die einzelnen Bundesstädte den Verkehr mit Frankreich, Spanien und Portugal durch Zollverträge. So hatten z. B. neben der Hanse Danzig und Hamburg Sonderververträge mit Portugal, Lothringen und Brabant, Holland u. s. w. Diese zahllosen, im Wesentlichen gleichlautenden, weil nach demselben Ziele strebenden Verträge stehen im innigsten Zusammenhang mit der Geschichte des deutschen Handels und entwickelten auf diesem Gebiete erst ihre ganze Folgewichtigkeit, weßhalb ich auch dorthin verweise.

In derselben wenn auch nicht immer so weit greifenden Weise entwickelten die Städte im Innern des Reiches, insbesondere die süddeutschen Handelsstädte ihre Zollpolitik. Auch sie gingen aus von Erwerbung und Sicherung der Zollfreiheit bei benachbarten Landesherren, suchten dann solche Befreiungen, so weit ihre Handelslinien reichten, auszudehnen, und wo sie mit politischem und kriegerischem Ansehn nichts vermochten, mit Geldzahlungen und Darlehen, die gewöhnlich verloren waren, aufrecht zu erhalten. Nürnberg hatte schon zu Anfang des 14. Jahrh. begonnen, solche Zoll- und Handelspolitik weit über die nächste Nachbarschaft auszudehnen. Mit König Johann von Böhmen errichtete diese Stadt im J. 1326 einen Vertrag wegen Handelsfreiheit in Böhmen, welchen Karl IV im J. 1358 bestätigte. Im J. 1339 erlangte sie eine Befreiung vom Ungeld für ihren Tuch- und Waarenhandel in Prag, 1347 gleiche Rechte mit den Bürgern dieser Stadt bei Kauf und Verkauf. Aehnliche Verträge errichtete die Stadt mit Ungarn, welche im J. 1370 und 1383 auch auf Kriegszeiten mit Kündigungsfrist von 7 Wochen erweitert wurden. Solche Kündigungsfristen finden wir in vielen ähnlichen Verträgen, auch in den hansischen. Mit Mähren und Polen bestanden diese Verträge seit der Mitte des 14. Jahrh., die dann im 15. Jahrh. wiederholt von den Königen Georg Podiebrad, Matthias Corvinus und Ladislaus bestätigt wurden. Auch Köln errichtete mit Böhmen und Ungarn im 14. Jahrh. Zollbefreiungsverträge. In den Niederlanden hatte Nürnberg Verträge mit den Städten wie mit den burgundischen Herzögen. Im J. 1433 klagte die Stadt beim Herzog Philipp von Burgund über willkührliche und ungesetzliche Erhebung seiner Amtleute, worauf der Herzog nach strenger Untersuchung dahin entschied, daß die Nürnberger mit ihren Waaren von altersher sowohl in Antwerpen wie überall in seinen Landen zollfrei gewesen seien, und diese Zollfreiheit für alle seine Länder neu bestätigte. — Mit drei italienischen Städten hatte Nürnberg vollständig entwickelte Verträge im 14. Jahrh., erfuhr aber hier seit dem Anfange des 15. Jahrh. durch die Kriege des habsburgischen Kaiserhauses gegen Venedig und Frankreich vielfache Störungen. In Venedig handelte es sich vor allen um Befreiung und Sicherung des Handels im deutschen Kaufhause, in Genua um Befreiung und Erleichterung des überseeischen Waarenverkehrs, in Verona um Befreiung des Safranhandels, eines der ältesten Handelszweige der Deutschen in Italien[1]). Dieselben Zielpunkte, theils in Gemeinschaft mit Nürnberg theils allein, verfolgten auch Augsburg, Ulm und die übrigen schwäbischen und fränkischen Reichsstädte. Sie entwickelten, insbesondere in ihrem Handel nach Frankreich, Spanien und Portugal eine ähnliche gemeinsame Politik wie die hansischen Städte im Norden Europas, wobei Nürnberg und Augsburg als die leitenden Häupter erscheinen, eine Entwickelung, die mit der Handelsgeschichte dieser Städte zusammen fällt. —

Oben wurde dargestellt, wie im 12. und 13. Jahrh. Kaiser und Reich in den gegenseitigen Zollbefreiungen mehrer Städte unter einander voraufgingen. Im 13. Jahrh. begannen nun auch die Landesherren solche Verträge unter den Städten aufzurichten. Ludwig IV stellte als Herzog von Bayern im J. 1323 zwischen München und Nürnberg solche Zollfreiheit fest, die später auf Antrieb beider Städte oft erneuert und auch auf die Stadt Mainz erstreckt wurde[2]). In der Markgrafschaft Brandenburg errichteten zu Anfang des 13. Jahrh. Erfurt und Stendal, Straußberg und Wernaüchen auf den Willen ihrer Landesherren solche Zollbefreiungen[3]). Unter den größern Städten wurden diese im Verlauf des 14. und 15. Jahrh. ganz allgemein und einer Genehmigung von Seiten des Reiches oder der Landesherren wurde nur selten noch dabei gedacht. Eine Urkunde Ludwigs IV bestätigte solche Zoll-

[1]) Roth, Gesch. des Handels der Stadt Nürnberg I, S. 28. 35 u. a. O. — Fischer, Geschichte des deutschen Handels II, 239 folg. — v. Murr, Urkunden rc. S. 29. — Mone, Zeitschrift IV, 38. V, 28. Lacomblet, III, 319. 333. 377 u. a. O. — [2]) Böhmer, Urk. Ludwigs d. B. S. 35. 133. — [3]) Riedel I, 15, 48.

freiheit Nürnbergs mit mehr als 70 Städten. Mit Bern errichtete Nürnberg einen Gegenseitigkeitsvertrag im J. 1314, mit Köln wurde ein solcher bestätigt 1334, mit St. Gallen 1387, „wie derselbe schon von Alters her bestanden habe.“ Andre Verträge Nürnbergs bestanden mit Worms, Speier, Aachen, Bamberg, Straßburg, Trier, Antwerpen, Herzogenbusch, Lüttich u. s. w. [1]).

Bemerkenswerth sind die, bei Erneuerung solcher Gegenseitigkeitsverträge sich jährlich wiederholenden Formen, denn es wurde stets von allen Zollberechtigten mit der größten Aengstlichkeit darauf gesehen, daß das Zollrecht eines Jeden gewahrt und anerkannt blieb und aus der Ausnahme nie eine Regel wurde. Die Zollfreiheit sollte nie etwas andres sein als eine freiwillig gegebene Vergünstigung, um welche der Begünstigte wenigstens der Form nach jährlich von Neuem nachsuchen mußte. Deshalb überreichte die bittende Stadt alljährlich die gesetzlich bestimmten Geschenke, die nicht vermöge ihres Werthes als eine Entschädigung galten sondern nur als ein Symbol der Anerkennung des der andern Stadt zustehenden Zollrechtes. Diese Geschenke hatten wie die Zollbefreiungen ihren Ursprung in dem Oberzollrecht des Kaisers und Reiches und wurden von den Städten beibehalten, auch nachdem sie die Zollstätten dem Reiche entfremdet und in ihren Besitz gebracht hatten. Der ursprünglich gewiß einfachen Ueberreichung der Geschenke hingen sich im 15. und den folgenden Jahrhunderten dem veränderten Geschmack entsprechende bunte Förmlichkeiten an, die, mit den alten vermischt, jene wunderlichen Bilder und Aufzüge zeigen wie z. B. das Pfeiffergericht in Frankfurt a. M. Darum hielten auch grade die Reichsstätte am hartnäckigsten auf solche Formen, während sie an den landesherrlichen Zollstätten verschwanden oder in eine feste Geldabgabe verwandelt wurden, auch wohl an später errichteten landesherrlichen Zollstätten gar nicht vorkamen. Wir können deßhalb, wo solche Formen erhalten blieben, stets auf ein hohes Alter der Zollstätten wie der Befreiungen schließen.

Die Geschenke bestanden zunächst aus den Zeichen der landesherrlichen, ursprünglich königlichen Oberhoheit, den Handschuhen, entweder einem Paar oder nur dem rechten, in vorgeschriebener alter

[1]) Vergl. Fries, Pfeiffergericht, S. 8 folg. v. Murr, Urkunden, S. 28 folg. Roth a. a. O. IV, 21 folg. Marperger, von Märkt- und Messen S. 338 folg. Hüllmann, Städtewesen.

Form ohne Daumen [1]). Mit Ueberreichung dieses Handschuhs wurde die Hoheit des Zoll- und Marktherrn anerkannt. An dieses Zeichen schloß sich das weiße Stäblein, das Symbol der anerkannten Gerichtsbarkeit des Zoll- und Marktherren, der die Kaufleute und ihre Waaren in seinen Schutz nahm. Dann folgten die Geschenke, welche die Zollabgabe selbst darstellten und durch ihre Art gleichfalls auf ein hohes Alter dieser Formen zurückweisen. Ein Theil der Zollabgaben wurde in ältester Zeit in den Waaren selbst geleistet, insbesondere bei den Gewürzen, von denen der Pfeffer das Lieblingsgewürz des Mittelalters blieb, deßhalb auch am meisten und liebsten als Zoll genommen wurde. Solcher Pfefferzoll findet sich schon in den ersten Jahrhunderten des deutschen Reiches und am meisten in den Rheinzollstätten. Ein andres symbolisches Ueberbleibsel des Naturalzolles war der Hut, wozu an manchen Zollstätten noch Hutschnüre kamen. Durch das ganze Mittelalter war der Handel mit fertigen Stücken der Bekleidung sehr lebhaft, der später von dem Tuchhandel in den Hintergrund gedrängt, doch von den süddeutschen Städten über Wien nach Ungarn, von den hansischen Städten in die nordischen Reiche lebhaft betrieben wurde. Hüte und Barette spielten in solchem Handel eine Hauptrolle und blieben auch deßhalb wohl Symbol dieser Zollabgabe. Ein andres Geschenk, der weiße hölzerne Becher, war ein Symbol des Naturalzolles von dem Handel mit Holzwaaren, vielleicht auch für den Weinzoll, da derselbe besonders häufig an den rheinischen Zollstätten vorkommt. Das Schwert oder der Degen blieb als Symbol der Naturalabgabe vom Waffenhandel. Seltner begegnen wir einem ledernen Gürtel, dem Symbol für den Zoll von Gürtler- und Sattlerwaaren, einem eisernen Gefäße oder einem Pack Nähnadel, der Abgabe vom Eisenhandel. Manchmal kam zu solchen Geschenken auch noch eine kleine Geldabgabe. Nürnberg gab in Antwerpen und Herzogenbusch jährlich im August 1 Pfd. Pfeffer in einem hölzernen Becher, ein Paar lederner Handschuhe und 2 fl., in Brüssel gleichfalls im August ein Schwert von bestimmter Länge, ein eisernes Gefäß von bestimmter Größe, ein Pack Nähnadel mit 6 Gattungen, einen bleichgelben ledernen Gürtel und 1 fl., in Lüttich das Schwert und die Nähnadel mit dem Gürtel, in St. Gallen 1 Pfd. Pfeffer, ein

[1]) Z. B. in Geisenheim, Bodmann Rheing. Alterth. II, 578.

Paar hirschlederner Handschuhe mit 3 Fingern und 30 fl., in Heilbronn 1 Pfd. Pfeffer, 2 Handschuhe, einen Stab und 1 fl., in München 1 Pfd. Pfeffer, 2 weiße Handschuhe und ein weißes Stäbchen und so in jeder durch Zollvertrag verbundenen Stadt andres. Auch die dabei stattfindenden Feierlichkeiten waren stets verschieden, in den ältesten Zeiten einfacher, im 16. und 17. Jahrh. mit mancherlei Schnörkeleien und Ceremonien ausgestattet. Die ursprünglichste Form war wohl die, daß der erste im Jahre oder in einem bestimmten Monate ankommende Kaufmann im Namen seiner Stadt das Geschenk dem Schultheißen überreichte, ihm schlossen sich dann mit öffentlichem Geleite alle an, welche aus seiner Stadt gegenwärtig waren. So bestimmte der durch Ludwig IV zwischen Nürnberg und München 1323 aufgerichtete Vertrag. Nach andern Städten z. B. nach Brüssel und Lüttich wurden besondere Boten geschickt, die dann auch mit größerem Gepränge auftraten. In Heilbronn [1]) ließ der erste Nürnberg'sche Bürger, der nach der Michaelismesse mit Waaren hierherkam, am Abend seiner Ankunft durch die Einspänniger, die ihn begleitet hatten, die erneuerte Zollfreiheit verkündigen, versammelte dann am andern Morgen alle anwesenden Nürnberger und brachte, von ihnen im Namen und zu Ehren der Stadt Nürnberg begleitet, dem Zöllner die Geschenke auf das Rathhaus; geputzte Stadtpfeifer, die in späteren Zeiten immer noch sehr wunderlich und alterthümlich dabei gekleidet waren, spielten vorauf. Dasselbe geschah, wenn der erste Kaufmann aus Heilbronn nach Nürnberg kam. Wie sich die ursprünglich einfache Ueberreichung später zu krauser Ceremonie mit Mahlzeiten und Festlichkeiten ausbildete, sehen wir in Nürnberg, München und vor allen in Frankfurt a. M. In letzterer Stadt wurden, seit dieselbe ein selbständiges Zollwesen erreicht hatte, jährlich von dem Rath und den Schöffen eine mehr als gewöhnlich feierliche Sitzung gehalten, das sogenannte Pfeiffergericht [2]). In drei Gruppen kamen dann alle Abgeordneten der mit Zollfreiheit begabten Städte in vorgeschriebenem bunten Aufzuge aus ihrer Herberge zum Rathhaus, überreichten in bestimmter Reihenfolge die gewohnten Geschenke und erhielten dagegen die Erneuerung der Zollfreiheit. Unentbehrlich waren dabei auch hier die geputzten Stadtpfeifer, die unter seltsam klingender Musik voraufschritten, und dieser Sitzung den Namen gaben.

---

[1]) Jäger, Geschichte der Stadt Heilbronn I, S. 90. — [2]) Fries, Pfeiffergericht.

Vierter Abschnitt.

Die Zollverwaltung und Einrichtung bis zum 16. Jahrhundert.

Die erste ausführliche Nachricht aus dieser Periode über das Amt eines Zöllners sind uns in dem straßburgschen Stadtrecht erhalten. Unter den bischöflichen Beamten erscheint hier neben dem Schultheißen, Burggrafen und Münzmeister der Zöllner, also in durchaus bedeutender Stellung. Demselben gebührte, alle Maße von Salz, Wein, Oel, Korn mit einem glühenden Eisen zu zeichnen und darauf zu achten, daß Niemand ein Maß im Hause habe ohne sein Wissen und Zeichen. Das Aichen der Wagen und Gewichte dagegen war Pflicht des Münzmeisters. Zu des Zöllners Amt gehörte ferner die Aufsicht über alle Brücken der neuen Stadt, während die Brücken der alten Stadt dem Burggrafen untergeben waren; jeder von ihnen hatte den Schaden, den jemand durch Vernachlässigung der Brücke erfuhr, zu ersetzen. Dieselben Bestimmungen enthalten die ältesten Stadtrechte von Freiburg im Breisgau und von Bonn. Dazu bestimmte noch das Stadtrecht von Straßburg vom J. 1263[1]), daß nach Recht und Gewohnheit den Bürgern nur ein Zöllner gesetzt werden sollte, der selbst Bürger sei, „der soll so gewiß sein, daß die Mannen Lehens an ihm warten mögen und auch die Bürger ihres Rechtes an ihm sicher sind.“ — Auch Stifter und Klöster suchten schon im 11. Jahrhundert sich die freie Wahl ihres Zöllners urkundlich zu sichern, z. B. das St. Simeonsstift zu Koblenz im J. 1042[2]). — Das kölnische Dienstrecht[3]) aus dem 12. Jahrhundert bestimmte, daß bei einem Kriegszuge des Erzbischofs der advocatus und der camerarius zu Hause bleiben sollten, jener, um die Einkünfte der bischöflichen Höfe, dieser, um die Einkünfte des Zolles und der Münze zu erheben und zu bewahren. Also hatte hier der Kämmerer die Oberaufsicht über das ganze erzbischöfliche Zollwesen. — Die Handfeste von Freiburg im Uechtlande vom J. 1249 setzte fest, daß neben dem Vogt und Priester nur der Zöllner vom Grafen von Kiburg sollte bestätigt werden, doch sollten den letzteren die Bürger selbst wählen und wenn er ihnen mißfalle, wieder absetzen. Auch in

[1]) Königshofen, Chronik von Straßburg, herausgeg. von Schilter S 729, Anm. 12. — [2]) Hontheim a. a. O. S. 379. — [3]) Kindlinger, Münstersche Beiträge II, S. 70.

andern Gegenden war dieses Zöllneramt ein angesehenes und von rittermäßigen Leuten begleitet, wie z. B. in einer Urkunde vom J. 1299 Michael genannt Meisiche, Ritter, Vogt und Zöllner zu Danzig genannt wird [1]). Dabei müssen wir aber wohl stets unterscheiden zwischen den Zöllnern an den einzelnen Zollstätten und den Zöllnern als Oberbeamten eines landesherrlichen Zollwesens. Jene finden wir meistens in untergeordneter Stellung; manchen werden schon früh einzelne Hebestellen gegen Zins, andern gegen bestimmten Sold übertragen. Nach dem Urbarbuch der Grafen von Kiburg, aus der Mitte des 13. Jahrhunderts, mußte der Zöllner von dem Zolle ein gutes Schwein, von dem Haus am Zolle ein Schwein und 7 Schillinge Zins geben [2]). Der Zöllner, den der Abt zu Münster in St. Gregorienthal für diese Stadt zu setzen hatte, gab dem Kloster einen Zins an Salz und Geld und erhob dann für sich den Zoll nach festgesetztem Tarif [3]). Die Klöster scheinen überhaupt in den früheren Jahrhunderten die Zollämter am liebsten gegen festen Zins verliehen zu haben. Im J. 1218 übertrug die Aebtissin Guda von Gerresheim [4]) Gericht und Zoll daselbst dem Villicus von Derne, dafür sollte er an drei bestimmten Tagen des Jahres 16 sambrinos Gerste u. a. entrichten, durfte aber auch den Zoll nur nach festgesetztem Tarif erheben [4]). Das Frauenmünster zu Zürich erhielt jährlich vom Zöllner 12 Pfd. Heller, der Vogt von demselben ein „Griff“ Salz, der Henker alle Woche einen Schilling. Die Zollgüter und Aecker zinseten noch besonders. Eine große Anzahl Bürger hatten Lehen aus diesem Zolle von 3 Schilling bis zu 16 Pfd. Hier war der Zöllner nur der Verwalter der Zolleinnahme des Stiftes, keineswegs ein unter gewissen Bedingungen selbständiger Pächter [5]). Die Städte scheinen, seit sie selbständiger in ihrem Zollwesen wurden, auch die Zolleinnehmer am liebsten mit fester Besoldung angestellt zu haben. So erhielt im 14. Jahrhundert in Freiburg [6]) der Zöllner am Lehemerthor 7 Pfd., der Zöllner am Predigtthor eben so viel, der Zöllner am Bickenreutherthor 13 Pfd. Zollstätten in entlegenen Gegenden wurden schon früh mit Schenken verbunden, die entweder von einem besondern Wirth oder von dem

---

[1]) Urkundenbuch der St. Lübeck I, 639. — [2]) Archiv für schweiz. Geschichte XII, 172. — [3]) Schöpflin ꝛc. II, 163. — [4]) Lacomblet II, 42. — [5]) Mittheilungen der antiquar. Gesellsch. zu Zürich: Gesch. der Abtei Zürich, S. 402. 417. 441. — [6]) Schreiber, Urkundenbuch II, 85.

Zöllner selbst verwaltet wurden und mit der Zollstätte unter der Aufsicht des landesherrlichen Meiers oder Kämmerers standen[1]). —

Statt des Zöllners erscheint auch schon im 13. Jahrhundert ein Zollschreiber. Im J. 1255 überwies der Erzbischof Konrad von Köln einem Edelherrn den 8. Theil der Zollgefälle zu Neuß auf 10 Jahre und beauftragte dabei den Zollschreiber (ejus telonei scriptor), an festgesetzten Zeiten 100 Mark an den Edelherrn abführen zu lassen[2]). Später bildete sich an allen größeren Zollstätten das Amt des Zollschreibers selbständig und dem des Zöllners nebengeordnet aus.

Mit dem Amt des Zöllners war stets eine strafrechtliche Gewalt gegen die Uebertreter der Zollgesetze verbunden, die sich nach Zeit und Ort verschieden entwickelte. Die Bürger von Wesel durften nach ihren Privilegien vom J. 1241 von dem Zöllner des Grafen von Kleve nicht festgehalten, sondern, wenn sie fremdes Gut zollfrei durchführen wollten, nur vor den Schöffen der Stadt verklagt und überwiesen werden. Das Stadtrecht von Eisenach vom J. 1283[3]) bestimmte, daß der Zöllner den, welchen er für Entziehung des Zollgeldes gefangen genommen hatte, vor dem Gerichte und den Senatoren der Stadt überweisen mußte und dann, wie das Recht verlangte, die Gerechtigkeit an ihm verfolgen sollte. Der Zöllner zu Freiberg hatte vor dem landesherrlichen Gerichte Zollvergehungen zu rügen, worauf dieses urtheilte und die Bußen bestimmte[4]). Zu Dingolfing hatte der Zöllner auch über alle Streitigkeiten unter den Floßleuten und auf den Flößen zu richten und wer ihm den Zoll entführte, dem durfte er nacheilen und ihn aufheben ohne des Richters Wissen und niemand durfte ihn darum zur Rechenschaft ziehen[5]). Nach der Burgdorfer Handfeste vom J. 1316 sollte jeder, der ohne Entrichtung des Zollgeldes durchreiste, zu 3 Pfd. und 1 Heller verurtheilt werden, und wenn der Zöllner behauptete, von einem Kaufmann das Zollgeld nicht empfangen zu haben, so sollte der Kaufmann gehalten sein zu beweisen, daß er gezahlt habe[6]). Der Sachsenspiegel (II, 27) setzt auf den Zollbetrug der Reisenden und Kaufleute eine Strafe von 30 ß. Der Schwabenspiegel enthält

---

[1]) Z. B. in Tätwyl; Argovia Jahrg. 1860, S. 156. — [2]) Lacomblet II, 228. — [3]) Gaupp, Stadtrechte I, 202. — [4]) Scholl, Sammlungen zu den deutschen Stadt- und Landrechten III, 269. — [5]) Mon. boic. XXXV, 139. — [6]) Gaupp a. a. O. S. 124.

in Betreff dieser Strafe eine noch auf sehr ursprüngliche Zoll- und Verkehrsverhältnisse zurückweisende Bestimmung. Im Kap. CLXVI „Von Zollen“ heißt es: „Wer Brückenzoll oder Wasserzoll verfährt mit Wissen, soll ihn vierfach gelten, so jemand da ist, der ihn fordert. Und ist niemand da, so soll er rufen drei Stunden, so er am lautesten vermag, nach dem Zöllner, kommt der nicht, so fahre er Gott befohlen. Und kommt er wieder, so soll er's ihm entgelten. — Wer Marktzoll verfährt, der soll 30 fl. geben; thut er aber, wie vorher gesagt ist, so ist er ledig.“ Die spätere Zeit räumte dem Zöllner immer mehr das Recht ein, die Zollverfahrenden zu verfolgen und zu Haft zu bringen. So heißt es in einem den Rheinzoll zu Linz betreffenden Erlaß Friedrichs IV vom J. 1482: „Ob jemand denselben Zoll in einer Meile Weges breit oder lang um Linz mit Wein, Kaufmannschatz, Hab und Gut umzufahren sich unterstände, den dürfen die Zöllner an denselben Enden des Landes in ihren Gebieten gleichwie zu Linz auf dem Rhein erfordern und aufheben und sich niemand dagegen einiger Privilegien oder Freiheit gebrauchen.“ — Aber auch für den Zöllner, der ein ungesetzliches Zollgeld forderte und nahm, blieben noch lange die alten Strafbestimmungen in Kraft. Im alten friesischen Municipalrecht heißt es im Abschnitte „Fan onrichter tolne“: „Welcher Zöllner unrechten Zoll nimmt und durch drei Schöffen überführt wird, den soll der Schulze des Ortes zu 5 fl. Strafe verurtheilen; will er den nicht geben, so soll er sich durch einen Zweikampf rechtfertigen oder der Richter ihm 12 Eide auflegen[1]).“ Das Iglauer Stadtrecht vom J. 1253[2]) bestimmt, daß der Zollbeamte, welcher über Recht und Gebühr Zoll eingefordert hatte, dem Reisenden, wohin der auch gekommen, nachreise und den Ueberzoll zurückstelle. Später galt meistens das einfachere Gesetz, daß alles Gut, für welches die Zollentrichtung hinterzogen wurde, dem Zollherrn verfiel, was gewöhnlich sehr strenge gehandhabt wurde und Anlaß zu fortwährenden Streitigkeiten gab.

Im 14. und 15. Jahrhundert bildete sich die Zollbeamtung bei allen größeren Zollstätten umfänglicher aus und es tritt jetzt meistens der Zollschreiber, scriptor telonei, als erster Beamter der Zoll-

---

[1]) Oude Friesche Wetten, II, 1, 144. — [2]) Vergl. Hübsch, Gesch. des böhmischen Handels, S. 117.

hebestelle auf. Er genoß deßhalb auch in seinem Ort und der Umgebung großes Ansehen, war Beisitzer in den Gerichten, Ordner und Rathgeber in mancherlei Angelegenheiten seiner Stadt. Am Rhein war er Mitglied der Rheinrügen oder des Fischergerichtes, das die Ordnung der Fischerei auf dem Rhein festzustellen hatte. In einer solchen Ordnung vom J. 1488[1]) auf dem Altrhein bei Aggersheim heißt es, daß Philipp Mönch, der Zollschreiber zu Mannheim, beschieden werden solle, um die Ordnung zu offenbaren, wie es auf dem Rhein mit Fischen und sonst gehalten werden solle. Auch wird die Zollschreiberei als Verwaltungsbehörde für die hauptsächlichsten Einnahmen eines Landesherrn neben der Kellerei genannt; neben dieser besorgt sie die Auszahlung von Besoldungen und andern landesherrlichen Ausgaben. Ebenso werden Zöllner betraut mit Erhebung von noch andern Steuern und mit verschiedenen, durch die Gelegenheit gebotenen Geschäften[2]). In Ehrenfels erscheint der Zollschreiber als Haupt der Zollstätte und er sowohl wie die Zollschreiber zu Lahnstein, Höchst, Geresheim waren in den inneren Verhältnissen des Erzstifts Mainz wichtige Personen, hatten auch, nachdem die Zölle in den Pfandbesitz des Domkapitels gekommen waren, die Rechte desselben gegenüber den erzbischöflichen Ansprüchen zu vertreten[3]). Zu diesem Zweck mußten sie schon im 14. Jahrhundert bei jeder neuen Wahl und Huldigung einen besondern Revers ausstellen. Da die meisten Zollrollen bis in die Mitte des 14. Jahrhunderts lateinisch waren, so mußte der Zollschreiber einige gelehrte Bildung besitzen, weßhalb nicht selten an den stiftischen Zollstätten Geistliche als Zollschreiber angestellt wurden. Darauf deutet auch ein Vers im Reineke de Voß (II, 8): „man vyndet nu selden eines fürsten land, da nicht de papen bören de tollen.“ In der Quittung eines Zollschreibers von St. Goar vom J. 1497 wird der Zollschreiber zu Engers genannt „der würdige und ersame her“ und in einer Rechnungslegung über den Zoll zu Oderberg vom J. 1413 und 14: Nicolaus Rove, Pfarrer und Zollschreiber[4]). In Ehrenfels war schon gegen Ende des 13. Jahrhunderts der Zollschreiber ein Geistlicher und Chorherr zu unsrer lieben Frauen. — Unter dem Zollschreiber standen je nach der Bedeutung der Zollstätte verschiedene

[1]) Mone, Zeitschrift IV, 87. — [2]) Vergl. Mone a. a. O. VI, 185. III, 296. Riedel a. a. O. III, 2, 116. Mon. Habsb. II, 247. 585. — [3]) Bodmann a. a. O. II, 747. — [4]) Hontheim II, 515. — Riedel I, 12, 359.

Unterbeamte. Eine Urkunde des Kapitels zu Mainz vom J. 1419 giebt die Reihenfolge der Unterthanen und Beamten des Stiftes also an: Allen des Stiftes Fürstmannen, Edelmannen, Burgmannen, Dienstmannen, Amtleuten, Zollschreibern, Zöllnern, Schultheißen, Bürgermeistern u. s. w.[1]). Vollständiger enthält eine Urkunde des Domkapitels zu Köln vom J. 1463 die Zollbeamtung: es sollen daselbst dem Domkapitel huldigen alle Burggrafen, Zöllner, Zollschreiber, Beseher, Zollknechte, Wächter, Pförtner, Thürknechte[2]). Zu diesen Zollbediensteten erscheint noch zu Ende des Jahrhunderts ein Nachbeseher oder Nachgänger, der die Aufnahmen des Besehers bei der Declarirung zu beaufsichtigen hatte, z. B. in einer Zolleinigung der rheinischen Kurfürsten von 1492[3]). Dieselbe Urkunde enthält folgende Vorschriften für die Zollbeamten: „Auch soll jeder Fleiß haben mit redlichen Zollschreibern und redlichen Besehern zu bestellen, damit der Kaufmann nicht übernommen, zu dieser Zeit ziemlicher gehalten und mit seiner Kaufmannschaft wieder auf den Rhein gebracht werde, daß auch sein Zollschreiber, Beseher, Nachbeseher und Zollknechte zu den Heiligen schwören, kein Geschenk oder Miethe zu nehmen noch auch Theil oder Gemeinschaft mit Kaufleuten oder Schiffleuten oder andern auf dem Rhein zu haben, auch selber keine Kaufmannschaft zu treiben und wo sie solches überwiesen werden, sie an Leib und Gut darum zu strafen. — Auch sollen und wollen wir alle Jahre Zollschreiber und Beseher auf St. Jakobstag gen Boppard zu Kapitel schicken über die Gebrechen zu handeln und zu ordnen, was zum Besten und Nützlichsten angesehen und ermessen wird und zu rügen und zu strafen, was zu strafen ist.“ Wie dem Beseher der Nachbeseher, so wurde dem Zollschreiber der Gegenschreiber an die Seite gesetzt, der eine zweite Rechnung über Einnahme und Ausgabe zu führen hatte. Eine Hofordnung des Markgrafen Johann von Brandenburg vom J. 1473[4]) bestimmt, daß die Zöllner an allen noch unversetzten Zollstätten ihren Gegenschreiber, einen Priester oder einen andern, zu dem man grade kommen könne, haben sollten, damit nichts am Zolle eingenommen werde, was nicht zweifach eingeschrieben worden. — Im Falle einer Verpfändung oder sonstigen Ueberweisung der Zollgelder setzte der zeitweilige Empfänger

[1]) Guden, IV, 122. — [2]) Lacomblet IV, 396. — [3]) Hontheim a. a. O. II, 490. — [4]) Riedel a. a. O. III, 2, 116.

häufig einen Zöllner, der dem Zollherrn den Treueid leistete, oder einen Gegenschreiber, „Wartpfenning,“ welcher der einzunehmenden Pfennige zu warten hatte. Derselbe hatte im Interesse seiner Herrn über Einnahme und Ausgabe zu wachen, zu bestimmten Zeiten Rechnungen und Kasse nachzusehen und für die rechtzeitige Abführung der belegten Gelder Sorge zu tragen. Herzog Wilhelm von Berg erklärte im J. 1408[1]), daß Graf Adolf von Kleve ihm von den Unterthanen zu Düsseldorf Zoll zu erheben gestattet habe, den er jedoch mit dem Grafen theilen müsse unter der Bedingung, „daß wir zu jedem Monat unserem Zöllner zu Düsseldorf die Hälfte von dem Gelde, das aus unserm Zoll von den Untersassen erhoben ist, übergeben und unser Zöllner soll schwören, die Hälfte davon abzuliefern. Auch soll unser Neffe einen Wartpfenning setzen dürfen, wann er will und aufsagen dürfen, wann er will — —“. In einer Urkunde von 1421[2]), wodurch sich der Erzbischof Konrad von Mainz mit Diether von Isenburg und Anna von Solms wegen der Verlegung des Zolles von Langen und Merfelden nach Arheiligen und Gera vereinigt, heißt es: „und sollen wir von unsern wegen unsern eigenen Knecht und sie von ihren wegen ihren Knecht an jeglichem der vorgenannten Enden haben, solchen Zoll also aufzuheben, und den in eine gemeine beschlossene Büchse werfen, dazu unser Zollschreiber zu Höchst einen Schlüssel und ihr Knecht auch einen Schlüssel haben sollen. Und alle Vierteljahr sollen dieselben Knechte kommen mit der Büchse gen Höchst, die man da aufthun soll und das Geld herausnehmen und uns unsern halben Theil und den ehgenannten Diether und Anna ihren halben Theil davon geben.“ — Bei solcher Ueberweisung einzelner Zollgelder wurde auch wohl die Auszahlung durch besondere Urkunde und Bedingung gesichert. Burggraf Johann von Nürnberg verschrieb im J. 1402[3]) ein Leibgedinge von 33 fl. auf den Zoll zu Bruck, darin heißt es: „unser Zöllner soll dem Schütz und seiner Hausfrau mit Handgeben Treue geloben, daß er niemand andern geben will vom Zoll, bevor diese ihr Geld daraus erhalten haben; wäre aber, daß das Geld nicht rechtzeitig bezahlt werden kann, so wollen wir, was sie dann zu jeglicher Zeit Schaden nehmen zu Christen oder zu Juden, mit Zehren, Nachreisen oder Botenlohn,

---

[1]) Lacomblet IV, 55. Vergl. Riedel VI, 454. — [2]) Guden V, 892. — [3]) Mon. Zoll. VI, 149.

ihnen mit den ausgebliebenen Gulden richten und bezahlen. Darum haben wir Bürgen bestellt, die, wenn wir auf Mahnung nicht zahlen, in Nürnberg einreiten und im offnen Wirthshaus Einlage halten, ein Knecht und ein Pferd, bis gezahlt ist." —

Die Rechnungslegung geschah meistens jährlich nur einmal, mitunter in vierteljährlichen Abschlüssen; die einzelnen Geldabführungen wurden ohne Rechnungslegung eingebucht[1]). Die Reformation Friedrichs IV vom J. 1441 bestimmte in der Declaration des 8. Artikels, daß ein Zöllner seiner Obrigkeit nur einmal im Jahre Rechnung zu legen schuldig sei, in welcher Rechnung man für gut anzunehmen habe, was er an Brücken, Stegen und Wegen verbaute[2]). Eine dem Markgrafen Johann von Brandenburg im J. 1436 gelegte Zollrechnung lautet: „Einnahme des Zolls von Oderberg von Sonntag Invocavit 1435 bis Sonntag Luciä desselben Jahres = 287 Schock 13 Gr. 1 Pf., dazu vom Garne zu Oderberg 11 Sch. 24 Gr., S. 297 Sch. 27 Gr. 4 Pf. Ausgabe: An Heine Pfuel, Hauptmann, 250 Sch. 54 Gr. zu seinem Haushalt und andern Schulden, wie Heine meint, die ihm meines Herrn Gnade geben hat. Außerdem für Zehrung, Arbeit, Botenlohn, Armbrüste, Bau 2c. 45 Sch. 58 Gr. 3 Pf., Ausgabe des Zöllners Bernhard im Ganzen 296 Sch. 53 Gr. 3 Pf., bleibt 1 Sch. 44 Gr. 1 Pf.[3])". Ausführlicher ist eine Rechnung des Stephan von Eytzing über die Einnahmen der Maut zu Tirnstein: innerhalb 13 Wochen „von allerley aintziger war und kauffmanschaft" 316 ungr. Goldgulden und 333 Thlr. 3 Sch. 13 Pf; 13 Wochen von Sonntag vocem jucunditatis bis Sonntag Ecce deus adjuvat 750 Goldgulden und 504 Thlr. 7 Sch. 14 Pf.; 13 Wochen von Sonntag dum clamarem bis Sonntag si iniquitates primum 622 Goldgulden und 533 Thlr. 6 Sch. 7 Pf.; 12 Wochen von Sonntag si iniq. secundum bis Sonntag exurge 281 Goldgulden und 102 Thlr. 9 Pf., S. 1959 Goldgulden und 1494 Thlr. = 1086 Goldgulden = 3045 Goldgulden 7 Sch. 13 Pf. Dazu kam die Rechnung des Beschauers von Wein, Maut, Aufschlag im Gesammtbetrag von 9651 Goldgulden 10 Sch. 13 Pf. Besoldet wurden hiervon außer Stephan von Eytzing, der zugleich die Burghut von Tirnstein hatte, ein Mautner mit 20 Thlr., ein Gegenschreiber mit eben

---

[1]) Z. B. Riedel I, 12, 359. — [2]) Müller, Reichstagsth. I, 5, 67. — [3]) Riedel I, 5, 365. — [4]) Mon. Habsb. III, S. 389.

so viel, ein Beschauer mit 50 Thlr., zwei Zollknechte jeder mit 12 Thlr. 4 Sch.

Auch die Zollzeichen, Polliten, Bolleten, wurden mit dem 15. Jahrh. gebräuchlicher. Zuerst wurden an den Stadtthoren pictacia ad clausuras, Bleche mit Zeichen[1]), ausgegeben, später die Polliten an allen größeren Zollstätten. In der Reformation des „weltlichen und Polizeiwesen im h. röm. Reich" heißt es in Kap. XVII „von Polliten[2])": „Item man soll in allen Reichsstädten ein klein Petschaft haben, daß soll liegen hinter einem Getreuen mitten in einer Stadt, da man es allewegen finden mag, das soll Polliten geben allen fremden Leuten, sie reiten oder gehen, es seien Frauen oder Männer, niemand ausgenommen; die soll man fragen, von wannen sie kommen, wohin sie wollen und sollen zeigen die Polliten, die ihnen gegeben werden, in der nächsten Stadt. Die Pollite nimmt man ihm ab und giebt ihm dann eine andre zu der Stadt, da er hin will, mit der Stadt Geschrift ihren Namen. Man kann kein nützer Sach finden dem Land und den Städten" u. s. w. Wie hier in der Polizei als Paßkarten, so finden wir im Zollwesen die Polliten als Zollzeichen. Im J. 1472 verordnete Kurfürst Albrecht von Brandenburg bei der Einrichtung des neuen Zolles bei Salzwedel[3]): „Die Zöllner sollen Zollzeichen ausgeben. Sie sollen von Stund an auf jedes Zeichen schreiben, an welchem Tag es ausgegeben ist. Wenn man mit solchen Zollzeichen weiter an andre Zollstätten kommt, soll man jede Tonne Waare des Zolles halben unbeschwert weiter fahren lassen und ziehen, so viele Tonnen als jeder Zollzeichen bringt. Wird aber einer mehr Tonnen auflegen als vorher, da er den Zoll gegeben hat, so soll er die übrigen Tonnen, so er an einen andern Zoll kommt, auch verzollen und das Zeichen nehmen, also daß, wo einer an einem Ende die 3 Gr. von einer Tonne ausgerichtet, er durch die übrigen Zölle zollfrei fahren mag." In einer Verordnung des Markgrafen Johann vom J. 1478 für den Zoll zu Reppen heißt es[4]): „Weil sie (die Zöllner) nicht allezeit Knechte und Pferde mögen haben, denen, die den Zoll entfremden, nachzuschicken, mögen sie Zollzeichen geben denen, die solchen Zoll geben sollen und sollen die Zollzeichen fürder abgenommen werden im Thurm zu Drossen und

---

[1]) Mone, Zeitschrift IV, 486. — [2]) Lünig, R. A. Part. gen. cont. II, 244. — [3]) Riedel a. a. O. I, 14, 357. — [4]) Ebenda I, 18, 164.

die solches Zollzeichen nicht haben, die sollen aufgehalten werden, bis sie den Zoll geben". —

Bei manchen landesherrlichen Zollstätten stand auch wohl ein besonders Zollgericht dem Zöllner zur Seite. In Regensburg entstand im J. 1348 zwischen dem Zöllner der bayerschen Herzöge und einigen Bürgern von Stadt am Hof Streit, weil letztere unverzollten fremden Meth schenkten. Der Streit wurde vor das Zollgericht gebracht, das zu diesen Zeiten Leonhard auf Tunau von den Herzögen in Händen hatte, doch auch wie die übrigen Gerichte in Regensburg damals schon mit Bürgern der Stadt besetzt sein mußte. Dies Gericht ließ den Methvorrath als verfallen wegnehmen und verdoppelte, da die Verurtheilten sich der Wegnahme widersetzten, die Strafe, forderte von ihnen „die Zwispild" und ließ ihrem Leib und Gut nachfahren[1]). Die Zollgerichtsbarkeit übten die Landesherren auch in der Anlegung von Wehrzöllen und der Anwendung des Straßenzwanges, durch welche Mittel sie das Umfahren der alten Zollstätten zu verhindern suchten. Den Straßenzwang finden wir schon früher in allen Gegenden des Reiches und er erhielt auch reichsgesetzliche Bestätigung durch die oft wiederholte Bestimmung, daß die alte rechte Straße eingehalten werden sollte. In seinem Ursprung ist der Straßenzwang so alt wie das Zollrecht, denn das Verbot, die gewohnten und gesetzlichen Zollstätten zu umfahren, mußte folgerichtig auch zu dem Bestreben führen, das Entstehen von Nebenstraßen zu hindern und die von der alten Zollstraße abweichenden Frachtführer auf diese stets wieder zurück zu leiten. Mit dem Anfang des 14. Jahrh. finden wir das Straßenrecht urkundlich bekräftigt und den Straßenzwang also kraft des Rechtes und Gesetzes ausgeübt. Dabei erscheint das in den ältesten Urkunden dieser Art erwähnte Straßenrecht stets als ein schon von altersher vorhandenes darum auch mit Recht neu zu bestätigendes. So wurde im J. 1318 der Stadt Freiberg das Recht als von alten Zeiten bestehend erneuert, daß die Durchfuhr gemeiner Wagen nach Böhmen auf keinem andern Wege als durch diese Stadt geschehen sollte[2]). Um in Ausübung des Straßenzwanges in ihren Landen nicht einen begründeten Widerspruch erfahren zu müssen, ließen sich die Landesherrn von Kaiser und Reich urkundlich ein solches Recht bekräftigen.

[1]) Spruchbrief des Zollrichters Leonhard auf Tunau d. d. Montag vor Palmarum, 1348; bei Gemeiner a. a. O. In ältesten Zeiten hatte der Hausgraf von Regensburg ähnliche Befugnisse. — [2]) Horn, Handbibl. VII, 742.

Durch Urkunde vom 10. März 1332 ertheilte Ludwig IV seinem Eidam dem Markgrafen Friedrich von Meißen das Recht, alle Straßen in seinen Landen zu legen und zu ändern wie er wolle[1]). Andere Landesherren übten solches Straßenrecht ohne kaiserliche Urkunde gleichfalls schon im 14. Jahrh. Markgraf Woldemar von Brandenburg ordnete im Verein mit den Herzögen von Sachsen und den Fürsten von Anhalt im J. 1350 die Straßenfahrt zwischen Schwedt und Neustadt, wobei es heißt: „und soll die Heerstraße, die da geht auf die niedere Finow und Neustadt anders nirgends gehen als auf Angermünde wie vor Alters.“ Von demselben Markgrafen erhielt auch Neustadt-Eberswalde solche Ordnung der Straßenfahrt bestätigt[2]). Karl IV gebot im J. 1359 zu Gunsten des Bischofs von Chur, daß niemand durch dieses Bisthum eine andre Straße fahren sollte als die von Alters gewöhnliche und untersagte den Grafen von Sargans, der die Fuhrleute von jenen Straßen abzufahren zwang, neue Straßen und Geleite einzurichten[3]). In Oesterreich erließen die Kaiser aus dem Hause Habsburg wiederholte Verordnungen in Betracht der Straßen nach Italien[4]). Von der Ausübung des Straßenzwanges am Rhein wurden früher schon Beispiele angeführt. Während der Straßenzwang die Entstehung der Beiwege verhindern sollte, wurden die Wehrzölle auf den schon bestehenden Seiten- und Nebenstraßen als Zollhebestellen angelegt, um auch auf diesen Straßen den auf der Hauptzollstraße festgestellten Zollsatz zu erheben. Dieses System des Straßenzwanges und der Wehrzölle verband sich seit dem 14. Jahrh. eng mit dem landesherrlichen Zollrechte aller Reichsstände und wurde, je mehr der innere Verkehr im Reiche sich ausbildete, je mehr Gewerbe treibende Städte und Landschaften in denselben hineingezogen wurden, um so mehr auch eine Fessel desselben und eine unerschöpfliche Quelle von Streitigkeiten und Zollplackereien. Zu derselben Zeit wurde das Bestreben der Zollherren, ihr althergebrachtes Gewohnheitsrecht durch Urkunden und Verträge sicher zu stellen, immer allgemeiner und die Ursache, daß mit dem 14 Jahrh. die ältesten Handelsstraßen des Reiches in ihren hergebrachten Richtungen, Knoten- und Ruhepunkten immer klarer hervortraten, so daß sie sich im 15. Jahrh. meistens überall mit Hülfe dieser Urkunden in ihrer ganzen

---

[1]) Urkunde im Hauptstaatsarchiv zu Dresden. — [2]) Riedel ꝛc. I, 13, 179. — 9, 34. — [3]) Mohr, cod. dipl. III, 116. — [4]) Archiv der Wiener Akad. III, 99. 122.

Ausdehnung verfolgen lassen. So tritt z. B. die sogenannte hohe Landstraße, die als eine Haupthandelsstraße im Osten des Reiches die Ostsee mit dem Mittelmeer verband, bis zum 15. Jahrh. klar hervor, in ihrem Hauptzuge sowohl von Breslau durch die Markgrafschaften Lausitz und Meißen nach Leipzig, von hier über Erfurt auf Frankfurt und den Rhein, nach Süden über Nürnberg, Augsburg, Salzburg nach Venedig, von Breslau nach Norden über Stettin und Danzig an die Ostsee, wie auch in ihren Abzweigungen von Zittau über Prag durch Böhmen an die Donau, über Freiberg nach Böhmen u. a., deßgleichen in ihren Hauptzollstätten durch Urkunden und Verträge gesichert, wenn auch thatsächlich dadurch nie vor Abweichungen geschützt. Nicht selten sicherten die Zollherrn ihre Zölle und Zollwehren, um sie vor gewaltthätigem Beginnen zu schützen, mit festen Häusern und Burgen an Flüssen sowohl wie an Landstraßen und oft diente eine Burg nur zu dem Zweck, die Erhebung eines Zollgeldes auch mit Gewalt durchzusetzen. Im J. 1443 vereinigten sich die Markgrafen Friedrich der Aeltere und der Jüngere von Brandenburg mit den Herzögen von Braunschweig-Lüneburg wegen eines neben dem Zollhause an der Elmenau anzulegenden festen Schlosses und versprachen sich dabei gegenseitige Hülfe zum Schutz des Schlosses, des Zolles und der Zollwehren[1]). Mitunter befreite sich auch wohl die gequälte Nachbarschaft mit Gewalt von solcher Zwingburg. Im J. 1466 hatte der Graf von Thierstein, um einen neuen Zoll zu erheben, bei Groß-Gundeltingen eine feste Zollstätte errichtet, die Stadt Basel aber schickte, da der Graf auf ihre gerechten Vorstellungen nicht hören wollte, ihre Söldner hinaus, brannte das feste Haus nieder und machte dem Zoll ein Ende.

Die zu allen Zeiten des Mittelalters und aller Orten im Reich unaufhörlich geübten Zollplackereien sind zu bekannt, um sie hier von Neuem zu schildern, ich beschränke mich deßhalb auf ein Beispiel, um den Zusammenhang desselben mit diesem System des Straßenzwanges anschaulich zu machen. In einem kurmärkischen Lehnscopialbuch heißt es in einem Schriftstück vom J. 1509: „Es haben in Briefen etliche von der Mannschaft und vom Rath (zu Cottbus) die Fuhrleute von Breslau, Liegnitz, Großglogau, Sorau u. s. w., so zu Breslau laden und Zentnergut führen, klageweis berichtet, wenn sie auf Cottbus

---

[1]) Riedel, II, 6, 233.

fahren wie vor Alters, so werden sie zu Leipzig aufgehalten und geschätzt, Ursache, daß sie nicht auf den Hayn zu fahren, es sei denn, daß dieselben ein Zeichen vom Geleitsmann vom Hayn (Großenhain) bringen. Auch haben mich zwei Fuhrmänner, einer von Bischofswerda der andere von Stolpen, unterrichtet, daß sie über 20 Jahre die Straße gefahren, andre über 40 Jahre ungehindert. Es ist zuerst von Georg von Schliesen, der die Zeit Radeburg gehabt, gewehrt und aufgetrieben, daß sie auf Cottbus gefahren, hat sie darum auch mehr denn eins geschatzt, darnach hat er sie auf Ortrand, Lübben, Beskow u. a. dem Cottbuser Geleit zu Schaden getrieben. Deßgleichen hat der Hauptmann von Ortrand sie auf Lobben getrieben; sie haben ihm wollen den Zoll geben und auf Cottbus fahren, hat's ihnen nicht wollen gestatten, sie haben dazu sein Gut nicht mehr berührt; er hat sie hernach gegen Dresden geschickt, sie da lassen verbürgen und Schatzung von ihnen nehmen. Deßgleichen werden sie im friedländischen Gebiet in einem Dorf Briesen durch den Hauptmann von Beskow aufgetrieben und auf Beskow zu fahren genöthigt."

Von der Verpachtung der Zölle, die vorübergehend schon mehrmals erwähnt wurde, finden wir im 13. Jahrhundert ganz bestimmte Nachrichten und es scheint, als ob sich solche Pacht zuerst aus der Ueberweisung einzelner Zollhebungen und Stätte für empfangenes Darlehen oder andere Schulden entwickelt habe. Wie in dem Abschnitt über das städtische Zollwesen dargestellt wurde, brachten auf diese Weise viele Städte zuerst die Zölle ihrer Grundherrschaften an sich. Auch an Einzelne überwiesen im 13. Jahrhundert die Landesherren schon häufig die Zollstätten gegen bestimmten Zins und Abgabe und zu Ende dieses Jahrhunderts tritt die Zeitpacht klar hervor, die seit dem 14. Jahrhundert neben der Selbstverwaltung der Zölle von den Zollherren am häufigsten geübt wurde. In den meisten Fällen aber wurden nur die vereinzelten Zollstätten in Pacht oder „Bestand" gegeben, von der Verpachtung eines landesherrlichen Zollwesens im Ganzen ist mir kein Beispiel bekannt geworden. Der Bischof Boemund von Trier z. B. verpachtete im J. 1289 den Zoll daselbst an drei Schöffen auf 8 Jahre. In der Mark Brandenburg finden wir solche Verpachtung auf Zeit an Einzelne wie auch städtische Gemeinden allgemein, und auch jene Erzbischöfe geben im 14. Jahrhundert ihre Zollstätten am liebsten auf Zeitpacht aus. Der Zoll zu Trier wurde im J. 1366 an dortige Bürger auf 2 Jahre für jährlich 425 Pfd. Heller verpachtet, im J. 1372 auf neue 2 Jahre für 800 Pfd., deßgleichen im J. 1382 für 200 fl. jährlich, im J. 1384 der Moselzoll zu Koblenz für 2200 fl. jährlich. Ein Beispiel von der Verpachtung einer großen Anzahl Geleite mit einander finden wir in der Geschichte der Mark Meißen. Im J. 1341 gab Graf Heinrich zu Schwarzburg als Vormund Friedrichs, Markgrafen zu Meißen, alle in der Urkunde benannten Geleite zu Eisenach, Erfurt, Weißensee, Eckartsberge, Weißenfels, Pirna, Leipzig, Grimma u. s. w. für 1500 Schock Groschen dem Albrecht Puster in Pacht, mit der Bedingung, daß, wenn ihm der Markgraf noch mehr Zölle überantworten wolle, er auch diese mit übernehmen müsse, wolle der Markgraf aber einige der genannten zurückbehalten, so sollte ihm das vom Pachtgelde nachgelassen werden[1]). Auch im 15. Jahrhundert finden wir solche Verpachtung der einzelnen Zollstätten auf Zeit überall, ganz besonders häufig z. B. in Oesterreich. Daneben blieb aber auch überall die Bestellung verantwortlicher Zöllner stets in Uebung. Während die ergiebigsten Durchfuhrzölle, und am meisten am Rhein, in landesherrlicher Selbstverwaltung blieben, wurde die Verpachtung der städtischen Zollgefälle immer häufiger, wobei mit den Zöllen auch andre städtische Einnahmen und die Gerichtsbarkeit zugleich pachtweise übertragen wurden.

In Betreff der Zollfreiheit herrschten während dieses Zeitraums mit geringer Umbildung dieselben Grundsätze wie im fränkischen Reich. Auch für diese Zeit muß unterschieden werden zwischen einer mit der Person und dem Stande verbundenen, gebotenen Freiheit und der verliehenen; jene blieb beschränkt wie früher, während diese eine immer größere Ausdehnung erhielt. Zollfrei an und für sich blieben Geistliche, Pilger, Ritter und ihr Gesinde, aber nur für ihre Person und was sie zu eignem Gebrauch mit sich führten, wie es auch der Sachsenspiegel bestimmte. Sobald aber Geistliche zu einer Körperschaft zusammen getreten waren oder Handelsgut führten, hörte die gebotene Zollfreiheit auf und die verliehene trat an die Stelle, deßgleichen bei Rittern und Adligen für alles, was über den eignen Gebrauch hinausging. Für die an Klöster verliehene Zollfreiheit haben wir eine unzählige Menge von Urkunden aus allen Gegenden des Reiches, deren stets wiederkehrende Erneuerung

---

[1]) Lünig, R. A. Grafen und Herren, Abth. VI, 283.

durch die Kaiser wie durch die Landesherren beweist, daß nirgends eine allgemeine Zollfreiheit gesetzlich geboten war, vielmehr jede solche Befreiung als Ausnahme von der Zustimmung der betreffenden Zollherrn abhing und stets nach althergebrachten Grundsätzen auf benannte Zollstätten und eine benannte Zahl von Fuhren oder Schiffsladungen beschränkt blieb. Das Kloster Heiligenkreuz im Wiener Wald erhielt im J. 1301 vom Bischof Werner von Passau die Bestätigung der alten Zollfreiheiten an den stiftisch passauischen Zollstätten am Inn und an der Donau, im J. 1306 vom Herzog Stephan von Bayern die Bestätigung derselben Freiheit für eine durch Vertrag bestimmte Menge von Salz an den bayerschen Zollstätten zu Schärding und Burghausen. Die Grafen von Schaumburg hatten dasselbe Kloster befreit für 2 große Kufen Salz, sich aber dagegen die Abhaltung eines Jahrtages für das gräfliche Haus ausbedungen. Für seine in Ungarn liegenden Besitzungen und die dort erzengten Weine und Früchte erwarb dieses Kloster von dem ungarschen König im J. 1317 die zollfreie Fahrt zu Lande und Wasser, Befreiung von der Niederlage und jeder Abgabe in Städten und Dörfern [1]). Das Kloster Lichtenthal am Oberrhein erhielt vom Pfalzgrafen Ruprecht die Freiheit, jährlich 50 Fuder Wein zollfrei bei seinen Zollstätten am Rhein vorbei zu führen und sollte dafür einen Jahrtag für seine Seele begehen [2]). Auch Markgraf Rudolf von Baden anerkannte diese Freiheit, verlangte aber, daß die 50 Fuder auf einmal sollten geführt werden. — Auch der deutsche Orden unterlag denselben Bedingungen, erhielt aber leichter eine auf ein ganzes Gebiet ausgedehnte, doch stets auf die Waaren zu eignem Gebrauch beschränkte Zollfreiheit. Landgraf Ludwig von Thüringen befreite denselben im J. 1225 von Zoll und Aufschlag in allen Gebieten und Märkten [3]). Vom Grafen Dietrich von Kleve erhielt er die Zollfreiheit auf dem Rhein für ein Schiff mit 100 Fuder Weins des eignen Gewächses [4]). Papst Gregor IX gebot allen Prälaten in den Gegenden, wo der Orden sein schweres Eroberungswerk begonnen hatte, ihren Eingepfarrten unter der Strafe des Kirchenbannes zu verbieten, von den Brüdern des deutschen Ordens und deren Leuten irgend einen Zoll auf Nahrung,

[1]) Urkunden des Cistercienser Stifts Heiligenkreuz in den Fontes rerum Austriac. XVI, S. 4. 14. 15. 21. 48. 270. 418. — [2]) Mone, Zeitschrift VII, S. 454. VIII, 205 folg. — [3]) Guden a. a. O. VI, S. 867. — [4]) Mone a. a. O. IX, 16.

Kleidung, Vieh und andres zur Nothdurft des Ordens Gehörige zu erheben[1]). Von manchen Kaisern, besonders der älteren Zeit, erwarben einzelne Klöster auch wohl eine durch kaiserliche Urkunde bekräftigte Zollbefreiung für das ganze Reich, so das Kloster Murbach von Konrad I[2]). Die später erfolgte Entwickelung aber des landesherrlichen Zollwesens machte solche allgemeinere Befreiungen unkräftig oder unterwarf sie wenigstens der freiwilligen Zustimmung der einzelnen Zollherren, weßhalb auch das Kloster Murbach seine Zollfreiheit trotz des kaiserlichen Privilegs an den einzelnen Zollstätten besonders sich mußte bestätigen lassen.

Auch die Zollfreiheit des Adels blieb während dieses Zeitraums auf den einzelnen Ritter mit seinem Roß und Troß beschränkt und jede Zollfreiheit, die sich auf Güter und Waaren adliger Familien erstrecken sollte, mußte besonders verliehen werden. Eine beschränkte Zollfreiheit genossen in manchen Fällen auch die Mannen einer Burg, die zur Sicherung einer Zollstätte diente, wie die Mannen eines Landesherrn im Dienst, doch natürlich nur an den Zollstätten ihres Dienstherrn. So waren nach einem Weisthum des 14. Jahrhunderts die Mannen der Reichsburg zu Oppenheim vom Zoll daselbst für alle ihr Gut befreit, deßgleichen die kölnischen Dienstmannen an den erzbischöflichen Zollstätten und die Ritterschaft der Herzöge von Jülich und Berg[3]). Aus Gunst oder gegen irgendwelche Leistung wurden einzelne Befreiungen von landesherrlichen Zöllen an einzelne Adlige überall und zu allen Zeiten gegeben, doch mit Beschränkung auf bestimmte Zollstätten und eine benannte Menge von Wein, Bauholz oder anderen Waaren. Auch die größeren Landesherren verweigerten sich unter einander nie eine erbetene Zollfreiheit für einzelne Fälle, konnten aber auch nie eine Zollfreiheit im Gebiete eines Andern als gebotenes Recht verlangen. Von den Einigungen der rheinischen Landesherren und Kurfürsten zur Verhinderung des Uebermaßes solcher Zollbefreiungen war oben schon die Rede. — Das Ritter- und Landrecht der Grafschaft Berg bestimmte, daß der Ritterschaft Gewächs, es sei Wein oder Korn, zollfrei sein solle also lange, als es ihr ist, und ihr Trinkwein und ihre Pferdefuhr in's

---

[1]) Index corporis hist.-diplom. Livoniae I, nr. 33. — [2]) Böhmer, Acta Conradi, S. 20. — [3]) Mone, Zeitschrift II, 311. 313. — Kindlinger, Münstersche Beiträge II, 89. Lacomblet, Archiv rc. I, 1, S. 153. 154.

Holz und ihre Kohlen sollten alle zollfrei sein[1]). Die Handfeste der Stadt Bern bestimmte, daß daselbst weder der Mönch noch der Geistliche noch der Ritter einen Zoll geben sollten[2]). Auch bei Turnieren hing die Zollfreiheit des dahin ziehenden Adels von den Zollherren ab. Im J. 1480 gestattete der Erzbischof von Mainz mit einem „freien stracken ungefährdeten und aufrichtigen Geleite" allen Herren und Rittern, welche ein damals angesetztes Turnier besuchen wollten, daß ihre „Provision, Gezeug u. a., so sie zu ihrer Nothdurft solches Turniers ungefährlich den Rhein und Main zu Wasser und zu Lande auf- und abführen lassen werden, an allen seinen und des Stifts Zöllen zollfrei sein" sollten[3]). Selbst die Zollfreiheit des Reichsheers und der einzelnen Reichskrieger war nicht überall an den landesherrlichen Zollstätten anerkannt; so mußte selbst der Kaiser durch den Reichsabschied von Nürnberg vom J. 1466 ersucht werden, dem christlichen Heere, das gegen die Türken kämpfen sollte, Hab und Gut ohne Zoll und Aufschlag durch seine Länder folgen zu lassen[4]). Eine Zollfreiheit der Reichsbeamten, der Mitglieder des Reichsregiments zu Ausgang dieser Periode, wurde im J. 1500 zu Augsburg beschlossen und in die Reichsständeordnung aufgenommen[5]). Auch die Reichsfürsten suchten mitunter die Schwierigkeit, auf welche ihre stets neu zu erbittende Zollfreiheit bei den Nachbaren stieß, mit Hülfe des Kaisers zu umgehen. So erwarb sich Graf Wilhelm von Katzenelnbogen im J. 1330 von Ludwig IV eine Zollfreiheit auf dem Rhein für Wein und Frucht, so viel auf seinen Gütern gewachsen sei und er zu seinem und der Seinen Gebrauch bedürfe, und Landgraf Wilhelm von Hessen ließ sich, als Gubernator des Stifts Köln, von Kaiser Friedrich IV im J. 1480 versprechen, daß er ihm eine Zollfreiheit am Rhein für 600 Fuder Wein von den betreffenden Zollherren auswirken wolle[6]). Aber auch solche vom Kaiser begünstigte Zollfreiheit blieb stets von der Zustimmung jedes einzelnen Zollherrn abhängig, so daß von einer gebotenen allgemeinen oder beschränkten Zollfreiheit des fürstlichen und adligen Standes bis zu Ausgang der geschilderten Periode nicht die Rede sein kann. —

Auch die Zollfreiheit der Städte war immer nur eine verliehene

---

[1]) Lacomblet, Archiv, I, 1, 99. Ders., Urkundenbuch IV, 25. — [2]) Schreiber, Urkundenbuch der Stadt Freiburg I, 30. — [3]) Guden IV, 481. — [4]) Lünig, R. A. Part. gen. cont. tom. II, S. 75. 76. — [5]) Ebenda, S. 219. — [6]) Wenck, hess. Landesgeschichte I, 121. — Mon. Habsb. I, 3, 314.

und ein Anspruch darauf mußte durch Urkunde und Siegel bewiesen werden. Selbst innerhalb ihrer Mauern hatten sie kein andres als ein verliehenes Recht auf Befreiung von den Zöllen, so lange diese landesherrlich blieben. Dabei galt überall der Grundsatz, daß bei verliehener Zollfreiheit nur der Bürger eigenes Gut zollfrei war und jedes fremde Gut, was in der Bürger Fuhrwerk oder Fahrzeug herbeigeführt wurde, verzollt werden mußte. Sobald der Zöllner es verlangte, mußte der Bürger Eigenthum mit Wort und Handschlag, an manchen Zollstätten mit dem Eide bewiesen werden[1]). Die für den Handel bestimmte Waare des Bürgers, das Kaufmannsgut, wurde nicht selten ausdrücklich von solcher Zollfreiheit ausgenommen[2]). Auch Gemeinden, die noch nicht städtische geworden waren, erwarben sich beschränkte und bedingte Zollbefreiungen, mit und ohne Gegenleistungen. Herzog Heinrich von Bayern bestätigte im J. 1434 der Gemeinde zu Wangenau das Recht, daß ihrer jeglicher eine Fahrt und nicht mehr über die Brücke zu Siegsdorf führen dürfe, doch jede folgende Fahrt sollten sie verzollen. Dagegen sollten sie die Brücke über die Rot und den Weg in der Wangenau im Stand erhalten. Auch verschiedene Gemeinden des Erzstiftes Trier hatten Zollfreiheiten erhalten gegen übernommene Leistungen, Abmähen der Wiesen, Reinigung der Bäche, Frohndienste verschiedener Art[3]). Ebenso ertheilte Herzog Adolf von Kleve im J. 1437 den Bewohnern von Ruhrort eine Befreiung von seinen Zöllen auf dem Rhein unter der Bedingung, daß sie jährlich mindestens 30 fl. auf die Befestigung dieses Ortes verwenden sollten. Demnach stand es jedem Zollherrn frei, die Bedingungen und Grenzen einer an seine untergebenen Gemeinden verliehenen Zollfreiheit selbst festzustellen.

In Betreff der Zollnamen und Zollarten ist zunächst zu bemerken, daß alle die vielen Benennungen, die wir im ersten Abschnitt haben kennen gelernt, im deutschen Reiche immer seltner wurden und im 12. und 13. Jahrh. nur noch vereinzelt vorkommen, manche mit veränderter Bedeutung, manche wie es scheint als unverstandene alther gebrachte Formeln. Die ersten sächsischen Kaiser redeten in ihren Urkunden am liebsten von telonea, ebenso die Immunitätsurkunden der Klöster, mit dem häufigen Zusatz, welche Namen

[1]) Mon. Boic. II, 242. — [2]) Lacomblet, Archiv I, 258. — [3]) Lacomblet, Urkundenbuch IV, 265.

sie auch haben mögen. In ziemlicher Vollständigkeit führt eine Urkunde Otto's III, welche im Jahre 985 der Abtei Cornelimünster ihre Freiheiten bestätigte, die alten Zollnamen auf, teloneum, ripaticum, portaticum, pontaticum, salutaticum, rotaticum, pulveraticum [1]). Die Bestätigung von Heinrich II im J. 1003 läßt alle diese Namen weg und setzt nur teloneum. Ein Urkunde Otto's II, welche dem Kloster Murbach die Immunität bestätigt, befreite dasselbe von jedem Zoll in urbe, in via et ad pontes [2]). Heinrich II verlieh dem Kloster Niederaltrich in der Villa Hengersberg im J. 1009 den Zoll tam viantium quam navigantium [3]), Heinrich IV dem Erzbischof Adalbert in den Gauen Hunesga und Fivelga alle Zölle tam in aqua quam in terra. In der Urkunde, wodurch Heinrich IV den Bürgern von Worms die Zollfreiheit an sämmtlichen königlichen Zollstätten ertheilte, heißt es teloneum siquidem quod teutonica lingua interpretatum est zol [4]). Ebenso kommt auch vor teloneum sive muta und vectigalia seu theolonea que vulgo zol et moutte nuncupatur [5]). Häufig finden wir im 12. und 13. Jahrhundert zusammen telonea oder vectigalia et pedagia, wo pedagium das sich jetzt selbständiger ausbildende Geleite, später meistens conductus genannt, bezeichnet. So gestehen Friedrich II und sein Sohn im J. 1228 und 1229 dem Kloster Murbach pedagium in valle S. Amarini zu und der erstere befreite im J. 1222 das Kloster Königsbruck für ein Schiff ab omni pedagio auf dem Rhein [6]). Auch in Frankreich wurden die Lübecker im J. 1298 befreit von pedagia und vectigalia [7]). Das im J. 1215 von Friedrich II bestätigte Privileg der Stadt Aachen befreit die Kaufleute derselben von teloneum pedagium, curadium et vectigal seu quocunque nomine vocetur. Man fühlt heraus, wie unverständlich diese Namen schon geworden waren. Eine Urkunde des Bischofs Heinrich von Basel vom J. 1223 nennt teloneum de trosellis (Ladungen) garonis (carris) mulis et equis [8]). Alleinstehend kommt häufiger vor passagium, Fährgeld, am Rhein, an der Elbe und andern Flüssen, dafür auch naulum (navale) [9]). Eine Urkunde der Markgrafen von Branden-

[1]) Lacomblet, Urkundenbuch I, 73. 83. — [2]) Schöpflin I, 129. — [3]) Mon. Boic. XI, 136. Lappenberg, hamburg. Urkundenbuch I, 78. — [4]) Böhmer, Cod. I, 12. — [5]) Ried, Cod. I, 340. — [6]) Schöpflin, I, 362. 347. — [7]) Urkundenbuch der St. Lübeck II, 79. — [8]) Ochs, Stadt und Landschaft Basel, I, 297. — [9]) Lacomblet II, 153.

burg vom J. 1240 befreite die Bürger von Spandau vom Zoll tam pontatico quam agrestico [1]). Wie wenig man gegen Ende des 13. Jahrhunderts an eine klare Unterscheidung dieser lateinischen Namen dachte, beweist Rudolfs I österreichischer Landfrieden vom 3. Dec. 1276, wodurch er alle neuen mutas, telonea, vectigalia et pedagia per aquas et per terras aufhob, während der in deutscher Sprache verfaßte fränkische Landfriede vom 25. Juli 1291 nur allgemein von den Zöllen und deren Erhöhungen spricht [2]). Die Erinnerungen an einige der ältesten Zölle, welche in den Sachsen- und Schwabenspiegel und in die Weisthümer übergegangen sind, wurden schon im ersten Abschnitt angezogen.

Nach dem Verschwinden der römischen Namen und der Einführung der deutschen Sprache als Gesetzessprache scheint sich auch das Zollsystem in seinen Arten vereinfacht und klarer in die großen Gruppen der Durchfuhr-, Markt- und Wegezölle zerlegt zu haben, obwohl jetzt wieder eine um so größere Verschiedenheit der Benennungen an den verschiedenen Orten eintritt. Der Durchfuhrzoll, die Abgabe von der Waarenbewegung, der eigentliche Handelszoll, wird jetzt der bedeutendste und ergiebigste, darum auch meistens vorzugsweise als Zoll oder Maut, teloneum bezeichnet. Von dieser Hauptzollart zweigte sich das Geleitsgeld, pedagium, conductus, ab, das überall neben dem Durchfuhrzoll erhoben und genannt wird. Stets zu unterscheiden von dem Durchfuhrzoll ist die zweite Gruppe der Wegezölle, die auf den Landstraßen, Dämmen, Brücken, bei Fähren und an den Thoren genommen wurden und stets als ein Entgelt und Beitrag für den Bau und Unterhalt dieser Verkehrsmitel galten, also die ursprünglichste Bedeutung der Zölle am reinsten erhielten. Die Forderung der Reichsabschiede und Landfrieden, daß, wer Zoll und Geleite einnimmt, auch schon deßwegen für Straßenbesserung zu sorgen habe, blieb in den meisten Fällen eine fruchtlose und wo Besserung eintrat, wurde zu diesem Zweck noch ein besonderer Zoll unter besonderem Namen erhoben. Dadurch trennten sich die Wegezölle vom Durchfuhrzoll und blieben, während dieser sich zu immer höherer politischen, die Volkswirthschaft benachtheiligenden Bedeutung erhob, in ihrer Unterordnung und örtlichen Gebundenheit, darum aber auch in ihrer wirthschaftlichen Nützlichkeit, denn sie allein gaben

---

[1]) Riedel I, 11, S. 3. — [2]) Mon. Germ. II, 411. 434.

die Mittel, um einem gänzlichen Verfall der Straßen wenigstens hier und da vorzubeugen. Die dritte Gruppe der Marktzölle, die Abgaben vom unmittelbaren Waarenaustausch und Kleinverkehr, bildete sich mit ihren verschiedenen Abarten zu dem besondern System der indirecten Steuern, der Auflagen auf die Verzehrung nach allen Richtungen aus und hat als solche bis zur Gegenwart ihre selbständige, tief in die Volkswirthschaft einschneidende Entwicklung und Geschichte.

Die zweite Gruppe, — als die einfachere nehme ich diese hier zuerst — die Zölle, welche als Bezahlung für die an eine bestimmte Oertlichkeit gebundene Leistung betrachtet wurde, enthielt gemäß diesen Leistungen auch sehr verschiedene Arten und Benennungen, da das Ortsinteresse hier einen weiten Spielraum gewährte. Wir haben Wegezölle und Wegegelder, in älteren Urkunden auch Wegemieth genannt, z. B. im Stadtrecht von Eisenach vom J. 1283 „pretium quod vulgariter dicitur Wegemieth de curribus," das von den Wagen wie von den Pferden für die Benutzung einer Straße erhoben wurde. Als die Steinpflasterung in der Nähe der Städte und in sumpfigen Niederungen aufkam, wurden Dammgelder erhoben, gewöhnlich nach der Anzahl der Pferde, von jedem Pferd 1—3 Pfg. womit ausdrücklich die Verpflichtung verbunden wurde, den betreffenden Damm davon in gutem Stande zu erhalten. Für diese Zölle kommen auch die Namen Deichselzölle, Deichselpfennige, nummus temonis [1]) vor, die von dem beladenen Frachtwagen erhoben wurden, wobei noch für jedes vor dem Wagen gehende Pferd gewöhnlich 1 Heller bezahlt wurde. Für den Zoll vom Lastwagen findet sich auch der Ausdruck Fuderpfennige, voderpennige, besonders für die Kohlenwägen in Niedersachsen [2]). Ferner gehören zu dieser Gruppe die Brückengelder, zu deren Erhebung das Recht nach festgestelltem Tarif bei jedem Neubau einer Brücke gegeben wurde, seitdem man mit dem 15. Jahrhundert begann, die vielen Fähren in Brücken zu verwandeln. Sparsamer war man mit der Verleihung des Brückenzolls noch im 12. und 13. Jahrh., wo der Beitrag zum Bau und zur Unterhaltung der Brücke oft vom freien Willen der Reisenden abhängig gemacht wurde, z. B. im Privileg für die steinerne Brücke

[1]) Lacomblet, Archiv I, 260. Riedel I, 19, S. 112. I, 9, 251. — [2]) Sudendorf, Urkundenbuch I, 59.

zu Regensburg vom J. 1182 [1]). Auch Friedrich II hob im J. 1220 den Brückenzoll bei Donauwörth auf und stellte fest, daß zu dem Umbau der hölzernen Brücke in eine steinerne der Hinüberziehende nur freiwillig, wenn ihm diese Urkunde gezeigt werde, beisteuern solle. Beim Eingange in die Stadt wurden die Thorzölle erhoben, zuerst nur für die Eröffnung des Thors, während sie später oft mit Accise und Ungeld zusammenfallen.

Zu diesen Zöllen, die als Bezahlung für bestimmte Gegenleistungen erscheinen, sind auch die Flußzölle zu rechnen, welche unter dem besondern Namen der Schiffs- und Fährzölle, Schiffszoll, navale, nauticum, in ältern Urkunden auch wohl noch als ripaticum bezeichnet wurden und noch neben den großen Durchfuhrzöllen auf den Wasserstraßen vom Schiffsgefäß, für einen besondern Strombau, für den Leinpfad erhoben werden konnten. Als Hafenzölle finden wir in den hansischen Seestädten wie auch im Binnenlande verschiedene Abgaben, welche alle als Bezahlung für eine ganz bestimmte Leistung auch nur von denen erhoben wurden, welche die Leistung in Anspruch nahmen. Die Bezeichnung solcher Hafenzölle ohne besondern Namen haben wir z. B. in einer Urkunde des Erzbischofs Arnold von Mainz vom J. 1155, wodurch er die Zölle im Hafen von Mainz für die Kaufleute von Duisburg auf den alten Satz zurückführte [2]). In den Häfen am Bodensee, in Konstanz und Buchhorn, wurde von den Schiffern ein Gredgeld als Hafenzoll erhoben, so genannt von den Greden, den Stufen des Kais, an denen das Schiff anlegte [3]). Am Rhein, in Köln, Bonn u. a. O. wurde ein „Schrodt" und ein Kranengeld bezahlt, jenes wahrscheinlich als Hafengeld, dieses für die Benutzung des Krahns beim Löschen der Ladung [4]). Die hansischen Städte erhoben ein Pfahlgeld im Hafen von jedem Schiff, welcher Zoll für die bedeutenden Seehäfen sehr einträglich war und deßhalb als Abgabe für die Kosten des hansischen Bundes entrichtet werden mußte. Im J. 1369 betrug das von den hansischen Ostseehäfen erhobene Pfahlgeld in Summa 6019 Mark [5]). Dieses Pfahlgeld scheint in den preußischen Häfen von der Ladung des Schiffes erhoben zu sein, wie es in einer Urkunde vom J. 1341 heißt: pecunia pfalgelt vulgariter nominata proveniens

---

[1]) Ried a. a. O. I, S. 256. — [2]) Lacomblet I, 264. — [3]) Mone, Zeitschrift IV, 23. — [4]) Lacomblet IV, 555. — [5]) Th. Hirsch, Danzigs Handel S. 80.

de bonis [1]). Wichtiger noch für den hansischen Bund war die Erhebung eines Pfundgeldes in allen Häfen, welches zur Bestreitung der Seekriege und der auswärtigen Gesandtschaft wie zur Erhaltung der gemeinsamen Comtore diente, auch von den einzelnen Städten zur Bestreitung ihrer Verwaltungskosten erhoben wurde [2]). Ursprünglich wurde wohl, wie die Namen andeuten, zwischen Pfahl- und Pfundgeld in der Weise unterschieden, daß jenes als Hafenzoll für das Schiffsgefäß, dieses für die Schiffsladung entrichtet wurde, obwohl man jenes auch von der Ladung, dieses auf den Märkten des Binnenlandes bezahlen mußte. In den Hansestädten wurde das Pfundgeld erhoben von dem Pfunde der Ladung d. i. dem Schiffspfund, talentum quod vulgariter Schippunt vocatur [3]), als Einheit. Statt des Pfundgeldes finden wir auch, seitdem die Tragfähigkeit der Schiffe nach Tonnen und Lasten berechnet wurde, das Tonnengeld und Lastgeld, welche erstere Benennung aber auch bei Landzöllen von allen in Tonnen verpackten Waaren, Häringen, Fettwaaren, Bier u. a. gebräuchlich wurde [4]). Eine andre im norddeutschen Handel vorkommende Abgabe war die „Hanse", welche die deutschen Kaufleute in den den deutschen Meeren angrenzenden Ländern für die Erlaubniß, in Gesellschaft Handel treiben zu dürfen, zugleich aber in den älteren Zeiten auch für die Theilnahme am Bunde zahlten, eine Abgabe also, die der Natur des Zolles schon ferner gerückt war. In den hansischen Verträgen mit benachbarten Handelsvölkern kommen noch verschiedene Abgaben vor, die mit dem Waarenhandel und der Schifffahrt in Verbindung standen, z. B. in einem Vertrag mit dem Herzog von Lothringen und Brabant vom J. 1315 **bruggegelt, verstgeld, kachidegelt, werfgelt** in Antwerpen (Brücken-, Pfahl-, Kai- und Werftegeld), in Lynn in England **muragium, pavagium, pontagium** und **kayagium (de bonis super kaya positis)** [5]).

Außerdem gab es noch eine Menge von Zöllen, welche theils als Durchfuhr- theils als Marktzölle, an verschiedenen Orten verschieden erscheinen. Die Benennungen dafür sind theils der dem Zolltarif zu Grunde gelegten Zolleinheit entnommen, nach dem Gewicht z. B. beim Pfundzoll, nach dem Werth beim Guldenzoll d. i.

[1]) Voigt, Cod. dipl. Pruss. III, 36. — [2]) Sartorius, Ursprung der Hanse I, 93 folg. Hirsch a. a. O. 38. 46. 167. — [3]) Urkundenbuch der Stadt Lübeck I, 127. — [4]) Z. B. Riedel I, 1, 194. — [5]) Urkundenbuch der St. Lübeck II, 141. 227. 285.

von einem Guldenwerth Waaren 1 Pfennig[1]), oder den zu verzollenden Waarengattungen. Letztere waren am häufigsten und spätesten noch in Gebrauch bei den Naturalzollabgaben und gingen aus der deutschen Volkssprache in die Urkunden= und Gesetzessprache über. Dahin gehörte der Pfefferzoll, der älteste Naturalzoll von den Gewürzen, der fast an allen größern Durchfuhrzollstätten der deutschen Fluß= und Handelsstraßen erhoben wurde, doch mit besondrer Benennung in ältester Zeit nicht vorkommt[2]), deßgleichen der Häringszoll oder die Häringspfennige, quod vulgariter arincpennighe appellatur[3]), auch Tonnenzoll genannt. Außerdem finden wir an den meisten Marktorten Fischzölle bei der Durchfuhr wie beim Verkauf mit besonderen Namen von frischen und gesalzenen Fischen, die von den Grundherrschaften auch als Abgabe von dem Fischwasser erhoben wurden. Ein solcher Zoll war in den märkischen Städten der Zollfisch oder Herrnfisch, teloneum allecium et picium quod vulgariter dicitur kanvisch d. i. Kahnfisch, von dem mit Fischen gefüllten Kahn erhoben[4]). Später wurde dieser Zollfisch meistens in Geld verwandelt. Andre nach den Waaren bezeichnete und sowohl auf dem Markt wie bei der Durchfuhr erhobene Zölle waren die von Salz, Eisen, Wein, Bier, von Loden (grobem Tuch), von dem Fardel (Stück) Tuch. Diese Bezeichnungsweise wiederholt sich fast in allen Tarifen.

Die Marktzölle, welche in ihrer weitern Ausbildung das ganze System der städtischen Abgaben bildeten, wurden sowohl von dem Handel auf den Jahr= und Wochenmärkten, deßgleichen auch von dem Verkauf in den Häusern (Bierschenken und Weinkellern) erhoben. Zu jenen gehörte vor allen das Stättegeld, die Abgabe von der Werkstätte, dessen der einzelne Händler zur Ausbreitung seiner Waaren bedurfte. Unter diesem Namen aber wurde solches erst allgemeiner im 15. Jahrh. erhoben sowohl von den, dem Markte zureisenden Fremden wie den heimischen Handwerkern und Händlern, sobald sie auf Markt= und Straßenplätzen feil boten. In ältern Zeiten wurde es meistens nach der besonderen Stätte genannt, dem Kaufhaus, den Fleisch=, Brod= und Schuhbänken u. s. w. Die Abgabe von dem

---

[1]) Lünig, R. A. P. sp. cont. IV, 2, 345. Müller, Reichstagstheater II, 80. — [2]) Bodmann, Rheingauische Alterth. II, 678. Lehmann, Speier. Chr. 367. Schannat, hist. Worm. 136. — [3]) Urkundenbuch der St. Lübeck I, 94. — [4]) Riedel a. a. O. I, 11, 95. — 12, 400. 417. 433.

einzelnen, auf dem Markt statthabenden Kauf kommen auch in allen mittelalterlichen Marktorten vor und zwar mit Tarifbestimmung von jeder einzelnen Waarengattung, vom Vieh, von den Handwerkserzeugnissen, von „essenden und trinkenden“ Waaren, und wurden in älteren Zeiten theils im Natural theils in Geld erhoben[1]). In Freiburg[2]) wurde dieser Zoll nach dem Kaufpreis von jedem Pfund Pfennige des Erlöses, Pfundzoll, erhoben von allen, welche die Waaren zum Verkauf herbeigeführt hatten; aber auch der heimische Bürger mußte ein erstandenes Gut beim Wiederverkauf von Neuem verzollen. Für die richtige Ablieferung solcher Zölle war der heimische Käufer für beide Parteien bei seinem Eide verbindlich gemacht. Von diesen, den Kleinverkehr sehr behindernden Abgaben suchten sich die hansischen Städte bei den benachbarten Handelsvölkern durch besondre Verträge möglichst zu befreien und es bildete gerade diese Freiheit ein Hauptzielpunkt ihrer Handelspolitik. Auch in des Kaisers Sigismunds Reformation des weltlichen und Polizeiwesens im Reich heißt es: „Man soll von allen Käufen den Pfundzoll geben und billig nehmen von jedem Pfund zween Heller, was man verkauft; das soll denen zugehören, die der Stadt Nutz zu ordnen gewählt sind, von reitenden oder gehenden Boten, die von der Stadt oder Land Nutz geschickt werden“[3]). Der Pfundzoll wurde also als eine zu bestimmten städtischen Einrichtungen erhobene städtische Abgabe reichsgesetzlich festgestellt. Als „Marktrecht“ wurden diese Marktzölle bezeichnet in Mainz[4]). Der Weinkauf, mercipotus qui vinkop vulgariter dicitur, der zu derselben Zeit und später auch die Bedeutung des vom Käufer oder Verkäufer nach Abschließung des Kaufvertrages bezahlten Weingeldes hatte, wurde ebenso als eine Abgabe von dem einzelnen Kaufgeschäft auf den Jahrmärkten zum Vortheil der Stadt erhoben[5]). In Verbindung mit diesen Marktzöllen steht auch das Wagegeld oder der Waggoll, der als Bezahlung für die Benutzung der städtischen Wage entrichtet werden mußte und als solcher mit den übrigen Handelseinrichtungen der Stadt zusammenfällt. Die Einrichtung der öffentlichen Wagen entstand zur Beaufsichtigung des richtigen Gewichtes, war also ursprünglich ein polizeiliche und keine finanzielle Anordnung. Welche Furcht man vor unrechter Wage und

---

[1]) Lacomblet Arch. I, 258. — [2]) Schreiber, Urkundenbuch der St. Freiburg II, 11. — [3]) Lünig, R. A. P. gen. cont. II, S. 245. — [4]) Bodmann a. a. O. I, 22. — [5]) Z. B. in Straußberg, Riedel I, 11, 3.

Gewicht in den früheren Zeiten des Mittelalters hatte, beweist der Schwabenspiegel, cap. CCCXI: Swer ein gebote ringer macht eines einigen pheninges, des ein phunt an eine marc get, danne ez ze rechte sin sol, dem sol man daz houbet abe slan. Swer ouch den andern überwiget als swer ein phündic phenninc ist, dem sol man hut unt har abslahen an der schranne.“ Demgemäß war auch in den deutschen Städten die Sorge für eine öffentliche, wohl bediente und beaufsichtigte Wage eine der vornehmsten, welche Sorge die deutschen Kaufleute auf alle fremden Reiche, wo sie bleibende Niederlassungen gründeten, übertrugen. Auch die deutschen Reichstage nahmen sich der Wagordnungen ernstlich an.

Allmählig bildete sich, zuerst in den größeren Handelsstädten, eine weitere Gruppe von Abgaben, welche auch als Zoll bezeichnet und in dieser Form unter dem Thor wie in den Häusern erhoben wurden, doch weniger den Handel d. i. den Uebergang der Waaren von einer Hand in die andre, als die Verzehrung und den Verbrauch treffen sollten, und die verschieden als Zoll, Accise, Zise, Ungeld oder nach den zu versteuernden Waarengattungen bezeichnet wurden. Diese Anfänge der jetzt sogenannten indirecten Steuern finden sich schon in den ältesten Stadtrechten und entwickelten sich seit dem 14. Jahrh. zu immer größerer Umfänglichkeit und Künstlichkeit und mußten schließlich von allem, was in die Stadt zur Verzehrung eingebracht und hier zu demselben Zwecke verschleißt und verschenkt wurde, entrichtet werden. Zu diesen Accisen gehörte auch, was schon zu Anfang des 14. Jahrh. als eine Art Ausgangszoll von allen ausgeführten Gütern als Ersatz dafür mußte bezahlt werden, daß sich dieselben durch die Abfuhr der Abgabe für den Verbrauch im Orte entzogen. Solchen Ausgangszoll finden wir z. B. in Frankfurt a. M. im J. 1318, in Pritzwalk im J. 1364[1]). Da aber diese Abgaben sich zu einem selbständigen Theil des Steuerwesens abschließen, als solcher auch eine besondre Geschichte beanspruchen, lasse ich sie hier als zu weit von dem Zweck dieser Darstellung abführend bei Seite; von ihrem Anfange, dem Ungelde, wurde oben schon gehandelt.

Der eigentliche Handelszoll, die Abgabe von dem Handelsverkehr im Großen, dessen Hauptzollart, der Durchfuhrzoll, auch den Hauptinhalt der voraufgegangenen Darstellung bildet, hatte noch

---

[1]) Böhmer, Cod. Moenofrancf. I, 447. Riedel III, 1, 365.

einige Abzweigungen, die besonders hervorzuheben sind. Das Geleitsgeld, die Bezahlung für den Straßenfrieden, für Schutz und Sicherheit auf offener Landstraße, wurde aus den Einrichtungen des Frankenreiches in das deutsche Reich herüber genommen und erscheint zu Anfang des 13. Jahrh. auf Land- und Flußstraßen festgestellt, obwohl gerade in dieser Zeit auch gegen die Einführung neuer pedagia stets Widerspruch erhoben wurde. Die Landesherren ließen sich jetzt die reichsamtliche Verpflichtung, den Straßenfrieden nöthigen Falls durch Bewaffnete aufrecht erhalten und für jeden innerhalb ihres Gebiets durch Gewalt und Raub entstandenen Schaden aufkommen zu müssen, noch besonders bezahlen, während nach den Reichsgrundgesetzen schon die Erhebung eines Durchfuhrzolles dazu verpflichtete. Im Schwabenspiegel heißt es: „Ein jeglich man ist geleites fri, wil er sich sines gutes genenden. Swelich herre den andern in sin geleide nimmt, er gebe im darumbe oder nicht, er sol im ze rechte gelten, swaz im genomen wirt in sinem geleite". Mit teloneum, quod vulgo dicitur zol, zahlte nach der Entwickelung der Landesherrlichkeit der Handelsmann nur die Erlaubniß, das betreffende Gebiet mit Schiff und Geschirr durchreisen zu dürfen, mit pedagium den Schutz innerhalb dieses Gebietes für Person und Waaren. So verband sich mit der Landesherrlichkeit über ein Gebiet auch das Geleitsrecht in demselben, obwohl letzteres auch getrennt verliehen und vergeben werden konnte. Statt pedagium kommt schon im 12. Jahrh. eine Bezeichnung vor, die über die Bedeutung dieses Zollgeldes keinen Zweifel läßt. Das Privileg der Stadt Hagenau vom J. 1164 (Art. 4) befreit die Einwohner dieser Stadt ab omni theloneo, ab omni ducatu, pro rerum suarum vendicione vel portacione. Die Pflichten des Geleitsherrn beschreibt das Privileg für Nürnberg vom J. 1313: Scultetus Nurimbergensis, qui pro tempore fuerit, stratas communes vel regias vulgariter appellatas defendere ac per eas secure conducere debeat quoslibet transeuntes. In den Stadtrechten von Freiburg vom J. 1275 heißt es: „alle die den market zuo Friberg suochint, swannen die koment, die sun des herrn vride han vnd sin geleit vnde swa sü werdin beroubit in des herrin geriht, kunnen sie den rouber gezeigen, so sol der herre schafon, daz es wider werde gegebin oder er sol es selbe geltin. Wil ein burger ziehen von Vriburg, so sol in der herre geleiten mit lib vnd mit guot vnziet enmitten vf den

Rien vnd durch alles sin gerihte". Gegen die Mitte des 13. Jahrhunderts bedangen sich auch die hansischen Städte in ihren Verträgen ein sicheres Geleit gegen Festsetzung eines Geleitsgeldes, wobei gewöhnlich auch die einzuhaltende Straße bestimmt wurde[1]). Im Fall eines Krieges wurde meistens das Geleite auf die Dauer des Kriegs noch durch besondern Vertrag festgestellt[2]), obwohl die Reichsordnungen auch in diesem Falle Frieden und Sicherheit auf den Straßen für den Kaufmann und seine Waaren geboten. Ein Geleite galt wie ein Durchfuhrzoll als ein einträgliches Besitzthum, wurde als solches vergeben und verlehnt[3]) und erhielt auch seinen besondern Tarif, der nach denselben Grundsätzen wie beim Durchfuhrzoll festgestellt wurde und sich nur hin und wieder durch etwas niedrigere Ansätze unterschied. Es war ein Nebenzoll neben dem Hauptzoll und für die Landesherren ein Mittel, von den Städten trotz ihrer nicht aufzuhebenden Zollfreiheiten einen Zoll zu erheben. In dieser Eigenschaft erscheint das Geleitsgeld vor allen in den Verträgen der hansischen Städte mit deutschen und nicht deutschen Fürsten. Ein Geleitsgeld entstand, weil ein Zollgeld, teloneum, von den zollfreien Städten nicht erhoben werden durfte. Am Rhein finden wir dies Geleitsgeld auch als Friedezoll bezeichnet, z. B. bei Boppard, wo ein vectigal vulgo fridzoll von König Adolf dem Bischof Gerhard von Mainz zugestanden wurde. Im J. 1298 wurde dieser Zoll mit Erlaubniß des Königs Albrecht nach Lahnstein verlegt und dabei von einem Personal- in ein Realrecht verwandelt (non personaliter sed potius realiter), wobei dieser Zoll umschrieben wurde: pedagium, vectigal sive teloneum quod Fridezoll vulgariter nuncupatur[4]). Schon im 13. Jahrh. scheint, besonders in den untern Rheingegenden diese Zollerhebung mit schlimmen Folgen auf die Schiffahrt gedrückt zu haben, denn im J. 1279 verbanden sich der Erzbischof Siegfried von Köln, Herzog Johann von Lothringen und die Grafen von Geldern und Kleve, die Geleitspfennige denarios conductus bei Worino, Urdingen, Bercka und Orsoy zur Erleichterung der Schiffahrt auf Rhein und Maas aufzuheben, und erklärten, mit dem gesetzlichen, hergebrachten Zoll zufrieden sein und die Flüsse und Straße wie von altersher halten zu wollen[5]). Auch die Stadt

---

[1]) Urkundenbuch der St. Lübeck I, 92. 231. — [2]) Lappenberg, hamb. Urkundenbuch I, 483. — [3]) Lacomblet, II, 269. Lünig, R. A. P. sp. cont. IV, 2, 267. — [4]) Guden, Cod. dipl. I, 901. — [5]) Lacomblet II, 427.

Köln erwarb im J. 1287 vom Grafen Florenz von Holland das Versprechen, ihre Kaufleute von den durch seine Beamten unter dem Vorgeben des Geleites erhobenen Gelde befreien und sie gegen Zahlung der gesetzlichen Zölle wie bisher in seinem Schutz halten[1]) zu wollen. Auch im inneren Deutschland suchten sich um diese Zeit die Städte von dem immer mehr aufkommenden Geleitsgeld Befreiung zu erwerben. Die Stadtrechte von Eisenach vom J. 1283 bestimmen, daß alle Fremde, welche in der Stadt Wein, Getreide, Bier u. a. bewegliche Waaren kaufen, vom Geleite frei sein doch den Zoll bezahlen sollten wie von Alters her, und ebenso, daß die Bürger von Eisenach im ganzen Thüringen kein Geleite, doch jenseits der Saale das halbe Geleite zahlen sollten. Einen letzten Versuch, mit den Zollneuerungen auch die ungewöhnlichen Geleite aufzuheben, machte König Albrecht in seiner Fehde gegen die rheinischen Bischöfe, doch nach seinem Tode scheinen sich auch die Geleitseinrichtungen so festgestellt zu haben wie die übrigen Zölle. Ueberall finden wir jetzt neben dem Zollrecht das Geleitsrecht als ein unbestrittenes landesherrliches Regal, denselben Bedingungen unterworfen und nach denselben Grundsätzen verwaltet wie jenes. Durch besondre Einigungen suchten die Landesherren auch dieses Recht und die daraus fließenden Einkünfte gegenseitig zu sichern und stellten feste Geleitstarife mit dem Versprechen des Schutzes für Kaufleute und Waaren auf. Am 16. Oct. 1313 vereinigten sich der Burggraf von Nürnberg, die Grafen von Hohenloh, Rieneck, Wertheim, die Landesherren also des mittleren Maingebietes, gegen ein Geleitsgeld nach vereinbartem Tarif den Kaufleuten das Geleite zu geben und für jeden Schaden innerhalb ihres Gebietes gut zu stehen. Auf diese Vereinigung hin ertheilten sie am 5. Juni 1318 den Kaufleuten der Stadt Regensburg einen Geleitsbrief des Inhalts, daß, wenn denselben innerhalb ihres Gebietes mit Pfändung oder Raub Schaden geschehe, jeder Herr, in dessen Gebiet solches geschehen sei, den Schaden „wieder tun vnd aufrichten“ sollte; thue er solches nicht, so sollten ihn die Andern erinnern und dazu beholfen sein, sobald sie dazu ermahnt würden; könnten aber aus irgend welchem Grunde die Herrn solchen Schutz nicht ausführen, so sollten die Kaufleute zeitlich gewarnt werden, daß sie mit dem Geleite in eine Stadt kommen könnten, da sie sicher

---

1) Ebenda II, 493.

seien[1]). Solchen neuen Anforderungen suchten sich die Städte häufig durch hartnäckige Weigerung zu entziehen. Im J. 1304 weigerte sich Lübeck, dem Markgrafen Hermann von Brandenburg ein Geleitsgeld zu zahlen, worauf dieser die Stadt aufforderte, das schuldige Geleitsgeld zu zahlen oder ihm durch Gesandte die Gründe der Verweigerung zu berichten. Die Regensburger erwarben sich von Ludwig IV im J. 1317 die Versicherung, daß sein Vitzthum zu Lengefeld die 20 Pfund Pfennige, die er sonst den regensburg'schen Kaufleuten als Geleitsgeld abgenommen hatte, ferner nicht mehr erheben sollte[2]). Auch in den mit Landesherren aufgerichteten Landfrieden suchten die Städte die Mehrung der ungewöhnlichen Geleitsgelder zu beschränken. Der durch Karl V zwischen dem Erzbischof von Mainz, den Grafen von Nassau, Wertheim und Hanau, den Städten Frankfurt, Friedberg, Gelnhausen und Wetzlar im J. 1354 geschlossene Landfriede bestimmte im 1. Artikel, daß niemand sollte „geleide gebene von der stucke wegen dan uff recht es enwere dann mit der eylfer willen ader der merer teill under in[3])". Auch die Städte unter einander vereinbarten in ihren Verträgen das zwischen ihnen zu zahlende Geleitsgeld, wobei sie sich auch wohl zur Haltung einer bewaffneten Geleitsmannschaft verbindlich machten. Hamburg und Lübeck verpflichteten sich in einem später wiederholten Vertrage vom J. 1304, daß zur Sicherung der Straße zwischen ihnen diese 32, jene 8 berittene Männer halten und jeder beladene Wagen eine Mk. als Geleitsgeld zahlen sollte[4]). Gewöhnlich aber war an der Geleitsstätte ein einziger berittener Geleitsmann, der das Verfahren des Geleites zur Anzeige zu bringen, die Geleitsbrüchigen bis zur Bestrafung festzuhalten und die auf den Straßen begangenen Gewaltthaten zur Untersuchung anzuzeigen hatte. Nur bei Fehde- und Kriegszustand begleitete eine Geleitswache die Waarenzüge, und erst später stellten zuerst die Städte, dann auch die Landesherren eine Geleitsmannschaft als berittene Straßenpolizei auf, welche besonders zur Zeit der größeren Messen die Frachtfuhren begleitete und sie den Reitern des benachbarten Geleitsherrn übergab.

In Betreff des **Zolltarifs** sind uns aus den früheren Jahrhunderten des deutschen Reiches zwar nur sparsame Nachrichten

[1]) Mon. Zoll. II, S. 318. — [2]) Reg. Boic. V, 365. Gemeiner a. a. O. I, 500. — [3]) Böhmer, Cod. Moenof. I, 629. — [4]) Urkundenbuch der St. Lübeck II, 1, 146. 371. 438.

erhalten, doch genügen dieselben, um die einzelnen Gruppen der Zollhebungen daraus erkennen zu können. Der Tarif für die Abtei Zürich aus dem Anfang des 11. Jahrhunderts enthält hauptsächlich Marktzollsätze. Jedes Kaufgeschäft mußte von dem Käufer wie Verkäufer verzollt werden, jedes Pfund Pfennige des Werthes mit 4 Pf., ein Pferd mit 4 Pf., ein Esel mit 1 sch. Pf., das Kleinvieh je mit 1 Pf. Den Wein verzollten die Fremden, gleichviel ob sie ihn hierher brachten oder hier kauften, das Saum mit 2 Pf., Oel und Meth in Natur. Auch eine öffentliche Wage ist schon vorhanden und nur die Krämer der Stadt durften sich im Kleinverkehr eigener doch geprüfter Wagen bedienen. Ein Durchfuhrzoll wird vom Marktzoll unterschieden; alle Waaren, welche durch die Stadt Zürich gingen, zahlten den theloneum secundum nach alter Gewohnheit [1]). — Das alte Stadtrecht von Straßburg setzt bei den Marktzöllen das Minimum des Werthes der zu verzollenden Kaufwaaren auf 5 Sch. [2]) Die Zollsätze des im J. 1104 von Heinrich IV für die Abtei S. Simeon bestätigten Privilegs sind verschieden, je nachdem die Kaufleute aus verschiedenen Gegenden kommen. Die von Huy, Diecrat (?), Nametum (Nantes) und den Gegenden an der Mosel gaben als Zoll von jedem Schiff einen ehernen Kessel und 2 bacena und 2 Pfennigmaß (denariata) Wein, die von Lüttich kommenden statt des Kessels zwei Ziegenfelle, die aus Flandern und von Antwerpen ein Widderfell, einen Käse und 2 Maß Wein, die von Bommel einen Käse und 2 Maß Wein, von Thiel einen Salm und 2 Maß Wein, die von Utrecht im Winter 2 Häringe, im Sommer 20 Ale und 2 Maß Wein, die von Duisburg, Neuß, Deutz eine Tafel Wachs und 1 Maß Wein, die von Köln 4 Pf. und 1 Maß Wein, im Herbst noch von jedem Schiff eine Tafel Wachs und ein Maß Wein, die von Mainz, Bingen, Lorch, Bonn, Worms und Speier 4 Pf. und 1 Maß Wein, von Straßburg und Zürich 1 Siclus, von Trier 4 Pf. und 2 Maß Wein, von Regensburg und Würzburg 6 Pf. und 2 Maß Wein. Von Kupfer wurde der Zentner mit 4 Pf. verzollt, von verkauften Schwertern das 10. gegeben, für einen Jagdhabicht 4 Pf. Die Bäcker gaben dem Zöllner wöchentlich ein Brod und alle 14 Tage 1 Heller, die heimischen

---

[1]) Mitth. der antiquar. Gesellsch. in Zürich VIII, Abtei Zürich, Beil. nr. 40. — [2]) Gaupp, Stadtrechte, S. 49.

Schuster dreimal im Jahr 1 und einmal im Jahr 5 Pf. — Wir haben hier einen Schiffszoll als Durchfuhrzoll und einen Marktzoll; dieser mußte entrichtet werden, auch wenn jener schon bezahlt war. Bei beiden kommt neben dem Geld noch die Naturalabgabe vor, welche beim Schiffszoll nach der Hauptgattung der Waaren, welche die Schiffe aus den verschiedenen Städten herbeiführten, bestimmt war. Außerdem hatte die Abtei einen Durchfuhrzoll von den zu Lande kommenden Waaren zu erheben, von jedem Saum 4 koblenzische oder 2 kölnische Pf.[1]). In Mainz war der althergebrachte Satz des Schiffszolls 4 Pf., der im J. 1155 nach voraufgegangener ungerechter Erhöhung wieder hergestellt wurde[2]). — Im Stadtrecht von Freiburg, aus dem Anfang des 12. Jahrhunderts, ist ein auf ältere Zeiten zurückweisender Tarif erhalten, worin Markt-, Durchfuhr- und Ausgangszoll unterschieden werden. Das zu Markt geführte Pferd zollte 4 Pf., das Maulthier 16 Pf., der Esel 8 Pf., das Rind 1 Pf., Kleinvieh je 4 Stück 1 Pf.; Wein (1 Hllr.), Salz (1 Hllr.) und Getreide (1 Pf.) wurden nach Saumlasten, Schmeer (4 Pf.), Unschlitt (4 Pf.) und Blei (1 Pf.) nach Zentnern, Gewürze (4 Pf.), Oel, Wachs, Kleider, Felle, Salz (unter dem Zentner), Eisen, Wolle nach Pfunden Pf. des Werthes, je 4 Pf. verzollt. Vier Pferde, die aus der Stadt gingen, zahlten 1 Pf., eben so viel wurde gezahlt von den in Körben zum Verkauf ausgeführten Brod, in Säcken 3 Hllr. Verkaufte ein Fremder Wein in der Stadt, so zahlte er von dem Faß 4 Pf., der Schenkwirth eben so viel von jedem Pfund des Erlöses. Obst und Rüben wurden nach Pferde- und Eselslasten, Gemüse und Nüsse nach dem Malter, Heu, Stroh, Bauholz nach dem Wagen, Honig nach dem Saum (4 Pf.), Kupfer nach dem Zentner (4 Pf.) verzollt; ein neuer zum Verkauf gebrachter Wagen von 4 Rädern zahlte 1 Pf., mit 2 Rädern 1 Hllr. Den größeren Zoll (melius teloneum) sollte jeder in der Stadt geben, ausgenommen die Geistlichen und später auch die Bürger[3]). — Der Senat der Stadt Köln bestätigte im J. 1171[4]) den Kaufleuten von Dinant ein Zollprivileg und unterschied darin Jahrmarkts- und Wochenmarktszoll und eine Hafenabgabe. Auf dem großen Jahrmarkte, der mit dem Fest des h. Severin begann, zollten sie von jedem erkauften

---

[1]) Hontheim, hist. Trevir. S. 482. 623. — [2]) Lacomblet I, 264. — [3]) Schreiber, Urkundenbuch der Stadt Freiburg I, 5. — [4]) Lacomblet II, S. 808. Quellen zur Geschichte der Stadt Köln I, 563. 602.

Zentner Kupfer 4 Pf., in der übrigen Zeit 1 Pf., von allem, was sie verkauften, nichts. Führten sie von jenseits des Rheins Kupfer in die Stadt, um es hier umzuladen, so zahlten sie von jedem Wagen 4 Pf., gingen sie ohne Wechsel durch, so waren sie von diesem Zolle frei. (Hier wird der Anfang des späteren kölnischen Niederlagsrechtes zu suchen sein.) Von andern Waaren zollten sie an den Jahrmärkten im August von jedem Wagen 8 Pf., in der übrigen Zeit 4 Pf. Ungefähr um dieselbe Zeit wurde auch das Privileg der Kaufleute von Verdun bestätigt, das, mit Ausnahme des Jahrmarktes zu Petri Kettenfeier, den Zoll beim Eingang für den Wagen auf 4 Pf., beim Ausgang auf 8 Pf., für den Karren auf 2 und 4 Pf., für das Saum beim Ausgang auf 4 Pf. festsetzte. An dem genannten Jahrmarkte zollten sie im Ganzen 4 Pf. und 2 Pfd. Gewürz, und waren im Uebrigen frei. Hier haben wir also wieder ein Ueberbleibsel der Naturalzollabgabe, welche schon auf die oben erwähnten symbolischen Geschenke hinweist. — Auch in dem im J. 1191 erneuerten Marktprivileg der Stadt Enns ist ein Unterschied gemacht zwischen den Zollabgaben auf Jahrmärkten und den in der übrigen Zeit des Jahres erhobenen und auch hier finden wir Ueberbleibsel der Naturalabgabe aus der ältesten Zeit. Zu dem an Mariä Verkündigung gehaltenen Jahrmarkt hatte jedes Schiff auf der Enns freien Zugang, nach dem Markte zahlte dasselbe auf Aussage und Eid des Schiffers 12 Pf. von jedem Zentner der Ladung, von jeder carrada Wein und jedem Scheffel Getreide; wurde die Ladung zu Land gebracht, so zahlte jeder Wagen 12 Pf. Der über die Brücke fahrende Wagen zollte 16 Pf., das beladene Pferd 6 Pf., die nach Ruzia durchgehenden Wagen (Durchfuhrzoll) 16 Pf., waren sie in der Stadt selbst befrachtet, nur 12 Pf. Die von Mastricht und andern fernen Gegenden kommenden zollten bei der Auffahrt einen ferto ($^1/_4$ Mark), bei der Niederfahrt $^1/_2$ ferto, 1 Pfd. Pfeffer, 2 Schuhe und Handschuhe[1]). — Im J. 1209 errichtete Bischof Mangold von Passau einen neuen Zoll und stellte sämmtliche Abgaben in Geld fest. Es war ein Marktzoll, der von Kauf und Verkauf entrichtet werden mußte, von den Landleuten für jedes Pfund des Werthes 4 Pf., eben so viel von der carrada Wein; Fremde zollten zu Jahrmarkszeiten bei Kauf und Verkauf 1 Pf. vom Pfund

[1]) Urkundenbuch des Landes ob der Enns II, 431.

Pfg., das durchgehende Schiff 12 Pf., der Nachen 1 Pf., der Wagen so viel Pfennige, als Pferde vorgespannt waren, ein Wagen mit 2 Ochsen 1 Pf.[1]).

Die ältesten Tarife des 13. Jahrhunderts sind uns in den Stadtrechten und in den hansischen Urkunden erhalten. Die Handfeste von Bern vom J. 1218 nahm die Zollsätze des freiburgschen Statuts auf und befreite Geistliche und Krieger und jeden Kauf auf dem Markt, der unter 5 Sch. betrug, vom Zoll. Die im J. 1249 erneuerte freiburgsche Handfeste[2]) behielt den alten Zolltarif ohne wesentliche Veränderungen bei, führte aber mehr Waarengattungen im Einzelnen auf und verlangte von den Einwohnern nur den Zoll von allem, was sie zum Wiederverkauf erhandelten und zwar für 5 Sch. Werth 1 Pf., für jedes Pfd. Pfg. 4 Pf. — Im Schultheißenbuch der Stadt Nordhausen[3]) ist uns ein ausführlicher Tarif aus dem Anfang des 14. Jahrhunderts erhalten, der in seinen Bestimmungen auf eine frühere Zeit zurückweist. Der Tarif unterscheidet zwischen einem kleinen und großen Zoll, welcher letztere aber nur von Wein und Getreide gegeben wurde und der Münze gehörte, während der kleine Zoll zum Vortheil der Stadt erhoben wurde. Für diesen wurden als Einheiten angenommen der vierrädrige und der zweirädrige Wagen sowie die Traglast bei Holz und Holzwaaren aller Art; Wagen, Räder und Achsen aber wurden bei dem Verkauf nach dem Stück verzollt; Getreide, Mohn, Gemüse, Weid, alle Erzeugnisse des Garten- und Ackerbaus beim Verkauf im Ganzen nach Wagen und Karren, beim Kleinverkauf nach dem Werth eines Schillings, Kupfer und Eisen nach dem Zentner (2 und 1 Pf.), Salz und Pech nach dem Wagen, Tuch und Leinwand nach dem Stück (1 Pf.), beim Einzelausschnitt nach dem Schilling des Werthes (1 Hllr.), Fische nach Wagen (2 Pf.), Tonnen (1 Pf.) und Schilling des Werthes (1 Hllr.), Schwerter nach 2 Sch. des Werths (1 Pf.), desgleichen Felle, Leder, Wachs, Wolle; Wein, Bier, Meth nach Kufen und halben Kufen (2 Pf. und 1 Pf.), doch durfte niemand zur Zahlung gezwungen werden, bevor er verkauft hatte. Von den Buden mußten die Heimischen wie die Fremden an den Jahrmärkten ein Stättegeld zahlen, die Schuster 2 Pf., die Gewandschneider 4 Pf.

---

[1]) Mon. boic. XXVIII, 1. — [2]) Schreiber a. a. O. I, 30. Gaupp, a. a. O. II, 100. — [3]) Förstemann, Neue Mittheilungen aus dem Gebiet histor. antiquar. Forschung III, 1, 3.

Ein bemerkenswerther Tarif für die älteste Zeit ist der, welcher für die Niederlage der Stadt Pirna um die Mitte des 13. Jahrhunderts von dem Markgrafen Heinrich von Meißen festgestellt und im J. 1325 von König Johann von Böhmen bestätigt wurde. Pirna war damals zwar kein großer Handelsplatz, doch ein wichtiger Knotenpunkt an der Kreuzung der Elbe und der großen östlichen, durch die Marken Meißen und Lausitz führende Straße. Die Niederlage bestand in der Verpflichtung, anzuhalten, umzuladen, den Zoll und die Gebühren der Umladung auch im Fall, daß die letztere thatsächlich nicht stattfand, zu zahlen. Demnach finden wir in diesem Tarif Durchfuhrzölle auf der Fluß- und Landstraße, Hafen- oder Anlegezoll, Marktzölle und die Abgabe für die Niederlage; dabei wurde unterschieden zwischen dem, was in der Stadt blieb, über die Elbe oder auf- und abwärts geführt wurde. Ein großes beladenes Schiff zahlte zur Niederlage 3 Mark, nahm aber das Schiff Steine, Holz oder andre Waare von hier wieder mit hinab, so war es für diese Ladung zollfrei. Wenn ein Schiff hier gebaut war und führte Steine von hier abwärts, so war es zollfrei, sobald die Rückkehr bis zum Winter verbürgt wurde, kam es nicht bis dahin zurück, so zahlte es $3^1/_2$ ferto; eine Arche oder Pram sollte unter denselben Bedingungen 7 Lotonen, das Floß 1 ferto. Alles Bauholz, Balken, Sparren, Schwellen, Schindeln zollten nach dem Schock (4 Pf. bis $1^1/_2$ loto), Steine als „Schale" und Schleifsteine nach dem Stück (1 Pf.), Honig nach einem Maß, Sturnitz genannt (3 Pf.) oder nach dem Wagen (14 Pf.), Zinn, Blei, Kupfer nach Last ($^1/_2$ ferto), Zentner (2 Pf.) und dem Stein ($^1/_2$ Pf.). Böhmische Häute zahlten beim Uebergang über die Elbe von 150 Stück als Geleit $^1/_2$ Mark, außerdem als Zoll von 100 Stück 10 Pf. bis 4 Pf. Das Tuch wurde nach dem Saum verzollt und nach der Güte und der Gegend der Erzeugung unterschieden, pannus nobilis (4 Pf.), kurzes rheinisches (3 Pf.), in der Provinz gefertigtes (1 Pf.) und Tuch von Dresden (1 Pf.), Weine nach der carrata (1 loto und 2 Gr.); blieb der Händler mit dem Wein in der Stadt, so zahlte er nur für das Ausschenken. Salz, das in Pirna geladen und nach Böhmen geführt wurde, zahlte für 100 „Soch" 2 Gr., bei der Durchfuhr 4 Gr., der Wagen 11 Gr. als Zoll und 4 Gr. zur Niederlage bei 4 Pferden,

---

[1]) Abgedruckt bei Horn, Henricus Illustris, S. 369 folg.

3 Gr. bei 2 Pferden, 1 Gr. bei einem Pferd; Häringe und Fische vom Wagen 14 Pf. als Zoll und 4 Gr. zur Niederlage. Ein Schiff, das von Magdeburg Salz und Häringe führte, zahlte 3 Mark zur Niederlage, die Marktkähne ½ loto, die Tonne 3 Pf. Gerste zollte vom Centner ½ Pf., Hopfen vom Sack 14 Pf., vom Karren 7 Pf., Gewürze vom Centner 1 loto, Seife und Flachs vom Stein 3 Pf.; das, was der Krämer oder sein Knecht auf dem Rücken trug, verzollte er nach Pfunden. Getreide zollte vom Malter 2 Pf., vom Wagen 4 Pf., Mohn vom Scheffel 4 Pf., Leinwand von 100 Ellen 4 Pf., Garn bei der Durchfuhr nach Böhmen 2 Pf., blieb es hier 1 Pf.; die Eisenwaaren wurden nach dem Stück, dem Dutzend und dem Schock verzollt. Für Vieh zollte nach dem Verkauf sowohl der Verkäufer wie der Käufer, mochte es in der Stadt bleiben oder ausgeführt werden, vom Pferd, Rind und Schwein und vom Esel 30 Pf. Schwerter und Scheln zollten bei der Durchfuhr vom Wagen 14 Pf., auf der Elbe vom Hundert 4 Pf.; böhmischer Wein wurde zollfrei, sobald Salz dafür eingenommen wurde, beim Verkauf und der Durchfuhr mußte er verzollt werden. Das Fährgeld betrug für den Wagen von jedem Pferd 1 Pf., kehrte er in derselben Woche zurück, so war die Rückfahrt frei, für den Mann ½ Pf.; die Rückfahrt in derselben Woche war auch für ihn frei. — In Eisenach gab nach dem Tarif aus dem 13. Jahrhundert, der in einzelnen Bestimmungen auf die Zollordnung von Raffelstätten zurückweist, Kupfer und Wein beim Verkauf für die carrada 4 Pf., Bier 2 Pf., Getreide für den Malter 1 Pf., der Maulesel 4 Pf., der Esel und das Pferd 2 Pf., Rind und Schwein 1 Pf., Schaf und Ziege 1 Hllr., Tuch von der Karre 4 Pf., von der Pferdelast 2 Pf., von dem Bündel, das an dem Sattel befestigt wurde und der Traglast 1 Pf., von einem Schwert 1 Pf., andre Waaren von 1 Schilling des Werths 1 Pf., von 6 Pf. 1 Hllr., darunter nichts. —

Zu den ältesten Tarifbestimmungen gehören auch die hansischen, welche noch von besonderem Interesse sind, weil sie sich auf den Seehandel beziehen. Im Vertrag der Stadt Lübeck mit Wiglav, Herrn von Rügen, im J. 1224[2]) wurde der Schiffszoll nach der Tragfähigkeit der Schiffe bestimmt; ein Schiff von weniger als 12 Lasten zahlte 1 Pfd. Salz, bis 18 Lasten 1 ferto und 1 Pfd. Salz, über

[1]) Gaupp a. a. O. S. 202. — [2]) Urkundenbuch der St. Lübeck I, 32. 37.

18 Lasten $1/2$ Mark und 1 Pfd. Salz; jedes Schiff, das kam um Häringe zu holen, zahlte jedes Mal 1 Pfd. Salz; landete das Schiff nur, um Speise einzunehmen, so fiel der Zoll weg. Die älteste lübeckische Zollrolle aus derselben Zeit enthält Bestimmungen für den Markt- wie den Durchfuhrzoll. Wer hier kaufte oder verkaufte, zahlte ohne Unterschied 4 Pf. und für jedes Schiff, in dem er seine Waaren fortführte, eben so viel; wer aber das Bürgerrecht erwarb, hatte eine Erleichterung von diesem Zoll, noch mehr, wer eine Lübeckerin heirathete. Wer seine Waaren durchführte zum Meere, zollte für jede Last 15 Pf., kehrte er binnen Jahr und Tag zurück, so hatte er so viel Lasten, als er beim Ausgang verzollt hatte, zollfrei. Bei einem Schiff über 12 Lasten hatte der Kaufmann eine Last frei, von 5—12 Lasten eine halbe. Von einem Faß Wein zollte er noch besonders 15 Pf. Für 7 Pfund (Schiffspfund) zollte, wer zum Meere ging, 8 Pf., für 3 Pfund 5 Pf. und wer nichts bei sich hatte aber von eignem Brote lebte, zahlte 5 Pf. Der Wagen, der in die Stadt kam, zollte 4 Pf., beim Ausgang nichts, Karren 2 Pf., Kühe und Schweine je 1 Pf., 2 Schafe und 4 Lämmer je 1 Pf. Der Fremde, der zu Schiff ein Pferd vom Meere einführte, zollte 4 Pf., verkaufte er es in der Stadt, so gab er keinen Marktzoll, doch der Käufer 4 Pf., ebenso, wenn ein Pferd vom Lande hereingeführt wurde; wurde Pferd gegen Pferd vertauscht, so zollte jedes 8 Pf. Kohl und Obst waren bei der Einfuhr, sobald es nicht über 1 ferto betrug, zollfrei. Wie viel Pfund ein Slave verkaufte, so viel mußte er verzollen und wie viel Pfennige er gezollt hatte, so viel Pfund durfte er zollfrei wieder ausführen, gab aber dabei für seine Person noch 1 Pf. Den Schilling Werth des Verkaufs verzollte man mit 1 Pf., den ferto mit 4 Pf. Wer seine Waaren aus der Stadt schickte, aber selbst noch darin blieb, brauchte das Zollgeld erst zu bezahlen, wenn er abreiste; mußte er plötzlich abreisen, so hatte er das Geld seinem Wirth zu geben, der binnen 3 Tage darüber Rechenschaft geben mußte; wer das Zollgeld hinterzog, zahlte dasselbe neunmal und außerdem 60 Schilling.

In Hamburg minderte Graf Adolf von Holstein für die Kaufleute der Mark Brandenburg im J. 1236[1]) den Zoll, der hier damals schon Ungeld genannt wurde. Vom Chorus Getreide zollten sie jetzt

[1]) Lappenberg, hamb. Urkundenbuch I, 432. 482. 542 folg.

2 Sch. statt vorher 4 Sch., von der Last Häringe und Kupfer 4 Sch. statt 14 Sch., ebenso von der Leinwand, von einer Mesa Waid 2 Sch. statt vorher von 10 eine Mark, von 7 Last Blei oder Zinn 1 Mark. So zollten sie, wenn sie zum Verkauf nach Flandern oder sonst wohin die Waaren zum Verkauf führten; was sie zum eigenen Gebrauch gekauft hatten, war zollfrei. Im J. 1254 setzten die Grafen Johann und Gerhard von Holstein für die Kaufleute von Braunschweig und Magdeburg einen verminderten Tarif in Hamburg fest, nach welchem jede Last Kupfer, Zinn, Erz mit 1 Sch., Blei mit 6 Pf., das Faß Unschlitt mit 1 Sch. verzollt wurde. Tuch, Leinwand, Felle, Gewürze, Schwefel, Wein u. a. Waaren wurden nach dem normannischen Gewicht, (de pondere Normannorum $2^1/_2$ Pf.), ein Chorus Getreide bei der Ausfuhr mit 2 Sch., eine Last Häringe mit 1 Sch., ein größeres Eisen mit 2 Pf., ein kleineres mit 1 Pf., das Pfund Wachs mit 1 Pf. verzollt. Auch hier zahlte, wer den Zoll betrog, neunmal den Betrag. — Aus der Zeit von 1254—1262 stammt die von denselben Grafen für den gesammten Verkehr in Hamburg festgesetzte Zoll- und Ungeldsrolle. Früher zahlte jedes vom Meere kommende Schiff einen ferto und außerdem von der Fracht als Ungeld für 1 Faß Bier 4 Pf., für einen Chorus Weizen $^1/_2$ ferto, Gerste 3 Schilling, Hafer 2 Sch.; im erwähnten Tarif wurde der Schiffszoll auf 22 Pf. gemindert, das Ungeld von Bier aufgehoben, das von Getreide etwa um ein Drittheil gemäßigt. In diese Rolle wurden die Zollprivilegien für die Kaufleute der Mark Brandenburg, der Mark Meißen, des Bisthums Magdeburg, der Herzogthümer Braunschweig und Sachsen aufgenommen. Diese hatten alle früher die zwanzigste Mark (also 5%) zu Ungeld gegeben, jetzt wurde der Tarif nach den einzelnen Waarengattungen und den Gegenden, woher sie kamen, unterschieden. Wer von der West- und Ostsee nach Hamburg kam, um die Elbe hinaufzugehen, zollte vom Pack Leinwand 13 Sch. als Ungeld, von der Tonne unterschiedlicher Waare 3 Pf.; hatte der Fremde hamburgsches Bürgerrecht, so war er frei von Zoll und Ungeld. Jedes fremde Schiff, so oft es vom Meere kam, zollte 22 Pf., der Kahn, der die Waaren des Fremden von Stade brachte, 8 Pf., außerdem aber noch von der Fracht, von der Last Felle 4 Pf., von jeder Tonne Waare ebenso viel, kleinere Kähne (Mannkahn, von einem Mann geführt) zollten 4 Pf. Auch die zu Lande eingeführten Waaren zollten verschieden

je nach der Gegend und der Stadt, woher sie kamen. Den Schluß bilden die Tarifbestimmungen für die von den Fremden in Hamburg selbst zur Wiederausfuhr gekauften Waaren, sowie für die Kaufleute, welche ihre Waaren von der Ostsee über Hamburg in die Nordsee führten. Wer das Zollgeld böswillig oder aus Nachlässigkeit hinterzog, büßte auch hier mit dem neunmaligen Betrag.

Es würde die Grenzen dieser Darstellung weit überschreiten, wollte ich aus allen Gegenden des Reiches und aus allen Zeiten des Mittelalters die uns erhaltenen zahlreichen Tarife auch nur in kurzem Auszuge wiedergeben. Abgesehen davon, daß ihre Bedeutung hauptsächlich eine handelsgeschichtliche ist, kam es hier hauptsächlich nur darauf an, durch Anführung der ältesten Zollrollen die ursprüngliche Anordnung derselben erkennen zu lassen; in welcher Weise dieselben später immer mehr und immer grundsatzloser gesteigert wurden, haben die voraufgehenden Abschnitte schon dargelegt.

Dritter Zeitraum.

Die Zeit der kurfürstlichen Präeminenz in Zollsachen.

Vom J. 1523 bis zum J. 1648.

Erster Abschnitt.

Die Zeit bis zum Frankfurter Deputationstag im J. 1577.

Das Zollwesen im Reich bietet während des hier bezeichneten Zeitraums scheinbar ein Bild der Ordnung und Mäßigung, wie wir es in der voraufgegangenen Periode vergebens suchen. Indem sich das kurfürstliche Collegium das Recht der Entscheidung in allen Zollsachen erworben hatte und mit zäher Folgerichtigkeit und nicht ohne Rücksicht auf das Wohl des Reiches auf Reichs-, Deputations- und Kurfürstentagen zur Geltung brachte, erhielt das Zollwesen einen Mittelpunkt, wo alle Beschwerden, Berichte und Bitten zusammentrafen und jede Neuerung ihre rechtliche Begründung oder verdiente Abweisung zu erwarten hatte. In die Stelle der kaiserlichen, von kurfürstlicher Einwilligung beschränkten Oberhoheit in Zollsachen war nun — und dieses ist das Kennzeichen des jetzt darzustellenden Zeitraums — der Wille der Kurfürsten getreten und das kaiserliche Decret diente nur, diesen als Gesetz zu verkünden.

Die Wahlcapitulation Karls V. sagt im 18. Artikel: „Wir sollen und wollen auch insonderheit, dieweil teutsche Nation und das h. römische Reich zu Wasser und zu Landen zum Höchsten vor damit beschwert, nun hinfür keinen Zoll von Neuem geben noch einigen alten erhöhen ohne besonderen Rath, Wissen, Willen und Zulassen der bemelten sechs Kurfürsten.“ Und im 19. Artikel: „Und demnach etliche Zeit die Kurfürsten am Rhein mit vielen und großen Zollfreiungen über ihre Freiheit und Herkommen oftmals durch Forderungsbriefe und in anderen Wegen ersucht und beschwert werden, das sollen und wollen wir als nachträglich abstellen, fürkommen und zumal nicht verhängen noch zulassen, fürder mehr zu üben noch zu geschehen.“ Die Wahlcapitulationen Ferdinands I und Maximilians II bestätigten diese Artikel, wozu die letztere vom J. 1562 noch den Zusatz enthält: „Da jemand bei uns um neue Zollbegnadigung oder Erhöhung der alten und vorerlangten Zölle suppliciren und anlangen würde, so sollen und wollen wir ihm einige Vertröstung oder vorbittliche Schreiben an die Kurfürsten nicht geben oder ausgehen lassen.“ Mit diesen stimmt auch die Capitulation Rudolfs II überein. Maximilian II aber mußte noch besonders versprechen, alle eigenmächtig errichteten Zölle entweder durch die in den Reichgesetzen vorgeschriebenen Wege des Reichsprocesses oder durch andere Wege abzuschaffen und nicht zu gestatten, daß jemand eigenmächtig neue Zölle errichte.

Der Reichstag zu Regensburg im J. 1532 [1]) verabschiedete im Artikel „Von nauen und erhohten zollen“: „Nachdem im jüngsten Reichsabschied, zu Worms gemacht, neben andern Mängeln und Unordnungen dem Regiment, der neuen und erhöhten Zölle halben der Nothdurft noch weiter zu ermessen und davon Ordnung aufzurichten, befohlen und wiewohl das Regiment wohl geneigt, berührter Zölle Handlung nach vorgemeldtem Abschied und Befehl vorzunehmen, solches aber viele hohe und niedere Reichsstände belangt und merkliche Klage und Nachtheil daraus bisher entstanden und weiter entstehen mögen, so haben das Reichsregiment im Besten gedacht, daß Kur-

---

1) Acta, Reichstag zu Regensburg, 1532 Bl. 281 b. Loc. 10183.

fürsten, Fürsten und Stände in solchem am Besten fürnehmen und handeln könnten."

Diese Stellung in Betreff des Zollwesens suchten die Kurfürsten noch durch eine besondre Einigung unter sich zu festigen. Am 18. März 1558 kamen sie überein, von dem Tage dieser Verabredung an alle vier Jahre eine Zusammenkunft zu halten, und dabei dem Kurfürsten von Mainz Vollmacht zu geben, außerordentliche Zusammenkünfte auch zu anderen Zeiten auszuschreiben [1]).

Diese sowie die schon ältere Bestimmung der goldnen Bulle bildeten die staatsrechtlichen Grundlagen der kurfürstlichen Präeminenz in Zollsachen. Die guten Folgen derselben für das nächste Jahrhundert sind nicht zu verkennen. Der Willkühr in Aufrichtung neuer Zollstätten und Tarife wurde wenigstens eine Schranke gegeben und dem mehr und mehr der Zerstückelung verfallenden Zollwesen ein Band, welches dasselbe noch an die Reichsregierung als die oberste Rechtsquelle fesselte, wenn auch diese in ihrer reichsgesetzlich bekräftigten Zertheilung keineswegs im Stande war, einer ohne Anfrage begonnenen Neuerung und einem ohne Scheu fortgesetzten Ungehorsam durchschlagende Zwangsmittel entgegen zu setzen.

Bis zur Mitte des 16. Jahrhunderts trat das Ansehn Karls V. in Folge seiner überragenden Machtmittel auch in diesen Verhältnissen noch in den Vordergrund und er machte dasselbe mehr als einmal gegen den Willen der Kurfürsten geltend. Markgraf Hans von Pommern-Stettin bat ihn im J. 1547 [2]) um die Verleihung eines Oberzolles zu Küstrin, der im Jahre höchstens 600 fl. tragen und deßhalb auch kein Bedenken erregen werde. Dabei berief er sich auf die bereits erhaltenen Einwilligung des Kurfürsten Joachim von Brandenburg und seine treuen Dienste gegen Kaiser und Reich, um deren Willen er alles, was er auf dieser Welt besitze, hintangesetzt und die ganze Zeit über seine Lande und Festungen mit stattlichem Kriegsvolk bewahrt gehalten habe. Das kurfürstliche Colleg erhob dagegen auf dem Reichstag zu Augsburg im J. 1548 [3]) den entschiedensten Widerspruch. Kurfürst Moritz von Sachsen bezeichnete diesen Zoll als den kursächsischen Landen und Bergwerken unleidlich, denn in Folge dessel-

---

[1]) Acta, den Fürstentag zu Frankfurt a. M. 1562. Bl. 11. Loc. 7385. — [2]) Acta, Markgrafen Hansen zu Brandenburg neuen angestellten Wasserzoll auf dem Oberstrom zu Cüstrin bel. 1544—59. Loc. 7246. — [3]) Acta, Copial zu Augsburg und hin und wider ergangene beselich und schrifften. 1547—48. Loc. 10187.

ben müßten diese alle ihre durch die Oberlausitz von Stettin ihnen zugeführten Bedürfnisse doppelt theuer zahlen; der Zoll zu Küstrin gleiche einer Verdoppelung des zu Wasser nur 5 Meilen davon entfernten Zolles zu Oderberg. Auch die Reichs- und Hansestädte unterstützten diesen Widerspruch mit einer Eingabe vom 3. April 1548 und beriefen sich dabei auf ihr kaiserliches Privileg, daß sie mit neuen Zöllen nicht mehr sollten beschwert werden. Der neue Zoll traf wie der zu Oderberg alle von der Ostsee über Stettin in das Innere des Reiches geführte Waaren, und da allein an Wein mehre tausend Fuder hier durchkamen und von jedem Fuder Wein 18 Gr. erhoben werden sollten, so erschien schon dadurch der Zoll viel bedeutender, als der Markgraf ihn darzustellen suchte. Außerdem sollten von jeder Last Häringe, Honig, Oel 18 Gr., gesalzener Fische, Butter, Salz und Waidasche 12 Gr., Theer und Pech 6 Gr., vom Faß Thran 3 Gr., von einem Ballen englischen Tuchs 1 fl., von jedem scharlachnen oder lundischen Tuch 4 Gr., gemeinern Tuch 2 Gr. u. s. w. entrichtet werden.

Im J. 1555[1]) wiederholte der Markgraf auf dem Reichstag zu Augsburg seine Bemühungen, traf aber jetzt auf den Widerstand des Kurfürsten August, des Bruders vom Kurfürsten Moritz, der seinen Räthen befohlen hatte, nur im äußersten Falle, weil Moritz noch kurz vor seinem Tode die Einwilligung versprochen hatte, nachzugeben. Vergeblich suchten Stettin und Leipzig den Kurfürsten bei seiner Weigerung festzuhalten. Nachdem die übrigen Kurfürsten eingewilligt hatten, stellte auch Kurfürst August gegen den Revers, daß seine Unterthanen über den alten Tonnenzoll nicht beschwert werden sollten, am 20. Mai 1555 die Bewilligungsurkunde aus, worauf Ferdinand I am 20. Mai 1558[2]) diesen von Karl V bewilligten Wasserzoll auf der Oder und Warthe, wie und wo es dem Markgrafen in seinem Fürstenthum beliebe, mit beigegebenem Tarif bestätigte. In ähnlicher Weise hatte Karl V am 17. Januar 1547[3]) demselben Markgrafen einen Stadt- oder Marktzoll von allen in die Neumark oder in die Lande zu Sternberg auf den Markt gebrachten Pferden und Schlachtvieh bewilligt, welcher Zoll nachträglich auf dem

[1]) Acta, Schrifften auf dem Reichstag einkommen. 1555. Loc. 10192. — Acta, Drittes Buch, Reichstagshändel, 1555. Bl. 442 folg. Loc. 10190. — [2]) Acta, Deputationstagshandluug zu Frankfurt. 1577. nr. 2. Loc. 10125. — [3]) Acta, Markgrafen Hansen zu Brandenburg neuen Wasserzoll u. s. w. Bl. 169, folg.

Deputationstag im J. 1577 vom kurfürstlichen Colleg zur Sprache gebracht und als vollendete Thatsache ohne Widerspruch bestätigt wurde.

Mehr Rücksicht nahm Ferdinand I auf den 18. Artikel der Wahlcapitulation, doch berücksichtigte er innerhalb seiner Erblande von allen Reichsständen am Wenigsten in Zollangelegenheiten die Verfassung des Reiches wie die Beschwerden am Reichstage. Im J. 1557 hatte er in Ober- und Niederschlesien einen neuen Grenzzoll auf alle Vieh- und Waarengattungen, die außer Landes geführt wurden, gesetzt. Da er berichtet wurde, daß mit Umgehung dieses Grenzzolles die Vieh- und Waarenzüge durch die Ober- und Niederlausitz gingen, belegte er durch ein neues Mandat vom 1. August 1558, damit nicht ein Land vor dem andern beschwert würde, nicht nur alles durch Schlesien wie aus der Lausitz ausgeführte Rindvieh und Pferde mit einem Zoll von 4—9 Gr., jedes Stück Kleinvieh mit 1 Gr., sondern auch alle goldenen, silbernen und seidenen, zur Kleidung gebrauchten Waaren mit einem Einfuhr-, alle Landeswaaren mit einem Ausfuhrzoll, einen Stein Wachs z. B. mit 2 Gr., Unschlitt und Schmeer 3 Gr., einen Ctr. Federn 12 Gr., eine Tonne Honig 6 Gr. u. s. w.; die Ausfuhr der Röthe wurde ganz verboten. Das schlesische und lausitzische Landtuch mußte bei der Einfuhr in Böhmen und Mähren für das Stück mit $1/2$—$1 1/2$ Gr., englisches, lündisches, limburgsches und mechelnsches Tuch mit $1/2$—1 Thlr., zwickauisches, meißnisches u. a. gemeines Tuch mit 6 Gr., ein Stein Wolle mit 5 Gr., das Rauchwerk für ein Thlr. Werth um 1 Gr., 100 Hüte mit $1/4$ Thlr., 1 Lagel süßen welschen Weines mit $1/2$ Thlr., ein Eimer ungrischen und rheinischen Weins mit 6 Gr., österreichischen und andern ausländischen Weins mit 4 Gr., ein Fuder Landwein mit 1 fl., ein Scheffel Weizen, Korn, Erbsen und Heidekorn mit $1 1/2$ Kr., Hafer 1 Kr., Hirse 3 Kr., Hanf und Leinsamen 4 Kr. verzollt werden. Das von fremden Bergwerken zugeführte Kupfer und Zinn sollte bei der Einfuhr vom Ctr. $1/2$ Thlr., das inländische Zinn und Kupfer keinen Zoll geben, Gewürze, Seife, Baumwolle, Süd- und andre Früchte, feineres Holz und Holzwaaren vom Gulden 1 Gr., Drogen, Leinen und Leinenwaaren von 10 fl. 5 Gr., Leder vom Stück $1 1/2$ bis $1/2$ Gr. Von den goldenen und silbernen Tüchern, von Sammet- und Seidenwaaren sollte, weil dieselben mehr zur Pracht als zur Nothdurft dienten und insbesondre von solchen, denen es nicht zuständig, misbraucht und übermäßig vertheuert würden, für jedes Stück goldnen Tuches 20—26 Gr., silbernen 16 Gr., scharlachnen 12 Gr., für Borten und Arbeiten von gezogenem Gold auf 10 fl. 10 Gr., für Borten von Seide und Wolle auf 1 Thlr. 1 Gr., für Perlen, Edelsteine und Kleinodien, gezwirnte und ungezwirnte Seide auf 10 fl. mit 10 Gr., für Sammet, Atlas, Damast auf 1 fl. 1 Gr., für nürnbergsche Kurzwaaren auf 1 Thlr. 1 Gr. gezollt werden.

Dieser Tarif zeigt im Ganzen noch den mittelalterlichen Finanzzoll, der nach Maß, Gewicht und Werth unterschiedlich erhoben wurde; das Ausfuhrverbot der Röthe aber sowie der Einfuhrzoll auf ausländisches Metall bei Befreiung des erbländischen offenbaren schon die Anfänge eines sich von jetzt an, zunächst nur langsam und bei wenigen Waarengattungen doch in stetigem Fortgange entwickelnden Sperrzollsystems, welchem später auch der hier nur als Luxussteuer erscheinende Zoll auf Gold- und Silberzeuge u. dergl. unterworfen wurde. Mit diesem Zollmandat erweiterte Ferdinand I, abgesehen davon, daß er die Zollgrenzen zwischen den eigenen Erblanden festigte, die Trennung derselben von dem Zollwesen des Reiches, indem er in alleiniger Rücksicht auf jene und ohne Rath und Einwilligung der Kurfürsten eine Grenzzollinie gegen das Reich zog und allen Beschwerden der Kurfürsten und Reichsstände mit seinen Nachfolgern ein zähes schweigendes Beharren entgegensetzte. Dadurch schlug er zuerst als Stand des Reiches in den Zollangelegenheiten die Bahn ein, auf welche ihm später alle Reichsstände folgten und welche schließlich die letzten Spuren eines Reichszollwesens verwischte.

Mehr Rücksicht auf die Mitwirkung der Kurfürsten bewies Ferdinand I in Betreff der Zollangelegenheiten im Reiche, wo sich das Streben nach Mehrung und Erhöhung der Zölle in bedenklicher Weise steigerte. Auf dem Reichstag zu Regensburg im J. 1556/57 suchte der Bischof von Bamberg einen neuen Fracht- und Viehzoll, weil der letzte Krieg das Stift in solche Schuldenlast gestürzt habe, daß eine Anzahl Aemter hätten versetzt werden müssen[1]). Der Herzog Christof von Württemberg hatte schon auf dem Reichstag zu Augsburg im J. 1555[2]) die Erlaubniß zur Steigerung seiner Zölle auf 25 Jahre erhalten, und bat jetzt in Regensburg um eine Verlängerung auf 30 Jahre. Ein ähnliches Privileg verlangte die Stadt Ulm, doch erhob

[1]) Acta, Drittes Buch der Regensburger Reichstagshändel, Bl. 248. 292. 296. — [2]) Acta, Drittes Buch Reichshändel. 1555. Bl. 5. 312. 318 u. a. O.

Kurpfalz den Widerspruch, daß man Städten solche Privilegien nicht verleihen dürfe. Der Kaiser mahnte durch ein besonderes Fürschreiben, diesen Zoll zu bewilligen, denn „boni conservantur quando remunerantur“. Auch hatte Karl V urkundlich im J. 1553 dieser Stadt für die im J. 1552 erlittenen Kriegsschäden eine Erhöhung der ihnen vom Reich verliehenen Zölle zu Geißlingen an zwei Zollstätten im Betrag von 5 Sch. Hllr. für den Eimer Wein zugesagt. Gegen diese, schließlich von den Kurfürsten zugestandene Zollerhöhung erhob Herzog Christof von Württemberg, nachdem er selbst kaum erst eine Tarifsteigerung erreicht hatte, auf dem Reichstag zu Regensburg im J. 1557 die Klage, daß Ulm auch in den Aemtern Heidenheim und Blaubeuern den erhöhten Weinzoll erhebe, obwohl diese mit der Straße von Geißlingen in gar keinem Zusammenhang ständen[1]).

In Folge dieses regensburgischen Reichstages erhielt auch der Graf von Hohnstein am 14. Juni 1558 die Einwilligung der Kurfürsten zu einer schon am 29. Juli 1505 von Maximilian I gestatteten Erhöhung des Zolles zu Schwedt[2]), deßgleichen am 1. März desselben Jahres der Kurfürst Joachim von Brandenburg zu einem von Ferdinand I. verliehenen Getreidezoll bei Lenzen auf der Elbe und zu Lande[3]), von jedem Wispel Weizen und Erbsen 1 Goldgulden, Roggen 1 fl. Münze, Hafer $1/2$ fl. Münze.

Der nächste Reichstag zu Augsburg im J. 1559 brachte wieder eine große Anzahl von Beschwerden und Ansuchungen. Die Stadt Leipzig klagte mit Stettin[4]) über den Zoll zu Küstrin und bat zugleich durch den Kurfürsten August um Aufhebung der neuen Zölle in den kaiserlichen Erblanden. Gegen den Zoll zu Küstrin wie gegen die dem Kurfürsten von Brandenburg gestatteten Zollveränderungen erhob auch der Herzog von Pommern den schon im J. 1557 vergeblich versuchten Widerspruch von Neuem[5]), da der Betrag dieser brandenburgschen Zölle bei den meisten Waaren dem größeren Theil des Werthes derselben gleichkam und außerdem der Markgraf die Kaufleute, welche früher bei Wrietzen und Freienwalde ihre Waaren auf die Achse gebracht hatten, jetzt bis Küstrin zu schiffen zwang, um

[1]) Acta, Drittes Buch der Regensburger Reichstagshändel. Bl. 283. 288. — [2]) Acta, Hohnsteinsche Zollsache, des Zolls zu Schwedt Erhöhung u. s. w. bel. 1558. Loc. 7246. — [3]) Acta, Deputationstag zu Frankfurt, 1577. nr. 2. — [4]) Acta, wegen kaiserlicher Maj. neuer Zölle u. s. w. Bl. 63. — [5]) Acta, Ausschreiben zu dem Reichstag auf den 1. Januar 1559. 1. Buch, Bl. 363. Loc. 10193.

hier mit Verlust einiger Tage den neuen Wasserzoll zu entrichten. Dazu kam auf dem Kurfürstentag zu Frankfurt im J. 1562 eine Klage derselben Herzöge über eine vom Kurfürsten Joachim angestellte Erhöhung des Zolls zu Oderberg wie über einen neuen Vielzoll des Markgrafen Hans[1]), welche beide gewaltsam auch gegen die verbriefte Zollfreiheit der Herzöge und der Ritterschaft durchgeführt wurden.

Der Kurfürst August von Sachsen hatte seinen auf den Reichstag zu Augsburg im J. 1559 gesendeten Räthen[2]) wegen der neuen Zölle in Böhmen, Schlesien, Tirol u. s. w. befohlen, da der Kaiser jetzt Hülfe gegen die Türken suche, auch kein Mittel zu scheuen, um diese höchst beschwerlichen Zölle abzuwenden. Die Räthe erwiderten zwar, es scheine sonst niemand Neigung zu haben, der kais. Maj. viel davon vorzubringen, setzten aber doch zu großer Unzufriedenheit der kaiserlichen Räthe durch, daß dem Kaiser in Relationen und sonst solches vorgebracht werden sollte[3]). Der Kurfürst verhehlte sein Befremden nicht, daß von den Uebrigen niemand ihn zu unterstützen geneigt gewesen sei, da es doch einigen Landen und besonders den Reichsstädten zu großem Nachtheil gereiche und die Kurfürsten billig die Reputation bedenken sollten, weil solche Neuigkeiten ohne Zweifel nicht mit ihrer Lb. Vorwissen aufgesetzt seien. Auf seiner Räthe Dringen wurde der Kaiser ersucht, die neuen Zölle, welche alle aus den kaiserlichen Erblanden in die deutsche Nation eingeführten Waaren vertheuerten, abzuschaffen, dieser aber gab nicht einmal eine Antwort.

In noch größerer Anzahl waren die Gesuche um neue Zölle und Zollerhöhungen eingegangen. Der Markgraf Philibert von Baden[4]) hatte gebeten, weil seine Markgrafschaft durch früheres Unglück geschwächt, sein markgräfliches Haus durch zu großen Kinderreichthum mit Schulden überladen, seine Gefälle und Einkommen nur schmal und seine Grafschaft Lützelburg im J. 1552 durch den König von Frankreich verwüstet sei, so solle man ihm eine Verdoppelung seiner, im Verhältniß zu anderen unbedeutenden und jährlich nicht über 5000 fl. ertragenden Zölle oder einen Tarif, wie dem Herzog Christof von Würtemberg im J. 1555 erlaubt war, ge-

[1]) Acta, Supplicationes so auf dem Kurfürstentag zu Frankfurt a. M. einkommen. 1562. Bl. 297. 306. Loc. 7385. — [2]) Acta, Ander Buch der Augsb. Reichstagshändel 1559. Bl. 207. 237 u. a. O. — [3]) Derselben Acten Drittes Buch. Bl. 87. 97. 241. 355. — [4]) Acta, Markgrafen zu Baden Schreiben an Kurfürsten August des Zolls halben. 1558. Loc. 4437.

statten. Doch blieb dies im J. 1567 auf dem Kurfürstentag [1]) erneuerte Gesuch zunächst ohne Erfolg.

Auch das auf dem Deputationstag zu Speier im J. 1560 [2]) wiederholte Gesuch des Herzogs Johann Albrecht von Meklenburg um Gestattung von Zollerhöhungen erhielt trotz des kaiserlichen Fürschreibens nur die Antwort, daß die von einigen benachbarten Ständen eingekommenen Schriften weitere Erkundigung und fleißiges Nachdenken nöthig machten. Der Gesandte des Kurfürsten August, Dr. Georg Cracow fragte bei dieser Gelegenheit im Kurfürstenrath, ob denn nicht der Kurfürsten Nothdurft erfordere, durch ein gemeinsames Schreiben kais. Maj. zu bitten, solche Zollsachen nicht also leichtlich an die Kurfürsten zu weisen? Die drei geistlichen Kurfürsten aber wollten auf diesen Vorschlag nicht eingehen, während Kurpfalz das Schreiben mit Heftigkeit verlangte. Dem meklenburgschen Zollgesuch widersprachen vor allen wieder die Herzöge von Pommern [3]), welche eine Preissteigerung für Tuch, Getreide, Mehl, Wolle, Hanf, Flachs, Hopfen, Vieh u. a. m. fürchteten. Johann Albrechts Bruder, Herzog Ulrich zu Güstrow erklärte, das jetzt bei den Kurfürsten gesuchte Privileg sei bereits wider den Willen der Landschaft und ohne der übrigen Familienglieder Wissen beim Kaiser ausgebracht, die Kurfürsten jedoch möchten darein nicht willigen, da solches in Meklenburg einen Aufstand verursachen könne, oder sonst wenigstens ihn, den Bruder, daran Theil nehmen lassen.

Ein andres Zollgesuch brachte im J. 1599 [4]) der Pfalzgraf Wolfgang von Pfalz-Neuburg an die Kurfürsten und stützte sich dabei gleichfalls auf des Kaisers Gunst und Zusage. Die einzelnen Kurfürsten, die er deßhalb anging, verwiesen ihn auf der sämmtlichen Kurfürsten persönliches Beisammensein, da nach der goldnen Bulle und der im J. 1558 zu Frankfurt eidlich bestätigten Vereinigung in Zollangelegenheiten nur von sämmtlichen Kurfürsten auf Reichs- und Collegialtagen geschlossen werden könnte. Auf dem Kurfürstentag zu Frankfurt schlug das kurfürstliche Colleg mit dem Zollgesuch dieses Pfalzgrafen auch das dänisch-holsteinische, das meklenburgsche,

[1]) Acta, Supplicationes u. s. w. 1562. Bl. 256 folg. — [2]) Acta, Deputationshandlung zu Speier. 1560. Bl. 125. Loc. 10122. — [3]) Supplicationes u. s. w. 1562. Bl. 332 folg. — [4]) Acta, Drittes Buch der Händel auf dem Reichstag zu Augsburg . 1559. Bl. 240. 350. — Acta, des Pfalzgrafen Wolfgang bei Rhein Zollsuchung bel. 1559—1567. Loc. 9980.

das badensche und ein oldenburgsches Zollgesuch ab. Das von den Kurfürsten in Uebereinstimmung mit dem Kaiser an die Bittsteller erlassene gemeinsame Schreiben, das bei spätern Abweisungen fast wörtlich wiederholt wurde, lautete nach seinem Inhalt[1]: Kais. Maj. und anwesende Kurfürsten hätten der königl. Würde zu Dänemark und Herzog zu Holstein, dem Pfalzgrafen Hans Wolfgang bei Rhein, dem Herzog Hans Albrecht von Meklenburg, dem Pfalzgrafen Karl und Philipp von Baden, Grafen Anton zu Oldenburg Suppliken um Zollbegnadigung und was solchen Zöllen entgegen durch etliche Fürsten und Landschaften, Städte und Communen vorgewandt, in Berathung gezogen und befunden, daß durch solche Zölle alle Waaren und Güter, so ohne das hoch gestiegen, endlich zu unbeschreiblicher unleidlicher Theuerung, zu der Kur- und Fürsten, Stände und Unterthanen und ganzer Polizei endlichem Verderben und Untergang gesteigert werden müßten. Kais. Maj. und Kurfürsten, den Ansuchenden zum Theil mit Sippschaft und Schwägerschaft verwandt und sonst mit Gnaden und freundlichem Willen wohl geneigt, sähen ihr Aufnehmen und Gedeihen gern befördert; weil aber durch solche unzweifelhafte Steigerung aller unentbehrlichen Waaren die deutsche Nation zum Höchsten belästigt und ausgeschupft und alle Stände gemeinlich zu merklichem Schaden gebracht, auch andere Communen und Stände im Reich aus solcher Bewilligung Ursache nehmen würden, dergleichen zu unträglicher immerwährender Theurung und gänzlichem Untergang des gemeinen Nutzens sowie zur Erregung des gemeinen Mannes auch zu suchen, so könnten kais. Maj. und Kurfürsten, zumal da auch die benachbarten, von diesen Beschwerden mit berührten Königreiche und Fürsten gleichfalls Zoll und Aufschläge in ihren Landen gegen die deutsche Nation vorzunehmen veranlaßt werden möchten, dieser Supplicanten Anlangen nicht Statt geben, in der Zuversicht, es würden die Ansuchenden solche Antwort in Gutem aufnehmen und erwägen, daß die Stände und Unterthanen deutscher Nation der in vergangenen Jahren entstandenen Widerwärtigkeiten halber zum Höchsten beschwert wären und der zugefügten Schäden sich noch nicht erholet hätten.

Kurfürst August, nicht ohne Unwillen über die stets wieder-

[1]) Acta, Reichstagshändel zu Speier. I. Buch. Bl. 239. — Nach einer alten Abschrift im Hamburger Archiv abgedruckt im „Abdruck der das Recht der freien Städte Lübeck und Hamburg u. s. w. betr. Urkunden“. S. 96.

holten und stets abgewiesenen Gesuche, beauftragte auf dem Deputationstag zu Speier im J. 1560 wieder seinen Rath Dr. Cracow[1]), das Gesammtschreiben an den Kaiser anzuregen, damit er künftig selbst solche Gesuche abschlage und nicht erst an die Kurfürsten weise, noch weniger aber Fürschreiben an dieselben gebe, da es „kais. Maj. selbst zuvor wißlich, daß solches ohne trefflichen Nachtheil der Unterthanen im Reich nicht geschehen könne."

Das schreckte alles die Bittenden nicht ab. Pfalzgraf Wolfgang schickte, nachdem er im J. 1563 die Kurfürsten einzeln zu gewinnen versucht hatte, eine Gesandtschaft auf den Deputationstag zu Worms im J. 1564, um eine Erhöhung der Zölle in Pfalz-Neuburg und Pfalz-Zweibrücken nach dem Maße der dem Herzog von Württemberg gestatteten zu erlangen[2]). Er wolle nichts Neues und Ungewöhnliches, erklärte er, denn es sei unverborgen, daß anderen noch geringeren Ständen und Gliedern des Reiches wie auch seinen nächsten Nachbaren beschwerlichere Zollfreiheiten gegeben seien, auch habe sein Urahnherr Markgraf Ludwig im Dienst der Kaiser Friedrich und Maximilian über 500,000 fl. Schaden erlitten und deshalb er an das Reich und die Stände billige Ansprüche, die er alle gegen das Zollprivileg wolle fallen lassen. — Der Kaiser, um der drängenden Mahnungen des Pfalzgrafen erledigt zu werden, schrieb an die Kurfürsten, sie möchten demselben in Rücksicht auf seine Forderung unweigerlich auf diesem Tag die Zollbegnadigung bewilligen. Nach langer, heftiger Berathung, wobei Kurpfalz als der zunächst Betheiligte durchaus eine stracke abschlägige Antwort verlangte, stellten die kurfürstlichen Räthe aus besonderer Freundschaft gegen den Pfalzgrafen und wegen der hochwichtigen Vorschläge, deren sie sich nicht versehen hätten, die ganze Angelegenheit auf Bericht an die Kurfürsten. Solcher Antwort, erwiderte der Pfalzgraf, habe er sich am allerwenigsten versehen; wenn man den Nutzen und das Interesse des Reichs und der Unterthanen vorschütze, so müsse man auch bedenken, daß des Reiches Fürsten und Stände bei ihrem Stand müßten erhalten werden und niemand von allen, die Zollprivilegien erhalten, hätte zu solcher Forderung so gegründete Ursachen gehabt wie er. Die kaiserlichen Commissarien schlugen vorläufig eine Zoll-

---

[1]) Acta, Deputationshandlung zu Speier. 1560. Bl. 42b. Loc. 10122. —
[2]) Acta, Wormbsische Deputationshandlung und darauf erfolgete Abschied. 1569. Bl. 133 folg. 166 folg. 196. 258. 275 folg.

erhöhung auf 20 Jahre vor, doch wurde der Beschluß, weil die Sachen bereits zu einem Abschied gediehen seien, bis zur nächsten Gelegenheit ausgesetzt.

Auf dem folgenden Reichstag zu Augsburg im J. 1566 wurde denn auch dieses Zollgesuch zunächst auf 20 Jahre bewilligt und die kaiserliche Urkunde darüber zu Augsburg am 1. Juni 1566 [1]) ausgestellt. Der Pfalzgraf sollte in den Fürstenthümern Neuburg und Zweibrücken für alle von altersher zollbaren Waaren und an allen hergebrachten Zollstätten den Zoll dreifach erhöhen, doch keine neuen anlegen. Kaum aber war die Zollerhöhung eingeführt, so erhoben sich auch die heftigsten Beschwerden. Die bayerischen Fürsten und Stände, die von Anfang an dem Zoll entgegengearbeitet hatten, überreichten dem Reichstag im J. 1566 zugleich mit den Ständen der Kreise Schwaben und Franken eine Vorstellung [2]), worin sie die durch solche Zollerhöhung verursachte Theuerung aller Lebensmittel, wie auch des Tuchs, der Leinwand, der Metalle u. a., für Bayern insbesondere die Steigerung der Getreide- und Salzpreise, der vornehmsten Nahrung dieses Landes, hervorhoben. „Dem allen nach und dieweil die Gewerbe ohne das von Recht und Billigkeit freigelassen und nicht sollen beschwert werden," baten alle drei Kreise einmüthig und dringlichst um Abweisung der Zollerhöhung. Nach der Einführung derselben griffen sie um so heftiger die Art der Erhöhung an als dem Inhalt des Privilegs durchaus zuwider. Eine in Folge dessen im J. 1568 ernannte kaiserliche Commission fand aber das Zollwesen in Neuburg wie in Zweibrücken — gegen die hier erhöhten Zölle hatte Nassau-Saarbrücken auf Grundlage der seit dem J. 1420 zwischen Zweibrücken und Nassau bestehenden Zollverträge Beschwerde erhoben, — durchaus nur der Bewilligung gemäß verändert und außer nothwendigen Wehrzöllen keine neuen Zollstätten errichtet. Die drei Kreise, dadurch keineswegs zufrieden gestellt, hielten besondre Zusammenkünfte, z. B. im J. 1567 in Nördlingen [3]), ließen eine Eingabe auf die andre folgen und drohten zuletzt mit Gewalt-

---

[1]) Acta, Pfalzgrafen Philipp Ludwigs und Johanns Zollserhöhung und Erstreckung bel. 1577—1609. Loc. 9980. — Acta, Augsburger Reichstagshandlung, I. Buch. Bl. 38. 99. 127. — III. Buch, 12. — IV, 78. — [2]) Acta, Protokoll auf dem Reichstag zu Augsburg. 1560. Bl. 45 folg. Loc. 10195. — [3]) Acta, Supplicationes, Zoll- und andre Beisachen auf dem Reichstag zu Regensburg. 1567. Bl. 1—17. Loc. 10196.

maßregeln. Nach ihrer Beschwerdeschrift zollte ein Floß mit Wein, das vorher je nach der Länge zu Lauingen 7, 11 oder 14 Pfg., zu Marchsheim 9 Pfg. und von jedem Faß 9 Pfg., zu Neuburg vom Eimer 1 Sch. und 40 Pfg. bezahlt hatte, jetzt an allen Zollstätten das Dreifache und außerdem zu Caub gegen alles Herkommen noch vom Faß 4 Pfg. In derselben Weise war der Zoll für Eisen und andere Waaren gesteigert, und außerdem mußten zu Lande Pferd und und Wagen noch besonders verzollt werden, z. B. bei Regenstauf jedes Pferd statt wie früher mit 2 Kr. jetzt mit 6 Kr., so daß das Pfund Eisen von Regensburg bis Ulm um 3 Kr. theurer kam als früher. Die Abfuhr des Getreides war durch solche Zollsteigerung fast unmöglich geworden. Zu den alten Zollstätten aber bei Reichertshofen, Marchsheim, Monheim, Berg, Hochstätt, Lauingen, Gundelfingen, Laber, Regenstauf, Lengenfeld, Schwandorf, Sulzbach und vielen andern waren noch 22 Nebenzollstätten gekommen. In Pfalz-Zweibrücken wurde sogar an allen pfalzgräflichen Zollstätten zu Ottweiler, Laubach, Erbach, Vogelbach, Moor u. a. das Vierfache nicht ohne grobe Gewaltthat erhoben, so daß z. B. bei Laubach und Erbach innerhalb einer halben Meile drei nach Frankfurt bestimmte sechsspännige Wagen 38 fl. 20 Albus, neun Karren und ein Wagen 80 fl., ein einziges Pferd im Karren 4 fl. 8 Albus hatten zollen müssen, während der Zoll vorher unbedeutend gewesen war [1]).

Das kurfürstliche Colleg vertraute diesen noch oft wiederholten Beschwerden gegenüber auf den Bericht der kaiserlichen Commission, welche durch den Beschluß des Kurfürstentags zu Fulda am 3. Feb. 1568 [2]) veranlaßt war, und sprach den drei Kreisen jedes Recht zur Beschwerde ab, so lange der Pfalzgraf sich innerhalb der ihm bewilligten Befugniß halte. Auch erhielten die Pfalzgrafen im J. 1586 auf weitere 15 Jahre, im J. 1596 auf weitere 13 Jahre die kurfürstliche Bestätigung, welche Erstreckungen sich auch im 17. Jahrh. mit den stets vergeblich wiederholten Beschwerden noch oft erneuerten.

Diesem Beispiel folgte auch der Pfalzgraf Georg Hans zu Veldenz. Da er vom letzten Regensburger Reichstag auf diesen Deputationstag verwiesen war, schickte er hierher eine besondre Gesandt-

---

[1]) Ebenda, Bl. 206 folg. — [2]) Acta, Kurfürstentag zu Fulda. 1568. Bl. 48. Loc. 7386. — Acta, Supplicationes auf dem Reichstag zu Speier. 1570. IX. Buch. Bl. 237. Loc. 10198.

schaft[1]) und hob in seinem Bittgesuch vom 9. Juli 1567[2]) die Lage seines Landes zwischen dem deutschen Reiche und Frankreich hervor, die ihn gezwungen habe, nach Erduldung vieler feindlichen Ueberfälle den Ainertsberger Paß mit einem Aufwand von 150,000 fl. zu befestigen und eine stehende Besatzung hier zu halten. „Wo man aber bedächte, meinte er, wie in kurzen Jahren wohl des Deutschlands fünfter Theil weggekommen und so, das Gott verhüten wolle, noch in Menschengedenken so viel sollt zugelassen werden, so trügen wir große Fürsorge, daß das Reich bald für Reich Arm würd heißen." Er bat deshalb wenigstens bis zur Vollendung dieses Festungsbaus um eine stattliche Zollerhöhung, zumal da auch sein Zoll in der Grafschaft Lützelstein im Jahr höchstens 1200 fl. ertrug. Das Gesuch wurde wegen mangelnder Instruction auf den Tag zu Erfurt und weiter auf den Deputationstag zu Frankfurt verschoben. Hier kam dasselbe im J. 1571 in Folge eines dringenden Fürschreibens Maximilians II zur Abstimmung, welche dahin ausfiel, das der Pfalzgraf zuvor die Zollstätten und den Zolltarif angeben solle[3]). Diesen Aufschub verdankte er nur dem kaiserlichen Fürschreiben, denn auf dem vorhergegangenen Reichstag zu Speier waren wieder sämmtliche Zollgesuche abgewiesen worden[4]).

Unter den hier Abgewiesenen hatte sich der Herzog von Meklenburg[5]) gleichfalls auf ein Fürschreiben Ferdinands I berufen und sich persönlich deßwegen auf den Reichstag begeben. Er verlangte eine Erhöhung seiner Zölle zu Dömitz, Boitzenburg und Lenzen, für einen Wispel Weizen auf 1/2 Goldgulden, Roggen und Gerste auf 1/2 fl. Münze, Malz und Hafer 1/4 fl. Münze. — Auch Landgraf Wilhelm zu Katzenelnbogen[6]) hatte um die Erhöhung des Rheinzolls zu St. Goar gebeten, der bis jetzt nur als ein halber d. i. noch nicht erhöhter erhoben werde; er wollte den ganzen d. i. den gedoppelten, denn sein Fürstenthum sei mit großen Schulden belastet und in fünf Theile getheilt, auch habe diese Erhöhung, die über 4—5000 fl. nicht eintragen werde, wenig gegen die doppelten und dreifachen Zölle der übrigen Fürsten am Rhein zu bedeuten. Fürst Joachim von An=

[1]) Acta, Erfurtische Deputationshändel. 1567. I. Buch. Bl. 22 folg. 150. Loc. 10123. — [2]) Acta, Neuer angesetzter Reichstag gegen Regensburg. 1567. Bl. 64. 174. Loc. 10196. — [3]) Acta, Frankfurter Appellation=, Moderation=, Münz= u. a. Händel. 1571. Bl. 22 folg. Loc. 10124. — [4]) Acta, Reichstagshändel zu Speier. Ander Buch, Bl. 353. — [5]) Derselben Acten V. Buch. Bl. 127 folg. — [6]) Ebenda, II, 187. — V, 190. 204.

halt[1]) hatte sich des Kaisers Einwilligung zu Erhöhung seiner Viehzölle verschafft, aber auch er bat bis zum J. 1582 auf allen Tagen vergebens. Er behauptete, ohne solche Hülfe die Pflichten gegen das Reich nicht mehr tragen zu können.

Unter den hier eingereihten Beschwerden über Zollneuerungen war die Bittschrift der Reichs- und Hansestädte gegen Burgund[2]) die wichtigste. Der vornehmste Handel der deutschen und anderer Nationen sei der auf dem Rhein in die königlich spanischen Niederlande, derselbe aber werde in den burgundischen Landen bei Nimwegen an der Waal wie zu Arnheim auf dem Rhein mit einem neuen gedoppelten Zoll, in den kurfürstlichen und andern Landen an Rhein, Mosel, Main und andern Flüssen mit einem neuen Weinzoll, Impost genannt, auf jedes Fuder Wein 1 Thlr., wider Herkommen und verbürgte Privilegien belastet. Dazu kam die bekannte Beschwerde über die ungewöhnlichen Schiffe der Holländer sowie ihre angehängten Rechen und die über Gänsefedern gestrickten Fischernetze, wodurch die Fischerei im Rhein und den Nebenflüssen gänzlich zu Grunde gerichtet werde. Obwohl der Herzog von Parma auf das Schreiben der Kurfürsten vom Reichstag zu Augsburg nicht einmal geantwortet hatte, was die Städte als dem Reiche zum Höchsten spottlich und verderblich erklärten, beschloß dennoch wiederum der Reichstag am 13. Sept. 1570, die Supplication den burgundischen Gesandten zu gebührlichem Gegenbericht zu übergeben.

Auf dem Deputationstag zu Frankfurt im J. 1571 wiederholten die drei Kreise Bayern, Schwaben und Franken ihre Beschwerden gegen die pfalz-neuburgschen Zollneuerungen ohne Erfolg[3]). Alsdann kamen Zollangelegenheiten zur Sprache von Bremen, Lüneburg, Anhalt, Magdeburg, Meklenburg, Pommern, Breslau, Brandenburg, Bayern u. a.[4]) Die Stadt Bremen klagte über ein neues Brückengeld des Grafen Otto von Schaumburg, über Zollsteigerungen ihres Erzbischofs wie des Bischofs von Lübeck. Letztere wurden zwar vom Kurfürstencolleg auf Grundlage des früheren Reichsabschiedes

---

[1]) Acta, Anhalt Fürst Joachim wegen Erhöhung des Viehzolles 1570. Loc. 4430. — Acta, Schriften Fürst Joachim Ernst zu Anhalt Verbesserung der Viehzölle bel. 1582. Loc. 4430. — [2]) Acta, Neuntes Buch Supplicationes auf dem Reichstag zu Speier. 1570. Bl. 211 folg. — [3]) Acta, Pfalzgravisch Neuburgische Zollserhöhungen bel. 1571. Loc. 9980. — [4]) Acta, Protokoll auf dem Deputationstag zu Frankfurt. 1571. Bl. 32 folg. Loc. 10125.

für abgeschafft erklärt, damit aber in Wirklichkeit noch lange nicht abgethan. Die Herzoge von Pommern und die Stadt Stettin beschwerten sich über neue Zollstätten und Steigerungen des Kurfürsten von Brandenburg, der sich dagegen auf das kaiserliche Zollprivileg vom J. 1456 berief, welches ihm in seinen Landen die Zölle nach Gutbefinden zu legen und zu verändern erlaubte. Er verlangte sehr entschieden, Kaiser und Kurfürsten sollten es dahin richten, daß er fernerhin solcher ungebührlichen Anfragen erübrigt bleibe. Alle Mitkurfürsten anerkannten dies, späterhin bestrittene Privileg ohne Widerrede und verwiesen Pommern und Stettin zur Ruhe. — Gegen die Herzöge von Bayern klagte Oesterreich wegen ungebührlicher Zollsteigerung. Als sich jene auf eine angeblich von dem Kaiser und fünf Kurfürsten erhaltene Bewilligung beriefen, erklärten die kurfürstlichen Räthe, daß solche Bewilligung nie von dem Collegium, vielleicht wohl von einzelnen Kurfürsten gegeben sei, als solche aber keine Gültigkeit haben könne. Deßhalb wurde diese Sache zunächst an den Kaiser verwiesen, daß er beide Theile vor sich bescheide und alles widerrechtlich Befundene abschaffe[1]).

Auf dem Reichstage zu Regensburg im J. 1576 übergaben die Frei- und Reichsstädte eine neue Klage und Bittschrift[2]), daß nach Abbruch der Friedensverhandlungen in den Niederlanden aller Handel auf See- und Holland gesperrt und die Durchfahrt nur gegen Bezahlung großer Licente und Lastgelder zu erlangen sei. Auf Beschluß des Städtetags zu Eßlingen im August 1575 hätten sie bei kais. Maj. um Hülfe gesucht, seien aber auf eine allgemeine Reichsconsultation verwiesen worden und wollten jetzt nicht unterlassen, den Kurfürsten zu berichten, welcher Maßen in den Niederlanden durch die königliche Regierung aller Verkehr nach Holland und Seeland, auf Rhein, Maas und ihren Abflüssen bei Verlust Leibs und Lebens gänzlich verboten und dadurch der Paß auf die Hanse, in's Reich und in den Rheinstrom ganz und gar gesperrt sei. Kais. Maj. möge deßhalb bei der kön. Regierung der Niederlande wenigstens für

---

[1]) Etwa um dieselbe Zeit fanden außerhalb des Reichstags über die Zoll- und Stapelverhältnisse der Elbe zum Zweck der Eröffnung der hier vielfach behinderten Schiffahrt zwischen den diesem Flusse angesessenen Ständen bemerkenswerthe Verhandlungen mit besonderer Theilnahme des Kaisers statt, worüber zu vergleichen meine „Geschichte des Kurfürsten August von Sachsen in volkswirthschaftl. Beziehung, S. 261 folg. — [2]) Acta, Supplicationes so zu Regensburg einkommen. 1576. Bl. 215.

die Kaufleute des deutschen Reiches, welche mit diesem unseligen Kriegswesen nichts zu stücken hätten, die Freigebung des Verkehrs auf die Hanse, Holland und Seeland veranlassen, die Kurfürsten aber Sorge tragen, daß die je länger um so mehr beschwerlichen neuen Zölle und Zollsteigerungen überall im Reich und insbesondre bei Köln abgeschafft würden. Durch die Kriege mit Frankreich hätten zwar auch die Commercien nicht geringen Abgang erlitten, doch sei diese zu verschmerzen gewesen, so lange der Paß auf die Niederlande und in das Meer offen geblieben, seit aber durch die niederländische Empörung der Handel die nächste Gelegenheit auf die östlichen und andre Königreiche und Lande verloren habe, seien die Land= und Wasserstraßen verödet, die Nahrung in aller Reichsfürsten Ländern in großen Abfall gekommen und der arme Mann überall bei der langwierigen Theurung dermaßen erschöpft, daß wenn diesen Dingen nicht durch den Segen des Allmächtigen und ernstlich tapfer Zuthun kais. Maj. und aller Kurfürsten bald abgeholfen werde, ein erbärmliches Verderben gemeinen Vaterlandes einbrechen müsse. Bei solchem langwierigen andauernden Abgang und jetzt gar nahe vor der Thür geübten Untergang sehe man eine merkliche Betrübniß und Angst der Gemüther, weil das geliebte Vaterland nicht allein an seinem Vermögen gleichsam austrockne und schwinde, sondern auch an Mannschaften täglich dermaßen abnehme, daß, wenn Gott der Herr den Erbfeind christlichen Namens nicht selbst abhalte und derselbe einen gewaltigen Zug auf Deutschland vornehmen wolle, man den Mangel des Volks mit so schwerem Leide wie den Abgang des Vermögens zu beklagen haben werde". — Wiederum wußten die Kurfürsten kein andres Mittel der Abwehr als ein Gesammtschreiben mit einer eben so fruchtlosen Gesandtschaft und auch darüber kamen sie sobald nicht zum Entschlusse.

Zollgesuche, alte und neue, gab es auf diesem Reichstag in großer Anzahl[1]). Die Herzöge von Meklenburg wiederholten ihr Gesuch wegen Dömitz und Boitzenburg und beschwerten sich zugleich über Zollerhöhungen der Stadt Magdeburg, die Herzöge von Braunschweig-Lüneburg verlangten eine Erhöhung der Zölle von Blekede und Schnakenburg. Die Markgrafen Karl und Philipp von Baden baten dringender als je „aus hoher Nothdurft und ehhaften Ursachen",

---

[1]) Ebenda, Bl. 463. 476. 479. 494 folg.

bei steter Mehrung der Landesbeschwerden und Ausgaben, der Reichs-, Kreis- und andern Steuern, bei steter Minderung der Einnahmen und dem Verharren schwerer langwieriger Theuerung. Die Herzöge Johann und Adolf von Holstein und Schleswig wollten mit einem Zoll an der Elbe wie dem Kurfürsten von Brandenburg erlaubt worden und mit Erhöhung des Viehzolls zu Rendsburg begnadigt sein, weil das Herzogthum Holstein, trotz des geringen Bodens und Umfangs im Reich schier einem Kurfürstenthum gleich angeschlagen sei und die Unterthanen wie auch die Stadt Hamburg sich zur Hülfe und Contribution nicht schuldig erachteten. Zu gleicher Zeit aber beschwerte sich schon die Stadt Hamburg über die vom Herzog Adolf von Holstein widerrechtlich eingeführten Zollneuerungen, die derselbe mit dem König von Dänemark nach seiner Abweisung durch das kurfürstliche Colleg eigenmächtig und gewaltsam eingeführt hatte. Im J. 1571 [1]) klagte die Stadt Hamburg beim Reichshofrath, daß der Herzog die gemeine offene Landstraße auf Hamburg im Amte Trittau und im Klostergut Reinbeck mit Schlagbäumen versperre und von jedem, auf Hamburg gehenden Kohlen- und Holzwagen einen unerhörten Zoll als Wegegeld verlange, auch einige Landwege abgegraben und zugepfählet habe, um alles Fuhrwerk auf die Zollstätten zu zwingen, während doch von Alters her die Stadt Hamburg in Holstein Zollfreiheit besitze. Der Reichshofrath erkannte am 30. Juli 1571, daß der Herzog sofort alle Schlagbäume, Stätt- und Weggelder abzustellen und jeden die gewöhnlichen Heerwege und Straßen unbeschwert und unbehindert fahren lassen solle. Da aber dieser am 7. Juli 1572 wiederholte Befehl wie auch alle kaiserlichen Ermahnungen fruchtlos blieben, ersuchte Hamburg auf diesem Reichstag im J. 1576 die Kurfürsten, solchem Anmaßen von Zöllen ohne Ersuchen und Bewilligung ferner nicht zuzusehen, da sonst ungezweifelt im Reich unselige ärgerliche Exempel nachfolgen, viele ohne Achtung auf die hohe Obrigkeit dieselbe Anordnung machen und zu ihrem Schutz dies Exempel anführen würden. Gegen den nun verlangten Zoll auf der Elbe hob die Stadt die daraus nothwendig erfolgende Beschwerung und Theuerung für den Handel von Hamburg und dadurch, des ganzen Reiches hervor.

---

[1]) Vergl. Abdruck der das Recht der freien Städte Lübeck und Hamburg u. s. w. betreffenden Urkunden, S. XXV folg. 98. 101.

Auch Pfalzgraf Georg Hans kam mit einer neuen Bittschrift. Indem er sich erbot, mit seinen Nachbaren, den Markgrafen von Baden, dem Kurfürsten von Mainz und seinen Vettern eine besondre Abfindung zu treffen, erklärte er, solcher Zoll sei für ihn die höchste Nothdurft, seit er erfahren habe, daß man denen auf der Grenze des Reiches mit den Kreisen nicht helfen könne. Viele Jahre her sei sein Land mit Durchzügen, Plünderungen und Brennen verderbt, er selbst einige Male mit Gemahlin, Kindern und der ganzen Hofhaltung bei Tag oder Nacht plötzlich vertrieben. Wäre der Paß bewahrt und ausgebaut, so wäre seinen Unterthanen ein Schaden von mehr als 300,000 Kronen erspart geblieben, sodaß sie, wenn es möglich wäre, den Grabenbau gerne mit den eigenen Nägeln machen hülfen; es müßte ein Steinherz sein, das nicht zur höchsten Ungeduld bewegt Mittel suche, um solchem Unglück vorzukommen. Erhalte er zum Ausbau der Festungen keine Beihülfe, so werde er noch ganz um das Seine kommen, und weil man nicht vor einem Jahre dazu gethan habe, müsse er schließen, daß, wenn ihm auch der übrige Bettel genommen werde, man gleichwohl seinethalben keinen großen Kessel überhenken werde. Da ihm niemand die Versicherung gegeben, daß ihm das, was er verliere, aus den Kreisen und dem Reich werde ersetzt werden und Sterben und Verderben zwei harte Nüsse seien, so habe er beinahe zwei Tonnen Goldes mit Sollicitationen auf Reichstagen und sonst seit 1566 verreiset, ohne was er auf Festungsbau und Besatzung gewendet, und sich dadurch etliche Tonnen Goldes Schulden auf den Hals geladen. Wo man ihm helfen wolle, müsse man aus dem Grunde helfen, daß er dieser durch die Fahrlässigkiit und Verlassung von Seiten der Reichskreise verursachten Schuldenlast erledigt und der Paß verwahrt und erhalten bleiben möge. „Kurfürstl. Gn. wollen das Vaterland, auch unsre und unsrer Kinder ausgestandene und noch vorstehende Gefahr mitleidenlich beherzigen und lieber eine Ungelegenheit mit außerordentlicher Hülfe eines Guldenzolls auf dem Rhein und Mosel, auch unsern geringen Aemtern und Erblanden thun, denn ein Größeres gewarten und in solchen exceptis casibus einen Unterschied halten und dabei der kaiserlichen Intercession und Vertröstung eingedenk sein." Am 14. Oct. erschien er persönlich zu Regensburg im Kurfürstenrath [1])

---

[1]) Acta, Protokoll auf dem Reichstag zu Regensburg. 1576. Bl. 300. 372. Loc. 10199.

und erklärte, daß ihn der Kaiser für die Verwahrung dieses Passes gegen Frankreich eines Guldenzolls versichert, die Reichskreise aber in seiner gefahrvollen Stellung ganz verlassen hätten. Nach so vielen vergeblichen Ansuchen und Vertröstungen wolle er hiermit vor Gott und der Welt bezeugt haben, wenn er sich an andre Orte nothwendig wende und wenden müsse, daß er es gleichwohl dem h. Reich angezeigt haben wollte. Am 6. Oct. erhielt er die trockne mündliche Antwort, die Räthe hätten jetzt nicht Befehl.

Auch der Herzog Julius von Braunschweig-Lüneburg verlangte durch eine besondere Gesandtschaft[1]) für die beabsichtigte Schiffbarmachung der Nette, Ocker und Radow einen Zoll von allen auf diesen Flüssen fortgeschafften Gütern. War an sich auch diese Forderung nicht unbillig und stimmte mit den von Alters hergebrachten Grundsätzen überein, so hatte doch auf diesem Reichstag das braunschweig-lüneburgsche Haus die Stimmung des kurfürstlichen Raths gegen sich, weil die heftigsten Beschwerden gegen willkührlich auf der Elbe vorgenommene Zollsteigerungen desselben vorlagen und im Rathe selbst Sachsen und Brandenburg am meisten dabei betheiligt waren.

Die ganze Lage und Stimmung des kurfürstlichen Collegs in Betreff der Zollangelegenheiten kennzeichnet ein Bedenken desselben vom 6. October[2]), das von sämmtlichen Kurfürsten beschlossen und von den kaiserlichen Commissarien nicht ohne Widerstreben mit den Worten gutgeheißen wurde: „weil es denn ein gemein Werk sei, so möge es im Namen Gottes also beruhen und sein Bleiben haben.“ Das h. Reich, heißt es hier, sei mit vielfältigen und beschwerlichen Zöllen dermaßen überladen, daß ohne sonderen merklichen Nachtheil und Zerrüttung desselben nicht wohl möglich, zu einiger fernerer Bewilligung zu kommen, sondern vielmehr ein Uebermaß derselben möchte abgeschafft werden. Dazu hätten verschiedene Stände im Reich, unversucht kais. Maj. und ohne kurfürstlichen Consens, theils aber auch ohne nach dem Ansuchen die Bewilligung abzuwarten, selbst mit der That und zu nicht geringer Verachtung der kais. Maj. und der Kurfürsten neue Zölle in's Werk gerichtet oder die alten ersteigert, und insbesondre werde dergleichen berichtet von dem Bischof zu Lübeck, Herzog Albrecht in Bayern, Herzog Wilhelm zu Braunschweig-Lüne-

---

[1]) Acta, Reichstagssachen zu Regensburg. 1576. Bl. 79 folg. Loc. 10200. —
[2]) Ebenda, Bl. 451 folg. — Acta, Protokoll auf dem Reichstag zu Regensburg. 1576. Bl. 65 folg. 121. 275 folg. 384 u. a. O.

burg, den Herzögen von Meklenburg und den Fürsten zu Anhalt, Herzog Adolf von Holstein, dem Pfalzgrafen, den Grafen zu Oldenburg, zu Manderscheid, von der Stadt Straßburg u. a. m. An diese Fürsten und Stände möge kais. Maj. ernstliche Befehle unter einer nahmhaften Pön ausgehen lassen, daß sie die ohne Consens aufgerichteten und erhöhten Zölle alsbald abschaffen und sich hinfür dergleichen nicht mehr unterfangen sollten, zugleich aber den Kreisobersten und Ständen auferlegen, daß sie in ihren und den benachbarten Kreisen Erkundigung über solche unrechtmäßige Zölle anstellen und vor künftigem Deputationstage in die mainzische Kanzlei überschicken sollten. Die im J. 1556 der Stadt Ulm bewilligten Zollerhöhungen zu Geißlingen, die nunmehr ihr Endschaft erreicht, sowie alle übrigen abgelaufenen Zölle möge kais. Maj. abschaffen, über die noch zweifelhaften aber nähere Erkundigung einziehen lassen.

In den Reichsabschied wurde folgender Artikel[1]) aufgenommen: „Weiter sind wir glaubhaftig berichtet, daß etliche Stände ohne unseren kaiserlichen Consens und kurfürstliche Bewilligung für sich selbst mit eigner That hin und wieder im h. Reich zu Wasser und zu Lande theils neue Zölle anzustellen theils ihre alten Zölle zu ersteigern angefangen haben und dasselbe zum Theil unter dem Namen eines Ungelds, Aufschlags, Brücken- und Wegegelds und was deß Schein mehr, nicht allein zu merklicher allgemeiner Theuerung und Erregung von Ungeduld und Empörung, sondern auch zu unserer der kais. Maj. Hoheit und der Kurfürsten Reputation Verachtung und Schmälerung de facto durchbringen und fortsetzen, wie uns denn etliche unterschiedliche Fälle auf Rhein, Donau, Elbe, Weser und andern Flüssen gleichfalls zu Land an vielen Orten angezeigt sind. Deßhalb haben wir für nöthig ermessen, mit unserm kaiserlichen Schreiben und Kraft dieses Reichsabschieds allen Kreisobersten, Zu- und Nachgeordneten zu befehlen, auf nächstkommenden Kreistagen in ihren wie in den benachbarten Kreisen Erkundigung zu thun, ob, wo und welcher Maßen ungebührliche neue Zölle oder der alten Zölle Ersteigerungen zu Wasser oder zu Lande, unter was Schein dasselbe auch bedecket werde, vorgenommen sein sollte? wann und wie lange das ungefährlich angefangen, was und wie viel und unter welchem Namen solches abgenommen und was sie sonst weiter davon berichten können? Das alles

---

[1]) Acta, Regensburgischer Reichsabschied. 1576. Bl. 51[b]. Loc. 10200.

sollen sie zum nächsten Frankfurter Deputationstag in die mainzische Kanzlei überantworten, damit sich die kaiserlichen Commissarien und der 6 Kurfürsten Räthe, was ferner darin zu thun, vergleichen und dem Kaiser berichten, darauf derselbe alsdann die gebührende Nothdurft vornehmen wird."

Auf diesem Deputationstag zu Frankfurt im J. 1577[1]) lag nun eine Menge von Erkundigungsacten, Supplicationen, Beschwerden und Vertheidigungsschriften vor. Der Kurfürst von Brandenburg berichtete über die seit dem J. 1563 vorgenommenen braunschweig-lüneburgschen Zollsteigerungen zu Blekede, Hitzacker und Schnakenburg insbesondere für Getreide; auch von den früher zollfreien Kaufmannsgütern verlangte man jetzt den Zoll, von den früher schon verzollten aber das Doppelte. Derselbe Bericht klagte über den gedoppelten Zoll der Herzöge von Meklenburg auf dem von Dömitz bis in die Eldenau geführten neuen Graben, über neue Schleusengelder u. a.

Aber auch dieser Kurfürst wurde wieder verklagt wegen Zollsteigerungen bei Lenzen, Tangermünde, Gardelegen und Ettingen. Er überreichte dagegen zwei kaiserliche Begnadigungen, die Verleihungsurkunde Ferdinands I vom 31. März 1558 und die Bestätigungsurkunde Maximilians II vom 20. Mai 1558, welche den Getreidezoll von Lenzen auch zu Lande zu erheben erlaubten; demnach seien die neu errichteten Zollstätten erlaubte Wehrzölle. Ebenso wurden die gesteigerten Oderzölle zu Oderberg und Küstrin als von Kaiser Karl V und dem h. Reich mit Leib und persönlichem Zuzug im schmalkaldischen Krieg und mit Zustimmung der Kurfürsten erworben dargethan und jeder Vorwurf unbefugter Neuerung zurückgewiesen.

Der Herzog von Württemberg[2]) hatte die Beschwerden des schwäbischen Kreises gesammelt, die vor allen die kaiserlichen Zollerhöhungen bei Breisach und einen neuen Zoll in der Grafschaft Burgau betrafen. Graf Philipp von Hanau hatte einen Floßzoll zu Willstatt an der Kinzig ohne Erlaubniß zu einem Waarenzoll gemacht, Pfalzgraf Reichart den Zoll zu Rheinbolen auf dem Hundsrück gesteigert und eine neue Zollstätte angelegt, die er gleichfalls als Wehrzoll zu rechtfertigen suchte.

Kurfürst August von Sachsen hatte eine „Erkundigung der Zölle

[1]) Acta, nr. II, Deputationshandlung zu Frankfurt a. M. 1567. Loc. 10125. — [2]) Acta, nr. IV. Deputationshandlung u. s. w. Bl. 27 folg.

halben in dem obersächsichen Kreis" überschickt, mit einem Verzeichniß der „Neuigkeiten, neuen Auffsätze und Steigerung der Zölle auf dem Elbstrom, so sich inner 15, 10 und weniger Jahren ereignet haben," durch die Schiff- und Floßhändler zu Pirna am 9. März 1577 übergeben. Nach diesen Berichten waren bei Raudnitz in Böhmen Zoll- und Geleitsgeld, bei Leitmeritz der Wasserzoll, in Aussig der Getreidezoll in 8 Jahren auf das Dreifache, bei Tetschen der bünausche Zoll auf 2 Thlr. 25 Gr. 5 Pf. für 100 Sch. Getreide gesteigert. Innerhalb des Kurfürstenthums Sachsen waren keine Neuerungen vorgenommen. Die Fürsten von Anhalt aber hatten die Zölle zu Koßwig, Roßleben und Aken über das Doppelte gesteigert und forderten außerdem an letzterem Orte ein neues Maß- und Ufergeld; bei Techen, wo früher niemals Zoll gegeben war, mußte man jetzt mit Verlust eines ganzen Tages anhalten, um zu zollen; bei Barby war der Zoll verdoppelt, bei Kalb neben dem alten Zoll ein neuer Schiffszoll auferlegt, von jedem Schiff 3 Thlr. dem Hauptmann, 1 Thlr. dem Rath. In Magdeburg erhielt früher vom Getreide u. a. der Erzbischof allein den Zoll, die Stadt nur ein Marktgeld, seit der Belagerurg aber auch letztere von jedem Wispel 3 Gr., von jedem Mühlstein ½ fl.; dazu wurde der Zoll auf Bretter und Bauholz hier seit der Belagerung nicht mehr wie früher vom Schock sondern vom Stück erhoben, wobei oft das ganze Floß auseinander gerissen wurde. Außerdem verlangte der Erzbischof noch 3 Gr. Schiffsgeld, ein Niederlagsgeld vom Getreide u. a. Im braunschweig-lüneburgischen Gebiete waren die Zölle zu Schnakenburg, Hitzacker und Blekede auf das Doppelte gesteigert, in Hamburg gab man je nach Gefallen des Raths 45 Gr. bis 6 Thlr. Schlammgeld, das man vorher nicht kannte, in der Mark Brandenburg von jedem an die Elbe geführten Wispel Getreide 1 Goldgulden. In gleicher Weise waren auch die Landzölle, am meisten aber in Böhmen gesteigert worden.

Oesterreich, dessen Regierung auch in allen innerhalb des Reichs gelegenen Besitzungen dieselben Zölle wie in den Erblanden aufgerichtet hatte, ohne einer Bewilligung der Kurfürsten dabei zu gedenken, erhob Klage gegen die Herzöge von Bayern[1]) wegen eines neuen Zolls bei Ingolstadt und eines neuen Weinaufschlags bei Scherding, Engelhardtszell, Völklabruck u. a. Orten, für einen

---

[1]) Acta, nr. IV, Deputationshandlung 2c. Bl. 117. 140. 150 folg.

Dreiling von 2 fl. 34 Kr. auf 5 fl. 8 Kr. und im J. 1572 sogar auf 10 fl. 17 Kr., in Folge dessen die österreichische Weinausfuhr auf dieser Straße von 39447 Eimer in den Jahren 1563 bis 1567 auf 24422 Eimer in den Jahren 1568 bis 1572 heruntergegangen war. Dabei berief sich Oesterreich auf ein zu Brüssel am 28. März 1522 ausgestelltes kaiserliches Privileg, welches dieses Land auf ewige Zeiten von allen Zinsen und Aufschlägen der Kaiser und der Reichsstände befreite, sowie auf einen am 22. April 1535 mit Bayern abgeschlossenen Vertrag, nach welchem kein Land das andre wider altes Herkommen und Recht beschweren oder bekriegen und alle Land- und Wasserstraßen zwischen beiden offen und unversperrt bleiben sollten.

Die fürstenbergschen Unterthanen klagten über eine Zollneuerung der Stadt Offenburg im Kinzigthal[1]), die hennebergschen über eine Zollsteigerung des Bischofs von Würzburg für die nach Leipzig gehenden Eisenwaaren, wovon am meisten die Stadt Suhl betroffen wurde, dieser Bischof wieder über einen neuen Vieh- und Waarenzoll der Stadt Schweinfurt. Die Grafen von Diepholz führten Beschwerde über Zollsteigerungen und neue Zölle des Bischofs von Münster, der zu einer Zeit, da wegen des niederländischen Krieges der Handel von Hamburg und Bremen zu Lande über Osnabrück, Wesel, Köln u. s. w. seine Wege hatte suchen müssen, eigenmächtig neue Zollstätten aufgerichtet hatte. Vergeblich klagten gegen solche mit Gewalt und Wegnahme von Wagen und Gütern durchgeführte Zollerpressungen die Grafen von Diepholz und Hoya, die Städte Lübeck, Bremen und Osnabrück beim Kammergericht, denn trotz des schwebenden Prozesses richteten die Bischöflichen wieder einen neuen Zoll auf und übten diese und andre Ungebühr ohne Scheu vor dem Reiche.

Außerdem klagte Bremen[2]) über Zollneuerungen der Grafen von Schaumburg und Oldenburg, des Bischofs Eberhard von Lübeck und Verden, des Erzbischofs Heinrichs von Bremen, die alle nach neuen Zöllen auf der Weser lüstern waren, obwohl hier an einigen Orten ein Zoll kaum $1/2$ Meile von dem andern entlegen und von Bremen aufwärts innerhalb 23 Meilen 22 Zölle errichtet waren. Die Stadt berief sich auf ein kaiserliches Privileg, welches ihr die Gerechtig-

[1]) Ebenda, Bl. 173. 189. 168 folg. — [2]) Ebenda, Bl. 77 folg. 85 folg.

keit auf diesem Strom zugeeignet und dagegen die Pflicht auferlegt hatte, auf eigne Kosten das Fahrwasser von Jahr zu Jahr mit Tonnen, Stangen und Baken zu versehen; jetzt müßten sie zu dieser Last auch noch die übermäßigen Zölle tragen[1]).

Neben diesen Beschwerden lag eine eben so große Anzahl von Zollsuchungen vor. Pfalzgraf Georg Hans spannte diesmal alle Kräfte an. In einem Brief an den Kurfürsten August von Sachsen vom 22. April 1577[2]) erklärte er, wo ihm einmal nicht geholfen werde, müsse er sich an einen andern Ort begeben und Land und Leute verlassen. „So wir sehen, daß uns nicht geholfen will werden, schloß er seine Bittschrift an die Kurfürsten, wollen wir vollends die übrigen Strümpfe daran wagen, dessen uns dann billiger Weise niemand verdenken kann." Maximilian II berief sich in einem neuen dringenden Fürschreiben auf einen Beschluß der Kurfürsten vom 2. Nov. 1575 zu Regensburg, daß sie sich der Sache des Pfalzgrafen besten Fleißes annehmen wollten. Schon am 25. Sept. wiederholte der Pfalzgraf seine Bittschrift; der Fürstenrath habe ihm schon im J. 1574 einstimmig erklärt, daß ihm mit solchen Umtrieben und Verhinderung ungütlich geschehe, und kais. Maj. versprochen, nicht abzulassen, bis die Sache zu gewünschtem Ende gebracht, verhoffe auch, die Kurfürsten würden sie nicht stecken lassen. Bei einem Bankett erklärte der Kaiser den im Vorsaal wartenden Kurfürsten, er werde nicht eher zu Tische gehen, er hätte denn zuvor eine gute Antwort. Die Kurfürsten, die wegen des heftigen Widerstandes von Kurtrier in dieser Sache nicht schlüssig werden konnten, erwiderten, kais. Maj. solle nur zu Tische gehen, sie wollten ihr schon eine gute Antwort zukommen lassen. Da rief der Kaiser dem nahestehenden Pfalzgrafen laut zu, er solle froh sein, es werde ihm eine gute Antwort fallen. Dennoch wurden ihm nach einigen Tagen die Wasserzölle abgeschlagen und wegen eines Landzolles die Erkundigung vorbehalten. Mit weinenden Augen lief er zum Kaiser, der ihn tröstete,

[1]) Ein beigegebenes Verzeichniß führte als Zollstätten von Münden bis Bremen auf: Münden, Gießelwerder, Kastell, Langenpforte, Holzminden, Polle (von Münden bis hier auf 10 Meilen 6 Zölle), Grone, Asen, Hameln (von Polle bis hier 2 Meilen), Verden, Rinteln, Varenholz, Flathe, Hausbergen, (zwischen den beiden letzteren sollte noch ein schaumburgscher Zoll bei Altendorf errichtet werden), Petershagen, Schlüsselburg, Stolzenau, Landsbergen, Nienburg, Hoya, Wachtenkamp, Schlyme (von Hausbergen bis hier 9 Meilen). — [2]) Acta, nr. VII, Pfalzgrafen Georg Hansen Zollsachen aufm Deputationstag zu Frankfurt. 1577 folg. Loc. 10125.

er werde es schon auf andere Wege richten, daß er Rhein- und Moselzoll erhalte. Bald darauf aber erkrankte „sein treuherziger" Kaiser und vom Deputationstag wurde ihm am 1. Oct. der Bescheid, daß er schriftlich sollte abfassen lassen, an welchen Orten und in welcher Höhe er von altersher die Zölle erhoben habe und wie hoch er dieselben zu steigern begehre, alsdann wollten sich die rheinischen Kurfürsten auf nächstfolgendem Probationstage weiter entschließen. Von großem Nachtheil für ihn war, daß er die gesuchten Zollneuerungen bereits eingeführt hatte, denn der Bischof Johann von Straßburg beschwerte sich am 21. Oct. 1577[1]) über die schon seit vier Jahren bei Pfalzburg eingeführten Zölle, welche den Handel ganz vom Westrich zu verscheuchen drohten. Dieselben Beschwerden hatten die Unterthanen der Herrschaft Vinstingen wie die Bürger der Stadt Zabern erhoben, nach deren Bericht die Zölle des Pfalzgrafen auf das Drei-, Vier- und Fünffache gesteigert und auch auf die sonst zollfreien Waaren erstreckt waren.

Im J. 1579 wiederholte der Pfalzgraf noch dringlicher seine Vorstellungen, worauf auch der Kurfürst Ludwig von der Pfalz den Kurfürsten August von Sachsen[2]) ersuchte, die gewünschte Antwort an den Kaiser ausstellen zu lassen, denn die Erklärung seines Vetters, daß er, wenn man ihn hülflos lasse, auf andre Wege trachten müsse, könne wohl nur verstanden werden, daß er einem ausländischen Potentaten, der Krone Frankreich oder dem Herzog von Lothringen, seine Lande zu begeben Vorhabens sein möchte. Auch der Kaiser ersuchte die Kurfürsten, ihre neue Verbrüderung und Vereinigung in der Zollsache nicht zu des Pfalzgrafen und seiner Kinder Verderben unschuldiglich, da derselbe ein andres um das Reich verdient habe, so hart und unerweichlich erspüren zu lassen. Dazu bat am 17. Febr. 1579 der Pfalzgraf um Gottes Willen, damit er nur rund ja oder nein wisse, sich einmal freundlich zu erklären; „und soll mein treu Gemüth und Arbeit vergebens sein, so erbarme es Gott und helf uns und unsern armen unerzogenen sechs Kindern und unserer Gemahlin schweren und schwangeren Leibes nach seinem Willen ihre anderen Wege, welchen wir auch zum Richter setzen allen denen, welche uns unbillig also bisher verhindert haben." Das Verzeichniß der Zölle mit dem Tarif hatte er längst

---

[1]) Ebenda, Bl. 45 folg. — [2]) Ebenda, Bl. 64 folg.

eingereicht und im November 1577 mit der Bemerkung wiederholt, daß er solches Verlangen nur für neue Umtriebe gegen sich erachte. Da er in einem Brief vom 2. Dez. 1578 an den Kaiser ein Abfinden von seiner Seite mit Frankreich und dem Bisthum Metz in Aussicht gestellt hatte, schrieb Rudolf II am 1. Febr. 1579[1]) dem Kurfürsten August, es sei allenthalben das Geschrei, daß der Pfalzgraf seine Herrschaft der Krone Frankreich übergeben wolle, wie es denn auch aus seiner Entschuldigung der Sachen nicht ungleich sehe; da nun aber dem Reich und sonderlich den über den Rhein gesessenen Ständen viel daran gelegen sei, daß die Herrschaft Lützelstein und der Paß Pfalzburg nicht in fremde Hände kommen, möge der Kurfürst sein Gutachten abgeben, wie solche beim Reich zu erhalten seien. Die Kurfürsten insgesammt erwiderten am 28. März 1579 in unerschütterlicher Ruhe, ein Neues könne erst wieder geschehen, wenn collegialiter berathen werde, kais. Maj. solle indessen den Pfalzgrafen nur mahnen, seine Lande dem Reiche nicht zu entfremden. —

Alle hier vorliegenden Beschwerden und Zollsuchungen beantworteten die kurfürstlichen Räthe am 29. Oct. 1577[2]) mit einem Decret an die kaiserlichen Commissarien. Aus den in Folge des letzten Reichsabschieds eingegangenen 28 Berichten und Beschwerden, erklärten sie, sei befunden, daß zwischen den Zollhandlungen zuvörderst ein Unterschied müsse gemacht werden. Erstlich befänden sich darunter notorische und kundbare Fehler, da etliche Stände des Reichs bei kais. Maj. und zum Theil bei den Kurfürsten um Erlaubniß, neue Zölle anzurichten oder die alten zu ersteigern angesucht, eine abschlägliche Antwort erhalten, dennoch aber die verweigerten Zölle oder Zollsteigerungen thatsächlich mit Arrestirung der Güter in's Werk gerichtet, andre aber ohne Ansuchung dergleichen mit der That vorgenommen hätten. Zum Andern seien darunter etliche zweifelhafte Fälle, da die eine von den Parteien mit Bericht und Klage eingekommen, die andere aber noch darüber zu hören sei. In Betreff der ersten Fälle sei der Kurfürsten und ihrer Räthe Meinung immer dieselbe, daß das Uebermaß der Zölle abzustellen und neue nicht mehr anzurichten noch zu ersteigern seien. Um so mehr erfordere die Nothdurft, gegen den, der ohne Bewilligung zu nicht geringer Ver-

---

[1]) Ebenda, Bl. 114. — [2]) Acta, Deputationshandlung zu Frankfurt u. s. w. Bl. 443 folg.

kleinerung ihrer kais. Maj. und der Kurfürsten Reputation Zölle und Zollsteigerungen anstelle, mit mehrem Ernst und schuldiger Handhabung des h. Reiches Nutzen und Wohlfahrt zu verfahren, weßhalb kais. Maj. geruhen möge, in solchen notorischen und kundbaren Fällen durch öffentlich anzuschlagende ernste Mandate sine clausula den Zoll und die Bezahlung desselben gänzlich zu verbieten. Wenn jemand dennoch in diesen Neuerungen mit der That fortfahre, so solle kais. Maj. dem Kreisobersten oder, wenn dieser selbst betheiligt sei, dem nächstgesessenen Kreis Untersuchung und Bericht binnen benannter Zeit auferlegen und im Fall des erwiesenen Ungehorsams dem Kreis, darunter der Ungehorsame gesessen, oder dem nächsten Kreis, wenn der Kreisoberste selbst betheiligt, die Execution ernstlich anbefehlen. In Betreff der zweifelhaften Fälle möge kais. Maj. Mandate cum clausula, mit der Aufforderung sich zu verantworten ausgehen lassen und nach eines jeden Standes Gelegenheit einen Termin setzen, bis zu welchem er das Bekenntniß seines Gehorsams zur mainzischen Kanzlei zu übersenden oder sein Recht durch kaiserliche und kurfürstliche Bewilligung oder gutes altes Herkommen zu beweisen habe. In diesem letzteren Falle möge der Kaiser unparteiische Commissarien aus den Ständen des nächst gesessenen Kreises zum Verhör der Zeugen und anderer Nothdurft verordnen und zugleich den Kreisobersten beauftragen, nach Ausgang des Termins von solchen Ständen zu vernehmen, ob sie dem ausgegangenen Mandate gehorsamen oder nicht, und darüber zu weiterer Erkenntniß berichten. Sollte ein Stand gegen solches Mandat in hartnäckigem Ungehorsam verharren, so möge kais. Maj. gegen denselben mit Anschlagung der kaiserlichen Edicte und endlich mit der Execution verfahren.

Dieses Decret und dieser Deputationstag zu Frankfurt bilden, wenn auch nicht einen Abschnitt doch den Höhepunkt für die Zollangelegenheiten dieses Zeitraums, denn nie mehr kam der Kurfürstenrath in die Lage, so zahlreichen und dringenden Gesuchen und Beschwerden gegenüber so entschieden und standhaft das der kurfürstlichen Vereinigung zu Grunde gelegte Programm zur öffentlichen Darlegung zu bringen. Der Kurfürstenrath hatte den von ältester Zeit bewahrten staatsrechtlichen Grundsatz, daß das Zollwesen Sache des Reiches und nicht der einzelnen Reichsstände und deßhalb die höchste Reichsgewalt allein die Rechtsquelle aller Zölle und Zollangelegenheiten sei, als einen ersten und obersten Grundsatz übernommen und zwar zu einer Zeit, da sich zum Nachtheil des Reiches herausgestellt hatte, daß alle Reichsoberhäupter ohne Unterschied, statt dieses Reichsgrundgesetz und die auf demselben begründeten Reichszolleinrichtungen zum Besten des Reiches zu halten und zu handhaben, solches nur zu eignem Vortheil auszubeuten bestrebt seien. Die Spaltung der obersten Reichsgewalt, die sich durch die Entwicklung des Kurfürstenraths auf die Dauer feststellte, äußerte ihre Folgen auch in Betreff des Zollwesens und des Oberzollrechtes und die Interessen der beiden Träger dieses Rechtes blieben geschieden, auch nachdem von Reichszöllen fast keine Spur mehr übrig war. Dem Kaiser erschien stets die Befugniß, neue Zölle und Zollsteigerungen zu erlauben, als ein Mittel, ohne eigne Kosten Diener und Parteianhänger belohnen und an sich fesseln zu können, deßhalb blieb ihm auch stets die Neigung, Zölle zu versprechen, Zollgesuche zu bewilligen und zu befürworten. Die Kurfürsten dagegen, durch ihren Länderbesitz mit den wirthschaftlichen Interessen des Reichs weit inniger verwachsen als die Kaiser aus dem Hause Habsburg mit ihren dem Zollwesen des Reiches entfremdeten Erblanden, mußten nothwendig wahrnehmen, wie sehr jede Besteurung durch neue Zollbewilligung, deren eine die andre nach sich zog, das ganze Reich und den gesammten Verkehr desselben traf. Mitten im Reich an den Hauptflüssen und den Hauptstraßen gesessen, sahen sie von jeder neuen Fessel des inneren Verkehrs auch ihre Unterthanen wie ihre landesherrliche Kasse in's Mitleid gezogen, und waren schon dadurch in einen Gegensatz gestellt gegen den Kaiser und seine Neigung, die Zollmehrung im Reiche mehr zu fördern als zu hemmen. Dieser Neigung gegenüber bildete die kurfürstliche Einigung eine unverkennbar heilsame Schranke, die das Unheil doch etwas aufhielt und wenigstens das Bewußtsein von der Zusammengehörigkeit des Zollwesens mit der Reichsregierung sowie den Grundsatz, daß jeder Zollentrichtung eine Leistung des Zollempfängers gegenüber stehen müsse, den folgenden Zeiten bewahrte.

Leider aber war dieselbe Theilung der obersten Reichsgewalt auch wieder die Ursache, daß diese kurfürstliche Einigung sich nur abweisend und nur verurtheilend zu den Ausschreitungen der Reichsstände wie dieser auf eigenen Vortheil gerichteten Neigung des Kaisers verhielt, ohne sich selbst weder jeder Bewilligung entziehen, jeder selbstgeübten Zollwillkühr entsagen, noch, was das Schlimmere war, auch die anmaßlichste Zollneuerung andrer Reichsglieder verhindern zu können. Bei jeder Gelegenheit und ohne Scheu vor dem Vorwurf eigensinniger Härte wiederholte der Kurfürstenrath sein Urtheil, daß alle unbefugt errichteten Zölle und Zollsteigerungen abzuschaffen seien, und gab dem Kaiser insbesondre durch das letzte Decret die Wege an die Hand, wie solchen Gesetzwidrigkeiten ein Ende gemacht werden könne. Ihm selbst aber fehlte ohne den Kaiser die Macht der Execution. Seine Urtheile blieben Worte, so lange dieser denselben nicht die thatsächliche Folge gab. Und dieser verhielt sich meistens und besonders in dem letzteren Falle so passiv, wie der Kurfürstenrath gegen ihn in Bewilligung der Zölle. Durch höflich ausweichende Antworten, durch zeitraubende Commissionen zog er Beschlüsse in die Länge und selbst, wenn er die verlangten Mandate erlassen hatte, blieben sie macht- und folgelos, denn der ernstliche Wille der Ausführung fehlte. Dieses Zögern und Hinterziehen barg ein um so schlimmres Gift, als es dem Ungehorsam und der Willkühr der einzelnen Reichsstände den Rückhalt gab und das Ansehn der obersten Gewalt im Reiche immer tiefer untergrub. So nur konnten, der staatsrechtlich festgestellten, von allen Reichsständen anerkannten Macht dieses Kurfürstenraths entgegen, alle nach den Reichsgesetzen strafbaren, mit Fug und Recht verurtheilten Zollhandlungen und Einrichtungen straflos und in vollem Bestand bleiben und gegen den, der im Vertrauen auf das Recht und den Schutz des Reiches der Erpressung widersprach, selbst mit offener Gewaltthat durchgeführt werden. So nur konnte in einer Zeit, da die sechs mächtigsten Reichsstände in diesen Angelegenheiten eine in der Reichsgeschichte seltene Einmüthigkeit zeigten und ihrem einigen Willen auch den entschiedensten Ausdruck verliehen, wenn auch nicht die Mehrung der Zollstätten — die größeren Land- und Flußstraßen boten kaum noch Raum dafür — doch die Steigerung der Zolltarife auf das Drei- und Vierfache in einer Allgemeinheit Platz greifen, daß grade diese zu einem besonderen Kennzeichen für diese Periode der deutschen Zollgeschichte geworden ist.

Was nun die Gründe betrifft, welche das allgemeine Haschen und Jagen nach neuen Zöllen und Zollsteigerungen veranlaßten und zugleich den Kaiser so geneigt zur Bewilligung derselben machten, so sind auch diese mehr in den allgemeinen Verhältnissen des Reiches als in der Habsucht der Neuernden zu suchen. Die Anforderungen des Reiches steigerten sich von Jahr zu Jahr, während die vornehmsten Einnahmequellen desselben, die Reichszölle verschleudert, als solche wenigstens nicht mehr vorhanden waren. Der Kaiser verlangte zur Vertheidigung der Ost- und der Westgrenzen des Reiches wie seiner Erblande, zur Erhaltung des Reichshofraths und des Kammergerichts, dessen Arbeiten sich täglich mehrten, Türkenhülfen und Römermonate in immer höherem Betrage und brachte die Reichsstände, deren Territorialbedürfnisse in dieser Steigerung auch nicht zurückblieben, fast zur Verzweiflung. Die Kammerwirthschaft reichte nirgends mehr aus und am wenigsten da, wo der schutzlose Zustand der Reichsgrenzen einen großen Aufwand für die Selbstvertheidigung auferlegte. Vom Reich, das viel verlangte, war selbst in der verzweiflungsvollen Lage des Pfalzgrafen Georg Hans nichts zu erhalten. Das Zollwesen, bis dahin der ausgebildetste, leider bis zum höchsten Uebermaß ausgebildete Theil der Besteuerung, bot sich den Bedrängten als ein alt gewohntes, stets ausgiebiges Mittel, um das Fehlende zu ersetzen, als ein Mittel, das um so brauchbarer erschien, da nach der herrschenden Meinung solche Zölle nicht die Unterthanen sondern die durchziehenden Handelsleute zu zahlen hatten. Es beruhte also dieses Suchen nach neuen Zöllen, das wir gleichzeitig beim Reichsregiment, beim Kaiser wie bei allen Reichsständen finden, auf der Nothwendigkeit einer Erweiterung des Steuerwesens, die in diesem Falle freilich den gefährlichsten und schädlichsten Weg eingeschlagen hatte, indem die Steigerung da eingeführt wurde, wo dieselbe nur noch das Gegentheil des beabsichtigten, die Abnahme der Einkünfte durch übermäßige Beschwerung des Verkehrs zur Folge haben konnte. Später erst führte die Unmöglichkeit, durch Steigerung der Zölle die Landeseinkünfte zu mehren, auf einen andern Weg und veranlaßte die weitere Ausbildung des Accisewesens, der Besteuerung der Consumtion in den verschiedenen Territorien.

Zweiter Abschnitt.

Der Reichstag vom Jahr 1582 und der hansisch-englische Zollstreit.

Der Reichstag zu Augsburg im J. 1582 ist für die deutsche Zollgeschichte dadurch bemerkenswerth, daß sich, wie auf dem zuletzt erwähnten Deputationstag die inneren Zollangelegenheiten, so hier die brennenden Fragen der auswärtigen Zoll- und Handelsverhältnisse im Rathe der Kurfürsten zusammendrängten, um eine freilich auch vergeblich erwartete Erledigung und Abhülfe zu finden. Obwohl diese Verhältnisse größten Theils weit über die Grenzen einer deutschen Zollgeschichte hinausliegen, auch die Zollpolitik auswärtiger Mächte gegen das Reich nicht in dessen Zoll- sondern politische Geschichte gehören, so müssen doch in der Hauptsache diese Verhältnisse hier erwähnt werden, um auch nach dieser Richtung hin die Lage und die Wirksamkeit des kurfürstlichen Collegiums zu kennzeichnen.

Die niederdrückende Wirkung, welche die spanisch-niederländischen Kriegsverhältnisse auf den deutschen Handel und insbesondre auf die Flußstraße des Rheins bis tief in das Innere des Reiches ausübten, wurde schon einige Male hervorgehoben. Auf die Hülferufe der in ihren wesentlichsten Lebensbedingungen, in ihrem Handel rheinabwärts über das Weltmeer tief verletzten deutschen Städte sowie der täglich den schlimmsten Mißhandlungen einer fremden Soldateska ohne Schutz ausgesetzten Reichsstände an der Nordwestgrenze wußte der Kurfürstenrath kein andres Mittel der Abwehr als höflich rücksichtsvolle und darum stets fruchtlose Ersuchungen durch Schreiben und Gesandtschaften, welche das spanische Regiment und dessen Kriegerschaaren nur noch sicherer in den Mißhandlungen und Beraubungen der Reichsgrenzen machten. Auf dem Deputationstag im J. 1577 wurde in Folge eines Bedenkens des Kaisers Maximilians II und der wiederholten dringenden Beschwerden der Reichs- und Hansestädte über die Sperrung des Rheins im Niederburgundischen nichts beschlossen als ein kurfürstliches Gesammtschreiben an den König von Spanien, nachdem alle vorher abgesendeten Schreiben unbeantwortet geblieben waren. Dabei wurde der Kaiser ersucht, weil wegen der neuentstandenen Unruhen in den Niederlanden auf andre Mittel diesmal nicht zu denken sei, den König durch eine Erinnerung, was daraus für Weiterungen und Schäden entstehen könnten, zur Erleichterung der Beschwerden zu vermögen und bei der nächsten dorthin gesendeten Commission auch diese Beschwerden mit äußerstem Fleiß zur endlichen Abschaffung abhandeln zu lassen[1]).

Dieselben Beschwerden fanden auch auf dem Reichstage im

---

[1]) Acta, nr. IV, Deputationshandlung u. s. w. Bl. 1 folg. — Ueber diese niederländische Verhältnisse vergl. Häberlin, teutsche Reichsgeschichte, Bd. XII, S. 105 folg.

J. 1582 einen laut um Hülfe flehenden Ausdruck von Seiten der deutschen Frei- und Reichsstädte. Dazu überreichten die Einwohner des Herzogthums Jülich wie des gesammten niederländisch-westfälischen Kreises die dringlichsten Bitten um Beistand gegen eine Kriegsmacht, mit welcher das Reich sich nicht einmal im Kriegszustand befand und deren zügellose Schaaren diesen Kreis bereits seit 15 Jahren mit An- und Abzug, Einlager und Ausfällen, Raub, Nahme und Brand, Schändung von Frauen und Jungfrauen unerhört und unaufhörlich gepeinigt hatten, ohne sich im Mindesten durch machtlose, stets nur verspottete Mandate und Schreiben irre machen zu lassen. Auch diesmal hatte der Reichstag und das Kurfürstencolleg gegen die über alle Begriffe schmachvolle Schändung der Grenzen und Glieder des Reiches durch die bis tief in's Innere streifenden spanischen Söldnerschaaren wie gegen die gewaltthätigste Besteuerung und Sperrung der deutschen Fluß- und Seeschiffahrt keine anderen Mittel als gelinde mahnende Schreiben an den Kaiser, die Generalstaaten und das spanische Gouvernement der Niederlande, Schreiben, die begreiflicher Weise mehr zur Fortsetzung der Gewalt ermunterten als davon abschreckten.

Dieselbe kraftlose Politik, welcher eine gemeinsame Anstrengung zum Schutz der Grenzen und zur Abwehr übermüthiger Banden gar nicht denkbar, geschweige denn ausführbar erschien, wiederholte sich stets von Neuem in der „moscowitischen" Sache bei der Frage, wie die nordöstlichen Grenzen des Reiches gegen die russische Eroberungslust dem Reiche zu sichern sei, eine Frage, die um so dringender wurde, da mit diesen Ostlanden, wie man im Reiche wohl wußte, auch die Herrschaft über die Ostsee, das dominium maris des Reiches auf dem Spiele stand. Legationen und Schreiben, stets mit denselben leeren Höflichkeitsbezeugungen und gewichtlosen Abmahnungen, waren auch hier die einzigen Machtmittel, welche das deutsche Reich, damals noch die vornehmste Macht Europas, den ebenso rücksichtslos wie thatkräftig vordrängenden Russen und den die deutsche Schiffahrt auf Livland niederhaltenden Schweden entgegen stellte. Der Erfolg war hier wie dort die Sicherheit der Gegner, denen jede Gewaltthat ungestraft hinging, der endliche Verlust wichtiger Grenzländer und die Herrschaft der Russen, Schweden und Dänen auf dem vormals deutschen Meere[1]).

[1]) Vergl. Häberlin a. a. O. Bd. XII, S. 119 folg.

Etwas anders lagen die Verhältnisse zu Dänemark. Der Sundzoll, gegen den Lübeck und alle in Nord- und Ostsee Schifffahrt treibenden Seestädte stets wiederholte Klage erhoben, und ebenso die Aufhebung der hansischen Zollprivilegien in Dänemark erschienen beide — und wenigstens letztere nicht mit Unrecht — als innere Angelegenheiten des dänischen Reiches, in welche eine Einmischung dem deutschen Reiche bei seiner damals von Rücksichten ohne Zahl gebrochenen Politik nicht zustand. Als der König von Dänemark dem schon auf früheren Reichstagen beschlossenen kaiserlichen Schreiben wegen Abstellung des Lastzolles im Oresund eine ziemlich unfreundlich und verständlich genug abweisende Antwort entgegen setzte und die Aufrichtung dieses Zolles als eine nur sein Reich und Königthum berührende Angelegenheit behandelt wissen wollte, denn ihm gebühre in seinen Landen dieselbe Freiheit, welche der Kaiser und die Kurfürsten für sich im deutschen Reich beanspruchten, so standen denn auch diese am Rande ihrer politischen Weisheit und Vermögens und erkannten um so lieber die Gründe des dänischen Königs als gerechtfertigt an, als darin zugleich eine für sie wenigstens genügende Entschuldigung der eigenen quietistischen Politik gegeben war. Anderer Meinung waren freilich die Frei- und Reichsstädte, welche unter dem Vorgehen von dänischer Seite unmittelbar und ganz anders zu leiden hatten als Kaiser und Kurfürsten und deßhalb auch in wohl zu begreifender Vergeltungssucht vom Reiche nach fruchtloser Erschöpfung aller friedlichen Mittel gleichgemessene Repressalien gegen die dänischen Unterthanen verlangten, zumal da ja der König von Dänemark außerhalb seines Königreichs Lehnsmann des Reiches und als solcher dem Kaiser zu Gehorsam verpflichtet sei. Da aber der Reichstag auf solche Repressalien auch aus besseren Gründen als aus Schwäche einzugehen nicht geneigt war, wurde der dänische König mit weiter nichts als mit einigen höflichen Vorstellungen behelligt, die ihn ermuthigten, dieselben Zollneuerungen auch auf seine deutschen Grenzländer und bald auch auf die Mündung der Elbe zu übertragen.

Diese Verhältnisse, die durchaus in die politische und in die Handelsgeschichte des Reiches fallen und hier viele Jahrzehnte hindurch ihre lehrreiche und bedeutungsvolle Rolle spielten, seien hier nur kurz angedeutet, dagegen mögen die hansisch-englischen Zollstreitigkeiten, so weit sich in denselben die damals im Reiche herrschende volkswirthschaftliche Anschauung in Betreff des Zollwesens darlegt, hier umfänglicher hervorgehoben werden.

Durch ein Decret vom 24. Febr. 1552[1]) hatte König Eduard VI von England die Privilegien der Hanse aufgehoben und diese allen übrigen Kaufleuten in England gleichgestellt. Nach dem Tode Eduards im Juli 1553 erlangte die Hanse von der Königin Maria die Bestätigung ihrer Privilegien sowie des ihre Stellung in England sichernden Utrechter Vertrages und am 15. Januar 1554 die Versicherung, daß die hansischen Kaufleute zu keinen größeren Zöllen und Abgaben verpflichtet sein sollten, als sie zur Zeit Heinrichs VIII vermöge ihrer Privilegien entrichtet hatten. Auch unter der Königin Elisabeth blieb die Hanse zunächst noch im Genuß der alten, von allen Seiten angefochtenen Vorrechte. Die Gesellschaft der Mercans adventuriers, gewöhnlich die Adventurirer oder die wagenden Kaufleute genannt, hatten mit Unterstützung der englischen Staatsmänner Burleigh und Gresham eine erfolgreiche Concurrenz gegen die Hanse, insbesondere im Handel mit englischer Wolle und Tuch aufgenommen. Am 17. März 1564 forderte der Senat von Hamburg gegen den Willen der übrigen Hanse diese englischen Kaufleute auf, ihre Niederlage hier unter bestimmten Begünstigungen aufzurichten, doch hatten sich dieselben schon durch einen Vertrag mit der Stadt Emden gebunden. Zu gleicher Zeit unterwarf die Königin Elisabeth die Hanse in England allen für die übrigen Kaufleute üblichen Zöllen und Handelsabgaben und ließ derselben, als sie die volle Aufrechthaltung der alten Privilegien verlangte, als Grundlage einer neuen Vergleichung eine Schrift zustellen, welche die völlige Vernichtung ihrer Vorrechte enthielt und zugleich den landesüblichen, jetzt auf alle Fremden ausgedehnten Zoll von 3 Pf. vom Pfunde Sterling des Werthes auf 12 Pf. erhöhte[2]). Die Weigerung der Abgeordneten, diese Schrift geschweige denn einen solchen Vergleich anzunehmen, veranlaßte von Seiten der Königin und des englischen Parlaments noch härtere Maßregeln, so daß nach dem Berichte der Hanse die ihnen auferlegten Zölle schließlich das Sechsfache des früheren Betrages, 5 p. C., betrugen. Dazu verbot die Königin im J. 1564 in Folge des nieder=

[1]) Vergl. Lappenberg, Urkundliche Geschichte des hansischen Stahlhofs zu London S. 98 folg. — [2]) Nach einem im J. 1581 verfaßten Bericht der gemeinen Hansestädte in den Acten: Hansestädte contra England. 1581—1594. Bl. 153 folg. Loc. 8484.

ländisch-spanischen Krieges insbesondre der Hanse alle Handlung und Schiffahrt auf Spanien.

Unter diesen für den überseeischen Handel der Hanse höchst ungünstigen Verhältnissen übertrug die von der Königin privilegirte Gesellschaft der Mercans adventuriers ihre Concurrenz gegen die Hanse, welche auch in England den Hauptanstoß zu den feindseligen Maßregeln gegeben hatte, auf deutschen Reichsboden und begründeten in Emden ihre erste Niederlassung. Die Grafen Edzard, Christof und Johann von Ostfriesland hielten dieses für eine von der Vorsehung gegebene Gelegenheit, um ihr kleines Land zu großem Wohlstand empor zu bringen, und gewährten durch ein Mandat vom 27. Mai 1564[1]) den Adventurirern die Freiheit, vom 14. Juni an in Emden und Ostfriesland mit englischen Tüchern und andern Waaren zum Nutzen des gesammten Reiches ungehindert zu handeln. Dieses Mandat schickten sie an die Fürsten und Handelsstädte des Reiches mit dem Ersuchen, dasselbe überall anschlagen zu lassen, und meldeten dabei, daß bereits etliche Schiffe mit englischen Tüchern angekommen seien, und bald noch mehre nachfolgen würden.

Der Kurfürst August von Sachsen forderte auf solches Schreiben ein Gutachten von seiner Handelsstadt Leipzig, um zu erfahren, ob solche Niederlage seinen Zöllen zu- oder abträglich sein werde. Der Rath von Leipzig berichtete, daß bisher solches Tuch von Antwerpen durch Hessen und Thüringen nach Schlesien, Böhmen, in die Mark u. a. Länder geführt sei und dem Kurfürsten an den Zöllen und Geleiten vielen Nutzen gebracht habe; bleibe der Tuchhandel in Emden beständig, so würden dann die Tücher auf Hamburg und von da zu Wasser und nicht durch die kurfürstlichen Lande nach Schlesien, Böhmen, Polen und Pommern geführt werden, wodurch Leipzig an seinem Handel mit lündischen Tüchern, der Kurfürst aber an seinen Zöllen und Geleiten vieles einbüßen müßte. Uebrigens werde nach allgemeiner Ansicht der Handel in Emden keinen Bestand haben, da die brabantischen und antwerpenschen Tücher nicht zu entbehren seien.

Am 19. Juli 1567[2]) schlossen die Adventurirer durch ihren Secretär John Gilpin mit dem Rath von Hamburg einen Vertrag wegen Aufnahme und Niederlage in dieser Stadt auf 10 Jahre. Im

---

[1]) Acta, Irrungen zwischen den von Lübeck und den Städten Staweren u. s. w. 1511 folg. Loc. 8185. — [2]) Lappenberg a. a. O. Bl. 102 folg.

folgenden Jahre kamen 4, im J. 1569 schon 28 Schiffe mit englischen Tüchern und Wolle, letztere im Werth von 700,000 Thlrn., im Hafen von Hamburg an. Der übrige Theil der Hanse unter Führung von Lübeck und Köln, welcher auch schon den Abzug der Engländer von Emden veranlaßt hatte, verklagte die englische Gesellschaft beim Reichstag als eine monopolistische und verlangte, da Monopolien nach den Reichsgesetzen verboten waren, die Vertreibung derselben vom Reichsboden wie zugleich kaiserliche Promotorialbriefe an die Königin Elisabeth zur Wiedererlangung der alten Vorrechte in England, beides jedoch ohne Erfolg. Die Adventurirer blieben ungestört 10 Jahre in Hamburg und nach Ablauf dieser Zeit versuchte die Königin selbst, den Rath von Hamburg zur Verlängerung des Vertrages zu bewegen, dieser aber, dem Drängen der Hanse nachgebend, verweigerte dieselbe, bis nicht die Königin die hansischen Forderungen erfüllt habe. Darauf bot die Königin vollständige Gegenseitigkeit an, d. i. gleiche Rechte der hansischen Kaufleute mit den englischen in England, wenn diesen ein Gleiches im Reiche gewährt werde. Die Hanse, versteift in der Ueberzeugung, es sei ihr durch die Aufhebung der Jahrhunderte alten Privilegien das bitterste Unrecht geschehen, schlug dieses Anerbieten aus und gab dadurch den Gegnern den Vortheil ganz in die Hände. Die Königin zog nun durch einen Befehl vom 7. April 1579[1]) die alten Privilegien der Hanse gänzlich ein, ließ ihr aber noch den Stahlhof in London und die Niederlagsgebäude in den andern englischen Hafenstädten. Thatsächlich beherrschten jetzt die Adventurirer in England schon den gesammten Tuchhandel und waren nahe daran, auch die Einfuhr der englischen Tücher in das deutsche Reich ganz an sich zu bringen. Von Hamburg ausgewiesen wandten sie sich, von den Beschwerden der Hanse am Reichstag verfolgt, wieder nach Emden, wo Graf Edzard ihre Aufnahme mit dem jus gentium vertheidigte, das allen, die des Reiches Feinde nicht seien, die Freiheit des Handels in demselben gewährte, und mit der Erklärung, daß dieselben nicht Monopolien sondern rechtmäßige, überall zuläßliche Commercien trieben. Die Hanse jedoch verstand unter dem rechtmäßigen Handel nur ihren althergebrachten privilegirten und nannte die Entziehung desselben einen gewaltthätigen Raub, da sie seit 200 Jahren solche Privilegien vertragsmäßig und

[1]) Lappenberg a. a. O. Seite 104.

nicht auf dem Weg der Gnade besessen hätten. Wie wichtig der englische Tuchhandel für die Hanse war, beweist, daß dieselbe in den Jahren 1550—1560 jährlich mit besonderer Erlaubniß zu Ostern 50000 Laken, von 1560—62 40000, und selbst noch in den Jahren 1570—75 30000 Laken ausführen durfte [1]).

Nach dem Bericht der Hanse gab es damals fünf englische, dem hansischen Handel entgegen arbeitende Gesellschaften. Die Stapulirer hatten das Monopol des englischen Wollhandels, die Adventurirer des englischen Tuchhandels. Die letztere Gesellschaft, nach und nach aus den Tuchhändlern zu einer Court oder Consistorium mit einem Courtmaster an der Spitze gebildet, hatte sich schließlich mit der ersteren zu einer Gesellschaft vereinigt, um den gesammten englischen Woll- und Tuchhandel als Monopol in die alleinige Hand zu nehmen. Um die Ausfuhr von Wolle und Tuch besser beaufsichtigen zu können, wurden in England die vier Häfen von London, Exceter, Boston und Ipswich allein als Ausfuhrhäfen bestimmt und jedem Fremden verboten, in England Tuch aus erster Hand oder von einem, der nicht zu dieser Gesellschaft gehörte, zu kaufen. Hatten die Hansen dennoch Tücher eingekauft, um sie auszuführen, so hielt die Königin dieselben durch plötzliche Ausfuhrverbote so lange zurück, bis die Adventurirer mit ihren Tuchvorräthen den Markt jenseits des Kanals erreicht hatten. Einer dritten monopolistischen Gesellschaft, die aber auch wohl mit diesen Adventurirern enge verbunden war, wurde der Handel auf Preußen, Livland und Polen zugewiesen. Zu diesem Zweck gründete sie eine Niederlage in Elbing und zog Danzig und die preußischen Städte von der Hanse ab. Ihre Mitglieder bewiesen sich, wie der hansische Bericht sagt, als Vögel von gleichen Federn, setzten in England eine Erhöhung des Zolls auf alle durch hansische Schiffe aus Preußen und den benachbarten Landen eingeführten Waaren — von $1^1/_4$ auf $12^3/_4$ p. C. — durch und schließlich auch das Verbot, daß nur in englischen Schiffen Waaren von Preußen nach England und umgekehrt geführt werden sollten. Eine vierte Gesellschaft betrieb den Handel um Norwegen herum in den Norden Rußlands und eine fünfte nach Spanien und Portugal, während auch schon von einer sechsten mit dem Monopol auf Constantinopel und die

---

[1]) Lappenberg a. a. O.

Türkei, sowie von einer siebenten mit dem Monopol des Kupferhandels die Rede war.

Solches Vorgehen der englischen Regierung wie des englischen Handelsstandes gab freilich der Hanse Grund und Gelegenheit genug, den Schutz des Reiches und des Reichstages anzurufen. Neben den deutschen Kaufleuten war auch eine große Anzahl von Gewerbetreibenden aller Art in den deutschen Städten bis tief in das Innere des Reiches mit Verderben bedroht, da das Verarbeiten der englischen Wolle wie das Färben und Scheeren der ungefärbten rohen Tücher einen großen Theil der städtischen Bevölkerung bis auf die Kinder von 4—5 Jahren herab beschäftigte. Jetzt wurden nicht allein die englischen Tücher und Wolle sondern auch die deutsche Wolle der deutschen Arbeit entzogen, denn bald wollte jeder im Reich sich nur in englisches Tuch kleiden. Die Hanse, von der Schiffahrt und dem Handel auf der Nordsee bereits verdrängt, sah sich dadurch auch des Haupttheils ihrer Nahrung im Reiche beraubt, während auf der Ostsee wieder jene anderen, schon erwähnten Ursachen dieselben unglücktichen Folgen für sie hatten, so daß sie fürchtete, in wenigen Jahren aus gänzlichem Unvermögen sich der Gewalt und eines Ueberfalls der Fremden und Benachbarten nicht mehr erwehren zu können und sich derselben Botmäßigkeit gänzlich unterwerfen zu müssen. Sie bat deßhalb dringend, das schon erlassene Decret gegen den Grafen Edzard und gegen alle, welche die monopolistische Gesellschaft der Engländer hausen und herbergen würden, zum Vollzug zu bringen, und alle englische Wolle und Wollwaaren im Reiche ernstlich zu verbieten, damit die englische Nation im Werk erfahre, daß des politischen Regiments Ordnung und Eigenschaft also von Gott geschaffen sei, daß die Benachbarten auf ihnen selbst nicht stehen noch sich allein suchen, sondern alle nöthige Bequemheit der Commercien und von denselben herfließende Reciprocation unterhalten und denselben vorsätzlich und eigennützig nicht widerstreben sollen.

Der Kaiser erwiderte, Graf Edzard und die Königin von England sollten ermahnt werden, die Hanse bei ihren Privilegien zu lassen; um aber mit Prozessen und Verboten verfahren zu können, mußten zuvor die englischen Kaufleute selbst gehört und des monopolistischen Handels überwiesen sein, auch würde eine allzu geschwinde Ausschaffung derselben den Hansestädten selbst und allen in England verkehrenden Deutschen den größten Nachtheil bringen; er wolle den Bericht dem Grafen mittheilen und Sorge tragen, daß auf kommendem Reichstage dasjenige beschlossen werde, was dem Reich und dessen Gliedern am zuträglichsten sei. — Solche Schreiben, Berichte und Gegenberichte waren aber bereits in ziemlicher Anzahl[1]) ergangen und gewechselt worden, ohne daß die Hanse Vortheil davon gehabt hatte. Ebenso vergeblich war jetzt auch Rudolfs II Brief vom 20. Febr. 1581 an die Königin, welche am 15. Juni erwiderte, daß die Hansen solche Lage durch Abweisung der angebotenen Bedingungen selbst verschuldet und sich zugleich durch ihr Verfahren in England solcher Privilegien unwürdig gemacht hätten, weßhalb sie auch dieselben ihrem eignen Willen überlassen müßte. Auch die Grafen Edzard und Johann von Ostfriesland forderte der Kaiser trotz der Hinweisung auf des Reiches Constitutionen und Abschiede eben so vergeblich auf, die monopolistischen englischen Kaufleute aus seinem und des Reiches Eigenthum und Lehn, der Grafschaft Ostfriesland, auszuschaffen.

Die Grafen beriefen sich in ihrer Vertheidigung wieder auf das allen, die des Reiches Feinde nicht seien, freie Commercium; auch der Hanse sei in England der Handel gleich jedem Engländer gegen Erlegung der gebührlichen Zölle und Abgaben erlaubt, nur die alten Privilegien wollte die Königin nicht erneuern und nun solle das Reich unter dem Vorwande einer monopolistischen Handlung der englischen Kaufleute der Hanse wieder zu jenen verhelfen, obwohl doch die Engländer die Tücher wohlfeiler verkauften als jemals die Hansen. Der Kaiser erklärte solche Entschuldigung für durchaus ungenügend und wiederholte am 20. Febr. 1581 seinen Befehl mit der Mahnung, sich also gehorsam zu erzeigen, daß zu verspüren sei, ihnen liege mehr an des Reichs gemeinem Nutzen als ihrer selbst Privatnutzen. Graf Edzard erkannte sich des Gehorsams schuldig, brachte aber zugleich von den Bürgern der Stadt Emden wie von den hierher gekommenen Kaufleuten und Beauftragten der Kurfürsten und Fürsten schriftliche Zeugnisse vor, daß die Engländer reinen aufrichtigen, nach dem Völkerrecht zugelassenen Handel trieben und die Tücher wohlfeiler gäben als die Hansen. Der Herzog von Braunschweig, der Landgraf von Hessen, der Kurfürst von Sachsen und andre Fürsten hatten hier Tücher in großer Menge zu ihrer Zufriedenheit und wohlfeiler als sonst eingekauft.

---

[1]) Acta, Hansestädte contra England. 1581.

Auf diese Antwort und der Königin von England Verlangen, daß man die englischen Kaufleute nicht ungehört verurtheilen solle, wurden in verschiedenen Handelsstädten des Reiches Verhöre angestellt, um zu erfahren, ob die Engländer wirklich Monopolisten seien, und unter andern dem Rath zu Frankfurt a. M. zwanzig aus dem Bericht der Hanse gezogenen Fragen vom Kaiser überschickt. Der Rath befragte in öffentlicher Versammlung auf Eid und Pflicht siebenzehn die Messe besuchende Tuchhändler aus Köln, Antwerpen und andern niederländischen Städten, Gegner also der Engländer aus denselben Gründen wie die Hansen. Sie bestätigten alle über die Adventurirer berichteten Thatsachen, die Ungleichheit der Ausfuhrzölle in England auf Tuch, für die Engländer 6 Sch., für die Hansen 14 Sch. vom Stück, die willkührlichen Ausfuhrverbote, welche die hansischen Schiffe oft wochenlang am Auslaufen hinderten, und anders mehr. Darauf erklärte am 21. Mai 1581 der Kaiser, daß der Handel der englischen Kaufleute als ein monopolistischer dem Reich zu höchstem Verderben gereiche, indem er den Tuch- und Lakenpreis von Tag zu Tag steigern und den deutschen Tuchhandel ganz in's Abnehmen bringen werde.

Auch die Stadt Lübeck widerlegte in einer besondern Schrift vom 4. Nov. 1581 die Vertheidigungsgründe des Grafen Edzard, hielt aber für unnöthig, das von den Juristenfacultäten zur Definition des Monopols „aus der griechischen Grammatik Beigebrachte" zu beantworten. Wenn aber der Graf sage, die Hanse wolle sich nicht gleich andern in die gegenwärtigen Läufte schicken, so rede er die vierkantige Wahrheit, denn sie wolle nicht wie er die Erschöpfung des Reiches mit Hegung der schädlichen Gesellschaft fördern; er wolle, daß man die Adventurirer zuvor höre, sie aber bäten bereits 20 Jahre vergebens in England um Gehör und selbst alle kaiserlichen Fürschreiben hätten ihnen dazu nicht verholfen. In einen Prozeß mit den Adventurirern könnten sie nicht treten, bevor sie nicht in den Besitz aller früheren Privilegien gesetzt und alle monopolistischen Collegien abgeschafft seien. Da in England die Ausfuhr der Wolle bei Leibesstrafe und das Tragen ausländischer Tücher und Kleider bei Verlust derselben verboten sei und sie durch diese und andre Mittel nicht nur die Wolle im Lande behielten, sondern auch dem oberen und niederen Deutschland, das Tuch zu machen, fein subtilig und unvermerkt entzogen hätten, so daß Deutschland schier aus Nothdurft des englischen Gewands nicht mehr entrathen könne, möchte jetzt wohl in Berathung zu ziehen sein, ob nicht dergleichen heilsame gemeine Constitutionen auch im Reich anzurichten und auszuführen seien.

Da diese Angelegenheit auf den Reichstag zu Frankfurt im J. 1582 verwiesen und Aussicht vorhanden war, daß es hier zu einem den englischen Kaufleuten feindseligen Entschluß kommen werde, schickte die Königin zugleich mit Briefen an den Kaiser und die Kurfürsten einen besondern Gesandten Georg Gilpin, der vorher auch einzelne Kurfürsten z. B. August von Sachsen besuchen mußte. Neben den niederländischen, dänischen und schwedischen Zollangelegenheiten kamen diese hansisch-englischen im Kürfürstenrath 1582[1]) zur Verhandlung. In der Abstimmung vom 28. Juli erklärte zuerst Trier, man würde mit Schreiben und Schicken wenig ausrichten, sintemal man Königreichen keine Maß vorschreiben könne, was sie bei sich vorzunehmen hätten, um so weniger, da man auch ihre Einwirkung im römischen Reiche in Bezug auf Zölle u. a. nicht zulasse. Da aber gleichwohl mit den Städten Mitleid getragen und ihre Sache in guter Acht zu haben sei, so solle man sie selbst erklären lassen, was sie für Mittel zur Förderung ihrer Sachen wüßten. — Ebenso meinte Köln, weil es große Potentaten seien und kais. Maj. selbst bei denselben nichts hätte erheben können, werde auch jetzt wenig auszurichten sein, doch wolle der Kurfürst gerne Mittel und Wege, wenn jemand solche wüßte, anhören und fördern helfen, daß die Städte nicht aus den Händen gelassen würden.

Derselben Ansicht war auch Pfalz, mahnte aber dringender, auf diese Sachen ein wachsames Auge zu haben und nicht zu schlafen; wenn jetzt wenig Hoffnung vorhanden sei, müsse man es auf andere Zeit und Gelegenheit einstellen, und zunächst durch kais. Maj. die Königin ersuchen lassen, den Sachen ein billiges Maß zu geben. — Sachsen gab der Hanse vollkommen Beifall, da aber durch die in der kais. Maj. gegebene Antwort jede Hoffnung, durch Schreiben oder Schickung etwas auszurichten, geschwunden sei, wäre es doch nicht rathsam, gegen solche Potentaten die Schiffahrt zu sperren oder aufzuhalten; wüßten die Städte andere förderliche Mittel, so wollte sich Sachsen dermaßen erzeigen, daß sie nicht billige Ursache haben sollten,

[1]) Acta, Protokoll auff'm Reichstag zu Augsburgk. 1582. Bl. 192ᵇ folg. Loc. 10201.

sich der Reichscontribution zu verweigern. — Da auch Brandenburg derselben Ansicht war, wurde beschlossen, weil es ein gemeines Werk und in Gutem nicht wohl etwas auszurichten sei, wolle man die Städte hören und alsdann denken, was ferner zu thun. Bei diesem Beschluß blieb es auch, als Georg Gilpin am 15. August eine Bittschrift einreichte, daß auch er gegen die Anklage der Hanse möchte gehört werden. Die Kurfürsten achteten es für vergeblich und dem Reiche schimpflich und verkleinerlich, weitere Schreiben in diesen Angelegenheiten zu erlassen und hielten solchen Beschluß auch in ihrem Bedenken an den Kaiser fest.

Nachdem die hansischen Abgeordneten ihre Vorschläge zu Gegenmaßregeln mitgetheilt hatten, erfolgte am 1. September eine neue Abstimmung. Mainz erklärte wieder, man könne fremden Königreichen keine Maß geben, wie sie es im Innern zu machen hätten; neue Zölle im Reich aufzulegen, sei auch nicht rathsam und hätten solche nur die Reichsstände und Unterthanen zu tragen, darum sei der glimpflichste Weg, durch kaiserliche Schreiben in England um Abschaffung der hohen Zölle wie um Herstellung der Privilegien zu bitten, und sei dieses wider Erwarten vergeblich, dann seien auch jenen wiederum Handel und Waaren zu stopfen. Köln wollte England und die Städte noch einmal gehört wissen, damit man nicht auf das Reich eine Last lade; man solle der Königin einen gemilderten Auszug aus der hansischen Schrift mit guter Bescheidenheit vorbringen, und gebe England eine solche Antwort, daß nichts Fruchtbarliches weiter zu hoffen, so sei alsdann erst auf eine Gegenschanze zu trachten. Auch Pfalz empfahl den glimpflichen Weg; sei der vergeblich, dann müsse man die Einfuhr der englischen Tücher sowie die Ausfuhr der Wolle nach England mit Ernst verbieten. Sachsen und Brandenburg traten diesem bei und stimmten für eine abermalige Gesandtschaft nach England wie nach Dänemark und Schweden, doch enthielt sich Brandenburg dabei nicht der Bemerkung, daß die Engländer die Tücher viel wohlfeiler gäben als andre und man sich deßhalb so hoch nicht zu beschweren habe. Da alle darin einig waren, daß der rauhe Weg gegen England so wenig wie gegen die andern Mächte jetzt schon zu betreten sei, so wurde beschlossen, mit Zuziehung der Städte noch einmal eine Gesandtschaft nach England, zu schicken und, wenn diese nichts ausrichte, alsdann den Engländern die Einfuhr der Tücher wie die Ausfuhr der Wolle und allen Handel im Reiche zu verbieten. Dieser Beschluß, dem auch der Fürstenrath wie die Städte beistimmten, wurde nach Bestätigung durch den Kaiser in den am 20. September kundgegebenen Reichsabschied aufgenommen.

Ueber solchen Beschluß beschwerte sich der englische Gesandte beim Kaiser auf das Heftigste, weil die Engländer ungehört auf einer oder zwei Städte Bezüchtigung verurtheilt seien, und drohte, auch die Königin werde auf eine Gegenschanze denken und sich mit andern Potentaten also vergleichen müssen, daß es denen von Lübeck und dem Reiche wenig zum Nutzen gedeihen möge. Die kürfürstlichen Abgeordneten beruhigten sich mit der Ueberzeugung, daß ein Verbot des englischen Handels, da man sich mit deutschen Tüchern wohl zu behelfen im Stande sei, die Königin schon zur Umkehr in ihrer Politik veranlassen werden, denn nach der Kaufleute Meldung würden jährlich 200,000 Ballen in das Reich eingeführt [1]). Die Hanse aber erklärte, die Kosten der Gesandtschaft, die leicht über 50,000 Thlr. betragen könnten, nur unter der Bedingung auf sich nehmen zu wollen, daß, wenn sie ihre Privilegien nicht wieder erhalten würden, der englische Handel im Reich gänzlich verboten werde.

Im Juni 1583 [2]) klagte die Hanse dem Kaiser, daß sie von den Erfolgen des letzten Reichstagsbeschlusses noch gar nichts verspüre; die Königin schweige ganz und gar und der Graf von Ostfriesland mache keine Miene, irgend eine Aenderung eintreten zu lassen; an beiden Orten werde nur zu dem einen Ende gespielt, die Sachen auf die lange Bank zu schieben, ob vielleicht mittler Weile das Reichsbedenken vergessen werde und der Ernst erkalte. Unterdessen leide das Reich über alle Verkleinerung und Verachtung noch unaussprechlichen Schaden, während die Engländer und der Graf glauben müßten, das Reich lasse nur aus Unvermögen alle dies ungeahndet hingehen, deßhalb möge kais. Maj. die bewilligten Mandate kundgeben und vollziehen lassen. — Fast zu gleicher Zeit traf beim Kaiser eine Antwort der Königin ein, worin sie diesen ersuchte, das vehemens decretum des Reichstags, nach welchem die englischen Unterthanen aus dem Reich sollten vertrieben werden, wenn nicht alsbald die hansischen Städte ihre Privilegien wieder erhielten, zu widerrufen, und zu einem

---

[1]) Acta, Reichstagssachen zu Augsburg. 1582. Buch II. Bl. 364. 412 folg. Loc. 10201. — [2]) Acta, Hansestädte contra England u. s. w. Bl. 252 folg. 263 folg.

Austrag durch Commissarien und Gesandtschaft ihre beste Mitwirkung versprach. Darauf erhielten die Hansestädte vom Kaiser den Bescheid, auf solche Antwort der Königin müsse vor Kundgebung der Mandate noch eine kurfürstliche Berathschlagung vorgenommen werden. Die Hanse drängte nun wieder die Kurfürsten, denn jeder Monat Verzug koste dem Reiche 100,000 Thlr. und bringe die Engländer in ihrem Handel immer weiter vorwärts, diese aber wiesen sie wieder zurück an den Kaiser, welcher, wie Kurfürst August tröstete, alles das in's Werk richten werde, „was unsers geliebten Vaterlands auch euer und anderer Stände des Reiches Verderben und Nachtheil zu verhüten und abzuwenden nöthig."

Endlich beschlossen die Kurfürsten, wenigstens Mainz, Trier, Sachsen und Brandenburg, ein zu weiterem Vorgehen mahnendes Gesammtschreiben an den Kaiser. Bevor dasselbe abgeschickt war, wurde Kurfürst Johann Georg von Brandenburg wieder zweifelhaft und äußerte gegen den Kurfürsten August, weil sich in Deutschland allerlei Weitläufigkeit ereigne, werde es sonderlich ihren Religionsverwandten nicht gut sein, zu dieser Zeit mit England ein Gezank anzurichten; er habe kais. Maj. sein Bedenken eröffnet, daß nach Gelegenheit jetziger geschwinder Läufte die hansische Sache vor der Execution noch einmal mit Schreiben und Schickung zu tractiren sei, zumal da die Päpstlichen gar zu gern das Reich mit England in Mißverstand gerathen sähen, und rathe deßhalb, das schon vereinbarte Schreiben zur Zeit noch einzustellen. — Dieses Gesammtschreiben aber nannte die Antwort der Königin „fast hochmüthig", darum es billig bei gefaßtem Beschlusse zu lassen und gemäß des gemeinsamen Bedenkens aller Stände die von den Hansestädten erbetene Executionsurkunde auszufertigen sei. Kurfürst August wollte zuerst trotz der brandenburgschen Abmahnung das Schreiben abgeschickt wissen, da man solche hochschädlichen Monopolien im Reich, wodurch der Geldvorrath desselben bald erschöpft und die vornehmsten Städte durch die Aufsätze und Practiken fremder Potentaten endlich ganz und gar verderbt würden, nicht dulden dürfe, trat dann aber doch der Ansicht Johann Georgs bei und versuchte nun mit diesem, auch Mainz und Trier auf den friedlichen Weg zu leiten, um Gefahr und Unruhe vom Reich abzuwenden. Bei der im März 1584[1]) in Rotenburg gehaltenen Be-

[1]) Ebenda, 288 folg. 315 folg.

rathung dieser vier Kurfürsten legten die Räthe des Kurfürsten August die Gründe dar, warum in dieser Sache zu temporisiren und alles in des Kaisers Bedenken und Gutachten zu stellen sei, während Kurfürst Wolfgang von Mainz mit dem Bedenken von Frankfurt nicht länger zurückgehalten wissen wollte, da die Königin von England wohl nicht von der hochmüthigen Forderung, nur in England selbst zu tageleisten, abweichen werde. Bevor dieser Kurfürsten lang berathenes Bedenken an den Kaiser abging, war dieser längst davon unterrichtet und schrieb am 28. März an jene, daß nach seiner Ansicht die verlangten Edicte schwerlich den Hansen zu ihren Privilegien wieder verhelfen, ganz gewiß aber viel Unrath und Beleidigung vieler Unschuldigen nach sich ziehen würden; die Hansestädte hätten selbst zu der Durchlöcherung ihrer Privilegien durch Verweigerung der in England allgemeinen Abgaben und Vertreibung der englischen Kaufleute aus Hamburg und andern Häfen nicht wenig Ursache gegeben. In der Regierung ihrer Lande könne niemand der Königin ein Maß setzen, die Ausschaffung der Engländer aber und andre Repressalien würden das Uebel nur ärger machen und die Gegenpartei anspornen, aus Rache auch noch die Grafschaft Ostfriesland und den Meerhafen zu Emden dem Reich zu entziehen. Trieben die Engländer, was doch noch zweifelhaft sei, Monopolien, so sei dies nur der Fall in ihrem Land aber nicht in Emden, und darum sei immer noch zu dem glimpflicheren Wege einer abermaligen Beschickung der Königin zu rathen.

Diesem Temporisiren gegenüber drängte Lübeck durch eine Eingabe vom 8. April 1584 wieder zur schleunigsten Ausführung der Mandate, während Graf Edzard die Engländer von Neuem gegen die Anklage des Monopols zu vertheidigen suchte[1]). Zur Kennzeichnung seiner eignen politischen Lage bei dem wehr- und schutzlosen Zustand der Reichsgrenzen hob er hervor, daß die Westfriesen, Holländer und Seeländer, jetzt vollständig im Besitz der See, ihm hart vor den Thüren lägen, mit ihren Kriegsschiffen in großer Anzahl auf der Ems, welchen Fluß er von Kaiser und Reich zu Lehn habe, in unmittelbarer Nähe seiner Stadt Emden alle Gewalt und Muthwillen übten, so daß fast kein Schiff frei und frank vorbei komme; die Ausschaffung der Engländer würde diese mit jenen verbinden und solches Bündniß ihm und seinen Unterthanen den Untergang und dem Reich die größte

---

[1]) Ebenda, 331 folg.

Beschwerung bereiten. Er liege vor den Wölfen, die solche Gelegenheit nur benutzen würden, den Hafen von Emden, nach dem sie lange getrachtet, in ihre Hand zu bringen.

Die Ausfertigung der Mandate wurde abermals ausgesetzt und eine neue Gesandtschaft mit schweren Unkosten der Hanse und den höflichsten Fürschreiben des Kaisers doch mit nicht besserem Erfolg wie die früheren abgeschickt[1]). Da sich im Gegentheil die Feindseligkeiten der Engländer gegen die Hanse nur mehrten, sah sich der Kaiser endlich doch veranlaßt, dem beschlossenen Mandat Folge zu geben und durch die ernstlichsten Drohungen den Grafen von Ostfriesland wie die Stadt Hamburg zur Ausweisung der englischen Kaufleute zu zwingen. Diese fanden sogleich in nächster Nähe, zu Stade ein neues Unterkommen, wohin ihre Kauffahrer von der Königin bewaffneten Kriegsschiffen die Elbe heraufgeleitet wurden. Das veranlaßte Lübeck zu neuen bittern Klagen. Am 8. Nov. 1588 schrieb der Rath an den Kaiser, trotz aller Gesandtschaften, kaiserlichen Fürschreiben und Reichstagsbeschlüssen hielten die Engländer immer noch auf des Reiches Boden ihre Residenz, während die Hanse jetzt nicht nur der Privilegien beraubt, sondern auch von jeder Nahrung abgestoßen sei. Vor wenigen Tagen seien abermals 16 englische Schiffe mit Tuch auf des Reiches eigenthümlichem Elbstrom mit bewehrten Kriegsschiffen nach Stade geleitet worden, wo ihr Stapel sogar mit fremden Waffen aufrecht erhalten werde. Dazu hemme die Königin jetzt jeden Handel der Hanse auf Spanien und die fremden Königreiche, deßhalb möge der Kaiser zu endlicher Abstellung solcher Sachen sich entschließen oder der Hanse die Freiheit geben, sich mit der Königin auf zuträgliche Mittel zu vertragen, daß sie zu voriger Handlung und ziemlicher Privilegien Gelegenheit wiederkomme. Der Kaiser erwiderte am 1. Jan. 1589, daß er dem Bremer Domkapitel befohlen habe, die Adventurirer als eine monopolistische und im Reich unleidliche Gesellschaft ferner nicht zu dulden, verwies sie aber im Uebrigen auf die nächste Verhandlung mit den Kurfürsten, ohne deren Bedenken nichts geschehen könne. An demselben Tag erging auch der Befehl an das genannte Domkapitel, die Engländer sofort auszuweisen, insbesondre weil sie unter dem Vorwand solcher Residenz und Handirung ihre Kriegsschiffe auf des Reiches Elbstrom und Boden zu schicken sich unterständen.

---

[1]) Ebenda, Bl. 343 folg.

Unter den Kurfürsten war jetzt Christian I. von Sachsen, Augusts Sohn und Nachfolger, am meisten für das Temporisiren und selbst, daß die Königin Kriegsschiffe auf das Reichsgebiet geschickt hatte, schien ihm nicht besonders wichtig, denn solches sei zuvor auch von dem Herzog von Parma geschehen. Den Reichsbeschluß in Vollzug zu setzen, schien ihm ganz unausführbar; man solle den Befehl an das Domstift zu Bremen abwarten und alsdann die Sache noch einmal am Reichstag berathen lassen. Derselben Ansicht war der Kurfürst von Brandenburg, der am 2. Juli 1589 an Christian I. schrieb, es möge nun wohl Zeit zu einer neuen Schickung an die Königin oder zu einem Zusammentreten von ihren und des Reichs Abgeordneten sein. Diese Neigung der Kurfürsten, eine so wichtige und folgenschwere Reichsangelegenheit entscheidungslos hinzuhalten, und ihre Furcht, bei dem immer mehr zu Tage tretenden Zwiespalt im Reich, der den protestantischen Kurfürsten wie ein Verderben drohendes Gewitter stets vor Augen stand, auch noch die Feindschaft der mächtigen, den Letzteren glaubensverwandten Königin aufzuregen, wußte diese geschickt zu benutzen. Durch Briefe und umfangreiche Darstellungen suchte sie alle Schuld auf die Hartnäckigkeit der Hanse zu wälzen und erklärte sich dabei zu jedem friedlichen und billigen Ausgleich bereit, während sie doch in ihrem rücksichtslosen und thatkräftigen Vorgehen gegen diese und den überseeischen Handel des Reiches keinen Augenblick inne hielt. Sie erreichte auch durch eine lebhafte, stets mit großer Höflichkeit geführte Correspondenz[1]), daß die Kurfürsten von Sachsen und Brandenburg selbst den Kaiser zu einer Berathung mahnten. Auch Kurfürst Kasimir von der Pfalz fand der Königin Verlangen, daß der kaiserliche Befehl an das Bremer Domkapitel zurückgenommen werde, nicht unziemlich, da männiglich unverborgen sei, was für Vortheile solche englische Handlung stets den benachbarten Städten und Ländern bringe; zum Wenigsten sollte vor der nächsten Reichsversammlung nichts Weiteres vorgenommen werden. In einem gemeinsamen Schreiben vom 15. August 1591[2]) erinnerten diese drei Kurfürsten den Kaiser, daß man immer den glimpflichen Weg für den besseren gehalten habe, hoben dabei den Vortheil des englischen Handels für das Reich hervor und stellten in sein Bedenken, ob nicht das letzte Mandat zu widerrufen oder wenigstens bis zur Reichsver-

---

[1]) Ebenda, Bl. 356. 361 folg. 373. — [2]) Ebenda, Bl. 384.

sammlung ohne Folge zu lassen sei, damit „die Königin sich keines Uebereilens mit Fug zu beklagen" habe. In Folge dessen schrieb der Kaiser an den König von Spanien [1]), daß derselbe dem Mandate wegen Austreibung der Engländer aus Stade, auf welches er bereits dem Erzbischof von Bremen scharf und bedrohlich geschrieben habe, keine weitere Folge geben solle, da solches noch auf seine, des Kaisers, fernere Entschließung beruhe, und er wie die Kurfürsten den glimpflichen Weg für rathsam und gut fänden; Sr. Lb. Gubernator habe nicht gebührt, dem Domkapitel zu drohen und dem kaiserlichen Amte vorgreifend sich der Execution des Augsburger Reichsbeschlusses anzumaßen, Se. Lb. solle vielmehr solche Bedrohnng ihren Dienern ganz untersagen und den Kaiser als das Oberhaupt in dieser Angelegenheit gewähren lassen.

Die auf dem nächsten Reichstag 1593 beschlossene neue Gesandtschaft wurde von Lübeck und den mitverbündeten Städten an die Königin abgeschickt. Die Lage der Hanse wurde dadurch nur noch schlimmer. Der Handel der Adventurirer blühete in Stade auf's Beste, während die Hansen vom englischen Handel ganz ausgeschlossen blieben und bei jeder Gelegenheit von den englischen Ausliegern Gewaltthaten und Plünderungen ohne irgend welche Genugthuung zu erdulden hatten, als ob sie Englands erklärte Feinde und vom Reich gänzlich verlassen und aufgegeben wären. Sie baten im J. 1594 zu Regensburg von Neuem, wenn das Reich nichts gegen die Adventurirer thun und solche Last auf sich behalten wolle, so möge es ihnen wenigstens erlauben, sich mit der Königin, auf was für Wege es sich schicken möge, zu vergleichen, damit die Handlung nicht ganz und gar aus dem Reich mit Schimpf und unerschwinglichem Schaden gebracht und den Engländern gleich ganz in die Hände geliefert werde. — Auf solche Bittschrift beschloß der Supplicationsrath dieses Reichstags, da eine Milderung von der Königin nicht mehr zu erwarten sei, solle kaiserliche Majestät die Mandate veröffentlichen und das strafrechtliche Verfahren gegen die Ungehorsamen aufnehmen, dieser Beschluß aber dem Reichstagsabschiede einverleibt werden. Das Bedenken des Kurfürstenraths aber mahnte wieder an den „glimpflichen Weg," doch siegte diesmal das Drängen der geplagten Hanse. Auf einhelligen Beschluß des Reichstags erließ der Kaiser d. d.

[1]) Ebenda, Bl. 394 folg.

Prag 1 August 1597 ein Mandat[1]), welches die englischen Kaufleute oder mercans adventuriers, die sich wider kaiserliches Verbot in's Reich eingeschlichen und hier eingewurzelt hätten, binnen drei Monate gänzlich vom Reichsboden verwies und sie und ihre Güter fernerhin des Geleites im Reiche für unfähig erklärte.

Dieses Mandat schickte der Kaiser unter demselben Datum an die Kurfürsten mit der Meldung, daß dem Fiscal des Kammergerichts befohlen sei, dasselbe durch das ganze Reich anschlagen zu lassen, worin ihn die Kurfürsten nach Kräften fördern möchten. Das brachte diese in neue Verlegenheit. Der Administrator des Kurfürstenthums Sachsen ersuchte den Kurfürsten von Brandenburg um sein Gutachten und erklärte dabei die englische Gesellschaft für das Reich verderblich, weil dieselbe außer den Waaren doch auch viel Geld aus dem Reiche bringe und das Tuch und andre Waaren steigere. Der Kurfürst von Brandenburg machte seine Antwort von der Berathung mit seiner Landschaft abhängig, während der Kurfürst von der Pfalz dem Administrator erklärte, mit diesem Mandat sei für das Reich nur noch ein größerer Nachtheil gewonnen, da man später die Tücher von England um so theurer kaufen müsse.

Kaum war das Mandat versendet, so erhob sich im kurfürstlichen Rath neuer Widerspruch. Der Kurfürst Friedrich von der Pfalz sprach am 14. Sept. 1597[2]) gegen den Kurfürsten von Mainz seine Verwunderung aus, daß die im Mandat angezogene Antwort der Königin nicht den Kurfürsten mitgetheilt sei; weil diese Sache hochwichtig sei und in effectu eine offene Feindschaft auf ihr trage, auch dadurch die Handirung aus und nach England ganz gesperrt werden möchte, wäre es kaiserlicher Autorität wohl nicht ungemäß gewesen, vorher darüber im Rathe zu handeln, auch sei es wohl der Mühe werth, für einen gefahrlosen Verzug Sorge zu haben, damit nicht der Tuchhandel auf Frankreich komme und das bisher billige Tuch zu sehr vertheuert werde. Als der Administrator von Sachsen bei aller Freundschaft für die Königin und ihre Unterthanen doch auch der beschwerten Reichsunterthanen gebührlichen Schutz und das dominium maris des Reiches wohl in's Auge gefaßt

---

[1]) Acta, Commercialwesen, Vol. I. 1598. Loc. 7400. — Acta, Schriften der kais. Maj. Mandat, die monopolische Gesellschaft der Englendischen Kaufleute, Mercans adventuriers genannt und Coss. betr. 1597. 98. Bl. 1 folg. Loc. 7398. — [2]) Ebenda, Bl. 23. 26.

wissen wollte, erklärte der Kurfürst von der Pfalz[1]), daß man allenthalben das Mandat für ein schlechtes Mittel halte, England in guter Nachbarschaft zu erhalten, und glaube, es könnten wohl für beide Theile noch annehmlichere und dem Reich reputirliche Wege einer gegenseitigen Ausgleichung gefunden werden. Auch der Kurfürst Johann Georg von Brandenburg wollte bis zum nächsten Reichstag mit der Publication des Mandates zurückgehalten wissen, zumal, da in seinen Landen die Engländer gar nicht handelten.

In der Ungewißheit, was zu thun, beauftragte der Administrator Dr. Johann Georg Gödelmann, zu berichten, was etwa für Gedanken am kaiserlichen Hofe seien und wie sich die andern Kurfürsten und Stände auf das Mandat gegen kais. Maj. erklärt hätten. „Für unsre Person sehen wir gar wohl, daß durch die Engländer allerhand Practiken im Reich getrieben, auch dadurch unserm geliebten Vaterland ein großer Schade zugefügt wird, möchten denselben auch gerne vermieden sehen." Seine Räthe forderten entschieden die Publication des Mandats, welche der pfälzische Kurfürst durch anderweit Deliberation nur hinausschieben wolle, in Hoffnung, daß dasselbe hernach gar ersitzen bleibe. Durch den Aufsatz, den die Adventurirer auf die Laken schlügen, würde jährlich fast eine Million Geldes aus Deutschland nach England gebracht, das Reich an Baarschaft erschöpft, die Unterthanen verarmt, sintemal jetzt fast keine Dienst- oder Bauernmagd mehr sei, welche sich nicht mit englischem Tuch wenigstens etwas kleide, dagegen das Handwerk der Tuchmacher verderbe und die Nahrung auch in den kursächsischen Städten greiflich abnehme. Weil das ausländische Tuch in so großer Anzahl herein, die Wolle haufenweis hinausgeschafft werde, falle auch die Handirung mit dem Landtuch, das vorher in großer Menge nach Polen und andern benachbarten Ländern verführt sei, weßhalb in Polizei- und Landesordnungen der Gebrauch des englischen Tuches und die Ausfuhr der Wolle verboten worden. Wenn man betrachte, daß Deutschland nichts aus England hole, ohne was England zuvor aus Deutschland geführt habe, als Wolle, Zinn und anderes Metall, so sei die Rechnung leicht zu machen, welches Land das andre eher entrathen könne, und es würde viel besser in Deutschland stehen, wenn die Leute gleich den alten Vorfahren sich in Landtuch kleideten

---

[1]) Ebenda, Bl. 34. 43.

oder in den Haushaltungen nur inländisches Zinn führten. — Göbelmann aber berichtete, der Kaiser habe auf die Erklärung Lübecks, daß die Hanse zur Gegenwehr genugsam gefaßt sei, wenn England nach Veröffentlichung des Mandats offene Feindschaft erhebe, das Mandat in Böhmen und den Erblanden anschlagen und die Engländer aus Wien und andern Orten ausweisen lassen.

Die Königin von England suchte zunächst durch eine neue Gesandtschaft[1]) die Wirkung des Mandates zu brechen. Der pfälzische Kurfürst, von der Königin zu weiterem Vorgehen für die Abventurirer angeregt, suchte den kursächsischen Administrator zu überzeugen, wie man das Tuch später aus dritter und vierter Hand viel theurer werden kaufen müssen, und forderte ihn auf, sich mit ihm für den nächsten Reichstag eines gemeinsamen Handelns zu vergleichen. Auf der andern Seite drängten Lübeck und Köln wieder auf dem Reichstag zu Regensburg im J. 1598[2]) zur allgemeinen Publication des bereits erlassenen Mandats und verlangten dazu noch die Erläuterung, daß nicht nur die Engländer, welche wirklich in Hamburg, Emden und Stade einmal Niederlage gehabt hatten, sondern alle, welche mit englischen Tüchern, Wolle und andern Waaren handelten, gemeint seien, da auch die damals zu Middelburg residirende Gesellschaft ihre Unterhändler in das Reich überallhin sendete, unter dem Vorgeben, daß sie niemals der verbotenen Gesellschaft angehört hätten. Die Hanse wurde um so dringender, da die Königin in Erwiderung des Mandats durch einen Befehl vom 13. Januar 1598 alle der Hanse und ihrem Komtor zu London Angehörenden binnen 14 Tagen „auf gleiche Maß und Pön, wie die Engländer aus dem Reich abgeschafft", aus England ausgewiesen und durch der Stadt London Mayore und Richter den hansischen Stahlhof hatte einnehmen lassen.

Auf dem Reichstage stimmten Trier und Köln für die weitere Publication des Mandates und die Aufnahme der verlangten Erläuterung in den Reichsabschied; auch sollte der Kaiser nach diesen harten Befehlen der Königin den effectus mandatorum folgen lassen[4]). Kurpfalz vertheidigte die Königin, weil sie sich stets erboten habe, die Hansen ihren eigenen Unterthanen gleich zu halten, diesen aber

---

[1]) Ebenda, Bl. 64 folg. — [2]) Ebenda, Bl. 74 folg. — [3]) Ebenda, Bl. 81. Vergl. Lappenberg a. a. O. 104 folg. — [4]) Ebenda, Bl. 84 folg.

sei am besten gedient, wenn sie nach England hinein und die Engländer heraus handeln und sie sich im Uebrigen mit der Königin vergleichen dürften; deßhalb sei das Mandat einzustellen und dahin zu handeln, daß auch die Königin ihre Befehle fallen lasse. Kursachsen mahnte, da diese Sache das ganze Reich beträfe und ein weites Aussehen habe, zur größten Vorsicht; wenn sich die Königin durch Gesandtschaft geneigt erkläre, des Reiches Unterthanen bei Gleich und Recht zu lassen, so möge kais. Maj. die Vollziehung des Mandates eine Zeit lang, doch nur mit dem Willen der Interessenten aufschieben. Auch Kurbrandenburg wollte das Mandat aufgeschoben haben und abwarten, ob die Königin nicht selbst zur Versöhnung sich geneigt zeige, während Mainz, Trier und Köln stets zur ungesäumten Publication und Execution der wohl berathenen und endlich beschlossenen Mandate drängten.

Diesen letzteren schloß sich bei einer zweiten Anfrage Brandenburg und Sachsen an, doch hofften beide noch, weil eine englische Gesandtschaft anwesend war, auf gütliche Wege. Da Kurpfalz jetzt mit seinem Widerspruch allein stand, beschloß der Kurfürstenrath, das Mandat weiter publiciren, doch nicht in den jetzigen Abschied aufnehmen zu lassen, wobei dem Kaiser anheim gestellt wurde, ob sich nicht durch den englischen Gesandten vielleicht zu andern Mitteln Gelegenheit finde. Auf diesen Beschluß gab der kursächsische Administrator am 31. März 1598[1]) Befehl zur Bekanntmachung des Mandates, welche um so mehr beschleunigt wurde, da die Königin von Neuem jede Schiffahrt der Hanse zu den Spaniern verboten hatte und das Verbot auch mit ihren Kriegsschiffen aufrecht erhielt. Er stützte sich dabei auch noch auf einen Bericht des Rathes der Stadt Leipzig, welche zwar die Court oder Innung der englischen Kaufleute als eine Gesellschaft, welche den Handel offen und in hergebrachter Weise betreibe, in Schutz nahm, um so heftiger aber gegen die gefährlichen Unterhändler dieser Gesellschaft, die Interloopers, auftrat. Diese, die nicht zur Innung gehörten, auch nicht einmal Kaufleute waren, trieben überall, wie der Bericht sagt, den Handel mit englischen Tüchern listig und mit heimlichen Practiken, liefen ganz Deutschland aus, schlichen allerlei englische Waaren herein und kundschafteten aus, was für Waaren überall gemacht wurden

---

[1]) Ebenda, Bl. 94 folg.

und was sie kosteten. Die Court der Adventurirer hätte stets nur an einem bestimmten Ort, in Hamburg, Emden, Stade u. s. w. ihre Niederlage gehabt und durch den Umtausch ihrer Waaren den Handel der Deutschen nicht wenig gefördert. Die Interlopers aber seien die eigentlichen Landverderber, das „englische Freivolk", welche aus dem Innern des Reiches die Waaren aufkaufen, selbst in die Seestädte führen und dadurch den Kaufleuten der Binnenstädte jeden Vortheil um so mehr aus den Händen nähmen, als sie sehr wohl wüßten, was diese Waaren „kosten und gestehen", d. i. die Erzeugungskosten derselben an der Quelle erforscht hätten. Seit etwa 15 Jahren hätten die englischen Kaufleute begonnen, auch nach Leipzig zu handeln und seitdem häufe sich ihre Zahl von Tag zu Tag, so daß jetzt solche Unterläufer sich ungescheut unterständen, ganze Städte in Bestellung zu ziehen und mit Waaren zu versorgen, dadurch dem Reich das Seine entwendet und den deutschen Handelsleuten ihre Nahrung geringert werde. Darum seien auch diese Engländer mit den Adventurirern aus dem Reich und nach Herstellung der hansischen Privilegien auf bestimmte Stapelplätze zu verweisen. — Dennoch blieb der Administrator äußersten Maßregeln gegen die Engländer abgeneigt und verbot, als ein Leipziger Kaufmann[1]) durch die Engländer auf offner See seiner Güter beraubt worden war, alle Repressalien und rauhen und unglimpflichen Maßregeln. In Leipzig selbst wurde der Handel mit englischen Tüchern offen und ungehindert betrieben, die von Middelburg wie von Stade und Emden durch italienische, niederländische, augsburgsche und andre deutsche Kaufleute in und durch das Reich ohne Schwierigkeit geführt wurden, sobald die Kaufleute eidlich betheuerten, daß sie der Gesellschaft der **Mercans adventuriers** nicht angehörten und solche Tücher ihr eigenes Gut seien.

Da nun die Adventurirer unter diesen Verhältnissen und mit solchen Mitteln aus dem Reiche nicht wegzubringen waren, und ebenso wenig die Königin wie die Hanse nachgeben wollte, so kam es denn nach neuen langen Berathungen und Verhandlungen und nach umfangreichen rechtlichen Bedenken des Reichshofraths endlich doch zu dem Beschlusse der Execution des Mandates gegen die seit

---

[1]) Acta, Caspar Börner zu Leipzig wegen der englischen Wegnahme seiner Güter und Waaren. 1593—99. Loc. 8019.

Anfang des 17. Jahrhunderts wieder in Stade residirende Gesellschaft der Adventurirer. Schon im J. 1601 drohte dieser Stadt die Execution, als acht englische Schiffe um Ostern hier englisches Tuch einbrachten, doch wandte die Stadt ein, diese Kaufleute seien gemeine Engländer und keine Mercans adventuriers. Der Reichshofrath entschied, daß gegen diese Kaufleute das Mandat ohne eine besondere kaiserliche Declaration nicht in Vollzug gesetzt werden dürfe. Eine neue Commission sollte nun erforschen, ob jene Kaufleute zu den Adventurirern gehörten und diese überhaupt, was immer noch nicht bewiesen sei, im Reiche Monopole übten. Durch diese Commission, an deren Spitze der kaiserliche Hofrath von Minckwitz stand, kam der sogenannte Minckwitz'sche Receß vom 21. Februar 1602 zu Stande, welcher die Execution noch einmal aufschob und der Königin eine gütliche Handlung anbot. Die Königin stand diesmal von ihrer früheren Forderung, nur in England unterhandeln zu wollen, ab, kaum aber waren zu Bremen die Verhandlungen eröffnet, als sie im Februar 1603 starb. Ihr Nachfolger, König Jacob I, nahm auf eine Gesandtschaft der Hanse die Verhandlungen wieder auf, gab auch im Sommer 1606 den Stahlhof zurück, ließ sich jedoch auf eine Verhandlung wegen der Privilegien nicht mehr ein.

Die Execution des Mandats erschien aber nunmehr ganz zweifelhaft, da die Adventurirer nach der Veröffentlichung desselben jetzt schon bis in das neunte Jahr ohne Einspruch des Kaisers im Reich waren geduldet worden. Sie erhielten sogar ein „Assecurationsdecret“ vom 29. Sept. 1607, das ihnen erlaubte, ruhig in Stade zu wohnen und Handel zu treiben, auch unter einander mit kais. Maj. Bestätigung Statute und Satzungen aufzurichten. Gegen dieses Decret erhob nun die Hanse, durch eine Schrift vom 27. November 1608 und ebenso der dem Minckwitz'schen Receß widersprechende Reichshoffiscal durch ein Bedenken vom 13. Juli 1609 heftigen Widerspruch, dem sich auch die eine Partei des in dieser Angelegenheit zweispältigen Reichshofraths durch ein weiteres Bedenken vom 9. October 1610 anschloß[1]). In Folge dessen mußten die Adventurirer Stade im J. 1611 noch einmal verlassen, wandten sich aber sogleich wieder

[1]) Acta, Bedenken des kais. Reichshofraths Präsidenten und Räthe in Sachen kais. Maj. Hoff Fiscale und der Hansestädte an einem contra den englischen Mercants Adventurirer andern Theils u. s. w. Loc. 7398. — Vergl. Lappenberg a. a. O. S. 108 folg.

nach Hamburg, wo sie auch, da unterdessen im Reich der innere Zwiespalt immer schroffer wurde und schließlich zum dreißigjährigen Kriege führte, wenn auch nicht unbehelligt doch ungestört bis in die neueren Zeiten blieben[1]).

Dritter Abschnitt.

Vom Reichstag im J. 1582 bis zum westfälischen Frieden im J. 1648.

Mit dem Reichstag im J. 1582 und der ernst gemeinten Abweisung aller Zollgesuche durch die Kurfürsten nahmen diese wie die willkürlich vorgenommenen Zollneuerungen und Steigerungen noch lange kein Ende. Die Herzöge von Bayern hatten, wie erwähnt wurde, schon vor dem J. 1582 den sicherern Weg eingeschlagen; sie steigerten ohne zu fragen die Zölle und warteten dann ruhig ab, ob die eingehenden Beschwerden den Reichstag zu einem Vorgehen veranlassen würden. Auf dem Reichstag im J. 1582 klagte die Stadt Passau[2]) gegen dieselben wegen Verletzung ihres seit etwa 600 Jahren bestehenden, im J. 1491 vom Kaiser Friedrich IV. bestätigten und noch im J. 1554 vom Reichskammergericht anerkannten Niederlagsrechtes. Nach demselben sollte alles in Hallein und Schellenberg im Erzstift Salzburg gesottene Salz die Donau hinauf nur in Burghausen und Passau niedergelegt und von hier auf einer privilegirten Straße, dem „guldenen Steig" oder Weg, einer aus Römerzeiten stammenden Gebirgsstraße, an bestimmte Orte in Böhmen verführt werden. Diesem Rechte zuwider hatten die Herzöge bei Schärding eine neue Salzniederlage eingerichtet, mit Gewalt auch die Niederlage anderer strom-auf- und abwärts gehender Waaren erzwungen und verführten nun von hier das bayerische Salz nach allen Richtungen, ohne nur einmal die der Stadt und dem Stift Passau zuständigen Zölle zu entrichten. Auch diese Beschwerde ging vom Reichstag an den Kaiser, daß er durch Commissarien die Parteien mit einander vergleiche.

Auf dem oberen Rhein hatte Graf Philipp zu Hanau seit etwa 1580[3]) am Grawelsbaum bei Lichtenau einen Rheinzoll von den zu

---

[1]) Vergl. Dr. F. G. Funk, hamburgsche Alterthümer. Hamburg 1859. — [2]) III. Buch Reichstagssachen zu Augsburg u. s. w. Bl. 272. — [3]) Acta, Schriften Fürst Joachim Ernsts zu Anhalt Verbesserung der Viehe-Zölle betr. Loc. 4430.

Berg fahrenden Schiffern gewaltsamer Weise erhoben. Dieser Zoll begann etwa 60 Jahre vorher, als man zuerst anfing, mit hochbordigen Schiffen den Rhein aufwärts bis Straßburg zu befahren. Unter dem Vorwand, daß dadurch seinen Landzöllen Abbruch geschehe, forderte der Graf zu Hanau von solchen Schiffen einen Rheinzoll von 15—18 Batzen. Jetzt nun, etwa um 1580, steigerte der Graf diesen Zoll und errichtete mit der Stadt Straßburg gegen Befreiung derselben einen Vertrag, wonach in dieser alle zu Schiffe ankommenden Güter abgewogen und für den Grafen gegen Bekenntniß des Rathes verzollt werden sollten, obwohl ein hanauischer Zoll für dieselben schon entrichtet war. Auch diese Zollsache kam an den Kaiser zur Untersuchung.

Auf dem Reichstag zu Regensburg im J. 1594[1]) bat das Kloster Waiblingen um Steigerung des Donaubrückengeldes bei Gochlingen in der Grafschaft Kirchberg. Vor alter Zeit hatte das Kloster diese Brücke schlagen lassen und seitdem erhalten, da dieselbe einer vielbesuchten Landstraße über Ulm nach Italien, Frankreich und in die Schweiz diente. Das Brückengeld wurde noch nach dem ältesten Satze für den Frachtwagen mit Kaufmannsgütern 2 Pf., mit Getreide 1 Pf., und ebenso viel für den Karren und das Stück Vieh erhoben, sodaß jährlich über 16 Fl. nicht eingingen. Als aber ein Neubau der vom Eisgang zerrissenen Brücke, welcher über 1600 Fl. kostete, das Kloster in schwere Schuldenlast brachte, verlangte dieses eine Steigerung von 2 Pf. auf 15 Kr. und von 1 Pf. auf 6 Kr. In ähnlicher Weise bat der Graf von Leuchtenberg um einen neuen Zoll, weil er auf der Straße von Nürnberg nach Prag über die Walchnau eine 8 Joch lange Brücke und auf der Straße von Eger nach Leipzig an der Naab eine Brücke von 1 Viertelmeile Länge hatte bauen müssen. Solche Entschädigung für die zu allgemeinem Besten aufgeführten Bauten wurden als durchaus wohlbegründet im Kurfürstenrath angesehen, doch bewilligte derselbe nach vorhergegangener Untersuchung nur die Hälfte des verlangten Tarifs als ein Brücken- und Wegegeld und keinen Waarenzoll, um nicht zu neuen Weiterungen Gelegenheit zu geben.

Auf demselben Reichstag wiederholten die Abgeordneten des westfälischen Kreises ihre Klagen über die von der spanischen Besatzung

---

[1]) Acta, Reichstagssachen zu Regensburg, IV. Buch Bl. 58. 138. Loc. 10203.

auf Rhein, Maas, Waal und Yssel erhobenen Zölle und Licente und verübten Erpressungen. Ein Schiff, das durch die Waal in den Rhein wollte, berührte sechs den Generalstaaten gehörige Zollstätten, an denen überall neben dem Zoll noch ein Ungeld oder Licent oder Accise gefordert wurde und ebenso viel mußten die Kaufleute den Spaniern entrichten, weil diese jene Zollstätten als das ihnen entrissene Eigenthum betrachteten. Außerdem mußten alle Schiffe einen in Seeland erhobenen „schweigenden" Zoll, dessen eigentliche Erhebungsstelle gar nicht berührt wurde, und verschiedene Licente zahlen, so daß jedes Schiff für diese Fahrt 125 Fl. zu erlegen hatte.

Die Stadt Köln[1]) führte dieselben Beschwerden. Die in den Niederlanden kriegenden Parteien streiften bis in das Erzstift Köln, plünderten die Fürstenthümer Jülich, Kleve, Berg und erhoben auch hier überall Licente, Accisen, Ungelder, Impoſten. Zu Zons hatte das Domstift Köln selbst den Zoll verdoppelt und erhob daneben noch ebenso viel „Kapitelgeld". Zu Düsseldorf wurde neben dem alten Zoll eine Accise von allen Waaren, von einem Fuder Wein z. B. 3 Thlr. erhoben, zu Kaiserswerth neben dem gewöhnlichen Zoll eine Accise von 8 Thlr. 12 Stüber. An den Camilloschanzen unter Kaiserswerth mußten die Schiffer landen und sich mit 12 und mehr Doppelducaten von der Besatzung frei kaufen, ebenso an dem Auslieger vor diesen Schanzen. Auch bei Ruhrort mußten sie, was früher nie geschehen war, anlegen, von jedem Fuder Wein 3 Thlr., von allen anderen Waaren Zoll und Accise und in der Mündung der Ruhr wie vor Orsoy dem spanischen Auslieger geben wie den andern. Vor Berg ankerten drei Auslieger, deren jeder ebenso viel im Namen des spanischen Königs verlangte, und außerdem erhob der Kurfürst auch hier neben dem gewöhnlichen Zoll eine Accise von allen Waaren, vom Fuder Wein z. B. 4 Thlr., welche Abgaben zu gleicher Zeit wieder als Parification der spanische Licentmeister verlangte. Auf ihren Eid mußten hier die Schiffsleute erklären, ob sie auf Rhein, Yssel oder Waal nach Holland fahren wollten und dann den ganzen Betrag der holländischen Zölle erlegen. Bei alle dem mußten sie auch nach langem Warten noch für den Paßbrief dem spanischen Obersten $1^1/_2$ Ohm feinen Weins oder das Geld dafür verehren und der ganzen Wachmannschaft Trinkgelder bis zu 20 Thlr. geben.

---

[1]) Ebenda, IV. Buch, Bl. 368 folg. — [2]) Ebenda, Bl. 406 folg.

Solche Abfertigung dauerte meistens 8 Tage. Mit Hinzurechnung der niederländischen Zölle und Abgaben kam das Fuder Wein, das früher mit 8 Thlr. belastet war, von Köln bis nach Holland 40 Thlr., und die Last Häringe in der Auffahrt von Holland bis Köln statt früher 6—8 Thlr. jetzt 48—50 Thlr., ein Hut Salz statt ½ Thlr. 3½ Thlr. Von 100 Hut Salz gab man allein zu Berg und Kaiserswerth 83 Thlr. Licente, von der Last Häringe neben dem Zoll 12 Thlr., wobei noch die Fahrt 6—8 Wochen länger dauerte als früher, die Pferde oft mit Gewalt geraubt, die Schiffer mißhandelt und getödtet wurden.

Das Kurfürstencolleg wußte kein Mittel zur Abhülfe als kais. Maj. nochmals allerunterthänigst zu bitten, den Kurfürsten zu Köln, der doch mit im Rathe sitze, und den Herzog von Jülich oder deren Abgesandten bei dieser Reichsversammlung wegen Abschaffung solcher Licente und Imposten zu behandeln oder sonst auf ersprießliche Wege zu gedenken, damit solche hochbeschwerlichen Licente sonderlich aber auf des h. Reichs Grund und Boden abgeschafft würden[1]).

Auf dem folgenden Reichstag zu Regensburg im J. 1598[2]) klagte die Stadt Regensburg gegen den Herzog Wilhelm von Bayern, der mit dem Erzbischof von Salzburg einen Salzvertrag aufgerichtet hatte und nun, entgegen der Stadt Regensburg althergebrachtem Niederlagsrechte, den Salzhandel in diesen Gegenden allein an sich reißen wollte. Als die Stadt einen Prozeß dagegen beim Reichskammergericht erhob, riefen die bayerischen Herzöge ihre Gesandten vom Kreistage ab und drohten, so lange zu der außerordentlichen Kreishülfe nichts beitragen zu wollen, bis nicht der Prozeß wieder eingestellt sei. Auf diese Drohung ließ das Kammergericht das Verfahren alsbald fallen. Außerdem erhoben die Herzöge von jeder zu Lande nach Regensburg geführten Scheibe Salz einen neuen Aufschlag zuerst von 24, dann von 36 Kr., deßgleichen einen von den bayerschen Landständen bewilligten erhöhten Aufschlag vom Getränke, vom Fuder rheinischen Weins z. B. 6 Thlr., welche Abgabe für Regensburg auf etwa 10000 Fl. jährlich berechnet wurde. Auch die bayerschen Zölle zu Stadt am Hof, Kehlheim und an andern Orten wurden trotz aller Verträge mehr und mehr gesteigert, für ein Roß

---

[1]) Acta, Was vor Sachen im Supplicationsrath zu Regensburg fürgelaufen. Bl. 150. Loc. 10203. — [2]) Acta, VII. Buch Reichstagssachen 1598. Bl. 1 folg.

von 2 regensburgschen Pfennigen auf 1 Fl., für den Ctr. Federn von 1 regensburgschem Pf. auf 15 Kr. u. a. Nach einem mit dem Herzog Albrecht von Bayern im J. 1496[1]) aufgerichteten Receß waren die Einwohner von Regensburg in der bayerschen Vorstadt am Hof (Stadtamhof) für alle von und nach Regensburg geführten eigenen Güter zollfrei, im J. 1574 aber mußte die Stadt einen neuen Vertrag eingehen und darin die bayerschen Zölle mit ihren Steigerungen anerkennen, so daß sie nur die Zollfreiheit für einzelne in der Stadt selbst verbrauchte Waaren, z. B. ungefärbte egersche Tücher, Schafwolle, Schlachtvieh u. a. behielten und sich auch den vom Herzog Maximilian II neu verdoppelten Aufschlägen auf Wein, Bier und Meth unterwerfen mußten. Auf ihre Beschwerde am Reichstag wurde abermals, wie schon im J. 1582, dem Kaiser anheimgestellt, ob er zwischen beiden Theilen gütige Handlung pflegen oder sie zum Austrag weisen wolle.

Dieselben Klagen wie Regensburg und Passau gegen Bayern, hatte dieses wieder gegen Oesterreich, wo der Kaiser zu Gunsten seines Salzregals alle Einfuhr von fremdem Salz in allen seinen Erblanden verboten hatte.

Im Jahr 1600 begann der Graf von Oldenburg seine Versuche wegen eines neuen Weserzolls. Zunächst suchte Graf Anton beim Kaiser Rudolf II um eine Erhöhung des Zolls bei der Festung Delmenhorst nach, weil die Nachbarschaft des niederländischen Kriegswesens ihn zwinge, auf dieser Festung eine stärkere Besatzung als früher zu halten. Der Zoll ertrage beim jetzigen Tarif nicht über 300 Thlr., während er die Festung statt wie früher mit 12 Mann jetzt mit 80—90 Mann besetzt halten müsse. Die Bitte wurde auf den Deputationstag zu Speier, von hier auf den Reichstag zu Regensburg verwiesen, wo am 27. Juli 1603 der Kurfürstenrath dem Kaiser erwiderte, daß zuvor der benachbarten Stände Bericht einzuholen sei[2]). Bevor diese Frage entschieden war, begannen des Grafen Bestrebungen wegen des Zolles zu Elsfleth, worüber weiter unten berichtet wird.

Im J. 1606[3]) überreichte der Herzog August von Braunschweig-

---

[1]) Ebenda, Bl. 90. 99. 109. — [2]) Acta, Graf Anthonien zu Oldenburg und Delmenhorst gesuchte Erhöhung des Zolls zu Delmenhorst, Ao. 1600. 1603. Loc. 9939. — [3]) Acta, Zollsachen, Herzogen Ernsten und Herzogen Augusten gesuchte Erhöhung der beiden Elbzölle zu Blekede und Schnakenberg betr. Loc. 7266.

Lüneburg dem Kaiser ein Memorial, worin er anführte, daß kostspielige Ufer- und Deichbauten im Amt Blekede für die Schiffahrt nothwendig seien. Sein Vater, Herzog Wilhelm, habe auf Ermahnung des Kaisers Maximilians II im J. 1574 sich der Stapelgerechtigkeit zu Lüneburg begeben und dieser ihm dagegen eine Zollerhöhung versprochen, die aber auf eine kurfürstliche Consultation verschoben und deßhalb ersitzen geblieben sei. Nach langen Verhandlungen erklärten sich die vier Kurfürsten von Mainz, Trier, Köln und Pfalz, die diesen Elbzöllen am Entferntesten saßen, am 12. Juli 1608 für die Bewilligung der Zollerhöhung, während die Kurfürsten von Sachsen und Brandenburg zögerten und die Städte Lübeck, Hamburg und Magdeburg gegen dieselbe anführten, daß zwischen Hamburg und Magdeburg bereits 7 Zölle seien und z. B. von jeder Tonne Häringe 1/4 Thlr. Zoll erlegt werden müsse. Auf die wiederholten dringlichen Fürschreiben des Kaisers versprachen auch die beiden andern Kurfürsten ihre Einwilligung [1]) gegen den üblichen Revers, diesen aber verweigerten die Herzöge, da die Zollerhöhung nach Befreiung der Unterthanen von Kurbrandenburg und Kursachsen wenig Vortheil bringen werde. Erst der Nachfolger, Herzog Christian, stellte den Revers am 12. Jan. 1613 aus, worauf denn auch das kaiserliche Privileg sogleich erfolgte [2]).

Gleichzeitig mit Herzog August suchte auch Herzog Wilhelm von Braunschweig-Lüneburg-Celle, um hinter den Vettern nicht zurückzustehen, einen neuen Elbzoll bei Bulling- oder Bullenhausen, weil hier beide Ufer — am jenseitigen gehörten ihm wenige Häuser, das sogen. Hagelt — braunschweigisch seien und er im Marschlande Pfahl- und Dammbauten für mehr als 100000 Thlr. habe aufführen lassen [3]). Dabei beschwerte er sich über die Hamburger, welche die Elbe als publicum navigabile flumen darstellten und, um allen Handel auf Hamburg zu ziehen, mit Ausliegern und bewaffneten Jagdschiffen verhinderten, daß der Süderstrom, auf welchen seine Vorfahren von altersher privilegirt seien, von den Schiffern benutzt werde, wodurch dem Zoll und Handel zu Harburg großer Schaden geschehe. Um dagegen den Strom in seinem „natürlichen" Lauf (d. i. auf Harburg)

---

[1]) Acta, Protokoll auf'm Reichstag, b. 1608. Bl. 201 folg. Loc. 10210. — [2]) Acta, Zollsachen, Herzogen Ernsten u. s. w. Bl. 113. — [3]) Acta, Herzogen Wilhelms zu Braunschweig und Lüneburg gesuchten Zoll auf der Elbe gegen den Hagelt bel. 1609—1627, Loc. 7266.

zu erhalten, hatte er jene kostspieligen Bauten ausgeführt und verlangte nun dafür einen Zoll gleich dem von Hitzacker. Die Städte Lübeck, Hamburg und Magdeburg wiesen nach, daß jene Bauten nur zu des Herzogs eignem Nutzen, für die Schiffahrt aber ganz ohne Bedeutung seien, der Hagelt sei ein ganz kleiner Fleck Landes mit wenigen Häusern und Bullinghausen so gelegen, daß die Schiffe dort ohne große Gefahr und Zeitverlust gar nicht landen könnten. Sie erläuterten diese Angaben durch eine zu diesem Zwecke aufgenommene Stromkarte, welche aber von braunschweigischer Seite für eine in böser Absicht gefälschte ausgegeben und durch eine noch größere widerlegt wurde. Der Streitschriften von beiden Seiten war auch hier eine große Menge, welche alle sowie die betreffenden Verhältnisse an Ort und Stelle von einer im März 1613 zu Magdeburg zusammengetretenen kaiserlichen Commission, an deren Spitze der Erzbischof von Magdeburg und Herzog Friedrich von Meklenburg standen, geprüft werden sollten. Weil aber nur die Städte und nicht auch die gleichfalls betheiligten Kurfürsten von Sachsen und Brandenburg Abgeordnete geschickt hatten, blieb diese Commission unerledigt[1]). In den Jahren 1619, 1620 und 1625 kam diese Angelegenheit im Kurfürstenrath wiederholt zur Berathung, wurde aber endlich während des 30jährigen Kriegs vergessen.

Ebenso unentschieden zog sich die bayersche Zollangelegenheit in die Länge. Herzog Maximilian verlangte im J. 1604[2]) vom Kurfürstenrath die Bestätigung seiner längst eingeführten Zollneuerungen, doch blieb das Gesuch auch noch auf dem Reichstag im J. 1608 ohne Entscheidung. Hier äußerte bei der Abstimmung unter anderen der kursächsische Gesandte, die Zölle seien vermöge alter Rechte und der Reformation des Kaisers Sigismund res odiosa und sine iusta et rationabili causa ferner nicht zu verwilligen; weil aber der Herzog auf Wege und Stege, Brücken und Wassergebäude nach seiner Angabe jährlich ansehnliche Summen wende und durch die fünf Wasserströme Inn, Donau, Isar, Salzach und Lech dem Lande großer Schade zugefügt werde, so möge derselbe solche Schäden näher bezeichnen und auch die andern Interessenten darüber vernommen werden. Da aber die Untersuchung dieser Angaben ausgesetzt blieb[3]),

---

[1]) Ander Buch Reichstagsacten u. s. w. 1623. Bl. 223, Loc. 10212. — [2]) III. Buch Reichstags Acta 1607. 1608. Bl. 133. — V. Buch, Bl. 207. Loc. 10209. — [3]) Acta, Protokoll auf'm Reichstagk. 1608. Bl. 180. Loc. 10210.

so wanderte die bayersche Zollsache mit den übrigen von Reichstag zu Reichstag, bis der dreißigjährige Krieg diese unterbrach und jene in ihrem dermaligen Bestande sicherte.

Der Kurfürst von Köln, der schon längst, ohne nur um Erlaubniß nachzusuchen, neue Zölle errichtet und die alten erhöht hatte, bat im J. 1606 [1]) auf dem Kurfürstentag zu Fulda, unterstützt durch ein kaiserliches Promotorialschreiben, um die Gestattung eines neuen Zolles auf der Maas im Stifte Lüttich, der ihm auch zur Erhaltung der vier lüttichschen Festungen vom Reiche gewährt wurde. Dagegen wurde beschlossen, daß ein kaiserliches Privileg, auf dessen Grundlage die Stadt Köln den hundertsten Pfennig von allen Waaren und Gütern erhob, als von den Kurfürsten nicht bewilligt, vom Kaiser zu widerrufen sei.

Auch der Kurfürst Sigismund von Brandenburg erhob in den ihm zugefallenen jülichschen Landen, ohne gefragt zu haben, neue Zölle unter dem Namen der Licente [2]). Als die Stadt Köln auf dem Reichstag im J. 1613 Beschwerde dagegen erhob, schrieb Kurfürst Sigismund am 19. März d. J. an den Kurfürsten Johann Georg I von Sachsen, daß er sich vollständig zu solchen Licenten befugt glaube, in Betracht der großen Schäden, welche diese Lande in den Kriegen der Niederlande erlitten hätten, und des Umstandes, daß auch von andern und sogar von solchen, die nicht Stände des Reiches seien, solche Licente eingerichtet seien, deßhalb möge Johann Georg I den Kaiser, wenn es nicht anders sein könne, veranlassen, diese Sache auf den ordentlichen Rechtsweg zu verweisen. Damit scheint die Klage der Stadt Köln zu den Acten gelegt worden zu sein.

Auf demselben Reichstag, unter dem 4. October 1613 [3]), reichte die Stadt Lübeck wieder eine Beschwerde gegen Dänemark ein, dessen König neue unerträgliche Zölle auf dem Lande eingerichtet, die Schiffahrt der Lübecker auf Schweden verboten und lübecksche Schiffe gewaltsam genommen und nach Kopenhagen geführt hatte. Durch die Veränderung der Schiffahrt vom Welthandel abgeschnitten, vom Reiche gegen England und die nordischen Mächte hülflos gelassen, vom nächsten Nachbar übermächtig und siegreich bedrängt, sah die geängstigte Stadt den unausbleiblichen Untergang vor Augen, indem

[1]) III. Buch Reichstags Acta u. s. w. 1607. 1608. Bl. 133. — Protokoll auf dem Reichstag. 1608. Bl. 188. — [2]) Ander Buch Reichstags Acten u. s. w. 1613. Loc. 10212. — [3]) III. Buch u. s. w. 1613. Bl. 334 folg.

es unter den letzten kriegerischen Anstrengungen und den Kosten einer Besatzung der Befestigungen von Travemünde wie der dort seit drei Jahren aufgestellten Orlogschiffe erlag. Sie bat auf's Dringendste um Hülfe oder wenigstens um Enthebung von den Reichssteuern und Anlagen, bis sich diese Beschwerden gewendet hätten. Auch die Reichsstädte unterstützten dieses Gesuch und verlangten die Abschaffung der auf des Reichs eigenem Boden ohne Bewilligung angelegten dänischen Zölle wie die Unterstützung Lübecks gegen Dänemark, damit nicht auch noch dieser Hafen vom h. Reich abgerissen und das dominium maris demselben ganz entzogen werde. Nach Verlesung dieser Schreiben beschloß der Kurfürstenrath, die lübeckische Eingabe abschreiben zu lassen[1]), bevor aber dies geschehen war, wurde der Reichstag geschlossen.

Diese hier geschilderten Zollverhältnisse veranlaßten die Kurfürsten, die Wahlcapitulation des Kaisers Matthias vom 18. Juni 1612[2]) um einige Paragraphen zu erweitern. Neben den aus den früheren Capitulationen wiederholten Bestimmungen heißt es hier im § 20: „Weil der Rhein während der niederländischen Kriegsempörungen mit Licenten beschwert ist, die Commercien liegen bleiben, spanische Auslieger und Kriegsschiffe in das hohe Regal der rheinischen Kurfürsten greifen und trotz allem Ermahnen und Erinnern der Kurfürsten nicht wollen abgeführt werden, als sollen und wollen wir ehesten für uns und mit Rath der Kurfürsten auf Mittel und Wege trachten, wie man solcher Auslieger von des Reiches Boden ledig und die Licenten abgeschafft werden." Und § 23: „Wenn die Kurfürsten solcher Zölle und Auflagen halben, durch welche ihre Rechte und Einkünfte beeinträchtigt werden, Anspruch erheben, so soll solcher Prozeß nicht vor dem Kammergericht sondern unmittelbar vor kaiserlicher Majestät geführt und erledigt werden." — Bemerkenswerth ist bei diesen Bestimmungen im Vergleich zu den früheren, daß nicht mehr das allgemeine Beste des Reiches, sondern das besondere Interesse der Kurfürsten Ursache und Zweck derselben ist. —

Die hervorragendsten, die Lage des Reiches und seiner Regierung am schärfsten kennzeichnenden Zollhandlungen dieses Zeitraums waren die durch den Grafen von Oldenburg wegen des Weserzolles

---

[1]) Acta, Protokoll auf'm Reichstag zu Regensburg 1612 gehalten. Bl. 105. Loc. 10213. — Du Mont, Corps universel diplomatique, V, 2, S. 201.

und durch den König von Dänemark wegen eines Elbzolles bei Glückstadt veranlaßten, welche deßhalb hier auch eine umfänglichere Darstellung finden mögen.

Nachdem das Gesuch des Grafen Anton von Oldenburg wegen Steigerung des Zolles bei Delmenhorst beim Kurfürstenrath erfolglos geblieben war, kam auf dem Reichstag im J. 1613 Graf Anton Günther mit der Bitte um einen neuen Weserzoll ein, weil er die von den Winterfluthen zerrissenen Deiche und Dämme mit neuen Silen- und Schleusenbauten für unerschwingliche Summen habe herstellen lassen und dabei noch Leuchtthürme, Baken und Tonnen unterhalten müsse [1]). Auf Beschluß des Reichstags wurde eine Delegation von kaiserlichen und kurkölnischen Abgeordneten zur Untersuchung abgeschickt, deren Bericht zunächst nur eine Anzahl Streitschriften von beiden Parteien, von Oldenburg und der solches Zollgesuch bekämpfenden Stadt Bremen, zur Folge hatte. Der Graf wandte sich an den Kaiser Matthias, nannte sich in seinem Bittschreiben einen unvermögenden, bedrängten, an den äußersten Grenzen des Reichs, der wüthenden Westsee wie der unsichern Nachbarschaft wegen ganz gefährlich gelegenen Stand, der ein gleichsam vor Augen schwebendes äußerstes Verderben täglich zu besorgen habe, und bat zunächst um einen Weserzoll bei Blexen oder Overgünne, weil hier die Weser auf beiden Seiten oldenburgsches Gebiet berühre. Der Kaiser erwiderte, er habe keine Ursache, den Zoll zu verweigern, müsse ihn aber der Ordnung wegen an das kurfürstliche Collegium verweisen.

Mehre Jahre vergingen, ohne daß der Graf seinem Ziele näher kam. In der Instruction des kursächsischen Gesandten zum Wahltag in Frankfurt vom 27. August 1619 heißt es, daß, obwohl gegen diesen Zoll außer Bremen auch Kurbrandenburg, Paderborn und die Generalstaaten Widerspruch erhoben hätten, da schon 33 Zölle auf der Weser und innerhalb 12 Meilen 27 seien, so sei durch die Mehrzahl doch die Gestattung des Zolles gegen den üblichen Revers beschlossen. Der Gesandte der Generalstaaten, Peter von Brederode, erhob dagegen unter dem 22. August mit dem Widerspruch gegen diesen Zoll zugleich eine Beschwerde über alle willkührlichen Zollsteigerungen und Neuerungen auf dem Rhein zu Wesel, Büderich,

---

[1]) Acta, Graf Antoni Günthers zu Oldenburg u. s. w. Suchen wegen Bewilligung eines Zolls auf dem Weserstrom. 1618—23. 1. Buch. Loc. 9939.

Ruhrort, Orsoy und an andern Orten, über die hier und anderswo erhobenen ungewöhnlichen Licente und Accisen, in Folge welcher eine große Anzahl von Schiffen in Arrest lägen, und bat dringend, diesen schon oft abgeschlagenen Weserzoll nicht zu gestatten. Trotz aller wohlbegründeten Vorstellungen wurde am 6. September 1619 vom Kurfürstenrath die Bewilligung ausgesprochen, dadurch aber der Widerspruch nur um so heftiger erregt. Unter dem 23. März 1620 erfolgte eine Eingabe der „vereinigten Städte der deutschen Hanse“ — Graf Anton Günther leugnete die Existenz derselben —, welche die Wasserbauten als nicht der Schiffahrt zum Vortheil sondern nur als zum Schutz des eignen Landes ausgeführt erwies, Bauten wie sie alle übrigen dem Meer angesessenen Stände nöthig hätten; auch solche Thürme mit brennender Laterne, wie der Graf zu Wangeroog erhalten wollte, hätten andre Stände auf den Inseln und an den Küsten, ohne daß nur einer deßwegen einen Zoll fordere, und ebenso müßten alle Stände Kriegsleute zum Schutz der Unterthanen und Straßen erhalten. Der Graf suchte die Wirkung dieser Schrift, welche auch die Kurfürsten von Sachsen und Trier zweifelhaft machte, durch den Einwand zu entkräften, es kümmere sich der wenigste Theil der weit ab und gar aus dem Reiche gelegenen Hansen um diese Zollsachen und sei diese Schrift in Bremen allein geschmiedet.

Der Streit wurde noch verwickelter, als der Graf in Folge des Zollgesuchs auch die von Bremen seit Jahrhunderten geübte Gerichtsbarkeit über den Weserstrom von Bremen bis zum Meer in Anspruch nahm. In einer umfangreichen Deduction bewies die Stadt, daß ihr die Oberbotmäßigkeit über die Weser von der Stadt bis in die salzene See längs beider Ufer schon von Kaiser Heinrich V im Jahre 1111 verliehen sei[1]). Diese kaiserliche Urkunde wurde noch von Kaiser Karl V d. d. Regensburg 22. Juli 1541 bestätigt, mit dem Recht, die Seeräuber zu verfolgen und niederzuwerfen und die Schiffe bis an die Stadt Münden zu geleiten, auch wie von altersher allein Seetonnen und Baken gegen eine billige Abgabe zu legen und anzurichten. Daß der Rath diese Gerichtsbarkeit stets und ohne Wider-

---

[1]) Nach der Urkunde d. d. II Idus Maji 1111 erhielt die Stadt Bremen: plenam et liberam potestatem pacificandi, protegendi et defendendi una cum eorum antistite stratam nostram regiam scilicet Wiseram ex utraque parte litoris a civitate Bremensi usque ad salsum mare.

spruch kraftvoll gehandhabt hatte, bewies er durch lange Verzeichnisse der im 15. und 16. Jahrhundert zu Bremen hingerichteten Piraten.

In Folge dieses Widerstandes verzögerte sich die Ausfertigung der Bewilligungsurkunde von Jahr zu Jahr. Insbesondre war es jetzt der Kurfürst von Sachsen, der, überzeugt durch die Vorstellungen Bremens und ein Gesammtschreiben des Administrators von Magdeburg, der Herzöge von Meklenburg, Schleswig, Sachsen-Lauenburg sowie der Stadt Lübeck an den Kurfürstenrath, die letzte Beschlußfassung über diesen, den bremenschen und damit einen Haupttheil des gesammten deutschen Aus- und Einfuhrhandels unterbindenden Zoll stets wieder hinauszuschieben wußte[1]). Ein Gutachten des kurfürstlichen Rathes vom 22. Februar 1623 stellte die Angelegenheit noch einmal auf eine kaiserliche Commission, erklärte sich aber dabei mit dem vom Grafen bereits eingereichten Revers und Tarif zufrieden. Unter demselben Datum wurde der Stadt Bremen aus der mainzischen Kanzlei gemeldet, daß es, weil keine neuen Beschwerdepunkte eingegangen seien, beim kurfürstlichen Collegialbeschluß bleibe, doch daß der Graf den Zoll auf seinem und keinem fremden Gebiete anlege. Der Kaiser aber, der sonst dem Grafen günstig war, sprach jetzt im April 1624 die Inhibition aus und betraute die Kurfürsten von Köln und Sachsen mit einer neuen Untersuchung. Dennoch traf der Graf noch in der Osterwoche dieses Jahres die neue Zolleinrichtung an der Weser zu Harrienbracke bei Elsfleth und begann auch sogleich, mit Gewalt und bewaffneter Macht den Zoll zu erheben und zwar auch von den bremenschen Gütern, welche nach alten Verträgen auf oldenburgschem Gebiet zu Land und Wasser zollfrei sein sollten. Bremens Klage beim Kurfürsten von Sachsen über die Sperrung dieses freien und vornehmen Passes im Reiche, aus welchem die Stadt succum et sanguinem spiritumque vitalem schöpfen müsse, war fortan vergeblich, denn noch in demselben Jahre wurde das schon vom 31. März 1621 datirte Mandat des Kaisers ausgegeben, welches dem Grafen unter der Bedingung, daß er die Seekanten gegen Seeräuber und Feinde schütze, die Bewilligung dieses Zolles ertheilte.

Auf die weiteren Beschwerden der Stadt Bremen und ihrer Mitinteressenten entschied der Reichshofrath, daß der kurfürstliche Beschluß

---

[1]) Acta, Graf Antoni Günthers zu Oldenburg u. s. w. II. Buch.

aufrecht zu erhalten, der Graf aber und die Stadt zu ermahnen seien, sich jeder Gewalt zu enthalten. Auch die Kurfürsten von Köln und Sachsen gaben im J. 1625 ihr Gutachten dahin ab, daß die Bewilligung aufrecht zu erhalten, Bremen aber wegen der Verletzung ihrer alten Verträge auf den Rechtsweg zu verweisen sei. Da verließen sich die Bremer auf ihre eigenen Hülfsmittel und erhoben mit Kriegsschiffen thatsächlichen Widerstand gegen die Zollerhebung, worauf der Graf am 27. October 1627 den Kurfürstenrath zur wirklichen und schleunigen Vollstreckung der im Mandate gemeldeten Zwangsmittel aufforderte. Auch der Kurfürstentag zu Mühlhausen bestätigte am 12. November 1627 die Zollbewilligung und ersuchte den Kaiser, den Grafen bei seinem Zollprivileg zu handhaben und zu schützen, die von seinem Gegentheil ausgebrachte neue Commission und Inhibition aufzuheben und denselben durch die im Privileg benannten und andere Mittel zu zwingen, damit kaiserliche Majestät und kurfürstliches Colleg fernerhin unmolestirt und ohne Schimpf bleibe. Der Kaiser, der diese Sache nicht aus den Händen geben wollte, meldete am 29. April 1629 den Kurfürsten, daß er die Parteien vor sich beschieden und diese Zollsache an den kaiserlichen Hof gezogen habe, um darin so schleunig als immer möglich bis zum endlichen Schluß verfahren zu lassen.

Dieses Vorgehen des Kaisers war den Kurfürsten nichts weniger als angenehm, weßhalb der Kurfürst von Mainz denselben auch sogleich ersuchte, mit der Entscheidung an seinem Hof zu warten, bis der andern Kurfürsten Bedenken erfolgt sei, denn dieselben seien im hohen Grade hiebei interessirt. Johann Georg I schrieb hierüber an den Erzbischof von Mainz am 12. Juni 1629, er könne sich nicht einbilden, daß solche Sache an den kaiserlichen Hof gezogen werde und versehe sich vom Kaiser einer Antwort, welche des kurfürstlichen Collegs Schluß unpräjudicirlich sei. Am 3. Mai aber hatte schon das kaiserliche Decret die Parteien aufgefordert, durch Gevollmächtigte am kaiserlichen Hof zu erscheinen. Erst unter dem 12. März des folgenden Jahres einigten sich die Kurfürsten zu einem Gesammtschreiben an den Kaiser, worin sie solche Citation als nicht allein der kaiserlichen Majestät sondern auch sämmtlichen Kurfürsten zu merklicher Disreputation und Präjudiz gereichend darstellten, so daß ohne des Reiches sonderlichen Vorfang dazu stillzuschweigen ihnen keineswegs gebühren wolle; kaiserliche Majestät möge deßhalb den

Prozeß einstellen und nur die das Hauptwerk nicht betreffenden Beisachen durch die beabsichtigte Commission erörtern lassen.

In Folge dieses Widerstandes blieb es denn auch bei der Commission, die langsam zusammenkam und noch langsamer arbeitete, so daß im J. 1636 noch nichts entschieden war. Sobald aber die Stadt Bremen in diesem Jahre merkte, daß die Entscheidung gegen sie ausfallen werde, zog sie dem Grafen gegenüber ihren Stapelzwang strenger an als je, hielt denselben mit bewaffneten Schiffen aufrecht und erhob Accisen und neue Auflagen gleich den andern Reichsständen. Auf die Beschwerde des Grafen und die besondere Intercession der Kurfürsten von Sachsen und Köln erließ nun der Kaiser am 9. Februar 1638 gegen die widerspenstige Stadt ein Mandatum poenalis inhibitorii, welches den Stapelzwang und alle ohne Bewilligung aufgelegten Accisen und Imposten sogleich aufzuheben gebot. Da aber unter den Wirren des 30jährigen Krieges niemand und am wenigsten der Graf von Oldenburg die Mittel hatte, den kräftigen Widerstand der Stadt zu brechen, zog sich der Streit unter gegenseitigen Plackereien noch eine Reihe von Jahren hin, bis derselbe bei den münsterschen Friedensverhandlungen mit zur Sprache kam. Im November 1646 erbot sich Bremen zuerst zu einem Vergleich, worauf auch der Graf durch ein gemeinsames Schreiben der Kurfürsten zu einem solchen doch vergeblich aufgefordert wurde. Am 26. Juli 1646 schrieben die Kurfürsten an Kaiser Ferdinand III, daß er zur endlichen Erledigung der längst verdrießlich vorgeschwebten Zollsache die im Reich in dergleichen Fällen hergebrachte endliche Execution ohne fernere Zögerung vollstrecken lassen, aber auch im Geringsten nicht zugeben möge, daß die vor einem Jahr aufs Neue befohlene, doch nur auf einzelne Incidenzpunkte beschränkte Commission die Hauptsache selbst, womit sie gar nichts zu schaffen habe, noch deren Wirkung hindere oder überhaupt damit zusammenwerfe. Auch die Beschwerde der Generalstaaten wiesen die Kurfürsten am 10. August mit der Erklärung zurück, daß die Bremer mit Unrecht die Gerichtsbarkeit über die Weser behaupteten, da der Graf den noch am 16. Mai 1646 neu bestätigten Zoll auf eignem Grund und Boden angelegt habe; deßhalb wolle auch den Generalstaaten gebühren, die Stadt Bremen zur Ruhe zu verweisen und dem Grafen den Zoll zu gönnen.

Der Graf wie auch die Kurfürsten, letztere um ihre Bewilligung auf jeden Fall aufrecht zu erhalten, scheuten bei den Friedensverhandlungen keine Mühe, damit der oldenburgsche Zoll in den Friedensvertrag aufgenommen werde. Der Kur- und Fürstenrath beschloß im Juli 1647 zu Münster die Aufnahme desselben in den 8. Artikel des Vertrages, unter dem Widerspruch des Kurfürsten von Brandenburg und einiger Anderen, weil diese Zollsache am kaiserlichen Hofe anhängig sei. Diesem Einwurf wurde entgegnet, daß nicht die Bewilligung des Zolls sondern nur die Frage wegen der Gerichtsbarkeit über die Weser beim kaiserlichen Kammergericht anhängig sei, sintemal es ein Absurdum sei, daß solches Kammergericht über die Befugniß der Kurfürsten und des Kaisers in Betreff der Zollbewilligung entscheiden könne. Schweden, die Niederlande, Bremen widersprachen auf's Heftigste der Insertion. Der Gesandte der Generalstaaten erklärte unter dem 24. Sept. 1647 dem Kaiser schriftlich, da solcher Zoll die Generalstaaten zehnmal mehr als die Stadt Bremen berühre, so würden sie sich demselben mit der That widersetzen und hätten deßhalb schon mit den Städten Hamburg, Lübeck und Bremen eine Zusammenkunft gehalten. Dadurch erregten sie wieder die Furcht, daß sich die drei Seestädte mit den Niederlanden in ein besondres Bündniß gegen das Reich einlassen möchten. Nachdem dennoch die Insertion geschehen war, wiederholten die Generalstaaten am 11. Januar 1649 dieselben Vorstellungen, worauf der kaiserliche Bevollmächtigte in Münster von Neuem zu einem gütlichen Ausgleich mahnte und ein kaiserliches Mandat von der Stadt Bremen Unterwerfung unter die Bestimmungen des Friedensschlusses [1]) verlangte, widrigenfalls die Execution desselben erfolgen würde.

Das in Aussicht gestellte Bündniß zwischen den Niederlanden und den drei Seestädten, das ohne feindliche Richtung gegen das Reich schon einmal im J. 1615 [2]) zu Stande gekommen war, sowie die wiederholten bedrohlichen Schreiben der Generalstaaten veranlaßten die Kurfürsten, den Kaiser aufzufordern, daß er gegen die

---

[1]) Der betreffende Artikel lautet: Territoriorum, quae flumina alluunt et aliorum quorumcunque juribus privilegiis ut et teloneis ab Imperatore et Electoribus nominatim etiam comiti Oldenburgico in Wisurgi concessis aut usu diuturno introductis in pleno suo vigore manentibus et executioni mandandis. Du Mont a. a. O. VI, 1, S. 450 folg. — [2]) Du Mont a. a. O. V, 2, S. 274.

Stadt Bremen alsbald mit der declaratio poenae fractae pacis verfahre. Bremen bot nun im April 1649 dem Grafen für Auflassung dieses Zolles 100,000 Thaler, welches Anerbieten dieser aber voll Entrüstung als einen ihm angethanen Schimpf zurückwies. Um so mehr verharrten die Bremer in ihrem Wiederstand. Am 29. October 1650[1]) klagte der Graf dem Kurfürsten von Sachsen, daß dieselben immer noch friedbrüchiger Weise seine Beamten in der Hebung dieses Zolles mit bewaffneter Hand maximo totius Imperii scandalo verhinderten, alle kaiserlichen und kurfürstlichen Specialrescripte und Ermahnungsschreiben hätten sie gleich wie vana tonitrua de plevi überhin rauschen lassen, dabei nur noch hartnäckiger im offnen Ungehorsam und freventlicher Turbation verharrt und in jeder Weise den Effect des lieben Friedens zu eludiren gesucht. Deßhalb bat er um sofortige Execution.

Um dieselbe Zeit, am 27. October 1650, beschloß die Deputation der Kurfürsten und Stände zu Nürnberg, daß gegen Bremen nunmehr in der Vollziehung dieses Friedens der modus arctior vorzunehmen und die Kurfürsten aufzufordern seien, auf dem Weg der Repressalien die Bürger von Bremen und ihre Güter anzuhalten, bis sie den Zoll entrichten würden. Durch neue Verhandlungen erreichte Bremen ein Hinausschieben auch dieses Beschlusses. Unter dem 18. Mai 1652 übergab die Stadt zwei neue Vertheidigungsschriften, eine des Raths und eine der Aldermänner, wodurch sie sich vor allen von dem Vorwurf eines Bündnisses mit den Generalstaaten zu reinigen suchte. Die Kurfürsten jedoch neigten sich immer mehr zu strengeren Maßregeln gegen die dem allgemeinen Frieden Hohn sprechende Stadt. Friedrich Wilhelm von Brandenburg schrieb am 11. Juni 1652 an Johann Georg, er befürchte, daß die Bremer wegen Verzögerung der declaratoria wie der Repressalien auch je länger um so halsstarriger zum Hohn des Reiches und aller Friedensconsorten und zu einem bösen Beispiel für Andre werden möchten; da die Generalstaaten dieses Zolles halben keinen Krieg anfangen noch realen Beistand leisten, auch die Stadt Bremen am allerwenigsten eine staatische Garnison einnehmen würde, so möge Johann Georg beim Kaiser die Anordnung der Repressalien und die Verkündigung der Acht gegen die Bremer vermitteln. In dem-

[1]) Der angeführten Acten Drittes Buch.

selben Sinn schrieb Friedrich Wilhelm an den Kurfürsten von Mainz am 15. October, daß noch vor dem nächsten Reichstag mit diesen Maßregeln vorzugehen sei, damit der Kurfürsten am Reich hergebrachten und zu jeder Zeit so mascule verfochtenen unschätzbaren Rechten ihr gehöriges stabilement verbleibe und dieselben ungeschmälert auf die Nachkommen gebracht würden. Dabei gab er seine vollständige Zustimmung ausdrücklich zu allem, was noch sonst zu der Grafen von Oldenburg Gunsten geschehen werde. Am 22. October sprach ein kaiserliches Mandat über die Stadt Bremen die Strafe von 200 Mark löthigen Goldes und die Achtserklärung aus, welche letztere auch nach neuer vergeblicher Verhandlung zwischen dem Grafen und der Stadt zu Delmenhorst öffentlich verkündigt wurde. Darauf antwortete Bremen mit einem „unterthänigsten demüthigen auch zugleich wehmüthigen Memoriale" und Bitte um gnädige Befreiung vom Bann und jeder andern Strafe, erhielt auf ihre Erklärung des schuldigen Gehorsams vom Reichstag zu Regensburg im J. 1653 freies Geleit und wurde dann im September d. J. mit dem Willen des endlich in den thatsächlichen Besitz des Zolles gelangenden Grafen von der Acht befreit.

Dennoch sollte der unterdeß alt gewordene Graf noch lange nicht die schwere Errungenschaft mit ruhigem Behagen genießen. Nachdem Zoll und Zollstätte zu Elsfleth gegen allen Widerspruch behauptet waren, erhob sich alsbald ein neuer Streit wegen des vom Kaiser bestätigten Tarifs. Am 3. September 1656 klagten die Bremer dem sächsischen Kurfürsten, daß, obwohl der Graf bei dem Vergleich im J. 1653 eine Ermäßigung des hohen und ungleichen Tarifs versprochen habe, doch bis jetzt eine solche nicht eingetreten, vielmehr eine Inconvenienz über die andere ergangen sei; endlich habe der Graf sich zu einer Ermäßigung bei einigen am meisten beschwerten Waaren bereit erklärt, zugleich aber von der Stadt einen drückenden Revers verlangt, und als sie denselben verweigert, mit der ungewissen und unerträglichen Hebung der Zölle fortgefahren und dadurch den Handel auf der Weser ganz niedergelegt[1]). — Auch der Landgraf Friedrich Wilhelm von Hessen bat denselben Kur-

[1]) Der angeführten Acten viertes Buch. — Der Zoll für Korn betrug an den oberen Weserzollstätten 4½—18 Groth (72 Groth = 1 Thlr.), zu Elsfleth 42 Groth, für Wein dort 24—63 Gr., hier 63 Gr., für Fett- und Fischwaaren dort 9 hier 18 Gr., für Metalle dort 16 Gr., hier mehre Thaler u. s. w.

fürsten, den Grafen zur Ermäßigung des höchst verderblichen Weserzolls anzuhalten.

Auch Braunschweig, Paderborn, Hessen-Kassel, Münster und andre Reichsstände schlossen sich diesen Beschwerden an, wogegen der Graf wieder über die vielen und hohen Abgaben in Bremen klagte und sich auf das eidliche Versprechen der Bremer vom 27. August 1653 berief, wodurch sie seinen Zoll in dem dermaligen Bestand anerkannt und dawider nichts vorzunehmen versprochen hätten. Memoriale und Gegenmemoriale[1]) erschienen gedruckt und geschrieben in Menge, doch erreichten die dem Tarif widersprechenden Stände, denen sich auch die Generalstaaten anschlossen, nichts, als daß der kurfürstliche Rath des Grafen Zollrecht bestätigte und davon nicht abzuweichen beschloß, zumal da nur einige wenige Interessirte sich über den Exceß der Zollrolle zu beklagen Ursache zu haben vermeinten. Auch vom Grafen Anton Günther war nichts zu erreichen, als ein Befehl vom 20. September 1657 an seine Zollbedienten, daß sie sich nicht in allen Dingen allzu genau an die ertheilte Zollrolle halten, sondern zur Beförderung des Kaufhandels bei manchen Waaren, jedoch unbeschadet des Tarifs, auch darunter nehmen dürften.

Neue Anregung erhielt der endlose Streit bei dem Tod des kinderlosen Grafen. Seit dem J. 1661[2]) bewarb er sich bei Kaiser und Reich um das Recht, den Zoll zu Elsfleth testamentarisch an einen Allodialerben übertragen zu dürfen, erlangte aber nur eine Specialconcession des Kaisers, worauf er in seinem Testament den Zoll unter seine verschiedenen Erben vertheilte. Das erzürnte wieder die Kurfürsten, die darin eine Verletzung der kurfürstlchen Autorität erblickten. Der Kurfürst von Brandenburg erklärte gegen Johann Georg II am 14. Juli 1668 diesen Zoll für eine Personalverleihung, die mit Anton Günther erloschen und ohne sämmtlicher Stände Einwilligung nicht weiter zu verleihen sei. Die Haupterben aber, der dänische König Friedrich III und der Herzog Christian Albrecht von Holstein, Coadjutor des Stiftes Lübeck, nahmen den

[1]) Unter den bremischen Streitschriften mögen hervorgehoben werden: „Ganz völlige Collectio des durchaus übel proportionirten, neulich gesuchten, sehr weitläufigen appendicis oldenburgscher Zollrolle“, 1657; „Stadt bremische unvermeidliche Verantwortung“, 1657 (195 Seiten); „Kurtze richtige Anweisung“ u. s. w. 1657. Unter den oldenburgischen: „Abgenöthigte Anmerkung und Erinnerung über deren von Bremen jüngst spargirte Verzeichniß der Zölle“ u. s. w. Oldenburg, 1656. — [2]) Acta, Oldenburgsche Weserzollsache. 1664. 1668. 1669. Loc. 9940.

Zoll als rechtmäßiges Erbe in Anspruch, während mit Brandenburg auch Braunschweig, Bremen, Hessen und andere Stände diese Gelegenheit benutzten, den Zoll von Neuem in Frage zu stellen. Unter den Kurfürsten herrschte Uneinigkeit. Einer suchte den Andern brieflich auszuforschen, welcher Auffassung er sich zuneige. Friedrich Wilhelm war der Einzige, der mit Entschiedenheit den deutschen Handel jetzt von dieser schlimmen Fessel befreien wollte. Bei dieser Gelegenheit ereignete es sich zum ersten Mal, daß von den widersprechenden Ständen die auf die goldene Bulle und die kaiserlichen Wahlcapitulationen begründete Präminenz der Kurfürsten in Zollsachen in Frage gezogen wurde.

Auch Kurköln schloß sich diesmal den Gegnern des Zolles an und hielt mit Brandenburg, Schweden, Hessen-Kassel, Braunschweig und Bremen eine Zusammenkunft in Halberstadt, wo der Zoll als nur für Anton Günther und seine männlichen Leibeserben verliehen erklärt wurde; da nun ein Erbe für die ungetheilte Grafschaft nicht vorhanden und im Privileg von Seitenverwandten keine Rede sei, so habe auch der Zoll mit Anton Günthers Tod sein Ende erreicht und eine weitere Concession sei vor das kurfürstliche Colleg zu ziehen. Dieses, meinte Friedrich Wilhelm, werde seine hohen Rechte und Befugnisse am kaiserlichen Hofe zu vertheidigen und solche Beschwerden vom Reiche abzuwenden wissen, weshalb er auch den Kurfürsten von Sachsen zum Beistand am kaiserlichen Hofe aufforderte. Auch der König Karl von Schweden bat in einem Schreiben an die Reichsstände vom 1. März 1669 um Aufhebung des nunmehr erloschenen Zolles. Mainz und Kursachsen erklärten den Zoll für eine Realverleihung, denn derselbe sei für den Bau von Schleusen, Deichen, Leuchtthürmen u. a. verliehen, meinten aber doch, diese Bauten seien bei weitem nicht so kostspielig, um einen solchen Zoll nöthig zu machen; es komme nur darauf an, wie die Mehrzahl der Kurfürsten in dieser Sache gesinnt sei.

Im Mai 1669 forderte der kurbrandenburgsche Gesandte vom Kurfürstenrath, weil im kaiserlichen Geheimen Rath beschlossen sei, diese Zollfrage bis nach Beendigung der oldenburgschen Successionssache in suspenso zu lassen, solches aber zu allerlei Weiterung und Ungelegenheit Ursache geben könne, die Erklärung, daß der Weserzoll mit dem Tode Anton Günthers erloschen und aufgehoben sei. Der Antrag wurde zu Bericht genommen, doch von Anderen, insbesondere von Johann

Georg II, der dem König von Dänemark ausdrücklich seine Unterstützung zugesagt hatte, die Behauptung entgegengesetzt, daß der Zoll mit der Grafschaft Oldenburg und der Herrschaft Jever seinen Fortbestand haben müsse. Da von den widersprechenden Ständen schließlich niemand Lust und Macht hatte, wegen dieses Zolles Krieg zu erheben und die Erben mit Waffengewalt außer Besitz zu setzen, trug die Ansicht von der Realbeleihung den Sieg davon und der Zoll ging zunächst auf Dänemark über.

Auch der Elbemündung ging es im Laufe des 30jährigen Krieges nicht weniger schlimm. Zu Anfang des 17. Jahrhunderts gab es auf der Elbe vom Einfluß in die Moldau bis Hamburg 47 Zölle[1]) und schon im 16. Jahrhndert zahlte ein Faß Wein von Dresden bis Hamburg an 30 Zollstätten zusammen 9 Thlr. 9 Gr. 4 Pf., dazu kam während des 30jährigen Krieges noch ein neuer Zoll bei Glückstadt.

Im Jahre 1630, mitten in den Wirren des 30jährigen Krieges, begann König Christian IV von Dänemark einen Zoll im Betrag von 2½ pCt. bei Glückstadt zu erheben, baute zu diesem Zwecke vor der Festung auf der Insel Krautsand ein Blockhaus, bewehrte dasselbe mit Kanonen und legte bewaffnete Schiffe daneben. Am 9. April 1630[2]) verkündete er durch ein Mandat diese „auf seinem Strom der Elbe" getroffenen Maßregeln und befahl, daß alle und jede Schiffe im Auf- und Niederfahren vor der Festung die Anker werfen und durch einen der Ihrigen beim Befehlshaber anfragen sollten, ob von dänischer Seite etwas dort, wohin sie führen, zu bestellen sei, widrigenfalls sich jeder den daraus entstehenden Schaden

---

[1]) Als solche Zölle werden genannt: Melnik, Raudnitz, Leitmeritz (ein kaiserlicher und ein städtischer), Sallesy (ein kaiserlicher und ein städtischer), Wasseln, Tetschen (ein gräflich thunscher und ein Rathszoll), Schandau, Pirna, Dresden (Niederlage), Meißen, Strehla (den Herrn von Pflugk gehörig), Mühlberg, Torgau, Pretzsch (den von Arnheim gehörig), Wittenberg, Coßwig, Roßla, Dessau, Aken, Rosenburg, Kochheim (Cochem), Barby, der Hundszoll, der pommernsche Zoll zu Grunwald, Schönebeck, Mühlvogteizoll, der Bischofszoll auf dem breiten Weg (nach Halle), die Zölle in der „Zießt" und im Fähramt zu Magdeburg, zu Rogatz (den von Alvensleben zuständig), Jerichow, Tangermünde (ein kurbrandenburgscher und ein städtischer Zoll), Sandau, Wittenberge (damals den Puttlitz gehörig), Comloßen, (gleichfalls einem Adligen gehörig), Schnakenbeck, Lenzen, Dömitz, Hitzacker, Blekede, Boitzenburg, Lauenburg, Zollenspieker (den Städten Hamburg und Lübeck gehörig) und der Stadtzoll in Hamburg. — [2]) Acta, Differenz zwischen der k. Würde in Dänemark und dem Rath in Hamburg wegen eines von J. kön. Würde aufgerichteten Zolles zu Glückstadt. 1630—41. Loc. 7990.

selbst zuzuschreiben habe. Es war dies eine Handlung der Wiedervergeltung gegen Hamburg, welches im J. 1628 unter den für Dänemark ungünstigen Kriegsverhältnissen vom Kaiser Ferdinand III ein Privileg auf den alleinigen Schutz des Elbstroms bis zum Meer ausgewirkt hatte. Am 5. Mai forderte der König seinen Bruder, Herzog Friedrich von Holstein auf, sich mit ihm zu diesem Unternehmen gegen Hamburg kräftigst zu vereinigen, da diese Stadt während des Kriegs zwischen ihm und dem Kaiser jenes für ihr fürstliches Haus schädliche und schimpfliche Privileg mit heimlicher listiger Benutzung der betrübten zerrütteten Zeiten ausgebracht hätte und beim Kaiser jede Beschwerde dagegen vergeblich sei. Hamburg aber schickte bei dem ersten Versuche einer dänischen Zollerhebung Kriegsschiffe vor die Festung, ließ das Blockhaus beschießen, Soldaten ans Land setzen, die unter Schießen und Geplänkel den damals hier weilenden König in die größte Gefahr brachten, und im Triumph vier eroberte dänische Kriegsschiffe fortführen. Seitdem fuhren die hamburgschen Schiffe unter bewaffneter Begleitung ohne Zoll die Elbe auf und ab, bis sich der König mit 20 Orlogschiffen in die Mündung der Elbe legte. Diese Ereignisse meldete der Herzog Friedrich dem Kaiser, mit dem Ersuchen, den ohne kaiserliche Einwilligung aufgerichteten Zoll und die gefahrvollen Streitigkeiten zwischen dem König und seiner, des Herzogs, Stadt beizulegen.

Die Herzöge von Holstein und die Könige von Dänemark als Herzöge von Holstein beanspruchten immer noch die aus den ältesten Zeiten stammende Oberhoheit über die Stadt Hamburg. Am 27. October 1603 [1]) stellten König Christian IV und Herzog Adolf zu Schleswig-Holstein einen Revers aus, daß die ihnen von der Stadt Hamburg geleistete Huldigung dem Kaiser, dem römischen Reich und der Stadt nicht präjudicirlich sein sollte. Am 6. Juli 1618 [2]) fällte dagegen das kaiserliche Kammergericht ein Executionsurtheil, worin Hamburg als eine freie Stadt erklärt wurde. Als im Kriege gegen Dänemark die kaiserlichen Waffen siegreich bis in die Gegenden der Niederelbe vordrangen, und die kaiserliche Politik die Hülfsmittel der Hansestädte zu einer Herrschaft auf den deutschen Meeren gebrauchen zu können glaubte, verlieh Ferdinand II der Stadt Hamburg das erwähnte Privileg vom 3. Juni 1628 [3]), nachdem sich die Städte

---

[1]) Du Mont a. a. O. V, 2, 31. — [2]) Ebenda V, 2, 323. — [3]) Ebenda V, 2, 548.

Hamburg und Lübeck erboten hatten, zur Befreiung der Elbe von der dänischen Sperrung wie von den Piraten einige Orlogschiffe das Jahr über in dem Strom zu halten. Da aber solches, nach der Städte Behauptung, nicht auszuführen war ohne Versicherung der in der Elbe gelegenen Inseln wie der anstoßenden Ufer in der Weise, daß von Hamburg bis in die See in und an dem Strom von niemand Anderem Forten, Festungen und Schanzen gebaut noch Orlogschiffe gelegt werden sollten, so wurde ihnen das im J. 1468 bestätigte Privileg Karls IV vom J. 1394 in der gewünschten Weise für die Strecke vom Meer bis fünf Meilen aufwärts der Stadt erweitert, mit dem Zusatz, daß kein Zoll von Hamburg bis in die See gestattet werden sollte.

Zur Vertheidigung der geschilderten Maßregeln behauptete nun der König von Dänemark, daß er keineswegs, wie auch sein Befehl ausweise, einen eigentlichen Zoll sondern nur Gegenmaßregeln gegen die Stadt beabsichtige, weil diese ohne kaiserliche und kurfürstliche Bewilligung und ohne ihn als ihren Landesherrn zu fragen, seit einigen Jahren von Korn und Waaren einen übermäßigen Zoll sowie von des Königs Unterthanen neue Bier- und Salzzölle erzwinge, abgesehen von allem Schimpf und Pressuren, welche seine Diener und Unterthanen in- und außerhalb Hamburg sonst täglich erfahren müßten.

Die Stadt Hamburg bat unter dem 30. Mai 1630 das kurfürstliche Colleg um Hülfe und um Abschaffung des Zolles auf der Elbe bei Glückstadt, wo jedes Schiff nach der Größe von jedem Mastbaum einen Rosenobel, von jedem Schiffspfund Waaren 1 Thlr. und zugleich nach dem Werth 1½ pCt. geben sollte; nur um die Stadt vom unausbleiblichen Ruin zu retten, hätten sie in höchster Noth zur Abwehr einige Orlogschiffe ausgerüstet. Auch der Kaiser, von der Stadt angegangen, forderte die Kurfürsten auf, den Gewaltthätigkeiten zwischen beiden Parteien, die beim Herannahen der Schweden um so bedrohlicher seien, nach Kräften abzuhelfen, doch warteten die Parteien selbst die friedliche Entscheidung nicht ab. Die Hamburger führten ihre gesammte Kriegsflotte den zwanzig Orlogschiffen entgegen, die unter des Königs Führung vor der Elbe lagen, verloren aber die Schlacht und entkamen mit Noth und schweren Verlusten nach Stade. Nach dieser Entscheidung, welche den kriegerischen Widerstand der Hamburger brach, erklärte der Kaiser das den Städten

Hamburg und Lübeck ertheilte Privileg als mit dem zu Lübeck aufgerichteten dänischen Frieden zerfallen, worauf die Kurfürsten am 12. October entschieden, daß der König von Dänemark den neuen Zoll und die Sperrung abzustellen, die genommenen Güter und Zollgelder zu ersetzen, mit dem Bau des Blockhauses und anderer Befestigungen an der Elbe einzuhalten und seine Orlogschiffe abzuführen habe; die Hamburger dagegen sollten alle ohne Bewilligung neu aufgerichteten Zölle, Imposten und Steigerungen abthun und das Genommene wiedererstatten; das Privileg sei in suspenso zu lassen, bis ohne Zuziehung des kaiserlichen Hofes eine besondre Commission darüber entschieden habe. Der Kurfürst von Brandenburg sprach noch besonders gegen den Kurfürsten von Sachsen sein Mißfallen darüber aus, daß der Prozeß nur mit Hülfe einiger katholischen Kurfürsten an den kaiserlichen Hof gezogen sei, während er doch vor das ganze Colleg gehöre; keinem Kurfürsten stehe es zu, außerhalb des Collegs in der Verwilligung vorzugreifen und um so weniger hier, wo der Kurfürst von Sachsen und er die zunächst Betheiligten seien; der Revers werde ihren Unterthanen wenig nützen, da ihr Handel über Hamburg nicht hinaus reiche und nicht die Hamburger, sondern deren Abnehmer den Zoll zahlen müßten; erst nach Einsehung der Zollrolle könne man entscheiden, ob und wie lange wegen Vertheidigung des Stroms solcher Zoll zu bewilligen sei.

Der König Christian schrieb am 30. Mai dem Kurfürsten Johann Georg, daß er bereits die Stimmen der drei geistlichen Kurfürsten und Bayerns für ein Privileg auf 5—6 Jahre erhalten habe, diesen möge auch Kursachsen beitreten. Johann Georg aber verlangte zuvor die Zollrolle. Auch Herzog Friedrich wiederholte seinen Einspruch und bat, bei diesen Verhandlungen die vom König außer Acht gelassenen Rechte des herzoglichen Hauses in Rücksicht zu nehmen.

Nachdem der König die Zollrolle eingereicht und der Kaiser dieselbe genehmigt hatte, begann jener am 23. August 1633 den Zoll zu erheben, für eine Last Häringe 1 Thlr., für eine Pipe Wein 1 Thlr., für eine Botte Oel 1/2 Thlr., für ein Schiffspfund Käse

---

[1]) Acta, der kön. W. in Dänemark rc. gesuchte Zollserstattung auf dem Unterelbstrom und dessen Prolongation oder Perpetuation betr. 1640—41. Loc. 7990.

8 Sch. 6 Pfg. u. s. w., und verweigerte seitdem mit Berufung auf die kaiserliche Genehmigung jede weitere Verhandlung über diesen Zoll, während der Kurfürst Friedrich Wilhelm auf ernstlichen Widerstand drang, damit nicht überall im Reich das Herkommen gelöchert, die Ströme und Commercien beschwert, die Kurfürsten neben den Unterthanen in Schaden geführt würden. Im dritten Jahr der Zollerhebung hielt der dänische König beim Kaiser wie bei den Kurfürsten, weil die Kriegszeiten im Reich dieselben geblieben seien, um Erneuerung des Privilegs an und erbot sich dagegen, den Elbstrom, welchen sonst weder die Hamburger noch einige andre ihres Gleichen auch nur wider die allerschwächsten auswärtigen Potentaten zu schützen „bastant" seien, zu des römischen Reiches Besten und Sicherheit wider männiglich zu schützen.

Dieses Gesuch veranlaßte von Seite der Stadt Hamburg wieder die heftigste Gegenvorstellung. Alle Schiffe mußten bei Glückstadt anhalten, Wind, Wasser und Wetter oft mit größter Gefahr versäumen und dabei alle möglichen Gewaltthaten und Plackereien erdulden. Die Verlängerung dieses Zolls, meinte der Rath, werde die Stadt ganz um Nahrung und Handel bringen und dieser wichtigen Grenzstadt des Reiches das Garaus machen. Kais. Maj. und Kurfürsten sollten dieselbe, wie sie sonst immer gethan, vor aller ungerechten Gewalt, Verderben und Ruin schützen und sie bei Wiederbringung des so lange ersehnten edlen Friedens nicht allein ohne Hülfe und Rath in höchsten Nöthen stecken und vergehen lassen. Kaiser und Kurfürsten waren aber nicht im Mindesten geneigt, durch Verletzung des dänischen Königs, der offene Feindschaft gegen Hamburg übte, dem Reiche einen neuen Feind zu erregen, und selbst der Kurfürst von Sachsen erklärte, daß man gleichwohl denselben bei jetzigem Reichszustand in gutem Willen zu erhalten Ursach habe. So erneuerte denn auch Christian IV ohne Scheu am 18. März 1637 das frühere Mandat gegen die Hamburger und verbot denselben allen Handel und Aufenhalt im dänischen Reich bei Verlust ihrer Waaren und Güter.

Am meisten scheute Johann Georg I ein thatkräftiges Vorgehen gegen den dänischen König. Am 29. Juni 1637 schrieb er dem Kurfürsten von Mainz, daß es ihn fast sehr betrüben würde, wenn in dem geliebten Vaterland deutscher Nation ein neues Feuer der

Unruhe aufgeblasen und den fremden Nationen Anlaß gegeben werden sollte, bei einem oder anderen Theile sich einzumischen, die Flamme des Verderbens je mehr und mehr zu unterhalten und ihre hochschädlichen Waffen im Reich dadurch weiter zu befestigen, weßhalb er gern der vorstimmenden Kurfürsten Meinung im Vertrauen hören wolle. Gegen den Kaiser hatte er am 26. Februar erklärt, daß er die vom dänischen König vorgebrachten Gründe und dessen Erbieten, den Elbstrom ferner bei dem Reich erhalten zu wollen, wohl zu würdigen wisse und sich auch in Betreff dieses Gesuchs nach Billigkeit erzeigen werde, unter der Bedingung, daß dieser aus Noth gebrauchter Modus dem Reich und dessen Kurfürsten in ewige Zeiten keine präjudicirliche Consequenz bringen oder als exemplum allegiret werden solle. Eine „dilatorische Antwort“, so schrieb er am 16. August 1637 dem Kurfürsten von Mainz, scheine ihm das Zweckmäßigste, bis man sehe, wie weit der König von Dänemark sich des Reiches annehmen und demselben beitreten möchte; helfe derselbe durch fleißige Vermittlung das Reich von der großen Unruhe befreien, so erwerbe er sich dadurch mehr Verdienst, als irgend ein Stand durch solche Bewilligung zumal auf gewisse Zeit und Maß einbüßen könne, und außerdem werde auch ein Schluß ad contrarium schwer zur Execution zu bringen sein. Dennoch habe er auch den gemeinsamen Schluß des kurfürstlichen Collegs, die gesuchte Verlängerung des Zolls abzuweisen, nicht hindern wollen noch können und wünsche nur, daß es zu neuer und weiterer Beunruhigung des Reiches nicht Anlaß gebe.

Auf Anregung dieses Kurfürsten wurde ein kurfürstliches Gesammtschreiben an den Kaiser unter dem 25. Sept. 1637 erlassen, damit dieser den König von jeder weiteren Gewaltthätigkeit abmahne, die Stadt Hamburg aber an die dem König schuldige Bescheidenheit erinnere und vor jeder Verbindung mit den Reichsfeinden warne. Unter demselben Datum mahnten auch die Kurfürsten den dänischen König, wie die Stadt Hamburg zum Frieden. Am 14. November 1637 erfolgte von Ferdinand III mit Berufung auf die Kurfürsten eine höfliche Abweisung des dänischen Zollgesuches, die aber keineswegs geeignet war, von der Fortsetzung der Zollerhebung abzuschrecken. Johann Georg I erklärte, daß es nicht rathsam sei, die Abtretung des Zolles allzu streng und hart zu suchen, vielmehr sei dem kaiserlichen Nachdenken und Wohlgefallen zu überlassen, ob derselbe aus allerhand erheblichen Ursachen Dänemark in etwas nachsehen wolle, jedoch komme es ihm nicht in den Sinn, dem Beschluß der Mehrheit vom letzten Collegialtage einigen Abbruch zu thun.

Der König wiederholte sein Gesuch und bot dagegen eine engere Verbindung zum Zweck des endlichen Friedens. Der Kaiser ersuchte nun die Kurfürsten wieder um einen günstigen Beschluß, bemerkte aber dabei, daß sich der König noch nicht erklärt habe, worin seine Hülfe bestehen solle, und daß auch die Lage der Hamburger, welche sich sonst nach anderer Hülfe umsehen möchten, der Kurfürsten Bedenken verlange. Zugleich suchte er den König zu einer Erklärung zu drängen, da er nicht länger zusehen könne, wie derselbe unter dem Vorwande der Retorsion solchen Zoll fortsetze, und erinnerte deßhalb kraft seines tragenden Amtes Se. Lb., den Zoll unverlängt einzustellen und die Stadt Hamburg nicht weiter zu beschweren, sondern gegen diese den Gang Rechtens einzuschlagen. Johann Georg empfahl am 20. Juni 1638 dem Kaiser wieder eine stillschweigende Verlängerung des Zolles, denn die Insinuation des bereits abgefaßten rescripti inhibitorii werde für den niedersächsischen Kreis nur noch größere Verwirrung nach sich ziehen und niemals zu einer wirklichen Execution gebracht werden können, mithin werde die Stadt Hamburg keinen Nutzen, kais. Maj. und das Reich nicht geringe Beschimpfung davon haben; übrigens hätten sich die Hamburger über solche Verlängerung am wenigsten zu beklagen, da sie bisher den Reichsfeinden nur allerhand Vorschub gethan hätten und schließlich alle Imposten doch auf die Waaren schlagen würden.

Für das Zurückhalten des Inhibitorialrescripts stimmten auch andre Kurfürsten, so lange die Friedensverhandlungen in Lübeck noch im Gange seien und Christian IV noch Aussicht gebe, sich zu Gunsten des Reiches zu erklären. Während sie den König durch ein Gesammtschreiben vom 4. Dez. 1638 einluden, an den Friedensverhandlungen zu Lübeck zu Gunsten des Reiches Theil zu nehmen, riethen sie zu gleicher Zeit dem Kaiser, zur Fortsetzung dieses dem Reich gleichsam mit Gewalt abgenöthigten Zolles keine Vertröstung noch Hoffnung zu geben, weil solches auf ein ewiges onus für die benachbarten Kurfürsten und Stände auslaufen würde, jedoch sei gegenwärtig kön. M. auch keineswegs zu disgustiren, vielmehr auf alle thunliche Wege bei gutem Willen zu erhalten, bis man sehe, ob er wirk-

[1]) Brief vom 31. Dez. 1637; a. a. O.

lich zu offnem Bündniß gegen Schweden bereit sei. Der Kaiser wiederholte darauf am 22. October 1639 seine höfliche Erinnerung an den König, den Zoll aufzuheben. Da aber Christian IV keinerlei bindende Erklärung in Betreff des Bündnisses abgeben wollte, wohl aber auf dem Reichstag zu Nürnberg im J. 1640 die dänisch-holsteinische Oberhoheit über Hamburg von Neuem beanspruchte, erließ der Kaiser in Folge des Reichstagsbeschlusses am 31. Dez. 1640 ein mandatum paritorium an den Herzog von Holstein, den jetzt bis in's 10. Jahr forterhobenen Zoll unfehlbar einzustellen und unter keinem Namen wieder Ungelder und Exactionen weder bei Glückstadt noch sonst einzufordern. Durch ein zweites Edict von demselben Tage erklärte der Kaiser, unter Wiederholung des kurfürstlichen Collegialbeschlusses vom 6. Januar 1637, daß der Zoll mit dem 23. Juli d. J. auf immer erloschen, die Zollconcession aufgehoben und nie mehr zuzulassen sei. —

Dieser scheinbar ernstlichen Maßregel wurde die Spitze durch die „dilatorische" Politik sogleich wieder abgebrochen. Am 22. Aug. 1641 beauftragte Johann Georg I seine Gesandten in Regensburg, daß sie, wo es dienlich und nützlich sei, mit Fleiß andeuten und erinnern sollten, wie der Kurfürst der gemeinen Wohlfahrt für sehr nützlich halte, wenn der König Christian wegen der bevorstehenden Friedenstractate, dazu er vom Kaiser wie von Schweden zum Vermittler ausersehen, und auch um andrer Rücksichten willen möchte an der Hand behalten werden. So finden wir diesen noch im J. 1643 im Besitz des Zolles und die Hamburger schutzloser als zuvor gegen seine Feindseligkeiten und das vor den Thoren der Stadt bei Altona aufgeworfene dänische Bollwerk, durch welches er dieselbe zur Anerkennung der dänischen Oberhoheit zu zwingen beabsichtigte.

Diese offen ausgesprochene Absicht erregte den Kurfürsten Johann Georg nicht wenig, wie er in einem Briefe an den Kaiser vom 16. Mai eingestand, sintemal leicht zu ermessen sei, wenn bei solchem Vorgehen des dänischen Königs Hamburg zur Gegenwehr sich der hansischen oder gar der auswärtigen Hülfe gebrauchen sollte, was für eine neue Kriegsflamme im Reich ausbrechen und die bevorstehenden allgemeinen Friedenstractate noch weiter in ein Stocken bringen dürfte; Kais. Maj. solle deßhalb auf eine eilende Vermittlung gedenken, daß mehr Unheil in dem ohne dies höchst geängsteten Vaterland verhütet und die von männiglich mit großem Verlangen erwartete, höchst nöthige Beruhigung erreicht werde. Auch den König von Dänemark bat er zu erwägen, was in solchem Fall in dem geängsteten, nach Fried und Ruhe unaufhörlich seufzenden armen Vaterland' für eine Kriegsflamme ausbrechen und dasselbe in noch mehr Noth und Unheil stürzen werde.

Endlich gelang es doch auf solchem Wege der freilich langsam genug vorschreitenden Verhandlungen die Abschaffung des Zolles und den Frieden der Stadt Hamburg zu erlangen. Am 25. Nov. 1645 schrieb Christian Ranzau dem Kurfürsten von Sachsen, daß die Streitigkeiten zwischen dem König von Dänemark und der Stadt Hamburg nunmehr gänzlich beigelegt und verglichen seien, doch nicht in der Weise, wie das Concept des Hamburg'schen Abgesandten gelautet habe, sondern der König habe die Sachen blos per modum resolutionis entschieden, alle neuen Imposten und Zölle auf dem Elbstrom abgeschafft und angeordnet, daß die Hamburger auch im Sunde mit keinen höheren Zöllen belegt werden sollten als vor dem J. 1603; obwohl die Stadt darauf dem König 100,000 Thlr. angeboten, habe der König doch solche aus königlicher Gnade nachgelassen. Später gab dieser, für jetzt aufgehobene Zoll zu neuen Verhandlungen Anlaß, worüber im folgenden Abschnitt berichten wird.

Vierter Zeitraum.

Die Zeit des unabhängigen landesherrlichen Zollwesens,

vom westfälischen Friedensschluß bis zum Abschluß des deutschen Zollvereins. 1648—1834.

Erster Abschnitt.

Vom westfälischen Friedensschluß bis zu Anfang des 18. Jahrhunderts.

Der westphälische Friedensschluß gewann auch auf die deutschen Zollverhältnisse einen bedeutungsvollen Einfluß, freilich nicht durch die das Zollwesen unmittelbar betreffenden Bestimmungen sondern durch die ganze Umwandlung in den Verhältnissen der Reichsverfassung, die in diesem Frieden staatsrechtlich festgestellt wurde. Mit der kaiserlichen Oberhoheit wurde auch die Vorherrschaft des kurfürstlichen Collegs auf den Reichstagen gebrochen und von einer bei den Berathungen und Beschließungen derselben durchschlagenden Autorität war nun nicht mehr die Rede. Die Landesherren waren innerhalb ihres Gebietes unumschränkte Herren geworden, und wenn auch die, solche Unumschränktheit begrenzenden Reichsgesetze keineswegs aufgehoben waren, so fehlten doch jetzt noch weit mehr als im 16. Jahrh. der Wille und die Macht, denselben in jedem einzelnen Falle thatsächliche Geltung zu verschaffen und selbst, wo des Reichskammergerichtes Urtheile dieselben noch als die rechtliche Grundlage der Reichsverhältnisse festhielten, blieben diese eben nur Sprüche und in den meisten Fällen ohne Folge.

Die in Betreff des Zollwesens seit Jahrhunderten bestandenen allgemeinen Grundsätze wurden in den Friedensacten wiederholt, auch erscheinen in diesen wie bei den spätern Wahlcapitulationen und Reichstagsverhandlungen der Kaiser und die Kurfürsten immer noch dem Namen und der Form nach als die leitende Oberbehörde, doch beschränkte sich fortan ihre Thätigkeit in diesen Angelegenheiten auf das fruchtlose Abweisen schriftlicher Gesuche und das Erlassen erfolgloser Mandate, während außerhalb desselben ihr Einfluß sich kaum über die Grenzen des eigenen Territoriums erstreckte und sie hier, den übrigen Reichsständen zu ermunterndem Beispiel, mit ihrem Zollbesitz nach Willkühr verfuhren und sich höchstens da, wo es ihnen nützte, der reichsgesetzlichen Bestimmungen erinnerten. Diese seit dem westfälischen Frieden thatsächlich festgestellte Unabhängigkeit des landesherrlichen oder territorialen Zollwesen kennzeichnet den nun folgenden Zeitraum und führte im Verlauf des 18. Jahrh. in den größeren Reichsstaaten zur Ausbildung eines ganz anders gestalteten besonderen Zollsystems. —

Der Friedensvertrag von Osnabrück vom 24. October 1648 [1]) enthielt in Art. IX die Bestimmungen in Betreff des Zollwesens. „Weil allen daran gelegen ist, so lautet der Inhalt, daß nach dem Frieden die gegenseitigen Commercien wieder aufblühen, so sollen alle zu deren Nachtheil und gegen des Reiches allgemeines Beste während des Krieges wider Recht und Privileg und ohne des Kaisers und der Kurfürsten Bewilligung eingeführten Zölle, Repressalien, Arreste, alle übermäßigen Auflagen und ungewöhnlichen Lasten und Hinder-

[1]) Du Mont a. a. O. VI, 450. 456.

nisse der Verkehrs ganz und gar aufgehoben sein und allen Provinzen, Häfen, Flüssen ihre frühere Sicherheit, Gerechtigkeit und Gebrauch, wie sie dieselben mehrere Jahre vor dem Krieg gehabt, wieder hergestellt und unverletzt erhalten werden. Der von Flüssen bespülten Territorien wie die von Kaiser und Kurfürsten Anderen und insbesondere dem Grafen von Oldenburg an der Weser zugestandenen oder in langer Ausübung hergebrachten Rechte und Privilegien sollen in voller Kraft bestehen und zur Execution empfohlen sein, damit die Freiheit der Commercien vollständig und der Durchgang überall zu Lande und zu Wasser für jedermann sicher bleibe." — Der Friedensvertrag von Münster aber setzte in Art. XIII fest, daß zwischen den Bewohnern der Rheinufer und der daran stoßenden Provinzen Handel und Wandel und vor allen die Schiffahrt frei und niemand erlaubt sein sollte, die Schiffe in Durch-, Nieder- und Auffahrt zu hindern und außer bei der gewöhnlichen Visitation der Waaren zu halten, oder neue Zölle und Auflagen irgend welcher Art aufzurichten, sondern jeder sollte sich mit dem begnügen, was vor dem Krieg unter österreichischer Verwaltung aufzuheben erlaubt gewesen war.

Wie wenig das Reich durch diesen Frieden für seine Zollverhältnisse gewonnen hatte, offenbarte sich sogleich nach demselben gegenüber einer beim Frieden betheiligten auswärtigen Macht. Am 29. Febr. 1632 hatten die Herzöge Adolf Friedrich und Hans Albrecht von Meklenburg[1]) in dem zum Schutz ihrer wiedererworbenen Länder mit Gustav Adolf zu Frankfurt a. M. aufgerichteten Vertrag diesem bis zu einem allgemeinen Friedensschlusse Wismar und Warnemünde eingeräumt, mit der Erlaubniß, zur Bestreitung der durch diesen Frieden verursachten Kosten hier und in andern meklenburgischen Hafenorten Zölle nach dem an der pommerschen Küste üblichen Maßstab zu erheben[2]). Bei den Berathungen wie beim Abschluß des Friedens veranlaßte der darauf zu Warnemünde erhobene schwedische Zoll, der den Seehandel Rostocks behinderte, und die Licente an der pommerschen Küste lange Streitigkeiten, denn die Schweden

[1]) Acta, den Warnemünder Zoll betr. Loc. 30165. — [2]) Ueber die im J. 1631 an den pommernschen Küsten errichteten schwedischen Seezölle oder Licente vergl. Erdmannsdörfer, Urkunden und Actenstücke &c. zur Geschichte des Kurfürsten Friedrich Wilhelm von Brandenburg I, 10 folg. und IV, 840 folg. — v. Meyern, Acta Pac. Westphal. VI, 621.

ließen kein Mittel unversucht, um diese Zölle so lange als möglich fortzuerheben. In § 13 des Art. X des osnabrück'schen Friedensvertrags, der die Bestimmungen über die schwedische Satisfaction enthält, wurde festgesetzt, daß die Licente in den meklenburgischen und pommerschen Häfen der Krone Schweden, jedoch mit ermäßigtem Satz verbleiben sollten. Der Kurfürst von Brandenburg verlangte in Rücksicht auf die an ihn fallenden Theile von Pommern einen besonderen Zusatz, welcher dieselben ausnehme; da aber Schweden erklärte, das verstehe sich von selbst, ließ man den Paragraphen unverändert. Der meklenburg'sche Gesandte aber wie der Kaiser und die Kurfürsten legten gegen die allgemeine Fassung und Deutung desselben eine ausdrückliche Verwahrung ein. Dennoch verlangte Schweden nach Abschluß des Friedens laut der Friedensurkunde die Zollerhebung nicht nur in Wismar und Warnemünde sondern auch in allen pommerschen Häfen und in den hinterpommerschen Zollstätten Treptow, Colberg, Rügenwalde und Stolpemünde. Während der Kurfürst Friedrich Wilhelm nach langen Verhandlungen mit Schweden am 16. Juni 1653 zu Stettin die Uebergabe von Hinterpommern mit allen Zollstätten erreichte, hatte Meklenburg noch lange, insbesondere um den Zoll zu Warnemünde zu kämpfen.

Obwohl in § 9 des Friedensexecutionsrecesses vom J. 1650 die Zurückgabe aller meklenburg'schen Plätze auf den 28. Juni festgesetzt war, behielt Schweden unter Berufung[1]) auf § 13 des Art. X die Zölle. Der Kaiser erließ nun an den Friedensexecutionscongreß zu Nürnberg sowie an die ausschreibenden Fürsten des niedersächsischen Kreises im J. 1650 und 1651 Rescripte und geschärfte Executorialaufträge zur Abstellung der Zölle wie der bei Warnemünde angelegten schwedischen Schanze, in Folge dessen diese Fürsten dringende und wiederholte Vorstellungen an die Krone Schweden richteten. Auch der Reichstag erklärte am 16. August 1654 diesen Zoll als dem Reichsfriedensschluß entgegen und beantragte die Einziehung desselben wie der Schanze. Trotz alle dem erhoben die Schweden ungehindert den Zoll. Als im schwedisch-polnischen Kriege die kaiserlichen Truppen unter Montecuculi diese Schanze eroberten und schleiften, erzwangen die Schweden durch Kriegsschiffe den Zoll auf offener See. Nach dem Frieden von Oliva im J. 1660 mahnte der niedersächsische

---

[1]) Du Mont V, 1, 549. — Acta, den Warnemünder Zoll betr.

Kreis auf Erinnerung des Kaisers Schweden von Neuem zur Abstellung solcher Ungebühr, worauf die schwedischen Schiffe im Nov. die Rhede von Warnemünde verließen, doch im Februar 1661 ein andres Kriegsschiff hierher kam und bei einer neu aufgeworfenen Schanze den Zoll wiederum erhob. „So versagten, klagt die hier benutzte Schrift[1]), alle Mittel, die nur im Besitz der deutschen Staatsverfassung lagen, ihre Dienste, um eines der wichtigsten Reichsgrundgesetze gegen das entscheidende Uebergewicht eines mächtigen Reichsstandes zur Vollstreckung zu bringen.“ Da der Kaiser die Wahl weiterer Maßregeln der Reichsversammlung überließ, beschloß diese am 8. Juni 1672 einen, natürlich erfolglosen, commissarischen Versuch zur Güte. Der Zoll wurde forterhoben und als die Schanze im schwedisch-brandenburg'schen Krieg im J. 1675 abermals zerstört wurde, legten sich die schwedischen Kriegsschiffe wieder in Sicht und erhoben den Zoll weiter, trotz der Verwendung des Kaisers, Großbritaniens und Hollands während der Friedensverhandlungen zu Nimwegen 1678—9. Im J. 1681 bot Schweden dem Herzog von Meklenburg die Hälfte des Ertrages für die Anerkennung des Zolls, doch bestand dieser auf gänzliche Aufhebung desselben. Vergeblich aber waren der Herzöge wie der Stadt Rostock Klagen. Herzog Christian Ludwig schrieb am 9. April 1687 an den Kurfürsten Johann Georg II, daß die Stadt Rostock durch den langjährigen Druck von aller Nahrung gekommen und zu einem Steinhaufen verwandelt sei. „Wie schmerzlich uns zu Gemüthe geht, rief er aus, daß auch nach einer Verfließung von 40 Jahren wir und die Unsrigen nicht einmal den Nutzen des westfälischen Friedens empfinden mögen sondern unter der Last immerhin seufzen müssen!“ Im J. 1714 verpfändete der schwedische König den Zoll, um die Besatzung von Wismar verproviantiren zu können, an den Herzog Karl Leopold von Meklenburg auf halbjährliche Kündigung für 23,000 Thlr., welche Summe aber bald darauf verdoppelt wurde. Nun erhob Meklenburg selbst den Zoll, bis endlich der Herzog Christian Ludwig denselben nach Vereinbarung mit der Stadt Rostock im J. 1748 abstellte. Die Schweden machten zwar wiederholte Versuche zur Einlösung, doch antwortete Meklenburg stets mit Gegenforderungen für

[1]) Acta, Mecklenburg contra Schweden wegen Abschaffung des Warnemünder Zolls. 1672—87. Loc. 30099.

die Erpressungen der wismarschen Garnison. Noch im April 1787 boten sie für die Zurückgabe des längst aufgehobenen Zolles 70,000 Thlr. und drohten, als der Herzog dagegen auf die Bezahlung alter Schuldforderungen drang, „es könne sich ereignen, daß der König von Schweden von seinem Rechte Gebrauch mache und sein Eigenthum ohne Bezahlung wieder nehme", welche Drohung freilich unausgeführt blieb.

Eine andre Folge des Krieges war statt der Aufhebung alter Zölle die Gewährung neuer an die weniger mächtigen Reichsstände, während die mächtigeren neuerten, ohne zu fragen. Dem Herzog von Sachsen-Lauenburg wurde im J. 1656 von Ferdinand III mit kurfürstlicher Bewilligung eine abermalige Zollerhöhung — eine frühere war schon im J. 1630 geschehen — für die im Kriege erlittenen Schäden zugestanden[1]). Da die um ihre Meinung nicht befragten sächsischen Kreisstände vergeblich widersprachen, beschlossen sie am 14. Dezember 1663, sich im Besitz ihrer Zollfreiheiten gebührend selbst zu schützen und eine durch die Kreisabschiede im J. 1657 und 1662 gegen diese Zollerhöhung beschlossene Execution zu vollstrecken. Doch kam es zu dieser Selbsthülfe nicht, vielmehr wurden die Kreisstände und insbsondre Herzog Otto von Braunschweig-Lüneburg durch Reichstagsbeschluß auf den Rechtsweg verwiesen und zugleich der Kaiser ersucht, durch ein Pönalmandat den Herzog Heinrich Julius im Besitz der ihm zugestandenen Zollerhöhungen zu schützen. Seitdem blieb der noch im J. 1680 wiederholte Widerspruch der niedersächsischen Kreisstände ohne allen Erfolg.

Im J. 1648[2]) bat der Landgraf Georg von Hessen um einen neuen Zoll am Rhein als Erstattung der für das Reich bezahlten hohen Kriegscontributionen und der durch den Frieden erlittenen Gebietsverluste. Während Sachsen, Brandenburg und Bayern das Gesuch unterstützten, suchten die rheinischen Kurfürsten diesen Zoll auf jede Weise zu verhindern. Auf der von ihnen im Juli 1656 gehaltenen Zusammenkunft wegen der Rheinzölle, schlug der Kurfürst von Mainz sehr verständig leider aber vergeblich vor, lieber alle Rhein-

---

[1]) Acta, Sachsen-lauenburgsche Zollserhöhung auf dem Elbstrohm betr. 1630—1672. Loc. 9499. — Acta, Sachsen-lauenburgsche Elbzollsache und wie sich der N. S. Kreyß wegen dessen Erhöhung beschwert. 1664—72. — [2]) Acta, Herrn Landgrafen Georgen zu Hessen gesuchte kaiserliche Recompens etwa in Bewilligung eines Zolls betr. 1648—57. Loc. 8671.

zölle um ein Ziemliches herabzusetzen, damit der Rheinhandel wieder in Schwang und Geld unter die Leute komme. Der Zoll, den der Landgraf zu Stockstatt am Rhein und zu Rüsselsheim am Main verlangte und den der Kaiser, weil jener noch im J. 1556 ein besondres Hülfscorps für ihn gestellt hatte, auf's Dringendste empfahl, wurde im J. 1657 abermals an den Zollcapitelstag der rheinischen Kurfürsten verwiesen, um auch hier wieder mit der vorgeschlagenen Zollherabsetzung unerledigt zu bleiben.

Glücklicher war der Bischof von Eichstädt, der im J. 1656[1]) die kaiserliche wie kurfürstliche Bewilligung einer Erhöhung der Zölle zu Eichstädt, Ornbau und Pleinfeld trotz des Widerspruchs der Städte Augsburg und Nürnberg erhielt, aus Rücksicht auf des Stiftes kundbaren völligen Ruin und drückende Schuldenlast. Abgewiesen wurde wieder im J. 1675 Friedrich Kasimir, Graf zu Hanau[2]), der um eine Zollerhöhung wegen der im französischen Kriege erlittenen Schäden nachsuchte, während Friedrich, Markgraf von Baden-Durlach, seinen Zoll zu Weißweiler eigenmächtig steigerte, doch am 22. Juni 1671 mit der Eidgenossenschaft und der Stadt Basel einen ewigen Vergleich zur Feststellung des Tarifs für den Schiffszoll eingehen mußte[3]). Auch die Stadt Magdeburg versuchte im J. 1685[4]) eine Steigerung der Durchfuhr- und Niederlagsabgaben, stand aber auf den ernstlichen Befehl des Kurfürsten Friedrich Wilhelm wieder davon ab. Der kaiserliche Feldmarschall Fürst von Salm verlangte sogar im J. 1701 die Wiederherstellung des längst aufgehobenen, früher seiner Familie zuständigen sogenannten Pfefferzolls von Geisenheim; da er aber selbst nicht angeben konnte, wie und wann dieser zuletzt von Karl IV im J. 1348 bestätigte Zoll verloren gegangen sei, nahm das kurfürstliche Colleg Anstand, hier einen ganz neuen Zoll aufzurichten[5]).

Zu Ende des Jahrhunderts führten die Markgrafen von Ansbach-Baireuth die ihnen von den Kurfürsten abgeschlagenen Zollerhöhungen eigenmächtig ein. Als die Stadt Nürnberg, die sich einstweilen durch Selbsthülfe Luft schaffte, sie deßwegen beim Reichskammergericht verklagte[6]), fühlten sie sich ganz besonders dadurch verletzt,

[1]) Acta, s. Eichstädt. erlangte Freiheit, einen neuen Zoll aufzurichten. 1655—69. — [2]) Acta, Grafen zu Hanau Zollerhöhungsgesuch. 1675. Loc. 30099. — [3]) Acta, Eidgenossenschaft contra Baden-Durlach, Weißweiler Zoll betr. 1671. — [4]) Acta, Commercien betr. 1682—1705. Loc. 7398. — [5]) Reichstagsacta, Zoll- und Commerciensachen betr. 1698. Loc. 3150. — [6]) Acta, Nürnberg contra Brandenburg, die brandenburgschen Zölle insgesammt betr. 1696. Loc. 7246.

daß ihre Gegner das uralte Reichsgesetz angezogen hatten: „wer unrechte Zölle nimmt, soll gerichtet werden wie ein Straßenräuber." Sie hatten eine ganz willkührliche Zollordnung aufgestellt, neue Zölle zu Fürth, Ferriden und an andern Orten errichtet, welche sie für Wehrzölle ausgaben. Nürnberg berief sich auf die alten Zollverträge wie auf das kaiserliche Zollbefreiungsprivileg, während die Markgrafen behaupteten, jene bezögen sich nur auf 14 markgräfliche Zölle und die 15 andern seien denselben nicht unterworfen. Da im J. 1707 [1]) das Reichskammergericht wie der Reichshofrath sich zu Gunsten der Stadt Nürnberg aussprachen, suchten die Markgrafen jenes als einen „dem ganzen Reich höchst schädlichen und verderblichen" Gerichtshof zu verdächtigen und erwirkten ein neues Reichsgutachten und eine neue kaiserliche Commission. Lange noch stritten die Parteien, deren jede auf solcher Grundlage Recht zu haben glaubte, mit Prozeß- und Druckschriften. Daß die Klagen der Nürnberger und die Entscheidung der Reichsgerichte guten Grund hatten, wurde bewiesen, als auch August II, König von Polen, auf die Klagen der Kaufmannschaft von Leipzig die Markgrafen am 9. April 1714 [2]) zur Abstellung der ganz willkührlich und mit Gewalt erhobenen Zollerhöhungen zu Roth, Schwabach und Gunzenhausen vergeblich mahnte. Ein ursprünglich unbedeutendes Wegegeld hatten sie hier in einen hohen Waarenzoll verwandelt, der besonders die nach Leipzig gehenden italienischen Seidenwaaren hart betraf.

Auch Anhalt unterstand sich gegen die mächtigsten Fürsten im Reiche einer ähnlichen Zollneuerung. Am 8. April 1705 [3]) beschwerte sich die kursächsische Regierung bei dem Fürsten, daß sein Zollpächter, der Jude Wolf, die anhaltschen Zölle ohne jede Bewilligung von 8 Gr. auf 1 Thlr. 8 Gr. gesteigert und solchen Zoll sogar vom Fürstengut erhoben habe. Da der Fürst auf alle Klagen nichts besserte, gab August II Auftrag, mit dem König von Preußen gemeinsame Maßregeln zu verabreden und nöthigen Falls mit bewaffneter Hand die Zollerhöhung abzustellen. König Friedrich I stimmte diesem Vorschlage bei, doch scheuten sich beide, mit Anwendung der Waffen in solchem Falle das Beispiel zu geben. Auch die Beschwerden des

[1]) Acta, derer Herrn Markgrafen zu Brandenburg-Baireuth und Onolzbach mit der Stadt Nürnberg habende Zolldifferentien betr. 1707. Loc. 7246. — [2]) Acta, das Commercienwesen betr. Vol. III. Loc. 7400. — [3]) Acta, die von den Fürsten zu Anhalt-Dessau unternommene Elb- und andre Zollerhöhung betr. 1705—1749.

englischen Gesandten über die „Zölle des anhaltschen Hofjuden“ blieben fruchtlos. Geschützt von seinem Fürsten, der auf alle Beschwerden „heftig und gröblich“ antwortete, konnte der Hofjude unter Willkühr und Gewaltthat den beiden Königen, die kein friedliches Mittel wußten, um dem reichsgesetzwidrigen Treiben Einhalt zu thun, noch bis zum J. 1747 Trotz bieten.

Die verschiedenen Zollneuerungen auf der Elbe veranlaßten im J. 1669 eine Tagfahrt von kurbrandenburgschen, braunschweig-cellischen und meklenburgschen Abgeordneten in Hamburg, die aber, obwohl täglich zweimal Zusammenkünfte im Dom gehalten wurden, doch ohne Erfolg blieb.

Die nächste Veranlassung dazu hatte Herzog Christian von Meklenburg durch Zollsteigerungen gegeben. Am 20. Febr. 1662[1]) hatte Kurfürst Friedrich Wilhelm dem meklenburgschen Zollinspector zu Dömitz, Helmar Gerike, versprochen, wenn derselbe die in die Havel und Elbe gefallenen Bäume herausräume, solle er diese und was er dort an untergegangenen Schiffsgütern finde, behalten. Auf dieses Versprechen erhob Herzog Christian bei Dömitz einen neuen Elbzoll. Am 30. Sept. 1665 beschwerte sich Friedrich Wilhelm bei demselben, daß sein Zöllner zu Dömitz einen Zoll nehme unter dem Vorwande der Elbräumung, die gar nicht statt finde; er erinnere sich wohl seines Versprechens, doch sei dabei als Lohn nur von dem auszubringenden Holz und Schiffsgut die Rede gewesen, auch sei das Fahrwasser schlimmer geworden als vorher und durch dieses Elbräumen um keinen Heller gebessert, wohl aber manche tausend Thaler davon eingenommen; da er länger solchem Unwesen nicht zusehen könne, habe er nach Lenzen Verordnung gethan, daß alle Schiffer solche Abgabe verweigern sollten. Dennoch wiederholte der Kurfürst noch im J. 1669 vergeblich dieselbe Forderung, wobei er die Berechnung machte, daß seit 8 Jahren dieses „Baumgeld“ ungefähr 31000 Thlr. ertragen habe. — Außerdem klagten die Schiffer von Hamburg und Magdeburg über die unerträglichen Plackereien zu Dömitz und daß sie mit Festungsstrafe gezwungen würden, dieses Baumgeld zu entrichten, das vom Schiff je nach der Größe 12—20 Thlr. betrage, während man doch die schon herausgebrachten Bäume

[1]) Acta, den Zoll auf der Elbe betr. 1524—1662, item Chur- und Fürstl. Zusammenkunft zu Hamburg wegen der Zölle und Gleite am Elbstrom. 1670—1683, Loc. 10733.

bei hoher Fluth alle wieder habe hineinfallen lassen, so daß gar mancher Schiffer darüber zu Grunde gegangen sei.

Eine neue und erweiterte Zusammenkunft folgte im J. 1672 gleichfalls in Hamburg [1]). Der Kurfürst Friedrich Wilhelm nahm sich dieser Angelegenheiten auf's Ernstlichste an, erließ die Einladungsschreiben und führte auch das Directorium bei der Zusammenkunft. „Ew. Lbd. wollen gelieben", schrieb er am 23. Nov. 1671 an den Herzog Julius Franz, „dieses Negocii wegen auf den 9. Januar 72 die Ihren nach Hamburg mit völliger und genugsamer Instruction, wie dem verfallenen Elbcommercio wieder aufzuhelfen, abzufertigen. Und weil nun verschiedene Zusammenkünfte, so dieserwegen gehalten worden, allemal defectu mandati, so dieser oder jener fruchtlos abgenommen, und daher dieses so nöthige und heilsame Werk unabgethan geblieben, so haben wir beigehend einige Punkte aufsuchen lassen und bitten Ew. Lbd. freundlich, die Ihrigen specialiter dahin zu instruiren, damit ein besser Ausgang der Zusammenkunft als bisher erfolgen möge." Johann Georg II. verweigerte die Theilnahme, weil er nach seinem Vorgeben eine Hebung der Irrungen durch diesen Convent nicht vermuthete, in Wirklichkeit aber, weil er von dem auf die Elbe ausgedehnten Leipziger Stapelzwange, in Folge dessen die 35 Meilen betragende Stromstrecke von der böhmischen Grenze bis Magdeburg für alle nicht kursächsischen Schiffe gesperrt blieb, nichts nachlassen wollte. Er gab zwar seinem Agenten in Hamburg Auftrag, bei den Verhandlungen gegenwärtig zu sein, doch wurde dieser von den übrigen Anwesenden nicht zugelassen. In dem Abschied dieser Tagfahrt heißt es: „Angeregt durch die Wahrnehmungen, daß die Commercien und Schiffahrt auf der Elbe je länger je mehr abnehmen, haben die interessirten Kur- und Fürsten ihre Räthe im J. 1662 nach Magdeburg und 1669 nach Hamburg geschickt und sind deßhalb auch jetzt abermals zusammengekommen, um die Mißbräuche und Behinderungen der Schiffahrt zu berathen und haben sich bis auf Ratification folgender Punkte verglichen. Die angeregten Mängel und Gebrechen haben sich theils an den Zollstätten ereignet, theils rühren sie von Schiffern und Kaufleuten her. Wegen der überall etwas erhöhten Zollrollen ist einhellig beschlossen, daß die bisher ein- und andern Orts eigenmächtig erhöhten Rollen auf den alten Fuß vor

---

[1]) In denselben Acten.

dem Kriegswesen reducirt, durch den Druck publicirt und bei jeder Zollstätte angehängt werden sollen. Man hat dabei für nöthig befunden, daß ein gewisses Maß der in den Zollrollen benannten Packen, Fässer u. s. w. verglichen und den Zollrollen einverleibt werden soll, also daß der Zöllner das Faß u. a. mit einem Stabe ohne die Wage zu gebrauchen messen kann. Die kurbrandenburgschen Gesandten haben übernommen, solchen Entwurf zu verfertigen und nach Bewilligung der Andern durch den Druck zu publiciren. Die Zolleinnehmer sollen ehrliche und gewissenhafte Leute sein, nicht rigorös verfahren und die Schiffer nicht ohne genügende Ursache wegen vermeintlicher Defraudation aufhalten. Die Durchsuchung und Verzollung soll ohne Verzug nach dem Zollzettel geschehen, sobald das Schiff an den gewöhnlichen Ort gesetzt ist, die Rechnung dem Schiffer in seiner Gegenwart nach der Zollrolle gemacht und über das Bezahlte eine Quittung gegeben, auch alles was zur Aufhaltung und Beschwerung der Schiffer dient, abgestellt und Stundenzettel ertheilt werden, wann die Schiffer angekommen und abgefertigt sind. Gaben und Geschenke dürfen die Zollbedienten bei Verlust ihres Amtes nicht verlangen und an den sogenannten Accedentien nicht mehr als 1 Thlr. von jedem Schiff und 12 Gr. von jeder Schute; das sogenannte Kommandantengeld (zu Dömitz) sowie das Verpachten der Zölle wird als dem Commercium schädlich abgeschafft.“ Vom „Baumgeld“ wollte Meklenburg nicht lassen, bis nicht die angeblich an den Kosten noch rückständigen 14—16000 Thlr. von den Schiffern aufgebracht seien. Nachdem aber sowohl die Verpflichtung zu zahlen wie die Erreichung des vorgegebenen Zweckes, denn die Hölzer seien sämmtlich wieder hineingefallen, von den Anwesenden in Abrede gestellt war, erklärte die Mehrzahl der Abgeordneten zu Protokoll, daß ihre Herren Principalen ihre Unterthanen ferner damit zu beschweren nicht gemeint seien, sondern diese dawider zu schützen Bedacht nehmen würden. Diese Erklärung wurde dem Herzog von Meklenburg durch ein besonderes Schreiben zugefertigt. Ebenso wurde von allen Anwesenden auf die Klage der Schiffer, daß sie zu Dömitz mit Anhalten von Schiff und Gut, mit Gefängniß und andern Strafen gezwungen würden, handschriftlich zu bezeugen, daß sie wohl gehalten worden und auf keinen des Orts etwas zu sprechen hätten, im Protokoll die bestimmte Zuversicht ausgesprochen, daß der Herzog dem Erbieten, solches abzustellen, wirklichen Nachdruck geben und auf solche Weise das Commercium ferner nicht bedrücken lassen werde. Auch die Abschaffung der Licente zu Lenzen wurde dringend empfohlen, doch der brandenburgsche Gesandte erklärte seinen Kurfürsten dazu wohl befugt, da er dem Commercium zum Besten einen neuen Kanal mit vielen Schleusen erbaut habe und mit großen Kosten erhalte; schließlich bot er den Nachlaß des halben Betrags an, wenn auch die Andern ihre Zölle nach Verhältniß mindern würden. Gegen einen magdeburgschen Getreidezoll wie gegen das hamburgsche Stapelrecht waren alle Beschwerden fruchtlos. Der Kurfürst Friedrich Wilhelm ließ den Vorschlag machen, den Zoll von einigen Waaren auf 2—3 Jahre zu ermäßigen, zum Versuch, ob sich vielleicht die Schiffer dadurch wieder würden auf die Elbe ziehen lassen. Der Vorschlag wurde zu Bericht genommen, doch der meklenburgsche Gesandte erklärte sogleich, daß sein Herzog an dem Tarif vom J. 1623 nichts werde ändern lassen, was aber nicht im Tarif stehe, darin sei eine Minderung vielleicht möglich. Schließlich wurde nach Befinden eine weitere Zusammenkunft nach Magdeburg oder Braunschweig verabredet, die aber nicht zu Stande gekommen zu sein scheint.

Als eine Folge des westfälischen Friedens zeigte sich jetzt auch die Einmischung Frankreichs in die Zollverhältnisse des Rheins, die in späteren Zeiten demselben zum Heile gereichen sollten. Der Rhein, des Reiches vornehmste Fluß- und Handelsstraße, war an seinen Mündungen durch die Spanier und Niederländer, an seinen Quellen durch die Eidgenossen dem Reiche entfremdet und in seinem oberen Laufe durch den Verlust des Elsasses an Frankreich gebunden. Die oben angeführte Bestimmung des Friedensvertrages von Münster in Betreff des unteren Rheinlaufes war wie die ähnlichen Artikel der Wahlcapitulationen ohne alle Folge, und die Schiffahrt nach wie vor den Zollbedrückungen der Spanier und Niederländer, den Licenten des Kurfürsten von Brandenburg und anderer Reichsstände unterworfen geblieben. In dem mittleren Laufe des Stroms, soweit das Gebiet der vier rheinischen Kurfürsten reichte, suchten diese, um nicht durch gänzliche Niederlegung der Schiffahrt auch ihre Zolleinnahmen ganz verschwinden zu sehen, die Errichtung neuer Zölle und Zollsteigerungen durch Fortsetzung ihrer schon im 15. Jahrhundert begonnenen Zolleinigungen und Zollcapitelstage nach Möglichkeit zu verhindern, ohne aber solches von andern ganz unterdrücken zu können noch selbst zu unterlassen. Zu diesen für die Schiffahrt des Rheins maßgebenden Fürsten gesellte sich jetzt mit überwiegendem Einfluß der König von Frankreich. Als im J. 1699 die deutschen Reichsstände am Rhein wegen des abermals vom Kaiser verlangten neuen Rheinzolls einen Tag zu Köln hielten, legte der französische Gesandte am kurkölnischen Hofe, Philippeaux, im Namen seines Königs eine Verwahrung ein wider alles, was hier in Betreff eines solchen Zolles beschlossen werde, und forderte die ungesäumte Aufhebung des Conventes, da Frankreich wegen des Elsasses ganz vornehmlich mitzusprechen habe und ohne seine Zustimmung nichts könne beschließen lassen. Die Deputirten nahmen diese Erklärung zu Bericht und erwiderten, daß sie ohnedies aus andern Ursachen den Convent auszusetzen im Begriff seien. „Aus diesen und andern Bezeigungen, berichtete der kursächsische Gesandte, wird nicht ungleich geschlossen, daß in dem Reiche in Zukunft wenig wird vorgenommen werden können, da die Krone Frankreich nicht einen Prätext finden sollte, sich dabei zu immisciren und gleichsam das votum decisivum zu haben.“ [1])

An der Nordgrenze des Reichs suchte das holstein-dänische Haus die Verwirrung des Reichs auszubeuten. Der Herzog Friedrich von Hollstein verlangte schon im J. 1641 eine Erhöhung des Zolles zu Trittau, der den Handel zwischen Hamburg und Lübeck, die Verbindung zwischen der Nord- und Ostsee zu Lande eben so besteuerte wie der Sundzoll zur See. Die Steigerung betrug nicht weniger als 100—200 p. C., von 3 auf 8, von 8 auf 20, von 16 auf 40 Thlr.[2]) und der Herzog begründete dieselbe damit, daß „in jetziger Zeit, da die Indien erfunden und stark annoch frequentirt werden und also des Goldes und Geldes immer mehr geworden, consequenter die Waaren und rerum precia merklich gesteigert“ seien, zu geschweigen, daß zur Zeit der Gründung des Zolls, vor etwa 150 Jahren, „ein Thaler mehr als jetzt 10 und 15 ausgetragen“ habe. Kursachsen gab sich diesmal alle Mühe, die Mitkurfürsten für diesen Zoll zu gewinnen, doch gelang es den schlagenden Gegengründen der Städte Hamburg, Lübeck und Bremen, sowie dem kräftigen Widerspruch des Kurfürsten Friedrich Wilhelm, auch diese Zollsache auf die lange Bank der Reichstagsverhandlungen zu schieben.

---

[1]) Reichstagsacten, Zoll- und Commerciensachen betr. 1698—1711. Loc. 3150. — [2]) Acta, den trittowischen Zoll betr. 1641. 1632. Loc. 8713.

Fast gleichzeitig rührte sich wieder der dänische König wegen des Zolles zu Glückstadt und betrieb diese Angelegenheit insbesondere im J. 1675[1]) auf's Eifrigste. Als Grund hob er hervor, daß er zum Besten des Reiches theuere Armeen unterhalten müsse und die von diesem Zoll betroffenen Hamburger doch nur stets die Feinde des Reiches unterstützten. Dieses Mal war auch Friedrich Wilhelm solchem Verlangen nicht abgeneigt. Am 19. Oct. 1675 schrieb er dem Kurfürsten Johann Georg II, daß der dänische König den Krieg gegen die schwedischen Völker in Vorpommern aufgenommen habe und zu diesem Zweck eine ansehnliche Kriegs- und Seemacht halten müsse, weßhalb ihm auch eine solche Beihülfe von Reichswegen wohl zu gönnen sei. Abgesondert von den übrigen Kurfürsten ertheilte er am 25. April 1676 seinen Consens[2]) und suchte zugleich mit dem dänischen Gesandten Joh. Hugo Lenthe Johann Georgs Einwilligung zu erlangen, dieser aber weigerte sich entschieden, für sich allein ein Votum abzugeben, und versicherte schriftlich der Stadt Hamburg seine Abneigung gegen diesen reichsverderblichen Zoll. Dennoch schrieb er sogleich darauf dem Kaiser, daß er nichts dagegen einzuwenden habe, wenn seine Unterthanen und die Stadt Leipzig dadurch nicht beschwert würden. Auch die Herzöge von Braunschweig-Lüneburg, die sachsen-ernestinischen Fürsten und England erklärten sich gegen diesen Zoll, den Kurpfalz und die Generalstaaten auf eine bestimmte Anzahl Jahre zulassen wollten. Die braunschweig-lüneburgschen Herzöge verlangten, daß diese Zollangelegenheit vor sämmtliche Stände des Reiches gebracht und hier zunächst die Frage berathen werde, ob und wie weit man einem Alliirten zur Ausführung des gegenwärtigen schwedischen Kriegs von Reichswegen Gelder herzuschießen habe. Der dänische König erklärte am 9. Januar 1699 dem Reichstage, daß er den Zoll nach dem Vorschlage des Kaisers nur bis zur Erfüllung einer Summe von 600,000 Thlrn. erheben und darüber genügende Sicherheit geben wolle. Das Kurfürstencolleg war hiemit einverstanden, doch der Fürstenrath beschloß am 5. Febr., daß diese Zollangelegenheit vor das ganze Reich und nicht vor die Kurfürsten allein gehöre. Auch der kursächsische Gesandte verzögerte die Entscheidung am Reichstage von einer Frist zur andern, trotz des Drän-

[1]) Acta, den von k. Mt. zu Dänemark verlangten Zoll auf dem Elbstrom bei Glückstadt betr. 1675—77. Vol. II und III. — Acta, dänische Zollsache nebst den Protokollen. 1676. Loc. 30099. — [2]) Acta, den trittowischen Zoll bel.

gens der Kurfürsten, welche die Ausfertigung des Zollprivilegs für einen Ehrenpunkt erklärten. Am 7. Mai 1677 erhielt endlich auch jener Befehl, der Kurfürsten Gutachten an den Kaiser nicht länger aufzuhalten, da aber erklärte am 10. Mai wieder der kurbrandenburgsche Gesandte, er habe wohl Befehl, das Gutachten nicht aufzuhalten, aber nicht, dasselbe zu unterschreiben. Zugleich übersandte der niedersächsische Kreis eine neue dringende Vorstellung gegen den Zoll. Dennoch ging das Gutachten an den Kaiser ab. Die von diesem dem Kurfürstencolleg in Rückantwort vorgelegte Zollrolle für Glückstadt verursachte neue Verhandlungen, die der kursächsische Gesandte wieder benutzte, um die Entscheidung noch weiter hinauszuziehen. Obwohl England zu Gunsten Dänemarks durch einen besonderen Gesandten ein umfängliches Memoriale überreichen ließ, war doch im J. 1682 diese Frage noch um nichts gefördert.

Im J. 1690 erhielten die stockenden Unterhandlungen neue Anregung. Am 20. Mai dieses Jahres schrieb Kaiser Leopold an Johann Georg III.[1]), daß der König von Dänemark für das Reich in den gegenwärtigen Krieg gegen Frankreich eintreten und einen ansehnlichen Theil seiner Heeresmacht mit den Reichsvölkern am Rhein vereinigen wolle, doch verlange er zur Aufbringung der Kriegskosten die Gestattung eines Zolles zu Glückstadt bis zur Erhebung von 1 Million Gulden. Johann Georg anerkannte die Vortheile des dänischen Bündnisses, verlangte aber zuvor die Befragung der benachbarten Stände, welche sich auch bis zum Juli des Jahres in großer Anzahl und unter ihnen Schweden für seine deutschen Besitzungen mit ihrem Widerspruch meldeten. Dänemark, erklärten sie, würde nach der Schließung der Elbe alle Thore des Reiches im Norden und Westen in seiner Macht haben; durch den Oresund beherrsche es die deutsche Schiffs- und Seehandlung im Norden, durch den Weserzoll bei Elsfleth im Nordwesten; als einzige Luftröhre des Reiches bleibe nur noch die Mündung der Elbe übrig und so werde durch Verwilligung dieses Zolls das letzte Thor des Reiches und mit demselben sein Haupthandel um so mehr an Dänemark kommen, als keiner von den Reichsständen Kriegsschiffe auf diesem Strom halte. Vermöge dieses Zolles könne der König Deutschland mit Deutsch-

[1]) Acta, Vol. IV, kön. dänisches Desiderium wegen Anlegung eines Zolls am untern Elbstrom betr. 1690—1691.

lands eigenen Mitteln bekämpfen und ein Krieg sei unausbleiblich, sobald man sehe, wie übel solche Concession gewesen, die der König niemals freiwillig aufgeben werde und die nichts anderes bedeute, als eine Universaldienstbarkeit und eine tributaria qualitas des Reiches an die Krone Dänemark.

Zur Vermittlung schlug nun der Kaiser vor, daß die Kaufleute von Hamburg und andern Städten die Million vorschießen und den Zoll bis zur Abtödtung des Kapitals und der Zinsen verwalten sollten, doch jetzt verlangte der sächsische Gesandte, der diese Materie als bei dem gesammten kurfürstlichen Colleg sehr odiös bezeichnete, daß man beim Reichstag zuvor die Frage berathe, ob des dänischen Königs Beihülfe auch wirklich noth und nützlich sei? Während der Gesandte hier die Entscheidung zu verzögern suchte, erklärte der Kurfürst Johann Georg stets, das dänische Bündniß sei so viel eher und mehr zu befördern, als die französische Macht durch bisherige Victorien zu Wasser und Land zunehme und des Reichs und der Alliirten Kräfte durch schwere Kosten und Fatiguen abgemattet würden. Der Hauptgrund der Verzögerung lag in dem Gutachten der Stadt Leipzig, welches das Verderben des eigenen Handels als eine nothwendige Folge des Ruins von Hamburg darstellte, denn dieses sei der Seehafen von Leipzig und den gesammten kursächsischen Landen. Auch die Erklärung Johann Georgs aus dem Lager bei Thürheim vom 17. Septbr. 1690, daß er dem Kaiser zu Ehren und dem bedrängten Reich zum Besten zur Ertheilung des Consenses bereit sei, sowie des dänischen Königs Erbieten zu jeder möglichen Erleichterung förderten in der Sache nichts. Dem Kaiser selbst war es zuletzt nicht mehr Ernst damit, obwohl der Zoll im J. 1695 noch einmal in Anregung gebracht wurde. Am 4. Mai 1690 schrieb der kursächsische Gesandte nach Dresden: „Soviel ich meines Orts verspüren kann, so ist des kaiserlichen Hofs veritable Intention nicht noch niemals gewesen, kön. Maj. zu Dänemark den Elbezoll oder die Million Thaler bar zu verschaffen, sondern man wird zu Wien auf alle Art und Weise sich bemühen, das Werk von einer Zeit zur andern aufzuhalten und es also zu menagiren, damit weder die Krone Schweden noch die fürstlich braunschweig-lüneburgschen Häuser, so sich stark dawider opponiren, hierdurch nirgends disgustirt werden." Auf diesem Wege der Zögerung blieb denn auch das Reich diesmal von der neuen Verkehrsfessel befreit.

Was die Wahlkapitulationen während dieses Zeitraums betrifft, so erhielt die der Kaiser Ferdinands IV und Leopolds I[1]) einige neue Zusätze. Ferdinand IV mußte zuerst die nach den Reichsgesetzen verbotene Selbsthülfe gegen Beeinträchtigung der Zölle und Zollrechte erlauben. Leopold I sollte, nach Art. 21 der Wahlkapitulation, darauf sehen, daß nicht durch Errichtung neuer Zölle den älteren Schaden geschehe, und im Fall jemand unter anderem Namen neue Zölle einzuführen versuche, den kaiserlichen Fiscal seines Amtes erinnern. Auch versprach derselbe, keine neuen Zollbefreiungsbriefe auszustellen, und erklärte alle ohne kurfürstliche Erlaubniß während des Krieges ertheilten Befreiungen für aufgehoben. Bei der Berathung über diese Capitulation hatte der Artikel, daß die Kurfürsten in Zollsachen nur unmittelbar vom Kaiser gerichtet werden sollten, einen Anstand verursacht, indem das Fürstencolleg beim kurfürstlichen in Erinnerung brachte, daß in Zollsachen dem Reichskammergericht die richterliche Entscheidung neben dem Reichshofrath nicht zu entziehen sei. Bei der Wahlkapitulation Karls VI fiel dieser Artikel aus und wurde auch in die folgenden nicht wieder aufgenommen, dagegen erhielt jene wieder den Zusatz, daß alle die Mißbräuche der Zölle betreffenden neueren Gesetze den vor den Wahlcapitulationen bestandenen Zollrechten nicht zum Nachtheil gereichen, und der Kaiser die vor dem dreißigjährigen Krieg und während desselben neu angelegten Zölle und Geleitsgelder abschaffen sollte; zugleich wurde eine Strafe für Zollmißbräuche festgesetzt.

In den österreichischen Erblanden hatte Kaiser Matthias noch kurz vor Ausbruch des dreißigjährigen Krieges durch ein Mandat vom 10. October 1616 die hier herrschend gewordenen Zollgrundsätze neu befestigt[2]), welche diesen Theil des Reichsgebietes immer mehr zu einem selbständigen Zollkörper abzuschließen bestimmt waren. Alle aus dem Reich kommenden sogenannten Luxus- oder Galanteriewaaren, als goldnes, silbernes und seidenes Gewand, kostbare Pelzwaaren, feine ausländische Tücher, Leinewand und andre Waaren, „welche auch von Personen, denen es zu tragen nicht gebührt, mit sonderem Ueberfluß, der von Tag zu Tag steigt und zunimmt, zum Schmuck und Zier gebraucht werden“ sollten an den Grenzen bei

---

[1]) Vergl. von Ulmenstein pragmatische Geschichte der Zölle u. s. w. S. 191 folg. — [2]) Acta, das Commercialwesen betr. Vol. I. Lec. 7400.

der ersten Zollstätte mit höherem Zoll als bisher belegt und dabei, weil die Kleinodien leicht und vielfach eingeschmuggelt wurden, auf Kutschen und Kaleschen, Reiter und Wanderer, Schotten und Juden eine besondere Aufmerksamkeit gerichtet werden. Dagegen sollten alle zur Nothdurft gebrauchten Waaren, wenn sie im Lande bleiben würden, gar nicht, wenn sie nach Ungarn, Sachsen oder sonst wohin durchgeführt würden, nur an den Grenzen und nicht weiter verzollt werden. Ueber die von Leipzig, Frankfurt und andern Städten durch die Oberlausitz und Schlesien geführten Waaren sollten die betreffenden Fuhrleute genaue Verzeichnisse an der ersten Grenzzollstätte vorzeigen. Verboten wurde die Ausfuhr von Gold, Silber, Pagament und allen guten Münzsorten, verzollt die Ausfuhr von Getreide und allen Victualien und zwar an der dem Orte des Aufkaufs zunächst gelegenen Zollstätte. Von Sperrmaßregeln finden wir außer diesen längst gebräuchlichen Ausfuhrverboten und Erschwerungen noch keine Spur, denn der Zoll auf die Luxuswaaren war nur eine Finanzmaßregel, welche die Reicheren vor den Armen zur Besteuerung zu ziehen bestimmt war, und in Oesterreich zuerst mit Klarheit ausgeübt, später auch in andern Reichsländern nachgeahmt wurde. Auch erscheint uns hier zuerst ein Grenzzollsystem wenigstens in Betreff der Einfuhr mit einiger Folgerichtigkeit d. i. mit entsprechender Aufhebung innerer Durchfuhrzölle.

Bald nach Beendigung des dreißigjährigen Krieges wurde in Oesterreich die Einfuhr des Salzes, die zum Vortheil des Salzregals schon im 16. Jahrh. erschwert war, mit noch höherem Zölle längs der ganzen Zollgrenze belegt. Durch eine Steigerung um 1—2 Thlr. auf den Wagen wurde die Einfuhr des fremden Salzes und damit der größte Theil des Grenzhandels zwischen Oesterreich und dem Reiche ganz niedergelegt. Vergeblich suchte Kursachsen im J. 1659 [1]) und 1660 durch die Vorstellung, daß von dieser Seite die böhmischen Waaren niemals eine Zollsteigerung erfahren hätten, eine Milderung der Sperre zu erlangen. Der Kaiser hatte auf dieselbe stets eine und dieselbe höflich ablehnende Antwort. Statt einer Ermäßigung wurde im J. 1668 noch die Einrichtung getroffen, daß die von Sachsen nach Böhmen gehenden Salzwagen nicht mehr wie bisher mit 10 fl. im Ganzen sondern mit $2^1/_2$ fl. für jedes Stück oder Scheffel ver-

[1]) Acta, Grenzzoll auf das in- und ausländische Getreide u. s. w.

zollt werden sollten, was auf den Wagen 50 und mehr Gulden betrug. Besonders schwer lastete dieser Salzzoll auf Halle. Der Administrator von Magdeburg, Herzog August, schrieb am 11. Dezbr. 1661 [1]) an den Kurfürsten von Sachsen, in Folge solcher Sperrung müsse der edle Segen des Salzes in's wilde Wasser zum gänzlichen Verderben der Pfännerschaft wie der Kirchen, Schulen, Hospitäler, Wittwen und Waisen und aller dabei arbeitenden Leute weggeflößt werden; die Salzquelle, die edle Gabe Gottes, welche vielen Tausenden zu Gedeihen und Unterhalt helfen könne, fließe jetzt ungenützt in den Saalstrom.

In Betreff der vom Ausland bezogenen Luxuswaaren förderten die Kriege gegen Frankreich die Einführung von Sperrmaßregeln in Oesterreich. Je mehr diese Kriege zum Vortheil des Gegners ausschlugen, um so mehr lenkte der Kaiser auch des Reichstags Aufmerksamkeit auf die Einfuhr französischer Luxuswaaren, deren man bei den damaligen Verhältnissen der Gesellschaft und der Mode in unerschöpflicher Menge bedurfte. Während er sich vergeblich abmühete, vom Reich genügende Geldbeisteuern zu den kostspieligen Kriegen aufzubringen, und dabei die Mittel der eigenen Erblande immermehr erschöpft sah, flossen für diese Luxuswaaren aus allen Ständen der Gesellschaft unermeßliche Geldsummen in des Feindes Land. Dies führte in den kaiserlichen Erblanden am 27. Januar 1659 [2]) zu dem Verbot der Einfuhr solcher „landschädlichen Waaren, die das Geld aus dem Lande ziehen." Dasselbe wurde im J. 1673 erneuert und zugleich auf des Kaisers Anregung vom Reichstag zu Regensburg der gesammte Handel mit dem Reichsfeinde verboten. Das kaiserliche Mandat vom 7. Mai 1676 erklärte das Commercium der französischen Manufacturen als dem Reich höchst schädlich, weil dem Feinde dadurch große Geldsummen zugeführt, im Reiche selbst Handel und Gewerbe gehindert und dasselbe an Geld und Mannschaft gänzlich erschöpft werde; deßhalb sollte auch im Reich dasselbe Verbot wie in den Erblanden veröffentlicht und auf alle französischen Waaren und Manufacturen ohne Unterschied ausgedehnt werden. Demnach wurden verboten alle französischen Brocate und Zeuge mit und ohne Gold

---

[1]) Acta, den im Königreich Böhmen gesetzten hohen Zoll und Mauten auf das hallische Salz u. s. w. betr. Loc. 7221. — [2]) Acta, kais. Schreiben vom 7. Mai 1676 an chf. Durchl. z. S. um den obersächsischen Kreisständen das kais. Edict wegen Abschaffung der französischen Manufacturen zu übersenden. Loc. 7399.

und Silber, alle seidenen Modezeuge, Galanterie- und andre Waaren aller Art aus Seide, edlen und unedlen Metallen und Steinen, Leder, Horn und Holz. Wiederholt wurde dies Verbot vom Reichstag am 23. Sept. 1689 nach der Verwüstung der Pfalz und zugleich in gerechter Entrüstung über die Plünderung von Worms, Speier, Offenburg und andern Städten auf alle französischen Waaren wie auf die Ausfuhr deutscher Waaren nach Frankreich, auf den Aufenthalt der Franzosen im Reich und die Niederlassung der Deutschen in Frankreich ausgedehnt, Verbote, die noch im J. 1708 ihre nachtheiligen Folgen für den deutschen Handel geltend machten. Für Oesterreich insbesondre wurden diese Verbote gegen alle und jede französischen Waaren in den J. 1671, 1674 und 1689[1]) neu eingeschärft.

Diesen Sperrmaßregeln in Oesterreich zur Fernhaltung der damals Oesterreich beherrschenden Industrie des Reiches wie Frankreichs wurden alsbald Maßregeln zur Förderung der inländischen Gewerbe hinzugefügt. Im J. 1669 wurde die „Introducirung der Seidenfabrica" in Oesterreich unter der Enns befohlen, damit „die bisherige überflüssige Ausfuhr des Geldes verhütet und selbiges im Lande erhalten werden möge", in den J. 1672 und 1682 das „Linzer Manufacturwerk" mit besonderen Privilegien begabt. In einem Patent vom 13. Sept. 1700 berief sich der Kaiser darauf, wie er sich jeder Zeit die Aufrichtung von Manufacturen im Lande habe angelegen sein lassen, damit viel tausend Menschen ihre ehrliche Nahrung haben, die rohe Waare von den Unterthanen im Lande verarbeitet, die Leute von Müssiggang zur ehrlichen Unterhaltung gewöhnt und das Land populos und nahrhaft gemacht werden könnte. Die österreichischen Erblande waren damals durch die Lasten der französischen Kriege tief heruntergebracht. Vom J. 1650 bis 1710 wechselten und steigerten sich die Steuern und Auflagen auf alle entbehrlichen und unentbehrlichen Handelsartikel ohne Aufhören, wobei auch die Grundsteuern verdoppelt und verdreifacht wurden. Im J. 1700 gab es hier fast keine Stadt, die nicht in Folge der Steuerlast und Gewerbestockung tief verschuldet und verarmt war. Iglau, eine durch Tuchweberei seit der ältesten Zeit berühmte Stadt, zählte unter 6246 Einwohnern 386 Bettler und die früher wohlhabenden Handwerksmeister gingen auf Tagelohn. Die Neigung zur Auswanderung war so stark, daß schon

---

[1]) Bidermann, die technische Bildung im Kaiserthum Oesterreich, S. 5 folg.

im J. 1655 ein strenges Verbot derselben erlassen und die Grenzbeamten angewiesen wurden, niemand ohne besonderen Paß über die Grenze zu lassen.

Der Kampf gegen diese Verhältnisse, der die angeführten Mandate und Bestrebungen Leopolds I und Karls VI veranlaßte, gab auch der staatswirthschaftlichen Literatur Oesterreichs in dieser Zeit ihre besondere Richtung, deren Hauptträger hier wenigstens in der Kürze hervorgehoben sein mögen. Wien erscheint in diesem Zeitraum wenigstens im Gebiete der Staatswissenschaften als ein Mittelpunkt der geistigen Bewegung, welche damals für eine selbständige Behandlung der Staatswissenschaften im Reich den Grund zu legen begann. Von Wien pflanzte sich diese Bewegung über die süddeutschen Reichsstädte, insbesondre Nürnberg, Augsburg, Frankfurt am Main in die übrigen Theile des Reiches fort und gelangte über diese Hauptmärkte des damaligen Buchhandels in das mittlere und nördliche Deutschland, insbesondere auch nach Kursachsen und Kurbrandenburg, wo dann später diesem süddeutschen Einfluß ein französischer entgegentrat. So sehr der Gegensatz und der Gegenkampf gegen Frankreich als Hauptfactoren dieser Bewegung im Leben wie in der Wissenschaft und Literatur sich darstellten, so war es doch auch das Vorbild des durch Ludwig XIV und Colbert zu einem wirthschaftlichen Ganzen umgeschaffenen und streng abgesperrten französischen Reiches, welches in Oesterreich und später ganz besonders im Königreich Preußen auf das ganze Gebiet der Verwaltung maßgebenden Einfluß ausübte. Schon im 17. Jahrhundert folgte die staatswissenschaftliche Publicistik in Deutschland diesem Einflusse, wie unter andern die zu Augsburg im J. 1685 gedruckte, damals vielgelesene Schrift „Französische Kriegs- und Kammerwirthschaft" beweist, welche keinen andern Zweck hatte, als Ludwigs XIV Handels- und Finanzpolitik nach Deutschland zu übertragen.

Unter den deutschen Schriftstellern, die in mehr selbständiger Weise diese wirthschaftliche Aufgabe des Reiches erfaßten und bei der Annahme der in Frankreich bereits gebrauchten Mittel doch entschieden den Gegensatz und Gegenkampf gegen Frankreich bekannten, ist vor allen Dr. Johann Joachim Becher zu nennen. Im J. 1635 zu Speier geboren, wurde im er J. 1666 als wirklicher Rath in das Commerciencollegium nach Wien berufen, dessen Bildung er hauptsächlich betrieben hatte, veranlaßte in dieser Stellung zunächst die Errichtung einer Seidencompagnie, welche sich über sämmtliche kaiserliche Erbländer erstrecken sollte und versuchte außerdem mit der Hülfe und den Mitteln seines Gönners, des Grafen Sinzendorf, eine Menge anderer Unternehmungen, die alle den österreichischen Handel zu heben bestimmt waren. Während er so durch seine praktisch-wirthschaftliche Thätigkeit das gewerbliche Leben in Oesterreich neu anzuregen und zu heben sich bemühte, griff er in seinen Schriften und Plänen über die Grenzen Oesterreichs hinaus und suchte durch Verbindung mit dem kursächsischen und andern Höfen, durch Agitation für überseeische Compagnien, für Handelstractate mit Holland und England gegen Frankreich und andere Projecte im ganzen Reich die Theilnahme für seine staatswirthschaftlichen Pläne zu gewinnen. In seiner umfangreichen und bekannten Schrift: „Politischer Discurs von den eigentlichen Ursachen des Auf- und Abnehmens der Städte" steht er durchaus auf dem wirthschaftlich politischen Standpunkt des 17. Jahrhunderts; er gebraucht die Mittel des Handels- und Einfuhrverbotes zur Befreiung der inländischen Industrie von der Herrschaft der französischen, und empfiehlt daneben die Freiheit des Handels, den althergebrachten Grundsatz des liberum commercium als das erste und nothwendigste Mittel zur Blüthe eines Landes, enthält also die beiden graden Gegensätze unvermittelt neben einander. Ueber die Zölle insbesondere sagt er (II, S. 1538): „die schweren Zölle auf den Strömen machen, daß man mit minderen Kosten zu Lande als auf dem Fluß fahren kann. Man kann auch den Herrn solcher Ströme nicht beibringen, daß ein Kreuzer, der zehnmal im Jahre kommt, mehr einbringe als 2 Kreuzer, die nur einmal kommen. Der Deckmantel ist, es sei dem Lande nützlicher, daß viele Landfuhrleute sich ernähren, Mittags und Abends einkehren und das Geld verthun und man im Fall der Noth von den Landkutschen viel Pferde bekommen könne." „Das erste", sagt er an einer andern Stelle (S. 1589), „ist die **Freiheit**; denn wenn Wege, Stege und Pässe, Handel und Wandel durch allzugroße Zölle, Imposten und Hindernisse beschwert, durch Monopolia, Polypolia und Propolia gesperrt, wenn ein Land durch schwere Aussaugungen arm an Menschen und Geld gemacht wird —, da zieht Handel und Wandel hinweg und ist für einen rechtschaffenen

[4]) **Bucher**, Dr. Urban Gottf. Das Muster eines nützlichen Gelehrten in der Person des Dr. Joh. Joach. Becher, kais. Cammer- und Commercien-Raths. Nürnberg 1722.

Negocianten nichts zu thun, weil ihm alles gesperrt ist und er die Freiheit nicht hat, das zu thun, was er wohl zu thun wußte, könnte und wollte." Berühmt geworden ist die Darstellung, die Becher von dem schädlichen Einfluß der französischen Manufacturen im Reiche giebt (II, 1416 folg.) und welche wir in der damaligen wie der späteren Zeit überall wiederholt und nachgeahmt finden, so daß wir derselben wohl mit Recht einen nicht geringen Einfluß auf die vom Reich eingeschlagene Handelspolitik gegen Frankreich zuschreiben dürfen.

Ohne den Vorgang des Dr. Becher, seines nahen Verwandten, hätte Johann von Horneck sein berühmtes und viel nachgeahmtes, zuerst in Nürnberg 1684 gedrucktes Buch: „Oesterreich über alles, wenn es will" nicht geschrieben. Die von Becher mehr allgemein gehaltenen und in ihrer Anwendung auf das ganze Reich berechneten Gedanken und Grundsätze sind hier entschieden auf Oesterreich beschränkt und mit einer Klarheit und Bündigkeit zur Darstellung gebracht, wie solche keinem seiner zahlreichen Nachahmer gelungen ist. Die Ideen, welche der Gründung der Commerciencollegien zu Grunde lagen, die Zielpunkte, welche der Thätigkeit derselben gegeben wurden, finden wir hier in Bezug auf Oesterreich literarisch ausgeführt. Die Darstellung von den natürlichen Kräften und Mitteln der österreichischen Erblande, von den Bewohnern und ihrer gewerblichen Thätigkeit, von den Hindernissen des Wohlstandes derselben und den Mitteln, das Land und seine Bewohner zu dem emporzuheben, was sie nach den von der Natur ihnen gegebenen Kräften sein könnten, diese bilden den Hauptinhalt des Buches. Hier tritt uns schon ein zusammenhängendes, folgerichtig durchdachtes handelspolitisches System entgegen, welches, um jenen Zweck zu erreichen, folgende 9 Hauptgrundsätze als durchaus unentbehrlich aufstellt, und zwar daß 1. das Land nach allen Richtungen erforscht und erkannt, 2. alle hier gewonnenen Rohproducte im Lande verarbeitet, 3. das Wachsthum der Bevölkerung in jeder Weise befördert, 4. Gold und Silber im Lande festgehalten und hier in lebhaftesten Umlauf gesetzt werden, 5. daß sich alle möglich auf den Verbrauch inländischer Waaren beschränken, 6. die unentbehrlichen auswärtigen Waaren

[1]) Spätere Ausgaben in den J. 1708, 1712, 1751, 1764 und 1784, letztere von Ben. Franz Hermann. Vergl. über Horneck: d'Elvert, Notizenblatt der k. k. mähr. schlesischen Gesellschaft 1857. nr. 12. S. 89 folg.

stets aus erster Hand beziehen, und 7. die rohen Producten des Auslandes zur eigenen Verarbeitung einführen sollen, dagegen sei 8. der Absatz der inländischen Erzeugnisse möglich zu fördern und zu diesem Zweck 9. alle auswärtigen Waaren, die im Lande selbst, wenn auch schlechter und theurer, zu haben sind, ganz zu verbieten. — Diese Nothwendigkeit des Verbots fremder Waaren führt er noch besonders in einem andern Buch „Bedenken über die Manufacturen in Deutschland" (S. 113—115) auf Grundlage der Schriften des Dr. Becher aus, und macht dabei den Vorschlag, die dem österreichischen Gewerbe nachtheiligsten Waaren, d. i. die vier Hauptartikel Seiden-, Wollen-, Leinen- und französische Waaren, wenigstens auf so lange ganz zu verbieten, bis die Erzeugung derselben im Inlande bis zu einer gewissen Höhe gediehen und durch solche Zölle genugsam geschützt sei. Die gänzliche Absperrung der österreichischen Lande erscheint ihm als das allein ausreichende und nachhaltige Mittel zur Emporbringung der österreichischen Industrie und so sehr er die Franzosen als Feinde haßt, so hält er es doch für keine Schande, das Gute ihrer Staatsökonomie auch im eignen Lande nachzuahmen.

Das Verbot der französischen Manufacturwaaren war damals eine Angelegenheit, die das ganze Reich für oder wider in Bewegung setzte. Der deutsche Handelsstand war entschieden gegen dasselbe, da es die lebhaften, Jahrhunderte alten Handelsbeziehungen zwischen den Reichsstädten und Frankreich plötzlich und gewaltsam unterbrach und, da die Fürsten und die ganze vornehmere und wohlhabende Gesellschaft die französischen Modewaaren nicht entbehren konnten, nur Veranlassung gab, daß auf Schleichwegen doch in's Reich gebracht wurde, was offen einzuführen verboten war. Die öffentliche Meinung, wie sie sich durch Flugschriften geltend machte, sprach sich unter dem Einfluß der beiden genannten hervorragendsten Publicisten jener Zeit und der vom kaiserlichen Hof eingehaltenen Politik entschieden für das Verbot aus und mischte dabei mit dem Haß gegen das überlegene und siegreiche Frankreich die Furcht vor der Niederlage des deutschen Gewerbfleißes unter den französischen. Dieser Richtung folgten unter andern die das ganze Reich in's Auge fassenden Schriften „Teutschland über alles, wenn es klug sein will" (1686) und „das von Frankreich verführte Teutschland" (Frankfurt und Leipzig 1686), welche beide die Belegung französischer Einfuhr mit Zöllen und andern Auflagen als ungenügend verwarfen und zur

Rettung der deutschen Gewerbe vom sichern Untergange unter Berufung auf Frankreichs und Englands Beispiel ein mit voller Strenge aufrecht erhaltenes Verbot aller fremdländischen Gewerbserzeugnisse verlangten. Derselben Ansicht, daß die gänzliche Sperre oder das Einfuhrverbot und nicht der Schutzzoll für die heimische Industrie das alleinige Rettungsmittel sei, huldigten noch besonders in Oesterreich Wagner von Wagenfels in seinem „Ehren-Ruff Deutschlands, der Deutschen und ihres Reiches" (Wien 1692), der aber (S. 123) dabei den Vortheil anerkennt, den die französische Einfuhr durch den Gegentausch deutscher Erzeugnisse dem Reiche bringen müßte, Lucä (oder Lichtstern) in dem Buche „Schlesiens curieuse Denkwürdigkeiten oder vollkommene Chronik von Ober- und Niederschlesien" (1689), Küchelbecker in seiner „Allerneuesten Nachricht vom Römisch-Kaiserlichen Hofe" (Hannover 1732).

Während der Kaiser in dem Verhältniß zu Frankreich das ganze Reich in seine Handelspolitik hineinzuziehen bemüht war, hielt er zugleich die Zollgrenzen seiner eigenen Lande gegen das Reich mit verschärfter Strenge gesperrt und behandelte die im Reich erzeugten Producte wie die französischen und andre ausländische. Nach der Vectigal- oder Mauthordnung vom 20. März 1672 zollten z. B. 100 Degenklingen des Inlandes 1 fl., des Auslandes 4 fl., das Pfund gesponnener Knöpfe des Inlandes 10 Kr., des Auslandes 24 Kr., Messer des Inlandes 1 fl. 30 Kr., des Reiches 4 fl. 30 Kr., das Pfund seidener Bänder des Inlandes 18 Kr., des Auslandes 1 fl. 30 Kr., seidener Strümpfe 6 und 30 Kr., das Stück Parchent des Inlandes 4 Kr. und 12 Kr., 10 Rieß Papier 45 Kr. und 2 fl. 30 Kr., das Stück inländischen Tuches (20 Ellen) 15—20 Kr., ausländisches vom Gulden 6—15 Kr. u. s. w. Denselben zum Schutz der heimischen Gewerbe gemachten Unterschied der Zölle finden wir in den für die österreichischen Grenzzollstätten wie für Wien und andre Städte des Innern in diesem Jahre gegebenen Mauthordnungen, so daß wir hier nun mit dem Einfuhrverbot den Sperrzoll verbunden sehen.

Auch das, gleichfalls aus früheren Zeiten überkommene, doch bisher nur nachlässig gehandhabte Verbot der Geldausfuhr wurde um diese Zeit geschärft und in beschwerlichster Weise in Vollzug gesetzt[1]). Die Kaufleute von Zittau z. B. mußten das auf den

[1]) Acta, die Umwechslung der Münzsorten, neuerliche Zölle u. a. Beschwerden betr. 1693—1710. Loc. 7399.

Märkten gelösete gute Geld unter strengster Durchsuchung gegen geringe, in ihrer Heimath verbotene Geldsorten umtauschen und durften kaum zur Zehrung wenige Thaler guten Geldes behalten. Alle fast jährlich wiederholten kursächsischen Gesandtschaften und die dringlichsten Beschwerden gegen die quälerischen, auch gegen Weiber auf's Rücksichtloseste durchgeführten Visitationen blieben ohne Erfolg. Das Verbot wurde nur auf's Neue durch ein Mandat Josephs I vom 14. Febr. 1710 eingeschärft. Niemand und insbesondre nicht die Handels- und Gewerbsleute wie die Wechselgeber, durch deren Hände das meiste Geld lief, sollten sich bei Confiscation und Leibes- und Todesstrafe unterstehen, weder selbst noch durch jemand anders ohne einen königl. böhmischen Originalpaß Geld oder Gold- und Silberpagament oder Bruchsilber aus den Erblanden auszuführen oder zu versenden. Im J. 1714 und 1723 folgten neue Schärfungen dieses Verbots. Die Ein- und Durchfuhr von Leinwand- und andern sächsischen und lausitzischen Waaren blieb zwar gegen Entrichtung hoher Abgaben gestattet, wenn aber die Kaufleute das dafür gelösete oder von auswärts gesendete Geld an sich nehmen wollten, mußten sie dasselbe im Münzamt zu Prag versiegeln lassen und erhielten mit schwerem Geld- und Zeitaufwand nur einen Paß dafür, nachdem sie einen Ort in Böhmen, Mähren oder Schlesien genannt und durch Zeugen verbürgt hatten, daß sie dort die versiegelten Gelder wieder auszahlen würden[1]).

Auch in Schlesien wurde dieses System in derselben Weise durchgeführt. Ein Befehl vom 14. Juni 1708 verbot allen Lausitzern bei Strafe von 1000 Thlrn. den Aufkauf von Garn in Schlesien und allen schlesischen Kaufleuten die Ausfuhr desselben; nur von den Handelsleuten der Städte Neiße, Neustadt, Jägerndorf, Breslau u. a. sollte Garn gegen doppelte Zölle und auf vorgeschriebenen Straßen ausgeführt werden. Der Ausfuhrzoll für Wolle wurde auf den Stein von 2 Kr. auf 7 Kr. erhöht, angeblich nur auf kurze Zeit wegen der Türkenkriege[2]), doch unterblieb später die Aufhebung. Das im J. 1718 ausgegebene umfassende Zollmandat für Ober- und Niederschlesien führte auch hier zum Schutz der inländischen

---

[1]) Acta, des Generalmajors von Wackerbarth und Hofraths Selignann Negociation am kais. Hof. 1704. 5. Loc. 2867. Vol. I. Vol. II, 128. 136. Vol. III, 106. 111. — Acta, das gesperrte Geldnegocium in Böhmen. 1724. Loc. 7403. —
[2]) Ebenda, Vol. IV, 1. 13. 184 folg. 227.

Manufacturen die Differentialzölle für die in den Erblanden und im Reiche erzeugten Gewerbswaaren ein und belegte bei der Einfuhr in Schlesien die letzteren durchweg mit höherem Zoll als die ersteren. So zahlten jetzt z. B. ausländische Leinwand und Spitzen vom Thlr. 6—9 Kr., böhmische 2—3 Kr., ausländische Tücher 3—5, erbländische 2 Kr., ausländisches Kupfer vom Ctr. 1 fl. 30 Kr., erbländisches nur 36 Kr. — Ganz befreit vom Einfuhrzoll blieben alle den inländischen Gewerben dienenden Roh- und Halbrohwaaren, das Arbeitsmaterial wie auch die Arbeitswerkzeuge; das Verbot der Ausfuhr von Flachs, Hanf und Wolle sollte aufhören, sobald im Lande selbst Ueberfluß daran herrschte, beim Durchgang unterlagen alle ausländischen Waaren dem doppelten Zoll wie die erbländischen. Vergeblich waren auch hier die Beschwerden der kursächsischen Regierung, welche die alten Zollverträge zwischen Schlesien und der Lausitz aufrecht erhalten wissen wollten [1]).

Selbst in Vorderösterreich, in den ganz von Reichsständen umschlossenen schwäbischen Besitzungen des Kaiserhauses, wurden dieselben Zollsteigerungen und in dem J. 1708 auch eine unbillig hohe Taxirung der Waaren eingeführt [2]). Ein Faß Salz zollte statt 3 Kr. 8, Leinwand statt 15 Kr. 45 Kr. bis 1 fl., Taback statt 10 Kr. vom Ctr. 40 Kr. an den Zollstätten zu Gebertshofen, Weingarten, Liptingen, Stockach u. a., wozu auch noch eine Anzahl neuer Zollstätten gefügt wurde. Auch hier waren alle Beschwerden der Reichsstädte im J. 1711 und später am Reichstag vergeblich, so daß der Handel die gewohnten Straßen verließ und auf weiten Umwegen die Frankfurter Messen zu erreichen suchte.

Am meisten hatte Kursachsen durch dieses österreichische Zollsystem zu leiden, und zwar ohne alle Aussicht auf Besserung. Auf die im J. 1723 durch den Gesandten Freiherrn von Zech in Prag und Wien erhobenen Vorstellungen wurde erwidert, weil man in Sachsen so genau auf das Commercium Acht habe und zum Behuf dessen ohne Rücksicht auf den Nachbaren bald diese bald jene Verordnung ergehen lasse, so sehe man sich eben dadurch veranlaßt und berechtigt, solchem Beispiele zu folgen; weder durch die Erbeinigung noch durch andere Verträge seien der Krone Böhmen die Hände

---

[1]) Acta Commiss., die Einrichtung des Commercienwesens zwischen Kursachsen und Schlesien betr. Vol. I. 1743. Loc. 7402. — [2]) Reichstagsacta, Zoll- und Commerciensachen betr. 1698 folg.

gebunden, zum Besten ihrer Einwohner eine und andre Verordnung zu treffen, damit dieselben ferner ihrem Herrn die schuldigen Prästationen abzuführen vermöchten, auch gingen so große Summen außerhalb Landes und insbesondre nach Sachsen, daß es gegen alle Principia sein würde, wenn man nicht ein sorgfältiges Auge darauf schlagen wollte. — Als Gegenbeschwerde hob die böhmische Statthalterei die von Kursachsen stets wiederholte Verweigerung der freien Schiffahrt auf der Elbe hervor, worauf König August II am 4. März 1724 dem Abgeordneten Lautensack in Wien befahl, von weiterer Vorstellung abzustehen, so lange man die freie Elbschiffahrt als conditio sine qua non der verlangten Freigebung des Geld negocii ansehen würde. In folgerichtiger Weiterführung des Systems erhöhten die Mandate vom 10. Dezember 1726 und 14. Juni 1728[1]) abermals den Tarif, womit aber die Zollsteigerungen in den österreichischen Erblanden noch lange nicht ihr Ende erreichten, vielmehr bildete auch Karl VI dieses Sperrsystem zum Vortheil der einheimischen Gewerbe und Fabriken immer vollständiger aus und vollzog dadurch mehr und mehr den Abschluß seiner Erblande zu einem vom übrigen Reiche durchaus getrennten Zollkörper.

Während man im Kurfürstenthum Sachsen bis zu Ende des 16. Jahrhunderts immer noch gezögert hatte, durch Steigerung der Zolltarife und Errichtung neuer Zollstätten den Weg zu betreten, den die meisten anderen Reichsstände längst eingeschlagen hatten, wählte man zu Anfang des 17. Jahrhunderts auch hier wie in Bayern und Brandenburg den Ausweg, die Zolleinkünfte durch eine Accise zu mehren, welche, wie man behauptete, als eine Auflage auf die innere Consumtion nicht unter die Bestimmungen der Reichsgrundgesetze fiel. Durch ein Mandat vom 1. October 1615[2]) legte Kurfürst Johann Georg I ein Geringes als Accise auf die von auswärts nach Leipzig gebrachten wie auf die im Lande selbst gefertigten doch wieder ausgeführten Waaren. Zu diesem Zweck wurden besondere Beamte nach Leipzig verordnet, welche von allen Frachtführern

---

[1]) Acta, das in Steyermark beschehene Verbot des für verkaufte sächsische Waaren daselbst gelöseten Geldes. 1728. Loc. 7403. — Acta, des Generalmajors von Wackerbarth u. s. w. Vol. V, 241 folg. 267. — Acta, die böhmischen Differentien mit Sachsen in Commercien-, Mauth- und Zollsachen betr. 1734—41. Loc. 3410. — [2]) Acta, Commercialwesen betr. Vol. I. Abgedruckt im Codex August. II, 1247 folg.

nach Prüfung ihrer Frachtbriefe die festgestellte Accise gegen Quittung erheben sollten; wer keine Frachtbriefe hatte, mußte dieselbe in der Waage entrichten und ohne Quittung sollte niemand zum Thor hinaus gelassen werden. Auch die bis dahin zollfrei ausgeführte Schafwolle wurde diesen Abgaben unterworfen. Die Tuchmacher sollten bei der Schau von jedem Stück Tuch außer dem bisher entrichteten Groschen noch einen Aufgroschen zahlen, ohne diese Gebühr keine Leinwand und Parchent gestempelt, kein ungestempeltes verkauft werden. Der fremde Kaufmann sollte von jedem Ctr. Seide und seidener Waaren 2 fl., von 1 Ctr. goldner und silberner Stücke 3 — $1^{1}/_{2}$ fl., von einem Pfund goldner und silberner Borten 2 Gr., vom Stück feinen ausländischen Tuches 8 Gr. entrichten, der heimische von allen diesen und andern fremden Zeugen und Waaren nur die Hälfte. — Diese Accise, der Anfang der Generalaccise, war eine rein finanzielle Maßregel, zum Vortheil der Landeskasse und mit einigen zunächst ohne mercantilistische Absichten gebotenen Vorzügen für den heimischen Handelsmann erhoben.

Nach Ausbruch des Krieges dachte der Kurfürst auch an eine Erhöhung der Geleitsabgaben. Auf seine Anfrage deßhalb erwiderte das Kammercolleg am 4. Februar 1629[1]), es sei nicht allein in gemeinen Rechten sondern auch in der goldnen Bulle und andern Ordnungen und Abschieden des Reichs und vornehmlich im J. 1576 zu Regensburg verkündet, daß kein Reichsstand ohne des Kaisers und der Kurfürsten Bewilligung und der davon Betroffenen Vorwissen neue Zölle anstellen oder die alten steigern dürfe; dieses auch im Reichsabschied vom J. 1613 wiederholte Gesetz gelte auch jetzt noch, „es wolle denn dagegen consuetudo in contrarium und sonderlich das Beispiel in Böhmen angezogen werden.“ Uebrigens sei bei den im J. 1619 auferlegten neuen Imposten der Widerstand insbesondre der fremden Kaufleute so heftig gewesen, daß man sich schließlich eine Vergleichung habe gefallen lassen müssen. — Dennoch befahl der Kurfürst am 9. Februar, das Befohlene ohne Zögerung an die Hand zu nehmen und, würde sich jemand der Kur- und Fürsten im Reiche darüber beschweren, so wolle er demselben dergestalt mit Antwort begegnen, daß man damit zufrieden sein könne.

---

[1]) Acta, Was unser gn. H. ꝛc. wegen des Rests an den Landsteuern u. s. w. angeordnet. 1628—29. Loc. 10461. Bl. 64. 71. 79 folg.

Am 3. Januar 1630 erging an die Schösser und Geleitsleute ein Rescript, worin es heißt: „Wir sind aus erheblichen Ursachen bewogen, alle in unsern Landen und Aemtern uns zustehenden Zölle und Geleite, maßen von andern Potenzen geschieht, erhöhen zu lassen, daß dieselben hiefür zu Wasser und Land in Haupt- und Beigeleiten noch eins so hoch als bisher geschehen, gefordert und eingenommen werden sollen." Die Beamten sollten ungesäumt alle Zoll- und Geleitsrollen durchgehen, die Geleitsgelder durchweg um ein Billiges erhöhen, die bisher noch unbelegten Waaren mit einem solchen belegen, die neuen Geleitstafeln anschlagen und von da ab das erhöhte Geleit einnehmen, auch den Pächtern demgemäß ihr Pachtgeld verdoppeln. Zugleich wurde ein neuer Salzlicent[1]) vom hallischen Salz an der Grenze genommen, den jedoch nach Beendigung des Krieges eine Vergleichung mit der Stadt Halle wieder aufhob. Die Stadt, deren Salzhandel schwer davon betroffen war, zahlte im October 1650 13000 Thlr. als Entschädigung und versprach, sich künftig noch weiter dermaßen unterthänig zu bezeigen. Dieser Salzlicent hatte vom J. 1632 bis zum J. 1646 270,156 Thlr. ertragen.

Die Accise erhielt noch während des Krieges nach einer Begutachtung der ständischen Deputation am 18. Januar 1641[2]) einen neuen Tarif, nach welchem fortan von den hier ausgeführten „gemeinen Land- auch niederländischen" Waaren vom Thlr. des Werths 3 Pf., von ausländischen Tüchern 4 Pf., von inländischen Tüchern, Leinwand und Parchent 3 Pf., von ausländischen seidenen und halbseidenen Waaren, von Sammt und dergl. 3 Pf., von inländischen 2 Pf., von silbernen und goldenen 6 Pf., von feineren Rauchwaaren, mailändischen und französischen Hüten, gestickten Wehrgehenken, Edelsteinen, Perlen, goldnen und silbernen Kleinodien 3 Pf., von ausländischen Metallen und Metallwaaren 6 Pf., — die inländischen waren wegen des schon entrichteten Zehnten accisefrei — von Leder, Wolle, Flachs, Hanf, Papier, gemeinen Rauchwaaren 3 Pf. und in ähnlicher Weise von andern Waaren entrichtet werden sollte. Befreit von der Accise blieben Bücher, inländische Weine und Biere, Fleisch und einiges andere. Von den aus Augsburg, Nürnberg, Frankfurt, Köln, Hamburg, Lübeck, Danzig u. a. Handelsstädten in

[1]) Acta, Salz- und Grenzzollsachen, it. hallische Salzsachen. 1639. 1650 folg. Loc. 10733. — Mandat vom 24. Nov. 1631, abgedruckt im Cod. August. II, 1203. — [2]) Cod. August. II, 1255 folg.

Ballen, Kisten und Fässern nach Leipzig gebrachten und hier niedergelegten Waaren sollten von 100 Thlr. des Werths 16 Gr., von den durchgehenden 12 Gr. (½ Thlr.), von den Waaren des Adels und der Ritterschaft in den nächstgelegenen Städten die Accise entrichtet werden.

Während diese Accise bis dahin noch eine rein finanzielle Maßregel blieb, hatte man auch hier mit Ein- und Ausfuhrverboten längst den Weg des Sperrsystems betreten. Schon Kurfürst August hatte zum Vortheil seiner Regalien verschiedene solche Verbote erlassen[1]), die von seinen Nachfolgern wiederholt und geschärft wurden. Das Verbot der Ausfuhr von guten Münzen, Bruchgold und Silber erneuerte Johann Georg I am 30. August 1621, von Eisen am 31. October desselben Jahrs, das Verbot des Aufkaufs und der Ausfuhr von Fellen, das schon in den Landtagsabschied vom J. 1583 aufgenommen war, am 20. November 1627, der Ausfuhr von Pottasche zum Vortheil der privilegirten Blaufarbenfabriken am 5. Mai 1649[2]). Derselben Absicht diente das später von 10 zu 10 Jahren wiederholte Mandat vom 26. Februar 1661, das zum Vortheil der Saigerhütten und Kupferhämmer zu Freiberg, Dresden und Grünthal die Ausfuhr von altem Kupfer und die Einfuhr eiserner Gefäße untersagte, deßgleichen ein Mandat vom 16. Juni 1670, welches die Häute nur an inländische Gerber zu verkaufen gebot[2]).

Diese Verbote gaben wieder auf österreichischer Seite einen merklichen Anstoß zu der dort vorgenommenen, oben schon dargestellten Schärfung mancher Zollmaßregel. Auch hier berief man sich in solchen Fällen, wie z. B. Kaiser Ferdinand III in einem Brief an den Kurfürsten Johann Georg I vom 24. November 1654[3]), doch ebenso vergeblich auf alte Erbeinigungs- und Zollverträge insbesondre zwischen Schlesien und der Lausitz. Am 14. Mai und 21. September 1655 schärfte der Kurfürst das Mandat vom 17. April 1630[4]), das einen Zoll von 8 Gr. auf den Ctr. fremden Schwefels und Vitriols legte, weil der inländische unverkauft liegen blieb; vom gänzlichen Verbot sah man noch ausdrücklich aus dem Grunde ab, weil die Einfuhr des fremden Vitriols auch auf andere Handelszweige anregend

---

[1]) Vergl. meine Geschichte des Kurfürsten August v. S. in volkswirthschaftlicher Beziehung. S. 299 folg. — [2]) Acta, das Commercialwesen betr. Vol. I u. II. — [3]) Ebenda, Vol. I. — [4]) Acta, Zoll auf fremden Vitriol betr. u. s. w. 1659 folg.

wirke. Auf eine Beschwerde der Herzöge von Braunschweig-Lüneburg gegen solchen Zoll als eine angemaßte, im Reich nicht zulässige Neuerung zog Johann Georg II denselben auf's Neue in Berathung, worauf seine Räthe Wolf von Werthern und Johann Alemann am 23. September 1663 folgendes Gutachten abgaben: „Wir stellen dahin, was im Reich wegen Erhöhung der Zölle und daß solche als hochschädliche Neuerungen nicht zulässig, auch der kaiserlichen Majestät selbst ohne Einwilligung der Kurfürsten verboten sei; ob aber urgente bono publico seu huius vel illius provinciae salute einem Landesfürsten respectu derer in selbigem Kurfürstenthum und Landen erwachsenden Früchte und Bergwerksnutzungen und zur Verhütung überflüssiger Einfuhr an dergleichen fremder Waare und den Inländischen daraus entstehenden Nachtheils ganz keine neue Pension anzulegen verboten und hierauf gar kein Absehen zu richten sei, sehen wir nicht unbillig an, halten auch dafür, daß in dergleichen Fällen ein Kurfürst, Fürst und andrer Stand des Reichs vor allen Dingen auf seine Unterthanen und deren Erhaltung zu sehen, und wie er der Reichssatz- und Verordnungen unverletzt pro salute publica eine gewisse Waare in seine Lande zu bringen oder einzuführen gänzlich verbieten, also auch den sich ereignenden Umständen nach id quod minus est gar wohl verordnen könne, daß nämlich zum Nachtheil der inländischen Waaren keine fremden anderer Gestalt nicht als auf gewisse Maß und gegen Entrichtung gewisser Pension einzuführen gestattet sein soll.“ Dadurch beruhigt, behielt der Kurfürst den Zoll bei, doch nicht ohne im Lande selbst auf entschiedenen Widerspruch zu stoßen, von den Tuchmachern und Färbern sowohl, welche behaupteten, daß ein Ctr. ausländischen Vitriols mehr ausgebe als 3 Ctr. des inländischen und dieser stets nur fahl aber nicht schwarz färbe, wie von Seiten des Leipziger Raths und der Kaufmannschaft, da mit dem Vitriolhandel sich auch andre Handelszweige von Leipzig abwenden würden.

Am 10. Juni 1657[1]) erneuerte Johann Georg II den Salzlicent, von jedem in die Niederlausitz eingeführten Stück Salz von Halle und Staßfurt oder von zwei Stücken von Salza 7 Gr. 8 Pf., und am 5. Sept. desselben Jahres[2]) die Ordnung für die von den

---

[1]) Acta, Commercialwesen betr. Vol. I. — Cod. August. II, 1214. — [2]) Cod. August. II, 1279.

Landständen stets nur auf benannte Zeit neu bewilligte Accise. Für alle im Kurfürstenthum verfertigten und verkauften Waaren sollte von jedem Thaler 3 Pf., von den während der Messe verkauften Waaren von 100 Thlr. 16 Gr. und 9 Gr. Nachsteuer oder Nachschuß, von den unausgepackt wieder ausgeführten von 100 Thlr. 8 Gr., von den aus heimischen Materialien gefertigten, weil diese schon einmal Accise bezahlt hatten, vom Thaler 2 Pf. entrichtet werden. Alle im Lande gewonnenen Metalle und Metallwaaren, Getreide und Victualien zahlten die Accise, wo sie verkauft wurden, und waren frei davon, wenn sie im Lande blieben. Der Tarif dieser Acciseordnung wurde auf dringendes Bitten der Landstände am 19. März 1670 verändert[1]), der eine Theil desselben, die sogenannte Land- und Handwerksaccise, welche dem Verkehr zu großer Beschwerung und Hemmung gereichte, dahin, daß alle im Kurfürstenthum erzeugte Wolle, Flachs, Wein, Getreide, Vieh, sowie alle im Lande gefertigten Handwerkswaaren und gewonnenen Mineralien und Baumaterialien mit Ausnahme von Alaun, Farbe, roher und verzinnter Bleche von der Accise befreit wurden.

Während in dieser Weise die Accise nach und nach, doch zunächst nur in der Absicht, den eignen Unterthanen eine Erleichterung der Abgabe zu verschaffen, mercantilistischen Zwecken dienstbar gemacht wurde, sprach der Kurfürst solche Zweckbestimmung auf's Entschiedenste in einem am 21. April 1677[2]) an den Geleitsmann zu Leipzig erlassenen Befehl aus, welcher zum Schutz des schwer bedrohten kurfürstlichen Messingwerks zu Niederauerbach und der Saigerhütte zu Grünthal alles nach Leipzig gebrachte fremde Messing mit 3 Gr. auf jeden Thaler belegte. Die Folgen dieser Anordnungen standen freilich mit der Absicht in gradem Gegensatz. Ein Gutachten des Kammercollegs vom 16. April 1685[3]) bezeichnete diese Zollerhöhungen als den hauptsächlichsten Grund der von Einheimischen und Fremden stets wiederholten Klagen und als Ursache, daß viele Kaufleute ihren Handel, insbesondere auf der Elbe aufzugeben genöthigt seien und andere zu Dresden und Pirna dasselbe zu thun im Begriff ständen.

---

[1]) Acta, Commercialwesen betr. Vol. II. — Acta, Verschiedene Zoll-, Gleits-, Accis- u. a. Abgabenbeschwerden betr. 1699—1725. Vol. I, 172. Loc. 10733. — Cod. August. II, 1290. — [2]) Cod. August. II, 1295. — [3]) Acta, Was unser gn. H. wegen des Rests an den Landsteuern angeordnet. 1629 folg. Loc. 10461.

Auch die Landstände wiederholten von Jahr zu Jahr ihre Klagen über den Ruin von Handel und Gewerbe. Am 13. Febr. 1695[1]) schlugen sie eine durchgehende Minderung der Zölle und Accise vor, weil die Commercien die Freiheit suchen und jede Beschwerung und Neuerung den Negociirenden empfindlich sei, auch die Fremden sich von den Orten wegwenden, wo sie deren tägliche Vermehrung erfahren müßten. Das Kammercolleg trat diesem Vorschlag bei, mit der Bemerkung, lieber noch die gänzliche Aufhebung der Accise beschlossen zu sehen, und hob dabei hervor, wie sehr der Leipziger Meßhandel unter dem Verbot des französischen Handels leide und man mit Schmerz überall empfinde, daß, während derselbe den Kaufleuten verboten sei, der Kurfürst selbst besondere Agenten mit Pässen nach Frankreich sende, um für seinen und andere Höfe dort einzukaufen und das Eingekaufte zollfrei nach Sachsen zu führen.

Unter dem letzteren Verbot litten ganz besonders noch die lausitzischen Sechsstädte. Aller Handel und Wandel, klagten sie im J. 1685[2]), drohe in der Lausitz zu Grunde zu gehen, die deutschen Tücher würden in Straßburg und andern Orten nicht mehr zugelassen, der Leinwandhandel über Prag und Böhmen sei längst nicht mehr gestattet, über Leipzig nach Hamburg längst in's Stocken gerathen. Die Ausfuhr der sächsischen und lausitzischen Leinwand nach Hamburg und von hier über See lag damals unter dem Druck der englischen Sperrzölle gänzlich darnieder, aber auch hier erwies sich eine 1691 in dieser Angelegenheit besonders nach London abgeordnete Gesandtschaft von kursächsischer Seite als durchaus fruchtlos. Die Folge des abermals erhöhten englischen Zolles war, daß nach zwei Jahren in der Lausitz kaum noch der zehnte Theil der früher ausgeführten Leinwand über die Grenze ging und Tausende in die bitterste Armuth und Hungersnoth geriethen, wozu freilich auch noch die Kriegsverhältnisse ihren Theil beitrugen. Im Jahr 1697/8 mußte der kursächsische Gesandte von Gersdorf in London vorstellen, daß die kursächsischen Unterthanen aus England seit langer Zeit mehr an seidenen, indischen und andern Manufacturen bezögen als England an Waaren aus Kursachsen, ohne daß hier jemals der Zoll auf solche Waaren erhöht sei; Frankreich aber, sowie Indien und andere Länder zögen

[1]) Acta, Manufacturen- und Commercien-Aufrichtung in Sachsen 1671—1699. Loc. 7398. Bl. 299. 310. 315. — [2]) Acta, Leinwandhandel betr., welcher Gestalt derselbe in England mit hohen Zöllen beschwert worden. 1691—1705.

nur das bare Geld aus England und es sei doch jus gentium et naturae, die Nationen, mit welchen man in Manufacturen und Waaren Umtausch halten könne, vor denen, welche nur Geld aus dem Lande führen, zu favorisiren. Das Parlament schlug aber das Gesuch ab, weil die Zölle auf eine bestimmte Anzahl von Jahren festgesetzt und bereits Gelder darauf aufgenommen seien. Auch später hatten dieselben Vorstellungen nicht besseren Erfolg.

Wie wenig aber auch die kursächsische Regierung selbst geneigt war, von den ererbten, der freien Bewegung des Handels schädlichen Vorrechten nachzulassen, beweist das Verhalten derselben in der Elbschiffahrtsfrage. Als um das Jahr 1695[1]) der Kurfürst von Brandenburg den Plan gefaßt hatte, die Saale bis in die Elbe durch 7 Schleusen schiffbar zu machen und von der kursächsischen Regierung die Freilassung der Elbschiffahrt verlangte, schlug diese das Begehren ab auf Grundlage eines neuen, doch nur die althergebrachten Ansichten aussprechenden Gutachtens des Raths von Leipzig. Unter Berufung auf des Kurfürsten August Entscheidung[2]) in derselben Angelegenheit bezeichnete der Rath solches Unternehmen als verderblich für Leipzig wie ganz Sachsen, und verlangte zugleich die Ergreifung von Maßregeln zur Förderung der heimischen Industrie gegen die kurbrandenburgschen Manufacturen und ein ernstliches Halten auf den Stapel von Leipzig. „Diese freie Schiffahrt," heißt es unter andern in den hierauf bezüglichen Bemerkungen der Leipziger Kaufmannschaft vom 30. Juli 1706[3]), „kommt nur den Kaufleuten, die sich in Dresden aufhalten, zu gut, indem sie den sächsischen Leinwandhandel allein an sich ziehen, die Leinwand auf der Elbe nach Hamburg schicken und dadurch der Leipziger Stapelgerechtigkeit, welche in ihrem vigore durchaus aufrecht erhalten werden muß, großen Abbruch thun werden."

Auch der Kaiser hatte um dieselbe Zeit mit Kursachsen wegen Freigebung der Elbschiffahrt Unterhandlungen[4]) angeknüpft, um für die böhmischen Schiffe, die nur bis Schandau und Pirna fahren durften, die freie Fahrt nach Hamburg zu gewinnen. Da aber zu

[1]) Acta, Beilagen zu dem erstatteten Berichte wegen der Commercien. Loc. 7401. — [2]) Vergl. meine Geschichte des Kurfürsten August u. s. w. S. 261 folg. — [3]) Acta, das Commercienwesen betr. Vol. II. — [4]) Acta, die Handlung oder Commercienwesen aus Engel= und Holland durch Sachsen und Böhmen nacher Wien. Loc. 7399.

diesem Zweck das Leipziger Stapelrecht hätte aufgehoben oder wenigstens in den Hauptpunkten ermäßigt werden müssen, so schlug auch bei diesen Verhandlungen das stets wiederholte Gutachten der Leipziger durch. Der Kaiser wurde mit dem Gesuche abgewiesen, um daraus in seinen Landen die Gelegenheit zu neuer Schärfung der Sperrmaßregeln gegen Sachsen zu entnehmen.

Auch im Kurfürstenthum Sachsen war dies handelspolitische System, das sich so bequem mit althergebrachten Vorrechten verband, schon tief in die Anschauungsweise des Handelsstandes eingedrungen. Schon im J. 1674 machte Dr. Johann Daniel Kraft von Werthheim, der auch für die Errichtung einer ostindischen Compagnie im Verein mit Dr. Becher lebhaft thätig war[1]), der kursächsischen Regierung den Vorschlag, eine Seidenmanufactur im Lande (in Ostra) aufzurichten und durch Sperrmaßregeln zu schützen, um die Auflage, welche Kursachsen für solche Waaren den Franzosen zahlen müsse, im Lande zu behalten. Ein Anderer, der Kaufmann Gottfried König aus Leipzig, äußerte in einem Memorial vom 28. Juni 1696[2]): „Wie nun Frankreich, auch andere in verwichenen Zeiten es mit den sächsischen Landwaaren durch Auflegung schwerer Imposten gemacht, ebenso, wenn Manufacturen und Fabriken im Lande angerichtet, mache man es mit ihren Waaren inskünftige wieder so, so hat man den Vortheil und Nutzen auch eben wie sie.“ In einem zweiten Memorial vom 7. Mai 1697 verlangte derselbe, weil in und außer Landes allbereit viele und gute Arbeiter, fleißige Meister und Künstler vorhanden seien, die Aufrichtung von allerhand Manufacturen und Fabriken im Lande und die Belegung derselben fremden Waaren nach französischer Weise mit höheren Imposten, welches besser als gänzliche Verbote das allzu starke Anschaffen solcher Waaren verhindere, ohne die Einfuhr ganz unmöglich zu machen. „Und thut's der Impost, wenn man das Absehen bloß auf solchen haben will, allein nicht, daß der einem Lande so großen Nutzen schaffen sollte, wohl aber dies, wenn viel Menschen in einem Lande sich befinden, die fleißig arbeiten, dadurch viel Gelder aus andern Landen, gleich wie jetzt Brandenburg thut, zu wege bringen.“ — In Uebereinstimmung

---

[1]) Bucher, das Muster eines nützlichen Gelehrten u. s. w. S. 14 folg. — Acta, Manufacturen- und Commercien-Aufrichtung und Beförderung in Sachsen. 1671—1699. Loc. 7398. — [2]) Acta, die Etablirung des Commercienwesens betr. 1666—1714. Loc. 7399. Bl. 1 folg. 62 folg.

mit der Gesetzgebung forderte ein anderes gleichzeitiges Project[1]), daß zur Förderung der Fabriken und des Handels eine nach Verhältniß berechnete Accise auf die Einfuhr und Ausfuhr gelegt werde.

Anders freilich urtheilte der Geh. Rath in einem Bedenken vom 23. Juli 1701[2]), als die Erneuerung des Privilegs für die Gold- und Silbermanufactur zur Sprache kam. „Auf den Vorschlag," heißt es hier, „daß die ausländischen Gold- und Silberwaaren, so in's Land kommen und darin consumirt werden, mit einem Aufschlag von 3 Gr. auf den Thaler belegt werden, die inländischen Waaren aber mit dem Impost gänzlich zu verschonen seien, meinen die Geheimen Räthe, es sei ihnen nicht zu mißgönnen, sehen aber ihres Orts die Sache für sehr bedenklich an, weil viele ausländische Kaufleute dadurch nach Leipzig zu handeln abgehalten und also dem Commercium ein großer Schade verursacht werden würde, inmaßen denn bekannt, wie der vormals beliebte Aufschlag auf den Taback, so anfänglich auch in 3 Gr. nachgehends aber nur in 1 Gr. 6 Pf. auf den Thaler bestanden[3]), großen Schaden gebracht und mit dem Handel des virginischen Tabacks auch der Handel mit spanischen Weinen von Leipzig ab nach Halle gezogen."

Auch Dr. Becher scheint auf die Bildung dieser Ansichten in Kursachsen nicht unbedeutenden Einfluß gehabt zu haben, wenigstens befindet sich bei den Acten die mit seinem Namen bezeichnete Abschrift eines Projectes „eine Accise auf die Manufacturen zu schlagen" d. d. Wien, 12. Nov. 1673[4]), das dieselben Grundsätze umfänglich aus einander setzte. Auch ein andres Schriftstück gehört, nach Form und Inhalt zu urtheilen, unzweifelhaft demselben Schriftsteller. Es ist dies ein Memorial, das wider die Verderblichkeit der Einfuhr französischer Waaren in der bekannten lebhaften und drastischen Weise dieses Staatsgelehrten eifert und zum Schutz gegen dieselbe mahnt. „Wir hegen selbst," sagt er gegen den Schluß der Schrift, „die Kriege, über die wir uns beklagen, und wir erheben selbst eine Gewalt, die wir fürchten und die uns unterdrücken wird. Dieses wäre alles wohl zu leiden, so der Handel von beiden Seiten wäre und Frankreich ebenso die fremden Waaren liebte als wir die seinigen, und ge-

---

[1]) Acta, Projecte des Landes Besten und der Commercien betr. 1705 folg. Loc. 7398. — [2]) Acta, die Etablirung des Commercienwesens u. s. w. Bl. 136. — [3]) Vergl. Mandat vom 11. März 1699, Cod. August. II, 1319. — [4]) Acta, Projecte u. s. w. S. 18.

stattete, daß es ein Wechsel wäre, welches in etwas unsern Schaden ersetzen könne. Aber indem Frankreich alles suchet an sich zu ziehen, so bemühet es sich, alle ausländischen Dinge möglich herab zu halten; alle das Geld der Andern wird verschlungen in diesen Abgrund, ohne Hoffnung wieder hervorzukommen. Sie schließen aus von ihrem Gebrauch und verlachen alles, was nicht auch ihre Mode ist. Wenn sie Manufacturen in fremden Landen sehen, die ihnen gefallen, so machen sie solche stracks nach und obschon ihre Muster dazu dem ersten Original nicht gleichen, so gelten sie doch mehr bloß der Mode halben, welche alles vermag. Es ist zu bejammern, daß in Landen, da das Band und andre Galanterie höchst schön und vollkommen gefertigt werden, doch mehr von den französischen verkauft werden als von den einheimischen, die doch unvergleichlich schöner und dauerhafter sind. Man hat lange Zeit ein Mittel diesem Unheil gesucht, aber es ist nicht leicht zu finden, wenn nicht alle die, so Schaden leiden, sich vereinigen und einer dem Andern hülfreiche Hand beut." Die französischen Weine und Waaren, heißt es dann weiter, trügen über die deutschen den Sieg davon, weil niemand und am allerwenigsten die Fürsten am Rhein von der Menge und Steigerung der Zölle lassen wollen und sich selbst dadurch die Straßen versperren. Der Nutzen der Accise bestehe nicht in der Höhe derselben, sondern in der Menge der Abfuhr, und um diese zu fördern, müsse man allen Zugang und Durchgang leicht machen; deßhalb sollten die rheinischen Fürsten vorangehen in Abschaffung und Verringerung der Zölle, alsdann müsse und könne gegen Frankreich zum Vortheil deutscher Weine und Manufacturen die nöthigen Maßregeln und insbesondere auch eine Handelsverbindung mit Holland und England geschlossen werden, denn nur durch solche Vereinigung sei Frankreich auf diesem Gebiete zu besiegen

Auch in Brandenburg finden wir in der Gesetzgebung und in den Erlassen der kurfürstlichen Regierung dasselbe handelspolitische System sich in durchaus ähnlicher Weise entwickeln. Auch hier finden wir zu Anfang des 17. Jahrhunderts neben den Verboten der Ein- und Ausfuhr verschiedener Handelsgegenstände noch Forderungen eines freien Verkehrs mit den Nachbaren, welcher letztere gegen das Ende des Jahrhunderts immer mehr zum Vortheil der Regalien und der von der Regierung selbst geleiteten Unternehmungen durch Sperrmaßregeln eingeengt wird, bis im Laufe des 18. Jahrhunderts, wie der nächste Abschnitt darstellen wird, das Sperrsystem hier in schärfster und rücksichtslosester Weise ausgebildet erscheint. Auf Grund des vom Kaiser Friedrich IV den Markgrafen und Kurfürsten von Brandenburg ertheilten Zollprivilegs vom J. 1456, das ihnen innerhalb ihrer Länder dieselbe Freiheit in Handhabung des Zollwesens zuschrieb, welche die Erzherzöge und Kaiser in ihren Erblanden in Anspruch nahmen, hatten diese Kurfürsten schon längst begonnen, nach Bedürfniß und Gutdünken die Zölle und Zollordnungen einzurichten. Das Privileg blieb, obwohl es eine Bestätigung durch das kurfürstliche Collegium niemals erlangt hatte, unbestritten, so lange die Wirkungen dieser Zollwillkühr nicht weit über die Grenzen des Kurfürstenthums hinausreichten, sobald aber dasselbe zur Rechtfertigung der Sperrzölle gegen die Nachbaren diente, wurde es in Frage gezogen und insbesondere von Kursachsen als nicht zu Recht bestehend angegriffen. Kurbrandenburg ließ sich deshalb eine neue Bestätigung des Privilegs vom Kaiser Leopold I am 17. März 1697 versprechen[1]). Da die übrigen Kurfürsten dagegen den entschiedensten Widerspruch erhoben, erkannte der Reichshofrath am 23. Sept. 1699 diese Bestätigung für unthunlich und mithin das kaiserliche Versprechen für aufgehoben. Um so eifriger suchte der neue König von Preußen mit allen möglichen Beweisgründen sein Privileg aufrecht zu erhalten und verfuhr in Wirklichkeit, als ob der noch lange andauernde Prozeß gar nicht vorhanden und das Privileg in seiner Gültigkeit niemals bestritten sei. Der Kurfürst Friedrich Wilhelm wie seine nächsten Nachfolger erließen und änderten unter andern die Zollrollen für die Elbe, für Havel und Spree, für die Neumark und die anderen Provinzen durchaus selbständig und ohne weitere Rücksicht auf Reichsgrundgesetze[2]).

Auch hier wurden Ausfuhrverbote, die ersten Anfänge des Sperrsystems, schon im 16. Jahrhundert erlassen. In den J. 1572, 1578 und 1581 wurde der Vorkauf und die Ausfuhr der Wolle verboten, welchen Verboten im J. 1593 ein umfassendes, im 17. Jahrhundert oft wiederholtes und verbessertes Wolledict folgte[3]). Nach demselben sollte der Wollhandel nur in Städten und auf den

---

[1]) Acta, das brandenburgsche Zollprivileg d. a. 1156 betr. Loc. 7246. — [2]) Z. B. die Zollrollen vom J. 1632; 1660, 1694; Mylius, Chr. Otto, Corpus Constitutionum Marchicarum, IV, 1, 18. 115. — [3]) Ebenda, V, 4, 206 folg. 211. S. 233.

Märkten ohne allen Vorkauf stattfinden, die Fremden gar keine, die inländischen Tuchmacher nur soviel Wolle kaufen, als sie selbst verarbeiten könnten, auch die Geistlichen und Adligen nur mit der selbst erzeugten Wolle handeln und überhaupt niemand an Fremde Wolle überlassen. Mit diesem Ausfuhrverbot für Wolle wurde ein Verbot des Gebrauchs fremder Tücher im Lande verbunden, welches zuerst im J. 1581[1]) erlassen, im Laufe des folgenden Jahrhunderts öfter wiederholt und erweitert wurde. Das Edict vom 30. März 1687 enthielt die Bestimmung: „Wir verordnen, daß niemand unserer Unterthanen und Bedienten von Anfang Juli an fremde Tücher, davon er nicht beweisen kann, daß die Elle mehr als 1 Thlr. 12 Gr. kostet, in's Land oder in die Städte bringe, bei Confiscation und im Wiederholungsfall bei willkührlicher Bestrafung, doch ist der freie Handel zwischen Fremden und Fremden en gros erlaubt." — Zugleich wurde auch die Einfuhr aller auswärts gemachten Boien, Sergen, Rasche für die inländische Consumtion verboten, durch einen weiteren Befehl[2]) aber von denselben inländischen Zeugen auf der Magdeburger Messe der Zoll um die Hälfte vermindert und die Accise ganz aufgehoben. Diese Verbote, welchen am 21. Juli 1693 noch ein Verbot der fremden blauen Tücher hinzugefügt wurde, bildete im folgenden Jahrhundert den Hauptgegenstand der Commercialstreitigkeiten zwischen Preußen und Sachsen.

Wie die Wolle wurden während des ganzen 17. Jahrhunderts auch noch andere Stoffe zum Vortheil der heimischen Industrie auszuführen wiederholt verboten z. B. im J. 1650 Flachs und Hanf, im J. 1652 Häute und Felle[3]). Auch begann hier mit dem Anfang des 17. Jahrhunderts die Förderung der von der Regierung oder wenigstens mit ihrer Hülfe errichteten gewerblichen Unternehmungen durch Ein- und Ausfuhrverbote. Am 1. Juli 1602[4]) wurde zum Vortheil der Glashütte zu Grimnitz die Einfuhr des fremden Glases verboten, derselbe Befehl am 20. Januar 1611 zum Vortheil der neu angelegten Glashütte zu Marienwalde und am 21. Dez. 1858, 11. Mai 1667, wie im J. 1673 und auch noch später zum Vortheil der Glashütte zu Marienwalde, Regentin, Joachimsthal, Neustadt an der Dosse wiederholt. Um die in Metall arbeitenden inländischen

---

[1]) Ebenda S. 206 folg. 257. — [2]) Ebenda V, 4, 253. 255. 265. — [3]) Ebenda, V, 2, 71 folg. — [4]) V, 3, 169. 171. 177. IV, 2, 65. 73.

Gewerbe zu fördern, geschah am 18. Sept. 1654 ein Verbot gegen den Verkauf und die Einfuhr fremder Kupfer- und Messingwaaren, dem am 29. April 1664 der Befehl hinzugefügt wurde, daß nur das Kupfer vom Neustädter Kupferhammer verarbeitet werden sollte. Dazu kamen im J. 1666 Edicte wider die Einfuhr von fremdem Eisen, im J. 1674 von fremdem Stahl „damit unsre Stahlwerke nicht allein zu gutem Stand gebracht sondern auch darin erhalten werden können," im J. 1679 gegen die Einfuhr des fremden Pfundleders, Drath, Sensen, Strohmesser, Futterklingen und Blech. Zu gleicher Zeit wurden andere Gewerbszweige durch Zollerhöhungen geschützt, welche Art des Schutzes gegen das Ende des 17. Jahrhunderts hier schon mehr hervortritt. Ein Edict vom 8. Aug. 1688[2]) legte einen erhöhten Impost auf fremdes Eisen und Blech, vom 22. Februar 1689 einen Impost von 10 pCt. auf alle fremden Waaren von Seide, Wolle und Baumwolle. Ein Edict vom 17. März 1698[3]) verbot alle ausländischen Crepons zu Gunsten des Fabrikanten und k. Commissärs Joseph Orelly, dem aber dafür die Verkaufspreise für seine Fabrikate vorgeschrieben wurden. Weniger als im Kurfürstenthum Sachsen diente hier während des 17. Jahrhunderts die Accise als Schutzmittel für die heimische Industrie, doch wurde am 28. Februar 1682[4]) auf das Pfund fremden Zuckers eine Accise von 1 Gr. mehr gelegt als auf den inländischen. Im Ganzen aber sehen wir das Sperrzollsystem, das im Lauf des folgenden Jahrhunderts im Königreich Preußen bis zum Aeußersten ausgebildet wurde, bis zu Ende dieses Jahrhunderts auch im Kurfürstenthum Brandenburg vollständig vorbereitet.

Zweiter Abschnitt.

Das achtzehnte Jahrhundert,

die Zeit des ausgebildeten Sperrzollsystems.

1. Die Zollsysteme in Preußen und Sachsen und ihr Kampf gegen einander.

Am Schluß des 17. Jahrhunderts sehen wir in den bedeutensten Staaten des Reiches, in Oesterreich, Sachsen und Brandenburg, das thatsächlich von der Oberhoheit des Kaisers gelöste Zollwesen in eine

[1]) IV, 2, 62 folg. 67. 75. — V, 3, 175. — [2]) IV, 2, 87. — V, 3, 187. — [3]) Ebenda V, 3, 189. — [4]) IV, 3, 131. 189.

neue Entwicklung eingetreten, indem Zoll wie Accise nun zum Schutz der heimischen Industrie als das hauptsächlichste Mittel eines handelspolitischen Systems gebraucht und gehandhabt wurden. Dieses System hing auf's Engste mit der Entwicklung der Landesherrlichkeit im Reiche zusammen und erzeugte im Gegensatz zu dem alten Reichsgrundgesetz, daß neue Zölle nur mit kaiserlicher und kurfürstlicher Bewilligung errichtet werden durften, den neuen Rechtssatz, daß jedem Reichsstande zur Förderung der eigenen Unterthanen eine Erhöhung der Zölle oder Accisen ebenso wie das Verbot der Ein- und Ausfuhr erlaubt und als eine Milderung von diesem noch besonders empfehlenswerth sei. Dieses zunächst unvermittelte Nebeneinanderbestehen der älteren Verbote und des jüngeren, dem Grundsatz des freien Verkehrs nicht ganz entfremdeten Schutzzolls kennzeichnet insbesondere das damalige Zollwesen und der Kampf zwischen diesen beiden Elementen des neueren Zollsystems, der insbesondere durch die beiden im Reiche vorragenden Staaten, das Königreich Preußen als Vertreter des vollständig ausgebildeten Sperrsystems, das Kurfürstenthum Sachsen als Träger eines vielfach dem Freihandel zuneigenden Schutzsystems, füllt während des 18. Jahrhunderts auf diesem Gebiete der Reichsgeschichte den Vordergrund und deshalb auch vor allen die folgende Darstellung.

Der Kurfürst Friedrich August I von Sachsen oder, wie er gewöhnlich genannt wird, König August II von Polen ist in der politischen Geschichte eben so sehr bekannt durch weitgreifende, im Verfolgen kostspielige, im Erfolg aber unglückliche Pläne und Kriege wie durch die Pracht und Großartigkeit, mit welcher er um seine schwer errungene und doch zuletzt nur im Titel behauptete Majestät den Rahmen zu spannen wußte. Beides kostetete unendlich viel Geld. Um solches immer von Neuem aufzubringen, mußten alle Einnahmequellen des gewerbfleißigen sparsamen Sachsenlandes in höchster, nie nachlassender Spannung erhalten werden, ein Umstand, welcher die Regierung und das Kammercolleg zum Schutze aller regalistischen und fiscalischen Unternehmungen wie der durch Kriegesnoth und Steuern schwer bedrückten Landgewerbe den Sperrmaßregeln geneigter machte, als wohl Ueberzeugung und Neigung geboten. Deßhalb herrschte während der Regierung dieses Königs ein noch unentschiedenes Schwanken, auf der einen Seite ein Drängen nach Sperrgesetzen und Zöllen, auf der andern ein Verlangen nach gemildertem

Schutz der heimischen Gewerbe und möglicher Freiheit für den Groß- und Durchfuhrhandel.

Ein Memorial vom J. 1708[1]) „Unvorgreifliche Gedanken wegen der Commercien" stellt als Hauptzielpunkte der künftigen Handelspolitik auf: die Beibehaltung eines freien ungehinderten Laufs der Commercien je nach ihrer Art und Natur, die Aufhebung aller Hemmnisse derselben innerhalb und außerhalb des Landes, die Wegräumung alles dessen, was die Fremden abhalten könnte, ihre Erzeugnisse in das Land zu bringen und ihre Bedürfnisse hier abzuholen, denn der Handel mit den eignen Landesbedürfnissen sei stets ungenügend; die Zollsteigerungen und der Eisenlicent seien nur nachtheilig, da in Folge derselben die Waarenniederlagen an den Grenzen entstanden seien, aus denen der inländische Gewerbsmann jetzt heimlich seinen Bedarf nähme und welche mit dem Eisenhandel nach und nach auch andere Handelszweige an sich zögen.

Ein anderes Memorial „Unmaßgebliche Gedanken, wie in hiesigen Landen Manufacturen und Commercien mit gutem Succeß aufgerichtet und fortgeführt werden können," stellt die Grundsätze des Sperrsystems schon in schärferen Zügen auf und zeigt unverkennbar den Einfluß der Schriften von Hornecks. Vor allen Dingen, heißt es hier, muß die Art des Landes auf das Genaueste erforscht, alle hier gewonnenen Materialien auch hier verarbeitet, das Land mehr und mehr bevölkert, die Wüstungen angebauet, Lehrmeister zu allerhand Künsten und Handwerken aus der Fremde beschafft und im Lande selbst zu diesen letzteren alle möglichen Einrichtungen getroffen werden. Das aus den Bergwerken und durch Handel und Wandel gewonnene Geld muß dem Lande erhalten bleiben, das Land an den selbst verfertigten und erzielten Waaren ein Genüge haben und das aus der Fremde nicht zu Entbehrende nur gegen inländische Waaren aus der ersten Hand als Rohmaterial beziehen, solches aber im Lande verarbeitet und die im Lande überflüssigen rohen Materialien den Ausländern nur um bares Geld verkauft werden.

Doch hatten diese und andere Denkschriften zunächst wohl weniger Einfluß auf die Entschließungen der Regierung als die Nothwendigkeit, Geld schaffen zu müssen, weßhalb denn auch die Accise

---

[1]) Acta, verschiedene wegen besserer Etablirung des Commercienwesens in hiesigen Landen gethane Vorschläge betr. 1708. Loc. 7398. S. 1 folg. 98 folg.

und die fiscalischen Bergwerksunternehmungen die nächste Berücksichtigung beanspruchten. Um die Einnahme der Accise zu sichern, wurde am 3. März 1697[1]) befohlen, ohne landesherrliche oder Kammerpässe nichts geleits-, zoll- und accisefrei passiren zu lassen, und am 14. Sept. 1714, auch von der Ritterschaft und Geistlichkeit gehörigen Haushaltungsgütern jedes Mal solche Pässe zu verlangen. Am 27. Juni 1702[2]) wurde die Accise auf die Weine des Auslands um 3 Thlr., auf die der nicht incorporirten sächsischen Länder um 1 Thlr., der stiftischen und der incorporirten Länder um 18 Gr. erhöht und am 17. Sept. 1707 auf jeden Eimer Branntweines von Quedlinburg eine Accise von 1 Thlr., von Leipzig 12 Gr., in dem Generale vom 30. April 1708 auf jeden Eimer fremden Branntweines die Accise von 1 Thlr. gelegt.

Da im J. 1712 wegen der häufigen Einfuhr der wohlfeileren goslarschen Glätte und des englischen Zinns große Vorräthe des inländischen Minerals unverkauft blieben und die Preise auf den Ctr. um 18—24 Thlr. gesunken waren, schlug das Kammercolleg einen Eingangszoll von 1 Thlr. auf den Ctr. fremder Glätte und 3—4 Thlr. auf fremdes Zinn vor „nach dem Exempel der benachbarten Potentaten[3]),“ und wiederholte im folgenden Jahre dringender den Vorschlag, da die Ausländischen mit Hülfe einiger Kaufleute in Leipzig ihre Mineralien um ein Beträchtliches herunter gesetzt hätten, um später nach Vernichtung der sächsischen Berggebäude die Preise beliebig in den Händen zu haben. Die Statthalterschaft begleitete diesen Vorschlag mit dem Bedenken, daß in den kursächsischen Landen mehr Ausfuhr- als Einfuhrartikel zu finden seien und jene bei Erhöhung des Einfuhrzolles in Sachsen auch in fremden Ländern höher belegt und dadurch im Absatz noch mehr gehindert werden möchten; insbesondere würde England in Folge eines höheren Zolls auf englisches Zinn den Zoll auf sächsische Leinwand steigern, welche noch in den letzten Jahren eine Million jährlich ins Land gezogen hätte, man solle deßhalb den Gebrauch der inländischen Mineralien ernstlich anbefehlen und die ausländischen Mineralien bei der Consumtionsaccise höher belegen, da diese Maßregel weniger in das Auge falle.

Die Preise dieser Waaren standen damals also: 1 Ctr. eng-

---

[1]) Cod. August. II, 1150. 1155. — [2]) Ebenda II, 1319. 1322. 1323. — [3]) Acta, Zoll auf fremden Vitriol u. s. w. betr. Bl. 25. 29 folg.

lischen Zinns kostete in England 20 Thlr., in Leipzig 26 Thlr., in Dresden nach Entrichtung der Accise 30—32 Thlr., 1 Ctr. englischen Vitriols in England 1 Thlr., in Hamburg 1 Thlr. 22 Gr., in Dresden 4 Thlr., 1 Ctr. brünnschen Schwefels in Böhmen $5^1/_2$ Thlr., in Dresden $6^1/_2$—$7^1/_2$ Thlr., vom inländischen Zinn aber kostete im Erzgebirge der Ctr. 22—23 Thlr., in Dresden 23—24 Thlr., der Ctr. Vitriol im Gebirg 2 Thlr., in Dresden 2 Thlr. 8 Gr., der Ctr. Schwefel im Gebirg 7 Thlr., in Dresden 7½ Thlr., wobei die Accise auf diese inländischen Mineralien vom Ctr. nur 3 Pf. betrug. Diese Preisunterschiede erschienen weder dem Kammercolleg noch dem Berggemach hoch genug, doch der König konnte sich zu einer höheren Belegung nicht entschließen, sondern verlangte noch im J. 1724 von Neuem Gutachten und Bericht darüber. In dieser Zögerung bestärkten ihn die übereinstimmenden Gutachten der Stadträthe von Dresden, Leipzig und anderen Städten, welche fremdes Zinn, Alaun und Vitriol für durchaus unentbehrlich erachteten[1]).

Entschiedener und rascher verfuhr der König zum Schutz der im Kurfürstenthum errichteten Glasfabriken. In dem Mandat vom 15. December 1710[2]) sah er zwar noch ausdrücklich von dem in andern Ländern geübten gänzlichen Verbot ab, belegte aber alle eingehenden Glaswaaren mit 2 Gr. vom Thlr. über die Landaccise. Am 30. April 1711 beschränkte er diese Maßregel auf die gläsernen Trinkgeschirre, am 5. Febr. 1712 aber erhöhte er den Eingangszoll für alle Glaswaaren auf 4 Gr., weil die Vorräthe der königlichen Glashütte unverkauft liegen blieben. — Deßgleichen wurde am 18. December 1715[3]) eine Mehrauflage von 1 Thlr., am 20. April 1716 von 2 Thlr. auf jeden Ctr. fremden Bleis und Glätte gelegt, am 19. Sept. 1721 aber auf die Gegenvorstellung der Kaufleute von Leipzig wieder um 1 Thlr. gemindert. Vom fremden Eisen wurden am 12. Sept. 1718[4]) die Auflagen auf 6 Gr. Accise und 2 Gr. Licent für jede Wage (20 Pfund) erhöht, vom Landeisen aber nur 2 Gr. Licent erhoben, auf alle ausländischen Farben am 27. Jan. 1730 ein Impost von 12 Gr. auf den Ctr. über die Landaccise gelegt und zum Vortheil der Porzellanfabrik die Ausfuhr der weißen wie der Colditzer Erde verboten[5]). Am Entschiedensten aber wurden die

[1]) Acta, den auf eingehenden fremden Alaun, Vitriol, englisch Zinn und Schweffel zu legenden Impost betr. 1711—19, Loc. 1321. — [2]) Cod. August. II, 1327. — [3]) Cod. August. II, 1330. 1335. — [4]) Ebenda, 1155. — [5]) Fortgesetzter Cod. August. Buch IV, 7.

Sperrmaßregeln als Repressalien gegen Preußen in Anwendung gebracht, worauf wir weiter unten ausführlicher zurückkommen.

Die Accise oder die Verbrauchssteuer erfuhr unter der Regierung Augusts II in Kursachsen eine wesentliche Verbesserung, indem die hier seit einem Jahrhundert bestandene Vermischung dieser mit dem Zollwesen aufgehoben und dieselbe ganz auf den Verbrauch im Innern beschränkt wurde. Nachdem durch die Generalaccis- und Consumtionsordnung vom 1. Juli 1705[1]) die Stadt Leipzig zur Erleichterung des sächsischen Durch- und Ausfuhrhandels von der Consumtionsaccise ganz befreit worden war, folgte am 31. August 1707[2]) die „allgemeine Generalconsumtions-accisordnung in Städten und Marktflecken", welches Gesetz laut der Einleitung auf das Ansuchen der meisten Städte die vormals üblichen Arten der Steuerabgabe in die Generalconsumtionsordnung verwandelte, um der bedrängten Armuth Linderung zu verschaffen und die Unterthanen zum fleißigen Betrieb ihrer Nahrung anzufrischen, wobei man sich auf das Beispiel benachbarter Länder berief. In dieser bis zum Abschuß des Zollvereins beibehaltenen Ordnung wurden der Durchgangs- und Großhandel von der Accise befreit; die Speditionsgüter entrichteten beim Eingang zwar die Accise und wurden versiegelt, doch wurde beim Ausgang jene zurückerstattet oder in den Büchern abgeschrieben, alle im Lande bleibenden wir im Lande selbst zum Wiederverkauf erhandelten Waaren zahlten die volle Accise. Diese nach französischem Muster eingerichtete Verbrauchssteuerordnung wurde im Drang der Kriegs- und Geldnoth immer höher gespannt und streng in Ausführung gebracht, und erscheint auch bis zu ihrer Umwandlung als ein geeignetes Mittel, um in weniger auffälliger und aufreizender Weise als durch Grenzzölle Schutz gegen die fremdländische Mitwerbung zu gewähren.

Mit viel größerer Entschiedenheit und Schärfe wurde im Königreich Preußen in derselben Zeit das Sperrsystem zur Ausübung gebracht, wobei das damalige Verhältniß des nach allen Richtungen kraftvoll aufstrebenden neuen Königreichs zu dem in Gewerbe und Handel überlegenen Kurfürstenthum Sachsen einen bemerkenswerthen Einfluß geltend machte. Ohne den feindlichen Gegensatz in der Politik und ohne dieses innige und unzertrennliche Wechselverhältniß zwischen beiden auf wirthschaftlichem Gebiet, welches jede Schutzmaß-

---

[1]) Cod. August. I, 1899. — [2]) Ebenda I, 1910.

regel von der einen Seite als einen Angriff auf die andere Seite erscheinen ließ, ist die zum Aeußersten getriebene Schroffheit dieses Systems insbesondere auf preußischer Seite während des 18. Jahrh. kaum zu erklären. Während die Regierung Kursachsens noch zögernd den Weg des Sperrsystems verfolgte und sich mehr durch den Nachbar ziehen ließ als freiwillig voranschritt, gingen die preußischen Könige Friedrich I und noch mehr Friedrich Wilhelm I mit Verboten und Sperrzöllen rasch von Stufe zu Stufe und bildeten die Consumtionsaccise noch zu diesem Zwecke aus, nachdem Sachsen solche Anwendung derselben zu großem Theil bereits aufgegeben hatte. Zweierlei dürfen wir bei dem Sperrsystem Preußens nicht außer Acht lassen, das Eine ist, daß den die fremde Mitwerbung abwehrenden Maßregeln stets eine thatsächliche Förderung der betreffenden Gewerbe im Innern zur Seite ging, und das Andre ist diese bei den Regierenden feindliche, bei den Regierten freundliche, bei beiden aber gleich lebhaft erregte Wechselbeziehung zwischen den beiden Nachbarländern, auf welche mehr oder weniger alle Sperrmaßregeln und ganz besonders in Preußen berechnet waren. Die stets wiederholten Wollausfuhrverbote z. B. sollten eben sowohl den eigenen Arbeitern das Material erhalten wie den nachbarlichen entziehen, und hingen schon zu Ende des 17. Jahrhunderts dort und hier wie die Glieder einer Kette zusammen. Den in den Jahren 1691 und 1695 in Kurbrandenburg erneuerten Verboten folgte stets in Kursachsen die Wiederholung ähnlicher Maßregeln und umgekehrt.

Als in Kursachsen in Folge einer Hungersnoth im J. 1696[1]) ein Verbot der Ausfuhr von Lebensmitteln in Anregung gebracht, vom kurbrandenburgschen Gesandten aber Beschwerde deßwegen erhoben wurde, machte das kursächsische Kammercolleg dagegen geltend, daß in Brandenburg mit den fremden auch die sächsischen Tücher mit 10 pCt., die Ausfuhr von Wolle aber durch sächsische Unterthanen mit noch höherem Impost belegt und oft ganz verboten sei; auch bemühe man sich von einer Seite, durch allerlei Versprechungen und Begnadigungen die Tuchmanufactur aus Sachsen wegzuziehen, und durch alle ersinnlichen Mittel das Commercium in Kursachsen ganz zu unterdrücken. Bevor wegen der steigenden Theurung am 5. Aug.

[1]) Acta, Commercien-, Zoll-, Gleits- und Accissachen mit Churbrandenburg betr. Loc. 2964. Vol. I.

1699 das kursächsische Mandat wider den Aufkauf und die Ausfuhr von Lebensmitteln erschien, war am 30. Juni 1699 der Kurfürst von Brandenburg, unter ausdrücklicher Bezugnahme auf dies in Sachsen bevorstehende Verbot, mit der Untersagung jeglicher Ausfuhr von Lebensmitteln in die sächsischen Lande zuvorgekommen.

In einem Befehl vom 16. Jan. 1700 [1]) erinnerte August II an die in Kurbrandenburg auf sächsische Tücher und andre Waaren gelegten Imposten und an eine vergeblich deßwegen vor einigen Jahren gehaltene Conferenz; statt die versprochene Gleichheit zwischen den beiderseitigen Unterthanen zu beobachten, steigere man dort die Auflagen nur noch mehr, wodurch für die sächsischen Unterthanen der doppelte Nachtheil entstehe, daß nicht allein ihre Erzeugnisse dort nicht verkauft werden, sondern auch die jenseitigen Waaren ohne Aufschlag in die eigenen Lande eindringen könnten. Dem dadurch unvermeidlich drohendem Verfall aller Nahrung könne nur vorgebeugt und die nothwendige Gleichheit eingeführt werden, wenn es in Sachsen mit der Einfuhr brandenburgscher Waaren gehalten werde wie dort mit der Einfuhr sächsischer. Ehe diese Kundgebung noch eine thatsächliche Folge erhalten hatte, wurde sie von der andern Seite am 8. Nov. 1701 [2]) mit dem erhöhten Accisesatz und am 24. Dezbr. mit einem Verbot aller fremden Zeuge und Waaren, die auch in Preußen gefertigt wurden, beantwortet.

In derselben Weise wurden die alten und neuen Glasfabriken, die Spiegelmanufactur zu Neustadt an der Dosse, das Messingwerk zu Hegermühle, die Eisenwerke zu Neustadt-Eberswalde u. a. durch Schärfung der Einfuhrverbote und Erhöhung der Accisen für dieselben ausländischen Erzeugnisse in den folgenden Jahrzehnten [3]) in steter Wiederholung gefördert und durch alle diese Maßregeln die benachbarte sächsische Industrie sowie der lebhafte Grenz- und Marktverkehr zwischen den beiden Staaten zunächst und auf's Empfindlichste, aber auch die beiden Regierungen selbst um so unmittelbarer betroffen, als hier wie dort als Gegenstand des Schutzes eben so sehr die Regal- und Fiscalwirthschaft wie die Volkswirthschaft gemeint war.

Am nachtheiligsten waren für Sachsen die eifrigen Bemühungen

[1]) Acta, das Commercienwesen betr. Vol. II. — [2]) Acta Commiss., die Retablirung des mutuellen Commercii. 1720. Bl. 179 folg. — Mylius, Corpus Constit. Marchic. IV, 3, 197. 201. — [3]) Mylius a. a. O. IV, 2, 101 folg.

der beiden preußischen Könige um die Wollenindustrie ihrer Marken. Je mehr Kursachsen in Folge der polnischen Verwicklungen und des Krieges mit den Schweden in den großen Landgewerben, in der Wollen- und Leinenindustrie, trotz aller Besserungsversuche zurückging, um so rüstiger und rücksichtsloser drängte auf denselben Gebieten das neue Königreich Preußen mit Hülfe des einmal angenommenen und folgerichtig entwickelten Sperrsystems vorwärts. Zu den Ausfuhrverboten für heimische Wolle und Garne wie den Einfuhrverboten sächsischer Wollenwaaren fügte die königliche Regierung mannigfache Begünstigungen der inländischen Wollenarbeiter und Verleger, und verdoppelte zugleich die Bemühungen, fremde und insbesondre sächsische Wollarbeiter herüberzuziehen[1]), was in Kursachsen selbst durch eine ziemlich allgemein gewordene Neigung zur Auswanderung unter diesen Arbeitern unterstützt wurde. Im J. 1708[2]) klagten die sächsischen Landstände über das Wegziehen der Tuch- und Zeugmacherhandwerke aus Döbeln, Roßwein, Großenhain und andern Städten in die braunschweig-hannoverschen und cellischen Lande, und in den nächsten Jahrzehnten erregten die von preußischer Seite fortgesetzten Bemühungen in Kursachsen die ernstlichsten Bedenken und — freilich aber nicht mit demselben Erfolg — dieselben Gegenmaßregeln. Der verständigere Vorschlag des Kammercollegs, der Auswanderung durch Milderung der Abgaben ein Ende zu machen und die Handwerker durch Vorschüsse zu der im J. 1711 vom Landtag beschlossenen inländischen Lieferung der Montirungen festzuhalten, blieb zunächst ohne Folge. Als aber Friedrich Wilhelm I am 12. Juli 1717[3]) den Vor- und Aufkauf der Wolle in der Kurmark und am 26. April 1718 den Gebrauch fremder Zeuge und Waaren zu Livreen abermals verbot, erneuerte auch Kursachsen am 21. Juli 1718 das Verbot der Ausfuhr von Wolle in das Brandenburgsche und versprach allen, welche sich in Sachsen neu anbauen und wüste Stellen urbar machen würden, Steuernachlaß, sowie den inländischen Meistern Geldvorschüsse zu 3 p. C., um die Lieferung der Montirungen übernehmen zu können. Dagegen untersagte wieder Friedrich Wilhelm vom 1. Januar 1720 an für alle auch für die Ritterschaft den Gebrauch fremder Tücher und Wollenwaaren bei Strafe

[1]) Mylius a. a. O. II, 102. 243, III, 378. 411 u. a. O. — [2]) Acta, Commercien-, Zolls- Gleits- u. a. S. Vol. III. — [3]) Derselben Acten Vol. III. — Mylius a. a. O. V, 4, 305. 313. 317. 319.

von 10—25 Thlr. für die Elle und bei Verlust eines Jahresgehaltes für die Civilbeamten; alle Livreen sollten nur von vereideten Schneidern in den Städten gemacht werden und die auf dem Lande wohnenden Adligen von diesen Zeugnisse für das von ihnen benutzte Tuch beibringen[1]).

Das Gefühl des Gedrängtwerdens und der Nothwehr gegen feindlich gemeinte Maßregeln sprach sich in einem Befehl Augusts II vom 20. Februar 1719[2]) an die zur Untersuchung dieser Verhältnisse ernannte Commission unzweideutig aus. „Euch ist bekannt, heißt es hier, und erscheint aus mannigfaltigen Berichten und Memorialien, welcher Gestalt von k. preußischer Seite eine Zeit her alle nur ersinnlichen Mittel angewendet werden, nicht allein die Wollmanufactur und übrigen Fabriken unserer Lande dadurch in gänzlichen Abfall zu bringen, daß hinfür aus dem Brandenburgschen gar keine Wolle mehr ausgeführt werden darf, nicht weniger auch alle in unsern Landen fabricirten wollenen Waaren u. s. w. theils bei harter Strafe gänzlich untersagt theils aber so übermäßig beschwert worden, daß dadurch aller Handel und Wandel nothwendig erliegen muß, sondern auch, wie man an gedachtem Hof über dieses noch sich äußerst angelegen sein lasse, hiesige Tuchmacher und landeseingesessene Fabrikanten durch allerhand in gedruckten Patenten gethane Verheißungen aus hiesigen Landen weg und an sich zu ziehen . . .“

Zu Anfang des Jahres 1720 kam man auf beiden Seiten zu der Erkenntniß, daß man mit solchen wie feindliche Waffen sich kreuzenden und einander stets überbietenden Mandaten mehr sich selbst als den Gegner verwunde. Die k. preußische Regierung gab zuerst in Dresden zu verstehen, daß man diese Sachen auf gleichen Fuß zu stellen Neigung trage, worauf auch hier sogleich der Geh. Rath von Seebach und der Accisrath von Schwan zur Unterhandlung mit den angekündigten preußischen Commissarien Auftrag erhielten und zugleich der Graf von Wackerbarth, um die nöthige Einleitung zu treffen, nach Berlin geschickt wurde. Am 23. Januar befahl Friedrich Wilhelm I dem Geh. Kriegsrath von Groote, dem Hofrath Dr. Cellarius und einigen Accisräthen nach Dresden zu

---

[1]) Ebenda IV, 3, 242. 261. — [2]) Acta Commiss., das von k. preuß. Seite auf alle Art gekränkte Commercium hiesiger kurf. sächsischer Lande u. s. w. betr. 1719. Bl. 1. 15. Loc. 7402.

reisen zum Zweck „der Retablirung der mutuellen Commercien[1]“). Sogleich nach dem Zusammentritt der Commissäre wurde die durchaus nutzlose Frage, wer mit den Sperrmaßregeln angefangen habe, äußerst gründlich doch natürlich ohne Entscheidung verhandelt, dennoch schien auf beiden Seiten die Absicht einer Wiederherstellung des Verkehrs unter der Bedingung gegenseitiger Gleichstellung durchaus ernstlich gemeint zu sein. Die Beschwerdepunkte von preußischer Seite waren der erhöhte Accisetarif in Sachsen, die Fernhaltung kurbrandenburgscher Gewerbsleute von den sächsischen Märkten und Messen, die Verbote der Ausfuhr sächsischer Wolle und der trotz eines im J. 1709[2]) abgeschlossenen „Salzcommerciums“ vom König August II forterhobene Licent von 8 Gr. auf jedes durch Sachsen geführte Stück Salz. Mit Ausnahme des letzteren waren die kursächsischen Beschwerden ganz dieselben, doch kamen noch dazu die Klagen über das Verbot sächsischer Wollenwaaren und die Verleitung sächsischer Handwerker zur Auswanderung.

Während Preußen nur die Zurückführung des Tarifs auf das J. 1718 zugeben wollte[3]), verlangte Kursachsen auch die Aufhebung aller vorhergegangenen Erhöhungen und ganz besonders die Aufhebung der nachtheiligen Verbote des Verbrauchs sächsischer Waaren. Die kursächsische Accisordnung vom 31. August 1707, erklärte letzteres, sei in der Anlage nach der kurbrandenburgschen revidirten General-Steuer- und Consumtionsordnung vom 2. Jan. 1684 eingerichtet, diese aber im J. 1701 zweimal durch alle Capita und in den J. 1713 und 1718 noch besonders in Betreff aller wollenen und halbseidenen Zeuge und Waaren von 3 Gr. vom Thlr. auf 6 Gr., von 4 Gr. auf 8 Gr. u. s. w. erhöht. Außerdem verlangte Kursachsen, daß auf beiden Seiten ungehinderte Durchfuhr ohne Erhöhung der Zölle oder andre Beschwerung gemäß der Reichsgesetze festgestellt werde.

In einer von kursächsischer Seite verfaßten Zusammenstellung der Ungleichheiten in der Behandlung sächsischer und preußischer Unterthanen[4]) heißt es u. a.: Auf den Messen zu Frankfurt a. O. ist dem Fremden märkische Wolle zu kaufen verboten und für fremde

---

[1]) Acta, Commercien-Zoll-Gleitssachen u. s. w. Vol. IV. — [2]) Derselben Acten Vol. II. — [3]) Acta Commiss., Retablirung des mutuellen Commercii zwischen den chursächsischen und churbrandenburgschen Landen betr. 1720. Bl. 15 folg. Loc. 7402. — [4]) Ebenda, Bl. 179 folg.

Wolle hat der preußische Unterthan 2—3 Tage den Vorkauf, in Leipzig kauft jeder ohne Unterschied die Wolle, wie er will; in Kurbrandenburg ist die Ausfuhr von rohen Materialien als Flachs, Hanf, Häuten und Fellen, sowie die Einfuhr der schwarzen und weißen Bleche, des Kupfers, Messings, Eisen, aller Klempnerwaaren, Glas, Stecknadel, Draht u. a. m. verboten, in Kursachsen beides erlaubt; dort dürfen die sächsischen Handwerksleute nichts von ihren Erzeugnissen einbringen, weder in Städten noch in Dörfern arbeiten, niemand sächsische Tücher und Zeuge tragen oder andre sächsische Gewerbswaaren gebrauchen, hier darf jeder einbringen, was er erzeugt, jeder davon kaufen, was ihm gefällt und jeder auf dem Lande arbeiten, wo er Arbeit findet; wenn durch kurbrandenburgsche Dörfer, die mit den sächsischen durch einander liegen und oft gar nicht umgangen werden können, sächsische Unterthanen in andre sächsische Dörfer zu Markt reisen, so müssen sie alle Zölle und Accisen bezahlen, was in Kursachsen niemals verlangt wird: dort sind seit dem J. 1701 auch die erlaubten sächsischen Waaren durch vierfache Steigerung mit 10—100 p. C. Accise belegt, hier ist erst seit dem J. 1719 zur nothwendigen Ausgleichung auf einige brandenburgschen Waaren eine Accise gelegt. —

Da Preußen die Aufhebung der Verbote entschieden verweigerte, zogen sich die Verhandlungen in die Länge, bis durch die Nachgiebigkeit von sächsischer Seite am 23. März 1720[1]) ein Interimsvergleich zu Stande kam. Nach demselben sollte von preußischer Seite der erhöhte Tarif und von kursächsischer die Acciseordnung vom August 1719 in allen, nicht namentlich ausgenommenen Provinzen auf den Fuß vor der letzten Erhöhung zurückgeführt, die preußischen Ein- und Ausfuhr- wie Gebrauchsverbote sächsischer Waaren abgestellt und keine neuen erlassen, von kursächsischer Seite hierin das Gleiche beobachtet werden, auch den beiderseitigen Unterthanen freistehen, in den Grenzorten ihren Zuwachs an Getreide u. a. ohne Generalaccise zu verkaufen, doch die Krämerei auf den Dörfern der Accise unterworfen bleiben. Da der König von Preußen in den sämmtlichen Marken, dem jerichowschen und luckenwaldischen Kreis, den Landen Cottbus, Sternberg und Crossen das Ausfuhrverbot für Wolle beibehalten, im Uebrigen aber den Tarif auf $^2/_3$ der jetzigen Höhe

---

[1]) Ebenda, Bl. 196. — Acta, Commercien-, Zoll-, Gleitssachen u. s. w. Vol. IV.

herabsetzen und den Verkauf des eigenen Zuwachses an Getreide und andern Lebensmitteln freigeben wollte, so wurde dasselbe auch in Betreff der kursächsischen Lande festgestellt. Für die Messen wurde die privilegirte Meßfreiheit bestätigt, wobei Kursachsen sich vorbehielt, die für Frankfurt a. O. getroffenen Meßeinrichtungen nach Befinden auch auf die sächsischen Messen übertragen zu dürfen, die sämmtliche Durchfuhr sollte gegenseitig ungehindert und ohne Erhöhung der Auflagen unter Beobachtung der zur Verhütung des Unterschleifs festgesetzten Formen stattfinden, den Handwerksleuten und Arbeitern, doch unbeschadet der Innungen in den Städten, überall zu arbeiten und den in den untermischten Grenzdörfern Wohnenden der Durchgang durch solche ohne Auflage gestattet sein. Diese Interimsconvention sollte bestehen, bis von der einen oder der anderen Seite ein Anderes zu verordnen beliebt werde.

Leider kam der Friedenszustand, den dieser im Gegensatz zu den bestehenden Verhältnissen äußerst freisinnige Vergleich dem bedrängten Verkehr bringen sollte, gar nicht zu Stande. Zu gleicher Zeit nehmlich hatte der preußische Kriegsrath Happe besondre Verhandlungen in Dresden[1]) wegen der freien Durchfuhr des preußischen Salzes durch Sachsen, der Freiheit des Fürstenguts und der Aufhebung des Straßenzwangs angeknüpft und da man sich hierüber nicht einigen konnte, so blieb auch der Vergleich ohne Folge. Bis zum Juni 1721 unterhandelte man wieder vergeblich und insbesondre machte die Frage wegen des Fürstenguts um so mehr Schwierigkeit, da nach der Ausbildung des regalistischen oder fiscalischen Systems in der Staatswirthschaft der Regent der vornehmste Handelsherr in seinem Staate geworden war und dadurch die Zollfreiheit des Fürstenguts eine früher nicht geahnte Erweiterung in Anspruch nahm. Da August II die zollfreie Durchfuhr von allem aus k. preußischen Salzwerken durch Sachsen geführten Salz ohne empfindliche Einbuße nicht zugeben konnte, so wurden im Juni die Verhandlungen abgebrochen. Friedrich Wilhelm versuchte jetzt sogar mit Gewalt solche Zollfreiheit zu erzwingen, indem er seine Salzschiffe mit 300 Mann Miliz besetzte, wogegen August II seinen Beamten in Gommern und Grünwald befahl, im äußersten Falle durch Aufbietung der Landfolge Gewalt mit Gewalt zu vertreiben, und zugleich eine Beschwerdeschrift

[1]) Acta, Commercien-, Zoll-, Gleitssachen u. s. w. Vol. V.

über die offene Gewaltthat an den Kaiser wie an den König von Großbritanien als Kurfürsten von Hannover schickte. Bald darauf aber kam es zwischen den beiden Königen zu „vorläufigen Erklärungen über Fürstengutsfreiheit,“ d. d. 26. August 1721 [1]), worin August II die Zollfreiheit für das hallische Salz, Friedrich Wilhelm I für das nach Halle gehende sächsische Holz und nach Sachsen geführte Boien- und andre Salz zugestanden. Aber schon im folgenden Jahre begannen über dieselbe Streitfrage neue Verhandlungen in Berlin.

Auch die andern im Interim verglichenen Fragen blieben ungelöst, denn keine Partei wollte anfangen, den Bestimmungen desselben thatsächliche Folge zu geben. Am 23. Juli 1722 [2]) belegte August II, in Wiedervergeltung der in den preußischen Landen gegen Kursachsen wiederholten Verbote, alle in Preußen verfertigten Tapisserien mit einem Eingangszoll von 40 p. C. und verbot die preußischen Kattune bei Strafe von 400 Thlrn. außer für die Leipziger und Naumburger Messen. Diesen neuen Ueberbietungen in feindseligen Sperrmaßregeln folgte im J. 1723 die Sendung des Generalfeldmarschalls Grafen von Flemming nach Berlin, welche zunächst wenigstens die zu schroffe weitere Steigerung der Feindseligkeiten einigermaßen hinderte, obwohl noch in demselben Jahr die Einfuhr aller ganz- und halbleinenen Zeuge und im J. 1725 die Einfuhr von Glaswaaren auf's Neue verboten wurde. Erst im J. 1727 wurden wieder bestimmte Verhandlungen zu einer Ausgleichung nach Berlin festgesetzt, wozu auf besondres Verlangen Friedrich Wilhelms I Graf von Flemming im Juni dieses Jahres mit dem Freiherrn von Zech entsendet wurde. Die preußischen Beschwerden betrafen zunächst wieder den sächsischen Salzlicent, die Beschwerden auf beiden Seiten wie gewöhnlich die gegenseitigen Ausfuhr- und Zollverordnungen. Nachdem Friedrich Wilhelm schließlich erklärt hatte, daß der Gebrauch der in den sachsen-albertinischen Landen, wie in der Ober- und Niederlausitz verfertigten wollenen Waaren in allen preußischen Provinzen erlaubt und der Accistarif auf $^2/_3$ des alten Satzes herabgesetzt, die Ausfuhr der adeligen und Aemterwolle in Magdeburg, Halberstadt, Minden,

---

[1]) Acta, Commercien-, Zoll-, Gleitssachen u. s. w. Vol. VI. — Acta, Preußische Commerciendifferenzien betr. 1721—1771. Loc. 2965. — Acta, die mit den k. preußischen Bevollmächtigten in Baruth zu haltenden Conferenzen betr. Vol. B. Loc. 7401. — [2]) Acta, Commercien-, Zoll-, Gleitssachen u. s. w. Vol. VII u. VIII. Mylius, a. a. O. V, 2, 197. 199. — IV, 2, 134.

Ravensberg und den dahin incorporirten Landen sowie der gegenseitige Grenzverkehr mit Getreide und Lebensmitteln ohne Accise frei gegeben, auch die Gegenseitigkeit auf den Messen und Märkten wie beim Arbeitnehmen für beide Staaten zugelassen werden sollte, kam am 2. Dezember 1727 [1]) der neue Vergleich zwischen den beiden Staaten zu Stande. August II gab den Widerspruch gegen die 2 Gr. Accise, welche auf preußischer Seite von allem nach Sachsen geführten magdeburgschen Salz erhoben wurde, unter der Bedingung auf, daß die für ihn jährlich zu liefernden 90000 Stück Salz davon ausgenommen würden, verzichtete auf die von ihm retorsionsweise auf das durchgehende Salz — 2 Gr. von 10 Gr. Werth — gelegte Handelsaccise und versprach den Salzlicent oder Salzgrenzzoll über 10 Gr. auf ein Stück nicht zu erhöhen. Die Hauptsache im Vertrage war, daß auf beiden Seiten alle Zölle auf den Fuß vor dem J. 1713 zurückgeführt werden sollten. Andre Festsetzungen betrafen die Fürstengutsfreiheit, die zurückzuzahlenden Zollgelder u. a. Friedrich Wilhelm wünschte seinem königlichen Bruder Glück zu diesem Vergleich, der ein Grundstein für das künftige gute Einvernehmen bleiben werde, und dankte noch besonders für die Sendung des Grafen von Flemming, durch dessen Geschicklichkeit derselbe zu Stande gekommen sei. August II dagegen befahl sogleich am 26. Januar 1728 seinen Beamten und Unterthanen die strenge Beobachtung der Uebereinkunft.

Dieser vorläufigen Vergleichung folgte am 16. October 1728 [2]) der Commercientractat, dessen hauptsächliche Bestimmungen also lauteten. Ein freier gegenseitiger Verkehr wird hergestellt dergestalt, daß alle in den kurfürstlich sächsischen wie brandenburgschen Landen erzeugte Waaren ohne Unterschied zu kaufen und zu verkaufen, ein- und auszuführen, zu gebrauchen und zu tragen gestattet sein soll, doch sind bis auf weitere Uebereinkunft davon ausgenommen die Landwolle, Tücher, Glas und Glaswaaren, Messing und Messingdrath, Messing- und Kupferwaaren, hörnene Knöpfe u. a. m. Die Tücher sollen auf den Messen frei ausgelegt, aber nur ballen- und stückweise, auch die übrigen ausgenommenen Waaren nur im Großen und außer Landes verkauft, der Ausschnitt auf den Jahrmärkten

---

[1]) Derselben Acten Vol. IX. X. — Acta, die Conferencien zu Baruth u. s. w. Vol. B. C. — [2]) In denselben Acten Vol. X, Bl. 181ˢ folg. Vol. C, Bl. 19 folg.

verboten bleiben. Die Kaufleute dürfen sich diese Waaren zur Wiederausfuhr verschreiben, doch bleiben dieselben bis zur Ausfuhr versiegelt. Beide Parteien vergleichen sich eines parificirten Tarifs. — In den Grenzdörfern wird eine Generalaccise von Lebensmitteln u. a. nicht genommen, doch das Hausiren bleibt verboten, auch dürfen die Handwerker und Tagelöhner bei den an der Grenze wohnenden Vasallen und Landleuten ohne Auflage arbeiten; Durchreisende zahlen, wenn sie sich über eine Nacht nicht aufenthalten, von dem, was sie zu eigenem Bedarf mit sich führen, keine Accise.

Nach der Auswechselung der ratificirten Urkunden am 22. April 1729 wurde von kursächsischer Seite ein parificirter Tarif den Beamten als Extract aus diesem Commercientractat kundgegeben[1]), die Accise von seidenen und halbseidenen, wollenen und halbwollenen wie kameelhärenen Zeugen, von Zwillig, Damast, Leinwand, Cannefas und Parchent, Spitzen und Kanten von Seide, Nesselgarn und Zwirn, von Handschuhen und Strümpfen aus Seide, Wolle und Baumwolle, von Tapeten, Hüten, Waaren aus Metall, Leder, Holz und Horn auf 1 Gr. 3 Pf., von allen mit Gold und Silber gemischten Stoffen, Kleidung und Knöpfen, Galanteriewaaren, Porcellan- und Töpferwaaren auf 1 Gr. 9 Pf., von Taback, goldenen und silbernen Spitzen, Tressen und Garnituren, von Gold- und Silberfädengespinnsten, Spiegeln auf 2 Gr., von Stärke und Puder auf 2 Gr. 6 Pf. vom Thaler festgestellt, und durch ein Rescript vom 8. August die Handelsaccise von den auf dem Lande erkauften Lebensmitteln und das seit dem J. 1719 von den fremden Arbeitern verlangte Nahrungsgeld aufgehoben.

Aber schon im J. 1730[2]) folgten neue Irrungen wegen der in Sachsen dem Tractate gemäß beibehaltenen Durchgangsaccise, 3 Pf. vom Thlr., wogegen sich Preußen eine Parification ausbedungen hatte. Im Dezember 1729 wurde nun dem kursächsischen Gesandten von Polenz in Berlin kundgegeben, daß der König in der Hoffnung, man werde auf kursächsischer Seite die Durchgangsaccise aufheben, von der Parification noch abgesehen habe und auch jetzt noch bis Ende März warten wolle; wenn aber alsdann solche Aufhebung nicht erfolgt sei, so werde er vom 1. April eine Ausgleichungsaccise unfehl-

[1]) Acta, Commercien-, Zoll-, Gleitssachen. Vol. X, 181ᵡ. 418. 429. 432ᶜ. — [2]) Derselben Acten Vol. XI. — Acta der Gesandtschaft zu Berlin, Commercial-, Accise- und Zollsachen betr. 1730—31. Loc. 3354.

bar erheben lassen. Da der Ertrag der Durchgangsaccise unbeträchtlich war, ließ August II am 21. März die Aufhebung derselben nach Berlin mittheilen, worauf auch hier ein königliches Rescript am 31. März versicherte, daß in den preußischen Landen eine Durchgangsaccise von sächsischen Waaren nicht gefordert werden sollte.

Bis zum Tode Augusts II herrschte nun, wenn auch einzelne Irrungen und tractatwidrige Steigerungen nicht ausblieben, im Ganzen doch auf beiden Seiten die Neigung, durch friedliche Verhandlungen wenigstens die schrofffsten und einschneidensten Ausschreitungen des Systems möglich zu verhindern. Auch der König August III (Kurfürst Friedrich August II) empfahl noch am 17. Sept. 1733 [1]) (August II starb am 1. Febr. 1733) seinen geheimen Räthen, auf die Weitererstreckung des Commercientractats bedacht zu sein, doch schon am 30. April 1734 wurde in Preußen das Verbot fremder Kattune neu eingeschärft und der Gebrauch derselben bei 100 Thlr. Strafe oder 3 Tage Halseisen verboten, am 24. Juni aber, weil selbst die königlichen Beamten und Bedienten die fremden Waaren auf ausländischen Messen kauften, alle alten Verbote und Zollsteigerungen mit namentlicher Aufführung bis zurück zum Jahre 1722 wiederholt. Als nun auch im October 1736 das Verbot fremder Glaswaaren, steinerner und irdener Kruken erfolgte und zugleich den Händlern aus Eisleben der Vertrieb ihrer Messingwaaren in Preußen untersagt, ihre Eisenwaaren mit 4—6 Gr. auf das Stück belegt wurden, gab König August III [3]) dem Vorschlag seiner geheimen Räthe zu Retorsionsmaßregeln nach und untersagte auch in Kursachsen den Vertrieb fremder Eisen- und Messingwaaren [4]) und nach gleichem Vorgang in Preußen die Ausfuhr von Wolle und bewollten Fellen.

Bald aber schlug wieder auf beiden Seiten das unabweisbare Gefühl von der Nothwendigkeit friedlicher Ausgleichung vor und führte zu neuen Unterhandlungen. Nachdem die gegenseitigen Beschwerden wieder den Höhepunkt erreicht hatten, wurde im Juni 1737 [5]) eine Conferenz zu Baruth verabredet und von preußischer Seite der Geh. Rath von Viebahn und der Generalmajor von Kalkstein, von

[1]) Acta, Commercien-, Zoll-, Gleitssachen u. s. w. Vol. XII. — [2]) Mylius a. a. O. V, 3; 203. — IV, 3, 439. IV, 2, 141. — [3]) Acta, Commercien-, Zoll-, Gleitssachen u. s. w. Vol. XII. — [4]) Cod. August. contin. I, 4, 11 folg. — [5]) Acta, Commercien-, Zoll-, Gleitssachen Vol. XII. — Acta, die mit den k. preußischen Bevollmächtigten in Baruth 1738 zu haltenden Conferencien betr. Loc. 7401.

sächsischer aber Wirkl. Geh. Rath Rex, Gen.-Major von Gersdorf und Kammer- und Bergrath von Poigk dorthin geschickt. Die Letzteren hatten nicht weniger als 17 Hauptbeschwerden, unter andern über Zollerhöhungen zu Aken, Schönebeck, Magdeburg und andern Orten, über neue Zölle zu Magdeburg, Lübben, Wusterhausen, Mühlrose, Linden, über tractatwidrige Erhöhungen der Auflagen auf Glas und andre Waaren, über Ausfuhrverbote u. s. w. Auf preußischer Seite klagte man wieder über den Salzlicent, über Accisen und Ausfuhrverbote, Straßenzwang u. a. Da aber keine Partei von dem einmal eingeschlagenen Wege ablassen, Preußen so wenig mit einer Minderung der Sperrmaßregeln vorangehen wie Sachsen auf das vermeintliche Schutzmittel der Retorsion verzichten wollte, so wurden wiederum in jahrlanger Unterhandlung die einzelnen Beschwerden fruchtlos hin- und hergezerrt, bis am 18. Februar 1739 August III, nachdem schon jede Aussicht auf eine Ausgleichung geschwunden war, seine Abgeordneten nach Dresden zurückrief.

In die Regierungszeit August III fallen die langen und erbitterten Kriege zwischen Preußen und Oesterreich um Schlesien, in welchen Sachsen für seine unglücklich gewählte Parteinahme durch Kriegszüge und Schlachten, Kriegssteuern für die eigenen wie für feindliche Heere das schlimmste Schicksal zu leiden hatte. Die noch aus der Zeit Augusts II und Friedrich Wilhelms I erhaltenen wenigen Grenz- und Verkehrsbeziehungen gingen während dieser Kriege gänzlich verloren und das durch König Friedrich II auf die äußerste Spitze getriebene Sperrsystem erhielt durch dieselben gegen Sachsen nur noch eine stärkere Grundlage und Vorwand zur Rechtfertigung. Für Sachsen wurden diese Verhältnisse um so nachtheiliger, als es in Folge seiner geographischen Lage und seiner inneren Verhältnisse sich außer Stande sah, dasselbe System mit gleichen Vortheilen für sich durchzuführen, vielmehr immer von Neuem wieder auf die Unentbehrlichkeit einer befreiten Aus- und Durchfuhr zurückgeführt wurde. Nach der Niederlegung von beiden durch die Sperre von Preußen und Oesterreich, nach der gänzlichen Erschöpfung der Bevölkerung durch die Kriege konnte eine gleiche Abschließung des innern Marktes bei der Sperrung der vornehmsten Absatzwege nach außen der in vorwiegendem Verhältniß gewerbtreibenden Bevölkerung des Kurfürstenthum nichts weniger als einen Ersatz schaffen. Auch zeigte die Regierung des Grafen Brühl am allerwenigsten die Eigenschaften, welche dem preußischen Sperrsystem trotz der einschneidenden Nachtheile für die Gegenwart doch für die Zukunft einen dauernden Erfolg verschafften, jene stets zum Aeußersten gespannte Thatkraft, der das Ziel wie die Mittel stets scharf berechnende Verstand und die vor keiner Entbehrung zurückschreckende Sparsamkeit des großen preußischen Königs. Deßhalb sehen wir auch Kursachsen während dieser Regierung, abgesehen von allen Kriegsverhältnissen, im Gegensatz zu den kraftvoll und rücksichtslos vordrängenden Preußen auf dem wirthschaftlich-politischen Gebiet stets in derselben Stellung eines immer mühsamer behaupteten Gleichgewichts, einer erzwungenen Nothwehr und der immer wieder vordrängenden Neigung, sich von unfreiwillig auferlegten Maßregeln sobald als möglich zu befreien.

Daß aber auch das scharf und streng angezogene System Friedrich Wilhems I für Preußen seine Schattenseite hatte, beweist ein am 20. Dezember 1741 dem König Friedrich II übergebener Bericht der k. preußischen Kriegs- und Domänenkammer [1]). Nach demselben bestand der Hauptverkehr der Marken in der Ausfuhr von Tüchern, Raschen und andern Zeugen, Hüten und Strümpfen, Leinwand und Leinwandwaaren, Getreide und Taback in die lüneburgschen, braunschweigschen und meklenburgschen Lande, wogegen an Fabrikwaaren wenig, aus dem Meklenburgschen aber nur Wolle, Hanf, Flachs, Vieh und Lebensmittel zurückgebracht wurden; die Mittelmark hatte ihren größten unmittelbaren Verkehr mit Polen, Sachsen, Böhmen, Schlesien, Hamburg, sowie auf den Messen zu Frankfurt a. M., Leipzig und Braunschweig; der Handel der Kurlande über Stettin und Danzig mit Rußland, Schweden und Dänemark bestand hauptsächlich in Messing- und Manufactur-, wie Material- und Specereiwaaren. Da für diesen Handel die Residenz Berlin den Mittelpunkt bildete, wurden auch die Beschwerden der Berliner Kaufleute ganz besonders der Beachtung empfohlen. Diese aber betrafen hauptsächlich das Verbot und die Beschwerung der Einfuhr fremder Waaren sowie die Durchgangsaccise von $^3/_4$ p. C., in Folge deren der Verkehr mit den auswärtigen Kaufleuten sich dergestalt von Berlin weggewandt habe, daß von 130 vor 28 Jahren hier vorhandenen Kaufmannsläden kaum noch 80 geöffnet seien, die alle dringend um freien

---

[1]) Abschrift in den Acten, Commercien-, Zoll-, Gleitssachen u. s. w. betr. Vol. XII, Bl. 281 folg.

Verkehr, um Zurückführung des Tarifs auf die Zeit Friedrichs I und um Aufhebung der Großhandlungsaccise baten. Weitere Beschwerden betrafen das Lagerhaus zu Berlin, das zu der Kaufmannschaft größtem Verderben nicht nur die Regimentslieferungen an sich gezogen hatte, sondern auch mit den gesuchtesten Waaren bei Stück- und Ellenverkauf die Messen besuchte und sogar den ganzen Weißkram betrieb, die k. privilegirte Gold- und Silberfabrik, welche an jedermann ellenweise Gold- und Silberfaden verkaufte, die zu große Anzahl der Juden, die zu langsame Abfertigung bei der Accise u. a. m. Auf diese Klagen gestand die Kammer zu, daß eine noch höhere Belegung den Handel und den Geldverkehr mit dem Ausland ganz niederdrücken müsse und eine Erleichterung der dem Lande unentbehrlichsten Waaren wie die Beschränkung der Privilegien für das Lagerhaus und die Gold- und Silberfabrik durchaus nothwendig seien.

Auch die Materialisten (Krämer) von Berlin beschwerten sich über die zu hohen Zölle bei der Ausfuhr der inländischen Waaren wie bei der Einfuhr von Thee, Kaffee, Taback u. a., welche letzteren mit 40—60 p. C. belegt waren, so daß die Kaufleute zur Bezahlung der Accise ein so großes Kapital wie zum Einkauf der Waaren bedurften und zur Speculation schließlich nichts mehr übrig hatten. Deßhalb entnahmen viele in und bei der Stadt wohnende Familien solche Waaren auf den Messen zu Frankfurt a. O. oder über die sächsische und meklenburgsche Grenze; die fremden Fuhrleute, die stets beträchtliche Rückfracht mitgenommen hatten, blieben aus und die Juden hielten große Waarenniederlagen an den Grenzen. — Die Kammer gestand zwar zu, daß bei der jetzigen Accise von Specerei- und Materialwaaren die Kaufleute auf die Dauer nicht bestehen könnten und von Jahr zu Jahr ärmer würden, auch durch andre Mittel die Waarenniederlagen an den Grenzen nicht wegzuschaffen seien, hielten aber doch die Freigebung des Handels wegen des zu besorgenden gänzlichen Verfalls der inländischen Manufacturen wie des voraussichtlich übergroßen Ausfalls bei der Accisekasse für unausführbar.

Die Fabrikanten wieder klagten über eine zu geringe Berücksichtigung ihrer Interessen, weßhalb denn auch die Fabriken in Verfall gekommen und in kurzer Zeit über 600 Fabrikanten ausgewandert seien. Der Zustand des Handels und der Fabriken müsse jährlich untersucht, den Juden das Fabriciren von Wollenwaaren, dem Lagerhaus das Beziehen der Messen mit „currenten" Waaren untersagt werden. Dem zu Folge schlug die Kammer vor, in Berlin Fabrikcommissionen mit Zuziehung von Provincialfabrikcommissären zu bestellen, dem Lagerhaus, wie schon oft vorgeschlagen sei, das Beziehen der Messen und den Vertrieb der gesuchtesten Waaren zu verbieten, zwischen der Kurmark und Polen eine neue Handelsverbindung herzustellen, da man, bei der Blüthe der Manufacturen in den übrigen Nachbarländern, hier allein Fabrikate und Gewürze gegen Rohwaaren vertauschen könne. Zu diesem Zweck seien in Frankfurt a. O. Hauptniederlagen von nürnbergschen, venetianischen, steierschen und andern Waaren anzulegen, aus den wohlhabenden Kaufleuten zu Frankfurt, Berlin, Stettin und andern Orten eine privilegirte Handelsgesellschaft zu errichten und der jetzt über Leipzig, Nürnberg und Augsburg nach Ungarn gehende Durchhandel künftig durch Commercientractate mit Benutzung der Oder wie der Elbe mit Spree, Havel und dem neuen Graben über Stettin und Berlin zu richten, Vorschläge, die nicht ohne Einfluß auf die spätere Handlspolitik des Königreichs blieben.

In dem Verkehr zwischen Sachsen und Preußen sollte der Friede von Dresden im J. 1745[1]) wieder ein besseres Verhältniß anbahnen. Nach Art. X sollten alle bisherigen Bedrückungen des Handels von beiden Seiten abgestellt oder durch einen ferneren Vertrag beseitigt werden. Die Nothwendigkeit eines solchen Vertrags machte sich zuerst geltend in dem Verhältniß der neu eroberten Provinz Schlesien zu dem Kurfürstenthum. Nachdem man sich in Dresden überzeugt hatte, daß die Messen von Breslau trotz aller auf preußischer Seite beabsichtigten Begünstigungen den Leipziger Messen nie gefährlich werden könnten, richtete man hier die Absicht auf einen allgemeinen freien Verkehr und eine gegenseitige Gleichstellung zwischen Sachsen und Schlesien, unter der Voraussetzung der Entrichtung gewöhnlicher Abgaben[2]). Die sächsische Regierung ging dabei im Gegensatz zu der preußischen von der Voraussetzung aus, daß der freie Verkehr zwischen Sachsen und Schlesien nicht erst jetzt zu eröffnen, sondern seit undenkbaren Zeiten vorhanden gewesen und nur für die Beschwerden Abhülfe zu schaffen sei; doch sei derselbe nur als die Freiheit Handel zu treiben, nichts als die Befreiung von den landesherrlichen

[1]) 25. Dez. 1745; Wenck, Cod. jur. gent. II, 191 folg. — [2]) Acta Commiss., die Einrichtung des Commercienwesens zwischen Kursachsen und Schlesien betr. 1743. Vol. I. Loc. 7402, S. 1 folg. Vol. II., Bl. 42 folg.

Abgaben zu verstehen, welche letztere aber auf ein Leidliches gesetzt und von beiden Theilen so genau wie möglich gegen einander ausgeglichen werden müßten. Demnach mußten die sächsischen Abgeordneten bei den zu diesem Zweck begonnenen Verhandlungen auf eine unbeschränkte Freiheit der Durchfuhr und eine Minderung der Zölle, insbesondere des auf Horn- und Schlachtvieh gelegten dreifachen Zolles sowie auf die freie Einfuhr aller Waaren aus sämmtlichen kursächsischen Erblanden nach Schlesien, auf die Minderung der Ausgangsabgabe auf Röthe um die Hälfte, Aufhebung des Ausfuhrverbotes für Wolle und Flachs, freie Ein- und Ausfuhr von Getreide und Lebensmitteln und endlich auf eine wenigstens sechsjährige Dauer dieses Vertrages antragen.

Diese Anträge standen mit den Absichten Friedrichs II in gradem Gegensatz. Indem er bei diesen Verhandlungen als ersten Grundsatz aufstellte, im Herzogthum Schlesien beginne jetzt eine ganz neue Periode und mithin seien alle vorher eingegangenen Verträge für die jetzige Regierung nur in so weit bindend, als man sich darüber von Neuem vereinigen werde[1]), beabsichtigte er, das in den alten Provinzen entwickelte Sperrsystem hierher zu übertragen und einen Verkehr mit Sachsen nur, soweit jenes erlaubte, zuzulassen. Bei so widersprechenden Zielpunkten der beiden Parteien zerschlugen sich alsbald die Verhandlungen und die Spaltung wurde um so schroffer, je fester Friedrich II die neu erworbene Provinz in das über die Marken gezogene System einzwängte. Ein Mandat vom 17. Jan. 1749[2]) befreite sämmtliche in Schlesien verfertigte Wollenwaaren vom Ausfuhrzolle, stellte in der Einfuhr die in den übrigen preußischen Provinzen gefertigten Waaren den schlesischen durchaus gleich, belegte aber alle ausländischen, in Schlesien zum Verkauf eingebrachten wollenen und halbwollenen Waaren auf die breslauer Elle mit 12 Gr., jeden ausländischen Hut und das Paar Strümpfe mit 8 Gr. über den bisherigen Accisesatz; die Abgaben auf die Erzeugnisse der österreichischen Länder sollten so lange auf den alten Fuß behandelt werden, als der kaiserliche Hof die der schlesischen Waaren in Oesterreich unverändert lasse, und alle fremden, nur dem auswärtigen Han-

---

[1]) Ebenda, Vol. II. Bl. 54. — [2]) Acta, Vol. der bei den hallischen Commercien-Conferenzen ao. 1755 und 1756 zusammengebrachten Nachrichten und Collectaneen. Loc. 7402. Lit. C. Bl. 16.

del dienenden Waaren bei den bisherigen Sätzen bleiben, weil die Accise allein den Verbrauch fremder Waaren zu treffen bestimmt sei.

Diese Bestrebungen Friedrichs II, verbunden mit der strengen Durchführung der Magdeburger Niederlage und der Begünstigung der Meßplätze Breslau und Frankfurt a. O. erregten bei der damaligen politischen Lage der Verhältnisse in Dresden den Argwohn[1]), als ob der König weit aussehende Absichten hege, um zum Vortheil seiner Länder den Nachbarlanden allen Handel ganz zu entziehen, insbesondre aber den gesammten ober- und niedersächsischen Verkehr von Hamburg abzuschneiden und von Magdeburg und Stettin abhängig zu machen.

Friedrich II bestärkte solchen Argwohn hauptsächlich durch die strenge Handhabung des Magdeburger Stapels, indem er hier die kursächsischen Schiffer, die auf Hamburg gingen, ihre Hinfracht auszuladen und ihre Rückfracht einzunehmen zwang, kein sächsisches Schiff also bei Magdeburg vorübersegeln ließ und so die seit Jahrhunderten gewohnte unmittelbare Verbindung Kursachsens mit Hamburg gewaltsam zerschnitt. Die kursächsische Regierung beauftragte im September 1749[2]) eine besondre Commission, das diesem Stapel zu Grunde liegende Recht zu untersuchen und Gegenmaßregeln gegen denselben vorzuschlagen. Die Frage nach dem Alter und dem Recht dieses Stapels war nun freilich unter den damaligen Verhältnissen im Reiche von geringer praktischer Bedeutung. Wenn auch der Kurfürst Friedrich Wilhelm im J. 1676 erklärt hatte, die sächsische Schiffahrt auf Hamburg nicht hindern zu wollen, so erschien seinen Nachfolgern ein solches Stapelrecht als die angemessenste und erfolgreichste Gegenmaßregel gegen den von kursächsischer Seite hartnäckig festgehaltenen Leipziger Stapel- und Straßenzwang, welcher die Elbe, so weit sie durch kursächsisches Gebiet floß, für alle fremden Schiffe gänzlich versperrte. Je schroffer sich das Verhältniß zwischen den beiden Staaten auch auf volkswirthschaftlichem Gebiet gestaltete, um so willkommener mußte für Preußen diese Stapelerrichtung zu Magdeburg sein, welche dem Gegner seine bedeutendste Handelsstraße und die Verbindung mit dem Weltmarkte unterband. Deßhalb erwiesen

[1]) Acta, Commercien-, Zoll-, Gleitssachen u. s. w. Vol. XII, Bl. 295 folg. Bericht des Geh. Consiliums vom 15. Februar 1749. — [2]) Acta, die von k. preußischer Seite veranstaltete Sperrung des Elbschiffhandels von Dresden nach Hamburg, Ao. 1749.

sich auch alle Gegenvorstellungen als durchaus fruchtlos und der kursächsischen Regierung blieb nichts übrig, als mit neuen Gegenmaßregeln dieser Gegenmaßregel zu begegnen. Im Vertrauen darauf, daß auch Preußen im Handel mit Sachsen seine verwundbare Stelle habe, indem die preußischen Unterthanen auf den Leipziger Messen einen sehr großen Theil ihrer Fabrikate gegen baares Geld umsetzten, schlug die Commission vor, auf alle von preußischen Unterthanen hierher gebrachten, nicht ganz unentbehrlichen Waaren stärkere Accisen zu legen und zugleich den Flußtransport durch Anlegung einer neuen Landstraße von Leipzig auf Hamburg in einen Landtransport umzuwandeln. Obwohl die Schiffshändler gegen letzteren Vorschlag den wohlbegründeten Widerspruch erhoben, daß die meisten der auf der Elbe verführten Waaren und besonders die sächsische Ausfuhr von Steinen, Brettern, Pottasche, grober Sack- und Packleinwand, Zwilliche, Roßdecken u. a. dergl. die kostspielige Landfracht gar nicht ertragen könnten, knüpfte dennoch das geheime Consilium wegen der Anlegung einer das preußische Gebiet umgehenden Straße von Leipzig nach Hamburg mit dem hannoverschen und braunschweigschen Hof Verhandlungen an und begann, da auch die Leipziger Kaufmannschaft diese Straße dringend empfahl, mit den davon berührten inländischen Gemeinden schon die Vorbereitung zu derselben. Schon am 23. Juni dieses Jahres [1]) wurde Hamburg durch eine besondre Gesandtschaft die Mittheilung gemacht, daß die 44½ Meilen lange, zur Vermeidung der preußischen Grenze und Zölle über Braunschweig, Duderstadt und Lüneburg gelegte Straße eröffnet und innerhalb vier Wochen bereits von mehr als 100 großen Frachtwägen befahren sei, und zugleich die Stadt zu gemeinsamer Berathung wegen der Sicherstellung des gegenseitigen Handels auf dieser Straße eingeladen, auch mit der hannöverschen Regierung wegen Führung eines kürzeren Zuges über den Harz bei Scharzfels und Lauterberg unterhandelt.

Auch die gegenseitigen Steigerungen mit Verboten und Zöllen wurden fortgesetzt. Auf die Berichte des kursächsischen Kammer- wie des Generalaccisollegs, daß in Preußen neuerdings auf jedes sächsische Stück Corduan 12 Gr. Accise von den preußischen Käufern

[1]) Acta, die zur Erörterung und Beilegung der Commercien-Irungen mit Preußen in Halle zu haltenden Conferencien u. s. w. betr. 1754 u. 55. Loc. 2966. Vol. I, 22 folg. — [2]) Ebenda, Bl. 1 folg.

erhoben werde, die fremden Sammete und Velpe, die Leder- und Eisenwaaren ganz verboten und unerschwingliche Abgaben auf alle fremden Seiden- und Baumwollenwaaren gelegt seien, verbot August III am 13. Mai 1755, weil in den kurbrandenburgschen Landen seit den letzten Jahren stets, sobald man daselbst neue Fabriken angelegt und die Unternehmer mit Monopolien versehen habe, die Einfuhr und der Verbrauch auswärtiger Waaren derselben Gattung entgegen der Convention vom J. 1728 verboten oder mit unerschwinglichen Impositen belegt würden[1]), auch in den sächsischen Landen zur Förderung der inländischen Fabriken außer den in der Convention untersagten Waaren noch alle brandenburgschen Sammete, Velpe, Plüsche, Trippe, seidene und halbseidene Zeuge, wollene und halbwollene wie kameelhärene Zeuge und Waaren, Leder und Lederwaaren, Hüte, Emaillearbeiten und Porzellan und belegte alle kurbrandenburgschen Rauch- und Schnupftabacke über den Accistarif vom J. 1753 das Pfund mit 4 Pf. bis zu einem Groschen. Friedrich II aber hatte am 1. Mai 1755[2]) befohlen: „Nachdem nunmehr von den in Sachsen gemachten übelgesinnten Veranstaltungen gegen die hiesigen Kaufleute, Fabrikanten und nach Sachsen negociirenden Handwerker die Confirmation daselbst publicirt ist, daß die Steuer-, Accise- und Zollbedienten auf den vormals geschlossenen Commercientractat keinen weiteren Egard nehmen, vielmehr alle hiesigen nach Sachsen gehenden Waaren theils bei schwerer Bestrafung gänzlich verboten theils ganz hoch impostirt sein sollen, so haben wir, da das sächsische Verbot nur auf hiesige Waaren geht, beschlossen, daß auch hier von Stund an außer den in der ehemaligen Convention verbotenen alle in Sachsen verfertigten Leinenwaaren und Tafelzeuge, ganz- und halbwollene und baumwollene, ganz- und halbseidene Waaren und Zeuge, dresdnisches und meißnisches Porzellan schlechterdings verboten sein sollen. Da auch hiesigen Krämern auf sächsischen Märkten das Auslegen verboten wird, sind auch die kursächsischen Krämer von den Jahrmärkten der Provinzen zurückzuweisen.“ — August III verbot wieder am 4. Juli 1755[3]) seinen Unterthanen, die groben Material-, Gewürz-, Fisch-, Juchten-, Leder- und dergleichen aus den Seestädten bezogene Waaren von den Lagern zu Halle,

---

[1]) Acta, Commercien-. Zoll-, Gleitssachen u. s. w. Vol. XII, Bl. 331. — [2]) Acta, zur Erörterung u. s. w. Vol. I, Bl. 239. — [3]) Ebenda, Vol. I, Bl. 22 folg.

Magdeburg, Berlin, Stettin, Frankfurt a. O., und andern kurbrandenburgschen Städten zu verschreiben; sie sollten dieselben mit Umgehung des preußischen Gebiets unmittelbar aus den niedersächsischen Seestädten über Leipzig kommen lassen und am allerwenigsten dergleichen in Kurbrandenburg gewonnene Waaren außer von der Messe zu Frankfurt a. O. in Sachsen einbringen.

Zwar wurde zu derselben Zeit durch den preußischen Gesandten in Dresden eine Wiederherstellung des gegenseitigen Verkehrs in Vorschlag gebracht und auch der kursächsische Gesandte von Bülow zu weiterem Verfolgen dieses Vorschlags beauftragt, da aber nichts destoweniger mit den thatsächlichen Beschwerungen des sächsichen Handels fortgefahren wurde, so hielt auch August III am Retorsionsrechte fest und befahl am 15. September, auf der nächsten Michaelismesse zu Leipzig die preußischen Händler in derselben Weise zu behandeln, wie die sächsischen Unterthanen auf den Messen zu Frankfurt a. O. behandelt würden. Doch schon am 18. Sept. kam die Mittheilung, daß Friedrich II zu Commissarien für die Verhandlungen mit Sachsen den Grafen Golz und die Kammerdirectoren von Curtius und Lübeck ernannt habe, und vorschlage, bis zu dem endlichen Vergleich alle bisherigen Handelsverbote und Beschwerungen auf beiden Seiten, auf sächsischer am 10., auf preußischer am 12. October fallen zu lassen. Sogleich ernannte auch August III zu Commissären den Kammerrath von Voigk, Generalmajor von Zeutzsch, Kammerrath Just und Accisrath Gruhl und setzte auf Antrag Preußens die erste Zusammenkunft auf den 1. December nach Halle fest. Während er aber am 24. Sept. kund gab[1]), daß in Folge der Uebereinkunft mit Preußen vom 10. Oct. an die seit der letzten leipzigschen Ostermesse ergangenen Commercialverbote und Impostirungen und also auch die Generalverbote vom 27. Mai, 7. Juni und 10. Juli aufgehoben seien, verordnete Friedrich II am 5. Oct., daß auch in Preußen vom 12. Oct. an alle gegen die sächsische Handlung seit jener Messe ergangenen Handelsverbote aufgehoben sein sollten, jedoch mit Ausnahme des Transitoimposts, des Parificationszolls und der Durchgangsaccise oder Grenzzolls, auch sollten hierunter nur die mittels Rescripts vom 4. Mai neuerlichst verbotenen Waaren zu verstehen sein. Demnach blieben verboten alle sächsischen Tücher, wollene, baumwollene und

---

[1]) Ebenda, Bl. 79. 231. 221.

leinene Waaren, Glas und Glaswaaren, Messing-, Kupfer- und Stahlwaaren, hörnene Knöpfe, leonische Tressen und dergleichen, Sammete und Velpe, Quader- und Mühlsteine, mit 70 pCt. belegt alle Tressen und Broderien, mit 35 pCt. alle Goldschmied-, Roth- und Gelbgießerwaaren, mit 18 pCt. die seidenen und halbseidenen Waaren, mit 10 pCt. Battiste, Schleier, Gaze u. s. w.

Durch solche Beschränkung der Uebereinkunft kam aber Sachsen in großen Nachtheil[1]), weßhalb August III, nachdem auch nach Beginn der Verhandlungen in Halle Friedrich II zu keinem weiteren Schritt zu bewegen war, am 23. Dezember die Kammerräthe beauftragte, auf Gegenveranstaltungen zu denken, damit der sächsische Handel bei der Festhaltung des status interimisticus in Preußen nach Möglichkeit außer Schaden bleibe. Auf die Erklärung der k. preußischen Abgeordneten[2]), daß die neu angelegten Transitoimposten und Durchgangsaccisen nach § 5 des Commercientractats als eine Parification für die in Leipzig außerhalb der Messen zu entrichtenden Durchgangsabgaben zu betrachten seien, wurde ihnen der Accisetarif von Leipzig mit der Bemerkung übergeben, doch endlich das Vorurtheil fallen zu lassen, als ob zwischen benachbarten Staaten alle Durchgangsabgaben, wie alt und wohlbegründet solche auch sein möchten, parificirt und in eine Proportionalaufrechnung gestellt oder dem andern Theil ebenso hohe Transitoimposten neuerlich zu machen freistehen müßte, da nach solchem Prinzip die Ausübung der reichsständischen wohl erworbenen Befugnisse in das arbitrium tertii gegen alle Reichsconstitution versetzt werden würde.

Nachdem sogleich zu Anfang von kursächsischer Seite „Generalprincipia" übergeben und dieselben von den preußischen Abgeordneten mit einer „Erklärung" beantwortet waren[3]), überreichten letztere am 2. März 1756[4]) eine „Hauptdeclaration", welcher wieder von sächsischer Seite eine „Gegenerklärung" folgte. Letztere setzte die Freilassung der Durchfuhr und des Durchhandels in Schlesien und der Grafschaft Glatz, sowie die Herstellung der alten Zollverträge zwischen Schlesien und der Lausitz als Präliminarpunkte voraus und schlug als Grundlage des neuen Vertrags den Tractat vom J. 1728 vor. Dabei erklärte sich August III bereit, falls man in Preußen alle seit

[1]) Ebenda, Bl. 204. 430. — [2]) Ebenda, Vol. II, Bl. 37 folg. — [3]) Acta, Preußische Commerciendifferenzien betr. 1721—1771. Bl. 29 folg. Loc. 2965. — [4]) Acta, Zur Erörterung u. s. w. Vol. II, Bl. 111 folg.

dem J. 1730 angelegten Durchgangsabgaben und insbesondere die sogenannten Transitoimposten, 15 Gr. von jedem Pferd, abstelle, in gleicher Weise alle aus Preußen durch Sachsen und durch Sachsen nach Preußen gehenden Waaren behandeln zu lassen. Dagegen hielt er sich, auf den Leipziger Stapel- und Straßenzwang in seiner vollen Ausdehnung zu bestehen, um so mehr befugt, als der König von Preußen in Betreff Frankfurts dasselbe Recht beanspruchte, wollte aber den preußischen Landesproducten auf festzustellenden Straßen unter der Bedingung der Gegenseitigkeit Befreiung zugestehen. Deßgleichen erklärte er die verlangte Eröffnung der Elbschiffahrt für die magdeburgschen Schiffe bis nach Böhmen oder nur bis Dresden für durchaus unmöglich, da die Aufhebung dieser seit Jahrhunderten behaupteten Sperrung der Elbe dem sächsischen Handel zum äußersten Nachtheil gereichen würde. — Ebenso wenig wollte aber der König von Preußen von der seit dem J. 1747 verhängten Hinderung der sächsischen Schiffahrt durch das Stapelrecht von Magdeburg, von dem Verbot sächsischer Tücher und Wollenwaaren und von den Durchgangszöllen abstehen. Die letzte Hoffnung auf einen friedlichen Ausgleich schwand, als im April dieses Jahres[1]) auf der sogen. Detourstraße von Leipzig nach Hamburg im braunschweigschen Gebiet vier Frachtwagen von preußischen Beamten überfallen und gewaltsam nach Salza geführt wurden. Nachdem nun die kursächsische Commission den Auftrag erhalten hatte, im Fall eines Abbruchs der Verhandlungen vor allen Gelegenheit zu bieten, daß dieselben später wieder angeknüpft werden könnten, folgte am 5. Juni der Befehl zur Abreise, welche auch alsbald erfolgte unter der gegenseitigen Versicherung, daß jeder zu Hause das Mögliche thun wolle, um die Hindernisse eines zu erneuernden Tractats zu heben.

Auf kursächsischer Seite war jetzt die Ansicht herrschend geworden[2]), man sei in Preußen keineswegs gemeint, eine billige Gleichheit und das Leben und Lebenlassen, die Grundregel aller gegenseitigen Handlung, anzuerkennen, sondern nur darauf bedacht, wie man in Commerciensachen für sich allein zu bestehen, keinem Nachbarn eine Waare abzunehmen, die seinige aber allenthalben zum Debit zu bringen möglich machen könne. Auf die Hauptforderung von sächsi-

---

[1]) Ebenda, II, Bl. 173 folg. 251. — [2]) Acta, Aufsätze, kursächsische Commerciendifferentien mit dem Hause Brandenburg betr. 1757. Loc. 7403.

scher Seite, daß Schlesien in den Tractat hereingezogen werde[1]), erwiderte Preußen, daß Schlesien und Glatz gar nicht zu den dem Commercientractat unterworfenen Provinzen gehörten und deßhalb auch in jeder Beziehung frei und ungebunden bleiben müßten. Statt die Zahl der Verbote zu mindern, wollte Preußen nur noch mehr hinzugefügt haben, z. B. das Verbot aller Parchente und des Cannefas, sobald die inländische Cannefasfabrikation zur Blüthe gelangt sei, aller baumwollenen Zeuge und Tücher sowie der Stahl- und Eisenwaaren, die auch in Neustadt-Eberswalde gefertigt wurden; alle hohen Sätze, auch die Durchgangsaccise und der Transitoimpost, sollten beibehalten, Verbot und Auflage auch auf die Zierrathen an andern Gewerbserzeugnissen oder die sogenannten Accessoria erstreckt werden, und das Verbot der Ausfuhr von Getreide, Lumpen, Landseide, altem Eisen und Kupfer jeder Zeit freistehen.

Wie man bei diesen Commercialverhandlungen gegenseitig rechnete, erhellt aus einem „Auszug von dem bisherigen Verlauf und gegenwärtigen Situation der in Halle seit 1. Dez. 1755 bis 15. Mai 1756 geführten Commercien-Negociationen[2])," worin es heißt: „Wenn zwei fremde Staaten mit einander einen Commercientractat eingehen und beide nichts Neues fordern, sondern nur bei dem vorigen Status zu bleiben sich verbindlich machen, so verliert und gewinnt keiner von beiden etwas. Machen beide Theile Forderungen und räumen einander solche gegenseitig ganz oder zum Theil ein, so gewinnen und verlieren beide dasjenige, was sie einander auf's Neue zugestehen. Falls aber ein Theil gar nichts fordert, sondern allein bei dem vorigen Status bleiben will, der Andre dagegen verschiedene neue Prätensionen macht, deren einige bewilligt, andere niedergeschlagen werden, so gewinnt der Erstere nichts, der Letztere alles, was ihm auf's Neue zugestanden wird und was jener zugleich verliert." Diese Rechnung fiel allerdings sehr zum Nachtheil von Kursachsen aus, da Preußen nur Forderungen aufgestellt hatte und nur unbeträchtliche Zugeständnisse machen wollte.

König August III beabsichtigte nun zunächst wieder Gegenmaßregeln zum Schutz der sächsischen Gewerbe. Einer zu diesem Zweck ernannten

---

[1]) Acta Commiss., das bei einer besonderen zu Leipzig niedergesetzten Deputation über die k. preuß. fernerweite Erklärung und Ultimatum vom 24 Apr. 1756 eröffnete Gutachten betr. 1756. Loc. 7402. — [2]) Acta Commiss., die wider die preußischen Commercial-Beeinträchtigungen vorzukehrenden Gegenveranstaltungen ꝛc. 1756. Vol. I, Bl. 16 folg. Loc. 7402.

Commission befahl er am 29. Juni 1756,[1]) die hierzu dienlichen Mittel zu erörtern und dabei ein den Fabriken und der Handelsverfassung der sächsischen Lande angepaßtes „Generalsystem in Commerzsachen“, zu dem die Commission aber erst den Plan entwerfen sollte, zu Grunde zu legen, vor allen aber die Fragen zu berücksichtigen: gegen welche brandenburgschen Waaren ist mit Ausschließung und Auflagen der Anfang zu machen? welche Beschränkungen sind bei Ausfuhr der Fabrikmaterialien anzuordnen? wie ist mit dem Leipziger Straßenzwang und Stapelrecht, wie mit den Durchgangsaccisen fortzufahren? wie ist die Harzstraße in Aufnahme zu bringen und was in Betreff der Elbschiffahrt zu thun? „Wir hegen jedoch,“ heißt es zum Schluß, „bei diesen vorzukehrenden Gegenveranstaltungen nicht die Meinung, daß das Commercium mit Preußen dadurch an hiesigem Theile gesperrt, in Dingen, welche bisher außer Contestation geblieben oder wo beiderseitige Lande außer Concurrenz stehen, gehindert und zu Bitterkeiten Anlaß gegeben oder auch alle Species dortiger Einschränkungen und Verbote retorquiret werden sollen, sondern es ist die Rücksicht hiebei hauptsächlich auf die Convenienz hiesigen Fabrik- und Handelsstandes und auf dasjenige, womit von jener Seite denselben der meiste Eintrag geschieht, dergestalt zu nehmen, daß allenthalben erscheine, daß man bei solchen Commercien-Irrungen an hiesigem Orte mehr in den Schranken der Vertheidigung und Abwendung des von dortigen Veranstaltungen empfindenden Schadens zu bleiben, als dem preußischen Commercio dergleichen geflissentlich zuzufügen gesonnen sei. Inzwischen kann jedoch in denjenigen Punkten, wo man diesseits dem preußischen Commercium etwas einräumen zu wollen bei den Tractaten zu Halle in Hoffnung eines Einverständnisses sich geneigt finden lassen, nunmehr da nach zerschlagener Unterhandlung die Sache auf Retorsionsveranstaltungen ankommt, nirgends etwas, wenn es auch unbedenklich wäre, um so weniger nachgesehen werden, als solches vielleicht einer künftig zu reassumirenden Negociation zum Präjudiz gereichen würde.“

Einen schlechten Erfolg hatte bis jetzt die Harzstraße gehabt. Die kurhannoversche Regierung[2]), welche diese Straße gleichfalls für das kräftigste Mittel gegen die preußischen, auf die Emporbringung der Stadt Magdeburg gerichteten Absichten erachtete und deßhalb ansehn-

---

[1]) Ebenda, Vol. I, Bl. 1 folg. — [2]) Ebenda, Vol. I, S. 66 folg.

liche Summen darauf verwendete, beschwerte sich bitter, daß die Leipziger Kaufmannschaft diese Straße fast gar nicht gebrauche und es noch immer mit den Magdeburgern halte. Sie machte deßhalb den Antrag, den neuen Straßenzug bei Strafe zu gebieten und auf die dennoch über Magdeburg nach Leipzig gebrachten Güter einen höheren Grenzzoll zu legen. Die genannte Commission aber hielt eine solche Zwangsmaßregel für sehr bedenklich, da Preußen daraus nur die Veranlassung zu neuen Gegenveranstaltungen nehmen und die Leipziger niemals auf dieser Straße, die überhaupt nur ein Nothmittel und nicht jeder Zeit zu befahren sei, mit den über Magdeburg handelnden Kaufleuten gleiche Preise halten könnten; man solle sich zunächst mit der Besserung der Straße begnügen und mit der Ermahnung, daß die Leipziger wenigstens für die theueren niedersächsischen Waaren, welche die Landfracht über Lüneburg zu ertragen vermöchten, dieselbe gebrauchen und wegen der Rückfracht eine Ordnung unter sich aufrichten möchten.

Außer den noch hinzuzufügenden Ausfuhrverboten für die im Vertrag vom J. 1728 nicht verbotenen preußischen Waaren[1]) nahmen die Verhältnisse zwischen Schlesien und der Lausitz die Aufmerksamkeit der Commission ganz besonders in Anspruch[2]). In Folge der preußischen Sperrmaßregeln herrschte in der Oberlausitz der empfindlichste Mangel an den unentbehrlichsten Rohwaaren, als Wolle, Garn, Flachs, Leder u. a., der Absatz der Fabrikate lag ganz darnieder und der gesammte Handel durch und in Schlesien mit den Ungarn, Polen und Russen war in jeder Weise behindert, wobei übrigens die preußischen Unterthanen ebenso viel litten, wie die sächsischen. Im J. 1741 gebrauchte die Oberlausitz noch 16000 Stein schlesischer Wolle, jetzt, nachdem sie meißnische und niederlausitzische Wolle hatte zu Hülfe nehmen müssen, jährlich noch 4000 Stein, da die feinsten Sorten der schlesischen Wolle durch andre nicht zu ersetzen waren. Außerdem bezog Sachsen jetzt aus Schlesien: Garne, Flachs, Werg und Hanf, Röthe, Karden, Schleier für den italienischen Handel, blaue Farbe, Eisenstein, Leder, Weizen und Roggen, Vieh, während es früher noch von daher einführte: feine Leinewand, eiserne Waaren von Schmiedeberg, ungarsche Weine und Kupfer, Obst, Wachs, Licht und

[1]) Ebenda Bl. 216 folg. — [2]) Acta, Vol. derer bei den hallischen Commercien-Conferenzen 1755 und 1756 zusammen gebrachten Nachrichten und Collectaneen. Lit. A. Loc. 7402. Bl. 1 folg.

Seife, Unschlitt, Gips, Pulver und Salpeter. Dagegen hatte Schlesien aus der Oberlausitz und Meißen eingeführt: Tücher und wollene Zeuge, Strümpfe von Budissin, Cannefas, Bettzeuge und Zwillig, geschliffene Tuchscheeren, Eisen, Messing, Zinn, Blei und Glätte, schwarze und weiße Bleche, Glas, Porzellan, Spitzen, blaue Farbe, goldne und silberne Tressen und Draht.

Dieser lebhafte und innigst verschlungene Verkehr war zerstört, seitdem Schlesien in das preußische Sperrsystem eingezwängt wurde. So wurde z. B. alles über Görlitz eingehende Tuch mit 4 Pfg. Zoll und 6 Pfg. Accise auf den Thaler oder mit 3 Thlr. 11 Sgr. 4 Pfg. auf 100 Thlr. über die alten Zölle belegt. Versendeten die Tuchhändler aus Görlitz von den Breslauer Märkten in andere schlesische Städte bestellte Tücher, so mußten sie noch außerdem vom Thlr. 8 Pfg. Zoll und 6 Pfg. Accise oder von 100 Thlr. 4 Thlr. 20 Sgr. 8 Pfg. als Nachschuß erlegen. Durch eine spätere Erhöhung der Accise stieg diese Abgabe auf 5 Thlr. 13 Sgr. 4 Pfg. von 100 Thlr., mit Ausschluß noch eines Zettelgeldes von 16 Gr. auf jede 100 Thlr. Dabei hatte Friedrich II alle schon unter österreichischer Herrschaft erhöhten Zölle beibehalten und verordnete außer den schon angeführten Begünstigungen für die schlesischen Gewerbe noch besondre für die Breslauer Kaufleute, wie z. B. eine Rückvergütung für alle wieder ausgeführten Waaren und eine besondre Buchführung für dieselben mit vierteljährlicher Abrechnung, sowie eine Befreiung von der Eingangs- und Verbrauchsaccise für alle aus Moskau, Armenien, Polen, Lithauen und benachbarten Länder eingehenden Waaren, sobald die Einbringer dagegen inländische Waaren nach jenen Ländern, ein Drittheil des Betrags der Einfuhr aber in Geld barattiren würden.

Diese und andere Begünstigungen und die ganze Summe der verhängten Sperrmaßregeln zerstörten den Verkehr zwischen Schlesien und Sachsen vollständig und trieben den bestehenden handelspolitischen Gegensatz und Zwiespalt zwischen Preußen und Sachsen auch an diesen schlesisch-lausitzischen Grenzen auf die äußerste Spitze. Die letzte Hoffnung aber auch nur auf die beschränkteste Annäherung schwand, als Friedrich II am 29. August 1756 mit seiner Kriegsmacht in Sachsen einrückte und der nun folgende siebenjährige Krieg

---

[1]) Ebenda, Lit. C, Bl. 5 folg.

die Volkswirthschaft und ihre Pflege auf lange Zeit ganz niederschlug.

Bei den Friedensverhandlungen zu Hubertusberg im J. 1763 versuchten die kursächsischen Abgeordneten Freiherr von Fritsch und Hofrath Gutschmied auch die allgemeinen Verkehrsverhältnisse zwischen Preußen und Sachsen in die Berathung zu ziehen und bestimmte Grundgesetze in Betreff der Gleichstellung beider Staaten, wobei jedem Landesherrn zu einer inneren Landesverbesserung möglichst freie Hand gelassen werde, in den 6. Artikel des Friedensvertrages zu bringen, um dadurch für einen späteren Commercientractat eine sichere Grundlage zu gewinnen. Da sich aber von preußischer Seite entschiedener Widerspruch dagegen erhob, wurde diese Angelegenheit zu künftiger Verhandlung ausgesetzt. Auf kursächsischer Seite glaubte man zufrieden sein zu dürfen, daß nur vor der Hand nichts Nachtheiliges festgestellt und der Grundsatz des gegenseitigen Vortheils als die alleinige Grundlage eines Commercientractats anerkannt sei[1]). Zunächst nach dem Frieden dachte man jedoch weder in Preußen noch in Sachsen an eine Ausgleichung des handelspolitischen Zwiespaltes, indem man auf beiden Seiten allein in der Anspannung des einmal zur Herrschaft gebrachten Systems das Heilmittel für die schweren Wunden des Kriegs erblickte. Freilich wurde dadurch die Kluft zwischen den Regierungen der beiden Länder um so breiter, der Riß durch den vielfach verschlungenen Verkehr ihrer Unterthanen um so einschneidender.

In Sachsen wurde am 17. Sept. 1763[2]), kurz vor dem Tode Augusts III, das Verbot der Ausfuhr von wollenen und leinenen Garnen in alle Länder, welche die Garnausfuhr und die Einfuhr sächsischer wollener Tücher verboten hatten, erneuert, und auch Prinz Xaver, Administrator des Kurfürstenthums während der Minderjährigkeit des Kurfürsten Friedrich Augusts III, wiederholte am 27.

---

[1]) Relation vom 23. Febr. 1763, in den Acten, Preuß. Commercíendifferenzien betr. — Der 6. Artikel, soweit er den Handel betrifft, lautet: Pour redresser réciproquement tous les abus qui se sont glissés dans le commerce au préjudice des pays, états et sujets respectifs des hautes parties contractantes, il est convenu, que d'abord après la paix conclue, on nommera de part et d'autre des Commissaires, qui régleront les affaires de commerce sur les principes équitables et réciproquement utiles. Martens, Recueil des principaux traités, I, 74. — [2]) Acta, das Verbot der Ausfuhr des Garns= ingl. das Garnsammeln auf dem Lande betr. L. 1321.

März 1765[1]), unter ausdrücklicher Beziehung auf die in den Nachbarländern erlassenen Sperrmaßregeln das Mandat gegen die Einfuhr und den Verkauf aller fremden Zeuge und Zeugwaaren, Stickereien und Hüte, Waaren von Leder und Metall, Getränke u. s. w., doch blieb der Großhandel mit Auswärtigen von diesem Verbot ausgenommen.

Diesen Verordnungen in Kursachsen folgte, mit ausdrücklicher Hinweisung darauf, am 7. Mai von Seiten des Königs Friedrich II das gänzliche Verbot aller in kursächsischen und den incorporirten Ländern verfertigten Manufactur- und Fabrikwaaren, und insbesondre noch des sächsischen Porzellans, doch sollte der Großhandel damit zu Frankfurt a. O. einstweilen noch gestattet bleiben. Ein zweiter Befehl vom 13. Mai erstreckte dieses Verbot auch auf Schlesien, weil zur Zeit der letzten Leipziger Messe der Vertrieb schlesischer Fabrikate auch in Kursachsen verboten worden sei. In Berlin wollte man überhaupt die vorgefaßte Meinung nicht aufgeben, als sei Kursachsen stets der anfangende Theil und suche fortwährend Gelegenheit, um Preußen zu „necken", ließ aber doch dabei durchscheinen, daß wenn von dieser Seite ein Antrag auf Abänderung der Irrungen und vornehmlich auf Abänderung des Transitzolles von 30 pCt. geschehen würde, der König sich dazu dürfte geneigt finden lassen[2]). Auf diesen Wink knüpfte sogleich die kursächsische Regierung durch den sehr angesehenen Berliner Kaufmann Gotzkowsky vorbereitende Unterhandlungen an, mit der offenen Erklärung, daß der Prinz Xaver zur Herstellung des gegenseitigen Verkehrs unabänderlich bereit sei. Dennoch sahen sich die auf die Messe nach Frankfurt a. O. reisenden Kaufleute von Leipzig genöthigt, an der preußischen Grenze umzukehren, da man ihnen die Durchgangsaccise von 30 pCt. abverlangte; auch wurde den schon in Frankfurt anwesenden sächsischen Kaufleuten das Verbot aller sächsischen Waaren in Preußen amtlich verkündigt. Noch während von Stutterheim in Berlin die angeführte Erklärung wiederholte, wurden hier am 17. Dezember die Verbote und hohen Belastungen der sächsischen Waaren erneuert, damit „das Königreich an den eigenen Fabrikaten Genüge haben und zwischen den Städten und dem Lande eine

[1]) Acta, die Erörterung der Commercien-Irrungen mit dem k. preußischen Hof, Absendung diesseitiger Commissarien nach Halle betr. 1765—66. — [2]) Bericht des Obersten von Stutterheim aus Berlin vom 28. Oct. in den angegebenen Acten

mutuelle lebendige Verkehrung und Nahrung etablirt, beständig unterhalten und folglich das Geld im Lande conservirt werden möchte." Bei Geld- und Festungsstrafe wurde die Beobachtung dieses Befehls geboten, und auch der Bezug der hochbelegten Waaren nur aus inländischen Städten erlaubt, denn nicht der Vertrag vom 16. October 1728 sondern nur das Edict vom 7. Mai d. J. sei gültig. Dennoch wurde wenige Tage darauf von Berlin nach Dresden mitgetheilt, es komme nur darauf an, daß von kursächsischer Seite die Commissare und der Ort der Conferenz benannt würden. Sogleich bestimmte Prinz Xaver den Accisrath Sternickel, Bergkommissar von Heinz und Kammerrath Just zu Commissaren und auf den Wunsch des preußischen Ministers Grafen von Finkenstein Halle als Zusammenkunftsort. Friedrich II ernannte dagegen den Geh. Finanz- und Kriegsrath von Rose und Geh. Kriegs- und Domänenrath Magusch zu Bevollmächtigten, ohne sich aber dadurch von neuen Sperrmaßregeln abhalten zu lassen. Nachdem die Fabrikanten Laurent und Comp. in Berlin eine Fabrik von kamelhärenen und andere Zeugen errichtet und vom König das Monopol solcher Waaren für sämmtliche alte Provinzen erhalten hatten, wurde am 3. Februar 1766 auf alle dergleichen ausländischen Waaren eine Auflage von 4 Thlr. für die Elle gelegt, und ebenso am 6. Februar nach der Privilegirung der zu Jauer durch Morbach in Posen angelegten Seifenspiritusraffinerie die Einfuhr alles fremden und insbesondre des sächsischen Seifenspiritus verboten.

Bei Eröffnung der Conferenz in Halle am 3. März überreichten die sächsischen Abgeordneten, nachdem die preußischen eine mögliche Kürze der Verhandlung und Vermeidung alles beschwerlichen Details betont hatten, ihre vorher mit allem Fleiß überlegten „Generalprincipia",[1]) welche als Hauptzielpunkte aufstellten: 1. Zurückführung der Meßabgaben auf die Zeit vor 1754 d. i. vollständige Gleichheit und Gegenseitigkeit derselben bei einem höchsten Betrage von 2 pCt. 2. Freigebung des Transithandels mit Beibehaltung der alten Zölle, Gleite-, Brücken- und Pflastergelder und einer Durchgangsabgabe von höchstens 1 pCt.; 3. gegenseitige Freiheit in Betreff der Ausfuhr von Lebensmitteln; 4. Freiheit für jeden Landesherrn, bei der innern Consumtion den Erzeugnissen der eigenen Unterthanen durch

[1]) In denselben Acten. S. 150 folg.

Verbote oder höhere Belegung der Fremden einen Vorzug zu schaffen, wobei sich jedoch die kursächsische Regierung zu jeder besondern, mit Berücksichtigung des gegenseitigen Vortheils zu treffenden Vereinbarung bereit erklärte. Die preußischen Abgeordneten erwiderten am 5. März[1]), unter der Voraussetzung, daß des preußischen Königs wie seiner Staaten Interesse die Errichtung eines besonderen Commercientractats gar nicht erheischen möchte, zu Punkt 1., daß es dem König nach dem Grundsatz der Gegenseitigkeit freistehen müsse, auf der Frankfurter Messe soviel zu fordern wie auf der Leipziger Messe verlangt werde; zu 3. und 4., daß sie solches als billig und zur Richtschnur dienlich anerkennten, für den 2. Punkt aber hätten sie keine Instruction. Dieser Punkt, die Befreiung der Durchfuhr und des Durchhandels, war für die sächsischen Abgeordneten der Angelpunkt der ganzen Unterhandlung, weshalb sie auch mit vollem Recht erklärten, daß jede Festsetzung über den Meßhandel werthlos sein werde, so lange noch die Zu= und Abfuhr der Waaren einer willkührlichen Erhöhung der Transitgebühren ausgesetzt bleibe. Die preußischen Abgeordneten blieben aber so entschieden bei der Erklärung, nur in Betreff des Meßhandels Auftrag zu haben, daß jene sich scheueten, etwas laut werden zu lassen, was des Königs von Preußen „système favori, die Fabriken auch mit Nachtheil des Commercii zu bauen" nahe treten würde.

Nachdem am 25. März Magusch nach Berlin zurückgerufen und durch den Geh. Rath Ursinus ersetzt war, wiederholten am 9. April die preußischen Abgeordneten ihre, die Verhandlungen nur auf den Meßpunkt beschränkende Erklärung und setzten als ausgemacht voraus, daß alles außerdem hier Verhandelte unverbindlich sei[2]). Den Meßhandel zu fördern, habe der König den Transitoimpost zwischen Polen und Sachsen von 30 pCt. auf 8 pCt. heruntergesetzt, doch mit der Ausnahme, daß alles sächsische nach Polen gehende Porzellan, alles aus Polen nach Sachsen gehende Garn, Wachs, Farbewaaren, Galmey, Getreide, Roßhaare und rohe Leder dem alten Satz unterworfen und die für das nach Sachsen gehende polnische Vieh, Tuch und Wolle besonders aufgestellten Sätze anerkannt würden; nur nach Annahme dieser Grundsätze von sächsischer Seite dürften sie zur Ordnung der Meßangelenheiten die Hände bieten. Nach dieser Er=

---

[1]) Ebenda, S. 201 folg. — [2]) Ebenda, Vol. II, Bl. 29 folg.

öffnung erhielten die sächsischen Abgeordneten von Dresden die Weisung, trotz der geringen Aussicht auf den Erfolg jeden Schein zu vermeiden, als ob man hier an einen Bruch der Verhandlungen denke, aber auch keine neuen Verbindlichkeiten ohne entsprechende Gegenvortheile einzugehen und unter möglicher Zusammenhaltung der vier Punkte ausdrücklich die gegenseitige Gleichstellung zu verlangen. Die preußischen Abgeordneten aber drängten um eine endgültige Antwort, denn ihre Erklärung sei kein interimisticum sondern ein ultimatum und sie einzig und allein auf den Meßhandel mit Vollmacht versehen.

Während dieser Verhandlungen trennte Friedrich II durch die Patente vom 10. und 14. April 1766[1]) das Accisewesen mit den Zöllen von der übrigen Finanzverwaltung und übergab dasselbe einstweilen auf 6 Jahre den zu diesem Zweck berufenen französischen Finanzmännern. Der Befehl vom 10. April[2]) verkündigte, daß der König wegen der vielfachen Defraudationen und Unordnungen im Accisewesen Pächter aus Frankreich habe kommen lassen, welche die Administration der Accisen vom 1. Juni an übernehmen würden; von diesem Zeitpunkt an hätten sämmtliche Kriegs- und Domänenkammern mit den Accisen und Zöllen nichts weiter zu thun. Das „Declarationspatent" vom 14. April[3]) stellte, weil die Abgaben seither nach einem unrichtigen Maßstab erhoben, das Getreide zu sehr beschwert, beim Schlachtvieh der Ausländer vor dem Unterthan bevorzugt, bei den Getränken das Publikum durch Verfälschung und hohe Preise benachtheiligt gewesen sei, ein neues „Reglement" vorläufig fest. Dasselbe enthielt in 6 Hauptartikeln Grundsätze, welche während der späteren Regierungszeit dieses Königs in Preußen herrschend blieben, und betraf den inneren Verbrauch von Getreide, Mehl, Fleisch, Bier, Wein und Branntwein. Da mit dieser Accise auch die Zölle den französischen Pächtern übergeben wurden und diese am allerwenigsten zu einem Nachlaß geneigt waren, so blieb dieser Umstand gewiß nicht ohne Einwirkung auf die Verhandlungen in Halle.

Nach einem fast vollständigen Stillstande derselben erklärten am

---

[1]) In denselben Acten Vol. II, Bl. 143 folg. Vergl. Beguelin, Heinrich von, historisch-kritische Darstellung der Accise- und Zollverfassung in den preußischen Staaten (Berlin 1797) S. 111 folg. — [2]) Nach Beguelin S. 114 vom 9. April. — [3]) Ebenda, S. 123.

22. Mai die preußischen Abgeordneten, daß sie bereits zur Rückreise Befehl hätten, wenn nicht der zu schließende Vertrag auf die Meßangelegenheiten beschränkt und von der Gegenseitigkeit in Betreff des Transits abgesehen werde. Obwohl auf kursächsischer Seite von einem solchen Vertrage kein Vortheil als der Besuch der frankfurter Messe, wohl aber der Nachtheil einer willkührlichen Erhöhung des Transits zu erwarten war, wurde doch am 2. Juni auf Befehl des Prinzen Xaver der Entwurf eines nach dem preußischen Antrage eingerichteten Vertrages übergeben[1]) und schon am 19. Juni die Conferenz nach Unterzeichnung dieser „Meßconvention" geschlossen. Nach dieser auf 5 Jahre festgesetzten Uebereinkunft sollte vom Meßhandel, außer zu Frankfurt a. O. fremde Sammete, Velpe, Syrup, Schnupf- und Rauchtaback, nichts ausgeschlossen, die Unterthanen beider Theile einander gleich und in Betreff der Meßabgaben wie die am wenigsten entrichtenden Fremden behandelt, die zum inneren Verbrauch zugelassenen Waaren im Großen und Kleinen an alle, die nicht zugelassenen nur im Großen zur Wiederausfuhr verkauft und gegenseitig eine beglaubigte Nachricht von den Meßeinrichtungen und Abgaben überreicht werden. Die Auswechselung der Ratificationsurkunden, welche sich ausdrücklich auf den 6. Artikel des Friedens von Hubertusburg beziehen, erfolgte am 29. Juli 1766[2]).

Es ist bekannt, daß Friedrich II gleichzeitig mit der Veränderung in der Finanzverwaltung immer ernstlicher mit den Mitteln des Sperrsystems die Gewerbe und durch Monopole den Handel seines Landes emporzubringen strebte und um so hartnäckiger diese Mittel anspannte, je mehr er im Laufe der Zeit einen großen Theil des Fabrikbetriebes selbst in die Hand nahm und einen andern beträchtlichen Theil desselben durch seine Unterstützung aufrecht erhielt[3]). Am 4. Mai 1765 monopolisirte er den Tabackshandel, verpachtete denselben zuerst für eine Million Thaler an die Gesellschaft des Franzosen Boubaud und des Italieners Calzabigi, dann, als diese den Bedingungen nicht gerecht zu werden vermochten, an zehn Berliner Kaufleute um 1,100,000 Thlr. und ernannte nach Auflösung dieser Gesell-

---

[1]) Ebenda Bl. 268 folg. 334 folg. — [2]) Die preußische Urkunde wurde unterzeichnet am 18. Juni 1766; im dresdner Hauptstaatsarchiv nr. 14981. — [3]) Vergl. unter andern Preuß, Friedrich der Große III, S. 5 folg., Mirabeau, de la Monarchie Prussienne III, 5. Buch. Von Reden, statistische Mittheilungen. Biedermann, Geschichte des 18. Jahrh. I, 293 folg.

schaft am 1. Mai 1767 eine Generaltabacksadministration unter der Leitung des de la Haye de Launay, welche in einem Jahre 1,286,289 Thlr. Ueberschuß erzielte. Zu gleicher Zeit zog er das Salzregal auf's Schärfste an, indem er am 17. Dezember 1765 den Salzverbrauch auf jeden Kopf (4 Metzen) festsetzte, und übergab im J. 1772 auch den Handel mit Seesalz einer besonderen Seesalzhandelsgesellschaft, einem Zweig der großen Seehandelsgesellschaft, welche letztere zugleich ein ausschließliches Privileg auf den Handel mit Wachs, polnischem Holz u. a. erhielt. Ebenso übergab er der Bauholzgesellschaft den alleinigen Vertrieb des Bauholzes, der Brennholzgesellschaft den Vertrieb des Brennholzes für Berlin und Potsdam. Der Handel mit Kaffee, der den Absolutismus dieses Systems in seinen schroffsten Ausschreitungen darlegte und dadurch am meisten in Verruf brachte, wurde der Regie vorbehalten, während der Getreidehandel auf Elbe und Oder wieder einer privilegirten Gesellschaft übergeben wurde. Die inländische Zuckerfabrikation förderte der König durch Sperrzölle auf fremden Zucker, die Ausfuhr der preußischen und insbesondere der schlesischen Leinwand über Hamburg nach Amerika brachte er auf Kosten der sächsischen durch Sperrmaßregeln so empor, daß der Absatz vom J. 1756 bis 1780 von 3,771,175 Thlr. auf 4,382,951 Thlr. und die Zahl der Webstühle von 21,977 auf 24,976 stieg. Zur Hebung der Wollenmanufactur erneuerte er im J. 1766 das Verbot der Ausfuhr von Wolle wie des Verkaufs der Schaafe vor der Schur, drückte aber dabei den Tuchhandel seiner Unterthanen durch die dem Lagerhaus in Berlin ertheilten Vorrechte tief herunter. Als in Folge jener Verbote ein großer Theil der Schäfereien einging, verbot er, freilich aber vergeblich, bei Strafe von 1000 Dukaten das Aufgeben einer Schäferei. Die Spiegelfabrikation zu Neustadt an der Dosse war schon seit Friedrich I. königlich, die im J. 1751 zu Berlin begründete Porzellanmanufactur übernahm Friedrich II im J. 1764 für 225,000 Thlr. und schärfte seitdem um so mehr die Sperrmaßregeln gegen das sächsische Porzellan. Andere Fabriken von lackirten Waaren, Uhren, Dosen, Bleistiften, Oblaten, Papier wurden mit des Königs Geldvorschüssen angelegt und dann, wie auch die Kattundruckerei, das Berg- und Hüttenwesen, der Betrieb von Spinnmühlen, der Bau von Dampfmaschinen mit Hülfe des Sperrsystems im Schwung erhalten. Mit besondrer Vorliebe trieb der König die Seidenmanufactur von unbedeutenden Anfängen zur

Blüthe empor. Im J. 1783 gab es in Berlin 2316 Webstühle auf Seide, die für 1,800,000 Thlr. Seidenwaaren erzeugten und davon für 600,000 Thlr. ausführten, 2560 Webstühle auf Wolle, welche für 1,250,000 Thlr., 1048 auf Baumwolle, welche für 596,000 Thlr. und 238 auf Leinen, welche für 123,000 Thlr., zusammen für 3,774,000 Thlr. Waaren erzeugten, wovon für 817,000 Thlr. in's Ausland gingen. Auch schärfte der König das im J. 1766 erneuerte, für die Fremden wie die Unterthanen gleich quälerische Verbot der Ausfuhr von Gold- und Silbermünzen, wie das Verbot des Kleinhandels mit fremden Waaren für die Messe von Frankfurt a. O.[1]) und ließ in Schlesien zu großer Beunruhigung der kursächsischen Regierung wiederum ein Patent anschlagen, das fremde Unterthanen zur Uebersiedelung nach Preußen zu verlocken bestimmt war. In Betreff des Transitverkehrs erließ er am 14. Mai 1771 eine neue Declaration, welche zum Schutz der Landesfabriken und Commercien und zur Aufmunterung der Arbeiter den auf die Durchfuhr zwischen Polen und Sachsen gelegten Impost von 8 p. C. auf alle Fabrikate ohne Unterschied, die in preußischen Landen auch verfertigt wurden, erstreckte und zu neuen Beschwerden von Seiten Kursachsens Anlaß gab.

Indessen drängte auch im Kurfürstenthum Sachsen die Noth nach dem Kriege und das steigende Geldbedürfniß der Regierung zu einer größeren Erhöhung der Accise. Im J. 1766[2]) schlug der ständische Ausschuß vor, Kaffee, Zucker und Taback, sowie Holz, Rind- und Kleinvieh mit einer neuen Abgabe zu belegen und dabei einer willkührlichen Erhöhung der Preise durch Polizeiverordnungen vorzubeugen. Man erwartete von dieser Accise, vom Pfund Zucker 3 Pf., vom Pfund Kaffee 1 Gr. 6 Pf., ein beträchtliches Einkommen, da im Jahre vorher mit Ausnahme von Leipzig 1,833,603 Pfund Zucker und 581,081 Pfund Kaffee eingegangen waren. In Folge dessen erließ Prinz Xaver am 7. April 1767 ein Mandat, das die Nothwendigkeit hervorhob, den inländischen Erzeugnissen vor den ausländischen einen Vorzug zu verschaffen und dem übermäßigen Gebrauch fremder Waaren zu steuern; dazu sei die Impostirung fremder Feilschaften das beste Mittel, da deren Einfuhr dem Lande

[1]) Acta, Preußische Commercienbifferenzien u. s. w. betr. — [2]) Acta, die auf verschiedene fremde Waaren zu legenden neuen Imposten betr. 1766. Loc. 1506. Vol. I, Bl. 1 folg. Vol. II, Bl. 135 folg.

schädlich oder deren allgemeiner Gebrauch am Besten eines mäßigen, alle Consumenten anziehenden Imposts fähig sei. Auf einem Verzeichniß von 14 Folioblättern wurden nun alle diese schädlichen Waaren aufgeführt und ausdrücklich dabei bemerkt, daß durch diesen Tarif keinerlei vorhandenes Verbot aufgehoben werde. Bald aber zeigte die Erfahrung, daß die Abgabensteigerung nur eine Minderung der Einnahmen zur Folge hatte. Eine besondere Commission, aus dem Conferenzminister von Wurmb, den geheimen Kammerräthen Wagner und von Vieth bestehend [1]), sollte die Gründe dieser Abnahme untersuchen und erstattete am 30. August 1769 ein Gutachten, worin es unter andern heißt: „Wenn die Natur der Impostsätze den klaren Beweis mit sich führt, daß manche dem gemeinen Mann unentbehrlichen Lebens- und Fabrikbedürfnisse, welche nach den Grundsätzen soviel immer möglich von Abgaben befreit bleiben sollen, dennoch beschwert werden, und aus dem Bericht klar zu Tage liegt, daß das Commercium, besonders auch der so wichtige Grenz- und Barottohandel und der ganze Nahrungsstand gar merklich geschwächt werden, wenn endlich durch Tabellen und Extracte bewiesen ist, daß der bare Verlust an Kammer- und Acciserevenüen den baaren Ertrag sämmtlicher Imposten um ein sehr Beträchtliches überstiegen hat, so scheint die angeregte Frage keiner weiteren Beantwortung zu bedürfen. — Es ist hier nicht die Absicht, einen Schaden aufzuheben, welchen auswärtige Höfe uns zugefügt, sondern die Wunden zu heilen, welche wir selbst und ohne Rücksicht auf fremde Höfe uns gemacht haben, weßhalb sich auch die vorgeschlagene Milderung des Imposts als so schnell als möglich durchzuführen empfiehlt.“ — Ein andres vom Grafen von Soden unterzeichnetes Gutachten giebt den Rath, ein Einverständniß zwischen Oesterreich, Sachsen und Preußen zu Aufhebung der Imposten anzubahnen, und insbesondre mit Preußen eine gemeinsame Commercialverfassung und einen übereinstimmenden Generalaccis- auch Zoll- und Geleitstarif zu vereinbaren. Die bedenklichen Folgen der neuen Imposten seien durch den vor Augen liegenden Verfall des Handels- und Nahrungsstandes längst außer Zweifel gesetzt und man müsse deßhalb vor allen die Landesproducte dergestalt begünstigen, daß der Fleiß des Landmanns in bedeutender Weise aufgemuntert werde; alle ausländischen, auch im Kurfürsten-

[1]) Ebenda, Vol. V, 168 folg. 417. 423.

thum verfertigten Fabrikate müßten um 8—10 p. C. höher als die gleichen inländischen beschwert, alle Luxusartikel aber, die das meiste bare Geld aus dem Lande zögen, mit noch höheren Abgaben belegt werden.

Diesen Rathschlägen gemäß hob der Kurfürst Friedrich August III manche im J. 1767 zur Erhaltung der Armee auferlegte Abgaben auf, minderte am 14. September 1769 die Accise auf Zucker, fremdes Tuch, Fayence und Steingut, behielt aber alle zur Begünstigung der inländischen Cultur und Viehzucht erhobenen Abgaben bei und erhöhte die Accise auf ausländisches Getreide, Obst und Vieh. Das Verbot der österreichischen und brandenburgschen Waaren sogleich aufzuheben, hielt er für bedenklich, da man zuvor versuchen müsse, ob nicht gegen solche Aufhebung von den Höfen zu Wien und Berlin andere Vortheile zu erlangen seien. Im J. 1770[1]), bei steigender Theuerung, folgte eine Herabsetzung des Zolls vom Getreide für den erzgebirgschen Kreis, dann auch für den Kur- und voigtländischen Kreis und die Oberlausitz, am 1. Februar 1771 eine Minderung des Eingangszolls vom Schlachtvieh, am 5. October vom Obst für verschiedene Gegenden. Erst zu Ende des J. 1781 wurde der Getreidegrenzzoll wieder erneuert und dabei festgesetzt, daß dieser Zoll bei der Uebersteigung gewisser Normalpreise aufhören, doch wieder beginnen solle, sobald die Preise unter diese Linie gesunken seien. Zur Deckung des Ausfalls in den Einnahmen wurde dagegen am 10. Juni 1772[2]) die Accise für Kaffee wieder auf 2 Gr., für Zucker auf 1 Gr. vom Pfund, für ausländische seidene, „reiche" und Galanteriewaaren auf 3 Gr. vom Thaler erhöht.

Die Grundsätze dieser Regierung in Betreff des Accise- und Zollwesens ersehen wir aus den puncta resolutionis[3]), welche Friedrich August III den im J. 1771 und 1772 mit der Revision der Tarife beauftragten Geh. Räthen als Richtschnur an die Hand gab. Der zu erwartende Ausfall, heißt es hier, sei durch unnachtheilige Erhöhungen bei andern Artikeln, durch Verbesserung der Regie u. a. dergl. einzubringen. Zwar ermangele es im deutschen Reiche einem Landesherrn nicht an Mitteln, die Zoll- und Geleitseinkünfte ohne

[1]) Acta, die bei Aufhebung der Imposten beibehaltenen neuen Grenzanlagen u. s. w. 1769 folg. Loc. 3193. 4 Voll. — [2]) Acta, die angeordnete Erhöhung von Kaffee, Zucker, ausländischen Waaren betr. 1772. Loc. 2193. — [3]) Acta, Zoll-, Accis- und Gleitssachen betr. 1697 folg. Vol. II, Bl. 6 folg.

Besorgniß beschwerlicher Weiterungen zu verbessern, wohin besonders das gegen die benachbarten Staaten frei bleibende jus retorsionis et repressaliarum gehöre, ferner die Befugniß, die Schätzung der Waaren und Pferdelasten nach Recht und Billigkeit zu bestimmen und die Sätze nach dem jedesmaligen Werth des Geldes zu verändern, doch sei bei der beabsichtigten Einrichtung weniger auf das strictum jus als auf Förderung des Manufactur- und Commercienstandes wie auf Besserung und Sicherstellung der landesherrlichen Einkünfte das Absehen zu richten. Beiwege seien neben den Haupt- und Commercialstraßen zu dulden, doch auf jenen dieselben Zölle wie auf diesen und auf den nur aus Connivenz gegen die Nachbaren geduldeten etwas höhere zu erheben. Den Landeserzeugnissen sei durch höhere Belegung der ausländischen ein verhältnißmäßiger Vortheil zu schaffen und der übermäßige Gebrauch entbehrlicher ausländischer Waaren durch höhere Abgaben zu erschweren, doch füge eine zu starke Erhöhung dem Verkehr wie den landesherrlichen Kassen überwiegenden Nachtheil zu. Kaufleuten, welche nur inländische Waaren in's Ausland verkaufen, seien die Abgaben zurückzuerstatten und mit den als glaubwürdig erkannten Kaufleuten über ihre Ein- und Ausfuhr besondre Bücher zu führen, jede zu Unterschleif anregende zu hohe Belegung aber zu vermeiden und die Sätze so einzurichten, daß dabei die Contribuenten und Einnehmer am besten übersehen werden können.

Im J. 1778, bis zu welcher Zeit in den handelspolitischen Verhältnissen zwischen Preußen und Sachsen nichts Wesentliches sich veränderte, versuchte die kursächsische Regierung von Neuem, in Berlin eine Erleichterung des Transithandels zu erreichen[1]). Der Umstand, daß von jedem durch das magdeburgische und halberstädtische Gebiet nach Sachsen ziehenden Frachtpferd 2 Thlr. 15 Gr., nach andern Reichsländern nur 1 Thlr. 15 Gr. und nach dem Decret vom 19. Juni 1778 von dem nach Sachsen bestimmten Kaffee noch 12 p. C. Durchgangszoll erhoben wurde, drückte schwer auf den sächsischen Handel. Auf Anregung des preußischen Ministers von der Schulenburg, der für eine Erleichterung des Verkehrs günstig gestimmt war, übergab der sächsische Gesandte in Berlin ein Pro-

---

[1]) Acta, die diesseitigen Handelsverbindungen mit Preußen betr. Vol. I. 1778 —1782. Bl. 16 folg.

memoria, welches außer den erwähnten Beschwerden noch die Klage erhob, daß von den über Magdeburg gehenden sächsischen Blechen nicht nur von jedem Faß 12—14 Gr. erhoben würden, sondern auch auf je 50 Faß sächsischer Bleche 1 Faß preußischer zum Preis von 41 Thlrn. angenommen werden müsse, das in Hamburg höchstens für 24 Thlr. verkauft werden könne. Auch brachte dasselbe die Durchfuhr nach Polen wieder zur Sprache, da in Folge der Declaration vom 14. Mai 1771, welche den Durchgangszoll von 8 p. C. auf alle zum polnischen Handel gehörende Waaren erstreckte, die russischen und polnischen Kaufleute auf weiten Umwegen über Böhmen, Mähren und Oberschlesien, wo der Durchgangszoll auf 1 p. C. herabgesetzt war, nach Sachsen und Leipzig reiseten. Schließlich verlangte es die Gleichstellung aller fremden Kaufleute mit den Engländern, welche durch ein Edict vom 11. Mai 1774 eine Minderung des Durchgangszolls über Breslau nach Polen bis auf 4 p. C. erhalten hatten. Die nächste Folge dieses Antrages war, daß in Preußen die andern Nationen den sächsischen Kaufleuten in Betreff der Durchgangsaccise von 2 Thlrn. 15 Gr. gleichgestellt, doch mit der Erhebung der 12 p. C. vom Kaffee inne gehalten wurde.

Auf eine im August des folgenden Jahres wiederholte Vorstellung[1]) wurde die Verminderung der Durchgangsabgaben als dem Handel und der Nahrung der preußischen Unterthanen nachtheilig und mithin unthunlich erklärt, zugleich aber ein angeblich für beide Theile gleich vortheilhafter Zwischenhandel vorgeschlagen. Die Leipziger Kaufmannschaft wie die kursächsische Commerciendeputation behauptete zwar, daß seit Behinderung des Durchgangs in Preußen weder ein Commissions- noch Speditionshandel mit preußischen Unterthanen stattgefunden habe, noch jemals unter diesen Verhältnissen ohne Schaden für den sächsischen Handel und die Leipziger Messen stattfinden könne, doch hielt es die kursächsische Regierung für angemessen, in Berlin eine nähere Erklärung dieses Zwischenhandels zu erbitten. De Launay erwiderte[2]), es sei ein ordentlicher Kauf- oder nach Befinden Barottohandel dergestalt beabsichtigt, daß gewissen, hierzu günstig gelegenen Städten, wie Breslau, Glogau, Neiße, Stettin, Königsberg, Memel u. a. der Handel mit den für den inneren Verbrauch verbotenen fremden Waaren gegen Erlegung

[1]) In denselben Acten, Bl. 153 folg. — [2]) Ebenda Bl. 186 folg.

der gewöhnlichen Zölle und einen Ausgangszoll von 4 p. C. gestattet werden solle. Da man aber auf kursächsischer Seite solchen Zwischenhandel ohne Aufhebung des polnischen Durchgangszolles für durchaus nutzlos erachtete, scheiterte auch dies Project.

Im August 1780 gab von der Schulenburg wiederum Hoffnung, daß der König das von ihm ohne Befragung des Generaldirectoriums auf Ansuchen einiger brandenburgscher Landstädte erlassene Verbot fremder Töpferwaaren auf eine unmittelbare Vorstellung wohl widerrufen werde, da solches Verbot zwar den Töpfergewerken vortheilhaft, dem Ganzen aber wegen der seitdem sehr erhöhten Preise höchst nachtheilig sei. Aber auch hier blieb sogleich jede Vorstellung ohne Folge und scheiterte insbesondre an der Hartnäckigkeit de Launays. Im J. 1782[1]) versuchte die kursächsische Regierung durch ein Gutachten der Commerciendeputation, welches in Tabellen nachwies, daß eine Erleichterung des Transits und des Elbhandels für beide Theile nur von Vortheil sein könne, die k. preußische Regierung von der Nothwendigkeit solcher Maßregel zu überzeugen, doch am Schluß des Jahres berichtete Graf Zinzendorf, daß gar kein Erfolg zu hoffen sei.

Wie sehr König Friedrich II in der starren Folgerichtigkeit, mit welcher er das Sperrsystem bis zu seinem Tode festhielt, sich auch im Widerspruche mit den Wünschen und Bedürfnissen seiner Unterthanen befand, beweist unter anderen eine Vorstellung der Kaufmannschaft von Cottbus, welche im J. 1785 mit einer dringenden Empfehlung des k. Finanzdepartements an den König gebracht wurde[2]). Auch diese verlangte die Herabsetzung des Durchgangszolls von 8 p. C. auf $1^1/_2$ p. C., da durch denselben die ansehnlichsten Leinwandhandlungen von Cottbus gänzlich zu Grunde gerichtet seien. Sogleich nach des Königs Tode berichtete Graf Zinzendorf[3]), daß das Hauptaugenmerk jetzt in Berlin auf ein so viel wie möglich freies und begünstigtes Commercium gerichtet sei. Die Kaufmannschaften von Berlin, Magdeburg und Breslau hätten sich zu gemeinsamen Beschwerden und Vorschlägen bei der Regierung vereinigt, und auch die Frankfurter Kaufmannschaft trage in ihrem jüngsten Bericht über die Margarethenmesse auf mehr Freiheit im

---

[1]) Ebenda, Vol. II, 1782—1786. — [2]) Acta, die diesseitigen Handelsverbindungen u. s. w. betr. Vol. II. — [3]) In denselben Acten, Bericht vom 2. Sept. 1786.

Handel und Begünstigung des Transits angelegentlichst an, da zu dieser Messe hundert russische und polnische Wagen weniger als sonst gekommen seien. Ein Promemoria der Breslauer Kaufmannschaft vom Dezember desselben Jahres[1]) legte ohne Rückhalt die nachtheiligen Folgen der bisher befolgten Grundsätze im Accise- und Zollwesen für den Handel der Stadt Breslau dar. Der Unterschied des Umsatzes in den Jahren 176$^{5}/_{6}$ und 176$^{6}/_{7}$ habe für Schlesien nicht weniger als 5,502,217 Thlr. betragen, der Ausfall an den Zolleinnahmen 888,408 Thlr.; die Einfuhr von Breslau habe betragen im J. 176$^{3}/_{4}$ 2,255,670 Thlr., 176$^{9}/_{70}$ 1,632,704 Thlr., 177$^{9}/_{80}$ 597,093 Thlr., über 1$^{1}/_{2}$ Mill. weniger als im J. 176$^{3}/_{4}$, die Ausfuhr nach dem Oesterreichischen im J. 17$^{69}/_{70}$ 930,487 Thlr., im J. 17$^{79}/_{80}$ nur 296,813 Thlr., der Ausfall also mehr als 600,000 Thlr. Die Ursachen dieses Verfalls seien vornehmlich die Erhöhung der Abgaben für den Verkehr mit Polen und Rußland, die Willkühr der Zollbeamten bei der Angabe und Schätzung der Waaren, die rücksichtslose Behandlung der Fremden nach dem Buchstaben von Gesetzen, die sie beim besten Willen nicht hätten kennen können, die weitläuftigen oft ganz unverständlichen Vorschriften, die beleidigende Art der Durchsuchung auch der vornehmsten Reisenden, die Aufreißung der Waaren im schlimmsten Unwetter, die Beschränkung des Transports auf einige wenige Straßen und die Anwendung des polnischen Tarifs auf den Verkehr mit Oesterreich, wodurch bei genauer Berechnung die Abgabe von 2 bis 12 p. C. auf 30 bis 80 und 100 p. C. gesteigert werde. Habe ein fremder Fabrikant eine Fabrik zu errichten versprochen und Vorschuß erhalten, so verbiete man sofort die Einfuhr aller dergleichen fremden Waaren oder belaste sie auf's Höchste, ohne nur zu wissen, ob die Fabrik das Nöthige leisten werde. Dazu habe man der Kaufmannschaft die bedeutendsten Handelszweige entzogen, wie den Handel mit Taback, den Großhandel mit schlesischem Eisen, mit Kupfer und Blech, blauer Farbe, Vitriol und Salpeter, in Folge dessen sei der Handel Breslaus und des preußischen Schlesiens zurückgegangen, der österreichischen schlesischen Städte gewachsen. Deßhalb baten sie 1., daß beim Durchhandel auf fremde Rechnung eine Revision nur bei gegründetem

[1]) Derselben Acten Vol. III, unter dem Titel: Acta, die Erneuerung der Commercial-Unterhandlungen mit Preußen 1786, Vol. I, Bl. 19 folg.

Verdacht stattfinden, die Güter nach dem Gewicht auf Grundlage des kaiserlichen Zolltarifs vom J. 1784 verzollt werden und bei verschiedenem Inhalt der Collis es lediglich bei der Declaration sein Bewenden haben sollte. 2., daß bei der Durchfuhr auf eigene Rechnung der Tarif vor dem J. 1775 mit genauerer Bestimmung der Preise hergestellt, die Abgaben von polnischen und russischen Producten so viel nur immer möglich gemindert und ein freier Eingang aller fremden Leinwand und Garne verstattet werde.

Die k. preußische Regierung hielt es jedoch zunächst für nothwendig, den allzu lebhaften Wünschen der Unterthanen und Fremden eine Schranke zu setzen. Am 22. Januar 1787[1]) gab dieselbe, zur Vermeidung alles Irrthums und damit sich niemand mit falschen Speculationen befasse, kund: Se. Maj. der König habe mißfällig in Erfahrung gebracht, wie man seit einiger Zeit in Berlin und in den Provinzen die Nachricht verbreite, daß die Einfuhr der fremden Fabrikwaaren ehestens freigegeben werde; obwohl des Königs Willensmeinung dahin gerichtet sei, den Durchhandel mit fremden Frabrik- und Manufacturwaaren möglich zu erleichtern, so sei dieselbe doch niemals gewesen, zum Schaden und Nachtheil der mit so großen Kosten etablirten, sich im besten Flor befindenden Fabriken von dergleichen fremden Waaren einen freien Verbrauch im Lande zu gestatten, da die wahre Glückseligkeit und Wohlfahrt eines Staates vorzüglich in wohl eingerichteten Fabriken und Manufacturen bestehe; deßhalb werde der König auch die Landesfabriken nicht nur bei ihren bisherigen Verfassungen zu aller Zeit schützen, sondern derselben Aufnahme und Flor auch ferner möglich befördern." Dieser Erklärung folgte am 25. Januar eine Verordnung für sämmtliche Provinzen diesseits der Weser[2]), welche im Eingange eingestand, daß die mittels Declarationspatents vom 14. April 1766 verordnete Accise- und Zolleinrichtung eine Reihe von Mißbräuchen veranlaßt habe, die auf den Nahrungsstand und die Moralität der Unterthanen von gleich nachtheiligen Folgen gewesen seien. Sicherheit der unentbehrlichen Staatseinkünfte, Verbesserung der Commercien, Erleichterung der dürftigen Klassen der Unterthanen, eine mögliche Gleichheit bei Vertheilung der Abgaben und Verbesserung des allgemeinen Nahrungs-

[1]) Berlinsche Nachrichten von Staats- und gelehrten Sachen. Jahrg. 1787, nr. 11. — [2]) Abgedruckt bei Bergius, Sammlung auserlesener deutscher Landesgesetze, fortgesetzt von J. Beckmann, Th. IX, S. 207 folg.

standes seien ohnstreitig die großen Zwecke dieser Einrichtung, doch sei die bisherige Dienstverwaltung dem beabsichtigten Zwecke grade entgegen gewesen. Die Handlung habe durch die Tabacks- und Kaffeemonopolien eine reiche Quelle ihres Wohlstandes verloren, die hohen Abgaben den Schleichhandel zu einem Gewerbe gemacht, in den Gränzörtern der Nachbaren fremde Krämer den Handel an sich gezogen und dadurch den Verkehr der Städte mit dem platten Lande zerstört, auch der große Gewinn eine nicht unbeträchtliche Zahl der Unterthanen gereizt, mit Verachtung aller Gefahr und Strafen ausschließlich in der Einführung von Contrebande ihren Unterhalt zu suchen. Der Betrug sei zu einer Wissenschaft geworden, welche alles Raffinement der Entdeckung übersteige und durch die unablässigen Haussuchungen und Strafen viele nützliche Unterthanen vertrieben, viele Familien in Elend und Armuth versetzt. Die Brau- und Brennereinahrung seien durch die bisherige Erhebung der Steuern vom Getränke beinahe zu Grunde gerichtet, durch die damit verbundenen Formalitäten und Haussuchungen der gemißhandelte Bürger muthlos gemacht, diese Nahrungsquellen gänzlich verstopft und der Wohlstand der Städte untergraben. Der Transithandel sei durch die verwickelte und beschwerliche Verfahrungsart der bisherigen Administration nicht minder beeinträchtigt worden, Händler, Fuhrleute und Schiffer durch zeitverderbende Weitläufigkeiten ermüdet, durch unnöthige Durchsuchung, unanständige Begegnung, kostspielige Prozesse und unbillige Strafen von den Grenzen zurückgewiesen, die Zollgefälle ohne Rücksicht auf die verschiedene Lage der Provinzen und die Zolleinrichtung der Nachbaren festgesetzt. In gleichem Verhältniß habe der auswärtige Handel durch unrichtig bestimmte Auflagen und lästige Einschränkungen verloren und bedürfe statt der vorhandenen allgemeinen, auf die einzelnen Provinzen nicht passenden Vorschriften einer der Lage und den Bedürfnissen einer jeden angemessenen Abänderung. Die Abstellung aller dieser Mißbräuche und der Wunsch, die Unterthanen von jeder Bedrückung befreit zu sehen, habe den König veranlaßt, eine Commission mit der Untersuchung der bisherigen Zoll- und Acciseverfassung und der Ausarbeitung eines Plans zu beauftragen, wie das zu Grunde gerichtete Commercium wieder empor zu bringen, allen Plackereien ein Ende zu machen und durch kluge Ersparungen die ungeheuern nutzlosen Kosten der bisherigen Regie zu vermeiden seien. Nachdem nun diese Commission das Geschäft so weit beendigt habe, daß dadurch die landesväterliche Absicht eine nähere Bestimmung erhalten könne, so werde hiemit verordnet: 1. Die Generaltabacksadministration und Kaffeebrennpartie hört gemäß des Patents vom 6. Januar 1787 mit dem 1. Juni dieses Jahres auf, der Handel mit beiden Artikeln wird freigegeben und die Consumtion mit sehr mäßigen Abgaben belegt. 2. Zur Deckung des dadurch entstandenen Ausfalls wird die im J. 1766 abgeschaffte Mahlaccise nach gemäßigtem Satz, 2 Gr. vom Scheffel, in den Städten hergestellt, einer gleichen Abgabe das in die Städte eingehende Mehl unterworfen, der Getreidehandel in den Städten gegen die gewöhnlichen Eingangsgefälle freigelassen. — — Die Artikel 3 bis 9 enthalten die Bestimmungen über die Besteuerung von Schlachtvieh, Wein, Bier, Branntwein u. a. 10. Weil die Zoll- und Transitsätze in sämmtlichen Provinzen dem jetzigen Werth der Dinge, dem allgemeinen Commerciensystem und den besonderen nachbarlichen Verbindungen der Provinzen nicht überall mehr anpassen, ist den vereinigten Accise-, Zoll- und Commerciendepartements aufgegeben, die Tarife auf das Genaueste zu revidiren, nach richtigen Grundsätzen umzuarbeiten, dabei auf die Zollverfassung der Nachbaren wie auf eine zweckmäßige Benutzung der Vortheile jeder einzelnen Provinz zum Besten der Staatseinkünfte Rücksicht zu nehmen und solche Maßregeln auszumitteln, wodurch dem Binnen- wie dem Transithandel jede mögliche Erleichterung verschafft werde. — Unter dem Vorbehalt eines später zu erlassenden, besonderen Zoll- und Transitreglements wurden einstweilen sämmtliche Durchgangsverbote aufgehoben und verordnet, daß nur auf den Grenzzollstätten mit möglicher Bescheidenheit und nur auf gegründeten Verdacht revidirt werden solle. Eine weitere Verordnung vom 21. Febr. hob das noch am 1. Juni 1779 wiederholte Verbot der Gold- und Silberausfuhr als für den Handel wie für die Gewerbe gleich verderblich auf.

Dennoch entsprach der am 20. Februar erlassene, neu revidirte Accisetarif für Berlin und sämmtliche kur- und neumärkische Städte ganz dem alten, von Verboten und Sperrzöllen strotzenden System und das „Strafedict“ vom 26. März wiederholte in 38 Artieln die alten Einfuhrverbote und hohen Tarifsätze. Dem sächsischen wie überhaupt dem fremden Handel in Preußen waren diese Erlasse nichts weniger als günstig, doch versicherte der Minister von Werder dem Grafen Zinzendorf, daß diesem nur zeitweilig für den inneren Handel der Kur- und Neumark erlassenen Tarif bald die den auswärtigen Handel erleichternden Anordnungen nachfolgen würden. Diese waren für Kursachsen besonders wünschenswerth, da die sächsischen Erzeugnisse von den Verboten und hohen Sätzen des neuen Tarifs mehr als andere fremden betroffen wurden. So waren z. B. Bautzner Juchten verboten, russische gegen eine Accise von 1 Thlr. 6 Gr. auf den Ctr. erlaubt, Seife, Stahl- und Taschnerwaaren, Vitriol, Zwillig und Zwirn aus Sachsen verboten, aus andern Ländern erlaubt. Dieselben Grundsätze enthielt auch das k. preußische Accisereglement vom 3. Mai 1787. Während der Durchgangszoll für die auf Oder und Elbe durchgehenden russischen Waaren von 5 und 8 p. C. auf 2 und 3 p. C. herabgesetzt, der Durchgang des fremden Vitriols und Steinguts durch Schlesien nach Polen gegen die geordneten Gefälle frei gegeben wurde, erneuerte man unter andern die Verbote des Nesseltuchs und des fremden Eisens, wodurch hauptsächlich wieder Sachsen betroffen wurde.

Eine Erleichterung für den Durchhandel mit Taback brachte eine Verordnung vom 28. Mai, welche als der königlichen Regierung Absicht hervorhebt, den fast gänzlich darnieder liegenden Verkehr zwischen den preußischen und den fremden Staaten durch mögliche Befreiung der Durchfuhr neu zu beleben. Doch behielt auch diese Verordnung, welche den bisherigen Unterschied zwischen den fremden Tabacken und andern durchgehenden Waaren aufhob, für den nach Kursachsen durchgehenden den Satz von 2 Thlr. 15 Gr., nach dem Reich von 1 Thlr. 15 Gr. auf die Pferdelast bei. Weitere Handelserleichterungen[1]) waren die Wiederherstellung der Durchfuhr nach Rußland aus Italien, Frankreich und von den Leipziger Messen gegen eine Abgabe von 8, später 3 Thlr. auf den Ctr., sowie die Erlaubniß der Einfuhr von Leinöl, Salmiak und 17 andern Waarengattungen und eine Herabsetzung der im Frankfurter Meßtarif vom 28. Mai d. J. festgesetzten Werthe der Waaren. Am 29. Januar 1788 wurde der Zoll für alle aus Sachsen und Böhmen über Berlin nach Hamburg gehende Leinwand von 8 p. C. auf 12 Gr. vom Ctr. herabgesetzt, wobei wieder das Verbot dieser Leinwand im Inland um so mehr geschärft wurde. Auch erwies sich ein Versuch der kursächsischen Gesandtschaft, die Erlaubniß der Einfuhr sächsischer Töpferwaaren zu erhalten, wiederum als vergeblich, obwohl die braunschweigschen und

---

[1]) Derselben Acten Vol. IV (Erneuerung der Commercienverhandlungen Vol. II).

meklenburgschen Töpferwaaren zugelassen wurden. Eine weitere Verordnung vom 18. März desselben Jahres bewilligte die Accise- und Zollfreiheit für alle von inländischen Fabrikanten bezogene Seide, Baumwolle, Garne, rohe Häute, Felle, Lumpen, wie auch für die daraus verfertigten und wieder ausgeführten Waaren gegen eine Nachschußaccise von nur 4 Pf. auf den Thaler.

Aus diesen Verordnungen geht hervor, daß die k. preußische Regierung bei einem planvollen Vorgehen zu Erleichterungen des Binnen- und Durchfuhrhandels ebenso entschieden mit allen bis dahin zum Schutz der inländischen Gewerbe gebrauchten Mitteln die Mitwerbung der Fremden vom inländischen Markte fernzuhalten fortfuhr. Nicht ohne Ungeduld erklärten die preußischen Minister von Finkenstein und von Herzberg dem immer nach demselben Ziele drängenden Grafen Zinzendorf, nachdem nun schon verschiedene Erleichterungen dem sächsischen Handel zu Theil geworden seien, wünsche das k. preußische Ministerium zuvörderst zu wissen, was der kursächsische Hof unter der Wiederherstellung eines freien Handels zwischen den beiderseitigen Staaten eigentlich verlange, welche Verminderung von Abgaben derselbe noch fordere und welche Gegenvortheile Preußen zu erwarten habe; über die beiden ersten Punkte habe man sich von kursächsischer Seite noch nicht deutlich, über letzteren noch gar nicht erklärt, vielmehr gegenüber den von preußischer Seite ausgegangenen Begünstigungen immer noch die alte Durchgangsaccise — die aber nur 3 Pf. vom Thaler betrug — und andere Beschwerungen festgehalten[1]).

Wenn nun auch im Ganzen von dem preußischen Sperrsystem wenig und am wenigsten gegenüber der sächsischen Industrie nachgelassen wurde, so trat doch eine solche Schroffheit in der Gegenüberstellung der beiderseitigen Handelsinteressen wie zu Friedrichs II Zeiten nicht wieder ein, im Gegentheil war man von jetzt an stets zur Milderung der früher nur feindselig gemeinten Maßregeln und zu gegenseitigen, wenn auch niemals durchgreifenden Zugeständnissen bereit. Zwar dachte man in Dresden im J. 1789 zur Vergeltung wieder an eine Erhöhung der Abgabe auf fremdes Porzellan von 1 Gr. auf 3 Gr. vom Thaler, in Preußen an eine Erschwerung des

---

[1]) Derselben Acten Vol. III (Erneuerung der Commercien-Unterhandlungen Vol. I.)

sächsischen Handels auf der Frankfurter Messe, doch blieben diese und einige ähnliche Maßregeln vereinzelt und wurden auf Gegenvorstellungen meistens bald wieder aufgehoben. Der Schutz des Sperrsystems für die inländische Industrie wurde auf beiden Seiten in der einmal ausgebildeten Weise beibehalten, doch ohne die Absicht, die Industrie des Nachbaren dadurch unmittelbar schädigen oder gar vernichten zu wollen.

2. Das Zollwesen in den übrigen deutschen Staaten vom Anfang des 18. Jahrhunderts bis zum Pariser Friedensschluß im J. 1814.

Oesterreich hatte mit dem Anfang des 18. Jahrh. das Sperrzollsystem in seinen Hauptzügen zur Ausbildung gebracht und entwickelte dasselbe seitdem mit Verboten und Sperrzöllen nach außen, mit Privilegien, Prämien, Vorschüssen und andern Begünstigungen im Innern in den kaiserlichen Zollordnungen vom 14. Juni 1728, 17. August 1731 für Mähren, vom 24. März 1764, 31. August 1767, 14. Oct. 1774 und 2. Jan. 1784[1]) u. a. für die gesammte österreichische Monarchie folgerichtig fort. Schon unter Karl VI noch mehr unter Maria Theresia finden wir hier mit Privilegien und Staatsvorschüssen begründete Fabriken, wie z. B. die im J. 1730 zu Grund gegangene große Leinwandfabrik in Innsbruck, sowie fremde durch allerlei Versprechungen in's Land gezogene Handwerker. Im J. 1762 und 1764 widmete Maria Theresia zur Emporbringung neuer Fabriken in Tirol jährlich aus der Commerciencasse 100,000 fl., schickte zur Ausbildung der Unterthanen in der Seiden- und Wollenarbeit Meister aus der Residenz dorthin und übernahm den Verlag für die Rohstoffe wie für den Vertrieb der erzeugten Waaren. Nach Mähren schickte sie Schönfärber aus Frankreich, nach Böhmen Glasarbeiter aus Ferrara, in andere Kronländer zur Hebung der Leinenmanufactur schweizerische Appreteurs und schlesische Bleicher. Zur Förderung des auswärtigen Handels wurden Consulate in Spanien, Portugal, Frankreich, Italien, Türkei errichtet, Commercientractate mit deutschen und andern Staaten abgeschlossen und fünf große Handelscompagnien für die Hauptrichtungen desselben begründet[2]). Zu gleicher Zeit aber schlug man den Gewerben wie dem Handel durch Mehrung und Steigerung der Sperrzölle die tiefsten

---

[1]) Vergl. Bidermann, die technische Bildung 2c. S. 27 folg. — [2]) Vergl. Biedermann, Geschichte des 18. Jahrhunderts, I, 288 folg.

Wunden. Auch hier trat man den Wünschen und Hoffnungen der Kaufmannschaft auf Erleichterung des Verkehrs mit dem Auslande auf das Entschiedenste entgegen, aber auch hier erfuhr man die Unmöglichkeit, mit neu errichteten und künstlich aufrecht erhaltenen Fabriken das von äußerer Zufuhr abgeschnittene inländische Bedürfniß zu decken. Das veranlaßte am 14. Oct. 1774 die Gestattung der Einfuhr von einer Menge Waaren, unter dem Geständniß, daß die inländischen Fabrikanten den Ausländern in Mannigfaltigkeit, Güte und Wohlfeilheit der Waaren nicht gleichzuthun vermöchten. Doch waren solche Erleichterungen stets von kurzer Dauer, wie auch ein dem Verkehr Tirols am 7. Januar 1775 gemachtes Zugeständniß schon am 16. Sept. wieder aufgehoben wurde. Vergebens stellte der Tiroler Landesausschuß vor, daß die Sperrzölle nur den Schmuggel nährten und den ärmeren Theil der Bevölkerung gänzlich zu Grunde richteten. Eine Fabrik, die aus der unmittelbaren Umgebung den Rohstoff beziehe, an Fracht und Zollgebühren Außerordentliches ersparen und dennoch mit weit entlegenen fremdländischen die Mitwerbung nicht halten könne, verrathe dadurch nur ihre Unfähigkeit und sei deßhalb unwürdig, durch ein Zollsystem begünstigt zu werden, das die Nacheiferung, die Seele der Fabrikanten erstické und die Unternehmer unthätig und schläfrig mache.

Doch blieben die Anstrengungen der Regierung für die Emporbringung einzelner Gewerkszweige und Unternehmungen wie für die wirthschaftliche und technische Bildung der Bevölkerung, zu welchem Zweck in Böhmen allein über hundert Schulen errichtet wurden, nicht ohne Früchte, wenn diese auch bei weitem nicht die schlimmen Folgen des Sperrsystems aufzuwiegen vermochten. „In den Erblanden, schreibt ein österreichischer Schriftsteller[1]) jener Zeit, ist der Einfluß der Wissenschaften auf das Commerz sehr sichtbar. Mit der Förderung der Naturkunde stieg die Ausfuhr der rohen Landesproducte und der Verkehr im Lande selbst. Man entdeckte neue Bergwerke, spürte nach Kobold, verlegte sich auf Alaunsiederei, bereitete viel Schmalte, führte den Seiden- und den Krappbau ein u. s. w. Die Zeichnenkunst in der Hauptstadt ist vorzüglich. Die geschmackvollen Dessins in den Kottonen und andern Fabrikaten, die guten Malereien, wo immer die Zeichnung am meisten hervorsticht, die

[1]) Schweighofer, J. M., von dem Commerz der österreichischen Staaten. 1785.

Vasen, Möbeln, Galanteriewaaren sind täglich Beweise hiervon und steht zuversichtlich zu erwarten, daß der Geschmack sich noch zur größten Vollkommenheit erhöhen werde.“ Die Schattenseiten des Systems offenbarten sich freilich dabei herbe genug in den zahlreichen Fallissements österreichischer und besonders der Wiener Kaufleute im J. 1769 und 1770, in welcher Zeit die mit vielen Kosten unterhaltene Sammetfabrik zu Ala in Südtirol zu Grunde ging, weil diese wie auch die Wiener Seidenmanufactur mit ihren zu kostbaren Erzeugnissen auf den ausländischen Märkten keinen Absatz finden konnten. Aber auch solche Mißerfolge hatten nur schnell vorübergehenden Einfluß auf das herrschende System. Nachdem Josef II zu Anfang seiner Regierung Neigung zu einem gemilderten Schutzsystem gezeigt hatte, verbot er im J. 1784 die Einfuhr von einer großen Anzahl Waaren ganz und setzte den Kaufleuten einen kurzen Termin, innerhalb dessen sie alle Vorräthe von fremden Waaren an die zu diesem Zweck errichtete Niederlage abliefern sollten. In demselben Jahre schrieb er an seinen Kanzler Collowrat: „Zur Emporbringung der inländischen Erzeugnisse und daß ich der Herrschaft des Luxus und der Mode einen Damm setze, sind meine Befehle in Ansehung eines allgemeinen Verbots der ausländischen Waaren bekannt gemacht worden. Das österreichische Commercium ist durch den überhand nehmenden Gebrauch ausländischer Producte nur mehr passiv gewesen und der Staat, der mehr denn 24 Millionen jährlich dabei verlor, würde ohne den Erfolg unserer vortrefflichen Baugewerke schon gänzlich entkräftet sein. Bisher war es beinahe eine besondre Absicht der österreichischen Regierung, die Fabrikanten und Kaufleute der Franzosen, Engländer und Chinesen zu ernähren und sich aller der Vortheile selbst zu berauben, die ein Staat nothwendig haben würde, wenn er durch eigene Industrie für die Nationalbedürfnisse Sorge getragen hätte. Die österreichischen Kaufleute sind nichts als die Factoren der übrigen europäischen Kaufleute.“

Während Graf Collowrat Gegner des herrschenden Systems war, schuf Graf Coblenzl die neuen Zollgesetze nach den kaiserlichen Absichten und errang damit bei den gleichzeitigen österreichischen Schriftstellern fast einstimmiges Lob. Sonnenfels, der diesem System für Oesterreich den wissenschaftlichen Ausdruck gab[1]), nennt das Verbot

---

[1]) Von Sonnenfels, Grundsätze der Polizei, Handlung und Finanz. 1787.

der fremden Einfuhr einen Act der politischen Klugheit, wodurch auch der Schleichhandel zur Unmöglichkeit werde, — obwohl grade dieser an allen österreichisch-deutschen Grenzen ganz besonders aufblühete. De Lucae[1]) nennt das System Josefs II einen Schritt, den bisher noch kein Monarch in Europa gethan habe; die Mauten in den österreichischen Staaten seien nun nicht mehr Finanzquellen sondern ihrer Bestimmung gemäß nach Handelsgrundsätzen geleitet, und dadurch erst der österreichische Handel blühend, die Volksmenge zahlreicher geworden. Auch das Ausland stimmte in dieses Lob; eine große Anzahl Gewerbtreibender sei dadurch in's Land gekommen, Wien um 30,000 Einwohner vergrößert, viele neue Fabriken entstanden und die alten durch Aufhebung alter Zunftbeschränkungen außerordentlich erweitert, in den Erblanden würden jetzt um 14 Millionen Gulden mehr als früher erzeugt. Auch spätere Statistiker bezeugen[3]), daß das System Josefs II insbesondere auf die inländische Tuchmanufactur wie ein elektrischer Schlag gewirkt habe und unter anderen Reichenberg demselben seinen Aufschwung verdanke.

Anders freilich sprachen die Stimmen aus dem Volke und andres auch bewiesen die Verhältnisse des Grenzverkehrs. Während sich längs der ganzen österreichisch-deutschen Grenze zahllose Niederlagen von Schmuggelwaaren bildeten und Assecuranzgesellschaften die Schmuggelei sicherten, hörte der offene Verkehr hier wie an den südlichen Grenzen fast ganz auf. Für das Holz der Gebirgsthäler, das Vieh und Getreide Oesterreichs, die steierschen Eisenwaaren stockte die Ausfuhr gänzlich, denn allen Tauschgegenständen war der Eingang verboten. Den von der Weberei lebenden Grenzgebieten fehlten die bisher von den Nachbarlanden bezogenen Rohstoffe. Ungarn hatte für seine Naturerzeugnisse, Weine, Getreide und Vieh keinen andern Markt mehr als die deutschen Erbländer, die derselben nicht bedurften. Tirol, durch seine Lage ganz besonders auf die fremde Durchfuhr angewiesen, war stets am Entschiedensten gegen dieses System. Am 21. Oct. 1780 stellte die Deputation der Tiroler Landschaft vor, daß in Folge erhöhter Grenzbewachung der Zaun mehr koste als der ganze Garten, ohne doch der Schmuggelei im Mindesten Einhalt zu thun; der neue Tarif grabe, indem er den Ausfluß des Geldes

[1]) De Lucae, historisch-statistisches Lesebuch I, 527 folg. — [2]) Göttinger historisches Magazin, Bd. 5, S. 1 folg. — [3]) Von Czörnig, Beschreibung von Reichenberg, S. 79.

hemme, auch den Zufluß desselben ab, so daß der österreichische Unterthan bald eben so wenig dem Inländer wie dem Ausländer werde zu verdienen geben. — Eine zweite Darstellung vom 29. Dezember 1781 stellt den wirthschaftlichen Ruin des Landes als nothwendige Folge dieses Zollsystems in sichere Aussicht.

Nachdem Josef II dieses System auf die äußerste Spitze getrieben hatte, urtheilte auch das Ausland anders. „Solches Verbot wie das kaiserliche, meinte das Gött. historische Magazin im J. 1789, ist eine harte Auflage, die von vielen Millionen Menschen erhoben wird, um unter einige Tausend Fabrikanten vertheilt zu werden. Mit eben der Hand, mit der man den fremden Kaufmann und Fabrikanten abhält, seine Waaren in's Land zu bringen, mit eben der Hand hindert man ihn auch, die Schätze des Landes, die man verkaufen will, abzunehmen, nicht nur weil er nicht mit lauter barem Gelde kaufen kann und mag, sondern auch weil die Fracht zu hoch kommt, da dem Fuhrmann nun die Rückfracht fehlt. Daher liegen viele tausend Ctr. Kupfer in den Magazinen, wo sonst kein unabgeforderter Vorrath war, die Ausfuhr von Getreide, die Frachtfuhren, der Transithandel haben abgenommen; die nürnbergschen und andre fremde Waaren gehen jetzt statt durch Oesterreich über Venedig und Marseille in die Türkei und fließen vielleicht nie wieder in den alten Kanal zurück." Ueberall wurde der von bestechlichen Mautbedienten und Assecuranzgesellschaften unterstützte unermeßliche Schleichhandel als eine der schlimmsten Folgen des Systems hervorgehoben. Dabei äußerte derselbe in seiner Uebertreibung auch auf die Gewerbe nach und nach einen mehr erschlaffenden als aufmunternden Einfluß. „Die meisten Handwerker betrieben ihr Gewerbe bloß mechanisch, ohne auf mögliche Erleichterungen und Besserungen zu denken, ja sie kannten meistens nicht einmal die schon erfundenen und bekannten Vortheile [1])." Ehe vor, meint derselbe Schriftsteller, habe man aus dem Auslande gute Waare um geringe Preise erhalten, seitdem aber die inländischen Fabrikanten den sichern Absatz ihrer Waaren wissen und jeder zum Kauf derselben genöthigt sei, bekomme man im Lande selbst nur schlechte Waare um theure Preise. — Bei einzelnen Vortheilen, welche dieses System in Oesterreich manchem Zweige der Großindustrie zu-

[1]) Jos. M. von Lichtenstern, Beschreibung des Erzherzogthums unter der Enns (1792), S. 133. 139.

wandte, drückte dasselbe schwer und mit von Jahr zu Jahr steigenden Nachtheilen auf alle die Gewerbe und Nahrungszweige, worauf der Lebensunterhalt der großen Masse der Bevölkerung ruhete und welche ihren Markt vermöge der Schwere ihrer Erzeugnisse und der Verhältnisse des Transportwesens in den meisten Grenzländern zu suchen hatten.

Auch das Kurfürstenthum Bayern brachte die Grundsätze des Sperrsystems in dem allgemeinen Maut- und Accisetarif vom J. 1765 zur Geltung und führte dadurch, mit Beibehaltung freilich der älteren Ausfuhrverbote, eine in mancher Beziehung folgenwichtige Besserung des bis dahin hier noch ganz mittelalterlichen Zollwesens ein. Solche Fortschritte waren die Einführung eines einzigen Tarifs für das ganze Kurfürstenthum sowie die Erleichterung des Binnenverkehrs von Stadt zu Stadt und von Provinz zu Provinz. Im J. 1769 wurde die neue Ordnung auch auf die Oberpfalz übertragen[1]). Auch hier wurde die Zollreform damit begründet, daß die sonst blühenden Manufacturen, Fabriken und Handel durch Verkauf und Ausfuhr der rohen Materialien erschwert, durch die Mitwerbung der Nachbaren je länger um so mehr verkürzt und ein allgemeiner Verfall des Verkehrs eingetreten sei; dem schädlichen Geldabfluß müsse Einhalt gethan, dem arbeitsamen Landmann ein neuer Absatz für seine Erzeugnisse verschafft werden. Zu diesem Zweck wurden alle bisherigen Maut-, Accis- und Aufschlagsordnungen aufgehoben und dieser eine Tarif in den alten bayerschen Provinzen im J. 1765, in den neueren mit einem Supplement im J. 1768 und 1769 eingeführt, wobei ausdrücklich nicht ein Mehrertrag des „hochbefreiten Maut- und Accisregals" sondern nur die Befreiung des inneren Verkehrs von drückenden Auflagen beabsichtigt war; hinfort sollten In- und Ausländer im Innern des Landes von einem Ort zum andern frei von Abgabe handeln und wandeln können und nur der zwischen Bayern und den fremden Landen betriebene Verkehr der Maut- und Accisbehandlung unterworfen bleiben.

An die Spitze des gesammten Zollwesens wurde das Haupt- und Generalmautdirectorium in München gestellt, die älteren Ausfuhrverbote für Landeserzeugnisse theils erneuert, theils für aufgehoben erklärt und als „heilsamer Zweck dieser Verordnung" die Wiederbe-

[1]) Oberpfälzisches Maut- und Accismandat, de anno 1769.

lebung der inländischen Industrie durch die Eröffnung eines unbeschränkten Verkehrs mit den eigenen Erzeugnissen zwischen den einzelnen Provinzen Bayerns hervorgehoben. Beim Uebergang eines von der Obrigkeit beglaubigten oberpfälzischen Landesproducts in die bayerschen Lande sollte dasselbe nur die Essitomaut ohne die Accise an der pfälzischen und die Consumomaut ohne Accise an der bayerschen Grenze entrichten, beim Durchgang durch Bayern nur als Transitgut behandelt werden. Alle in der Oberpfalz unter dem Namen von Brücken=, Pflaster=, Roß= und Deichselzöllen, Niederlags=, Stand= und Weggeldern erhobenen Auflagen sollten binnen drei Wochen als recht= und gesetzmäßig bewiesen oder für immer als abgeschafft erklärt werden. Die Sperrzölle betrafen auch hier hauptsächlich die Erzeugnisse der Baumwollen=, Wollen= und Seidenindustrie und die Galanteriewaaren. Während der Durchgangszoll bei allen Waaren nicht 6 Kr. auf den Ctr. überstieg, zollten die Baumwollen= und Wollenwaaren, wenn sie im Lande blieben, jene als Accise auf das Pfund 1 fl. bis 2 fl. 15 Kr., diese 1 fl. 30 Kr., wollene Decken auf das Pfund 18 Kr., Flanelle 1 fl. 12 Kr., Hals= und Schnupftücher 2 fl. 12—15 Kr., Strickwaaren 1 fl. 22 Kr. Mayolica und Fayence vom Guldenwerth 48 Kr., Porzellan 1 fl. bis 1 fl. 12 Kr., lionischer Draht vom Pfund 1 fl. 33 Kr., lionische Gold= und Silberspitzen 5 fl., seidene Strickwaaren 2 fl. 45 Kr., roher Taback vom Ctr. 6 fl., Schnupftaback 13 fl., Tabackspfeifen 5 fl. Das Tuch war je höher im Werth um so geringer belegt, extrafeines Tuch — die Elle zu 6 fl. und mehr — mit 6 Kr., mittelfeines, die Elle über 3 fl., mit 9 Kr., geringes Tuch, die Elle zu 2—3 fl., mit 12 Kr. und gemeines Tuch, die Elle unter 2 fl., mit 24 Kr., schlechtes Wollenzeug mit 1 fl. 30 Kr., die sogenannten ganz= und halbreichen, mit Gold= und Silberfäden durchwirkten Zeuge aber mit 3 fl. auf das Pfund.

Von diesem kurbayerschen Sperrsystem wurden insbesondere die Reichsstädte Augsburg, Nürnberg und Regensburg in ihrem Gewerbe und Handel schwer betroffen, da nun hier wie auch in Oesterreich die Haupterzeugnisse ihrer Industrie durch die Sperrzölle abgehalten, und zum Theil, wenigstens in Oesterreich die Durchfuhr in den Orient und an das mittelländische Meer sehr erschwert war. Von Gegenmaßregeln konnten bei diesen Städten wegen ihres beschränkten Gebietes nicht die Rede sein, sodaß als einziger Weg zur Abhülfe ihnen die meistens freilich vergebliche Beschwerdeerhebung beim Reichstag blieb, denn in ihren Augen erschien jede neue Mautordnung als eine

Verletzung der alten Reichsgesetze. Regensburg, zwischen der Oberpfalz und den älteren bayerischen Provinzen ganz eingeschlossen, wiederholte zuerst die schon oft erhobene Klage bei Kaiser und Reich und erlangte auch durch den Reichshofrath ein kaiserliches Mandat vom 26. August 1771, welches dem Kurfürsten von Bayern befahl, alle Zölle auf die Rolle vom J. 1608 zurückzuführen, alle durch die neue Ordnung und sonst in seinen Landen eingeführten Zollerhöhungen und Veränderungen abzustellen und sich derselben künftig ganz zu enthalten. Mit diesem Befehl erklärten sich auch die andern Kurfürsten, obwohl sie zum Theil dieselben Neuerungen durchgeführt hatten, einverstanden und beschlossen noch eine „solenne Danksagung" an den Kaiser für diese Entscheidung, die trotz alledem ohne Folge blieb. Ein Hauptgegenstand der Beschwerde war auch das, schon früher erwähnte, oberpfälzische Zollprivileg, welches mit dem J. 1654 laut der letzten Verlängerung für immer aufgehoben sein sollte[2]), nun aber als zu Recht bestehend ohne weitere Bewilligung in die neue Mautordnung aufgenommen war. Am 29. Mai 1772 wurde endlich der Streit zwischen Bayern und Regensburg dahin verglichen, daß die um Regensburg gezogene Mautlinie, insbesondre die Beimauten Irl, Burgweinting, Prüfening, Kumpfmühl, Gonnersdorf, Zeitlaren u. a. aufgehoben, die Maut zu Winzer aber wegen des Schleichhandels auf Donau und Naab, sowie die Mautämter am Kornmarkt zu Regensburg und in Stadt am Hof mit den alten Gefällen beibehalten werden sollten. Alle von Regensburg durch und in die bayerschen Lande gehenden Waaren sollten hier die Accise entrichten, doch was die kurfürstlichen Unterthanen bis zu einem Guldenwerth aus der Stadt brachten, frei ausgehen, die in Regensburg gefertigten Handwerkserzeugnisse nur mit halber Accise belegt und von allen in die Stadt unter einem Centner gebrachten Lebensmitteln wie von allem zum Verbrauch der Bürger eingeführten Schlachtvieh keine Accise erhoben werden. Zur Festigung dieses Vergleichs überreichte der Kurfürst den drei Reichscollegien wie dem Kaiser eine besondere „Anzeige, in welcher Art und Maß dero Maut- und Zollregale für künftig von ihnen ausgeübt werden solle[3])." Seitdem blieben wenigstens für die

---

[1]) Acta, die Mauthirrung in sp. den zwischen Churbayern und der Stadt Regensburg geschlossenen Vergleich betr. 1772—1800. Loc. 30150. — [2]) Kurtze Nachricht von der eigentlichen Beschaffenheit des pfalzneuburgischen Mauthwesens. Gedruckt 1772. — [3]) d. d. 16. Juni 1772.

nächste Zeit diese Verhältnisse in ziemlich ruhigem Bestand. Als aber der Kurfürst im Dezember 1799 eine neue „provisorische Zoll- und Mautordnung" bekannt machte, welche mit dem 1. Januar 1800 beginnen und dem inneren wie dem auswärtigen Handel mancherlei Erleichterung bringen sollte, wünschte er die Schwierigkeit der Zollabschließung gegen Regensburg wegzuräumen und forderte deßhalb die Stadt auf, sich binnen 14 Tagen zu erklären, ob sie die neue, alle Zölle an die Landesgrenze verlegende Zollordnung annehmen oder sich wie bisher als fremde Stadt wolle behandeln lassen. Die Stadt verweigerte den Zollanschluß und brachte es nach langen Verhandlungen in München im Juni 1800 dahin, daß sie in Betreff der Consumtionsaccise auch ferner dem übrigen Ausland gleich behandelt wurde und in Betreff ihres Handels nach Bayern die besonderen Vergünstigungen und insbesondre die Accisefreiheit für alles, was bayersche Unterthanen bis zu einem Guldenwerth ausführten, fort genoß. Durch diese provisorische Zollordnung befreite sich Kurbayern schon damals mit Ausnahme der beiden Zollstätten gegen Regensburg von den inneren Zöllen und stellte eine folgerichtig durchgeführte Grenzzolllinie her.

Die Zollverhältnisse des Rheins[1]), in dessen zerklüfteten und durcheinander liegenden Uferländern die Grundsätze eines Sperrsystems unmöglich durchzuführen waren, blieben bis zum Schluß des 18. Jahrhunderts in den Formen und Zuständen, welche das Mittelalter und der dreißigjährige Krieg ausgebildet hatten. Von den alten fünf Stapelstädten, Straßburg, Speier, Mainz, Köln und Dortrecht, bestanden im 18. Jahrhundert zwar nur noch zwei, beide aber, Mainz und Köln, hielten es um so hartnäckiger fest. Das Mainzer Stapelrecht war nach seiner Bestätigung durch Kaiser Maximilian I am 14. Juli 1495 trotz des Widerspruchs der übrigen rheinischen Kurfürsten als Regale in die Wahlcapitulationen aufgenommen, von den Reichsgerichten geschützt, in den Friedensschlüssen und Verträgen auch des 18. Jahrhunderts immer von Neuem gewährleistet. Hier wie zu Köln mußte jedes Schiff halten, die Ladung verzollen, drei Tage lang den Bürgern feilbieten und alsdann auf die für die nächste Fahrstrecke privilegirten Schiffe überschlagen, so daß die Schiffahrt des Rheins gleich der auf der Elbe in drei scharf von einander getrennte Fahr-

[1]) Vergl. Georg Schirges, der Rheinstrom, Mainz 1857. S. 31 folg. —

strecken zerschnitten war. Man vertheidigte diese Einrichtung mit der Ansicht, daß die etwa hundert Meilen lange Stromfahrt und der unaufhörliche Wechsel des Fahrwassers Schiffe von verschiedener Tragkraft und für jede Fahrstrecke besondere Steuermänner nothwendig mache. Dies führte schon früh zu der Einführung von Schifferzünften, welche in Mainz in den J. 1747 und 1759[1]) neue, freilich aber zu ihrem wie zum Vortheil des Verkehrs gleich undienliche Ordnungen erhielt. Eine Menge anderer Ordnungen waren bestimmt, die Schiffahrt und den Waarentransport zu regeln, doch blieben dabei die Stapel- und Zunftrechte wie alle bisher stets gesteigerten Zölle und Licente in ungestörtem Bestande. Die mittelrheinischen Schiffe, mit den meisten und vermeintlich besten Ordnungen versehen, klagten am bittersten über Beeinträchtigungen aller Art, über unerträgliche Schuldenlast und eine sich stets mehrende Arbeitslosigkeit, und grade sie hatten die heftigsten Streitigkeiten ohne Aufhören mit den Kaufleuten. Im J. 1792, bei hohen Preisen aller Lebensbedürfnisse, erzwangen sie durch eine allgemeine Arbeitseinstellung von den oberrheinischen Kaufleuten eine Erhöhung der Frachtpreise, doch die Folge davon war, daß nun um so mehr Güter über Hamburg und Bremen an den Oberrhein versendet wurden. Nachdem die Douaniers der französischen Republik und ihr Sperrzollsystem mit allen Formalitäten in die vier neuen Rheindepartements gekommen waren, ruhte vom J. 1793 bis 1797 die Schiffahrt auf dem Rhein fast gänzlich, und da auch für das Fahrwasser und die Leinpfade nichts geschah, wurde für die meisten Frachtsendungen die fast um das Doppelte kostspieligere Straße über Bremen und Hamburg vorgezogen[2]). Selbst die schlimmsten Schmuggler, widersetzten sich diese Douaniers jeder Maßregel, welche die Controle über sie hätte erleichtern können, erstreckten die Visitation auch auf alle Transitgüter und übten dieselbe mit jeder auf Gewinn berechneten Hinterlist und Quälerei. In Folge dessen wurde auf der Bergfahrt ein großer Theil der Frachtgüter bei Düsseldorf an's Land und mit Umgehung des Kölner Stapels bei Zündorf oberhalb Köln wieder zu Schiff gebracht, bei Walluff wieder aufs Land und nach Umgehung von Mainz bei Kostheim wieder zu Schiff, um so endlich Frankfurt zu erreichen. In ähnlicher Weise

[1]) Ordnung für den Handelsstand vom J. 1747; Kaufhausordnung vom J. 1759. — [2]) Schirges a. a. O. S. 63 folg.

hemmte die französische Douane durch den Zwang der Passirscheine und die freche Untersuchung von Männern und Weibern jeden Verkehr zwischen Stadt und Land wie von Ufer zu Ufer. Und dennoch war es grade der Einfluß dieser rücksichtslosen Unterdrücker, welcher die erste Besserung in den Schiffahrts- und Zollverhältnissen des Rheins anregen sollte.

Auf dem Congreß zu Rastatt forderten die französischen Bevollmächtigten in einer Note vom 3. Mai 1798 (14 Floreal VI) an die deutsche Reichsfriedensdeputation[1]), daß die Rheinschiffahrt für beide Nationen frei sein und die übrigen Völker nur mit beiderseitiger Einwilligung und unter den von beiden Theilen genehmigten Bedingungen daran Theil nehmen sollten; die Leinpfade sollten durch die Uferbewohner einer jeden Seite unterhalten und durch niemand auf dem einen Ufer dem andern zum Nachtheil Arbeiten unternommen werden; der Transito auf beiden Leinpfaden sollte frei, alle Zölle aufgehoben und die Kaufmannswaaren nur den Einfuhrzöllen des Landes, wo sie ausgeschifft würden, unterworfen sein, auch die Abgaben auf dem einen Ufer die auf dem andern nicht übersteigen. Der unermeßliche Vortheil einer freien Schiffahrt lasse hoffen, so schloß die Note, daß die Deputation auch die Freigebung der Schiffahrt auf den sich in den Rhein ergießenden und den andern großen Flüssen Deutschlands insbesondre auf der Donau für beide Nationen nicht weniger zuträglich finden werde. —

Die Reichsfriedensdeputation erklärte in ihrer Antwort vom 14. Mai eine Gleichstellung der Einfuhrzölle auf deutscher Seite für unausführbar, wegen der vielen und verschiedenen Interessen und Bedürfnisse der neben- und hintereinander am rechten Rheinufer liegenden größeren und kleineren Staaten; die Abschaffung der Rheinzölle (droits de péage) scheine allerdings dem Handel Vortheil schaffen zu können, doch werde nach dem Wegfall der Flußeinkünfte auch die kostspielige Erhaltung der Wasserstraße unterbleiben; wolle man dennoch und obwohl solche Einkünfte vielen Gläubigern verhypothecirt seien, darauf beharren, so müsse man diese Aufhebung auch auf die batavische Republick wie auf die Stapelrechte und Schifferzünfte aus-

---

[1]) Die Elbzölle. Actenstücke und Nachweise. 1814—1859. (Leipzig 1860) S. XVII folg.

dehnen. Schließlich beantragte die Reichsdeputation „alle die Rheinschiffahrt, den Leinpfad, den Uferbau, die Zölle und Mauten (droits de péage et de douane) und den Handel überhaupt betreffenden Punkte bis zu einem noch abzuschließenden besonderen Handels- und Schiffahrtsvertrag in statu quo zu lassen", und erklärte dabei, daß der Wunsch nach einer allgemeinen Schiffahrtsfreiheit auch auf den andern Flüssen Deutschlands die Befugnisse der Deputation übersteige.

Die französischen Bevollmächtigten erwiderten am 22. Juni, (IV Messidor VI), daß sie sich in der Hoffnung getäuscht sähen, den Widerstand in diesen wichtigen Angelegenheiten durch die Stärke ihrer Vernunftgründe überwunden zu haben, doch hätten sie auch jetzt keinen überzeugenden Grund gefunden, um von ihren ersten Forderungen abzugehen. Ein Handels- und Schiffahrtstractat mit dem Reiche sei eine Unmöglichkeit, da nur mit jedem einzelnen Stande solche Verbindung eingegangen werden könne, die hier aber in Frage stehenden Gegenstände hätten — mit Ausnahme vielleicht der Einfuhrzölle — für das Reich ein allgemeines und unmittelbares Interesse und gehörten also in den Friedenstractat, wie es doch auch gewiß in Betreff der freien Schiffahrt auf den deutschen Flüssen Sache der Reichsdeputation sei, wenn auch nicht hierüber zu entscheiden, doch die Entscheidung dieser, die ganze Nation betreffenden Angelegenheit bei der Reichsversammlung zu betreiben. Im Princip gab die Reichsdeputation nach, da sie aber nichts that, um das Verlangen der Franzosen in Ausführung zu bringen, wiederholten diese am 3. October (12 Vendemiaire VII) die Forderung, daß die Rheinschiffahrt für beide Nationen frei sein solle, und verlangten, daß die wirkliche Aufhebung aller Rheinzölle als Grundsatz sogleich festgestellt und sechs Monate nach Auswechselung der Ratificationen vollständig ausgeführt werde. Dagegen wollten sie auf die Befreiung der inneren Flüsse Deutschlands nicht ferner bestehen, empfahlen dieselbe aber als eine Wohlthat für das ganze Reich der Weisheit der Reichsdeputation und begehrten ausdrücklich noch die Aufhebung des Weserzolls von Elsfleth als eines dem Handel Frankreichs mit Bremen äußerst schädlichen Hindernisses.

Die letztere Forderung veranlaßte neue Verhandlungen, denn der Zoll ertrug jährlich 120,000 Thlr. und war mit einer Einnahme von 80,000 Thlr. im J. 1777 dem Fürstbischof von Lübeck garantirt worden[1]). Der Fürstbischof schickte auch sogleich einen Gesandten nach Rastatt, um, vom k. preußischen Gesandten unterstützt, auf Grund von § 2 Art. IX des westfälischen Friedensschlusses gegen die Aufhebung Einspruch zu erheben. Die Reichsdeputation beschloß, weil der Zoll nicht in einem von den Franzosen besetzten Lande liege, die ganze Angelegenheit auf eine Particular-Verhandlung der französischen Gesandten mit dem Hause Holstein-Oldenburg und dem Fürstbischof von Lübeck zu verweisen. Nachdem die Säcularisation des Stifts Lübeck als Entschädigung für den Zoll beantragt und angenommen war, wurde in Art. 8 und 27 des Reichsdeputationshauptschlusses vom 25. Febr. 1803 die Aufhebung des Zolls von Elsfleth auf immer ausgesprochen, dem Herzog von Holstein-Oldenburg aber die Erhebung desselben, weil er mit dem ihm zugefallenen Theil des Stifts nicht zufrieden war, durch einen besonderen, vom Kaiser bestätigten Vertrag mit Frankreich noch auf 10 Jahre, bis zum 1. Januar 1813 zugestanden. Nach Wiederherstellung der oldenburgschen Regierung im J. 1814 erneuerte diese sogleich wieder den Zoll, doch gelang es dem unermüdlichen Bestreben Bremens beim Wiener und Aachener Congreß wie beim Bundestag[2]), die endliche Aufhebung desselben vom 7. Mai 1820 an zu erlangen.

Die Forderung einer gründlichen Beseitigung des Zollwesens auf dem Rhein ohne Entschädigung wurde auch nach dem Abschluß des Friedens zu Lüneville aufrecht erhalten. Dem zu Folge erklärte der Reichsdeputations-Hauptschluß in Art. 39: „Alle Rheinzölle auf dem rechten wie auf dem linken Ufer sind abgeschafft und dürfen unter keiner Bedingung wieder hergestellt werden, mit Vorbehalt jedoch der Douanengebühren und eines nach folgenden Grundsätzen vereinbarten Schiffahrtsvertrags. Da der Rhein von der batavischen bis zur helvetischen Republik ein zwischen Frankreich und dem deutschen Reiche gemeinschaftlicher Fluß geworden ist, so soll ein Schiffahrtsoctroy auch gemeinschaftlich von Frankreich und dem Reich erhoben und regulirt werden; die Taxe soll den Betrag der aufgehobenen Zölle nicht übersteigen und höher sein für die Schiffahrt der Fremden als für die der französischen und deutschen Uferbewoh-

---

[1]) Acta, Zollwesen, in specie — Weserzoll zu Elsfleth betr. 1798. Loc. 30152. — Im J. 1795 liefen erst 415 Seeschiffe in die Weser, im J. 1796 schon 1078, 1797 1020, 1798 964, 1799 1033, davon 81 aus Nordamerika. Duntze, Geschichte der Stadt Bremen IV, 528. — [2]) Protokoll vom 26. August 1819.

ner, sowie höher auf die zu Berg als zu Thal fahrenden Schiffe; der Ertrag des Octroy ist vornehmlich zur Bestreitung der Erhebungs-, Verwaltungs- und Polizeikosten bestimmt, der Ueberschuß wird in zwei gleiche Theile getheilt und jeder derselben zur Erhaltung der Leinpfade und zu den nöthigen Uferbauten verwendet; der reine Ueberrest der dem rechten Rheinufer zugehörigen Hälfte ist verhypothecirt 1. zur Ergänzung der Dotation des Kurfürsten Erzkanzlers und für andere in den § 9, 14, 17, 19 und 20 gegebenen Anweisungen, 2. zur Bezahlung der in § 7 und 27 angewiesenen Renten, der sich etwa ergebende jährliche Ueberschuß soll zur allmähligen Tilgung der Lasten dienen, welche auf den Schiffahrtsoctroygebühren haften."

Dieser Artikel führte im folgenden Jahre zum Abschluß der Rheinoctroyconvention vom 15. August 1804[1]), welche das zwischen Frankreich und dem Kurerzkanzler getheilte Rheinoctroy an die Stelle der früheren Rheinzölle einführte, einem gemeinschaftlichen Generaldirector die Oberaufsicht übergab, die 30 oder 31 Rheinzollstätten von Straßburg bis zur holländischen Grenze in 12 Rheinoctroybureaus zusammenzog und den Zollbetrag für die ganze Strecke zu Berg auf 2 Frcs. für den Ctr., zu Thal auf 1 Frcs. 33 Cent. festsetzte, wovon auf den Oberrhein 3, auf den Mittelrhein 4, auf den Niederrhein 8 Theile kamen. Im J. 1810, nachdem durch die Continentalsperre die Bedeutung der Rheinschiffahrt auf's Tiefste gesunken war[2]), trat der Kurerzkanzler die Hälfte seines Antheils am Octroy an Frankreich ab, so daß nun dieses die Leitung der Rheinschiffahrtsangelegenheiten allein in Händen hatte.

Nach Auflösung des deutschen Reichs durch den Reichsdeputationshauptschluß vom 25. Febr. 1803 und die Niederlegung der deutschen Kaiserwürde im J. 1806 wurde überall, wo der Kaiser Napoleon deutsches Reichsgebiet dem französischen Kaiserreiche einverleibte, zu gleicher Zeit das französische Sperrsystem in seiner ganzen Schroffheit eingeführt. Wie am Rhein, so übten auch in den niedersächsischen Gegenden und in Hamburg die Douaniers die Verwaltung dieses Zollwesens mit den schamlosesten Erpressungen und ungezügelter, weil unbestrafter Willkühr. Es waren die unausweichbaren Folgen eines Krieges, welcher das in sich zerfallene

[1]) Schirges a. a. O. S. 68 folg. — [2]) Der Waarentransport von Mainz nach Straßburg war vom J. 1807 bis 1809 von 86,111 Ctr. auf 17,527 Ctr. gesunken.

deutsche Reich gänzlich niederwarf und die einzelnen Glieder desselben ohne Schutz und Abwehr dem rücksichtslosen Sieger anheim gab, es waren dies dem deutschen Zollwesen von außen aufgedrungene Zwangsverhältnisse, welche demnach der politischen Geschichte unseres Vaterlandes angehören und hier nur kurz erwähnt werden können. Zu diesen Zwangsmaßregeln gehört vor allen auch die Continentalsperre, ein unter Befehl und Leitung Frankreichs über das ganze festländische Europa gegen den englischen Handel ausgeführtes und dennoch in seinen Absichten gänzlich verfehltes Sperrsystem, dem sich am allerwenigsten die übrig gebliebenen schutzlosen Reste des deutschen Reiches entziehen konnten.

Die Unmöglichkeit, das durch das Meer und seine mächtigen Kriegsflotten geschützte britische Reich mit denselben Waffen wie Deutschland und Oesterreich zu bekämpfen, führte Napoleon schon im J. 1806 auf den Gedanken, mit Hülfe des Sperrsystems einen mercantilen Krieg gegen England zu erheben und demselben durch Vernichtung seines festländischen Handels die Niederlage beizubringen, welche mit Waffengewalt nicht zu erreichen war. In Folge der politischen Verbindung mit Napoleon und eines besonderen Vertrags[1]) hatte auch Preußen schon durch ein Decret vom 28. März 1806 nach der Besetzung Hannovers die Häfen und Ströme der Nordsee für die britische Schiffahrt gesperrt, worauf die britische Regierung am 5. April die Beschlagnahme aller in britischen Häfen befindlichen preußischen Schiffe befahl, welcher Maßregel binnen 10 Tagen mehr als 100 Schiffe anheimfielen. Die norddeutschen Flüsse wurden blokirt, Kaperbriefe ausgegeben und der preußische Handel dadurch vernichtet.

Nachdem Napoleon in demselben Jahre auch die preußische Kriegsmacht niedergeworfen hatte, erließ er am 25. November von Berlin aus ein Decret, das allen Handel und brieflichen Verkehr mit Großbritanien verbot, über alle aus britischen Manufacturen und Colonien kommenden Waaren die Confiscation verhing, allen Schiffen die unmittelbare Berührung mit Großbritanien und seinen Colonien untersagte und jeden Engländer als Kriegsgefangenen zu ergreifen befahl. Damit war die Continentalsperre gegen England eröffnet, denn auch für die Neutralen blieb der Ver-

---

[1]) Vergl. über diese Verhältnisse L. Häusser, deutsche Geschichte vom Tode Friedrichs des Großen bis zur Gründung des deutschen Bundes, II, 569. III, 477 folg.

kehr dorthin nur frei, wenn sie nicht englisches Gut an Bord führten noch unmittelbar von England und den Colonien nach den festländischen Häfen segelten[1]). Um dem dadurch begünstigten Schleichhandel vorzubeugen, befahl Napoleon in dem Decret von Mailand vom 23. November 1807, alle Schiffe, welche vor ihrer Ankunft in französischen Häfen in England gewesen wären, mit der ganzen Ladung wegzunehmen. England schärfte dagegen die Blokade gegen alle Häfen, von denen die englische Flagge ausgeschlossen war, und verlangte von allen Schiffen, die mit blokirten Häfen handeln wollten, zuvor die Entrichtung einer Abgabe in einem Großbritanien unterworfenen Hafen. Napoleon erließ nun ein zweites Decret, Mailand 17. Dezember 1807, welches jedes Schiff, das sich diesen Anordnungen unterwarf, für entnationalisirt erklärte und als englisches Eigenthum zu behandeln gebot. Diesen Anordnungen des französischen Kaisers mußten sich außer Frankreich und den einverleibten Gebieten auch die Rheinbundstaaten, Holland, Schweiz, Italien und Spanien unbedingt unterwerfen, Preußen und Rußland im Tilsiter Frieden, bald darauf auch Dänemark und Oesterreich und im J. 1810 auch Schweden beitreten, so daß nun das ganze europäische Festland bis auf das von britischen Truppen besetzte Portugal diesem aufgezwungenen Sperrsystem gehorchte.

Dennoch hatte diese Maßregel bei weitem nicht den beabsichtigten Erfolg. Jeder entzog sich, wo und wie er nur konnte, dem Zwange und suchte auf Um- und Schleichwegen den Handel mit England fortzusetzen, den dieses durch großartige wohlorganisirte Lager von Colonialwaaren auf Helgoland, Sicilien, Malta und den Azoren unterstützte. Für die von Frankreich abhängigen Staaten war der englische Handel um so unentbehrlicher, da Frankreich auch für seine nächsten Bundesgenossen fest gesperrt blieb, diese dagegen mit seinen Waaren überschwemmte. Amerikanische, griechische und bis zum J. 1810 auch schwedische Schiffe trieben unter neutraler Flagge den Handel in ausgedehntester Weise, während Rußland sich der Ausführung des Systems ganz entzog. Napoleon selbst stellte, nachdem England die Einfuhr der unentbehrlichsten Bedürfnisse, wie Getreide, Holz, Hanf, Theer u. a. freigegeben hatte, für Geld „Licenzen“

---

[1]) Die ausführlichere Darstellung dieser Continentalsperre und ihrer Folgen giebt W. Kiesselbach, „die Continentalsperre in ihrer ökonomisch-politischen Bedeutung“. 1850.

aus, deren Inhaber gegen französische Producte und Fabricate fremde, für die französische Industrie unentbehrliche Waaren als Indigo, Cochenille, Felle u. a. einführen durften. Solche Licenzen, die nur dem Schleichhandel neue Wege öffneten, verschenkte Napoleon auch an Glieder seiner Familie und Günstlinge und bald kamen falsche Scheine neben den wirklichen in Umlauf.

Da unter solchen Umständen die Unterdrückung des Schleichhandels wie des englischen Handels in gleicher Weise unmöglich geworden war, erlaubte Napoleon im J. 1810 die Einfuhr englischer Colonialwaaren gegen einen hohen Zoll und erließ in dieser Absicht am 5. August den Tarif von Trianon. Der Handel mit England und seinen Colonien blieb wie bisher verboten, doch wurden alle seewärts einkommenden Colonialwaaren gegen einen Eingangszoll von durchschnittlich 50 pCt. zugelassen. Zugleich wurden überall hin, wo Napoleons Kriegsmacht herrschte, Couriere ausgeschickt, um plötzlich und gleichzeitig mit Unterstützung der französischen und der verbündeten Truppen nach den vorhandenen Colonialwaaren zu forschen und dieselben entweder zu besteuern oder, wenn sie eingeschwärzt waren, mit Beschlag zu belegen. Diese Maßregel soll im J. 1810 dem französischen Staatsschatz 150 Millionen Frcs. ertragen haben. Alle englichen Manufacturen aber wurden weggenommen, um verbrannt zu werden.

Diesen Tarif von Trianon führten die deutschen Staaten in den ersten Tagen Octobers 1810 ein. Am 18. September forderte Napoleon die sächsische Regierung auf, denselben in Sachsen in Anwendung zu bringen[1]). In Folge dessen beschloß dieselbe, daß vom 8. Oct. an alle in diesem Tarif benannten Waaren nach den hier festgestellten Sätzen, unbeschadet der schon darauf lastenden Abgaben, belegt werden sollten, insofern nicht solcher Impost schon in einem andern dem Continentalsystem beigetretenen Staat erlegt war. Die neue Auflage sollte sogleich an der Grenzzollstätte vom Fuhrmann oder Schiffer entrichtet, den inländischen Fabriken aber, um ihnen in der Concurrenz mit den Engländern mögliche Erleichterung zu verschaffen, von der zu eigener Verarbeitung erkauften Baumwolle und Farbewaaren zurückerstattet werden. Durch das Patent vom

---

[1]) Acta, das wegen Impostirung der Colonialwaaren zu erlassende Patent betr. 1810, Loc. 1507.

1. October 1810 wurde der Eingangszoll für die englischen Colonialwaaren im Königreich Sachsen nach dem Ctr. festgesetzt: für Baumwolle aus Brasilien, Cayenne, Demarari, Surinam, Georgien 100 Thlr., aus der Levante 25 Thlr., für jede andere Baumwolle 75 Thlr., nur die neapolitanische blieb frei; für rohen Zucker 37 Thlr. 12 Gr., raffinirten 50 Thlr., für Haysanthee 112 Thlr. 12 Gr., für grünen Thee 75 Thlr., für andern 18 Thlr. 18 Gr., für Kaffee 50 Thlr., für Indigo 112 Thlr. 12 Gr., für Cacao 125 Thlr., für Cochenille 250 Thlr., für weißen Pfeffer 75 Thlr., schwarzen 50 Thlr., für ordinären Zimmt 75 Thlr., feinen 250 Thlr. u. s. w. An demselben Tage, am 8. October, trat auch in den übrigen Rheinbundstaaten wie in Preußen der Tarif von Trianon in Kraft.

Am 14. October erließ Napoleon von Fontainebleau aus ein Decret folgenden Inhalts: In Erwägung, daß die Stadt Frankfurt mit verbotenen englischen Waaren angefüllt ist, welche als noch in Rechnung stehend englischen Kaufleuten gehören und nur bestimmt sind, in heimlicher und frevelhafter Weise in Frankreich eingeführt zu werden, in Erwägung ferner, daß überall, wo französische Truppen stehen, nach dem Berliner Decret vom J. 1806 solche englischen oder Colonialwaaren confiscirt werden sollen und diese Maßregel bereits zu Stettin, Danzig und im ganzen nördlichen Deutschland vollzogen ist, soll nun auch zu Frankfurt der Sequester auf alle dort vorhandenen oder vom englischen Handel herkommenden Waaren gelegt werden. Ein zweites Decret vom 19. October befahl, in Frankreich, Deutschland, Holland, Italien, Illyrien, Spanien und überhaupt „im Bereich der von französischen Truppen besetzten Orte" alle aus englischen Fabriken stammenden Waaren mit Beschlag zu belegen und zu verbrennen. In Folge dessen wurde in Leipzig am 29. October aller Ausgang von Kaufmannsgütern aus der Stadt und den Vorstädten sowie aller Transport derselben von einem Haus in das andre auf's Strengste untersagt und zugleich den Generalaccisinspectoren befohlen, alle für den Handel bestimmten englischen Fabrikwaaren sofort in Beschlag zu nehmen und außer Verkehr zu setzen, auch durch Einsicht der Handelsbücher und der Correspondenzen der Kaufleute zu untersuchen, ob beim Bezug dieser Waaren auf directem oder indirectem Wege eine verbotene Handelsverbindung mit England stattgefunden habe und in wiefern selbige durch ein mit England bestehendes Contocurrent als englisches Eigenthum anzusehen sein möchten. Sofort nach Empfang dieses Befehls sollten sie alle Handelshäuser, wo englische Fabrikate zu vermuthen seien, unter Siegel legen, alle Gewölbe und Niederlagen, wo ein Verdacht vor lag, genau durchsuchen und die englischen Waaren in Verwahrung nehmen, die Handelsbücher unter Zusicherung strengster Verschwiegenheit durchlesen und sogleich darüber an das geheime Finanzcolleg berichten. Am 30. October um zwei Uhr Nachts wurden die Stadt und die Vorstädte gesperrt, kein Frachtfuhrwerk und kein Gepäck führender Wagen ohne Zettel der Rathexpedition durchgelassen. Cavalleriepatrouillen durchritten die Stadt und die ganze Umgegend und machten auf allen Landstraßen jede Ausfuhr unmöglich. Eine besondere Bekanntmachung untersagte jeden Verkehr unter den Kaufleuten durch Versendung und Verkauf von Hand in Hand in und außerhalb der Stadt bis nach vollständig geschehener Declaration und befahl, sämmtliche Gewölbe sofort zu schließen, binnen 24 Stunden alle und jede englischen Waaren nach Menge, Werth und Aufbewahrungsort zu declariren und alle anzuzeigen, bei denen sich dergl. befänden.

Mit derselben Schnelligkeit wurden auch in den übrigen Rheinbundstaaten die ähnlichen Befehle in Vollzug gesetzt. In Bremen wurde am 15. October das Decret Napoleons bekannt gemacht und dabei bestimmt, daß alle im Tarif bezeichneten Waaren, welche nach Meklenburg, Lauenburg, in die Hansestädte und in sämmtliche zwischen dem Meer und der französischen Douanenlinie von Rees am Rhein bis an die Ostsee belegenen Länder gehen würden, sowie alle zur Zeit in den genannten Ländern befindlichen Waaren diesen Abgaben unterworfen und binnen 10 Tage anzugeben seien. Diesem Befehl folgten auch hier sogleich die Anordnuugen, welche die Erforschung und Beschlagnahme der englischen Waaren geboten und auf die Dauer allen Handelsbetrieb der Stadt Bremen, die nach des Kaisers Willen nur als Hauptstadt eines französischen Departements zu athmen lernen sollte, gänzlich niederlegten. Auch der Senat der Stadt Hamburg fügte sich ohne Widerstand und zeigte der französischen Oberbehörde an, daß am 5. November mit der Verbrennung begonnen werden sollte. Nachdem diese Stadt am 20. Dezember 1810 mit dem französischen Kaiserreich vereinigt war, lagen im folgenden Jahre 320 Seeschiffe müssig im Hafen[1]).

---

[1]) In den angegebenen Acten. — Düntze, Geschichte der Stadt Bremen, IV, S. 698 folg. — Christern, Geschichte der Stadt Hamburg, II, 27 folg.

Im Königreich Sachsen konnten jedoch bald mildere Maßregeln eintreten. Am 3. November 1810 wurde den Accisinspectoren befohlen, die unter Siegel gelegten Gewölbe und Waarenlager zum Behuf der binnen 48 Stunden zu fertigenden Verzeichnisse unter den nöthigen Vorsichtsmaßregeln gegen Kauf und Verschleppung wieder zu eröffnen, nach Abgabe aber der Verzeichnisse und der in ein Depot zu bringenden englischen Waaren dem Handelsverkehr seinen Fortgang zu lassen. Am 14. November folgte die Bekanntmachung[1]), daß alle dem Sequester nicht unterworfenen Handelsartikel vom 17. d. M. wieder ausgeführt werden dürften, die Versendung der Colonialwaaren aber gegen Revers unter der Bedingung gestattet werde, daß sämmtliche über $^3/_4$ Ctr. betragende Ausgangsgüter unter genauer Declaration des Inhalts auf die Waage gebracht und hier wie an den Schlägen bei entstehendem Verdacht die Collis geöffnet werden sollten. Nachdem Napoleon am 1. November 1810 befohlen hatte, daß alle von Isle de France, Batavia und den französischen Colonien auf französischen oder holländischen Schiffen direct in französische Häfen eingehenden Waaren von allen Douanenabgaben befreit sein, in amerikanischen Schiffen nur die Hälfte derselben entrichten sollten, hob König Friedrich August am 30. November den Sequester auf Colonial- und andere Waaren mit Ausschluß der englischen Fabrikwaaren auf und ließ die declarirten Vorräthe den Eigenthümern gegen Entrichtung der am 1. October angeordneten Auflagen zurückgeben, dagegen aber am folgenden Tage auch hier die Vernichtung von englischen Shawls, Steingut und anderen Fabrikwaaren anordnen. Die erhöhte Auflage auf Colonialwaaren brachte im Königreich Sachsen bis zum November 1811 einen Mehrertrag von 691,596 Thlr.

Nachdem bis zum Jahre 1813 das Zollwesen in den Staaten des vormaligen deutschen Reiches unter dem französischen Zwange ohne wesentliche Veränderung geblieben war, trat mit der Besiegung Napoleons in diesem Jahre überall der allmählige Nachlaß der Continentalsperre und im Allgemeinen die Rückkehr zu den früheren Verhältnissen wieder ein.

---

[1]) Derselben Acten Vol. II, 126.

Dritter Abschnitt.

Die Zeit der Vorbereitung des deutschen Zollvereins. 1814—1834.

1. Das neue preußische Zollsystem und der Kampf dagegen. 1814—1828.

Mit Ausnahme einer für die Schiffahrt der Elbe gegebenen Anregung bewirkte der Pariser Friedensschluß in den Zollverhältnissen Deutschlands zunächst keine wesentliche Veränderung und die allgemeine Sachlage auf diesem Gebiete schien sich eher zum Schlimmeren als zum Besseren gewendet zu haben, indem nun die einzelnen ehemaligen Reichsglieder, welche die gewaltige Umwälzung überlebt hatten, die vollständige, staatsrechtlich begründete Souveränität erwarben und die Zerstückelung des deutschen Zollwesens in so viele getrennte Systeme, als es Reichs- und Bundesstaaten gab, vollendet und gesetzlich festgestellt wurde.

Oesterreich stand schon vorher mit seinem Sperrsystem außerhalb des Reichs und blieb auch in demselben Verhältnisse zum deutschen Bunde. Preußen, durch die neuen Erwerbungen über die ganze Breite Norddeutschlands wenn auch mit beträchtlicher Unterbrechung ausgedehnt, behielt gleichfalls zunächst das, in manchem freilich gemilderte Sperrsystem bei, welches nach wie vorher für Mittel- und Süddeutschland die günstigsten Wege zum Meer und zum Welthandel beschwerte und auch den inneren Verkehr dieses Reiches trotz mancherlei Erleichterungen und Besserungen mit Binnenzöllen auf Fluß- und Landstraßen, mit Abgaben bis zu 25 p. C. zwischen den westlichen und östlichen Provinzen unterbrach. Auch das Königreich Sachsen hatte das, im Ganzen mehr als Retorsionsmaßregel ihm aufgezwungene als freiwillig entwickelte, darum auch weniger schroffe Sperrsystem nicht aufgegeben und suchte dabei ebenso eifrig wie vergeblich nach erleichterten Absatzwegen zum Meer und im Interesse des Leipziger Meß- und Welthandels nach möglich unbehindertem Verkehr mit Rußland, England und andern außerdeutschen Reichen. In Süddeutschland hatte Bayern während der Zeit des Rheinbundes sein schon im vorigen Jahrhundert begonnenes Sperr- und Grenzzollsystem für die durch den Friedensschluß wohl abgerundete Hauptmasse seines Besitzstandes vollendet. Württemberg war diesem Beispiele gefolgt und hatte gleichfalls seine Grenzen geschlossen, um Erzeugung und Verbrauch seiner Unterthanen im vermeintlichen Gleichgewicht zu erhalten. Die übrigen Glieder des deutschen Bundes hatten zwar weder Sperr- noch Grenzzollsysteme, wohl aber die mittelalterliche Zollwirthschaft in der Hauptsache bewahrt und bewachten dabei so sorgsam wie die größeren Staaten ihre nunmehr unumschränkt gewordene Oberhoheit in Zollsachen.

Während das innerhalb der deutschen Bundesgrenzen herrschende Sperrzollsystem jede gute Folge, deren es unter andern Umständen hätte fähig sein können, schon deßhalb in ihr Gegentheil verwandelte, weil es statt eines großen Binnenmarktes eine Anzahl kleiner schuf, die sich gegenseitig als Ausland ausschlossen, boten auch noch die überall hinein verstreuten, von keiner Zolllinie begrenzten kleineren Bundesländer dem Einströmen der englischen und französischen Waaren die stets bereite Vermittelung und dadurch dem Schleichhandel eine nicht wegzuschaffende Gelegenheit. Nachdem die Industrie und der Handel Deutschlands, abgesehen von den niederschlagenden Folgen schwerer Kriege, durch die Continentalsperre in ihrem Verhältniß zu Frankreich außerordentlich gelitten hatten, indem die Grenzen zwar für England verschlossen wurden doch für das geschlossene Frankreich geöffnet bleiben mußten, so lagen nun auch nach siegreich vollendetem Kriege die Bundesgrenzen beiden Reichen gegenüber zu großem Theil offen da und boten nach beiden Seiten hin dem übermächtigen Gewerbe und Handel der Fremden zu offener und heimlicher Einfuhr die Thore. So kam es, daß im J. 1814 allein an englischen Baumwollengarnen für 3,248,000 Pfd. Sterling = 21,654,000 Thlr. eingeführt werden konnten[1]).

Der Pariser Friedenstractat vom 30. März 1814 brachte als die nächste und unmittelbarste Folge für das Zollwesen die Bestätigung der seit den Verhandlungen zu Rastatt im J. 1798 für die Rheinschiffahrt herrschend gewordenen Grundsätze und die Erstreckung derselben auch auf andere deutsche Ströme[2]). In Art. 5 wurde festgesetzt: „Die Schiffahrt auf dem Rhein soll von da, wo er schiffbar wird, bis zum Meer und zurück in der Weise frei sein, daß dieselbe niemand kann untersagt werden; auf dem künftigen Congreß wird man sich mit den Grundsätzen beschäftigen, wie die Zölle durch die

[1]) Vergl. Dr. Gustav Fischer, „Ueber das Wesen und die Bedingungen eines Zollvereins. In den Jahrbüchern für Nationalöconomie und Statistik, herausgegeben von Bruno Hildebrand I, 329 folg. — [2]) Vergl. „Die Elbzölle" u. s. w. S. XXIII folg. u. S. 1.

Uferstaaten auf die gleichmäßigste und dem Verkehr aller Uferstaaten zuträglichste Weise zu erheben sind. Auch soll auf dem künftigen Congreß untersucht und entschieden werden, auf welche Weise, um die Verbindungen zwischen den Völkern zu erleichtern und dieselben immer weniger fremd unter einander zu machen, die für den Rhein getroffene Bestimmung auch gleichmäßig auf alle anderen Flüsse, welche in ihrem schiffbaren Laufe verschiedene Staaten trennen oder durchströmen, auszudehnen sei." Damit wurde die durch den Rheinoctroivertrag vom J. 1804 für die Unterthanen der Uferstaaten bestätigte Begünstigung vor den Fremden auf alle, die Schiffahrt auf diesem Strome Ausübenden erstreckt und zugleich nahmen nun alle unterzeichneten Mächte als Oesterreich, Preußen, Rußland, Großbritanien und Frankreich die künftige Entscheidung hierin auch in Bezug auf andre Staaten für sich in Anspruch, wogegen jedoch sogleich von Seite der Betroffenen Widerspruch erhoben wurde.

Die Wiener Congreßacte enthält demgemäß alle, die Flußschiffahrt und das Flußzollwesen betreffenden Bestimmungen. Die durch einen schiffbaren Strom getrennten oder durchströmten Staaten, heißt es hier in Art. 108 [1]), haben alles auf die Schiffahrt dieses Stroms Bezügliche gemeinschaftlich festzustellen, und ernennen zu diesem Zwecke Bevollmächtigte, welche spätestens 6 Monate nach Beendigung des Congresses zusammentreten und die in den folgenden Artikeln aufgestellten Grundsätze ihren Arbeiten zu Grunde legen. Art. 109: Auf den bezeichneten Strömen soll die Schiffahrt von da, wo dieselben schiffbar werden, bis zur Mündung frei sein und in Bezug auf den Handel niemand untersagt werden können, doch müssen die in übereinstimmender und dem Handel aller Nationen möglich günstiger Weise abzufassenden Vorschriften der Schiffahrtspolizei beobachtet werden. Art. 110: Das in Betreff der Abgaben wie der Polizei einzuführende System soll soviel wie möglich gleichförmig sein für den ganzen Lauf des Stroms wie für die Nebenarme desselben, welche in ihrem schiffbaren Lauf verschiedene Staaten trennen oder durchströmen. Art. 111: Die Schiffahrtsabgaben sollen gleichförmig, unveränderlich und von der verschiedenen Beschaffenheit der Waaren so weit unabhängig sein, daß man eine in's Einzelne gehende

---

[1]) J. L. Klübers Acten des Wiener Congresses in den J. 1814 und 1815. Die Verhandlungen über diese Angelegenheiten sind auch abgedruckt in dem erwähnten Werk „Die Elbzölle", S. 2 folg.

Prüfung der Ladung auf Defraudations= und Contraventionsfälle beschränken kann. Der Betrag dieser Abgaben darf die gegenwärtig bestehenden nicht überschreiten und ist nach den örtlichen Verhältnissen in der Weise zu bestimmen, daß durch die Erleichterung der Schiffahrt der Handel ermuntert werde und der Rheinoctroi dabei zur ungefähren Richtschnur dienen könne; der regulirte Tarif darf nur nach gemeinsamer Uebereinkunft der Uferstaaten erhöht oder die Schiffahrt mit andern Abgaben belastet werden. Art. 112: Die in der Zahl möglich zu beschränkenden Erhebungsstellen werden durch das Reglement bestimmt und dürfen später nur durch gemeinsame Uebereinkunft abgeändert werden, außer es wolle einer der Uferstaaten die ihm ausschließlich gehörigen Erhebungsstellen vermindern. Art. 113: Jeder Uferstaat unterhält innerhalb seines Gebietes die Leinpfade und übernimmt die im Strombette für eine unbehinderte Schiffahrt erforderlichen Arbeiten; das künftige Reglement setzt fest, in welcher Weise diese Uferstaaten, wenn beide Ufer verschiedenen Regierungen gehören, bei solchen Arbeiten mitzuwirken haben. Art. 114: Stapel= oder Umschlagsrechte werden nirgends verliehen und die bereits bestehenden nur in soweit beibehalten, als die Uferstaaten solches, ohne Rücksicht auf das örtliche Interesse des Platzes oder des Landes, wo sie vorhanden sind, für die Schiffahrt und den Handel im Allgemeinen nothwendig oder nützlich erachten. Art. 115: Die Zölle der Uferstaaten haben mit den Schiffahrtsabgaben nichts gemein, doch wird durch Vorschriften des Reglements verhütet werden, daß die Dienstausübung der Zollbeamten der Schiffahrt keine Hindernisse in den Weg lege und jedem Versuch der Einwohner, mit Hülfe der Schiffer zu contrebandiren, durch strenge Strompolizei begegnet werde. Art. 116: Alles in den vorhergehenden Artikeln Angedeutete und einer endlichen Bestimmung noch Bedürfende wird durch ein gemeinschaftliches Reglement festgesetzt, das nach erfolgter Vereinbarung nur im Einverständniß aller Uferstaaten, die für dessen Ausführung Sorge zu tragen haben, abgeändert werden darf.

Die erste Elbschiffahrtscommission begann ihre Berathung statt nach 6 Monaten erst am 18. Juni 1819, also nach 48 Monaten, in Dresden. Oesterreich legte einen auf das Rheinoctroi gestützten Plan vor[1]) und verlangte demgemäß eine freie Schiffahrt auf der Elbe

---

[1]) Ebenda, S. 17 folg.

bis zum Ausfluß, ein gleichmäßiges System für die Erhebung der Gebühren wie für die Handhabung der Polizei, Verwendung der Gebühren für Leinpfad und Strombett und Vertheilung des Gesammtertrages derselben alle drei Monate nach Maßgabe der einem jeden zustehenden Uferstrecken. — Hannover behauptete dagegen, daß die Wiener Schlußacte am allerwenigsten Handel und Schiffahrt auf Kosten wohlerworbener Rechte hätte heben können und wollen, jede Verminderung der bisherigen Zollgefälle sei ein freiwilliges Opfer der Berechtigten, und es sei thöricht, die Colonial- und Industrieproducte fremder Nationen auf eine ganz außer Verhältniß stehende Weise zu erleichtern, deßhalb könne es auch nur den status quo von 1815 als die einzig billige Basis für die Regulirung der künftigen Zollgefälle anerkennen. Diesem Standpunkt traten bis auf Hamburg die übrigen Elbuferstaaten bei. In der 31. Conferenz schlug Meklenburg vor, einstweilen alles von einzelnen Staaten Zugestandene an einander zu reihen und das Weitere einer künftigen Revisionscommission vorzubehalten. So kam der Elbzolltarif vom J. 1821 zu Stande, welcher den Normalsatz von $27\frac{1}{2}$ Sgr. C. M. für den Ctn. hamburgischen Gewichts nebst Recognitionsgebühr für das Fahrzeug feststellte, angeblich eine Minderung der Elbzölle um 7 Gr., in Wirklichkeit aber eine Erhöhung derselben, da die von den betreffenden Regierungen übergebenen Zollrollen ohne Prüfung ihres rechtmäßigen Bestandes dem neuen Tarif zu Grunde gelegt waren [1]).

Die Elbschiffahrtscommission hatte am 31. Februar 1820 beschlossen, daß es der Revisionscommission, welche nach Art. 30 der Elbschiffahrtsacte von Zeit zu Zeit zusammenzutreten hatte, vorbehalten bleiben sollte, eine Herabsetzung des für den ganzen Lauf der Elbe festzustellenden Tarifs zu bewirken, wenn sich dieselbe als wünschenwerth darstelle, wobei ein bereitwilliges Entgegenkommen sämmtlicher Uferstaaten vorausgesetzt wurde. Jedoch bewirkten die seit Abschluß der Elbschiffahrtsacte [2]) gehaltenen vier Revisionscommissionen, deren Verhandlungen 48 Monate und 123 Conferenzen füllten, durch Umwandlung der Recognitionsgebühr von Seiten der zweiten Revisionscommission nur eine neue Erhöhung des Normalsatzes von $27\frac{1}{2}$ Gr. C.-M. für den hamburgschen Ctr. auf 33 Sgr.

[1]) Vergl. ebenda S. XXXVIII. — [2]) Ein Abdruck dieser Acte vom 23. Juni 1821 ebenda S. 48 folg. Dieselbe trat mit dem 1. Jan. 1822 für den ganzen Lauf der Elbe in Wirksamkeit.

11 Pf. für den Zollcentner, und alle später eingetretenen Erleichterungen geschahen, außer wenigen ungenügenden, auf Widerruf bewilligten Zollermäßigungen für einzelne Waaren, durch den freien Willen von Oesterreich, Sachsen und Preußen.

Hervorzuheben sind noch die Verhandlungen dieser Commission über den hannoverschen Zoll zu Brunshausen oder Stade, der aus einer Hafenabgabe für die einlaufenden Seeschiffe zu einem Zoll auf alle aus der See kommenden Schiffe und Güter ausgedehnt war. In der 4. Conferenz am 29. Juni 1819 erklärte der hannoversche Bevollmächtigte, weil der Brunshauser Zoll nur vom Seegut und von Seeschiffen erhoben werde, könne er als Seezoll kein Gegenstand dieser Verhandlungen sein. Dagegen erwiderte Hamburg, weil der Zoll an der Elbe erhoben werde und alle Schiffahrt auf diesem Flusse, sie komme woher sie wolle, immer Flußschiffahrt bleibe, so könne darüber wohl nur eine Meinung sein, daß, wenn der große Zweck einer allgemein gesetzlich freien Stromschiffahrt erreicht werden solle, von Ausnahmen nicht die Rede sein dürfe. Hannover beharrte auf seiner Erklärung, zumal da alle nicht über See gekommenen Schiffe und Güter wie die hamburgschen, mit dem Eigenthum hamburgscher Bürger befrachteten Schiffe von demselben frei seien; die oberhalb Hamburg belegenen Uferstaaten aber hätten kein unmittelbares Interesse, deßhalb auch kein Recht zur Einmischung bei diesem Zoll. Oesterreich, das für die Commission alles durch die Wiener Congreßacte derselben Zugewiesene in Anspruch nahm, wandte dagegen ein, daß die hannöverschen Gesandten sich in der 12. Conferenz des Comitee für freie Flußschiffahrt nur gegen die Verminderung dieses Zolles durch das damalige Comitee erklärt, keineswegs aber die Ansicht ausgesprochen, und auch deßhalb wohl nicht gehabt hätten, als ob dieser Zoll nicht unter die Stromschiffahrtsgegenstände gehöre. In Uebereinstimmung mit den übrigen Elbuferstaaten wurde Hannover aufgefordert, den Brunshauser Tarif um so weniger vorzuenthalten, als das Interesse aller Uferstaaten und des Handels fordere, daß dieser Zoll in Zukunft nicht nach Willkühr geändert werde. Hannover hielt seine Behauptung in Betreff des letzteren Zolles für alle Zukunft aufrecht, erklärte sich aber bereit, den Tarif der Commission zur Nachricht vorzulegen und denselben, sofern eine Veränderung der Fustagen und Gebinde eine bloße Erläuterung der Verzollungsprinzipien nicht erforderlich mache, nur im Einverständniß mit den dabei interessirten Staaten und namentlich der Stadt Hamburg zu verändern. Darauf sprach sich die Commission am 19. November dahin aus, daß sie, ohne den Ansichten Hannovers beizustimmen, die Mittheilung des Tarifs erwarte, und die Erklärung mit Dank annehme, daß derselbe ohne Zustimmung der Uferstaaten nicht erhöht werden solle. In der 38. Conferenz, am 20. Febr. 1821 verlangte der hannoversche Bevollmächtigte, bevor er die Zollrolle vorlege, eine Erklärung der Commission, ob sie durch sein früherhin gegebenes Versprechen zufrieden gestellt sei, worauf mit Ausnahme von Dänemark und Hamburg die übrigen Bevollmächtigten sich mit dem früheren Versprechen Hannovers zufrieden erklärten, weßhalb sie auch einer unverzüglichen Vorlegung des Tarifs entgegen sähen. Obgleich auch die Elbschiffahrtsacte in Art. 15 diesen Beschluß aufnahm, geschah doch die Vorlegung dieses Tarifs erst am 12. Dezember 1821, in der zum Austausch der Ratificationsurkunden in Dresden gehaltenen Zusammenkunft.

Die hauptsächlichsten, das Zollwesen zunächst betreffenden Bestimmungen der Elbschiffahrtsacte, welche mit dem 1. Januar 1822 auf allen Punkten der Elbe in volle Wirksamkeit treten sollte, enthalten der Art. 1, der die Schiffahrt auf der Elbe bis in die offene See auf- und abwärts in Bezug auf den Handel für frei erklärte, doch von einem Uferstaat zum andern den Unterthanen derselben vorbehielt, Art. 3, der alle Stapel- und Zwangsumschlagsrechte aufhob, Art. 7 und 9, welche alle bisher auf der Elbe bestandenen Zollabgaben in eine allgemeine Schiffahrtsabgabe von 27 Gr. 6 Pf. verwandelten, Art. 11—14, welche die Abgaben von den Fahrzeugen aller Klassen, von 10—48 Lasten und darüber Tragfähigkeit, auf 3 Thlr. 16 Gr. bis 14 Thlr. 18 Gr. festsetzten und jede willkührliche Erhöhung der beibehaltenen Gebühren untersagten, und endlich Art. 6, der die bisher bestandenen 35 Elbzollerhebungsämter in 14, doch mit einigen namentlich aufgeführten Ausnahmen, zusammenzog.

Auch die Feststellung einer deutschen Bundesverfassung gab zunächst nur eine äußerst geringe Aussicht auf Besserung der Zollverhältnisse. Zwar zeigten bei der Berathung derselben Oesterreich und Preußen noch Neigung, das gänzlich zersplitterte, jeder einigenden Autorität beraubte Zollwesen an eine Oberhoheit der Bundes-

---

[1]) Ebenda, S. 327.

gewalt zu binden, doch blieb insbesondre in Folge von Bayerns Widerspruch der 19. Artikel der Bundesacte die einzige Frucht dieses Bestrebens. Derselbe setzte fest, daß die Bundesglieder bei der ersten Versammlung des Bundestags wegen des Handels und Verkehrs zwischen den verschiedenen Bundesstaaten sowie über die Schiffahrt in Berathung zu treten hätten. Am 19. Mai 1817 fand diese Berathung statt. Auf den Antrag Württembergs, den zwischen einzelnen Bundesländern gesperrten oder sehr erschwerten Verkehr mit Getreide und Schlachtvieh überall im Bunde frei zu geben, wurde sogleich ein Ausschuß ernannt, der ungesäumt eine hierauf bezügliche Uebereinkunft zwischen sämmtlichen deutschen Bundesstaaten entwarf. Baden, die großherzoglich und herzoglich sächsischen Regierungen, Nassau und die freien Städte erklärten ihren Beitritt zu dieser Uebereinkunft, andere Regierungen aber stellten Bedingungen oder verlangten Veränderungen. Bayern forderte den Beitritt sämmtlicher Bundesstaaten auch mit den nicht zum Bunde gehörigen Ländern, Hannover verwahrte sich gegen die Verbindlichkeit eines Mehrheitsbeschlusses, Meklenburg wollte diese Angelegenheit der freien Uebereinkunft vorbehalten wissen. Auf Oesterreichs Antrag wurde am 14. Juli eine neue Berichterstattung an die Bundesregierungen beschlossen und damit der Antrag trotz der von Württemberg am 16. Februar 1818 gegebenen neuen Anregung auf immer, wenigstens beim Bunde zurückgestellt.

Um dieselbe Zeit hatte Preußen auf eigene Hand eine Besserung seiner Zollverhältnisse unternommen. Hier war die während der französischen Kriege wenig veränderte Zoll- und Acciseverfassung in ein schneidendes Mißverhältniß getreten zu den Forderungen der Zeit, zu den Ansprüchen des zum Großstaat emporgehobenen Königreichs, zu den Bedürfnissen und Wünschen der durch schwere aber erfolgreiche Kriege erfrischten und erstarkten Bevölkerung. Die Hoffnungen, die der Freiherr von Stein zur Zeit der höchsten Bedrängniß durch die beabsichtigten Reformen in der Verwaltung erregt und zum Bewußtsein gebracht hatte, lebten auch nach seiner Entfernung ungeschwächt fort. Das Bedürfniß einer freien Bewegung des Volkes auf seinem eigensten Gebiete, dem der Wirth-

---

[1]) Ilse, L. Fr., Geschichte der deutschen Bundesversammlung, insbesondre ihres Verhaltens zu den deutschen Nationalinteressen (1861) Bd. I, 184 folg. 407 folg.

schaft, wurde immer klarer und bestimmter, der Gegensatz zwischen dieser Forderung und dem mit mehr als 60 verschiedenen, überaus umständlichen Zoll- und Accisetarifen behinderten Verkehr immer schärfer und unverträglicher[1]). „Mit damals wenig über 10 Millionen auf einer unverhältnißmäßig langen, hie und da nur fragmentarisch zusammenhängenden, in der Mitte durchschnittenen Oberfläche, auf der einen Seite an Rußland, auf der andern an Frankreich und Holland grenzend, zusammengesetzt aus Provinzen der verschiedenartigsten Geschichte und Bildung sollte dieser Staat die ihm vom Schicksal auferlegte Stellung unter den großen Mächten von Europa würdig behaupten. Dazu bedurfte es innerer Eintracht, blühender Finanzen und eines wohlorganisirten Heeres. Dem Finanzwesen war dabei die schwerste Aufgabe geworden. Bei aller Sparsamkeit bedurfte man zur Bestreitung der inneren Einrichtung und zur Verzinsung der Staatsschuld einer Summe, unverhältnißmäßig groß für Areal und Seelenzahl des Reiches, wenn sie auf bisherigem Wege erhoben werden sollte. Die bestehenden directen Abgaben schienen einer bedeutenden Erhöhung um so weniger fähig als die alten Provinzen jetzt erst ihre Erschöpfung aus den Jahren 1806—1814 inne wurden, die neuen aber mit den Nachwehen einer von ihrer politischen Veränderung unzertrennlichen Auflösung bisheriger Verhältnisse schwer zu kämpfen hatten. Es kam mithin alles auf die indirecten Abgaben an, doch das bestehende System war weder günstig für Gewerbe und Handel noch der nothwendigen Verschmelzung so vieler divergirender Privatinteressen förderlich noch ergiebig genug für den gegenwärtigen Bedarf. Man hatte denselben Zweck wie unter Friedrich II, man beabsichtigte nicht allein das Gleichgewicht der Finanzen wieder herzustellen und das Landesbedürfniß zu decken, sondern damit zugleich das innere Gewerbe zu fördern und die Defraudation zu verhindern. Dazu brauchte man jetzt andre Mittel." [2])

Schon im J. 1816 begannen in Preußen die vorbereitenden Schritte zu der zwei Jahre später ausgeführten Umwandelung des Zoll- und Steuerwesens. Am 17. Januar 1816 wurde das freilich längst außer Wirksamkeit gekommene Verbot der Ausfuhr von ge-

---

[1]) Vergl. Fischer a. a. O. S. 329. — Dieterici, der Volkswohlstand im preußischen Staat. Berl. 1846, S. 46 folg. — L. Ranke „Zur Geschichte der deutschen, insbesondre der preußischen Handelspolitik," in der historisch-politischen Zeitschrift II, 1, S. 68 folg. — [2]) Ranke a. a. O. S. 75 folg.

prägtem Gold und Silber aufgehoben, am 7. Februar die Abgaben vom ausländischen Zucker gemildert mit der Hindeutung auf eine künftige zweckmäßigere Ordnung dieser Steuer, am 9. Mai und 10. Juli Verordnungen zur vorläufigen Aufstellung einer gleichen Regel für das Salzregal, am 16. Mai zur Einführung übereinstimmender Maße und Gewichte erlassen, am 11. Juli die Wasserzölle, die Binnen- und Provinzialzölle zunächst in den alten Provinzen aufgehoben und dabei zum ersten Mal die Absicht der Regierung ausgesprochen, „ein allgemeines und einfaches Grenzzollsystem statt der in älteren Zeiten gebildeten, verwickelten Zoll-, Durchgangs- und Handelsabgabenverfassung“ einzuführen. Im Mai 1817 war der Entwurf der neuen preußischen Steuerverfassung wenigstens in der Hauptsache vollendet, denn am 9. dieses Monats wurde eine Abschrift desselben nach Dresden geschickt, damit von hier aus nöthigen Falls vor Genehmigung des Entwurfs durch den Staatsrath eine Vorstellung dagegen erhoben werden könnte. Obwohl die k. sächsische Commerciendeputation schon damals im Wesentlichen dieselben Nachtheile dieser Steuerverfassung für das nichtpreußische Deutschland und insbesondre Sachsen hervorhob, welche später immer wieder derselben vorgeworfen wurden, so sah man doch zunächst von einer Gegenvorstellung ab und beauftragte den Gesandten von Minckwitz, über den weiteren Gang der Berathungen zu berichten[1]).

Daß in Preußen die Absichten der Regierung mit den Wünschen der gewerbtreibenden Bevölkerung zusammentraf, beweist eine Adresse der niederrheinischen Fabrikherren vom 27. April 1818[2]), worin sie unter andern klagten: „Von allen Märkten Europas sind unsre Gewerbe durch Zollinien ausgeschlossen, indeß alle Gewerbe von Europa in Deutschland einen offenen Markt halten.“ Der Staatskanzler antwortete, daß die beabsichtigte Zollinie, welche die drei westlichen Provinzen umschließen werde, bestimmt sei, dem inländischen Gewerbfleiß durch verhältnißmäßige Besteuerung der gleichartigen fremden Erzeugnisse einen billigen Vorzug zu sichern und die Freiheit des Verkehrs mit den östlichen Provinzen durch Aufsicht gegen die Einmischung fremder Fabrication möglich zu machen und zu schützen.

---

[1]) Acta, die Commercialunterhandlungen mit Preußen betr. 1817 folg. Vol. III, insonderheit das neue preußische Zoll- und Verbrauchssteuergesetz betr. Bl. 2 folg. — [2]) Fischer a. a. O. S. 330.

Nach langer, durch einflußreiche Anhänger des alten Systems erschwerter Berathung wurde das neue Gesetz am 28. Mai 1818 verkündigt und trat mit dem 1. Januar 1819 in Kraft[1]). Alle noch vorhandenen Binnenzölle wie die bisherige Accise von fremden Waaren wurden dadurch aufgehoben, die Zollinie an die Grenze verlegt, ein allgemeiner Grenzzolltarif für beide, von einander getrennte Hauptttheile des Königreichs besonders festgesetzt[2]). Als erster Grundsatz wurde die Handelsfreiheit anerkannt. „Alle fremden Erzeugnisse der Natur und Kunst, heißt es im Eingang des Gesetzes, können im ganzen Umfang des Staates eingebracht, verbraucht und durchgeführt werden, allen inländischen Erzeugnissen der Natur und Kunst wird die Ausfuhr verstattet." Für das Salz und die Spielkarten als Regalien wurde die Einfuhr verboten, für die Ausfuhr im Allgemeinen die Zollfreiheit als Regel festgestellt. Die Eingangsabgaben sollten von jetzt an die Haupteinnahme bilden und wurden hauptsächlich auf alle zur Verzehrung eingehenden und nicht zu den unentbehrlichsten Bedürfnissen gehörigen ausländischen Erzeugnisse gelegt, die Tarifsätze, die in der Regel 10 p. C. des durchschnittlich berechneten Werthes der Waaren nicht übersteigen sollten, nach Maß, Zahl und Gewicht bestimmt und der Werth der Waaren, dessen Schätzung bisher immer die größten Schwierigkeiten und Willkührlichkeiten veranlaßt hatte, ganz außer Rechnung gelassen. Zum Schutz der inländischen Industrie wurden verschiedene ausländische Fabrikate über den Normalsatz, der in der Regel $^1/_2$ Thlr. für den Ctr. oder 10 p. C. des Werthes der Waaren nicht übersteigen sollte, über diesen Satz belegt, die früheren Verbote alle in Schutzzölle verwandelt, doch die zur Verarbeitung im Innern bestimmten Rohstoffe und Halbfabricate gar nicht oder nur mit geringem Einfuhrzoll belegt, die Durchfuhr möglich erleichtert und unter angemessener Controle Umladung und Lagerung gestattet. Als Durchgangszoll wurde anfangs der Gesammtbetrag des Ein= und Ausfuhrzolls für jeden Artikel festgestellt, derselbe später aber in den westlichen Provinzen gemindert. Alle drei Jahre sollte der Tarif durchgesehen und den veränderten Verhältnissen angepaßt, und dabei besondre Rücksicht auf die Nachbarstaaten und deren Verhalten gegen den

---

[1]) Dieterici a. a. O. S. 56 folg. Fischer, S. 331. — [2]) Hoffmann, J. G., die Lehre von den Steuern mit besonderer Beziehung auf den preußischen Staat. (Berlin 1840) S. 339 folg.

preußischen Handel genommen werden. „Handelsfreiheit, erklärte das Gesetz, soll bei den Verhandlungen mit andern Staaten in der Regel zur Grundlage dienen, Erleichterungen, welche der preußische Handel in fremden Staaten findet, sollen erwidert, Beschränkungen vergolten werden."

Die weittragende Bedeutung dieses Gesetzes für das Königreich Preußen wie für das gesammte Deutschland ist allgemein anerkannt[1]). Indem der zweite Staat des deutschen Bundes mit 10 Millionen gewerbs- und handelsfleißiger Unterthanen ein gemeinsames gemäßigtes, die wirthschaftlichen Interessen des Volkes vor den Geldinteressen des Staates berücksichtigendes Zollsystem erhielt, wurde damit für den übrigen größeren Theil des Bundes, der durch Sonderzollsysteme wirthschaftlich vielfach zerspalten war, zu einer künftigen Zolleinigung der fertige und sichere Anknüpfungs- und Mittelpunkt gegeben. Für Preußen bot das neue Zollgesetz als nächste Vortheile die Verwandlung der Binnenzölle in ein folgerichtiges Grenzzollsystem und die dadurch ermöglichte Einführung eines gemäßigten Schutzzollsystems statt des früheren Sperrsystems. Der Erfolg dieses Gesetzes[2]) in den nächsten Jahren beweist seine Bedeutung. Die Zahl der in Baumwolle und Halbbaumwolle arbeitenden Stühle in Preußen mehrten sich vom J. 1819 bis 1825 um 60 p. C., die Einfuhr der rohen Baumwolle vom J. 1823 bis 1829 von 51000 Ctr. auf 110000 Ctr., der rohen ungefärbten und gefärbten Seide in derselben Zeit um mehr als 1000 Ctr. In ähnlichem Verhältniß stieg die Ausfuhr der seidenen und halbseidenen Zeuge und der wollenen Waaren — im J. 1823 betrug letztere 68000 Ctr.; — die Zahl der auf Nebenbeschäftigung gehenden Leinwandstühle mehrte sich vom J. 1819 bis 1825 um 55000 und die Ausfuhr der Leinwand nach Südamerika betrug in den Jahren 1822—27 mehr als $5^1/_2$ Mill. Thaler[3]).

Ganz anders freilich als in Preußen wurde dies Gesetz sogleich nach seinem Erscheinen in den übrigen, von diesem System folgerichtig

---

[1]) Vergl. Ranke, Fischer, Hoffmann a. a. O. Högen, der deutsche Zollverein in seiner Fortbildung S. 106 folg. — von Viebahn a. a. O. 130 folg. — Aegidi, Aus der Vorzeit des Zollvereins, S. 6 folg. — [2]) Die Urtheile der Engländer über dieses Gesetz siehe bei Fischer a. a. O. S. 330, Anm. 29. — [3]) Ferber, Beiträge, und neue Beiträge zur Kenntniß des gewerblichen und commerciellen Zustandes der preußischen Monarchie. Berlin 1829 und 1832. — Ranke a. a. O. S. 87.

als Ausland behandelten Bundesstaaten betrachtet. Das schon erwähnte Gutachten der königlich sächsischen Commerciendeputation hob als sämmtliche Bundesglieder treffende Nachtheile des Gesetzes hervor: die strenge Aufsicht an der Grenze mit einer doppelten Douanenlinie, die hohen Sätze bei der Consumtionssteuer, die alle drei Jahre zu wiederholende Berichtigung des Tarifs, die Entrichtung des Zolles halb in Gold halb in Silber bei Posten über 5 Thlr., wobei der Louisdor nur zu 5 Thlr., der Dukaten zu 2 Thlr. 18 Gr. gerechnet wurde [1]). Der in der Einleitung ausgesprochene Grundsatz, „wie man die Eingangszölle nach solchen Sätzen regeln wolle, daß der inländische Gewerbfleiß nicht nur geschützt, sondern auch einen Vorzug vor dem des Auslandes erhalte" habe zu Verfügungen geführt, welche in der Wirkung von Eingangsverboten wenig verschieden seien. — Auch im Großherzogthum Sachsen-Weimar [2]), das in Folge der vielen Grenzberührungen mit Preußen am empfindlichsten von dem neuen Zollsystem betroffen wurde, erwartete die Regierung nur Nachtheile von diesem Gesetz und hielt jetzt sogar einen Handelsvertrag mit Preußen für unmöglich, da ein solcher die Umänderung dieses Systems in seinen Grundprinzipien erfordere, ein zu voreiliges Abkommen mit Preußen könne aber leicht einer freilich kaum noch zu hoffenden doch wünschenswerthen und wichtigen Vereinigung mehrer Bundeslande zu einer kräftigen Gegenmaßregel gegen Preußen ein Hinderniß in den Weg legen. Sie wünschte deßhalb, daß jetzt ein Schritt geschehe, um auf solche Vereinigung hinzuwirken, oder, wenn die deutschen Staaten dazu nicht geneigt seien, ein Versuch gemacht werde, Preußen zur Bildung eines Zollvereins mit sämmtlichen deutschen Staaten gegen das eigentliche Ausland zu bewegen, welches doch natürlicher sei, als daß jetzt sogar Deutsche vom preußischen Zollsystem ungünstiger behandelt würden als die Engländer. — Die herzoglich sachsen-gothaische Regierung stellte in einer nach Dresden geschickten Note vom 8. Februar 1819 vor, daß sich bereits in den herzoglichen Ländern die in einer großen Störung des sonst freien Verkehrs bestehenden schlimmen Folgen der neuen preußischen Einrichtung zeigten und man mit ziemlicher Gewißheit voraussehen könnte, daß einzelne Gewerbszweige der herzoglichen

[1]) Acta, die Commercialverhandlung mit Preußen betr. Vol. III, Bl. 3 folg. — [2]) In denselben Acten, Bl. 26, — nach dem Bericht der großherzoglichen Landesdirection vom 16. Januar 1819.

Unterthanen wie des Thüringer Waldes dadurch zu Grunde gerichtet würden. Am empfindlichsten aber sei die Anordnung, welche die abgesondert liegenden und vom königl. preußischen Gebiet umschlossenen Bezirke in Ansehung der neuen Abgaben dem königl. preußischen Gebiete gleichsetze. Auch sie erbat sich von Dresden Mittheilung darüber, ob nicht durch Zusammentritt mehrer deutschen Bundesstaaten oder des gesammten Bundes gemeinschaftliche Schritte bei der Krone Preußen zu thun seien? — Eine Note aus Kassel vom 17. Februar befürchtete von den preußischen Zolleinrichtungen für die Zukunft das Verderblichste; der als Transitsatz angenommene Aus- und Eingangszoll werde den Absatz durch Preußen unmöglich machen, den Handelsverkehr im Innern Deutschlands auf das Aeußerste beschränken und den Ruin aller auf Gewerbe und Handel angewiesenen Länder herbeiführen; um diesem drohenden Uebel nach Kräften zu begegnen, möge man von Dresden aus mittheilen, ob und welche Maßregel man hier zu ergreifen gesonnen sei und, da der beabsichtigte Zweck am vollkommensten durch gemeinsame Schritte zu erreichen stehe, darüber mit Kurhessen in Communication treten.

Die Leipziger Kaufmannschaft sprach sich auf's Entschiedenste gegen das neue System aus[1]). Dasselbe habe bereits im Geschäftsgang der Leipziger Messe eine plötzliche Stockung hervorgerufen, erschwere im Allgemeinen den Handel mit und durch Preußen, ganz besonders aber den Absatz der sächsischen Erzeugnisse dorthin und mache den Verkehr an den Grenzen wie auf den preußischen Jahrmärkten für sächsische Verkäufer ganz unmöglich; die Höhe der Sätze für fremde Waaren wirke gleich den Verboten und seien schlimmer als diese wegen der strengeren Grenzbewachung; nicht weniger hinderlich für den sächsischen Handel wirke der zu hohe Transitzoll, der nach einer bisher unbekannten Theorie ein Amalgam sei von Ein- und Ausgangszoll.

Die herzoglich sachsen-gothaische Regierung erhob zunächst für sich allein, veranlaßt durch die Einschließung ihres abgesonderten Gebietes in das preußische Zollsystem, Gegenvorstellung bei der kgl. preußischen Regierung. Graf von Bernstorff erwiderte am 19. Februar 1819, daß die allgemeine Bundesacte, worauf sich Sachsen-Gotha berufe, die allgemeinen Befugnisse der deutschen Staaten in Betreff

---

[1]) Ebenda, Bl. 123 folg., Bericht der Handelsdeputirten und Kramermeister.

des Zollwesens nicht beschränke, sondern nur im 19. Artikel eine Berathung wegen des Handels und Verkehrs zwischen den Bundesstaaten vorbehalten sei. Preußen habe vielfältig seine Geneigtheit gezeigt, auf eine solche Berathung einzugehn und dabei die billigsten Grundsätze und einen hohen Grad von Freiheit des innern Verkehrs in Deutschland eintreten lassen wollen, auch seit dem Wiener Congreß nichts gethan, was eine Vereinigung des deutschen Bundes zu allgemeinen Zollgesetzen erschweren könnte. Das so ganz mißverstandene und grade in den kleineren Staaten vorzüglich angefeindete Gesetz vom 26. Mai 1818 sei sogar ein sehr wichtiger Schritt zu solcher Annäherung. Statt der alten Einfuhrverbote und hohen Steuern sei jetzt die Einfuhr aller Fabrikate außer Spielkarten erlaubt gegen eine Abgabe, bei welcher 10 p. C. des Werths als Regel angenommen seien und auch diese hauptsächlich nur angeordnet, um den deutschen Kunstfleiß gegen die ausländische Mitwerbung zu begünstigen. Es werde keinen Anstand haben, dieselbe gegen jeden deutschen Bundesstaat aufzuheben und seinen Fabrikaten die freie Einfuhr zu gestatten, welcher die preußischen Fabrikate in gleicher Weise eingehen lasse und eine genugthuende Gewähr dafür zu geben vermöge, daß nicht fremde Fabrikate als eigene in die preußischen Staaten eingeführt würden. Soweit aber eine gegenseitige freie Einfuhr nicht gestattet oder Sicherheit gegen den Mißbrauch der Einfuhrfreiheit nicht gewährt werden könne, werde Preußen sich auf den Schutz seiner eigenen Fabrikate beschränken und alles von außen Eingehende als fremd behandeln müssen. Die vielfach zersplitterte Lage der thüringschen Staaten versetze jeden einzelnen derselben in die Unmöglichkeit, die heimliche Einfuhr fremder Fabrikate und ihre Vermischung mit den eigenen zu hindern, weßhalb Preußen vorläufig seine Grenzen gegen diese geschlossen zu halten genöthigt sei. — In jedem Falle werde man nicht umhin können anzuerkennen, daß in der preußischen Anordnung, wonach vorzüglich auf der Besteuerung überseeischer Waaren die Einnahmen von Zöllen und Verbrauchssteuern beruhen, nur eine Erleichterung der Uebereinkunft über einen freien inneren Handel in Deutschland liegen könne.

Diese Note veranlaßte die sachsen-gothaische Regierung, mit der königl. sächsischen Unterhandlungen wegen einer größeren Verbindung mit Preußen einzuleiten. Auf die zu diesem Zweck von Dresden aus in Berlin gemachte Eröffnung erwiderte der preußische Bevollmächtigte von Jordan[1]), daß vereinzelte Anträge schwerlich zu einem Ziele führen würden, weil dadurch das preußische Zollsystem nur durchlöchert und schwerlich eine Controle gegen den Mißbrauch aufgefunden werden möchte; das beste Mittel, zu Gunsten der beiderseitigen Unterthanen hierüber gewisse Bestimmungen zu treffen, scheine ein Handelstractat zu sein, wozu die Geneigtheit in § 5 des preußischen Zollgesetzes ausgesprochen sei. Auch möchte dem Sinne des Friedenstractates vom 18. Mai 1815 am entsprechendsten sein, wenn nach Abschluß der jetzt mit Sachsen in Unterhandlung begriffenen Hauptconvention auch die gegenseitigen Handelsverhältnisse durch einen Handelsvertrag festgestellt würden. — Da aber die königl. sächsische Regierung von einem solchen Handelsvertrag überhaupt keinen Vortheil erwartete[2]), hielt sie für rathsamer, vorher die Antwort auf einige wegen Erleichterung des Grenzhandels gemachten Anträge wie den Erfolg der Verhandlungen wegen der Elbschiffahrt abzuwarten.

In einer zweiten Note an Sachsen-Gotha vom 13. Juni erklärte Graf Bernstorff mit ausdrücklicher Ermächtigung des Königs, daß die Absicht nur sei, hauptsächlich und vorzugsweise den Handel mit außerdeutschen Landeserzeugnissen zu besteuern und die Mitbewerbung außerdeutscher Fabriken von seinen Staaten und von denjenigen Ländern abzuhalten, welche sich hierin an seine Maßregeln anschließen wollten. Man werde jedem deutschen Bundesstaat die freie Einfuhr der eigenen Landeserzeugnisse und Fabrikate gestatten, welcher die preußischen Erzeugnisse in gleicher Weise zulasse, und gegen den Mißbrauch solcher Freiheit Sicherheit leisten könne. Weil hierzu aber die Ursprungszeugnisse ungenügend seien, so würden deutsche Bundesstaaten, denen ihr Umfang und die zerstreute Lage ihrer Besitzungen nicht gestatte, das Eindringen außerdeutscher Waaren zu hindern, vereinzelt solches Anerbieten nicht benutzen können. Nur eine zweckmäßige Verbindung mit ihren Nachbaren würde die Mittel dazu bieten, mit Preußen auf gleiche Berechtigung und Verpflichtung in einen gemeinsamen Zollverband zu treten; sehr willkommen

---

[1]) Bericht des k. sächsischen Gesandten von Globig vom 25. April. — [2]) Gutachten der Commerciendeputation vom 8. Juni; in denselben Acten S. 160.

erscheine ihm deßhalb die angedeutete jenseitige Geneigtheit, eine solche Verbindung unter den verschiedenen Regierungen in Thüringen zu veranlassen — und er hege trotz der Schwierigkeiten die Hoffnung, daß es dem Herrn von Minckwitz (Minister in Sachsen-Gotha) gelingen möge, eine gemeinschaftliche Uebereinkunft der in Thüringen belegenen Bundesstaaten über die Zollverhältnisse mit den preußischen Staaten vorzubereiten.

Während diese Staaten die nachtheiligen Folgen des neuen preußischen Zollsystems durch Unterhandlung von sich abzuwenden suchten, schritt die kurfürstlich-hessische Regierung sogleich mit schroffen Verordnungen gegen Preußen vor. Durch ein ausdrücklich als Retorsionsmaßregel bezeichnetes Gesetz vom 17. September 1819[1]) belegte dieselbe alle preußischen Waaren von Baumwolle, Leder, Seide und Halbseide sowie Branntwein und Filzhüte mit einer von 2 auf 6 Thlr. erhöhten Durchgangsabgabe und erhöhter Verbrauchssteuer, welche letztere z. B. für das preußische und alles durch Preußen nach Hessen eingehende Sohlleder 8 Thlr. auf den Ctr., für feine Leder-, Seiden- und Halbseidenwaaren 25 Albus 2 Hllr. auf das Pfund, für Eisen- und Stahlwaaren 50 p. C. des Werthes betrug. Der den benachbarten preußischen Fabriken unentbehrliche hessische Pfeiffenthon wurde mit einem Ausgangszoll von 16 Albus auf den Ctr. belegt, die preußischen Flanelle, Boye, gemeine Rasche, Friese verboten. Der Reinertrag dieser erhöhten Abgaben sollte zur Unterstützung der durch das preußische Zollsystem verarmenden hessischen Fabrikanten verwendet werden. — Diese Maßregeln trafen anfangs einige preußische Fabrikorte wie Malmedy und Erfurt hart, wurden aber von der kurhessischen Regierung selbst schon durch ein Gesetz vom 21. April 1824 nach einer als nothwendig erkannten Revision des Tarifs bis auf die erhöhte Besteuerung des preußischen Sohlleders wieder aufgehoben.

In anderer Weise äußerte sich in den süddeutschen Staaten der Widerspruch gegen das preußische Zollsystem und zugleich das hier im Volke schon allgemein gefühlte Bedürfniß nach größerer Zolleinigung. Bayern und Württemberg hatten im Anschluß an die Continentalsperre, jenes insbesondre durch die Zoll- und Mautordnung vom J. 1811, ihre Schutzzölle bedeutend erhöht, den Transitzoll

---

[1]) Ranke, a. a. O. S. 108.

dagegen durchweg gemindert, doch auch die Ausfuhr mit Ausgangsabgaben belegt[1]). Dies System führte zu einem immer schrofferen Abschließen der Staaten gegen einander und gegen die nächsten Bundesmitglieder und dadurch bald zu der Erfahrung, daß solche Zollgrundsätze in engen Landesgrenzen stets das Gegentheil des Beabsichtigten bewirken. Der strengere Schluß der preußischen Grenzen hemmte auch für Süddeutschland den Verkehr mit dem Auslande und weckte um so dringender den Wunsch nach allgemeinerer Zolleinigung. Dieser Wunsch führte im Frühling 1819 in den südlichen und mittleren Bundesländern zur Bildung von Privatvereinen, deren thätigste und hervorragendste Führer Friedrich List, Schnell aus Nürnberg, Weber aus Gera, Miller aus Immenstadt an die deutschen Höfe und zur Zeit der Ministerconferenzen auch nach Wien geschickt wurden. Zuerst war im J. 1816 auf der Leipziger Messe unter Kaufleuten und Fabrikanten von einer deutschen Zolleinigung öffentlich die Rede gewesen, worauf eine lebhafte öffentliche Besprechung dieses Gedankens folgte. Auch die erwähnte Adresse niederrheinischer Kaufleute und Fabrikanten vom 27. April 1818 stand mit dieser Bewegung im Zusammenhang und empfahl die Verwandlung der Binnenzölle in ein allgemeines Grenzzollsystem als das einzige Mittel, die deutschen Gewerbe wieder empor zu bringen. Im Jahr 1819 übergab Friedrich List[2]) dem Bundestage eine von 70 Kaufleuten und Fabrikanten auf der Ostermesse zu Frankfurt a. M. am 14. April 1819 unterzeichnete Adresse, verlangte die Aufhebung der Binnenzölle und die Einführung eines auf dem Grundsatz der Retorsion gegen fremde Staaten beruhenden, gemeinsamen deutschen Grenzzollsystems, bis eine allgemeine Handelsfreiheit die Herrschaft gewinne. Die Unterzeichner dieser Bittschrift gründeten am 28. April den Verein zur Beförderung des deutschen Handels und Gewerbes, überreichten dem Bundestage ihre provisorischen Statuten und ernannten List, damals Professor der Staatswissenschaften in Tübingen, zum Consulenten. Eine zweite Bittschrift[3]), vom Kaufmann Ernst Wilhelm Arnoldi in Gotha verfaßt und von 5051 Handwerkern und Fabri-

---

[1]) Nebenius, F., über die Erweiterung und Entstehung des großen deutschen Zollvereins, in der deutschen Vierteljahrsschrift, 1838, 2. Heft, S. 323 folg. — Fischer a. a. O. S. 335 folg. — Von Viebahn, Statistik des nördlichen und zollvereinten Deutschlands, I, S. 154 folg. — [2]) Fr. List's gesammelte Schriften, I, 32 folg. II, 15 folg. — [3]) Die Aufgabe der Hansestädte. S. 71—80.

kanten aus Thüringen und den umliegenden Landschaften unterzeichnet, erklärte im Anschluß an die Bittschrift von List, daß die Natur des deutschen Bundes innere Verkehrsfreiheit und ein gemeinsames Grenzzollsystem dringend verlange.

Da aber diese Bittschriften und volkswirthschaftlichen Bestrebungen mit den demagogischen Umtrieben und den dadurch in der Bundesversammlung wie bei den einzelnen Bundesregierungen erregten Besorgnissen vor einer drohenden Umwälzung zusammentrafen, wurden auch sie als mit jenen aus einer Quelle stammend angesehen. Der hannoversche Bundestagsgesandte von Martens[1]) bezeichnete in seinem am 29. Mai über die Bittschrift List's erstatteten Bericht den Vorschlag, alle Zölle im Innern Deutschlands aufzuheben und eine Retorsion gegen das Ausland auszuüben, als vom theoretischen Standpunkt vortheilhaft und wünschenswerth, doch in der Ausführung mit zu großen Opfern verbunden und wie in Frankreich wohl nur auf dem Wege einer Revolution erreichbar, die Anerkennung des Handelsvereins aber von Seiten der Bundesversammlung als formell bedenklich. Die Gesandten der thüringschen Staaten sowie von Hessen-Darmstadt und Baden unterstützten zwar die Bittschriften, da aber der Anderen einzuholende neue Instructionen verzögert wurden, kam ein Beschluß über diese Angelegenheit nicht zu Stande.

Unterdessen erweiterte sich durch die Thätigkeit des Friedrich List und seiner Freunde der Verein immer mehr und erhielt auf der Versammlung zu Nürnberg am 12. Juni eine Verfassung[2]), nach welcher in jeder deutschen Stadt ein Localcorrespondent, in jedem deutschen Lande ein Provinzialcorrespondent gewählt werden sollte und Nürnberg als Centralort ermächtigt wurde, einen Centralausschuß, der die Geschäfte des Vereins unter dem Beistande des Consulenten List leiten sollte, zu erwählen. Während List seine Zwecke hauptsächlich in der von diesem Ausschuß unter dem Titel „Organ für den deutschen Handels- und Gewerbestand" herausgegebenen Wochenschrift verfolgte, betrieben Schnell, Weber und Miller diese Angelegenheit persönlich bei den deutschen Regierungen wie in Wien, ohne jedoch auf die thatsächliche Umgestaltung der Verhältnisse einen unmittelbaren Einfluß zu gewinnen. Dennoch ist dieser Verein für

---

[1]) Ilse a. a. O. I, 426 folg. 437 folg. Fischer a. a. O. S. 336 folg. — [2]) Fischer, a. a. O. S. 337.

die Geschichte des deutschen Zollwesens wie der deutschen Volkswirthschaft von gleicher Bedeutung, da durch ihn zuerst das deutsche Volk, wenn freilich zunächst auch nur in kleineren Bruchtheilen lernte, seine Ueberzeugung in diesen seinen eigensten Angelegenheiten öffentlich auszusprechen und zu begründen. Auch war es gewiß nicht Zufall, daß die Idee eines deutschen Zollvereins die erste klar geprägte Form durch einen Mann erhielt, der den Gegenden angehörte, wo diese Bewegung am lebhaftesten war.

Auch auf dem Ministercongreß zu Karlsbad führte diese Zollangelegenheit in demselben Jahre zu Verhandlungen. In der neunten Conferenz, am 16. August, gab der badische Minister Freiherr von Berstett zu Protokoll[1]), daß er einen Aufsatz wegen des freien Verkehrs unter den deutschen Bundesstaaten bei den Mitgliedern der Conferenz in Umlauf setzen wolle, mit dem Wunsch, eine ernsthafte Beleuchtung dieses Gegenstandes möge gründlich darthun, in wie weit die Ausführbarkeit im Allgemeinen möglich sei oder doch vor der Hand wohlthätige Abänderungen des jetzigen Systems eintreten könnten, und welches die Hindernisse seien, die sich dem einen oder dem andern entgegen setzen. Während insbesondre der württembergische Minister, Graf von Winzingerode, diesen Antrag unterstützte und dieserhalb etwas von der Conferenz an den Bundestag gebracht wissen wollte, wandten andere dagegen ein, daß diese Angelegenheit für diese Conferenzen zu verwickelter Natur sei und gemäß des 19. Art. der Bundesacte an den Bundestag gehöre, auch hier bereits schon eingeleitet sei. Freiherr von Berstett wollte durch die in Umlauf gesetzte Denkschrift, d. d. Karlsbad 15. August 1819[2]), nur im Allgemeinen das Interesse für diese Deutschlands Wohl im Wesentlichen bedingende Angelegenheit bei den Regierungen auf's Neue anregen und die Nothwendigkeit vorbereitender Schritte zu derselben darlegen. Er berief sich dabei auf den einhelligen Antrag der badenschen Ständeversammlung auf Freiheit des Handels innerhalb des deutschen Bundes als auf den wahrhaften Ausdruck eines bis auf die untersten Volksklassen sich erstreckenden Wunsches; die Sorge der Regierungen für die materiellen Interessen des Volkes werde auch am meisten zur Beruhigung der politischen Aufregung in Deutschland beitragen.

---

[1]) Aegidi, Aus der Vorzeit des Zollvereins, S. 17 folg. — C. Welcker, Wichtige Urkunden für den Rechtszustand der deutschen Nation (aus den Papieren Klübers herausgegeben). 1845. S. 139. — [2]) Welcker a. a. O. S. 275—281.

In der zwanzigsten Conferenz, am 28. August, erklärte mit Hinweisung auf Berstetts Antrag Graf von Winzingerode[1]), daß die Regierungen in demselben Augenblick, in welchem sie ernste Anmaßungen zurückwiesen, auch gerechte Beschwerden aufmerksam zu prüfen hätten; zu diesen aber rechne der König von Württemberg die Klage über die Beschränkungen des Handels in den deutschen Bundesstaaten und habe deßhalb ihm befohlen zu beantragen, daß unter die für die Bundesversammlung in Vorschlag zu bringenden Gegenstände auch eine die Erleichterung der Handelsbeschränkungen bezweckende Interpretation des 19. Artikels aufgenommen werde. Fürst Metternich erwiderte, daß er die Wichtigkeit wie die in hohem Maße bestehenden Schwierigkeiten dieser Aufgabe gar wohl erkenne; Deutschland bestehe aus einer Verbrüderung souveräner Staaten und der Handel, seine Ausdehnung wie seine Beschränkung gehören zu den ersten Befugnissen der souveränen Gewalt, also könne diese Frage auch nur in Erwägung gezogen werden, wenn die Handelsverhältnisse zuvor unter den Bundesstaaten selbst zu einer gedeihlichen Verständigung gereift sein würden. In Bezug auf die Ausbildung des 19. Artikels der Bundesacte sei vor der Hand geschehen, was geschehen konnte, und deßhalb könne der alsbald beginnenden Vereinigung in Wien mit allem Fug jede nähere vorbereitende Beleuchtung dieser Frage vorbehalten bleiben. Dieser Erklärung gemäß wurde in der letzten Conferenz am 31. August unter die in Wien zur Berathung zu bringenden Punkte aufgenommen auch „die Erleichterung des Handels und Verkehrs zwischen den verschiedenen Bundesstaaten, um den Art. 19 der Bundesacte zur möglichen Ausführung zu bringen, soviel die Verschiedenheiten der Localitäten und besonders die Steuersysteme der einzelnen Bundesstaaten solche zulassen können[2]).“

Die erwähnten Verhandlungen der badenschen Ständeversammlung im April 1819 hatte der Minister von Berstett unterstützt durch die Vertheilung einer Denkschrift des Friedrich Nebenius[3]), welche zwar nur als freiwillig abgegebene Privatansicht und Vorschlag bezeichnet wurde, dennoch aber beim Beschluß der Ständeversammlung den Ausschlag gab. Die Bedeutung dieser Schrift lag darin, daß sie das Ziel, welches einem großen Theil des Volkes wie der deut-

---

[1]) Ebenda, S. 299. — [2]) Welcker a. a. O. S. 179. — [3]) Nebenius a. a. O. (Vierteljahrsschrift) S. 327.

schen Regierungen als das unumgänglich nothwendige, in den dermaligen Mißverhältnissen allein ausreichende Heilmittel vorschwebte, zuerst in seiner Erreichbarkeit darstellte und zugleich den Weg, der allein dahin führen konnte, klar und bestimmt vorlegte. Der Gedanke eines Zollvereins war freilich das Erzeugniß des allgemeinen Bedürfnisses, die sichere Gestaltung des Gedankens aber, die fertige Modellirung der in dunkeln Umrissen unsicher schwankenden Idee ist des Nebenius unsterbliches Verdienst [1]).

Die Denkschrift schildert die ungünstige Lage Deutschlands gegenüber den Zollsystemen des Auslandes und weist nach, wie dasselbe unter den schutzzöllnerischen Anstrengungen seiner einzelnen Staaten noch mehr leide als durch das Uebel selbst, das gehoben werden solle, doch von den einzelnen Staaten gründlich nie gehoben werden könne. Mit Ausnahme Oesterreichs könne kein Bundesstaat seiner Industrie einen freien geschlossenen Markt von solchem Umfange bieten, wie die größeren Staaten des Auslandes solchen besitzen, keiner sein Gebiet gegen die überwiegende Mitwerbung der fremden Industrie hinlänglich schützen, keiner die zu diesem Zwecke zu Gebote stehenden Mittel gebrauchen, ohne den deutschen Nachbarstaaten mehr als den fremden zu schaden und selbst die mit jeder Beschränkung für das eigene Land verbundenen Nachtheile im höchsten Grade zu fühlen. Die unausbleiblichen Folgen dieser Absonderung der deutschen Staaten von einander seien die Demoralisirung durch den Schleichhandel, die feindselige Stimmung der Bevölkerung wie der Regierungen gegen einander, die allgemeine Unzufriedenheit im Gewerbestande. Halbe Maßregeln und einzelne Zugeständnisse machen die Sache nur verwickelter, die Sehnsucht nach voller Befriedigung stürmischer, während eine gründliche Abhülfe allein zu finden sei in der vollständigen Handelseinigung Deutschlands, in einem durch das wechselseitige Bedürfniß und die Ueberzeugung des gemeinschaftlichen Nutzens geschlossenen Verein, in welchem jedem der freie Austritt vorbehalten bleibe, woran aber, wenn der Verein erst Bestand gewonnen habe, gewiß niemand mehr denken werde. Die bestehenden Zolleinrichtungen der theilnehmenden Länder sollten aufgehoben, eine das Ganze zu einem geschlossenen Markt vereinigende Zollinie, ein gemeinschaftliches Zollsystem mit

[1]) Abgedruckt ist diese Denkschrift im J. 1833 bei der oben angeführten Denkschrift desselben Verfassers. Ueber ihre Bedeutung vergl. Dr. J. Beck, Karl Friedrich Nebenius in „Unsre Zeit", Bd. 8; Fischer a. a. O. S. 340; Aegidi a. a. O. S. 19.

gemeinsamer Verwaltung gebildet und dabei nach dem Vorbild des preußischen Tarifs als Grundsätze angenommen werden: eine mögliche Erleichterung für die eingehenden Fabrikbedürfnisse und die ausgehenden Producte, eine den Bedürfnissen der Staatswirthschaft und zur Unterdrückung des Schleichhandels genügende Besteuerung aller Gegenstände eines allgemeinen Verbrauches, die Theilung der reinen Einkünfte nach der Volksmenge, die unbedingte wechselseitige Verkehrsfreiheit zwischen den einzelnen Ländern unter Vorbehalt der in jedem bestehenden Verbrauchssteuern, eine allmählige Annäherung dieser Länder in ihren Abgabesystemen, gleiche Bestimmungen über Wegegelder, Maß, Gewicht und Münze, über Erfindungspatente, Handelsgesetzgebung, gemeinsame Straßen und Kanäle und endlich die Errichtung von Handelsverträgen des Zollbundes mit fremden Staaten.

Am 25. November 1819 wurden die Wiener Conferenzen durch den Fürsten Metternich eröffnet[1]). Als besonderer Ausschuß für Handel und Verkehr wurde der zehnte gebildet und in denselben gewählt Graf Bernstorff (Preußen), Freiher von Berstett (Baden), Freiher von Zentner (Bayern), von Falck (Luxemburg), Graf von Einsiedel (Königreich Sachsen), Hach (für die vier freien Städte), von Berg (für Oldenburg, Anhalt und Schwarzburg). In der nächsten Zeit nach der Eröffnung kamen diese Verkehrs- und Zollangelegenheiten nur unter den einzelnen Gesandten zur Sprache, indem die Bevollmächtigten der mittleren und kleineren Staaten zunächst ihre Absicht auf eine Abänderung des preußischen Zollsystems gerichtet hatten, während Graf Bernstorff versicherte, daß Preußen sein Zollsystem nicht aufgeben könne. Im Januar versuchte Freiherr von Marschall (Nassau) diese Angelegenheit zur Verhandlung zu bringen. In seiner Denkschrift vom 8. Januar bezeichnete er das preußische Zollsystem als eine gewaltsame unnatürliche Trennung Deutschlands durch neue Douanenlinien, als einen Eingriff in die Eigenthumsrechte von hunderttausenden deutscher Familien, welche Neuerungen mehr als alles andre die allgemeine Unzufriedenheit zu einer Zeit erregt und erhöht hätten, da Congresse und Bundesacte die Besserung der deutschen Zustände in dieser Beziehung feierlichst versicher-

[1]) Die ausführliche Darstellung dieser Verhandlungen zu Wien in Betreff der Handels- und Zollangelegenheiten siehe bei Aegidi a. a. O. S. 22 folg. — [2]) Ebenda, S. 26.

ten. Seine Vorschläge beschränkten sich auf vier, von den Angelpunkten eines allgemeinen deutschen Zollvereins freilich noch weit entfernte Sätze: 1. Neue Zoll- und Mautanstalten, Aus- und Einfuhrverbote werden von einzelnen Bundesstaaten an ihren Grenzen mit andern Bundesstaaten nicht mehr errichtet. 2. Die nach dem 1. Januar 1814 neu errichteten Mauten und eingeführten Zölle werden aufgehoben. 3. Jeder deutsche Bundesstaat, der an die See oder an nicht zum deutschen Bunde gehörige Staaten grenzt, darf seine See- und Grenzzölle gegen solche Staaten nach eigenem Ermessen und in Gemäßheit bestehender oder künftiger Tractaten regeln. 4. Die Beschlüsse des Wiener Congresses über die Flußschiffahrt werden ohne Aufschub in kürzester Frist vollzogen.

Einen weiteren Anstoß bekam diese Angelegenheit durch den Herzog von Anhalt-Köthen, der gekommen war, um die Beschwerden wegen der Enclavirung seines Gebietes durch das preußische Zollsystem vorzubringen, und durch die Deputirten des deutschen Handelsvereins. Die Mitglieder der Conferenz waren aber der Ansicht, daß ein Verein von Handelsleuten verschiedener Bundesstaaten nicht als eine verfassungs- und gesetzmäßige Genossenschaft anzuerkennen sei, da sich der Handlsstand jedes einzelnen Landes an seinen Landesherrn zu wenden und dessen Vertretung und Sanction als Verein zu erbitten habe. Auf gemeinsamen Beschluß theilte Fürst Metternich deßhalb den Deputirten mit, daß man den Verein nicht anzuerkennen, deßhalb auch ihre Anträge nicht aufzunehmen vermöge. Diese Anträge aber hatten sie in der Denkschrift vom Febr. 1820[1]) dahin entwickelt, daß sämmtliche Zolleinkünfte innerhalb des Bundes an eine Actiengesellschaft um den bisherigen Ertrag verpachtet werden sollten, um dadurch eine Verlegung der Zölle an die Bundesgrenzen zu ermöglichen. Zwei Tage nach ihrer Ankunft wurde zur Festsetzung der Commission für Handel und Verkehr Anstalt getroffen.

Am 12. Januar fand beim Grafen von Bernstorff die erste Sitzung des 10. Ausschusses statt, und wurde von demselben mit der Erklärung eröffnet, daß der Handel und Verkehr auf der Autonomie der Staaten beruhe und mit deren eigenthümlichen Steuersystemen

---

[1]) Fr. List's gesammelte Schriften, II, 43. — Fischer a. a. O. S. 344. — Aegidi a. a. O. S. 30.

genau zusammenhänge, weßhalb auch Preußen von seinem Steuersystem zum Besten anderer deutscher Staaten in keinem Punkte abgehen könne; nur durch Verträge mit den einzelnen Staaten lasse sich helfen. Freiherr von Berstett vertheilte die Denkschrift des Nebenius, deren Absichten aber allen Bevollmächtigten und auch Berstett selbst noch unerreichbar erschienen, und beantragte, zu beschließen, daß man übereingekommen sei, den Handel und Verkehr in Deutschland zu erleichtern, die Frage nach dem Wie aber dem Bundestage und einer zu diesem Zweck von demselben zu ernennenden Commission zu überlassen[1]). Graf Bernstorff suchte nun, indem er die Unantastbarkeit der neuen preußischen Einrichtungen gegenüber den hier zu fassenden Beschlüssen aufrecht hielt, doch die Ueberzeugung zu verbreiten, daß „Preußen sich zu keiner Zeit werde ungeneigt finden lassen, die Hände zu billigen, auf gegenseitiger oder allgemeiner Convenienz gegründeten Ausgleichungen zu bieten, welche sich mit dem Bedürfniß seiner eigenen Lage und den unbedingten Befugnissen der einzelnen Bundesstaaten würde vereinigen lassen."

Mit der Verweisung an den Bundestag und der von demselben zu diesem Zweck zu ernennenden Commission war auch er einverstanden, lehnte aber einen Antrag auf Zuziehen sachkundiger Personen zu derselben entschieden ab. Auf seine Anregung trug Senator Hach die Ansicht der Hansestädte über diese Angelegenheit und insbesondere über die deutschen Zölle vor, verwarf darin jedes Prohibitivsystem, indem er gemeinschaftliche Zölle an Deutschlands Grenzen für unausführbar hielt und unterstützte diese Ansicht mit der ihm von Hamburg zugegangenen Instruction. Diese führte aus[2]), daß die Klasse der Fabrikanten und Manufacturisten in Deutschland nicht die einzig leidende und ihre Zahl gegen die der übrigen Verbraucher nur gering sei; deßhalb müsse die Hauptrücksicht bleiben, daß die letzteren sich ihre Bedürfnisse möglich gut und möglich billig verschaffen könnten oder man befördere nur die Verarmung bei der Mehrzahl des Volkes. Fabriken, die gegen auswärtige gleiche auf die Dauer nicht bestehen könnten, seien, wo sie seien, nicht am rechten Ort, die für locale und sonstige Verhältnisse passenden könnten durch die Mitwerbung Auswärtiger immer nur gewinnen. Die hauptsächlichsten Ursachen des Nothstandes in Deutschland lägen in

---

[1]) Aegidi a. a. O. S. 35. — [2]) Aegidi a. a. O. S. 40.

dem seit dem Continentalsystem veränderten Gang des Handels, in der vermehrten Mitwerbung englischer, irischer und anderer ausländischen Fabriken, und der dadurch veranlaßten Abnahme der deutschen Ausfuhr. Halte man alle Fabrikate der Länder ab, welche deutsche Erzeugnisse nicht zulassen, so treffe man damit auch unentbehrliche Artikel, beschränke man diese Maßregel auf die den deutschen Fabriken, wie man glaube, schädlichen, so werde jeder deutsche Fabrikzweig bald dieselben Ansprüche erheben und außerdem mit der Einfuhr fremder Fabrikate auch die Ausfuhr deutscher Erzeugnisse vermindert werden. Bei dem Grundsatz der Handelsfreiheit und wenn der Absatz der Fabrikate allein von deren Güte und Wohlfeilheit abhängig bleibe, werde sich Deutschland immer am besten befinden. Würden aber die inneren Zölle in gemeinschaftliche Grenzzölle verwandelt, und diese als Einfuhrzölle in einer dem gegenwärtigen Ertrage gleichen Höhe erhoben, so würden sie gleich Einfuhrverboten wirken und zum Schleichhandel wie zu noch größerer Steigerung der Preise und des Nothstandes Anlaß geben.

Nachdem diese erste Versammlung des 10. Ausschusses die Ueberzeugung genährt hatte, daß ein allgemeines Grenzzollsystem für den deutschen Bund zur Zeit noch unausführbar sei, legte Graf Bernstorff in der zweiten Sitzung, am 19. Febr., den Entwurf eines Vortrags an das Plenum vor, nach welchem diese Angelegenheit bei der Bundesversammlung durch einen Ausschuß unter Zuziehung von Sachkundigen behandelt werden sollte. In derselben Sitzung erklärte der weimarsche Minister Freiherr von Fritsch in ausdrücklich hervorgehobener Uebereinstimmung mit von Berstett und von Marschall, daß er von dem großherzoglichen wie den herzoglich sächsischen Höfen beauftragt sei, die Klagen ihrer Unterthanen wie den dringenden Wunsch um Abhülfe dem Ausschusse nochmals und mit Beziehung auf die am Bundestag bereits abgegebene Stimme zu empfehlen. Mehr als 30,000 Familien des Thüringer Waldes seien in ihren Fabriks- und Erwerbszweigen durch Zollgesetze eingeengt, durch zu hohe Abgaben so gut wie vernichtet, und die Folge davon sei eine allgemeine Nahrungs- und Muthlosigkeit, die Verwilderung der Einwohner und das Versiegen der Finanzquellen. Im Sinne der Bundesacte liege nicht, daß Bundesstaaten feindlich sich einander gegenüberstehen, die Nahrungsquellen sich gegenseitig verstopfen, vielmehr sei vollkommene Handelsfreiheit die unerläßliche Bedingung, ohne welche niemand den übernommenen Bundespflichten genügen, viel weniger deren noch mehr zu übernehmen vermöge. Zur Abwehr der äußersten Gefahr schlug er die Annahme folgender Sätze vor: 1. Jeder Producent darf seine Erzeugnisse so nah wie möglich und wo er will in den Bundesstaaten absetzen, 2. jeder Consument seine Bedürfnisse auf dem nächsten Wege beziehen, 3. nirgends darf eine Verbrauchsabgabe diesen Sätzen entgegentreten noch weniger den Verkehr zwischen den Bundesstaaten gänzlich hemmen, 4. die in Wien angenommenen Grundsätze über die freie Schiffahrt werden nach ihrem ganzen Umfang vollzogen. — In der dieser Erklärung zu Grunde gelegten Instruction des Großherzogs Karl August vom 8. Novbr. 1819 hieß es: „Je wichtiger der Punkt wegen des zwischen den einzelnen Bundesstaaten zu erleichternden Verkehrs als eine unerläßliche Bedingung der Einheit Deutschlands ist und je offenbarer hiervon das Wohl und Wehe mehrer Theile des Großherzogthums abhängt, desto fester ist auf den deßhalb von uns beim Bundestage aufgestellten Grundsätzen zu bestehen, die vollkommenste Handels- und Gewerbefreiheit auszusprechen und wenn sich nur einige Hoffnung zur Erreichung eines günstigen Erfolges darbietet, auf das Ernstlichste dahin zu wirken, daß mit Aufhebung aller Sperrungen durch Zoll- und Mautlinien in dem Innern Deutschlands die Aus- und Eingangszölle an die Grenzen des Bundes verlegt werden."

Zu einer folgenden Sitzung[1]) wurde der Entwurf Bernstorffs und ein späterer Berstetts mit einander verglichen. Als nach Annahme dieses letzteren Graf Bernstorff erklärte, nicht weiter gehen zu können, einigte man sich dahin, daß nur von einer allgemeinen Instruction der Bundesversammlung und allein in Betreff des freien Verkehrs mit Lebensmitteln von der Vereinbarung einer besonderen gleichförmigen Instruction die Rede sein solle. Der bayersche Minister von Zentner erklärte, daß Bayern zur Aufhebung aller Einfuhrverbote mit alleiniger Ausnahme des Salzes, zur Freilassung des Transits gegen eine mäßige Zollabgabe nach dem Gewicht oder der Anspannung sowie zu einem freien Verkehr mit Lebensmitteln ohne Steigerung des Zolls nach Maßgabe des Preises bereit sei. Der an den Bundestag zu bringende Antrag wurde in den Sitzungen am 1., 2. und 3. März zum Abschluß gebracht, indem der vom

---

[1]) Aegidi a. a. O. S. 53 folg.

Grafen Bernstorff zuletzt umgearbeitete Entwurf schließlich ohne Widerspruch angenommen wurde. Die einzelnen Punkte dieses Antrages waren: 1. Die Bundesversammlung hat die Beförderung und Erleichterung des deutschen Handels überhaupt und insonderheit des Verkehrs zwischen den einzelnen Bundesstaaten nach Anleitung des 19. Art. der Bundesacte als einen der Hauptgegenstände ihrer Aufmerksamkeit und Thätigkeit anzusehen und sich fortwährend zu bestreben, die diesem Endzweck entgegenstehenden Hindernisse aus dem Wege zu räumen. 2. Sie hat zu diesem Behuf einen Ausschuß zu bestellen mit der Befugniß, zu seinen Berathungen die von den einzelnen Regierungen zu diesem Ende abgeordneten Sachverständigen zuzuziehen. 3. Sie hat zuvörderst und vorzugsweise ihre Bemühungen dahin zu richten, daß die Verhandlungen wegen des freien Verkehrs mit Getreide, Hülsenfrüchten, Kartoffeln und Schlachtvieh wieder angeknüpft und eine Vereinbarung darüber nach Möglichkeit befördert und zur Ausübung gebracht werde. 4. Um der Flußschiffahrt die durch die Wiener Congreßacte zugesicherte Erleichterung wirklich zu gewähren, machen sämmtliche dabei betheiligte Bundesglieder sich verbindlich, die deßhalb bestehenden Verhandlungen so eifrig zu betreiben und so schnell zu beendigen, als die Natur des Gegenstandes es zulassen kann, wie auch da, wo noch keine Unterhandlungen eingeleitet sind, solche bald thunlichst eintreten zu lassen. 6. Die in Folge dieser Bestimmungen sämmtlichen Gesandten am Bundestage zu ertheilenden Instructionen sind denselben binnen kürzester Frist zuzusenden.

Sobald dieser geringe Erfolg der Verhandlungen im 10. Ausschuß unzweifelhaft erschien, dachten die Gesandten der mittleren und kleineren Bundesstaaten auf andere Wege, um wenigstens etwas zu erreichen. Am 18. Dezember berichtete von Fritsch nach Hause[2]): „Die Aussicht, für den freien Handel und Wandel in Deutschland viel zu gewinnen, ist leider nicht groß. Preußen hält sein Zollsystem für zu wesentlich mit seiner Steuer- und Finanzverfassung verflochten, als daß es auf bedeutende Modificationen desselben sich einlassen könnte. Man ist auf den äußersten Fall gemeint, eine enge Handelsverbindung zwischen Straßburg, Frankfurt und Leipzig zu

---

[1]) Aegidi a. a. O. 59. — [2]) Aegidi, S. 65 folg. — Nebenius a. a. O. S. 327 folg. — Fischer a. a. O. S. 349.

schließen, welche die Staaten Württemberg, Baden, Hessen, Nassau und die herzoglich sächsischen Häuser in Uebereinkunft setzt und allenfalls gegen Preußen Retorsionsmaßregeln mit Erfolg anwenden ließ." Karl August erwiderte, daß äußersten Falls von Fritsch der erwähnten Vereinigung mehrer deutschen Staaten beizutreten habe.

Der Plan eines solchen Vereins war von Hessen-Darmstadt ausgegangen. Nach demselben sollte zwischen den Vertrag schließenden Staaten die Verkehrsfreiheit hergestellt, jedem aber vorbehalten werden, Grenzzölle gegen andre Länder, doch ohne Belastung der Ein- und Ausfuhr der verbündeten Staaten anzulegen. Freiherr von Berstett leitete die Verhandlungen ein, erforschte und gewann die Gesandten der übrigen Staaten, insbesondere von Nassau, Sachsen-Weimar und Kurhessen, nachdem er erklärt hatte, daß Metternich und Bernstorff solcher Vereinigung nicht entgegen seien. In einer Note vom 13. Januar[1]) an von Fritsch hob er hervor, daß, wenn der Hauptzweck „die Vereinigung des ganzen Landes zu einem Handelssystem" verfehlt werde, wenigstens die „Vereinigung mehrer oder vieler Bundesstaaten zu einem Handelstractat" zu erstreben sei; der Großherzog von Baden wenigstens würde es sich nicht zu vergeben wissen, wenn er nicht alles angewandt hätte, um den gerechten Wünschen seiner Unterthanen in dieser Beziehung zu entsprechen. Dabei übergab er im Einverständniß mit Nassau eine vorläufige Punctation mit folgenden „bis zur höchsten Evidenz" gebrachten Sätzen: 1. Die Zollanstalten zwischen verschiedenen Ländern wirken nachtheiliger, je mehr sich dieselben vervielfältigen und je kleinere Gebietstheile sie umfassen. 2. Der reine Ertrag derselben für die Staatskassen ist bedeutend geringer als die Totalsumme des dadurch verminderten Ertrags der Handelsproducte für den Producenten und des erhöhten Preises der Consumtionsgegenstände für den Consumenten innerhalb der Staatsgrenzen. 3. Die Aufhebung solcher Zölle und Ersetzung des Ausfalls in den Staatseinnahmen durch andere Besteuerungsarten wirkt gleich einer Minderung der Staatsabgaben ohne Minderung der Staatseinnahmen. Aus diesen Gründen sollten alle Grenz- und Binnenzölle innerhalb des Vereins aufgehoben, doch die Wiener Bestimmungen über Wasserzölle und Octroigebühren beibehalten werden, jeder Staat seine Grenzzölle gegen alle nicht zum Verein gehö-

[1]) Aegidi a. a. O. S. 66.

rige Staaten nach freiem Ermessen ordnen und die bestehenden Verbrauchssteuern beibehalten dürfen, in diesen Verein aber alle sich zum Beitritt meldenden angrenzenden Staaten aufgenommen werden.

Am 9. Februar einigten sich die Abgeordneten von Baden, Hessen-Darmstadt, Nassau und den großherzoglich und herzoglich sächsischen Staaten über sämmtliche Artikel des Vertrags. Bayern trat in Betreff des Rheinkreises bei und gab Aussicht für den Anschluß des ganzen Königreichs, Kurhessen nahm wenigstens an den Verhandlungen Antheil. Nach dem 6. Art. dieses von Metternich der Bundesacte gemäß befundenen Vertrages sollten sich innerhalb zwei Monate nach Schluß der Wiener Conferenzen die Bevollmächtigten in Darmstadt zu weiterer Vereinbarung versammeln. Der Vertrag selbst bestand aus 11 Artikeln, welche die Aufhebung der Grenz- und Binnenzölle innerhalb des Vereins, des Stapelrechts und Umladezwangs und der damit verbundenen Waageabgaben und Gebühren binnen Jahresfrist und gemeinsame Schutzmaßregeln verlangten, die Wiener Congreßbestimmungen über die Flußschiffahrt mit allen Mitteln gemeinschaftlich zu befördern versprachen und jedem Vereinsstaat die freie Regulirung der Grenzzölle gegen die nicht zum Verein gehörigen Staaten sowie den Bestand der inneren Verbrauchssteuern vorbehielten. Diese Uebereinkunft sollte auf sämmtliche, sich zum Beitritt bereit erklärenden Staaten ausgedehnt und mit den nicht oder nur bedingungsweise beitretenden Handelsverträge abgeschlossen werden, jene aber so lange in Geltung bleiben, als nicht ihre Anwendung durch allgemeine Bundesbeschlüsse überflüssig gemacht würden. — Die Ratificationen sollten zwar binnen vier Wochen ausgewechselt werden, doch die Verhandlungen geriethen schon vorher in's Stocken[1]).

Am 1. Mai kamen die Anträge des 10. Ausschusses im Plenum der Wiener Conferenzen zur Sprache. Freiherr von Fritsch beantragte, bestimmt auszusprechen, man wolle im Innern der einzelnen Staaten solche Einrichtungen treffen, daß ein gegenseitiger freier Verkehr der Bundesstaaten erreicht werde, zugleich aber den unbeschränkten Handel mit Lebensmittel bestimmt verabreden und in Betreff der enclavirten Staaten eine Norm festsetzen, damit die Sache nicht ohne nähere Bestimmung an den Bundestag verwiesen werde. Als Freiherr von Marschall diesem Antrage Angriffe auf Preußens Zoll-

[1]) Aegidi a. a. O. S. 81 folg.

system hinzufügte, erklärte Graf Bernstorff, als unabhängiger europäischer Staat werde Preußen nie in eine Beschränkung seiner Souveränetät durch die Bundesacte willigen, auch könnten Rechte, welche einzelne Bundesglieder aus einer andern Quelle als der Bundesacte herleiten, niemals Gegenstand der Entscheidung des Bundes werden; die Beschwerden des Herzogs Anhalt-Köthen aber gegen Preußen wegen behinderter Elbschiffahrt sei eine nur zwischen Preußen und Anhalt-Köthen ohne alle Einmischung des Bundestags zu beredende und zu schlichtende Angelegenheit.

Am 13. Mai wurde der Artikel über den freien Verkehr mit Lebensmitteln bis auf die für die nächsten Tage versprochene Entschließung des in Prag abwesenden Kaisers zum Abschluß gebracht, am 20. die Sätze über den Handel, so weit sie die Instruction der Bundesversammlung betrafen, genehmigt, Art. 3 und 4, den Verkehr mit Lebensmitteln und die Flußschiffahrt betreffend, wegen Ausbleiben der kaiserlichen Entschließung ausgesetzt, und endlich am 24. Mai Art. 3 so gefaßt, daß die Instruction nach Frankfurt dahin zu gehen habe, daß man nach Maßgabe der kaiserlichen Entschließung, welche Fürst Metternich den einzelnen Höfen mitzutheilen versprach, dem Einen oder dem Andern beizustimmen habe.

Unterdessen wurde auch am 19. Mai der Vertrag wegen der Separatvereinigung unterzeichnet, nachdem in letzterer Zeit Bayern und Württemberg an den Verhandlungen Theil genommen hatten [1]). Drei Monate nach dieser Unterzeichnung sollten die Commissare zum Abschluß eines bindenden Vertrags nach Darmstadt geschickt, diesem die von sämmtlichen Bevollmächtigten durchgesehene, bis zum Abschluß der Vereinigung aber unverbindliche Punctation zu Grunde gelegt und die Ratificationen gegenwärtiger Uebereinkunft binnen vier Wochen in Frankfurt a. M. ausgewechselt werden. Die von den Gesandten von Zentner, Graf von Mandelsloh, du Thil, von Fritsch, von Marschall und von Berstett unterzeichnete Punctation enthielt die oben angegebenen Aufstellungen mit einigen unwesentlichen Abänderungen.

Die Angelegenheit der Enclaven, d. i. der zur preußischen Besteuerung gezogenen Gebietstheile anderer Bundesstaaten, hatte durch

---

[1]) Die verschiedenen hierauf bezüglichen Urkunden bei Aegidi, a. a. O. S. 69 folg.

die Anwesenheit des Herzogs von Anhalt-Köthen eine besondere Wichtigkeit erlangt. Graf Bernstorff bestritt dem Bunde auf das Bestimmteste das Recht, sich in diese Angelegenheit zu mischen, erklärte aber, daß Preußen zu jeder Ausgleichung die Hände bieten werde, welche nur irgend von seiner Billigkeit erwartet und als mit den bestehenden Verhältnissen verträglich befunden werden könne. Diesen Weg des Vertrages von Staat zu Staat hielt Preußen auch gegenüber den andern Enclavirten inne. Am 28. October 1819 schloß es einen solchen Vertrag mit Schwarzburg-Sondershausen, wodurch alle von Preußen eingeschlossenen Gebietstheile desselben in Bezug auf Zoll und Verbrauchssteuer dem preußischen System unterworfen wurden, die Einkünfte nach dem Verhältniß der Seelenzahl der Enclaven und der sie einschließenden preußischen Provinzen zu dem allgemeinen Ertrag zwischen beiden Regierungen getheilt werden und den preußischen Zollämtern frei stehen sollte, die Spuren begangener Unterschleife auf enclavirtes Gebiet zu verfolgen, alle Visitationen, Beschlagnahmen und Verhaftungen, Untersuchungen und Strafen aber von den fürstlich schwarzburgschen Behörden ausgeführt und die Geldstrafen mit Abzug des Denunciantenantheils dem fürstlichen Fiscus überlassen werden sollten. Am 4. Juni 1822 folgte der Vertrag mit Schwarzburg-Rudolstadt in Betreff der enclavirten Herrschaft Frankenhausen, wobei von preußischer Seite der nicht enclavirten Residenz Rudolstadt für ihre groben Eisen- und Stahlwaaren, Glas- und Topfwaaren wie Leinenzeug der freie Eingang in preußische Gebiete bis zu einem Betrag von 400 Thlr. des Abgabenwerthes zugestanden wurde, am 27. Juni 1823 ein Vertrag mit Sachsen-Weimar wegen der eingeschlossenen Aemter Allstädt und Oldisleben, am 17. Juni 1826 mit Lippe-Detmold wegen Lipprode, Cappel und Grevenhagen, bei welchem letzteren die Maisch- und Braumalzsteuer unter die zu theilenden Einkünfte begriffen und die in diesen Enclaven wirkenden Steuerbeamten beiden Landesherren verpflichtet wurden, am 2. Dezember 1826 mit Meklenburg-Schwerin für Netzeband und Rossow unter der Bedingung, daß die bis dahin hier abgabenfreien Gegenstände es auch künftig für den Verkehr des Großherzogthums mit diesen Enclaven bleiben sollten. Am schwie-

[1]) Ueber dieses Verhältniß Preußens zu den Enclaven siehe Aegidi a. a. O. S. 106 folg. — Ranke a. a. O. S. 99. — Fischer a. a. O. S. 353. — J. G. Hoffmann, die Lehre von den Steuern, S. 349 folg.

rigsten gestalteten sich die Verhältnisse Preußens zu dem fürstlichen Hause Anhalt, dessen Besitzungen vom preußischen Staate bis auf eine Meile, wo das abgesondert liegende Bernburger obere Herzogthum an das braunschweigische Fürstenthum Blankenburg grenzt, ganz umschlossen sind.

Während Anhalt-Bernburg sich sogleich Anfangs zu solcher Vereinigung mit Preußen geneigt zeigte und auch ohne Schwierigkeit die darauf bezüglichen Verträge abschloß, waren Anhalt-Dessau und Köthen um so hartnäckiger in ihrem Widerstand. Bei den im J. 1827 wegen der Elbschiffahrt geführten Verhandlungen übergaben die Regierungen von Anhalt-Dessau und Köthen am 1. März in Berlin ein Memorial, das die von Preußen auf der Elbe zum Schutz gegen Anhalt ergriffenen Maßregeln als entgegen der Wiener Congreßacte wie der Elbschiffahrtsacte darstellte [1]). In Folge dessen wurde eine preußische Denkschrift vom 28. Februar 1827 an die deutschen Höfe versendet, welche die Verhandlungen mit den beiden Anhalt ausführlich darlegt. Als Preußen, so heißt es hier, auf den Wunsch der übrigen Elbufernstaate sich zur Verminderung seiner Elbzollstätten bis auf zwei bereit erklärte [2]), habe es als unerläßliche Bedingung ausdrücklich vorausgesetzt, daß die Herzöge von Anhalt sich auf angemessene, ihrer Selbständigkeit und ihrem Finanzinteresse in billiger Weise entsprechende Bedingungen zu einem gemeinsamen Besteuerungssystem mit Preußen vereinigen würden, da durch die Errichtung von vier Control- und Zollämtern gegen Anhalt, welche doch nur einigermaßen den Schleichhandel zu beschränken vermöchten, die Schiffahrt vielfältig unterbrochen werden müßte. Nur unter der Voraussetzung einer solchen Vereinigung, erklärte Preußen in der 44. Conferenz am 23. Juni, habe es alle Erklärungen über die Anwendung der Wiener Congreßacte auf die Elbe gemacht und es trete deßhalb dem Resultat der Verhandlungen auch jetzt nur unter dem Vorbehalte bei, daß vor der Ratification solche Vereinigung statt finde. Der anhaltsche Bevollmächtigte aber erwiderte, wenn Anhalt vor der Ratification in den ihm gebührenden Rechtszustand gesetzt werde, sei es stets zu einem Verein mit Preußen bereit, falls dieses von einer Besteuerung anhaltscher Lande abgehe. Indem Graf Bernstorff am 21. October

---

[1]) Acta, Berliner Gesandtschaftsarchiv. 9 Actenlagen aus dem J. 1823—1836, Zollangelegenheiten betr. Loc. 3454. — [2]) Bei den Verhandlungen über die Elbschiffahrtsacten in Dresden im J. 1821.

Anhalt zur Berathung einlud, erklärte er dabei, daß die preußische Regierung von dem Rechte, die Sicherstellung ihrer inneren Landesabgaben auf der Elbe gegen Anhalt durch Deposition der Gefälle unter allen Umständen zu verlangen, fest beharre, worauf Anhalt versicherte, daß es die Bevollmächtigten erst ernennen werde, nachdem es durch Ratification der Elbschiffahrtsacte zuvor in den freien Genuß der Elbschiffahrt gesetzt sei. Als nun die preußische Regierung, um die Elbschiffahrtsacte in Ausführung bringen zu können, die anhaltschen Lande mit Zolllinien umgab, erboten sich diese Regierungen, Bevollmächtigte zu schicken unter der Bedingung, daß ihren enclavirten Besitzungen ein freier Durchzug durch das preußische Gebiet vermöge eines beiden Theilen anstehenden Gebietstausches auf ewige Zeiten eingeräumt werde, wogegen sie durch Specialvertrag auf bestimmte Zeit dem preußischen Zoll- und Verbrauchssteuersystem sich anzuschließen bereit seien. Nicht ohne Unwillen wies Graf Bernstorff dieses Anerbieten zurück. Seitdem schloß Anhalt-Bernburg am 10. October 1823 seine Verträge mit Preußen, einen eventuellen wegen des mit der Elbe und Saale in Verbindung stehenden bernburgschen Gebietes für den Fall, daß auch Dessau und Köthen beitreten würden, und zwei unbedingte wegen des vom preußischen Gebiet umschlossenen Amts Mühlingen und wegen des gar nicht enclavirten oberen Herzogthums. Eine schon dem Abschluß nahe Vereinigung mit Dessau vereitelte Köthen, das in einer Note vom 27. März 1823 die preußischen Anträge als „Anschließungs-Insinuationen" bezeichnete und dem Grafen Bernstorff zur gefälligen Beurtheilung anheimgab „wie schon die bloße Unnatur eines solchen Verhältnisses, die Unterordnung eines souveränen Fürsten unter die Zolladministration eines benachbarten Staates dem Bestande eines freundschaftlichen Verhältnisses mit der Regierung desselben durchaus ungünstig sei." Graf Bernstorff bot abermals am 18. October 1824, bevor man zur Ausführung der beabsichtigten strengeren Maßregeln zu schreiten genöthigt sei, zu einer Ausgleichung auf Grundlage des mit Bernburg errichteten Vertrages die Hand. Bernburg und Dessau erklärten ihre Bereitwilligkeit, doch könnten sie ohne Köthen, das die angebotene Grundlage als unannehmbar verworfen habe, wegen der vermischten Lage ihrer Besitzungen nicht beitreten. Die preußische Regierung ließ nun, um den Schleichhandel abzuschneiden, die bisher noch bewilligten Begleitscheine für die durch

Preußen nach Anhalt geführten Waaren versagen, und ertheilte im Februar 1827, da Anhalt-Köthen alle weiteren Schreiben unbeantwortet ließ, den königlichen Hauptzollämtern zu Mühlberg und Wittenberge den Befehl, für alle auf der Elbe aus dem Ausland nach Anhalt eingehenden Waaren bis zum erfolgten Ausgleich die Sicherstellung der Landesabgaben zu fordern, den Betrag aber, der für die nachweislich in den herzoglichen Ländern verbrauchten ausländischen Waaren entrichtet wäre, der anhaltschen Rentkammer zu überantworten. Zugleich wurden nach Dessau wie nach Köthen neue Einladungen zur Verhandlung erlassen und dabei die Berechnung vorgelegt, daß die Bevölkerung der anhaltschen Lande mit Ausschluß der ganz enclavirten Landestheile sich zu der von Preußen verhalte wie 9 : 1000, die in den Jahren 1823—25 unversteuert dahin gelangten Waarenmengen aber zu den in Preußen versteuerten, aus dem Ausland bezogenen Waaren wie 64 : 1000, bei den hoch versteuerten Gegenständen, z. B. baumwollenen Waaren, wie 165, halbseidenen Zeugen wie 125, seidenen Zeugen wie 77, wollenen wie 91, Wein wie 83, Zucker wie 59, Kaffee wie 28, Rum und Branntwein wie 45 : 1000, bei gering versteuerten Waaren, z. B. Häringen, wie 11, Kürschnerwaaren wie 12, Drogen wie 13 : 1000; allein der Werth der in Anhalt eingeführten baumwollenen Waaren betrage jährlich 300,000 Thlr. Gegen so offenbaren und ausgedehnten Schleichhandel habe Preußen sich sicher stellen müssen. — Durch solche ernstliche Maßregeln gezwungen traten endlich durch den Vertrag vom 17. Juli 1828 auch Anhalt-Köthen und Dessau mit ihren sämmtlichen souveränen Besitzungen dem preußischen Zollsystem bei, worauf auch das Herzogthum Oldenburg durch Vertrag vom 24. Juli 1830 für das Fürstenthum Birkenfeld folgte.

Die Verhandlungen wegen der zu Wien beschlossenen Zollvereinigung wurden am 13. September 1820 zu Darmstadt eröffnet[1]). Zu den Abgeordneten der im Vertrage unterzeichneten Staaten erschienen noch die Vertreter von Kurhessen, Waldeck, den beiden Hohenzollern, welche nachträglich dem Vertrage beigetreten waren. Während Hessen-Darmstadt vergeblich die Aufgabe des Congresses auf die Herstellung wechselseitiger Verkehrsfreiheit zu beschränken,

---

[1]) Nebenius a. a. O. S. 328. Derselbe, Denkschrift über den Beitritt Badens zum großen deutschen Zollverein S. 6 folg. Aegidi a. a. O. S. 118. — Fischer a. a. O. S. 349 folg.

Baden aber mit mehr Beifall vermittels eines von Nebenius ausgearbeiteten Entwurfes dem Ziel eines allgemeinen deutschen Zollvereins näher zu kommen suchte, standen Bayern und Württemberg, die am meisten unter einander übereinstimmten, diesen beiden Projecten gegenüber. Die Höhe der Zölle, die Ausgangszölle auf Naturproducte, das System der Lagerhäuser, am meisten aber die Einführung eines Stimmenverhältnisses zu Gunsten der größeren Staaten gaben zu lebhaftem Streit Anlaß und ließen eine Einigung nicht zu Stande kommen. Noch im November 1822 versuchte der württembergsche Minister von Wangenheim vergeblich ein Vermittlung. Am 5. Juli 1823 sagte sich die hessen-darmstädtische Regierung, nachdem die von ihr dringend erbetene Beschleunigung abermals durch Bayern verzögert war, von den Verhandlungen los, weil sie der im August zu berufenden Ständeversammlung ein Zollsystem vorlegen müsse, erklärte sich jedoch bereit, nach Vollendung ihrer neuen Einrichtung die Unterhandlungen fortzusetzen. Auch die kleineren Staaten traten hauptsächlich in Folge des vorgeschlagenen Stimmenverhältnisses zurück. Die thüringschen Staaten einigten sich am 22. Dezember 1822 zu Arnstadt[1]) über den Entwurf eines besonderen Vertrags, nach welchem sie, mit Ausnahme der schon an Preußen angeschlossenen schwarzburgschen Unterherrschaft, in Betreff des inneren Verkehrs und des Handels mit den nicht zum Verein gehörenden Staaten einen in sich geschlossenen Handelsverein mit gemeinschaftlicher Handelgesetzgebung, doch einer für jeden Staat besonderen Verwaltung bilden wollten. Auf die Mittheilung dieses Entwurfes an Preußen und die Anfrage, ob und unter welchen Bedingungen ein thüringischer Handelsverein in den preußischen Zollverein aufgenommen werden könne, erklärte sich dieses zu solcher Aufnahme geneigt, unter der Bedingung, daß eine kräftige Durchführung des Zollsystems dadurch nicht behindert werde. Dennoch blieb dieser Versuch zunächst ohne weitere Folge.

Für das Königreich Sachsen hatte das preußische Zollsystem in Bezug auf die Durchfuhr wie auf die Elbschiffahrt manche Beschwerungen gebracht, weniger indeß durch Erhöhung der Zollsätze, als durch die Einführung einer strengeren Controle[2]). Die strenge Durchsuchung bei Mühlberg, das Abwägen der Schiffsgüter auf der

---

[1]) Fischer a. a. O. S. 353. — Von Viebahn a. a. O. I, S. 142 folg. —
[2]) Acta, die Erneuerung der Commercienunterhandlung, Vol. III. Depesche des Herrn von Minckwitz vom 9. Juli 1819.

Waage zu Magdeburg veranlaßten manche Verzögerung und Beschwerde. Als durch den neuen preußischen Tarif vom 25. October 1821 [1]) die Verbrauchssteuern aufgehoben, als Eingangs- wie als Transitzoll dagegen der Betrag des früheren Eingangszolles und der Verbrauchssteuer zusammengelegt, auch statt der früher besonderen Sätze für die westlichen und östlichen Provinzen jetzt dieselben Sätze für die ganze Monarchie mit wenigen nebensächlichen Abweichungen aufgeführt wurden, gab auch dieses der königlich sächsischen Regierung zu neuen Befürchtungen und Vorstellungen in Berlin Anlaß. Graf Bernstorff erklärte, daß die Abänderungen nur formaler Art seien und Preußen der vertragsmäßigen Verpflichtung, auch wenn solches im letzten Tarif nicht besonders bemerkt worden sei, stets in vollem Maße nachkommen werde. Im folgenden Jahre veranlaßten vermeintliche Bedrückungen des Leipziger Meßhandels neue Beschwerden, da statt einer allgemeinen Revision bei den k. preußischen Zollämtern Halberstadt, Schkeuditz und Eilenburg für alle von und nach Leipzig transitirenden Manufactur- und Fabrikwaaren eine besondere Revision eingeführt und bei der ersten Hauptzolleinnahme bis zur Zurückkunft des Begleitscheins die Hinterlegung der vollen Verbrauchssteuer verlangt wurde. Diese, wie Sachsen klagte, dem 13. Artikel des Friedensvertrages vom 18. Mai 1815 zuwider laufenden Maßregeln wurden auch beim Hauptzollamte in Lützen durchgeführt und veranlaßten ein mühevolles Umfahren der preußischen Grenze. Auf die Beschwerde hierüber erwiderte Graf Bernstorff am 6. November 1823, weil die Leipziger Kaufleute alles Mögliche thäten, um die Naumburger, nur für den inneren Verkehr Preußens wichtigen Messen zu zerstören, und z. B. mit englischen und hamburgschen Kaufleuten Verträge abschlössen, daß diese Naumburg nicht mehr besuchen sollten, beobachte man als Gegenmaßregel das strengere Verfahren, werde aber sogleich zu dem milderen zurückkehren, sobald die Leipziger Seiden- und andre Handlungen die Naumburger Messen wieder wie früher besuchen würden [2]). Als im October 1824 der k. sächsische Gesandte von Watzdorf in Berlin anfragte, ob von der k. preußischen Regierung wohl eine Zollerleichterung für sächsische Fabrikate zu erreichen sei, erklärte man sich auf k. preußischer Seite

---

[1]) Preußische Gesetzsammlung, 1821, 15. Stück. — [2]) Acta, die Erneuerung der Commercial-Unterhandlungen &c. Vol. III.

bereit, Anträge darüber entgegen zu nehmen, zweifelte jedoch an einem Erfolg, da ein Zugeständniß an Sachsen allein zu großen Mißbräuchen Anlaß geben werde und zugleich bei der starken Partei, die sich in Preußen noch für das Prohibitivsystem ausspreche, die lebhafteste Opposition hervorrufen müsse, umsomehr, da die Gründe für eine Ermäßigung höchst unzulänglich seien. Diesen letzteren Grund erklärte man in Berlin wiederholt als den wichtigsten und schwierigsten. Aehnliche Unterhandlungen wiederholten sich in den nächsten Jahren, führten aber außer einigen formellen Erleichterungen kein Ergebniß herbei.

Im südlichen und südwestlichen Deutschland war seit dem Scheitern der oben angeführten Absichten der Verkehr durch eine Erhöhung der französischen Zölle insbesondre auf Wolle und Schlachtvieh im J. 1822 schwer betroffen worden, was wieder gemeinschaftliche Retorsionsmaßregeln mehrer Staaten gegen Frankreich veranlaßt hatte [1]). Auch der neue hessische Tarif führte Beschränkungen herbei, welche Baden durch eine besondere Uebereinkunft mit Hessen-Darmstadt im J. 1824 zu mildern suchte. Diese Verhältnisse führten im J. 1825 zu neuen Verhandlungen in Stuttgart zwischen Bayern, Württemberg, Baden, Hessen und Nassau. Hier schlug die großherzoglich hessische Regierung vor, jedem Staate die selbständige Zollverwaltung nach Vorschrift der verabredeten Gesetze und unter angemessener Controle zu überlassen, ein Vorschlag, der für die Zukunft die Schwierigkeit der von Nebenius verlangten gemeinschaftlichen Zollbehörde aufhob und auch dadurch die spätere Ausbildung eines solchen Vereins erleichterte, daß er der Souveränität der Einzelstaaten weniger beschränkend entgegen trat. Trotz der beifälligen Aufnahme dieses Vorschlags blieben auch diese Verhandlungen ohne Erfolg, insbesondre weil Baden den von Bayern vorgeschlagenen hohen Zolltarif anzunehmen verweigerte. Badens Vertreter Nebenius ging dabei von der Ueberzeugung aus, daß, wenn ein süddeutscher Verein mit Einschluß Badens nur zehn Jahre mit hohen Schutzzöllen und einem Markte von 9 bis 10 Millionen Einwohnern bestehen würde, die Vereinigung mit dem nördlichen Deutschland und namentlich mit Preußen und Sachsen nur noch schwieriger werde und das große Ziel, die Bil-

---

1) Nebenius a. a. O. (Vierteljahrsschrift) S. 330 folg.; Derselbe, Denkschrift, S. 12 folg. — Fischer a. a. O. S. 351. Aegidi, a. a. O. S. 120.

bung eines allgemeinen deutschen Zollvereins in immer weitere Ferne rücke. Württemberg stimmte am meisten mit Bayern und dem von diesem beabsichtigten hohen Schutzzolltarif überein, versuchte jedoch vergeblich zwischen Bayern und Baden zu vermitteln. Schon damals erklärte der bayersche wie der württembergsche Gesandte gegen Nebenius, daß wenn Baden zurücktrete, Bayern und Württemberg sich vereinigen würden, während der hessische Bevollmächtigte in diesem Fall die Vereinigung des Großherzogthums Hessen mit Preußen in Aussicht stellte[1]).

2. Der Abschluß des deutschen Zollvereins. 1828—1834.

Das Jahr 1828 ist für die Geschichte des deutschen Zollwesens von hoher Bedeutung, indem es die bis dahin beabsichtigten Einzelvereine unter den deutschen Staaten zum vorläufigen Abschluß und dadurch dem endlichen Ziel eines allgemeinen deutschen Zollvereins um einen großen Schritt näher brachte. Die durch die letzten Verhandlungen klar gewordene Uebereinstimmung zwischen Bayern und Württemberg hatten eine Zollvereinigung dieser beiden Staaten als ebenso möglich wie vortheilhaft erscheinen lassen. Schon am 12. April 1827 erfolgte zwischen beiden der Abschluß eines Handelsvertrages, der gegenseitige Verkehrserleichterungen als vorbereitende Maßregeln zur vollständigen Zolleinigung festsetzte. Am 28. Januar 1828 folgte, insbesondere durch die Thätigkeit des bayerschen Ministers Grafen von Armansperg und des württembergschen Freiherrn von Schmitz-Grollenburg, ein bayerisch-württembergscher Zollvertrag, der mit dem 1. Juli desselben Jahres in Wirksamkeit trat, und auch die seit dem 24. Juli 1824 dem württembergschen Zollsystem angeschlossenen Hohenzollernschen Fürstenthümer umfaßte. Nachdem der Rheinkreis durch die k. bayersche Verordnung vom 23. Nov. 1829 statt der Binnenzölle eine Grenzzolllinie erhalten hatte, ward auch dieser in den Zollverband aufgenommen. Die Zollämter zwischen diesen Staaten wurden entfernt und sämmtliche Zölle für gemeinsame Rech-

---

[1]) Nach den Aufzeichnungen des Nebenius bei Beck a. a. O. S. 56 folg. — Nebenius a. a. O. (Vierteljahrsschrift) S. 331. — [2]) Die Aufgabe der Hansestädte 2c. S. 103 folg. Nebenius a. a. O. (Vierteljahrsschrift) S. 334 folg. Sick a. a. O. S. 30 folg. von Viebahn a. a. O. I, 163 folg. Fischer a. a. O. S. 356 folg.

nung an den Vereinsgrenzen erhoben, doch behielt jeder an seinen Grenzen unter gegenseitiger Controle die Zollverwaltung. Die bayersche Zollgesetzgebung und die früher zu Stuttgart vereinbarten Bestimmungen dienten als Grundlage und die Zahl der Einwohner für die Vertheilung der reinen Zolleinkünfte als Maßstab; Verbrauchssteuern auf inländische Erzeugnisse durften in gleicher Weise und in gleichem Betrage von den vereinsländischen wie von den fremden erhoben werden. Am 1. Mai sollte sich alljährlich ein Generalcongreß in München versammeln, jeder Staat dazu zwei Bevollmächtigte schicken, das Directorium dabei wechseln und Stimmengleichheit herrschen, nach Ablauf von drei Jahren aber unter der Bedingung einjähriger Kündigung der Austritt frei stehen und der Verein von selbst aufhören, wenn inzwischen gemeinsame deutsche Maßregeln zu Stande kommen würden. Durch Vollziehung dieses Vertrages lösten diese beiden Königreiche zuerst innerhalb des deutschen Bundes die Aufgabe eines auf commercielle Einheit gegründeten Vereins gleichgestellter unabhängiger Staaten.

Die hessen-darmstadtsche Regierung dagegen wandte sich nach Preußen[1]). Der Absatz der vorzüglichsten Erzeugnisse des Großherzogthums, Wein, Getreide und Vieh, lief bei einem einseitigen Anschluß an die süddeutschen Staaten durch deren Mitwerbung mit gleichartigen Producten große Gefahr, während der Norden Deutschlands ein ausgiebiges Absatzgebiet dafür in Aussicht stellte. Diese Erfahrung hatte schon im J. 1826 zu einem Antrag des Mainzer Handelsstandes, daß den hessischen Rheinweinen in Preußen etwa gegen eine Eingangserleichterung preußischer Fabrikate die Möglichkeit eines größeren Absatzes verschafft werden möge, Anlaß gegeben. In Folge dessen richtete die großherzogliche Regierung nach Berlin die vertrauliche Anfrage, ob Preußen zu einer Unterhandlung wegen Erleichterung des gegenseitigen Verkehrs geneigt sei, oder ob dasselbe, wenn zwischen Hessen-Darmstadt, Bayern und Württemberg ein Zollverein zu Stande komme, Bedenken tragen werde, sich diesem Verein durch einen Handelsvertrag zu nähern. Preußen erwiderte auf die erste Frage, daß von solcher Unterhandlung kaum ein Erfolg zu erwarten sein dürfe, doch sei es bestimmte Anträge entgegen zu

---

[1]) Ranke a. a. O. S. 113 folg. Fischer a. a. O. S. 357 folg. von Viebahn, a. a. O I, S. 143 folg.

nehmen bereit; in Betreff der zweiten Frage aber müsse man erst wissen, unter welchen Bedingungen der Verein zu Stande kommen und welche Anerbietungen derselbe an Preußen machen werde. Zu Anfang Septembers 1827 erklärte die großherzoglich hessische Regierung der preußischen, daß sie zwar den völligen Anschluß an das preußische System noch für unthunlich halte, doch über gegenseitige Zollerleichterungen in Unterhandlung zu treten wünsche. Da auch die k. preußische Regierung, freilich mit dem Bedenken, daß „die Schwierigkeiten einer vollständigen Verschmelzung beider Zollsysteme unbesiegbar sein möchten,“ ihre Geneigtheit zu erkennen gab, trug im folgenden Jahre Hessen-Darmstadt zuerst auf gegenseitige Zollbegünstigung an für die Landeserzeugnisse, vorläufig auf 6 Jahre und nur in Bezug auf die westlichen Provinzen Preußens, doch schon wenige Tage nach Beginn der Unterhandlung, am 18. Februar 1828 wurde ein Zollvereinsvertrag abgeschlossen. Hessen-Darmstadt nahm darnach die preußische Gesetzgebung über Ein-, Aus- und Durchgangsabgaben an, so daß nun eine Zolllinie beide Staaten umschließen konnte; weil aber jeder die bestehenden inneren Verbrauchssteuern beibehielt, wurde von allen solchen Steuern unterworfenen Erzeugnissen beim Uebergang in den andern Staat eine Uebergangssteuer erhoben, doch sollte die Zahl dieser Artikel ohne gegenseitige Uebereinkunft nicht vermehrt werden. Der Eingang von Salz und Spielkarten wurde in Preußen ausgeschlossen, gegen die Uebergangssteuer aber Branntwein (6½ Thlr.), Bier und Essig (25 Gr. für das Ohm), Taback, Wein und alle mahl- und schlachtsteuerpflichtigen Gegenstände, in Hessen-Darmstadt Salz, Schlachtvieh, Bier (40 Kr. für das Ohm), Branntwein (5 fl. 20 Kr.), Obstwein (2 fl.), Wein und alle dem Octroi in hessischen Städten unterworfenen Erzeugnisse zugelassen. Die Grenzbewachung zwischen beiden Staaten fiel weg; jede Regierung erhob an ihren Zollstätten nach gleichem Tarif den Zoll und bestritt davon die Verwaltungskosten. Die Theilung der reinen Einkünfte geschah nach der Einwohnerzahl, Tarifänderungen und sonstige das Zollwesen betreffende Anordnungen durften nur mit beiderseitiger Zustimmung geschehen, Handelsverträge zwischen Preußen und andern Staaten, sobald die Interessen Hessens und der preußischen Westprovinzen berührt wurden, nur unter Mitwirkung der hessischen Regierung abgeschlossen werden. — Dieser Vertrag trat am 1. Juli desselben Jahres mit vollster Beistimmung der hessischen Kammern in Wirksamkeit. Schon in den ersten Jahren seines Bestehens hob sich die hessische Ausfuhr bedeutend, der Preis des Tabacks stieg von 4 auf 11 fl., des Weins um 30—40 p. C., des Getreides und Oels um 10—15 p. C.; die Mehreinnahme aus den Zolleinkünsten betrug für Hessen in den ersten 16 Monaten 400,000 fl. Für Deutschland aber war dieser Verein dadurch von Bedeutung, daß er zu der allgemeinen Zollvereinigung zwischen Nord= und Süddeutschland die Brücke bildete.

Der Abschluß dieses Zollvereins zwischen Preußen und Hessen=Darmstadt erregte überall in Deutschland große Aufmerksamkeit und wurde zugleich so verschieden gedeutet, daß das preußische Ministerium für nothwendig hielt, durch ein besonderes Memorial, das dem k. sächsischen Hofe am 4. April 1828 mitgetheilt wurde, die deutschen Höfe von dem Gange dieser Angelegenheit und den dabei leitenden Grundsätzen in Kenntniß zu setzen[1]). Nach einer kurzen Darstellung der deutschen Zollverhältnisse von der Bildung des Rheinbundes bis zur Einführung des neuen preußischen Zollsystems hebt das Memorial hervor, daß grade durch dieses Preußen sich fähig gemacht habe, allen deutschen Staaten in Bezug auf Handel und Verkehr die Zugeständnisse zu machen, welche ihm unter gleichen Umständen und mit demselben Erfolg von diesen gewährt werden würden. Die Schwierigkeit aber einer ausgedehnteren Handelseinigung zwischen Preußen und andern deutschen Staaten habe hauptsächlich darin seinen Grund, daß die letzteren wegen Verschiedenheit der Verbrauchssteuerverfassung die Gegenseitigkeit entweder gar nicht oder doch unzulänglich hätten gewähren können. So sehr die k. preußische Regierung gewünscht, Art. 19 in Ausführung zu bringen, so habe sie sich dennoch aller darauf bezüglichen Anträge an die deutschen Bundesstaaten enthalten und denselben überlassen, ganz nach ihrer Convenienz und ihrem Interesse zu erwägen, ob es eine Aenderung ihrer inneren Steuerverfassung lohne, um Preußen die als Bedingung der Handelseinigung nothwendige Reciprocität anbieten zu können. Selbst der Aufforderung, an den Berathungen in Darmstadt Theil zu nehmen, habe sie sich entzogen und sich auf die vertrauliche Mittheilung beschränkt, daß es nicht an ihrem guten Willen liege, mit andern Bundesstaaten über

[1]) Acta, die Commercien=Verhandlungen der Staaten betr., insbesondre des Königreichs Preußen mit Bayern und Württemberg, ingl. mit S. Coburg=Gotha u. S. Meiningen. Loc. 30,083.

ein gemeinsames Handels- und Zollsystem sich zu vereinigen, doch seien nach ihrer Ansicht Schwierigkeiten zu überwinden, welche mit den Mitteln der Abhülfe leichter erkannt werden möchten, wenn die Berathung nur das Verhältniß weniger, durch Lage und Interessen an einander gewiesenen Staaten zum Augenmerk nehme, statt ihrer Aufgabe einen, das Gebiet vieler in ihren Verhältnissen so verschiedenen Staaten umfassenden Umfang zu geben. Diese Ansicht sei durch die Vereinigung Bayerns mit Württemberg und Hohenzollern bestätigt, und zugleich hätten letztere die Frage über die Möglichkeit einer Zolleinigung auch der durch geographische Lage von einander unabhängigen Staaten von einer Menge Zweifeln und vorgefaßter Meinungen gereinigt und auf einfachere Gesichtspunkte zurückgeführt. An die Stelle eines dunklen Gefühls, das früher die Vereinigung in unbestimmter Richtung suchte, sei jetzt eine klarere Erkenntniß getreten, mit wem und auf welchem Wege dieselbe am angemessensten zu finden sei. Auch habe man aufgehört, in der Annahme von staatswirthschaftlichen Grundsätzen eines andern Staates eine Verläugnung der Souveränetät zu finden, wenn nur unter dieser Bedingung allein einem nicht minder gefühlten eigenen Bedürfniß Genüge geschehen könne und die Annahme wie die Beibehaltung jener Grundsätze stets Sache freier Vereinigung bleibe. In Folge solcher Erkenntniß und der Ueberzeugung, daß den Verhältnissen ihres Landes vorzugsweise eine Vereinigung mit Preußen zu einem gemeinsamen Zollsysteme entspreche, habe die großherzoglich hessische Regierung aus völlig freier Bewegung und nur im wohlverstandenen Interesse ihrer Unterthanen ihre Wünsche dem königlichen Hofe mitgetheilt. Nachdem man die anfänglich beantragte Erleichterung der Einfuhr einzelner Erzeugnisse als unausführbar erkannt, habe man den Verhandlungen einen größeren Umfang gegeben und am 14. vorigen Monats einen den beiderseitigen Wünschen entsprechenden Zoll- und Handelsverein abgeschlossen. Dieses habe zu Mißverständnissen ganz entgegengesetzter Art geführt. Während es früher geheißen, Preußen habe sich durch sein Zollsystem isolirt und wolle nicht im föderativen Geiste zur Beseitigung der Schranken des inneren Verkehrs mitwirken, sehe man jetzt darin eine gefährliche politische Tendenz, während es doch nur im Sinne der Bundesacte gehandelt sei und man sich durch Verbindung zweier oder mehrer Staaten zu solchem Zwecke dem gemeinsamen Ziele nähere, die Freiheit des Verkehrs unter einander und deren Folgen genau zu übersehen und auf Grund einer solchen klaren Erkenntniß eine Ausgleichung und Beförderung der commerciellen Interessen zu bauen. Da nur eine auf wirkliche Interessen gegründete Verbindung Bestand haben könne, werde die preußische Regierung so wenig wie bisher solche Staaten zu einer Vereinigung einladen noch weniger darum werben, welche nicht ein klares Interesse zu solchem gemeinschaftlichen Zoll- und Handelssystem selbst hinweise. Wo dagegen dieses und die Geneigtheit sich erfinde, mit Preußen in einen Zollverein zu treten, werde man es auch diesseits an Bereitwilligkeit, dazu auf alle Weise mitzuwirken, nie fehlen lassen."

Die hier angedeutende Besorgniß anderer Bundesstaaten vor gefährlichen politischen Tendenzen der preußischen Regierung wirkte wohl zum Theil mit bei der bald darauf erfolgten Bildung des mitteldeutschen Handelsvereins. Nachdem die Bevollmächtigten von Hannover, Sachsen, den großherzoglich und herzoglich sächsischen Staaten, Kurhessen, Oldenburg, Braunschweig, Nassau, Hessen-Homburg, Schwarzburg-Rudolstadt und Sondershausen, Reuß-Schleiz, Greiz und Ebersdorf, Frankfurt und Bremen am 21. Mai 1828 zu Frankfurt a. M. vorläufig eine die Bildung eines Handelsvereins betreffende Declaration unterzeichnet oder durch spätere Beistimmungsurkunde sich dazu verpflichtet hatten[1]), wurden am 18. August 1828 zu Kassel von denselben Staaten, zunächst jedoch mit Ausnahme von Hannover, Nassau, Oldenburg, Hessen-Homburg, Schwarzburg-Sondershausen, Frankfurt und Bremen, der Verabredung gemäß die Berathungen über das gegenseitige Gewerbs- und Handelsinteresse durch den k. sächsischen Abgeordneten von Carlowitz eröffnet. Er berichtete dabei, daß am 26. März d. J. eine Punctation zwischen dem Königreich und den andern sächsischen Staaten zu Oberschönau unterzeichnet sei, welche die Gleichstellung der Unterthanen sämmtlicher Vereinsländer rücksichtlich der Einfuhr und des Verkaufs ihrer Erzeugnisse als Hauptprincip festsetze und empfahl diesen in der Declaration vom 21. Mai nicht ausgesprochenen Grundsatz der allgemeinen Berathung. Die nächsten sechs Conferenzen füllten, da die Berathungen über Transitzölle und dergl. bis zur Vollzähligkeit der Versammlung ausgesetzt wurden, die Berichte über die in den einzelnen Staaten be-

---

[1]) Acta, Beilagen zu nr. 2669 de Ao. 1830 (Conferenzprotocolle). — Fischer a. a. O. S. 359.

stehenden Steuer- und Zolleinrichtungen. In der achten, endlich vollzähligen Conferenz — Schwarzburg-Sondershausen erklärte, vor der Hand keinen Bevollmächtigten schicken zu können — wurden als Berathungspunkte aufgestellt: 1. Einfluß des Vereinsbandes auf die Befugniß der Vereinsstaaten, einseitig einem fremden Zollverbande beizutreten; Berücksichtigung der Enclaven. 2. Erhöhung der in den Vereinsstaaten bestehenden Transitoabgaben und Chausseegelder während der Dauer des Vereins. 3. Begriff des Transitgutes. 4. Die während der Dauer des Vereins zu schließenden Handelsverträge einzelner Vereinsstaaten unter sich sowie mit andern Staaten. 5. Die Dauer des Vereins. 6. Entscheidung der Angelegenheiten des Vereins durch Stimmenmehrheit oder Einhelligkeit.

Den ersten Punkt erklärte man durch die Frankfurter Declaration schon entschieden und nahm nur noch die Enclaven von der darauf bezüglichen Bestimmung aus. Beim zweiten Punkt wurde der Grundsatz aufgestellt, daß während der Dauer des Vereins kein Vereinsstaat den Transit in seinem Gebiete zum Nachtheil eines andern Vereinstaates erschweren, unter diesem Vorbehalt aber die Transitabgaben verändern und Retorsionsmaßregeln ergreifen dürfe. Der Begriff des Transitgutes sollte zunächst der Gesetzgebung jedes einzelnen Staates entnommen doch so genau wie möglich allgemein bestimmt werden, die Dauer des Vereins vorläufig auf 3 Jahre festgestellt und die Angelegenheiten desselben durch Stimmeneinheit entschieden werden. Die folgenden Conferenzen wurden mit Berathungen über die Straßenzüge, die Entwürfe des Vertrags sowie über die Erleichterung des Handels mit Lebensmitteln ausgefüllt. Zur Vermeidung von Rangstreitigkeiten wurde bestimmt, daß die Vertragsurkunde im königlichen Archiv zu Dresden niedergelegt und den einzelnen Staaten nur eine beglaubigte Abschrift davon mitgetheilt werden, die Unterzeichnung aber in derselben Reihenfolge geschehen sollte, nach welcher die Theilnehmer im Vertrage aufgeführt waren, doch, wie alle Bevollmächtigten zu Protocoll gaben, ohne Präjudiz für die Zukunft. Nachdem eine sechsjährige Dauer des Vereins in Aussicht genommen war, erklärte der Bevollmächtigte von Sachsen-Meiningen, da dieses Herzogthum in seiner größeren Ausdehnung an Bayern und das preußische Henneberg grenze und nur mit der kürzeren, vom hohen Rücken des Thüringer Waldes beherrschten Grenze an den Verein, so müsse es sich den Austritt nach 3 Jahren vorbehalten, wenn Bayern sich während dieser Zeit nicht angeschlossen oder genügende Separatverträge aufgerichtet hätte, oder wenigstens von den übrigen Vereinsgliedern Verhandlungen zu diesem Zweck mit Bayern zugesichert wären. Ueberhaupt wünschte Sachsen-Meiningen die Ausdehnung des Vereins und den Abschluß von Handelsverträgen nach allen Richtungen, wozu sämmtliche Bevollmächtigte die Bereitwilligkeit ihrer Auftraggeber in Bezug sowohl auf Bayern und Württemberg wie auf Preußen und andere Bundesstaaten gemäß der Frankfurter Declaration vom 21. Mai erklärten.

In der 22. Conferenz, am 24. September wurde der Vertrag unterzeichnet. Der kurfürstlich hessische Gesandte behielt sich dabei vor, daß bei etwaigen Retorsionsmaßregeln des Kurfürstenthums gegen das Großherzogthum Hessen kein Vereinsstaat die Wirkung derselben durch andre Maßregeln beeinträchtige. Der sachsen-weimarsche Gesandte von Conta erklärte, daß er die Ratification des auch von ihm unterzeichneten Vertrages bei seiner Regierung nicht befürworten könne, wenn nicht durch besondere Verträge mit den angrenzenden Vereinsstaaten für das Großherzogthum weitere Verkehrserleichterungen erlangt würden. In den letzten Conferenzen erfolgten noch weitere Erklärungen anderer Bevollmächtigten, — Hannover z. B. verlangte den Widerruf der kurfürstlich hessischen Erklärung — sowie die Wahl der Stadt Weimar zum Sitz einer die Feststellung der Straßenzüge beabsichtigenden Commission und einige die Ratification und Vervielfältigung der Vertragsurkunde wie die Protokolle betreffenden Beschlüsse. Der Vertrag selbst gab als Zweck dieses Vereins an, im Sinne des 19. Artikels der Bundesacte einen möglich freien Verkehr nach innen und außen zu fördern, die Haupt:handelsstraßen in vollkommnen Stand zu setzen und zu erhalten, die Formen und Controle des Zollwesens möglich zu erleichtern, Wege- und Transitgelder nicht einseitig zu erhöhen und keine Waarenverbote gegen einander anzuordnen, sofern solche nicht durch rein politische Zwecke oder Staatsmonopole begründet seien. Das zu Markt gebrachte Getreide, Kartoffeln, Heu, Stroh, Brennholz und Steinkohlen sollten frei von einem Vereinsstaat in den andern eingehen, alle andern Artikel aber den in jedem Staate bestehenden Eingangsabgaben unterworfen bleiben, jeder Staat sein abgeschlossenes Zollwesen und die Befugniß behalten, für sich Handelsverträge abzuschließen, soweit solche mit dem Vereinsvertrage nicht in Widerspruch ständen, und für sich oder mit andern verbündeten Staaten Retorsionsmaßregeln zu ergreifen. Bedeutsam in der Absicht doch wirkungslos in den Folgen war die Bestimmung, daß kein Vereinsstaat — unter einem Vorbehalt in Betreff der Enclaven — ohne ausdrückliche Einwilligung des ganzen Vereins mit einem außer demselben stehenden Staate in einen Zoll- oder Mautverband treten sollte. Von Zeit zu Zeit sollten durch Bevollmächtigte Berathungen über die Fortbildung des Vereins gehalten werden, die k. sächsische Regierung aber alle darauf bezüglichen Anträge in Empfang nehmen und den übrigen mittheilen.

Das Ungenügende der durch diesen Vertrag[1]) zugestandenen Verkehrserleichterungen veranlaßte schon am 11. Dezember desselben Jahres einen besondern Vertrag zwischen Kurhessen, Sachsen-Weimar, S.-Meiningen und Sachsen-Coburg-Gotha und einen zweiten am 10. Januar 1829 zwischen Hannover und Oldenburg, wobei die Theilnehmer durch weitere gegenseitige Zugeständnisse den Hauptvertrag zu ergänzen suchten. Auch schlossen am 9. Dezember 1829 die reußischen Fürstenhäuser und am 11. Februar 1831 Sachsen-Weimar mit Preußen dahin ab, daß sie nach Ablauf des Handelsvereinsvertrages sich dem preußischen Zollverein anzuschließen verpflichteten[2]).

Am 1. Juni 1829 begannen die Bevollmächtigten von Hannover, Sachsen, Kurhessen, Oldenburg, Nassau, Braunschweig und Bremen in Kassel neue Verhandlungen zur Befestigung des mitteldeutschen Handelsvereins. Durch den Vertrag vom 11. October d. J. wurde derselbe auf weitere 6 Jahre, bis 1841, erstreckt; Sachsen, Kurhessen und Hannover sollten Bevollmächtigte nach Berlin schicken, um hier wegen Förderung der inneren Verkehrsverhältnisse Deutschlands zu unterhandeln. Die preußische Regierung aber erklärte, daß sie die Verhandlungen mit dem mitteldeutschen Verein als Gesammtheit nicht für rathsam halte, da dieselben höchst wahrscheinlich doch nicht zum Ziele führen würden. Da nun eine Fortbildung des Vereins zunächst nicht in Aussicht stand, schlossen Hannover, Kurhessen, Oldenburg und Braunschweig am 27. März 1830 zu Eimbeck einen Vertrag wegen Einführung eines gemeinsamen Zoll- und Verbrauchssteuersystems, um mit Ausnahme des Kochsalzes und der Spielkarten einen

---

[1]) Ueber die Bedeutung dieses Handelsvereins vergl. Fischer a. a. O. S. 360 folg. Sick a. a. O. S. 41. — [2]) Fischer a. a. O. S. 362. Ubbelohde, über die Finanzen des Königreichs Hannover S. 179 folg. Von Reden, das Königreich Hannover II, 55 folg. Lehzen, W., Hannovers Staatshaushalt I, S. 364.

völlig freien Verkehr unter sich herzustellen. Ueber die Behandlung des Ein- und Ausgangs, über die Tarifsätze und Controlmaßregeln sollten übereinstimmende Anordnungen getroffen, die Regulirung der Durchgangsabgaben wie die Erhebung der Zölle jedem Staate überlassen, Verträge aber mit andern Staaten nur im gemeinsamen Einverständniß geschlossen werden. Aber auch diese Vereinigung, die das nicht preußische Norddeutschland zu einem ziemlich zusammenhängenden, von den Küsten der Nordsee bis in das mittlere Deutschland reichenden Zollgebiet verbunden hätte, blieb zunächst ohne Folge, da Kurhessen noch im J. 1830 zu dem preußischen Zollverein übertrat, doch gewann der Vertrag später als Grundlage des zwischen Hannover, Braunschweig und Oldenburg abgeschlossenen Steuervereins neue Bedeutung.

Unterdessen waren zwischen Preußen und Sachsen noch mancherlei Unterhandlungen geführt worden, die meistens den vielverschlungenen Grenzverkehr zum Gegenstand hatten und auch hier die Nothwendigkeit einer durchgreifenden Umgestaltung der Zollverhältnisse immer klarer darlegten. Eine preußische Note vom 22. April 1828[1]) hatte die Aufhebung der in der Nähe von Leipzig befindlichen, dem Schleichhandel dienenden Waarenniederlagen verlangt, doch die deßwegen vom k. sächsischen Finanzministerium angestellte Untersuchung ergeben, daß solche Waarenniederlagen gar nicht vorhanden seien, wohl aber der Schleichhandel durch die hohen Sätze des preußischen Zollsystems zu einem einträglichen Gewerbe geworden, dem sich der schlechtere Theil der Grenzbewohner, für welche die Strafe nichts Abschreckendes mehr habe, ganz hingebe und der übrige Theil in jeder Weise Unterstützung schaffe. Als nun die preußische Regierung verlangte, daß die sächsischen Grenzzollbeamten angewiesen werden möchten, auf Ersuchen der k. preußischen Zollbehörden sogleich und ohne Anfrage bei ihrer vorgesetzten Behörde Nachforschungen anzustellen, wurde dieses als unstatthaft verweigert, wogegen Preußen wieder ein sächsisches Gesuch um Abstellung des der Leipziger Messe schädlichen Lederhandels zu Lützen zurückwies. Die k. sächsische Commerciendeputation war immer noch der Ansicht, daß, wenn von Preußen eine Zollermäßigung um die Hälfte oder ein Drittheil nicht erreicht werden könne, Retorsionsmaßregeln ergriffen werden müßten. Die wichtigeren Fabrika-

[1]) Acta, Erneuerung der Commercien-Unterhandlungen u. s. w. betr. Vol. IV.

tionszweige Sachsens[1]) habe Preußen so gemein mit diesem, daß es gegen dieselben keiner erhöhteren Zollsätze bedürfe, in der Seidenmanufactur habe es an Sachsen keinen Concurrenten, in der Leinwandmanufactur stehe es, die feine Damastweberei ausgenommen, auf derselben Stufe, seine Tuche setze es in großer Menge selbst auf sächsischen Märkten ab und nur in der Baumwollenmanufactur habe Sachsen noch in einzelnen Zweigen den Vorsprung, aber grade in dieser herrsche durch die gegenwärtigen Verhältnisse große Noth, auch bringe Preußen schon viele baumwollene Waaren nach Leipzig zu Verkauf. Dagegen entnähme Sachsen den größten Theil sämmtlicher Lebensbedürfnisse aus Preußen und zahle von Fabrikmaterialien und überseeischen Artikeln an Preußen mehr Durchgangszölle als Abgaben in die Landeskassen, mithin habe Preußen von der erhöhten Thätigkeit sächsischer Fabriken den Gewinn und darum sei vor allen auch hier eine Erleichterung des Durchgangs zu erwarten.

In Folge dieses Gutachtens erneuerte die k. sächsische Regierung in Berlin die Anträge auf Erleichterung des preußisch-sächsischen Verkehrs, welche mit den im Auftrag des mitteldeutschen Vereins gestellten Anfragen in der Zeit zusammentrafen. Während die k. preußische Regierung diese abwies, erklärte sie sich bereit, mit Sachsen wegen Ausgleichung der beiderseitigen Handelsinteressen in besondere Berathung zu treten. Eine zu diesem Zweck von der sächsischen Regierung in Berlin übergebene Denkschrift beantwortete der preußische Minister des Auswärtigen von Schönberg am 22. Januar 1830 mit einem Memorial, worin unter anderen bemerkt wird, daß die Besorgnisse vor der neuen preußischen Zollordnung in eben dem Maße nachgelassen hätten, als dieselbe aufgehört neu zu sein, weßhalb es um so mehr auffallen müsse, daß in einem unmittelbar angrenzenden Staate der Geist dieses Gesetzes noch jetzt nach vierjähriger Wirksamkeit in diesem Maße verkannt werden könne. Das Gesetz enthalte nämlich eine nicht unbedeutende Milderung der in den alten preußischen Provinzen früher bestandenen Zollverfassung und sei in Uebereinstimmung mit dem 13. Artikel des Wiener Friedens nach den liberalsten Grundsätzen bestimmt, deren Anwendung freilich im Verhältniß zu Sachsen auch von dieser Seite Einrichtungen nöthig

---

[1]) Gutachten der Commerciendeputation vom 14. Januar 1829; in denselben Acten.

mache, bei denen eine wahre Gegenseitigkeit bestehen könne. Das Verhältniß der preußischen Provinzen unter einander gebe eine Analogie für den Verkehr Preußens mit seinen deutschen Nachbarstaaten. Wenn diese bei ihrem früheren indirecten Abgabensystem stehen blieben, indeß Preußen, durch Lage und Verhältnisse gedrungen, eine andere Bahn gehe, so hätten sie sich selbst eine sich etwa entwickelnde nachtheilige Rückwirkung zuzuschreiben, weil sie die dargebotenen Mittel anzuwenden verschmäheten. Das Gesetz selbst biete in § 5 zur Verständigung die Hand und zu derselben sei und bleibe die k. preußische Regierung stets bereit. —

Indessen Sachsen immer noch um einzelne Vortheile und Begünstigungen seines Ein- und Ausfuhrhandels mit Preußen vergeblich unterhandelte, hatten Bayern und Württemberg schon erfahren, daß ihr Zollverein wegen der zu geringen Ausdehnung und schlechten Abrundung die beabsichtigten Vortheile nicht zu gewähren vermöge[1]). Die unverhältnißmäßige Länge der Zollgrenzen (398 Meilen bei einem Inhalt von 1763 Quadratmeilen) und die Natur des Landes im Westen und Südwesten machten die Verwaltung kostspielig und die strengste Bewachung gegen den Schleichhandel vergeblich[2]). Der Gewerbs- und Handelsstand verlangte nach einem erweiterten Markt, nach der Rheinstraße und der Erleichterung überseeischer Ausfuhr. Da Baden jede Annäherung verweigerte, wurde auf besonderen Wunsch des Königs Wilhelm von Württemberg[3]) und im Einverständniß mit dem k. bayerschen Hof zu Anfang des Jahres 1829 Freiherr von Cotta, der für diese Angelegenheit längst thätig gewesen war und das Vertrauen der Könige von Preußen, Bayern und Württemberg wie der bedeutendsten Staatsmänner genoß, nach Berlin geschickt, um zu erforschen, in wiefern der k. preußische Hof zu Abschließung eines Handelsvereins mit Bayern und Württemberg geneigt sei. Cotta hatte schon im Spätsommer 1828 in Berlin mit dem preußischen Finanzminister von Motz eine Unterredung wegen einer Handelsverbindung zwischen dem süd- und norddeutschen Zollverein gehabt, wobei von Motz damals den Anschluß der bayerschen Rheinpfalz an Hessen verlangt, Bayern aber nicht darauf hatte eingehen

---

[1]) Fischer a. a. O. S. 363 folg. — [2]) Von 1829—1831 betrugen die Zollverwaltungskosten durchschnittlich 44 p. C. der rohen Zolleinnahme; Rau, Grundsätze der Finanzwissenschaft, 4. Aufl. § 454, Anm. 6. — [3]) Beck, a. a. O. —

wollen[1]). Jetzt beantragte Cotta eine Herabsetzung der Zollsätze, doch von Motz erklärte, daß er seinen Namen nur unter etwas Großes setzen und sich auf eine Herabsetzung des Zolles um einige Procente nicht einlassen könne; er schlage deshalb ganz freien Verkehr und Transit zwischen Preußen, Bayern und Württemberg vor und, im Falle daß dieses sogleich nicht möglich sei, für die nächsten Jahre eine Herabsetzung der Zölle um die Hälfte.

Die Ansicht, als ob es sich von bayrisch-württembergscher Seite nur um einige Verkehrserleichterungen handle, unterstützte auch der bayersche Minister von Armansperg, indem er an den bayerschen Gesandten von Lerchenfeld in Frankfurt um die Mitte Februars schrieb: man bedauere durch die Anwesenheit Cottas zu ungegründeten Gerüchten und Vermuthungen Anlaß gegeben zu haben, da doch nur von einigen Handelserleichterungen, nie aber von einer völligen Vereinigung der beiderseitigen Zollsysteme oder von politischen Dingen die Rede gewesen sei; von Lerchenfeld möge durch diese Mittheilung irrige oder übelwollende Angaben entkräften. Am 24. Febr. hatte der bayersche Gesandte in Berlin Graf Luxburg schon Befehl erhalten, mit Preußen einen Handelsvertrag förmlich zu negociiren, während zu Ende Februars Graf Armansperg noch allen Gesandten in München erklärte, Bayern und Württemberg hätten keine andern Absichten als eine Erleichterung des Verkehrs mit einem Theil der preußischen Monarchie und die Aufrichtung eines Zollcartells. Trotz dieser Versicherung glaubte jeder, daß es sich bei diesen Verhandlungen um nichts Geringeres als um „ein bemerkenswerthes Problem", eine gänzliche Umwälzung des Zollwesens handle und deßhalb dieselben in Geheimniß gehüllt würden. Nur der Fürst Metternich hielt eine Zollvereinigung Preußens mit Bayern und Württemberg für kaum denkbar, weil das Prohibitivsystem der beiden letzteren Staaten auf ihre eigene Production und Industrie gegründet sei, doch war man in Wien auf diese Verhandlungen sehr aufmerksam und kündigte in München den Hofrath Eichhof an, um wegen Erleichterung des Grenzverkehrs zwischen Böhmen und Bayern zu unterhandeln.

Am 19. März war ein allgemeiner Entwurf des Vertrages schon

[1]) Acta, die Commercialverhandlungen der Staaten betr. ꝛc. (Bericht des Gesandten von Watzdorf.) — [2]) Nach den Berichten der k. sächsischen Gesandten aus Berlin, München und Wien in denselben Acten.

festgestellt, doch betraf derselbe nur die Zollminderung um 50 p. C. Weder der König von Bayern noch Graf Armansperg hatten von dem besondern Schutzzoll lassen wollen, während der preußische Finanzminister von Maaßen auf die Niederwerfung aller bisherigen Zollschranken zwischen diesen Staaten und die Aufrichtung eines unbeschränkt freien Verkehrs mit inländischen Erzeugnissen bei alleiniger Ausnahme der Regalien drang. Da man in München bei so durchgreifender Umänderung des Zollwesens einen zu großen Ausfall in den Einnahmen befürchtete, beruhigte der „preußische Huskisson" darüber durch überzeugende Berechnungen, so daß nun Bayern wie Württemberg sich den preußischen Absichten immer geneigter zeigten und alle drei Kronen, wie der sächsische Gesandte meinte, sich zum Ziele gesteckt zu haben schienen, den bis dahin todten Buchstaben des 19. Artikels wenigstens für einen Theil Deutschlands in's Leben zu rufen. — Am 30. März war der Entwurf nach München, Stuttgart und Darmstadt abgegangen und man hoffte auf die Bestätigung binnen 14 Tagen. Nach demselben war der Vertrag auf 6 Jahre geschlossen, setzte eine jährliche Revision und Berathung fest, gab den Durch- und Eingang für inländische Producte, insbesondere für Vieh und Getreide, ganz frei, ermäßigte die Chausseegelder bedeutend sowie die Eingangszölle auf inländische Weine um 50 p. C., für Manufacturwaaren zunächst um 25, in Zukunft um 50 p. C., und versprach zuletzt gänzliche Zollbefreiung derselben, vorbehielt aber in Bezug auf Handelsverträge mit andern Staaten jedem Staat die volle Freiheit.

Nach Ankunft des hessen-darmstädtischen Abgeordneten von Hoffmann in Berlin um die Mitte Aprils wurde auf seinen besonderen Antrag statt der Präliminarconvention mit 9 Artikeln sogleich der Hauptvertrag mit 19 Artikeln festgestellt, doch sollte derselbe erst zur gründlicheren Vorbereitung am 1. Januar 1830 statt am 1. October 1829 in Kraft treten. Nach vielfachen Conferenzen und „harten Kämpfen" geschah die Unterzeichnung am 27. Mai. Die Hauptartikel aber lauteten: 1. Vom 1. Januar 1830 sollen mit den in folgenden Artikeln angeführten Ausnahmen alle inländischen Erzeugnisse der Natur, des Gewerbfleißes und der Kunst aus den k. württembergischen und k. bayerschen Staaten im Königreich Preußen und Großherzogthum Hessen und umgekehrt frei von allen Eingangsabgaben eingeführt und zum Verbrauch gebracht werden. 2. Ausgenommen sind a. fortwährend: Kochsalz, Spielkarten, Bier, Branntwein, Cider,

Liqueur, Essig, geschrotenes Malz, von welchen Artikeln beim Eingang in einen andern der Vertrag schließenden Staaten eine Abgabe entrichtet wird, die der von den eignen derartigen Erzeugnissen erhobenen gleichkommt. Von inländischen Tabacksblättern werden 40 p. C., von inländischem fabricirten Taback 50 p. C., von inländischem Wein und Most 40 p. C. der auf dieselben ausländischen Artikel gelegten Abgabe erhoben; in den östlichen preußischen Provinzen tritt bei dem eingeführten Wein und Most die hier von inländischen Weinen zu erlegende Eingangsabgabe hinzu. Der in inländischen Siedereien verfertigte Zucker und Syrup unterliegen mit einer gegenseitigen Ermäßigung von 20 p. C. den von den gleichartigen ausländischen Artikeln zu entrichtenden Eingangsabgaben, Mehl, Malz, Graupen u. a. dergl. den in den Städten und Gemeinden von denselben inländischen Waaren erhobenen Consumtionssteuern. b. Zeitweise haben beim Eingang gewebte und gestrickte wie Posamentirwaaren von Baumwolle, Wolle, Seide und Halbseide, Waaren von Leder, Kupfer, Messing, Schmiedeeisen eine Erleichterung von 25 p. C. bis zum 1. Januar 1830, dann von 50 p. C., bis völlige Befreiung eintritt, doch sind hiervon alle Gegenstände, welche ohne Eingriff in die von einzelnen Staaten ertheilten Erfindungspatente oder Privilegien nicht nachgemacht oder eingeführt werden können, auf die Dauer der Patente ausgeschlossen, unter dem Vorbehalt künftiger Vereinbarung wegen der Patente. 3. Der Durchgang durch die Vertrag schließenden Staaten ist für jeden derselben vom 1. Januar 1830, mit Ausnahme von Chausseegeldern und Wasserzöllen, völlig frei, doch in Bezug auf Salz nähere Verabredung vorbehalten. 4. Den Ausgangszoll von inländischen Erzeugnissen kann jeder der beiden Zollvereine nach Ermessen anordnen, der Ausgang aber der Gegenstände, welche von einem der contrahirenden Staaten ausgehen, um durch das Gebiet eines andern derselben durchgeführt zu werden, ist zollfrei. 5. Chaussee=, Wege=, Brücken= und andere dergleichen Gelder werden nur in dem Betrage erhoben, der den gewöhnlichen Herstellungs= und Erhaltungskosten angemessen ist, besondere Thorsperre und Pflastergelder werden aufgehoben. 6. Beider Theile ohnehin schon auf derselben Grundlage beruhende Zollsysteme sollen in Betreff der Eingangszollsätze, des Tarifs, der Verwaltungsformen mehr und mehr in Einklang gebracht werden. 7. Maße und Gewichte beider Theile werden gegenseitig bekannt gemacht und künftig gleiches Münz=, Maß=

und Gewichtssystem eingeführt. 8. Die Wasserzölle und Abgaben auf Flüssen, Kanälen, Häfen u. s. w., überhaupt alle Gebühren und Leistungen für die zur Erleichterung des Verkehrs bestimmten Anstalten sind ferner zu entrichten, doch sollen alle Glieder der Vereinsstaaten dabei gleichgehalten werden. 9. Verabredungen in Betreff des Uebergangs fremder Waaren von einem Gebiet in das andere, sowie in Betreff eines Zollcartels werden vorbehalten. 10. In preußischen Seehäfen zahlen alle Vereinsglieder gleiche Abgaben und preußische Consuln schützen dieselben da, wo keine bayerschen und württembergschen sind. 11. Der Vertrag wird auf Rheinbayern erstreckt, sobald hier das bayrisch-württembergsche Zollsystem und eine Zollinie eingeführt sind, deßgleichen auf alle einem der beiden Vereine bereits angehörigen Regierungen; jährlich finden Versammlungen von Bevollmächtigten statt. 12. Der Vertrag gilt vorläufig auf 12 Jahre vom 1. Januar 1830 an und wird, wenn keine Kündigung geschieht, immer auf 12 Jahre erneuert. — Die innerhalb 6 Wochen festgesetzte Auswechselung der Ratificationsurkunden geschah am 15. Juli in Berlin, worauf am 25. Juli der Vertrag öffentlich bekannt gemacht wurde.

Die zu diesem Hauptvertrage gehörigen Separatartikel betrafen die beim ersten Zusammentritt der Bevollmächtigten zu erwägende größere Ermäßigung der Eingangsabgaben von Taback, Zucker und Syrup; alle Waaren von Baumwolle, Wolle, Seide, Halbseide und Thierhaare mit Ausnahme aller Hutmacherarbeit sollten vom 1. Januar 1835 an, alle Waaren von Leder, Kupfer, Messing, Schmiedeeisen vom 1. Januar 1832 an abgabenfrei eingehen, auch vom 1. Januar 1830 an von allen über Minden und Magdeburg für die contrahirenden Staaten bezogenen ausländischen Waaren kein Weser- und Elbzoll erhoben werden, doch blieb der Landtransitzoll vorbehalten. Vorerst sollte jeder der Vertrag schließenden Theile den in seinen Landen bestehenden Zolltarif beibehalten, doch im Sinne des Systems einige dringende Aenderungen eintreten lassen und ohne gegenseitiges Einverständniß den Eingangszoll für die betreffenden Handelsartikel über den im andern Verein hiefür bestehenden Tarif nicht erhöhen, für die Folge aber jedem freistehen, bei den mit weniger als 3 Thlr. oder 5 fl. belasteten Gegenständen die Eingangszölle nach Gutbefinden

[1]) Acta, Berliner Gesandtschaftsarchiv, Zollsachen betr. Vol. I. Loc. 3455.

zu bestimmen, bei höher belegten Gegenständen aber eine mögliche Gleichstellung der Sätze unter Zugrundelegung des preußischen Tarifs verabredet werden. Die übrigen Separatartikel enthielten Bestimmungen über die spätere Einführung gleicher Münz-, Maß- und Gewichtssysteme, über die Besetzung der Land- und Wasserstraßen mit Zollämtern und die einzuführende gegenseitige Controle, über die mit andern Staaten bestehenden oder noch zu schließenden Handelsverträge. Bis zum 1. Januar 1830 sollten im bayerischen Rheinkreis die gleiche Zollverfassung und Zolllinie eingeführt werden, und der abgeschlossene Vertrag sollte bis zum 1. Januar 1842 unauflösbar sein, ohne im Einverständniß der Vertrag schließenden Höfe vorzunehmende und durch veränderte Verhältnisse bedingte Modificationen auszuschließen. Eine Aufkündigung sollte vor Ablauf des 11. Jahres einer jeden Periode, die Auflösung sodann am Ende des 12. Jahres geschehen, bei unterlassener rechtzeitiger Kündigung der Vertrag auf weitere 12 Jahre verlängert sein. Zu einer Unterhandlung wegen Ausdehnung dieses Vertrags auf eine Zollvereinigung zwischen Bayern, Württemberg und den westlichen preußischen Provinzen wie dem Großherzogthum Hessen erklärte sich die k. preußische wie die großherzoglich hessische Regierung zum voraus bereit.

Die lebhafteste Nachwirkung äußerte dieser Handelsvertrag zwischen den beiden Zollvereinen in Dresden. Am 28. August 1830[1]) wurde das Directorium der Commerciendeputation, das damals Freiherr von Wietersheim leitete, beauftragt, in Erwägung zu ziehen, welchen Einfluß eine Vereinigung Sachsens mit dem preußisch-bayerschen Zollsystem auf die indirecten Abgaben, auf die Leipziger Messen, den Transithandel nach Böhmen sowie auf die Landesverwaltung haben werde, und unter welchen Modificationen wegen eines solchen Beitritts zu unterhandeln sei. Nach einer am 6. Dezember mit den Deputirten des sächsischen Fabrik- und Handelsstandes gehaltemen Berathung übergab von Wietersheim eine Denkschrift über den Einfluß einer solchen Maßregel auf die Nationalökonomie und Staatswirthschaft Sachsens, welche die Ansicht durchführte, daß bei der Fortdauer des status quo unter dem Druck benachbarter Schutz- und Prohibitivsysteme insbesondere für die kleineren Fabrikanten Sachsens

[1]) Acta, die Unterhandlungen über die Zollvereinigung mit Preußen betr. 1831 folg. Vol. I. Loc. 2342.

ein wachsender Verfall zu fürchten sei, welcher Gefahr durch den Beitritt wesentlich abgeholfen werde; den Gewerben werde allein an preußischen Zöllen dadurch eine Summe von mehren hunderttausend Thalern erspart, freilich aber der Absatz sächsischer Halbfabrikate nach Böhmen und der gesammte Grenzhandel mit diesem Lande bedeutend verlieren. Für den Leipziger Meßhandel sei der Beitritt eine Sicherstellung gegen wachsende äußere Beschränkung, doch sei die Aufhebung des preußischen Meßrabatts und eine Minderung der Tarife nothwendig; für Landbau und Viehzucht, für den allgemeinen Flor der Gewerbe könne derselbe nur vortheilhaft wirken. Das in Sachsen herrschende Steuersystem aber werde dadurch gänzlich unhaltbar und eine dem preußischen analoge Umänderung nothwendig, welche aber eine Mehreinnahme von mehr als 500,000 Thlrn. ergeben werde. „So dringend und zweifellos hier daher die Nothwendigkeit der Abhülfe ist, so bietet sich dabei für die Regierung die unauflösbare Schwierigkeit dar, zwei Polarinteressen, Handelsfreiheit und Gewerbeschutz mit einander zu vereinigen. Je allgemeiner und lauter sich die Meinung für letztere aussprechen dürfte, um so problematischer scheint die Ausführung eines Systems, das der Natur eines kleinen Landes geradezu widerstrebt. Nur durch den Anschluß an Preußen wird sich dieser Conflict leicht, einfach und klar lösen."

Bei der erwähnten Berathung, woran außer dem wirkl. geh. Rath von Zeschau und von Wietersheim acht Fabrikanten und sechs Kaufleute Theil nahmen, wurde der Anschluß an das preußische Zollsystem für den erzgebirgischen und den voigtländischen Kreis als unbedingt nothwendig anerkannt; die in ihrer Existenz auf's Aeußerste bedrohte Baumwollen- und Wollenmanufactur könne nur durch einen dauernden und sicheren Absatz in die nächsten Nachbarländer gerettet werden, da die bisher aus dem Voigtland in die Levante betriebenen Geschäfte in Folge politischer Conjuncturen gelähmt, der Vertrieb nach Böhmen im Abnehmen, nach Bayern ganz in's Stocken gerathen sei. Die sächsische Wollenmanufactur könne die preußische ordinäre und Mittelwolle nicht entbehren, deren Ausfuhr jetzt aber in Preußen mit 3 Thlr. für den Ctr. belegt sei. Die Leinwandmanufactur und Strumpfwirkerei haben ihren Absatz zwar meist über See, seien aber in Betreff des Transports von Preußen abhängig. Die kleineren Fabrikanten und der eigentliche Handwerksstand, die Mehrzahl des Volkes also werde durch die Erweiterung des Binnenmarktes, von dem sie leben müßten, am meisten gewinnen, während jetzt die hülflose Lage der sächsischen Industrie selbst bedeutende Fabrikanten in das durch ein Prohibitivsystem geschützte Nachbarland trieben. Denselben Vortheil habe auch die Oberlausitzer Leinen- und Tuchmanufactur, während die Oberlausitzer Baumwollenmanufactur den bisherigen Absatz nach Oesterreich, Böhmen, in die Türkei und Levante mit der Zerstörung des Schleichhandels durch das preußische Zollsystem verlieren werde. — Diese drohende Vernichtung des für Sachsen wichtigen Schleichhandels nach und durch Oesterreich wurde von allen einer besonderen Berücksichtigung empfohlen, obwohl man sich nicht verhehlte, daß mit dem Fortschreiten der böhmischen Industrie derselbe von selbst aufhören werde und ebenso gefährlich und unsicher wie unsittlich sei.

Die Leipziger Kaufleute aber erklärten sich schon jetzt, so wenig befriedigend auch die gegenwärtige Lage sei, entschieden gegen den Anschluß an Preußen, da die neuen Regieeinrichtungen den Handel von Leipzig gänzlich verscheuchen würden. Im Falle eines solchen Anschlusses verlangten sie eine Minderung des preußischen Zolltarifs, die Aufhebung des Meßrabatts von 33⅓ p. C. für die preußischen Messen und die Erlaubniß für alle Leipziger Großhändler, Privatlager ausländischer Waaren und ein fortlaufendes Conto für dieselben beim Zollamt zu halten mit ein- höchstens zweimaliger Abrechnung im Jahre. Außerdem forderten sie noch für Häuser von anerkannter Rechtlichkeit die schon in Preußen bestehende Erlaubniß, Lager von inländischen Waaren zu haben, und für die Waaren der Meßkaufleute besondere Meßconti, einen Packhof und Erleichterung in den Formen der Zollverwaltung.

Sachsens commercielle Lage war damals nach dieser Denkschrift die ungünstigste und gefährlichste von allen Bundesstaaten. Die Baumwollen- und Wollenmanufactur war an vielen Orten in tiefen Verfall gerathen, das Druckereigeschäft in Frankenberg, Hainichen, selbst in Chemnitz fast vernichtet, in Pirna und im Voigtland beinahe aufgegeben, das Stickereigeschäft in Hohnstein und Umgebung in hohem Grade bedroht; die Weberstädte im Voigtland, wie Mylau, Netzkau, Elsterberg, Auerbach, Falkenstein schwankten dürftig und nur mit Hülfe von Unterstützungen der Regierung von Messe zu Messe. Die Städte, wo die Tuchmacherei zunftmäßig betrieben wurde, wie Roßwein, Kirchberg, Lengefeld, Kamenz u. a. waren ebenso gesunken, die noch vor kurzem blühende Fabrikation von Merinos u. a. Zeugen fing an zu stocken, worunter vor allen Reichenbach schwer zu leiden hatte. Der Untergang von wenigstens vier Fünftheile aller dieser Manufacturen wurde beim Festhalten der bisherigen Verhältnisse als gewiß befürchtet. Sachsen, damals nächst England der am meisten fabricirende Staat und, wie die Schweiz, mit ungeschützter Industrie, verlangte vor allen Freiheit der Handelsstraßen durch die Nachbarlande. Es bezog etwa $^{29}/_{30}$ seiner rohen Baumwolle, einen großen Theil der Schafwolle und Leinengarne durch und aus Preußen und führte alle für die transatlantischen und westlichen Märkte bestimmten Fabrikate durch Preußen aus, da die Elbe nur einen unzureichenden Ausweg bot und die durch Bildung des mitteldeutschen Handelsvereins gewonnene Straße nur bis zum J. 1835 gesichert war. Zur Erhaltung seines zahlreichen kleineren Fabrik- und Gewerbestandes bedurfte Sachsen neben dem gefährlichen und große Kapitalien erfordernden überseeischen Handel eines ausgedehnten Binnenmarktes, Freiheit der Bewegung in der Nähe wie in der Ferne, der Möglichkeit und Gelegenheit zu größeren Speculationen wie der Sicherheit und Stetigkeit des fortlaufenden Geschäfts. Der Weltmarkt allein ernährte von den sächsischen Gewerben etwa ein Viertheil, der offene Binnenmarkt war auf den mitteldeutschen Handelsverein beschränkt; jede Verkleinerung des letzteren durch Beitritt eines Gliedes zum preußischen Zollsystem wurde in Sachsen wie ein Nationalunglück empfunden, der Beitritt Sachsen-Weimars drohte gradezu mit allgemeinem Verderben und auch schon bei dermaliger Sachlage konnte Sachsen die Mitwerbung der geschützten preußischen Gewerbe auf die Dauer nicht mehr ertragen. Als unerläßliche Bedingungen für den Anschluß Sachsens an das preußische Zollsystem erachtete man aber allgemein eine besondere Berücksichtigung und Schonung des böhmischen Grenzhandels, die gänzliche Aufhebung des Eingangszolles auf Getreide, die Gleichstellung der Leipziger Messen mit den von Frankfurt a. O. und Naumburg und endlich eine allgemeine und beträchtliche Ermäßigung des Zolltarifs.

In einer darauf folgenden Sitzung des Geheimen Raths [1]) stand die Ansicht von der Nothwendigkeit des Anschlusses an Preußen fest, und da man eine freiwillige Trennung des mitteldeutschen Vereines

[1]) In denselben Acten S. 95 folg.

für leicht erachtete, hielt man den ungesäumten Anschluß und ein selbständiges Vorgehen für das Wünschenswertheste, jedoch unter der Voraussetzung, daß die Verhandlung auf ein allgemeines deutsches Zollsystem gerichtet und die als nothwendig erkannten Zugeständnisse erlangt würden. Der Minister Freiherr von Lindenau wurde nach Berlin geschickt, um dem König von Preußen ein eigenhändiges Schreiben des Königs Anton zu überbringen, mit dem Erbieten zu Unterhandlungen wegen einer allgemeinen Zolleinigung der deutschen Bundesstaaten. „Der jetzige Zeitpunkt," hieß es in demselben, „scheint hierzu vorzugsweise geeignet zu sein, da das dringende Bedürfniß eines freien Handels ebenso allgemein gefühlt wie eine auf gemeinschaftlichen Interessen beruhende festere Vereinigung allgemein gewünscht werde, doch sei eine nothwendige Bedingung des Erfolges, daß diese Verhandlung von Preußen begonnen und geleitet würde."

Freiherr von Lindenau fand eine wohlwollende und entgegenkommende Aufnahme beim König Friedrich Wilhelm wie bei den Ministern. Gleichzeitig mit dem Gesandten des sachsen-weimarschen Hofes, von Gersdorf, trug er dem König die Bitte vor, es möge unter Leitung und Theilnahme der k. preußischen Regierung eine Conferenz in Berlin anberaumt werden, wo zwischen Bevollmächtigten von Preußen, Sachsen, Bayern, Württemberg, Baden und Hessen wegen Bildung einer gemeinschaftlichen Zoll- und Handelsvereinigung das Erforderliche verhandelt werden könne. Nachdem von Gersdorf die Beistimmung seiner Regierung erklärt hatte, erwiderte der König: „Das durch Lindenaus Antrag ausgesprochene Vertrauen sei ihm erfreulich, um so mehr als frühere auf Handelsverhältnisse Bezug habende Maßregeln ein Mißtrauen verrathen hätten, das er nicht verdient zu haben glaube und wozu er irgend eine Veranlassung gegeben zu haben, sich nicht bewußt sei. Die Ausführung einer so großen, von vielen Köpfen und Interessen abhängigen Vereinigung sei eine schwierige Sache, besonders in der jetzigen aufgeregten Zeit, doch werde auch vielleicht grade durch die jetzigen ungewöhnlichen Zeitverhältnisse und durch das allgemein gefühlte Bedürfniß, sich fester in Deutschland aneinander zu schließen, manches möglich, woran außerdem nicht zu denken sei, und mit Vergnügen werde er die von Sachsen gegebene Veranlassung ergreifen, um einen Plan zu unterstützen und zu befördern, dessen Gelingen die wohlthätigsten Folgen für ganz Deutschland verspreche."

Auch der Kronprinz erklärte sich mit großer Theilnahme und Lebhaftigkeit für diesen Plan, mit dem Bemerken, daß bereits seit dem J. 1821, seit dem Zeitpunkt, wo das neue preußische Zollsystem in den Nachbarlanden eine so feindselige Stimmung erregt habe, die Idee einer größeren deutschen Handelsverbindung zur wahren Lieblingsidee bei ihm geworden sei, überall aber habe er Widerspruch und Schwierigkeit gefunden, so daß er den Gedanken in sich zu verschließen genöthigt gewesen sei; er bedauere, den Antrag zu einem so großen und schönen Unternehmen nicht von Preußen ausgehen zu sehen, allein da dies von Sachsen geschehen sei, werde er die Sache nun nach Kräften unterstützen.

Nachdem der König noch dem Finanzminister von Maaßen erklärt hatte, daß er diese Verhandlungen in jeder Weise befördert zu sehen wünsche, besprach sich von Lindenau vorläufig mit diesem und dem Steuerdirector Kühlmeyer. Die Punkte wegen der Conti und Waarenlager, der Aufhebung des Meßrabatts, des Großhandels zugleich mit in- und ausländischen Waaren sowie der Wegfall des Eingangszolles auf Getreide und auch die Verminderung der Salzsteuer schienen zunächst keine Schwierigkeiten zu bieten, um so mehr aber die verlangte Berücksichtigung des sächsisch-böhmischen Grenz- oder vielmehr Schleichhandels; höchstens erschien der Vorschlag ausführbar, daß einige nach Böhmen vorspringende sächsische Landestheile als Ausland von der Zolllinie ausgeschieden würden.

Das Antwortschreiben des Königs Friedrich Wilhelm, das von Lindenau mit nach Dresden zurücknahm, lautete: „Schon seit Einführung des neuen Zollsystems, welches im Gegensatz zu den früheren hauptsächlich zu dem Ende aufgestellt worden, um nächst Beseitigung aller Hemmnisse des inneren Verkehrs auch commercielle Verbindungen mit dem Auslande möglich zu erleichtern, habe Ich meine Sorge darauf gerichtet, diesen Zweck besonders in den Verhältnissen zu den deutschen Staaten zu erreichen. Die diesfallsigen Bemühungen sind auch nicht ohne Erfolg geblieben. Mit mehreren deutschen Staaten sind bereits Zoll- und Handelsverträge abgeschlossen, deren wohlthätige Wirkungen bald erkannt wurden. Wiewohl der Abschluß dieser Verträge stets nur mit einzelnen Staaten erfolgte, so hatte man dennoch dabei nicht ein ausschließliches Interesse der unmittelbar dabei Betheiligten im Auge, sondern man verfolgte zugleich den Gesichtspunkt, daß die einzelnen Verträge als Mittel dienen möchten, der Freiheit des Verkehrs in Deutschland überhaupt eine größere Ausdehnung zu geben. Ich bin meinerseits gerne dazu bereit, daß eine nähere commercielle Verbindung zwischen Preußen und dem Königreich Sachsen in diesem Sinne gemacht werde, und in je weiterem Umfang es den vereinigten Bemühungen gelingen sollte, die entgegenstehenden Hindernisse zu überwinden, desto mehr werde Ich mich darüber freuen."

Auch der preußische Minister des Auswärtigen von Schönberg erklärte am 24. Januar 1831, daß Preußen die Unterhandlungen beginnen könne, sobald der k. sächsische Hof zum Behuf derselben einen Bevollmächtigten übersenden werde. Sogleich wurden in Dresden die Herren von Zeschau und von Wietersheim mit diesem Auftrage betraut. Am 22. Februar aber übersendete schon der sachsen-weimarsche Minister von Fritsch die Abschrift eines am 11. Februar zwischen Freiherrn von Gersdorf und dem k. preußischen Legationsrath Eichhorn aufgerichteten, am 16. Februar vom Großherzog bestätigten offenen Vertrages, der im 1. Artikel festsetzte, daß der Großherzog mit seinen Landen dem Zollverbande der östlichen preußischen Provinzen vom 1. Januar 1835 an beitreten werde und schon am 1. Januar 1832, wenn er früher seine Verbindlichkeit lösen könne. Die übrigen Artikel betrafen die gleichförmige Bestimmung der Chaussee-, Wege-, Brücken- und Pflastergelder, das großherzogliche Geleit in Stadt und Gebiet Erfurt, stellten die künftige Theilung der gemeinschaftlichen Zolleinkünfte nach dem Verhältniß der Seelenzahl fest und enthielten schließlich von Seiten Sachsen-Weimars das Versprechen des Beitritts zu der preußischen Besteuerungsweise für Branntwein, Braumalz und Salz, sobald dieselben Grundsätze gleichzeitig in den herzoglich sächsischen, f. schwarzburgschen und f. reußischen Landen in Anwendung kommen würden. Dagegen erklärte sich Preußen in Betreff der Verwaltung und Erhebung der Zölle und Verbrauchsabgaben zu jeder Einrichtung bereit, welche die großherzogliche Regierung hinsichtlich ihrer Hoheitsrechte für wünschenswerth halte, sofern nur damit der gemeinsame Zweck einer tüchtigen Verwaltung sich erreichen lasse und kein störender Einfluß des preußischen Abgabensystems davon zu besorgen sei.

Schon zu Anfang März begann man in Dresden an der Möglichkeit einer allgemeinen Zolleinigung für den gegenwärtigen Zeitpunkt zu zweifeln, denn am 6. März entwarf von Zeschau einen neuen Plan zu einem Handelsvertrag mit Preußen, auf den Fall, daß die allgemeine Zolleinigung nicht sollte zu Stande kommen oder zu weit hinausgeschoben werden. Da es bekannt geworden war, daß die preußischen Baumwollfabrikanten die dringlichsten Vorstellungen gegen den Eintritt Sachsens in den preußischen Zollverein gemacht hatten, sah von Zeschau in diesem Plan allein die Möglichkeit, den sächsischen Fabrikanten einen größeren inneren Markt zu eröffnen, ohne sie auf eine weit aussehende allgemeine Zolleinigung vertrösten zu müssen. Es sollten zunächst drei deutsche Zollsysteme gebildet werden, ein nord-, ein mittel- und ein süddeutsches, gegen das Ausland aber nur ein einziges mit gleichem Tarif für den Eingang ausländischer Waaren wie für den Durchgang und mit gemeinschaftlichen Handelsverträgen; beim Uebergang inländischer Waaren von einem System in das andere sollte zur Ausgleichung ein Uebergangszoll entrichtet werden.

In einer Conferenz zu Berlin am 10. März, woran von Zeschau, von Maaßen, Kühlmeyer, Eichhorn, Oberregierungsrath Beuth und Geh. Finanzrath Windhorn Theil nahmen, wurde festgestellt, daß eine jenem Plane angemessene Vereinigung zwischen Preußen und dem Königreich Sachsen gebildet, aber mit Rücksicht auf den mitteldeutschen Verein und den Handelsvertrag mit Bayern-Württemberg nur Vertrag genannt werden sollte. Die k. sächsische Regierung versprach, mit Vorbehalt der noch festzustellenden Ausnahmen, die preußische Gesetzgebung über Ein- und Ausgangsabgaben, wie die preußische Branntwein- und Mahlsteuer, sobald es thunlich sei, anzunehmen; von diesem Zeitpunkt an sollte der Vertrag in Kraft treten. In den folgenden Conferenzen am 14. und 20. März wurde für die gewerbetreibenden Unterthanen auf beiden Seiten die Gleichheit der Behandlung beim Vertrieb ihrer Waaren vereinbart, von Preußen aber die Aufhebung der Durchgangsabgaben als eine zu große Einbuße und aus demselben Grunde die Erleichterung derselben für Fabrikmaterialien sowie die Gleichstellung Leipzigs mit Frankfurt a. O. in Betreff des Meßrabatts aus Besorgniß für Frankfurt beharrlich abgelehnt, ohne welche letztere Bedingung wieder die k. sächsische Regierung einen neuen Vertrag einzugehen für unmöglich hielt. Auch verweigerte Preußen eine Herabsetzung der Schutzzölle und aus Rücksicht auf Oesterreich die Berücksichtigung des böhmischen Grenzhandels.

Nach diesen Verweigerungen von preußischer Seite erklärte von Zeschau, daß die im Interesse des preußischen Gewerbe- und Handelsstandes als unumgänglich nothwendig betrachteten Ausnahmen zu einem Resultat führen würden, welches Sachsens ohnehin so sehr bedrängte Lage nur noch verschlimmern müßte. Ohne einen genügend freien Verkehr und erleichterte Absatzwege zu erlangen, müßte letzteres alle Kosten und Lasten eines auf hohe Zölle basirten Systems übernehmen und in Leipzig eine kostbare, den Handel mannigfach gefährdende Regie einführen. Das preußische Zollsystem habe dem Handel und Gewerbe Sachsens bei seiner geographischen Lage die tiefsten Wunden geschlagen, Preußens Handelsvertrag mit Bayern und Württemberg dasselbe von dem größten Theil des deutschen Gebiets isolirt; sollten auch, woran kaum noch zu zweifeln sei, die herzoglich sächsischen, die reußischen und schwarzburgschen Länder an dieser Zollverbindung Antheil nehmen, so würde Sachsen sich mit einer zahlreichen Bevölkerung, die sich von der Scholle nicht zu ernähren vermöge, der nächsten natürlichen und wichtigen Absatzwege ganz beraubt sehen. Deßhalb gebe sich die k. sächsische Regierung der Hoffnung hin, daß sie bei einer weiteren Ausdehnung des preußischen Zollsystems von den diesfallsigen Verhandlungen nicht ausgeschlossen werde und daß es bis zu dem Zeitpunkt, wo die vollständige Vereinigung erfolgen könnte, wenigstens solche Vergünstigungen erlange, welche demselben als einem mitteldeutschen Staat die Kundschaft in den Systemen vor den nicht in Verträgen stehenden Staaten zuzuführen vermögen. Aus diesen Gründen beantragte von Zeschau eine Erleichterung der preußischen Ausgangszölle für Rohmaterialien, eine billige Berücksichtigung sächsischer Fabrikate und Fabrikmaterialien bei den Eingangszöllen, eine Erhöhung des Rabatts von $33^1/_3$ p. C. auf 50 p. C. für die auf preußische Messen zum Verkauf kommenden sächsischen Waaren und einige andere Erleichterungen.

Auch Freiherr von Lindenau[1]) theilte die Befürchtung von Zeschau's, daß auf der beabsichtigten Grundlage die Vereinigung mit der k. preußischen Regierung nicht zu Stande kommen werde und deßhalb, da ein andrer Ausweg unmöglich, der einseitige Anschluß vorzuziehen sei, doch könnten solche Verhandlungen erst nach der freiwilligen

[1]) Depesche vom 2. April, in denselben Acten.

Auflösung des Kasseler Vertrages eintreten; alle thüringschen Staaten aber müßten an solcher Vereinigung Theil nehmen, alle Zolllinien zwischen Preußen, Sachsen und diesen Staaten wegfallen, die Leipziger Messen dieselben Begünstigungen wie die von Frankfurt und Naumburg erhalten. Auch eine aus der Leipziger Kaufmannschaft nach Berlin berufene Deputation (Thiriot, Schunck und Winning) erklärte den Meßrabatt für Leipzig wiederum als unumgänglich nothwendig gegenüber den von Preußen vorgeschlagenen Vertragsgrundlagen. Gegen diese Deputation äußerte von Maaßen,' daß die k. preußische Regierung zu einer vollständigen und vertragsmäßig festgestellten Ausgleichung der sächsischen Interessen sehr geneigt, doch im jetzigen Zeitpunkt gegenüber den lauten Ansprüchen eines Theils ihrer Fabrikanten und namentlich Frankfurts a. O. nicht im Stande sei, zu durchgreifenden Maßregeln die Hand zu bieten.

Auch die k. bayersche Regierung billigte die Verhandlungen Preußens mit Sachsen, wodurch man dem vorgezeichneten großen Ziele einer gänzlichen Vereinigung immer näher trete. Zwar sei nicht zu verkennen, daß die Vereinigung mit dem Königreich Sachsen wegen seiner Ueberlegenheit in mehren Zweigen der Fabrikation Schwierigkeit biete, doch würden diese Schwierigkeiten sich wohl überwinden lassen, da die nachtheiligen Einwirkungen solcher Ueberlegenheit sich in demselben Verhältniß minderten, als der Zollbezirk sich erweitere. Am 21. April erklärte auch der altenburgsche Minister von Braun die volle Bereitwilligkeit seiner Regierung, sich den Resultaten dieser Unterhandlungen anzuschließen. Vergeblich aber wartete von Zeschau und nach ihm sein Nachfolger in Berlin, von Wietersheim, auf die versprochene preußische Beantwortung der letzten Denkschrift.

Am 31. März 1831 hatte Freiherr von Fritsch den Austritt des Großherzogthums Sachsen-Weimar aus dem mitteldeutschen Verein mit dem J. 1834 in Dresden angezeigt und dabei die Abschriften der Verträge mit Preußen und Bayern-Württemberg übersendet. „Auf ein festes inniges Zusammenhalten, heißt es in dieser Note, und einmüthiges Zusammenwirken ist im mitteldeutschen Handelsverein nicht mehr zu rechnen, nachdem im J. 1829 schon von mehren Regierungen Verträge mit andern Staaten eingegangen sind, welche das gewisse Ende desselben im J. 1834 nach sich ziehen müssen. Auf Zeit zur Entwicklung ist nicht mehr zu rechnen, seit die großen welthistorischen Ereignisse seit dem 26. Juli 1830, deren Folgen auf deutschem Boden eine weit schleunigere Hülfe nothwendig gemacht, man kann sagen, die chronischen Uebel in acute verwandelt haben. Von dem Verein läßt sich für die große Angelegenheit des Vaterlandes wenig mehr erwarten. Auch die Kasseler Verträge bestehen, den großen Fragen und Bedürfnissen gegenüber, nur noch in der Form, während sie in Wirklichkeit — materiell und factisch — längst aufgegeben sind. An die Gewinnung eines Gemeingutes, wie solches Art. 1 des Vertrages vom 24. September 1828 voraussetzt, ist nicht mehr zu denken, von einer gemeinsamen Berathung und folgerichtigen Ausbildung des Vereins ist seit Jahr und Tag nicht weiter die Rede, kein Werk für die Zwecke des Vereins wird gemeinsam mit Eifer betrieben." — Durch den mit Bayern-Württemberg am 25. Januar 1831 abgeschlossenen Vertrag trat der Großherzog in Betreff des von den bayerschen Landesgrenzen eingeschlossenen Vordergerichts Ostheim dem bayerisch-württembergischen Zollverein und dem indirecten bayerschen Abgabensystem bei. Demnach sollten die darauf bezüglichen bayerisch-württembergschen Verordnungen in dem erwähnten Gebiet von den großherzoglichen Behörden publicirt, eine gegenseitige Gewerbs- und Handelsfreiheit wie gegenseitige Gleichstellung der Unterthanen eingeführt und die Reineinkünfte nach der Einwohnerzahl vertheilt, die Fabrikation von Spielkarten aber in Ostheim nicht gestattet werden. Die Dauer dieses Vertrags war bis zum Schluß des Jahres 1842 festgesetzt, mit Erstreckung von 12 zu 12 Jahren. — Die Antwort auf diese Note machte die k. sächsische Regierung von der aus Berlin erwarteten Antwort abhängig.

Hier gewann von Wietersheim bald die Ueberzeugung, daß die königl. preußische Regierung mehr einen gänzlichen Zollverband als einen Handelsvertrag wünschte und sich wohl nur im äußersten Nothfall zu letzterem verstehen würde. Er entwarf deßhalb sogleich einen neuen Plan, wonach die Eingangszölle auf gemeinsame Rechnung und nach gemeinsamem Tarif erhoben, Leipzig einen Meßrabatt wie Frankfurt erhalten, die Transitverhältnisse in Preußen im Ganzen unverändert bleiben und eine leichte Uebergangssteuer für sächsische Fabrikate in Preußen erhoben werden sollte. Vergebens aber versuchte er die Leipziger Kaufmannschaft von der Nothwendigkeit des Aufgebens eines Leipziger Meßrabatts zu überzeugen, das ihm nur als ein problematisches Opfer gegenüber der Aufhebung aller Zölle zwischen Preußen, Bayern und Sachsen erschien, von jener aber als eine unerläßliche Bedingung des Betritts festgehalten wurde. Am 29. Mai übersendete Eichhorn die Unterlagen zum Entwurf einer Antwort, doch fand von Wietersheim in denselben „auch keine Spur von günstigeren Ansichten," da sie mit den früher zu den Acten genommenen Notizen fast wörtlich übereinstimmten. Dagegen erklärte er jetzt Eichhorn gegenüber die Gleichstellung der Leipziger Messen als die wahre Lebensfrage für diesen Platz, der mehr als den vierten Theil zu allen indirecten Staatseinkünften Sachsens beitrage und deßhalb auch für Sachsen eine unendlich höhere Bedeutung habe als Frankfurt für Preußen.

Am 19. Juli traf die preußische Antwort ein, die aber nur hinsichtlich der Schutzzölle und des Meßrabatts die früheren Erklärungen wiederholte und überdieß eine Entschädigung von 25 p. C. der sächsischen Theilquote für finanzielle Verluste bei dieser Einigung verlangte. Mündlich erklärte Eichhorn, daß man die Schutzzölle nach erfolgter Annahme der preußischen Verbrauchssteuern gewiß fallen lassen werde, doch fürchte man für den Augenblick den Eindruck einer völligen Freilassung der sächsischen Fabrikate. Bayern und Hessen-Darmstadt unterstützten vergebens das Verlangen Sachsens nach gänzlichem Wegfall des Meßrabatts. In Folge dieser preußischen Antwort wurde von Wietersheim am 23. Juli nach Dresden zu weiterer mündlicher Berathung zurückgerufen.

Der preußische Entwurf, aus 38 Haupt- und 10 Separatartikeln bestehend, enthielt folgende Hauptbestimmungen. Die königl. sächsische Regierung, die Verträge vom 28. und 29. September 1828 wegen gänzlich veränderter Verhältnisse für aufgelöst betrachtend, nimmt die preußische Gesetzgebung über Ein-, Aus- und Durchgangsabgaben an, die Verwaltung bleibt Sachsen nach den preußischen Normen überlassen, doch tritt in Dresden oder Leipzig eine gemeinschaftliche Commission zusammen, um die gleichförmige Verwaltung und Gesetzgebung nach den Localinteressen vorzubereiten. Dazu gehörte der Separatartikel: die königl. sächsische Regierung erklärt im Voraus ihre Einwilligung in alle von preußischer Seite beabsichtigten Veränderungen in Betreff der Abgabensätze und Tarife der östlichen Provinzen wie alle etwa zu verhängenden Retorsionsmaßregeln. Die Zölle werden nach preußischem Maß, Gewicht und Münzsorten erhoben, und im voraus genehmigt Sachsen alle Zollverträge mit den an Sachsen nicht angrenzenden Staaten, bei den mit angrenzenden Staaten wird gegenseitige Zustimmung vorbehalten. Vom 1. Januar 1832 tritt Gemeinschaftlichkeit des Einkommens und freier Verkehr ein mit Ausnahme der Spielkarten, der gegenwärtig im Innern des Landes mit Abgaben belasteten Gegenstände und derjenigen Waaren, für die beim Uebergang aus Sachsen in Preußen eine besondre Eingangsabgabe unter Beibehaltung einer leichten Zolllinie festgestellt wird. Bis die völlige Freiheit des gegenseitigen Verkehrs eintritt, ist beim Uebergang aus Sachsen nach Preußen eine Nachsteuer zu erheben bei baumwollenen und halbbaumwollenen, leinenen und halbleinenen, wollenen und halbwollenen, seidenen nnd halbseidenen Zeugen und Waaren, in Betreff des Salzes, Branntweins, Tabacks und Weins nimmt Sachsen die preußische Gesetzgebung an. — Der Meßrabatt, als mit den Grundsätzen dieses hier vereinbarten Systems über Handel und Verkehr nicht übereinstimmend, soll auf andre Meßplätze als Frankfurt und Naumburg nicht ausgedehnt und hier sofort auf 20 p. C. ermäßigt, auch in diesem Betrage nur bei den Waaren von Baumwolle, Wolle, Seide, Leder, Pelz, Porzellan, Glas und kurzen Waaren zugestanden werden. Aus den Ein-, Aus- und Durchgangsabgaben in den östlichen Provinzen und im Königreich Sachsen, die nach der Seelenzahl vertheilt werden, erhält Preußen den 4. Theil des auf Sachsen fallenden Betrags als Entschädigung für die beim Zollanschluß erlittenen Nachtheile.

Die drei wichtigsten und fast allein schwierigen Punkte betrafen die preußischen Schutzzölle gegen sächsische Fabrikate, den Meßrabatt und den für die Theilung der Einkünfte vorgeschlagenen Maßstab, nach welchem Preußen ein Vortheil von etwa 550,000 Thlr. zugefallen wäre. In einer Conferenz vom 24. Juli, woran von Maaßen, Beuth, Eichhorn und von Wietersheim Theil nahmen, wurde in Folge der Bereitwilligkeit der sächsischen Regierung zur Annahme der preußischen Consumtionssteuern der die Schutzzölle betreffende Artikel gestrichen und der Zeitpunkt für die Einführung dieser Steuern bis zum 1. Januar 1833 hinausgeschoben. In Betreff des zweiten Punktes wurde keine Einigung erreicht, das Entschädigungsquantum aber vorläufig auf ein Fünftheil vermindert. Auch in Dresden betrachtete man jetzt den Artikel der Schutzzölle für erledigt, hielt aber die verlangte Steigerung der Salzpreise für unverträglich mit der Rücksicht auf das Wohl der Unterthanen und darum für unausführbar, doch war man zu einer gewissen Entschädigung dafür an Preußen bereit. Der zweite Punkt wurde zur weiteren Berathung ausgesetzt und in Betreff des dritten Punktes sollte der königl. preußischen Regierung das Anerbieten gestellt werden, wenn in einem festzustellenden Normaljahr die Einnahmen der preußischen Kassen aus den Ein-, Aus- und Durchgangsabgaben sich in Folge des Zollvertrags um mehr als 500,000 Thlr. vermindern sollten, alsdann die Hälfte des gesammten Transitbetrags der königl. preußischen Regierung als Entschädigung zu überlassen.

Um diese Zeit kam nach Dresden die Mittheilung, daß am 25. August zu Berlin von den Bevollmächtigten von Preußen und Hessen-Darmstadt wie von Bayern und Württemberg ein Protokoll unterzeichnet sei, welches die Erweiterung der Handelsbefreiung zum Gegenstand habe, auch stehe jetzt bei den zu erwartenden Vortheilen der Beitritt der großherzoglich badenscheu Regierung nicht mehr zu bezweifeln. Während zur weiteren Ausführung dieser Präliminarien in München eine besondere Berathung bayerscher und württembergscher Abgeordneter stattfand, wurde von Württemberg der königl. sächsischen Regierung zu verstehen gegeben, daß es vielleicht im Interesse Sachsens sein möchte, sich jetzt nach dem Abfall Kurhessens und anderer Mitglieder durch ungesäumte offene Erklärung vom mitteldeutschen Verein loszusagen und den mit Preußen beabsichtigten Handelsvertrag nur unter der Bedingung des spätestens am 1. Januar 1835 zu vollziehenden gänzlichen Beitritts abzuschließen. — Auch die großherzoglich sächsische Regierung drängte um Antwort auf ihre Note, da bereits ein Theil des Vertrags mit Preußen sowie mit Bayern-Württemberg in Kraft getreten sei. Ihre Austrittserklärung war von Dresden aus den übrigen Mitgliedern des Vereins mitgetheilt worden, worauf Schwarzburg-Rudolstadt, Hessen-Homburg, Reuß-Ebersdorf und Schleiz die Genehmigung dieses Austritts mit einem Antrag auf gänzliche Auflösung des Vereins verbunden, S.-Coburg-Gotha und Schwarzburg-Sondershausen dieselbe von der Aufhebung des Vertrags, die übrigen Vereinsregierungen von weniger wesentlichen Bedingungen abhängig machten und nur Sachsen-Altenburg Verwahrung gegen jede einseitige Veränderung des status quo einlegte.

Die rasch fortschreitenden Verhandlungen zwischen Preußen und den süddeutschen Staaten veranlaßten von Seiten der k. sächsischen Regierung die Uebersendung einer neuen Note nach Berlin, welche hervorhob, wie von Sachsen aus seit dem Jahre 1828 die Beseitigung der inneren Handelshemmnisse und die Aufhebung der Zolllinien innerhalb der deutschen Bundesstaaten Wunsch und Zweck aller Maßregeln gewesen sei und auch der mitteldeutsche Verein nur durch die Verbindung mehrer kleineren Staaten zu gleicher Handelsgesetzgebung eine allgemeinere Vereinigung vorzubereiten bezweckt habe. Nachdem die k. sächsische Regierung in den J. 1829 und 1830 erkannt, daß auf diesem Wege die große deutsche Handelseinigung nicht zu erreichen sei, habe sie ohne Anstand die bereits früher ausgesprochene und bethätigte Geneigtheit der k. preußischen Regierung zu solchen Verhandlungen seitdem in Anspruch genommen und zweifle auch nicht an dem Erfolg, da die diesseitige Geneigtheit zu einem auf völlige Gegenseitigkeit gegründeten Vertrag, wie solcher bereits zwischen Preußen und Hessen-Darmstadt abgeschlossen, entschieden ausgesprochen sei. Auf Grundlage dieses Vertrags und eines nach allgemeiner Uebereinkunft festzusetzenden Tarifs sei sie zur Einführung des preußischen indirecten Abgabensystems zum Zweck der Vereinigung und völligen Handelsfreiheit bereit, nehme aber dagegen die gleichmäßige Vertheilung der gesammten Ausgaben und Einnahmen wie die Gleichstellung Leipzigs mit den andern Meßstädten in Anspruch.

Die preußische Antwort vom 25. November, unterzeichnet von Maaßen und Eichhorn, glaubte den Grund für die noch über wesentliche Punkte abweichende Ansichten beider Regierungen in einer verschiedenen Auffassung factischer Verhältnisse finden zu müssen und suchte diesen Uebelstand durch „Nebenbemerkungen" zu heben, die aber nur die früheren Forderungen aufrecht erhielten. In Betreff darauf schrieb am 4. Dezember von Zeschau an von Watzdorf: „Wenn auch die Rückäußerung in der Zollangelegenheit nicht sehr befriedigend ist, so kann ich mich doch auch von der Hoffnung nicht trennen, es werde bald eine entsprecheude Vereinigung zu Stande kommen. Warum sollte die preußische Regierung uns minder günstig behandeln als alle anderen Staaten und uns durch harte Bedingungen von einer das allgemeine Deutschland betreffenden Angelegenheit ausschließen wollen?" — Auf diesem Stande blieben die Verhand-

[1]) Berliner Gesandtschaftsarchiv. Zollsachen betr. Vol. I. Loc. 3455.

lungen bis Ende März, da von Zeschau selbst wieder in Berlin eintraf.

Unterdessen war Kurhessen vom mitteldeutschen Verein wie vom Eimbecker Vertrag zurückgetreten und hatte durch den Vertrag vom 25. August 1831 den Beitritt zu dem Zollverein von Preußen und Hessendarmstadt am 1. Januar 1832 versprochen. Nach demselben nahm es die Zollgesetzgebung und den Tarif des preußisch-hessischen Vereins an; die gesammte Zollverwaltung sollte hier wie in den beiden andern Vereinsstaaten eingerichtet, die Verträge über Aufnahme anderer Staaten in diesen Zollverband nur unter Zuziehung sämmtlicher vertragender Theile abgeschlossen werden, der Vertrag selbst bis 1842 und, wenn nicht wenigstens zwei Jahre vorher gekündigt würde, stets von 12 zu 12 Jahren wieder von Neuem Geltung haben. Dieser Beitritt Kurhessens hob die Trennung zwischen den östlichen und westlichen Provinzen Preußens auf und gab dem norddeutschen Zollvereinsgebiet Zusammenhang, während er Sachsen und Thüringen von den nördlichen Gliedern des mitteldeutschen Handelsvereins trennte und diesen Verein über das Jahr 1835 hinaus gänzlich in Frage stellte. In Folge dessen erhob Hannover mit Oldenburg, Braunschweig, Nassau, Frankfurt und Bremen beim Bund Beschwerde gegen Kurhessen wegen Verletzung des Kasseler Vertrags vom 28. September 1828, doch wurde hier die Entscheidung dieser Streitfrage so lange hinausgeschoben, bis nach Ablauf des Vertrags mit dem J. 1834 der Klagepunkt hinwegfiel [1]).

Die Verhandlungen zwischen Preußen und Sachsen wurden nach von Zeschau's Ankunft in Berlin am 2. April 1832 erneuert. Sachsen wiederholte die Anträge auf Herabsetzung der Eingangszölle für Waaren aus Seide, Wolle und Baumwolle, für baumwollene Garne, Bücher, Kupferstiche und Musikalien, für Zucker, Tabacksblätter und Eisenblech und bezeichnete die Aufhebung der Eingangszölle für Getreide wenigstens an der böhmischen Grenze als ein unabweisbares Bedürfniß. In Betreff der Durchgangszölle erklärten sich auch Bayern und Württemberg für eine Minderung, wollten aber zugeben, daß für die über 50 Stunden langen Straßen ein höherer Transitzoll als der bisherige bayerisch-württembergische ein-

[1]) Von Viebahn a. a. O. I, 151. Fischer a. a. O. 306.

trete, doch sollte derselbe im Durchschnitt nicht mehr als $1/4$ Kr. auf die Stunde oder $1/2$ Kr. auf die Meile, von allen Gütern aber, welche durch Vermittlung inländischer Spediteure gingen und an Hallen, Packhöfen und ähnlichen Orten umgeladen würden, nur die Hälfte betragen, erhöhete Durchgangszölle für baumwollene und wollene Waaren, Stuhl-, Leder- u. a. Waaren könnten gar nicht zugegeben werden, da solche die Durchfuhr dieser Artikel von ihren Gebieten gänzlich vertreiben würden; überhaupt sei für beide Länder mögliche Ermäßigung der Durchgangszölle wünschenswerth, da die durchführenden Straßen leicht umgangen werden könnten und Oesterreich seit dem April 1830 die Transitgebühr äußerst niedrig gestellt, Baden aber ganz aufgehoben habe. Sie beantragten deßhalb 1., daß die Durchgangszölle auf die in der preußischen Heberolle S. 15, Abth. 3 bezeichneten Gegenstände in derselbe Höhe als Regel nicht angenommen, 2. für den Durchgang diesseits der Oder $1/2$ Kr. für die Meile als Maximum festgesetzt, 3. den vereinten Regierungen vorbehalten werde, auf kürzeren oder schwer fahrbaren Straßen die Durchgangsgebühren zu ermäßigen oder ganz aufzuheben, 4. alle aus Salzburg, Tirol und Schweiz durch Bayern und Württemberg in das Neckar-, Main- und Rheingebiet wie in die Niederlande führenden Straßen von den Durchgangsabgaben möglich befreit, 5. die bisher in Bayern und Württemberg an die Umladung geknüpften Begünstigungen beibehalten und 6. jedem vorbehalten bleibe, auf den vom Ausland nur durch sein Gebiet führenden Straßen eine Erhöhung der Transitabgaben eintreten zu lassen.

Preußen antwortete mit einer 50 Bogen langen Erklärung[1]), worin es die hauptsächlichsten Forderungen Bayerns und Württembergs verwarf, die eigenen aber aufrecht erhielt. Indem es über den Transit auf und durch die Oder die alleinige Verfügung und zugleich die davon erhobenen Zölle als ein Präcipuum für sich in Anspruch nahm, verweigerte es die von Bayern und Württemberg verlangte Befugniß, die Transitzölle auf die mit beiden Endpunkten in diese Staaten fallenden Handelsstraßen selbst zu reguliren, obwohl sie den Ertrag dieser Zölle nicht für sich forderten, deßgleichen die Zollfreiheit für die durch Bayern und Württembrg nach Tirol und Schweiz führenden Straßen und wollte überhaupt die Begünsti-

---

[1]) Acta, Berliner Gesandtschaftsarchiv. Zollsachen betr. Vol. II.

gung süddeutscher Handelsstraßen von dem gemeinschaftlichen Ermessen sämmtlicher Vereinsstaaten abhängig gemacht wissen, wobei es bemerkte, daß solche dem preußischen Transit auf der Elbe nach Oesterreich schaden und den Güterzug auf den Rhein und nach Süddeutschland ziehen würden. Württemberg und Bayern hatten damals diesen Transit nach Tirol und Schweiz zu Lande wie auf dem Rhein, Main und Neckar ganz vom Zoll befreit und fürchteten nun ihrerseits, in Folge neuer Transitzölle denselben ganz verlieren zu müssen. Auch weigerte sich Preußen, ein neues Zollgesetz und Zolltarif zu machen, da es die seinigen unverändert behalten und zu Grunde legen müsse, höchstens aber einige locale Modificationen zulassen könne. Dabei verlangte es noch eine besondere Vergünstigung seiner Rheinuferstädte durch einseitigen Zollnachlaß und wollte entgegen dem ausdrücklichen Wunsch der süddeutschen Staaten die nach den oberrheinischen Staaten bestimmten Güter bei ihrem Eintritt in den preußischen Rhein ausladen, öffnen und zollamtlich behandeln lassen. Auch das Hallsystem der süddeutschen Staaten sollte nicht fortbestehen, sondern durchgängig das System der Grenzbehandlung eingeführt werden. Dieses waren die Hauptpunkte, welche zwischen dem preußisch-hessischen und dem bayerisch-württembergischen Zollverein die Verhandlungen erschwerten und den Abschluß der Vereinigung verzögerten.

Die Hauptschwierigkeit in den Verhandlungen zwischen Preußen und Sachsen bot wieder der Meßpunkt [1]). Weder die königl. sächsische Regierung noch die Kaufmannschaft von Leipzig hielten einen Meßrabatt für erforderlich oder nur für wünschenswerth und stimmten mit den süddeutschen Regierungen für deren gänzlichen Wegfall. Preußen selbst theilte durchaus diese Ansicht, verlangte aber als Ausnahme für Frankfurt a. O. einen Meßrabatt von 20 pCt. Dagegen hielt man auf sächsischer Seite — und dieser Ansicht stimmte Preußen bei — eine das ganze Jahr fortlaufende Contirung der Waaren für die Erhaltung des Meßhandels unerläßlich, während die süddeutschen Staaten statt dessen die Lagerhauseinrichtung und das Entrepotsystem eingeführt wissen wollten. Die königl. preußische Regierung vertheidigte ihre Forderung des Meßrabatts mit der Ueberzeugung, daß durch eine augenblickliche und rücksichtslose An-

---

[1]) Actenstücke, die Berliner Zollverhandlung betr. aus den Jahren 1832 und 1833. Loc. 3485.

wendung des auch von ihr anerkannten Princips der bisher blühende Meßhandel Frankfurts auf Leipzig übergehen werde und sie deßhalb wegen der lauten und wohlbegründeten Klagen jener Stadt wie des preußischen Handelsstandes auf den Abschluß eines solchen Vertrages mit Sachsen ganz werde verzichten müssen, anderseits aber die für Sachsen aus dem Zollvertrag zu erwartenden günstigen Folgen den aus diesem Zugeständniß zu erwartenden Nachtheil aufwägen würden. Sie verlangte deßhalb für Frankfurt die Beibehaltung folgender zum Theil schon bestehender Begünstigungen: von den durch die preußischen Provinzen rechts der Oder eingeführten Meßwaaren wird nur als Durchgangszoll 1/2 Thlr. für den Ctr. erhoben und von den ausländischen Fabrikaten aus Baumwolle, Wolle und Seide, Leinen und Leder, lakirtem Metall, Pelzwerk, Porzellan und Steingut, wie von Waffen, Gewehren und kurzen Waaren, so weit solche mit einem Eingangszoll von 3 Thlr. und darüber belegt sind, auch beim Verkauf nach dem Inlande ein Steuerrabatt von 20 pCt. des Abgabensatzes doch auf alleinige Rechnung der königl. preußischen Regierung abgeschrieben; die Kaufleute, welche in Frankfurt oder Leipzig auf ein Meßconto Anspruch machen, werden zu dieser Erlaubniß an dem einen Ort nur zugelassen gegen den Nachweis, daß sie an dem andern Ort während der Messe ihr Lager zu Verkauf stellen; nach zwei Jahren wird der Umfang des Meßverkehrs beider Plätze untersucht und anderweitige Modificationen dieser Uebereinkunft verabredet.

In Stuttgart zweifelte man zwar an einem günstigen Resultat der Unterhandlungen zwischen den beiden Zollvereinen nicht mehr, hatte aber doch, wie der königl. sächsische Gesandte berichtete, beschlossen, gegenüber dem, wie es scheine, alles übereilenden und nur schnell zum Ziele drängenden bayerschen Abgeordneten Grafen Luxburg mit äußerster Vorsicht und reiflichster Ueberlegung die Verhandlungen fortzusetzen Die Stimmung des württembergschen Volkes war im Allgemeinen jeder näheren Beziehung mit Preußen entgegen, so daß ein Verein von Bürgern den König ersuchte, dem beabsichtigten Zollverein mit Preußen keine Folge zu geben, doch blieb der König entschlossen, dem Verein beizutreten, ließ aber in Betreff des Meßpunkts in Berlin erklären, daß Württemberg nie in die von Preußen beantragte Vergünstigung für Frankfurt a. O. willigen und mit Bayern die eben so gerechten wie billigen Anträge Sachsens auf's Kräftigste unterstützen werde.

In Betreff des von Preußen verlangten Präcipuums erklärte von Zeschau, daß die königl. sächsische Regierung keinen Anstand darin finde, vorläufig zu dieser Basis einer weiteren Unterhandlung einzuwilligen, wenn dem Königreich Sachsen ein weiteres Opfer an den gemeinsammen Zöllen nicht angesonnen werde, in Betreff der Meßfrage jedoch erklärte er jedes Zugeständniß von Seite Sachsens für unmöglich, zumal da Leipzig und Frankfurt unter gleichen Bedingungen ganz gut neben einander bestehen könnten und die Begünstigung einer einzelnen Stadt durch ein Monopol im Binnenhandel mit ausländischen Waaren zu sehr den Interessen aller andern betheiligten Staaten widerspreche. Am 9. Juli theilte von Zeschau dem preußischen wie den süddeutschen Höfen mit, daß wenn bis zur Berufung der Kammern ein Schluß mit Preußen nicht in Aussicht stehe, in Sachsen eine Interimsverfassung in möglicher Uebereinstimmung mit der preußischen und der in den Vereinsstaaten einzuführenden hergestellt werden solle. Da von Maaßen und Eichhorn vor einer solchen besondern Zolleinrichtung als einem neuen Hinderniß der Vereinigung warnten, verlangte von Zeschau zum Wenigsten, daß dieser eine, fast noch allein zu erledigende Punkt wegen des Meßrabatts nicht Grund geben möge, um das Königreich Sachsen bei den bevorstehenden Verhandlungen Preußens mit den thüringschen Staaten unberücksichtigt zu lassen und ihm eine entsprechende Theilnahme an denselben wie die nähere Kenntniß von den in dieser Beziehung geschehenen Schritten nicht zu versagen.

Unterdessen waren die bis dahin stockenden Verhandlungen zwischen Preußen und den süddeutschen Staaten wieder in Fluß gekommen, da der König von Bayern die neuen Vorschläge seines Ministeriums zur Wiederaufnahme derselben genehmigt und nach Stuttgart mitgetheilt hatte, auch persönlich dieser Angelegenheit die größte Aufmerksamkeit und Theilnahme widmete. Auch diese Vorschläge waren „sehr conciliatorischer Art,“ gaben in Betreff der für Bayern besonders wichtigen Transitgebühren manches nach, hielten in Betreff des Meßpunktes das Princip der Gleichheit fest, gestanden aber als Ausnahme für Frankfurt a. d. O. 10 p. C., für Leipzig 5 p. C. als vorübergehenden Meßrabatt zu. Als trotz dieser Unterstützung die k. sächsische Regierung dennoch zu Ende November von der k. preußischen keine Antwort erhalten hatte, fragte von Zeschau am 28. November bei von Maaßen an, ob irgend ein besonderer, diesseits unbekannter Grund vorliege, wodurch die gänzliche Uebergehung des Königreichs Sachsen bei den Verhandlungen mit den thüringschen Staaten veranlaßt sei? Gegen von Watzdorf äußerte darauf Eichhorn, daß die k. preußische Regierung jede Stunde zur Wiederaufnahme der Unterhandlung mit Sachsen bereit sei; jeder Vorschlag, der Frankfurt nicht zu Grunde richte, sei willkommen und ein von dem k. sächsischen Minister wohl erwogenes und unter Voraussetzung der Einwilligung der Stände dargebrachtes Project der Unterhandlung werde sich binnen acht Tagen debattiren lassen; auch werde man in Betreff der Unterhandlungen mit den thüringschen Staaten auf preußischer Seite stets bedacht sein, das k. sächsische Interesse in keiner Weise zu gefährden oder früheren Verträgen Sachsens mit diesen Staaten Eintrag zu thun. Von Maaßen aber äußerte unverhohlen, daß theils die k. sächsische Erklärung am Bundestag in Betreff der hannöverschen Anträge[1]), theils ein Artikel der Leipziger Zeitung über den Stand der Verhandlungen zwischen Sachsen und Preußen[2]) bei der k. preußischen Regierung die Vermuthung erregt hätten, Sachsen halte es seinem Interesse für angemessener, diese Unterhandlungen auf sich beruhen zu lassen; übrigens werde er, wenn die Zeit

[1]) Die k. hannöversche Regierung hatte zur Besserung der Zoll- und Handelsverhältnisse Deutschlands die Hülfe des Bundestags in Anspruch genommen und hier am 22. Mai 1832 eine Erneuerung der Berathungen über den Vollzug des 19. Art. der Bundesacte, der seit 14 Jahren geruht hatte, beantragt, in der Ueberzeugung, daß die Spaltung unter den deutschen Staaten hinsichtlich der Verkehrsinteressen nur durch einen Beschluß der Bundesversammlung als des allein rechtmäßigen Mittelpunktes für alle gemeinsamen Angelegenheiten beseitigt werden könne. Diese Anträge aber beschränkten sich auf die Festsetzung eines Maximums für Durchgangszölle, Chausseegelder und ähnliche Abgaben, sowie der Hauptgrundsätze über die Form und Beaufsichtigung der Erhebung derselben. Sachsen stimmte diesen Anträgen bei, während Preußen entschieden die Ansicht aussprach, daß durch eine Berathung am Bundestag in Betreff der Handels- und Verkehrsverhältnisse nichts Gemeinsames unter den deutschen Bundesstaaten zu Stande kommen könne, und deßhalb, da der Durchgang der Waaren im genauesten Zusammenhange mit dem ganzen Zollsysteme stehe, auch nichts übrig bleibe, als durch Verträge mit den einzelnen Staaten sich über ein gemeinschaftliches Zollsystem zu einigen. Graf Bernstorff hatte schon in einer Denkschrift vom 29. Januar 1831 dem König von Preußen erklärt, die Schöpfung eines allgemeinen deutschen Zoll- und Handelssystems oder irgend einer anderen bleibenden Institution ähnlicher Natur werde dem Bunde so lange unmöglich bleiben, als derselbe nicht eine von der jetzigen ganz verschiedene Organisation besitze. (Vergl. Fischer a. a. O. 367 folg. — C. F. Wurm, zur Geschichte des deutschen Zollvereins S. 33. 37 folg.) — [2]) Leipziger Zeitung, Jahrg. 1832, nr. 235.

zur Unterhandlung reif sei, dieselbe gerne wieder aufnehmen, doch möge man seine Lage bedenken. Manche Opfer für die preußischen Finanzen voraussehend, sei er außerdem vom Geschrei der die erzgebirgsche Industrie fürchtenden Fabrikanten und über alles von Frankfurt bestürmt, daß sich vom gewissen Ruin bedroht glaube. Jedes Auskunftsmittel, das von Zeschau auffinden werde, Leipzigs Handel zu beschützen, ohne Frankfurt zu vernichten, sei auch ihm willkommen, weßhalb er auch ein Provisorium wegen des Meßrabatts wiederum vorschlage.

Im November fanden in Berlin Besprechungen statt zwischen den preußischen, hessischen und thüringschen Commissarien ohne Zuziehung und Einladung der k. sächsischen, doch wurde letzteren unter dem 29. November ein Bericht über diese Unterhandlungen mitgetheilt. Derselbe berief sich auf die Verträge, durch welche die großherz. wie die herz. sächsischen und die fürstl. reußischen Regierungen mit Preußen übereingekommen seien, sich dem preußischen oder dem bayerisch-württembergischen Zollverein, sobald die Verhältnisse es gestatten würden, anzuschließen; auch mit den fürstl. schwarzburgschen Regierungen hätten bereits einleitende Verhandlungen statt gefunden, als der Vertrag Kurhessens mit Preußen am 25. August 1831 mehren der genannten Regierungen als ein Ereigniß erschienen, das nunmehr die vollständige Befriedigung der Verkehrsbedürfnisse ihrer Unterthanen gestatte. Schon im Dezember 1831 habe in Berlin ein sachsen-meiningenscher Bevollmächtigter auf schleunige und endliche Feststellung der Zoll- und Handelsverhältnisse mit Preußen dringend angetragen, auch andre thüringsche Regierungen den lebhaften Wunsch einer baldigen vertragsmäßigen Begründung des freien Verkehrs eröffnet. Weil damals schon die Verhandlungen mit Bayern-Württemberg wie dem Königreich Sachsen stattgefunden, habe die k. preußische Regierung sich nur einstweilen zu einer möglichen Berücksichtigung derjenigen Verhältnisse dieser Regierungen verpflichtet, deren Dringlichkeit solche Wünsche vollkommen rechtfertigte. Da sich aber in den Verhandlungen mit Bayern-Württemberg Anstände ergeben, welche den Zeitpunkt eines glücklichen Erfolges nicht hätten absehen lassen, habe zuerst die großherz. sächsische Regierung, nicht ohne die k. sächsische davon in Kenntniß zu setzen, einen Bevollmächtigten nach Berlin geschickt, dessen Mittheilung die Ueberzeugung gewährte, daß ihre gegenwärtige Lage eine längere Verzögerung der endlichen Regelung ihrer Handels- und Verkehrsverhältnisse nicht mehr gestatte. Indem die preußische Regierung sich verpflichtet gefühlt, den großherzoglich sächsischen Anträgen mit Bereitwilligkeit zu entsprechen, hätte sie um so weniger der übrigen thüringschen Staaten uneingedenk sein können, als sie in dieser Beziehung gegen einige derselben bereits eventuelle Verbindlichkeit eingegangen, von den andern aber wie von Kurhessen derselbe dringende Wunsch zu erkennen gegeben sei. Wenn überhaupt etwas im gemeinschaftlichen Interesse der thüringschen Staaten wie für die Fortbildung des freien Verkehrs in Deutschland Ersprießliches zu Stande gebracht werden solle, so müsse bei der verwickelten Lage jener sofort ihr ganzer Umfang und ihre gegenseitigen Beziehungen in's Auge gefaßt werden, weßhalb denn auch beiden Hessen unter dem Anerbieten zu einem weiteren Austausch der Ideen die Wahrnehmung ihrer Interessen lediglich anheimgestellt worden sei. Aus den bisher stattgefundenen Besprechungen sei das allseitige Anerkenntniß hervorgegangen, daß eine wahrhafte Befriedigung der commerciellen, industriellen und finanziellen Interessen ihrer Regierungen nur im Wege eines Zollverbandes der thüringschen Staaten nebst den zwischenliegenden preußischen und kurhessischen Landestheilen erreicht werden könne, wobei jedoch unerläßlich sei, diesen Verein gleichzeitig mit seiner Gründung mit den bestehenden Zollvereinen in Verbindung zu setzen und in der Richtung auf dieses Ziel seien die Verhandlungen nunmehr eröffnet worden. Zu denselben die k. sächsische Regierung einzuladen, habe man Bedenken getragen, da von dieser Seite kein Antrag in den Verein einzutreten vorgelegen sei.

Vergebens versuchte die k. sächsische Regierung im Januar 1833 noch einmal, die Leipziger Kaufmannschaft zu dem vermeintlichen zeitweiligen Opfer zu bewegen; die Großhändler verharrten fast einstimmig auf der buchstäblichen Rechtsgleichheit wie auf einer Minderung der Eingangsabgaben von englischen baumwollenen und wollenen Waaren um $^2/_5$. Ebenso unabänderlich bestand die preußische Regierung auf einen Meßrabatt von 20 p. C. für Frankfurt, sowie eine von dem Besuch der Frankfurter Messe abhängig gemachte Contirung für Leipzig. Der bayersche Abgeordnete, Minister von Mieg, suchte zu vermitteln und schlug deßhalb einen Meßrabatt von 10—$12^1/_2$ p. C. für Frankfurt vor, erklärte aber dabei ausdrücklich, daß es ihm schwer fallen werde, wegen dieses einen Meßpunktes vom

Abschluß des Vertrages abzurathen. Während von Zeschau noch mit andern Vorschlägen eine Lösung dieser Frage vergeblich versuchte, theilte von Mieg schon mit, daß die Unterzeichnung des Zollvertrags zwischen Bayern-Württemberg und Preußen-Hessen am 22. März vollzogen sei, und gab zugleich den Wunsch zu erkennen, „daß doch ein baldiger Anschluß Sachsens dem Werke die Krone aufsetzen möge." Nachdem auch die preußischen Bevollmächtigten zu gleicher Zeit erklärt hatten, daß man wegen des Contirungszwanges eine den jenseitigen Wünschen entgegen kommende Vereinbarung nicht für unmöglich halte, doch auf den Meßrabatt von 20 p. C. für Frankfurt bestehen müsse, wurde von Watzdorf beauftragt, an den Verhandlungen mit den thürinschen Staaten, wozu ihn die Bevollmächtigten von Preußen und Bayern eingeladen hatten, Theil zu nehmen und den Vertrag derselben im Namen der k. sächsischen Regierung mit zu vollziehen. Der darauf am 30. März 1833 unterzeichnete Vertrag vereinigte nunmehr die drei jetzt begründeten Zollvereine, den preußisch-hessischen, bayrisch-württembergschen und den thüringschen mit dem Königreich Sachsen zu einem großen Zollverein, der nunmehr den bei weitem größten Theil der deutschen Bundesstaaten umfaßte.

In Betreff der bei den letzten Verhandlungen in den Vordergrund getretenen Streitfragen [1]) bestimmte Art. 24 dieses Vertrages, daß alle Zollbegünstigungen einzelner Meßplätze und insbesondre alle Rabattprivilegien, wo sie dermalen beständen, thunlichst zu beschränken und ihrer baldigen gänzlichen Aufhebung entgegen zu führen, neue aber ohne allseitige Zustimmung auf keinen Fall zu ertheilen seien. Der 7. Separatartikel aber gestattete in § 5 den Kaufleuten für alle auf der Messe zu Verkauf gehaltenen ausländischen unversteuerten Waaren ein Meßconto und in § 6 für die Waaren, welche die Kaufleute nach beendigter Messe zur öffentlichen Niederlage bringen oder unter Steuercontrole lagern lassen würden, die Abschreibung vom Meß- und Ueberschreibung zum Lagerconto, auch unter noch näher zu vereinbarenden Formen und Bedingungen den Großhandlungen von solidem Ruf über die Meßzeiten fortdauernde Steuerconti. § 7 dieses Separatartikels lautete: „Da die preußische Regierung die aus mehren Gründen nicht wegzuräumende Besorgniß hegt, daß durch die Rabattentziehung der bisherige Meßhandel der

[1]) Vergl. von Viebahn a. a. O. I. S. 165 folg. — Der angegebenen Acten Vol. III.

Stadt Frankfurt a. d. O. gestört werde und auf Leipzig übergehe, dieserhalb aber laute und wohlbegründete Klage sowohl jener Stadt als des preußischen Handelsstandes unvermeidlich entstehen und den Abschluß eines von solchen augenblicklichen Folgen begleiteten Zollvertrags mit dem Königreich Sachsen behindern würde, und da anderseits die k. sächsische Regierung in Erwägung der anderweiten, aus dem Zollvertrag mit Zuversicht zu verhoffenden günstigen Folgen für den Gewerbfleiß und den Handel im Königreich Sachsen sich von der Nothwendigkeit eines zur Erreichung dieses wichtigen Zweckes zu machenden Zugeständnisses überzeugt hat, so ist wegen der Beibehaltung eines Meßrabatts, welcher der Messe zu Frankfurt a. d. O. bisher schon und bis vor kurzer Zeit selbst in ansehnlich höherem Grade bewilligt war, sowie über die hiemit conformen Maßregeln für den Meßhandel Leipzigs und Naumburgs vereinbart worden, *a*) der Frankfurter Meßrabatt bleibt für die nächsten zwei Jahre (1834 und 1835) als Regel und Maximum auf 20 p. C. der Eingangssteuer von denjenigen Waaren, welche die Meßordnung vom 31. Mai 1831 bezeichnet, bestehen. *b*) Der k. sächsischen Regierung bleibt es vorbehalten, für dieselben Waaren, denen in Frankfurt a. d. O. dieses Maximum des Rabatts zu Theil wird, in Leipzig einen Rabatt von 5 p. C. zu bewilligen; zieht sie jedoch vor, solchen Rabatt gar nicht oder nach einem geringeren Satze zu bewilligen, worüber sie sich binnen acht Wochen zu erklären verspricht, so wird von preußischer Seite der Meßrabatt auf ein solches Maß herunter gesetzt, daß zwischen beiden Plätzen ein Abstand von 15 p. C. als Maximum verbleibt.“ — Im Folgenden wird eine Ermäßigung für eine Anzahl benannter Artikel festgesetzt, der für Leipzig eintretende Rabatt auch für Naumburg bewilligt und die Kosten des Rabatts der Rabatt bewilligenden Regierung zugeschrieben, dann heißt es weiter: „Die Rabattbewilligung für Frankfurt a. d. O. hat keinen andern als den Zweck, den Meßhandel in Frankfurt dem Leipziger gegenüber ungefähr in einem gleichen als dem bisherigen Verhältniß zu erhalten. Es wird daher der Belauf des Handels mit ausländischen contirten Waaren auf den Frankfurter und Leipziger Messen nach einem Durchschnitt der letzten vier Jahre festgestellt werden und wenn sich gegen den Ablauf der nächsten vier Jahre nach Eintritt des Zollanschlusses ergeben möchte, daß der Handel mit diesen Waaren in Frankfurt bei gesunkenem Umfange des Leipziger Handels sich vermehrt hat oder überall der erstere in ein günstigeres Verhältniß zu letzterem getreten wäre, so wird alsdann und vorzugsweise in denjenigen Artikeln, in denen diese Veränderung hervortritt, eine weitere Ermäßigung des frankfurtschen Rabatts veranlaßt werden. Im umgekehrten Fall bleibt es ebenmäßig der k. preußischen Regierung vorbehalten, die jetzt schon ermäßigten Rabattsätze einzelner Artikel jeder Zeit jedoch nur in dem Verhältniß, daß die Differenz zwischen Frankfurt und Leipzig nicht mehr als 15 p. C. beträgt und ohne daß eine Vermehrung der rabattmäßigen Artikel eintreten darf, zu erhöhen."

Diesem Hauptvertrage vom 30. März 1833 mit dem Zusatzartikel vom 31. Oct. desselben Jahres, wodurch sich das Königreich Sachsen an die beiden durch den Vertrag vom 22. März verbundenen Zollvereine anschloß [1]), folgten an demselben Tage der Vertrag des Königreichs Sachsen mit denselben wegen gleicher Besteuerung innerer Landeserzeugnisse, am 11. Mai der Vertrag mit dem thüringischen Zoll- und Handelsverein, der sich durch den Vertrag vom 10. Mai aus dem kurhessischen Kreis Schmalkalden, Sachsen-Weimar mit Ausnahme der Aemter Allstedt, Oldisleben, Ostheim, S.-Meiningen, S.-Altenburg, S.-Koburg-Gotha mit Ausschluß der Aemter Volkerode, Königsberg und Lichtenberg, den schwarzburgschen Oberherrschaften und den reußischen Ländern gebildet hatte, deßgleichen der diese sämmtlichen Staaten umfassende Zollcartel und die Verträge wegen gleicher Besteuerung innerer Erzeugnisse, am 25. Mai ein Vertrag mit Schwarzburg-Rudolstadt, am 30. Mai mit S.-Weimar, am 8. Juni mit Schwarzburg-Sondershausen, am 26. Juni mit S.-Koburg-Gotha wegen der Zoll- und Handelsverhältnisse und Besteuerung inländischer Erzeugnisse in den schon früher beigetretenen Kreisen.

Die Ratification des Hauptvertrags erlitt jedoch gleich eine Verzögerung. König Ludwig I von Bayern war sehr erzürnt, daß Bayern nicht die gewünschte Milderung der Transitzollsätze jenseits der Donau erlangt hatte, da nach der allgemeinen Ueberzeugung die hohen Transitzölle die dortige Durchfuhr gänzlich vertreiben müßten. Der Minister von Mieg forderte und erhielt in der Sitzung, in wel-

---

[1]) Sammlungen der Gesetze und Verordnungen für das Königreich Sachsen. 1833, S. 155 folg.

cher er über den Abschluß des Vertrags Bericht erstattete, seine Entlassung. Auf die Nachricht hiervon erging von Dresden am 23. Mai eine Note an den preußischen Minister von Ancillon[1]): die k. sächsische Regierung habe vernommen, daß abgesehen von den nur Bayern betreffenden Schwierigkeiten wegen des Transits die Ratification der Verträge aufgehalten werde, weil man in München und Stuttgart auf vorhergehende Feststellung des Zollgesetzes, des Tarifs und der Zollordnung wie auf die Veröffentlichung des die Kündigung betreffenden Separatartikels bestehe: aus diesen Gründen betrachte die Regierung den Ratificationstermin auf unbestimmte Zeit verlängert und frage an, ob die Ertheilung der Ratificationen von der Vereinbarung über Zollgesetz, Zollordnung und Tarif abhängig gemacht und letzterer einer nochmaligen Discussion unterworfen werden solle? — Von Ancillon antwortete am 31. Juli, daß man auf preußischer Seite durch die bisherigen Verhandlungen in München und Stuttgart zu keiner Zeit Veranlassung gefunden habe, ein Scheitern des Vertrags in das Gebiet der Wahrscheinlichkeit zu ziehen. Die bei jenen Höfen erhobenen Anstände beträfen, abgesehen von der den Hauptvertrag nicht berührenden transitorischen Uebereinkunft[2]), den Wunsch, der Auswechselung der Ratificationsurkunden Anstand zu geben, bis auch das Zollgesetz, der Tarif und die Zollordnung sowie eine anderweitige Fassung des Separatartikels genehmigt seien. Daß bei allseitigem ernsten Willen auch für die k. sächsische Regierung hinlänglich Zeit vorhanden bleibe, um die Verträge vom 1. Januar an zur Ausführung zu bringen, beweise der Zollvertrag mit der kurfürstlich hessischen Regierung, auch würde ein Aufschub der Ausführung in mannigfacher Hinsicht die nachtheiligsten Folgen besorgen lassen, weßhalb die k. sächsische Regierung keine Zeit verlieren möge, um sich zu deren Mitausführung in Stand zu setzen.

Als noch am 23. Dezbr. abermals von Dresden aus in Folge der aus München eingegangenen Nachrichten einige Monate Auf-

---

[1]) Acta, Berliner Gesandtschaftsarchiv. Neue Actenlagen u. s. w. — [2]) Vom 22. März. Dieselbe schlichtete die angeführten Streitpunkte in Betreff der Transitzölle und behandelte die drei Arten des Transits: 1. der Güter und Waaren, die aus dem Gebiet des einen Zollvereins durch das Gebiet des andern nach dem Ausland gehen, 2. der Waaren, die aus dem Ausland durch ein Vereinsgebiet in das andere gehen; 3. der Waaren, die, aus dem Auslande kommend, durch beide Vereinsgebiete in das Ausland gehen.

schub gewünscht wurden, erwiderten von Maaßen und Eichhorn, daß von der k. bayerschen Regierung ähnliche Ansichten nicht eröffnet worden und es im Allgemeinen gewiß zu beklagen sei, daß die nachträgliche Verhandlung wegen der Zollartikel und die Auswechselung der Ratificationen eine solche Verzögerung erlitten hätten, daß für die Vollzugsverhandlungen eine verhältnißmäßig nur sehr kurze Frist übrig geblieben sei. Indessen sei der preußische Commissär instruirt, alle Möglichkeit aufzubieten, damit der gedachte Termin eingehalten werde; sollte sich bei dem jetzt schon gewiß erfolgten Zusammentritt der Vollzugscommission in München ergeben, daß noch irgend etwas Wesentliches in Bezug auf die Ausführung nicht bis zum 1. Jan. gehörig vorbereitet werden könne, so würde die Commission die in dieser Hinsicht einstweilen nöthigen Modificationen der Vollziehung zu berathen haben. — Trotz dieser Verzögerungen aber gelang es der Energie der k. preußischen Regiernng und der Thätigkeit von Maaßens und Eichhorns, den Vollzug des Vertrags am 1. Januar 1834 thatsächlich durchzusetzen.

In Sachsen aber lag die Schuld des Zögerns weniger in dem Willen der Regierung als in ihrer Rücksicht auf die Stimmung des Volkes. Mit den Leipziger Großhändlern erhoben noch viele andre ihre Stimme gegen den Zollvereinigungsvertrag, den man sogar als einen Verrath der wichtigsten Landesinteressen und den Anfang des Ruins für die sächsische Industrie und insbesondere Leipzigs bezeichnete. Die Leipziger Kaufleute konnten ihre Furcht vor dem bevorzugten Frankfurt nicht überwinden und brachten ihre Befürchtungen und ihre Protestationen in einer Bittschrift an den König. Der Finanzminister von Zeschau wurde sogar in einem in Dresden angeschlagenen Pasquill beschuldigt, Sachsen für Geld und Orden an Preußen verkauft zu haben, dennoch genehmigte die zweite Kammer mit 50 gegen 14 Stimmen den Vertrag, der sich auch nach wenigen Jahren grade für Sachsen ganz besonders heilsam erwies.

In Bayern und Württemberg lag die Schuld der Zögerung nicht bei den Regierungen allein, welche insbesondre mit den Bestimmungen über den Transit und den Sätzen des Tarifs noch nicht zufrieden waren, sondern auch bei den Ständeversammlungen, denen

[1] Fischer a. a. O. S. 373.

der Vertrag zur Genehmigung vorgelegt werden mußte[1]). Bei der damals heftig erregten politischen Stimmung stritt man in Süddeutschland viel in Zeit- und Flugschriften über die Zweckmäßigkeit der Zollvereine im Allgemeinen und insbesondere über die Verbindung der beiden bereits geschlossenen, wobei der Widerspruch gegen die Zolleinigung durch die hier noch allgemein herrschende Abneigung gegen jede Annäherung an Preußen unterstützt wurde. An der Spitze der Opposition gegen die Zolleinigung standen in Württemberg wie auch in Baden die Führer der liberalen Partei, welche zu Anfang des Jahres 1833 zu Pforzheim eine Zusammenkunft hielten, um gemeinschaftliche Maßregeln gegen den Anschluß an Preußen zu vereinbaren. Bei dieser Zusammenkunft wie bei dem Widerspruch in der zweiten württembergischen Kammer traten dieselben, hauptsächlich politischen Bedenken zu Tage. Die liberale Partei argwöhnte nehmlich, daß die eifrige Förderung der materiellen Interessen den Bundesregierungen nur dienen solle, um die weit verbreitete Unzufriedenheit über die in den Bundesbeschlüssen hervortretende politische Reaction wenigstens in der Volksmasse zu beschwichtigen, doch fürchtete sie auch, indem sie im Ganzen die Verkehrsfreiheit der deutschen Staaten als wünschenswerth anerkannte, für Württemberg den Verfall seines vornehmlich auf Frankreich und die Schweiz gerichteten Activhandels, der durch die Verbindung mit Preußen nichts gewinnen könne, und das Unterliegen seiner noch in der Kindheit begriffenen Industrie unter den unerschwinglichen Verbrauchssteuern des Zollvereins und der Mitwerbung der preußischen Rheinprovinz. Trotz alledem aber wurde auch die heftigste und von den begabtesten Rednern — Paul Pfizer, Uhland, Römer, Zais — geleitete Opposition in der württembergschen zweiten Kammer überstimmt und der Zollvereinsvertrag im November 1833 mit 62 Stimmen gegen 22 genehmigt[2]).

Alle bezeichneten Verträge traten trotz der Gefahr drohenden Zögerungen und Dank der ruhigen maßvollen Energie der k. preußischen Regierung mit dem 1. Januar 1834 in Kraft, an welchem

---

[1]) S. Fischer a. a. O. S. 369 und die S. 370, Anm. 89 angegebenen Schriften. — Beck a. a. O. S. 58 folg. — [2]) Die Aufgabe der Hansestädte S. 141. — G. Hanssen, die volkswirthschaftlichen Zustände des Königreichs Hannover u. s. w., in der Zeitschrift für die gesammten Staatswissenschaften Bd. 12, 373 folg.

Tage somit die Wirksamkeit eines deutschen Zollvereins begann, der bereits einen Flächeninhalt von mehr als 8000 □M. mit 22 Mill. Einwohnern umfaßte. Die Freude über das endliche Eintreten des lang und schwer vorbereiteten Ereignisses war bei der zunächst betheiligten Verkehrswelt lebhaft und allgemein. Lange Wagenreihen warteten auf die bisher durch die Zolllinien durchschnittenen Hauptstraßen und eilten, als sich mit der Mitternachtsstunde die Schlagbäume öffneten, unter dem lauten Jubel der Fuhrleute über die jetzt zollfreie Grenze[1]). Für das deutsche Zoll- und das gesammte Verkehrswesen in Deutschland ging mit dem verflossenen Jahre ein an Verkehrsfesseln und Hindernissen aller Art noch überreicher Zeitraum zu Grabe, um einer Zolleinheit und Verkehrsfreiheit den Raum zu lassen, wie sie frühere Jahrhunderte niemals gekannt noch geahnt hatten. Wenn auch noch eine beträchtliche Anzahl deutscher Bundesstaaten — ganz abgesehen von den österreichisch-deutschen Ländern — außerhalb des Zollvereins blieben, so war doch jetzt solches Außenbleiben auf längere Zeit zu einer Unmöglichkeit geworden und der Beitritt der noch zögernden eine Frage, deren Lösung wohl zu eigenem Nachtheil verzögert, aber nicht mehr gänzlich verneint werden konnte. Auch folgten schon in den nächsten Jahren bald nach einander die Beitrittserklärungen von Anhalt-Bernburg, Hessen-Homburg, Baden, Nassau, Frankfurt, Waldeck, den beiden Lippe, Braunschweig, Luxemburg, endlich auch von Hannover und Oldenburg und nach Begründung des norddeutschen Bundes auch von Meklenburg und Lübeck, so daß wir den ersten Abschnitt des neuesten Zeitraums, wenn derselbe noch in den Kreis dieser Darstellung fiele, als die Zeit der allmähligen Erweiterung des Vereins über sämmtliche deutsche Staaten bezeichnen könnten.

So überaus bedeutungsvoll und in seinen Folgen segensreich auch der Zollverein für Deutschland geworden ist und für die Zukunft bleiben wird, so wenig wir Anstand nehmen, die Bildung desselben als das bei weitem wichtigste und in seinen Folgen weittragendste Ereigniß auf dem Gebiete der deutschen Zollgeschichte zu bezeichnen, so ist dennoch damit das letzte und in gleicher Weise unentbehrliche Ziel in der Entwicklung des deutschen Zollwesens keineswegs schon erreicht. Zwar hat das im Lauf der Jahrhunderte aus-

[1]) Fischer a. a. O. S. 375.

einandergetriebene ursprünglich einige Reichszollwesen durch die Bildung dieses Vereins auf dem Wege des freien Vertrags von Seiten der souverän gewordenen deutschen Staaten einen hohen Grad der Einigung wieder erlangt, welche durch die Einführung eines neuen, dem mittelalterlichen entgegengesetzten Zollsystems, das alle Binnenzölle in eine gemeinsame Grenzzollinie verwandelte, in vorher nicht bekannter Weise befestigt wurde, zwar sind dadurch nicht nur die zahllosen Binnenzölle des Mittelalters durch ein folgerichtiges Grenzzollsystem, sondern auch die noch schlimmeren Sperrzollsysteme des 18. Jahrh. durch ein gemäßigtes Schutzzollsystem für immer überwunden, und dennoch bleibt für die weitere nothwendige Entwicklung noch ein großer Raum übrig.

Die nunmehr hergestellte Einigung des deutschen Zollwesens ist durch freien Vertrag, durch freiwillige Entäußerung von Seiten der einzelnen Zollherren zu Stande gekommen, damit ist aber der Charakter dieses Zollwesens als eines souverän landesherrlichen oder territorialen nicht nur bewahrt, sondern neu bestätigt, ein Kennzeichen, das auch durch die Begründung des Zollparlaments nicht aufgehoben wurde. Durch die Vereinigung ist der Grundsatz anerkannt, daß das Zollwesen, zumal in dieser seiner neueren Ausbildung in Deutschland nie, außer zum Verderben des allgemeinen Verkehrs, das unbeschränkte Besitzthum des Einzelstaats sein kann, sondern als eine allgemeine Angelegenheit von dem wenigstens in dieser Beziehung vereinten Volke getragen und geordnet werden muß. Daß aber die Grundlage dieser Vereinigung der freie lösliche Vertrag und nicht ein unlöslich bindendes Verhältniß bildet, widerspricht dem Inhalt des Grundsatzes und giebt dem Zweifel und der Unsicherheit anheim, was im Wesen sich noch nie verändert hat noch ändern kann. Der jüngste, nach dem Jahr 1866 begonnene Abschnitt der deutschen Zollgeschichte hat durch die Errichtung eines Zollparlaments dem Volke selbst als dem eigentlichen Träger des gesammten Verkehrslebens eine gesetzliche Theilnahme an der Fortentwicklung desselben zugesichert, wie dieselbe seit dem Pariser Frieden wohl erstrebt und gewünscht, doch nur in durchaus beschränkter Weise mit den Mitteln der öffentlichen Presse ermöglicht war. Zugleich aber hat derselbe Abschnitt der Zollgeschichte die Trennung des Zollwesens von den übrigen Zweigen der Staatswirthschaft, insbesondere von dem Steuerwesen noch erweitert, freilich auch die Nothwendigkeit eines solchen Zusammenhangs zum

Bewußtsein gebracht, und dasselbe noch weiter außerhalb einer Bundesverfassung gestellt, als es schon vor dem Jahr 1866 der Fall war. Von alle dem, mit welchem das Zollwesen seinem Wesen nach innerlich und äußerlich zusammenhängt, ist jetzt dasselbe in Deutschland getrennt und hat als ein ganz auf sich gestelltes Bruchtheil der Staatswirthschaft sogar seine abgesonderte Verfassung erhalten. Diese ist aber weder ein streng verbundenes und untergeordnetes Glied der norddeutschen noch einer allgemeinen deutschen Bundesverfassung; sie ist eine allgemeine Angelegenheit der Glieder des früheren deutschen Bundes geblieben, doch dieser Bund selbst hat aufgehört, ohne daß dem deutschen Zollwesen eine andere politische Unterlage zum sichernden Fundament gegeben wurde. So hat dieses also geordnete Zollwesen, das, wie bedeutungsvoll es immerhin sein mag, doch stets nur als ein Theil des indirecten Steuerwesens eine untergeordnete Rolle in der gesammten Staatswirthschaft einzunehmen berufen ist, durch die Entwicklung der staatsrechtlichen Verhältnisse Deutschlands in der jüngsten Zeit als das hauptsächlichste Band der Einigung zwischen dem Norden und dem Süden eine politische Bedeutung erlangt, die demselben nicht gebührt und die es am allerwenigsten in dieser seiner Abgesondertheit auf die Dauer wird behaupten können.

Das Zollwesen ist gebunden an die Entwicklung der übrigen staatswirthschaftlichen Verhältnisse und folgt in Ordnung und Verfassung den politischen Wandelungen des gesammten Vaterlandes, eben deßwegen aber trägt dasselbe auch jetzt die Mängel mit, welche die gegenwärtige politische Gesammtlage Deutschlands kennzeichnen, d. i. die thatsächlich vollendete Lösung der letzten staatsrechtlichen Vereinigung und die Trennung Deutschlands in den bundesrechtlich zusammenhängenden Norden und den staatsrechtlich zusammenhangslosen Süden. Erst nach Wiederherstellung einer beide Theile einigenden Verfassung kann und wird das Zollwesen seine richtige Stellung und Unterordnung unter die größeren und dasselbe beherrschenden Verhältnisse wieder finden und als eine nur der Gesammtheit angehörende und fruchtbringende Steuerquelle die gemeinsamen Mittel zur Erhaltung eines gemeinsamen Gutes, einer neuen deutschen Bundesverfassung, in zwar beschränkter aber allein zutreffender Bedeutung bieten. Dann auch erst kann die wichtigste Frage innerhalb dieses Zollwesens, die Tariffrage, ihre sachgemäße Lösung erhalten und zu dem Standpunkt, von dem sie ausgegangen ist, zurückgeführt werden, auf welchem der Zolltarif nicht mehr als ein Mittel zu ursprünglich fremden und fernliegenden Zwecken, zu Schutz und Förderung der Production auf Kosten der Consumtion, zur Begünstigung einzelner Zweige des Gewerbes auf Kosten aller andern, sondern einfach und allein als eine gemeinsame Einnahmequelle für gemeinsame Ausgaben dienen wird. —

FSC
www.fsc.org
MIX
Papier | Fördert
gute Waldnutzung
FSC® C083411

Kolibri 360 GmbH
Ferdinand-Jühlke-Straße 7
99095 Erfurt, Deutschland
produktsicherheit@kolibri360.de